KB169277

혁신학교,
한국 교육의
미래를 열다

혁신학교,
한국 교육의
미래를 열다

초판 1쇄 발행 2017년 11월 30일
초판 2쇄 발행 2018년 5월 18일

지은이 송순재 외
펴낸이 김승희
펴낸곳 도서출판 살림터

기획 정광일
편집 조현주
북디자인 꼬리별

인쇄·제본 (주)현문
종이 월드페이퍼(주)

주소 서울시 영등포구 양평로21가길 19 선유도 우림라이온스밸리 1차 B동 512호
전화 02-3141-6553
팩스 02-3141-6555
출판등록 2008년 3월 18일 제313-1990-12호
이메일 gwang80@hanmail.net
블로그 http://blog.naver.com/dkffk1020

ISBN 979-11-5930-051-6 03370

*가격은 뒤표지에 있습니다.
*잘못된 책은 바꾸어 드립니다.
*이 책은 저작권법에 따라 보호를 받는 저작물이므로 무단 전재와 복제를 금합니다.

이 도서의 국립중앙도서관 출판예정도서목록(CIP)은 서지정보유통지원시스템 홈페이지(http://seoji.
nl.go.kr)와 국가자료공동목록시스템(http://www.nl.go.kr/kolisnet)에서 이용하실 수 있습니다.
(CIP제어번호: 2017030968)

혁신학교,
한국 교육의
미래를 열다

송순재 외 지음

우리 곁으로 다가온 혁신학교, 한국 교육이 나아갈 방향을 제시하다

곽노현_(사)징검다리교육공동체 이사장/전 서울시교육감

우리가 익히 아는 홍성풀무학교, 거창고등학교, 간디학교, 이우학교는 모두 당대의 으뜸 혁신학교였다. 설립자들은 예외 없이 탄탄한 교육철학과 남다른 사명감을 가진 분들이었다. 당연히 사립학교였고 말의 참된 의미에서 대안학교였다. 누가 봐도 어디에 내놔도 손색없는 혁신학교였다.

공립학교 선생님들도 교육자로서 이들 혁신학교를 부러워했다. 그러나 교장이 4년마다, 교사가 5년마다 바뀌고 '오너' 격의 교육청 손아귀에서 옴짝달싹 못 하는 공립학교를 혁신학교로 바꿀 수 있다고는 아무도 상상하지 못했다. 꿈은 꿨을지언정 아무도 엄두를 내지 못했다.

처음에는 폐교 위기에 내몰린 작은 시골 공립학교에서 이변이 일어났다. 몇 안 되는 선생님들이 똘똘 뭉쳐서 지역사회에 맞는 자연 친화적 학생 중심 교육과정으로 바꾸면서 멀리서도 소문을 듣고 학생들이 찾아왔다. 남한산초등학교를 비롯해서 눈부신 성공을 거두며 유명세를 탄 초기의 공립 혁신학교들은 예외 없이 작은 시골학교였다. 숫자도 손가락으로 꼽을 만큼 적었다.

2010년 진보 교육감 시대의 개막으로 상황이 바뀌었다. 공립 혁신학교가 여기저기서 성큼성큼 우리 곁으로 왔다. 작은 시골마을을 넘어 대도시로 들어왔고 초등학교를 떠나 중고교로 확산됐다. 불과 7년 만에 전국적으로 혁신학교가 1천 개를 넘어섰다. 이른바 무늬만 혁신학교도 없지 않지만 대부분은 이름값을 하려고 부단히 노력하며 교육과정과 수업 방식, 생활교육과 학생자치 등 학교문화 전체를 바꾸고 있다.

전국적으로 혁신학교는 학부모들이 보내고 싶고 학생들이 가고 싶은 학교의 대명사가 되었다. 혁신학교는 교사들에게 끊임없는 전문 역량 성장과 헌신성을 요구하는 대신 교사의 보람과 자부심을 돌려준다. 대부분의 교사들은 사회경제적 양극화나 대학 서열화 등 외부 환경을 탓하며 학교 변화 불가능성을 신봉한다. 혁신학교는 동일한 외부 환경에서도 교사의 집단지성과 책임감으로 학부모와 학생의 신뢰를 회복하고 지역사회와 협력하는 가운데 학교문화 전반을 변화시킬 수 있다는 사실을 보여 준다. 점점 더 많은 교사들이 혁신학교와 지독한 사랑에 빠지며 새로운 교육적 각성과 성장을 경험하고 있다.

혁신학교는 이제 돌이킬 수 없는 한국 교육의 시대정신과 자부심이 되었다. 이 책이 증언하듯이 혁신학교운동은 이미 성공 요인과 제약 요인, 나아가야 할 방향을 잘 알고 있다. 혁신학교의 철학과 정신에 부합하는 시스템과 제도가 무엇인지에 대한 나름의 노하우를 축적 중이다. 교육 당국은 혁신학교운동을 통해서야 비로소 교육개혁과 학교혁신의 비전과 경로에 대한 한국형 청사진을 갖게 됐다. 공교육의 민주시민교육적 성격에 대한 이해를 심화하고 21세기 미래 교육의 요구에 응할 수 있는 역량과 경험을 구축했다.

추천사를 쓰던 중 필자 중 한 분이신 김정안 선생님이 교보교육재단의 창의인재 육성 부문 대상을 수상하셨다. 혁신학교운동을 사회 공식 부문이 인정하기 시작했다는 신호탄이자 혁신학교운동이 소모적인 이념 공격에서 벗어나 본격적인 궤도에 올랐다는 공인인증서다. 실질적으로는 혁신학교운동에 앞장선 이 책의 모든 필자들과 혁신학교의 모든 선생님들이 공동 수상하셨다고 생각하고 축하드린다. 실은 혁신학교운동의 초기 동력 중 하나였던 나도 펄쩍펄쩍 뛰며 환호했다.

더욱이 진보 교육감 원조, 김상곤 전 경기교육감이 문재인 정부의 사회 부총리 겸 교육부 장관이 됐다. 주지하다시피 지난 7년간 진보 교육감 시대에서 이명박근혜 보수 정권의 교육부는 진보 교육감의 주요 정책을 '디스'하고 흠집 내느라 바빴다. 지난 5월 9일 문재인 정부의 출범으로 비로소 불편한 동거가 끝났다. 혁신학교운동은 혁신학교의 철학과 운동을 교육법제와 정책으로 든든하게 뒷받침해 줄 교육부 장관을 갖게 됐다. 혁신학교운동의 지속가능성을 저해하는 법제적 요인들이 대폭 정비될 것으로 기대하는 이유다.

대표적인 예가 교장승진제도 혁파다. 공립 혁신학교의 성공은 설립자인 교육청과 그 대리인인 교장, 그리고 휘하 교사들의 교육철학과 실천이 바뀌는 데 비례한다. 진보 교육감이 들어서서 교육청이 바뀌고 있지만 교장은 그만큼도 바뀌지 않았다. 교육부가 진보 교육감 시대가 오자 교장승진제도를 퇴행적으로 운영했기 때문이었다. 하지만 학교 현장의 리더인 교장의 마인드가 안 바뀌면 그 학교 교사의 마인드도 바뀌지 않는다. 멀찌감치 떨어져 있는 교육감만 혼자 바쁘고 현장은 바뀌는 시늉만 할 뿐이다. 혁신학교가 운영되어도 일반 학교의 학교혁신이 더딘 이유이자 교장승진제도 혁파가 일반 학교의 혁신의 관건이 되는 이유다.

한국의 혁신학교운동은 성래운 선생님과 이오덕 선생님의 교육철학과 교육 실천에 터 잡고 있다고 해도 과언이 아니다. 이 책에서 특별히 두 분의 교육관을 들여다본 이유다. 혁신교육의 선구자들과 적극적 실천가들은 대부분 두 분, 특히 이오덕 선생님의 문하생들이었다. 혁신학교를 도시에 불러들여 시대의 아이콘으로 만들어 낸 계기도 크게 보면 이오덕 선생님의 문하생 교사들과 진보 교육감의 행복한 만남이었다.

혁신학교에 관한 책은 이미 많이 나와 있다. 그럼에도 불구하고 이 책은 고유한 미덕과 특징을 갖췄다. 첫째, 서울의 경험에 초점을 맞추되 보편적 시각을 놓치지 않았고, 둘째, 대부분의 글을 최고의 혁신학교 선생님들이 생생한 경험에 입각해서 썼으며, 셋째, 두툼한 두께가 말해 주듯이 관련 주제를 빠짐없이 다뤘다. 가히 혁신학교 종합백서라 할 만하다. 마지막으로 친절하게도 모든 글마다 요약과 토론거리, 권고 도서를 붙여 놓은 점도 돋보인다. 실은 이 책 한 권만 훑어봐도 서울형혁신학교운동은 물론 전국적 혁신학교운동의 모든 것을 알 수 있다. 추호의 망설임도 없이 강력하게 추천하지 않을 수 없는 이유다.

서울 혁신학교의 감동적인 교육적 성공담을 들을 때마다 나는 교육감 재직 중 혁신학교운동을 정책적으로 지원했던 행운을 가진 데 대해 감사하는 마음이 절로 든다. 지금 내 삶의 중요한 동반자들을 혁신학교운동에서 만났기 때문이다. 그러나 서울형혁신학교의 성공은 거의 전적으로 서울 교육 3주체(학생, 교사, 학부모)의 집단지성과 협력의 산물이다. 그중에서도 혁신학교 선생님들의 열정과 헌신이 가장 큰 밑거름이라는 점을 이 책은 기회 있을 때마다 일깨워 준다.

끝으로 서울 혁신학교 교사들의 오랜 멘토이자 대표 필자 송순재 교수님과 다섯 편의 좋은 글로 혁신학교 전도사를 자임한 강민정 선생님을 비롯한 필진 한 분 한 분에게 깊은 감사와 존경의 인사를 전한다. 이 책의 필진은 아니지만 서울의 초대 혁신학교정책자문위원장 박재동 화백님과 혁신학교의 확대 심화를 위해 애쓰는 조희연 교육감께도 특별한 감사를 드리고 싶다. 내 눈엔 두 분의 그림자가 행간마다 어른거린다. 이 책에 추천사를 쓰게 되어 과분한 영광이다.

2017년 11월 21일

곽노현

억압과 왜곡으로 점철된 기나긴 터널을 통과해 온 우리나라 교육 현장에서 최근 들어 돌연 빛과 희망에 대한 논의가 활발해졌다. 참신하며 생명력 넘치는, 도전적이며 흥미진진한 움직임들이 전국 각처에서 들불처럼 일어나 확산되고 있다. 이름하여 '혁신학교'가 바로 그것이다.

혁신학교가 경기도에서 처음 만들어진 지 근 십 년이 다 되어 오고 있다. 이제는 뒤이어 이 대열에 참여한 지역을 합하면 모두 14곳이나 되는 시·도 교육청에서 이 정책을 핵심 과제로 삼을 정도가 되었다. 그사이에 우리 학교교육 현장에서 이루어졌던 작업의 양과 질은 한마디로 '놀라운 것'으로, 우리 교육사에서 일찍이 없었던 교육 패러다임의 일대 전환이라는 사건을 촉발시켰다. 교육개혁을 말하되 '학교를 단위로 한 변화'에 초점을 맞추고, 또한 위로부터의 지시에 의한 것이 아니라, 학교공동체 구성원 스스로가 주체가 되어 학교교육의 '새로운 상'을 제시한 새로운 상상력과 실천의 결정체이다. 그동안 이 운동을 뒷받침하고 이끌기 위한 이론적 작업도 꾸준히 이루어져서 역사와 철학, 교육과정과 교수학습 방법론에 관한 책들이 많이 출간되었다. 현시점에서 우리는 그동안의 실천과 이론적 작업을 전체적으로 정리할 필요를 느꼈다. 과거에 대한 성찰뿐 아니라 앞날을 위한 전망을 담아서 '이론과 생각'이라는 차원에서 다부지게 씨름해 보자는 것이다.

가능한 한 주제와 영역을 포괄적으로 다루고자 했다. 그래서 어쩌면 사전적 의미를 가지는 책이라고도 할 수 있다. 역사와 철학부터 시작해서 방법론과 교사론 그리고 세계 여러 나라의 유력한 사례들에 대한 고찰에 이르기까지 7개의 주제 영역에 따라 16명의 필자가 참여해 모두 25편의 글을 담아냈다. 단순한 이론서가 아니라 그동안 현장에서 몸소 실천한 결과를 주로 다루었기에 생생한 느낌이 살아 있다. 그런 점에서 이 책은 혁신학교 문제에 참여한 분들이 새로 방향을 잡거나 각자 관심 있는 내용을 보다 깊이 천착하고자 할 때 함께할 수 있는 좋은 대화 상대가 될 수 있을 것이다.

한계라면 대다수 필자가 서울 지역을 중심으로 활동하였으므로 다른 지역의 상황을 제대로 반영할 수는 없었다는 점, 내용을 포괄적으로 다루려 했으나 모든 것을 망라하지 못했다는 점 등일 것이다. 제한된 시각이나 누락된 문제들은 추후 보완해야 할 것이다. 필자와 주제 선정, 다룬 방식의 한계는 늘 있는 법이어서 독자들께서 논쟁적으로 참여해 주신다면 후속 작업은 좀 더 의미 있을 것이다.

이 책은 위에서 밝힌 구상을 현실화하는 과정에서 〈티처빌 원격교육연수원〉www.teacherville.co.kr이 제안한 혁신학교 연수 기획을 통해 먼저 발표하기로 했던 바, 이 연수는 2016년부터 정기적으로 운영되고 있다. 여기서 다룬 주제와 내용은 당시 기획에 참여했던 필자들의 구상과 글에 기초한 것이며, 책으로 출판하는 과정에서 처음 원격교육연수에 참여했던 분들 중 두 분은 새로운 필자가 역할을 대신했음을 밝혀 둔다. 우리나라 학교교육의 변화를 위해 제안해 주시고 정성으로 함께 일해 주시는 티처빌 연수원과 관계자 여러분께 심심한 감사의 마음을 표한다.

혁신학교 문제에 대해 진한 관심을 기울이고 열정으로 뒷받침해 주신 살림터의 정광일 대표와 편집부 여러분께 깊은 뜨거운 감사의 말씀을 드린다. 이 책을 통해서 모쪼록 우리의 학교와 어린이 청소년들의 삶이 진정 생기를 띠고 또한 아름답게 활짝 피어나기를 희망한다.

2017년 가을

집필자를 대표하여 송순재

| 차례

1장

혁신학교의 출현과 성장

혁신학교가 운동 차원에서 처음 태동한 상황과, 이후 정책화 과정을 통해 뿌리를 내려 확산되기 시작한 초기 상황을 중심으로, 그 역사와 철학 그리고 주요 교육청들의 정책적 기조를 살펴본 후 혁신교육을 위해 의미 있는 주요 명제들을 설정해 보았다.

혁신학교의 발단·전개·특징

송순재

'혁신학교'는 지난 2009년 9월 처음 경기도교육청이 정책으로 도입한 이후 우리 학교교육에 매우 새롭고 참신한 변화를 예고했고(경기도 직선교육감 1기인 2009~2010), 그다음 단계(직선 2기)에서는 모두 6개 시·도 교육청(서울, 경기, 강원, 전북, 전남, 광주)의 핵심 정책으로 채택되어 뿌리를 내려 빠르게 확산되기 시작하다가, 그다음 단계(직선 3기)에서는 14개 시·도 교육청의 규모로 성장하여 진정한 의미에서의 우리 학교교육 전반의 국면 전환을 추동하고 있는 정책이자 운동이라 할 수 있다. 이 글에서는 그 생성과 전개과정을 토대로 혁신학교의 철학과 교육정책상 주요 기조를 소개하고, 이어서 이 과제를 의미 있게 풀어 가기 위한 문제들을 명제 형태로 간략히 살펴보고자 한다. 역사 부분에서는 경기도교육청과 서울특별시교육청 사례를 논의의 중심으로 삼았다. 단, 혁신학교의 발화처發火處라는 점과 그 전개 양상으로 보아 경기도를 주로 거론하는 것이 마땅하겠으나 지면에 비해 다룰 내용이 너무 많아서 다른 기회를 보기로 하고, 대신 서울이 수도이자 필자가 속해 있는 지역이라는 이유에서 여기에 초점을 맞추었다. 아울러 역사를 조명하는 것이 이 글의 주요 의도 중 하나이기 때문에

---

*이 글은 심성보 편 『새로운 사회를 여는 교육혁명』(살림터, 2012)에 기고했던 글(98-122)을 일부 수정·보완한 것이다.

가능한 한 초창기 상황에 많은 지면을 할애했다.

1. 혁신학교의 전개과정과 교육사적 의미

1) 새로운학교만들기운동과 작은학교운동

서두에서 '혁신학교'는 진보 교육감들의 정책으로 구현되기 시작한 것이라 했지만, 이를 정책 도입 이전, 현장에서 전개된 여러 운동들과 결부지어 다루지 않고는 그 성격을 제대로 밝히기 어렵다. 좀 더 정확히 말하자면 이 운동들은 정책의 기반을 제공했으며, 이제는 거꾸로 정책적 환경속에서 전개되고 있다고 할 수 있다. 애초에 이 운동들은 여러 맥락을 타고 또한 여러 상이한 이름들하에 전개되었는데, 그 주축을 이룬 것은 우리의 어린이와 청소년 그리고 학교교육 문제를 붙들고 줄기차게 씨름해온 교사와 학부모, 실천가와 이론가들이었다.

이들의 공통된 관심사는 근대화 과정에서 지금까지 우리 교육을 옥죄었던 대학 입시 경쟁 교육과 이런 식으로 도구화된 학교교육 및 그 비판적 노력에 모아져 있었다. 그 성격을 한마디로 말하자면 '학교교육 패러다임의 전환'을 위한 노력이라 할 수 있다. 도구화된 학교 체제 속에서 우리의 어린이와 청소년들의 삶은 추하게 뒤틀렸으며, 우리 학교의 일상은 강요와 억압, 무기력과 지루함, 폭력과 죽음에 내몰린 형국이 되어 버렸다. '제도'란 본래 '삶'을 촉진하고 증진하기 위해서 존재하는 것인데 오히려 삶을 억압하고 노예로 만들어 버렸던 것이다. 이러한 도치와 왜곡으로부터 벗어나 '삶을 위한 학교'로 전환해야 한다는 것, 이것이 바로 학교교육 패러다임 전환의 골자이다.

그 발단은 먼저 세간에 널리 알려진 '남한산초등학교'(경기도 광주, 2001

년 이후 현재까지)의 성공 사례[1]에서 찾아볼 수 있다. 이 학교의 교사들은 폐교 위기에 직면한 농촌 학교의 상황에 직면하여 이 학교를 살려 내되, 종래와는 전혀 다른 시각에서, 즉 경쟁 교육의 거대한 흐름 속에서 난관에 봉착해 있는 공교육의 새로운 물꼬를 트기 위한 문제의식을 가지고 접근하고자 했으며, 몇 년간의 고투 끝에 매우 참신하고 의미 있는 성과를 도출해 냈다. 이 시도는 당시 교사와 학부모들 사이에서 차츰 우리 학교 교육의 새로운 지평을 여는 놀라운 사례로 회자되기 시작했으며 얼마 지나지 않아 농촌 지역에 위치한 몇몇 작은 학교들이 합류하면서 확장된 흐름으로 나타났다.

이 초기 상황에 대해서는 좀 더 면밀한 이해가 필요한데, 왜냐하면 이 학교들이 처음부터 현재의 혁신학교 같은 명료한 상像을 염두에 둔 것은 아니었기 때문이다. 그 일차적, 직접적 원인은 1999년 교육부의 대대적인 농어촌 학교 통폐합 정책에 대한 반발로 촉발되었다(971개교가 통폐합됨). 당시 당국의 무리한 조치들은 지역 주민들의 반발을 불러일으켰고, 이는 농어촌 지역의 '작은 학교 살리기 운동'이라는 방식으로 나타났던 것이다. 남한산초등학교도 2000년에 그렇게 폐교될 운명에 처한 학교였다. 이 작은 학교를 살리는 과정에서 지역 주민과 학부모, 교사들 간의 연대가 이루어졌고 이는 최초의 '학교 지키기' 단계를 넘어서서 '새로운학교만들기 운동'으로 진화하게 되었다. 처음 단계에서 학교를 살리기 위해 자원해 들어갔던 교사들은 그때까지 존재했던 학교와는 다른, 그들이 오랜 교사생활을 통해서 꿈꾸어 왔던 '새로운 학교'를 상상력의 나래를 펴 만들어 보고자 했다.[1] 이 맥락을 타고 2002년에는 충남 아산에서 거산초교가, 2003년에는 전북 완주에서 삼우초교가, 2005년에는 경북 상주에서 상주남부초교가 동일한 방향을 모색했다. 시간이 흐르면서 이 학교들은 서로 도움을 주고받을 수 있는 네트워크를 필요로 하게 되었고 그렇게 해서 '작은학교교육연대'라는 모임이 결성되었다(장소는 충남 공주-이때 부산의 금성초교 교사 몇 분이 자리를 같이했다). 이것이 최초의 발화점이라면, 그 흐름을 타고 이어서 다시금 새로운 학교들이 생겨나기 시작했는데, 금성초교(부산, 2006), 송산분교(전남 순천, 2007), 조현초교(경기도 양평, 2006) 들이 바로 그런 학교들이다. 중요한 점은 이들 학교들을 거점 삼아 인근의 작은 학교들이 합류하기 시작한 것이다. 이들 시도 모두 초기 일 년여 동안의 준비과정을 거쳐 2~3년 안에 새로운 학교의 핵심적 상을 만들어 냈다.[2]

그렇다면 새로운 학교 틀에서 시도한 골자는 무엇인가? 한마디로 "아이들이 건강하고 조화로운 삶을 살 수 있도록 교육을 하자"는 것이었다. 아이들이 기준이 되어야 한다는 것이다. 이를 위해 염두에 둔 몇 가지 목표가 있었다.

첫째는 관료주의적 관행을 단위 학교가 바탕이 된 교육활동 중심 체제로 바꾼 것이다. 통제와 지시, 경쟁으로 굳어진 판을 자발성과 협력이 생동하는 마당으로 만들고자 했다. 실적 쌓기 행사, 전시성 행정, 선발 위주의 시상 제도를 없애고 일체의 권위주의적 시설물들도 걷어 냈다. 둘째는 교육과정의 틀을 바꾼 것이다. 하지만 국가교육과정을 기본 구조로 하는 공교육제도의 한계 때문에 법적으로 보장된 범위 내에서 자율성을 최대한 살려 작은 학교의 특성에 맞는 교육과정을 발전시켰다. 블록 수업, 체험학습, 프로젝트 학습 등이 그런 것들이었다. 수업 시간이 늘어나면서 교수학습 방법도 다양해졌다. 소주제 중심의 차시 학습 방식에서 단원 목표 중심으로 변화가 가능해졌고, 아이들의 집중력과 흥미도 높아졌다. 프로젝트 학습은 교과 중심 수업 구조에서 벗어나 교육과정을 통합적으로 재조직할 수 있도록 했다. 프로그램을 공동으로 개발하니 자연스레 수업을 중심으로 학교공동체가 형성되어 갔다. 계절학기 프로그램은 기존의 40분 단위로 운영되는 교사 중심의 시간표 틀을 벗어나 학생들이 선택한 주제 교과를 '주기집중학습' 방식으로 다루도록 했다. 이런 과제는 인력이 부족한 작은 학교에서 감당하기 벅차기 마련이어서 학부모와 지역민들의 도움을 요청할 수밖에 없었다. 이런 식으로 학교와 가정, 지역사회가 하나로 어울리는 교육공동체가 형성되었다. 작은 학교들은 위에서 서술한 방식이 보여 주는 것처럼 새로운 교육 틀을 제각기 모색·실천했으며, '작은학교교육연대'는 그렇게 추구된 가치를 '참삶을 가꾸는 교육', '행복한 학교', '공동체 교육'으로 요약하고 있다.

이들 사례는 종래의 교육개혁운동이 거대 담론, 즉 정책이나 이념 등을 중심으로 전개되었던 것에 비해, 학교와 교실이라는 일상적, 구체적 현장에 초점을 맞추어 살아 있는 성과를 냈다는 데 그 의의가 있다. "작은 학교는 (그들이 추구하는) 가치를 구호화하지 않고 실제 교육 현장에서 바꾸어 나간다." 정책 대결이나 이념 논쟁의 와중에서 아이러니하게도 학교 현장은 빈곤하고 공허해져 버렸다는 자기비판적 시각이 있었고, 여기서 학생과 교사의 삶의 자리인 학교 현장과 그 문제들, 철학, 교육과정, 교수학습의 문제들이 새로이 천착되었던 것이다.[3] 이 맥락에서 짚어야 할 것이 있다. 그것은 '새로운학교만들기운동'과 그것이 발단이 되어 결성된 '작은학교교육연대'의 주축을 이룬 교사들이 좀 더 큰 틀에서 보았을 때 그 정신적 연원을 '전국교직원노동조합'(1989년 민족·민주·인간화라는 가치를 표방하고 시작된)의 '참교육실천운동'에 두고 있었다는 사실이다. 즉 당시 교사들은 이 운동을 모태로 성장하면서 또한 1990년 중반 학교 안팎에서 새로 형성되기 시작한 교육 및 학교운동들과의 조우 속에서 마침내 하나의 결정적인 문제의식에 이르게 되었다고 할 수 있다.

결국 이들 '새로운학교만들기운동' 사례는 진보적 교육감들의 정책 도입 초기 단계에서 유의미한 기초 자료로 제시되었던 바, '혁신학교'라는 정책 용어는 그러한 시도들을 핵심적으로 표현한 것이라 할 수 있다.[4] 여기서 다시금 '참교육실천운동'이 가지는 역사적 의의를 새겨 볼 필요가 있는데, 경기도를 발화점으로 이후 현재 14개 진보 교육감 시도 교육청에서 추진되고 있는 혁신학교를 선도하는 교사들이 대체로 전교조 교사들이라는

이유에서이다. 혁신학교 태동의 배경을 이루는 다양한 교육운동들과 이후 전개과정에 대한 좀 더 자세한

논의는 이 글 다음에 함께 게재된 손동빈의 "이미 시작한 본보기 미래학교, 혁신학교" 중 '3. 혁신학교의 의미와

등장 배경' 참조

2) 새로운학교만들기운동과 대안교육운동

앞에서 살펴본 새로운학교만들기운동을 위한 제반 시도들에서는 분명 공교육 교사들의 독창적인 문제의식인 새로운 학교 만들기라는 구체적 주제와 인상 깊은 실천들을 확인할 수 있거니와, 이 맥락에서 1995년을 기점으로 파상적으로 전개되어 온 '대안교육운동'에서 발전시킨 새로운 학교 교육 패러다임을 위한 이론 및 실천 사례들과의 흥미로운 연관성도 확인할 수 있다. 대안교육운동의 뜻은 다음 두 가지로 요약해 볼 수 있다. 하나는 '교육의 제 길 찾기'요, 다른 하나는 '교육의 다른 길 모색'이다. 전자는 교육의 참뜻에 관한 것이다. 우리 사회 전반에서 볼 수 있듯이 경쟁 교육과 사교육 등 심각한 병리적 현상에 대한 비판적 시각에서, '어린이 삶의 정당한 촉진', '교육의 사회공동체적 기능 수행', '바른 공부법', '삶을 위한 교육'을 가능케 하는 길을 모색코자 한 것이었다. 이런 시도들은 '공교육을 포함하여' 사회 전반에 걸쳐 존재하는 다양한 교육들의 철저한 내적 쇄신 내지 변혁이라는 맥락에서 수행되었다. 후자는 교육에 대한 또 다른 시선을 뜻한다. 교육에는 종래 사회에서 통용되던 규범적이요 모범적인 하나의 길만 있는 것이 아니라 여러 다른 길이 있을 수 있지 않겠느냐는 것이다. 위에서 주어지는 방식이 아니라 사회 구성원들의 자발적 의사에 의해서, 기존의 공교육적 학교 틀을 넘어서 다양한 방식으로, 학교와 나란히 방과후학교나 주말학교, 계절학교 식으로, 학교 틀을 넘어서 즉 자유학교 식으로 혹은 홈스쿨링 식으로 전개되었다. 이 과정에서 생산된 이론과 실천들은 실로 다양하고 풍부한 것이었다. 이즈음 그때까지 국내에 거의 소

개되지 않았거나 단편적으로 소개되었던 교육 및 학교 이론들과 실천 사례들이 저서와 역서, 저널1997년 창간된 교육전문지 『처음처럼』과 1998년 창간된 『민들레』는 그 대표적 사례 등을 통해 매우 조직적으로 또한 밀도 있게 다루어졌으며 여러 교육운동 현장을 뒷받침했다. 발도르프 학교와 전원학사, 몬테소리 학교센터, 프레네 학교, 서머힐 학교, 러시아의 아름다운 학교 운동, 톨스토이 학교, 덴마크 등 북유럽의 자유학교 및 혁신학교, 일본의 자유학원, 태국의 무반덱 학교, 독일의 혁신학교인 헬레네랑에슐레 등과 서구 개혁교육운동의 주요 명제 및 사례들이 그것이다. 이들 실천 사례와 이론들이 혁신학교운동에 끼치고 있는 지속적 영향력에 대해서는 재론의 여지가 없을 것이다.

아울러 대안교육운동 맥락에서 2002년을 기점으로 전개되기 시작한 '학교교육연구회'http://cafe.daum.net/schooldialogue의 활동은 특히 중요하다. 이 연구회는 학교가 변화를 위한 기초 단위가 되어야 한다는 취지로 '학교를 단위로 한 변화란 무엇인가?'라는 물음을 내걸고 2002년부터 현재까지 전국적 규모로 일하고 있으며, 역시 현재의 혁신학교 운동에 일정한 배경을 이루고 있다고 할 수 있기 때문이다. 이는 혁신은 '학교를 단위로'라는 여러 교육청들의 정책 방향에서 확인할 수 있다.

이 연구회는 우리나라 학교교육 전반에 걸쳐 변화를 모색하자는 취지 하에 다양한 공교육 현장의 교장들과 교육이론가들이 함께 발의하여 시작된 모임이다. 폭과 유형에 따라 다양한 구분이 가능한 참여자들, 즉 공립학교와 사립학교와 대안학교, 종교계 학교와 일반 학교, 유·초·중·고등학교 등 다양한 교육 현장의 실천가와 이론가들이 참여했다. 이 시도는 앞에서 소개한 '대안교육의 첫 번째 범주'에 해당한다. 그 핵심은 2004년도 행사에서 밝힌 다음 일곱 가지 지향점에 잘 드러나 있다.

① 학교가 스스로를 변화의 주체로 발견하기
② 학교와 학교 간의 대화와 교류, 협력을 촉진하기

③ 교사 하나하나의 철학과 삶을 닦아 나가기

④ 우리 문화와 학교 현장을 바탕으로 한 교육이론과 방법론을 발전시키기

⑤ 이론과 실천 사이의 생생한 교류 및 협동을 촉진하기

⑥ 타자의 관점과 입장의 차이를 생산적인 것으로 만들어 내기

⑦ 작은 변화를 진지하게 받아들이기

운동 방식의 골자는 "1년을 단위로 한 변화"에 있다. 즉 현재 학교의 상태를 기술하고, 변화해야 할 목표를 설정한 뒤, 학교 스스로 1년 동안 꾸준히 노력하여 도달한 모종의 성과를 전체 모임 때 가지고 나와서 발표하고 또 참여 학교들과 교류를 시도하는 방식을 말한다(학교 발표·강연·전시회 같은 방법들이 주로 활용되었다).[5] 이 학교교육연구회에 차츰 현재의 혁신학교 활동가들도 참여하기 시작했으며, 이 자리에서 소개된 대안학교 내지 학교혁신 이론들과 운동 방식은 이후 현재 시점까지 혁신학교 현장과 활동가들에게 지속적 영향력을 끼쳐 왔다.

대안학교와 혁신학교에 관한 문제의식은 종래 우리 학문 영역에 '학교교육학'이나 '학교론'이라는 것이 거의 존재하지 않았으며 따라서 이러한 시각에서 우리 문제를 새로이 천착하자는 문제의식과 맞닿아 있기도 하다. 이 맥락에서 대안학교와 혁신학교론이란 우리 교육을 종래와는 다른, 새로운 학교교육 패러다임에 따라 변혁시키려는 특수한 관심사를 뜻한다. 그 패러다임은 무엇을 추구하는가? 한마디로 어린이와 청소년의 삶을 담보로 한 '무자비한' 경쟁 교육의 판을 넘어서자는 것이다. 이는 이 판을 추동하는 기본 틀, 즉 현 사회와 미래를 위한 시대정신을 반영하지 못하는 '낙후하고 완고하며 때로는 황폐화된 학교교육 체제' 전반에 관한 비판적 극복의 노력을 뜻하는 것이다.

2. 혁신학교의 법적 근거와 지형도

혁신학교운동이 정책적 환경 안에서 전개되는 양상이라면, 그 법적 근거와 정책의 주요 특징은 무엇인가? 혁신학교는 '자율학교' 설치에 관한 '초중등교육법 제61조 및 동법 시행령 제105조'와 훈령, '교육과학기술부 훈령 제185호(2010. 7. 29. 자율학교의 지정 및 운영에 관한 훈령)'에 근거한다. 동 훈령에 따르면 자율학교의 핵심은 제4조~제6조에 드러나 있듯이, 초등학교와 중학교는 교과별 수업 시수를 20% 내에서 자율적으로 운영할 수 있고, 고등학교의 경우 필수 이수 단위를 72단위 이상으로 하고, 교과(군) 및 교과영역의 필수 이수 단위를 준수토록 한 것과 교장 공모 및 단위 학교당 정원의 50% 범위 내에서 교사를 초빙할 수 있도록 한 데 있다. 이에 따라 혁신학교를 설치, 운영하게 된 시·도 교육청은 2017년 9월 현재 전국적으로 서울, 경기, 강원, 전북, 전남, 광주, 인천, 세종, 경남, 부산, 대전, 충남, 충북, 제주 등 모두 14곳이며, 그 명칭은 지역에 따라 조금씩 다르다(서울은 서울형혁신학교. 경기는 혁신학교, 강원은 행복더하기학교, 전북은 전북혁신학교, 전남은 무지개학교, 광주는 빛고을혁신학교, 인천은 행복배움학교, 세종은 세종혁신학교, 경남은 행복학교, 부산은 부산다행복학교, 대전은 창의인재씨앗학교, 충남은 행복나눔학교, 충북은 행복씨앗학교, 제주는 다혼디배움학교). 운영 학교 수로 보면 경기교육청에서 2009년 처음 시작할 때는 13개교였으며, 2017년(9월) 현재, 서울이 168개, 경기가 442개, 강원이 55개, 전북이 159개, 전남이 88개, 광주가 54개, 인천이 30개, 경남이 38개, 세종이 10개, 부산이 32개, 대전이 10개, 충남이 54개, 충북이 30개, 제주가 21개교 등 총 1,191개교이다. 전국 학교 수(2017년 현재, 유치원 포함) 대비 혁신학교 비율은 5.7%이다.[6]

조례를 제정한 곳은 2017년 현재 서울, 경기, 광주, 전북, 전남, 대전 등 모두 여섯 곳이며, 제주는 제주특별법의 자율학교를 근거로 삼고 있다. 그

취지는 전라북도를 예로 들어 보면 제1조와 제2조에 드러나 있으며, 그 뜻은 대체로 동일하게, '학생과 교육 주체 간의 민주적 소통 및 자발적인 참여와 협력', '공교육 내실화', '미래지향적 창의 인재 육성'에 맞추어져 있다. 제1조와 제2조는 다음과 같다.

제1조(목적) 이 조례는 교육 주체 간 민주적 소통 및 자발적인 참여와 협력을 바탕으로, 전라북도 내 유·초·중·고등학교의 공교육 내실화에 기여하고, 미래지향적 창의 인재 육성을 위한 혁신학교의 운영 및 지원에 필요한 사항을 규정함을 목적으로 한다.

제2조(정의) 이 조례에서 "혁신학교"란 공교육 내실화의 성공 모델을 창출하여 이를 확산 보급하기 위한 목적으로 전라북도 교육감이 지정·운영하는 학교를 말한다.

3. 교육청 정책으로 본 혁신학교 사례

이제 혁신학교가 어떠한 철학과 구조상 제반 특징을 가지는지에 대해 좀 더 자세히 논의할 차례이다. 지역에 따라 차이가 있겠으나 그 대강에 있어서는 같은 노선을 추구한다는 점에서, 먼저 그 시발점이 된 경기도교육청(김상곤 교육감)의 경우를 살펴보고 이어서 서울특별시교육청(곽노현 교육감)의 경우를 상세히 살펴보기로 한다.

1) 경기도교육청 혁신학교

경기도교육청 자료 「2011 경기도 혁신학교 운영 성과 보고서」(2012. 2.

22)에 소개된 혁신학교 운영 개요(초등 9-10-초중등 내용 동일)[7]에 의하면, 혁신학교 '철학'은 '공공성', '창의성', '민주성', '역동성', '국제성'의 5개 축을 중심으로 하며, 이를 기본 축으로 하여 4개의 영역, 즉 '창의지성 교육과정 운영'(교육과정의 특성화, 다양화, 배움 중심 수업, 성장 참조형 평가), '전문적 학습공동체 형성'(집단지성의 학습공동체, 학교조직의 학습조직화, 학습 지원 환경 구축), '민주적 자치공동체 형성'(존중과 배려의 학교문화, 참여와 소통의 자치공동체, 대외 협력과 참여 확대), '자율 경영 체제 구축'(비전 공유와 책무성 제고, 권한 위임 체제 구축, 변화와 혁신의 리더십)이라는 영역이 전개되어 있다.

그 구체적 내용은 보고서 뒷부분[197]에 별도로 편집 배치된 '경기도 혁신학교 추진 성과 및 발전 과제'의 주요 부분에 제시된 일련의 '기본 질문들'을 통해 일견할 수 있다.

혁신학교가 갖고 있는 철학, 이념을 실질적으로 구현하는 정도에 이르는 과정으로 창의력과 함께 소통(관계) 능력, 존중과 배려, 나눔과 돌봄, 민주시민으로서 살아가는 능력 등 미래 핵심 역량을 갖춘 미래형 인재를 길러 내고 있는가, 그러기 위해 교육과정을 다양화 특성화하고 있는가, 그 교육과정에 따른 교수학습 및 평가 방법을 구안해서 적용하고 있는가, 새로운 학교문화를 위한 안전과 돌봄 시스템, 배려와 존중의 학교공동체 구축을 위해 노력하고 있는가. (……)

이러한 정책적 논점을 설정한 이유는 발전 과제 부분[보고서, 2005]에서 거론된 다음 몇 가지 사항, 즉 '입시 위주의 교육과 그에 따른 좁은 의미의 학력에 얽매인 교육 목표', '경직된 교육과정', '관료적 학교 운영 체제' 등을 보면 잘 알 수 있다.[8]

2) 서울특별시교육청 서울형혁신학교

서울특별시교육청에서는 처음 행복의 추구, 책임과 공공성, 자율과 창의, 자발과 참여, 소통과 협력이라는 5개 항의 기본 정신을 바탕으로 '참여와 협력의 교육문화공동체'라는 철학을 중심축으로 하고 여기에 6개 영역, 즉 교육과정, 수업, 학생 평가 방법, 학교 운영, 생활지도, 교육복지 영역의 혁신을 추구하는 학교 상을 제시했다.[9]서울혁신학교 이야기, 107 이와 관련하여 중요한 것은 2011년 10월 5일 이후 여러 시·도 교육청에서 계속 이어지고 있는 '학생인권조례 제정'에 관한 것으로, 이는 현재 추진되고 있는 혁신학교의 성격이 무엇인지를 단적으로 가늠해 준다.[10]

① 교육과정 혁신: 온전한 성장을 꿈꾸는 학교: 교육과정의 특성화, 다양화, 문예체 교육의 부흥 등
② 수업혁신: 함께 배우고 성장하며 신나는 학교: 참여와 소통을 통한 협력 수업 등
③ 학생 평가 방법 혁신: 성장과 발달의 과정을 평가하는 학교: 성장과 발달 중심의 평가 등
④ 학교 운영 혁신: 민주주의가 살아 숨 쉬는 학교: 민주적·협력적 학교 문화 구축 등
⑤ 생활지도 혁신: 인권이 존중되는 평화로운 학교: 인권 존중, 체벌 금지, 비폭력 평화교육 등
⑥ 교육복지 혁신: 지역사회와 교류하는 돌봄과 배려의 학교: 빈곤·위기 학생 안전망 강화 등

첫 번째 세 분야, '교육과정', '수업', '평가 방법'의 혁신은 본질적 영역의 혁신을 뜻하는 것으로 입시 위주 교육으로 본말이 전도된 교육의 정상

화를 꾀하기 위한 목표이다. 현 입시제도는 내신, 본고사, 예비고사, 학력고사, 수학능력시험 등 여러 변천 과정을 겪었지만 변별력과 객관성을 확보하기 위한 평가 방법이라는 점에서 동일한 구조를 가지고 있다. 이에 따라 입시 위주 평가는 교육과정과 수업을 결정짓는 기준이 되고, 이렇게 해서 교육은 자연 변별력과 객관성을 위해 존재하게 되므로, 필연적으로 획일적 교육과정과 수업을 필요로 하게 되는 문제가 있다는 것이다.

이에 따라 입시 위주 평가 방식을 지양하고 대신 학생 개개인의 전인적 성장과 발달을 추구하는 평가체제를 도입한다. 이 전제하에서 교육과정과 수업 구조에도 변화를 기대할 수 있게 되는데, 획일화된 현 구조에서 특성화, 다양화된 방향으로 변화를 추구하면서 문화·예술·체육을 강조하자는 것이다. 이러한 교육과정상의 자율성을 자율학교 지정을 통해 보장하고 있다.

수업 역시 획기적 변화가 필요하다. 그것은 교사와 학교공동체가 탁월한 수업 역량을 갖추는 것을 말하는 것으로, 이를 위해서 기존의 강의식·주입식 수업을 탈피한 학생의 참여가 대폭 보장된 다양한 방식, 예컨대 블록식 수업, 협동학습, 참여 중심 학습, 프로젝트 학습, 토의 토론 학습, 미디어 활용 교육 및 미디어 교육 등을 도입한다.서울혁신학교 이야기, 107~108 교사의 수업 역량을 강화하는 데 가장 큰 걸림돌은 잡무이다. 따라서 교무행정전담팀을 구성하고 '교무행정지원사'를 배치하여 교사가 수업에 집중할 수 있도록 교무행정 체제를 개혁하는 과제도 있다.

이어서 두 번째 세 분야, '학교 운영', '생활지도', '교육복지'의 혁신은 지원적 영역의 혁신을 뜻한다. 여기서 돋보이는 혁신학교의 주된 목표 중 하나는 '민주시민' 양성이다. 이는 우리 사회가 현재 민주화, 다원화 방향에서 변화를 겪고 있는 상황과도 맞물려 있다. 그렇다면 학교 운영 전반과 생활지도 면에서도 당연히 그러한 정신이 구현되어야 한다는 것이다.

첫째, 종래 학교는 대체로 '관료제적 권위주의적 체제'로 운영되었는 바, 이 상명하달식의 지시-복종 문화를 탈피하여 토론과 협의, 지원과 협력이라는 민주적 문화가 학교 운영 전반에 뿌리내리도록 해야 한다는 것이다. 교사에 대한 교장의 관계 방식, 학교에 대한 교육청의 관계 방식의 수정을 요하는 과제로, 이를 통해 교사와 단위 학교는 종래의 수동적 위치에서 능동적 위치로 전환할 수 있는 기반을 갖게 된다.[111]

둘째, 학생들의 '생활지도'는 규범과 통제가 아니라, '인권 존중', '체벌 금지', '비폭력 평화교육'의 정신에 따라 이루어져야 한다.서울혁신학교 이야기, 110 '서울시 인권조례'의 철학과 정신은 이 맥락에서 뜻을 갖는다. 제정 과정에서 체벌금지나 두발자유 같은 사항들이 전면에 부각되기는 했으나, 그 요체는 아이들의 마음을 읽고 공감하는 데 있다. 교사의 감정적 언어 구사 능력이 필수적으로 그에 상응하는 교사 재교육 과정을 활성화한다.

셋째, '공동체'는 이 점에서 혁신학교가 추구해야 할 주요 목표가 된다. 학교는 화합과 통합의 구심점을 이루어야 한다는 뜻이다. 이를테면 현재 우리 사회가 직면하고 있는 사회경제적 양극화에 따른 교육 소외 계층의 증가, 소득 수준에 따른 교육 격차의 확대 등의 상황 앞에서, 학교는 위기 학생에 대한 안전망 강화를 비롯하여 친환경 무상급식이나 무상교육 등 '교육복지' 문제에 앞장서야 한다는 것이다. 이는 지역사회와의 긴밀한 연계 구조를 통해 효과를 볼 수 있는 과제로 사업은 학교 안팎에서 수행한다. 이 맥락에서 혁신학교는 평생학습사회 건설을 위한 과제도 수행할 필요가 있는데, 지역의 문화센터이자 평생학습센터의 역할을 맡아야 한다는 것이다.서울혁신학교 이야기, 110

이상 6개 분야에서 설정된 혁신의 세부 목표와 지향점들은 혁신학교 현장들에서 두루 섭렵해야 할 바이나, 특정 분야를 심도 있게 특화시켜 성과를 보기 시작한 학교들도 나타나고 있다.서울혁신학교 이야기, 111-127

서울형혁신학교는 '4년'을 단위로 운영되며 공모계획서를 제출하여 지정을 받도록 되어 있다. 이 기간 동안 교육청의 '간섭'은 최소화하는 대신 '지원'은 최대화한다. 이는 종래 1년 단위의 학교 운영 방식을 지양하고, 그 대신 중장기적 시야를 확보하여 긴 호흡 속에서 단위 학교마다 특유한, 착실한 변화를 자발적으로 유도하기 위한 것이다. 교장은 '공모제'로, 교사는 '교사초빙제'를 통해 혁신학교에 임용할 수 있다. 2017년 현재 학교당 3,500~5,500만 원의 운영비가 주어지며, 이 재정 규모는 프로그램 개발과 운영, 교직원 현장연수, 문예체 교육, 학생과 학부모 활동에 쓰인다. '승진가산점제'를 활용하지 않고 그 대신 교사들의 자발적 의지와 열정을 근간으로 삼는다. '문화 예술 체육' 활동을 중시한 것도 또 하나 특기할 만한 점이다. 수업을 학생과 교사 간의 살아 있는 교감이 이루어지는 자리로 만들자는 문제인식이 특히 도드라진다. 수업혁신에 관한 다양한 연수과정들이 이를 뒷받침하며, 교무업무지원사 채용과 전시성 행사 폐지 등의 제도적 보완책이 시행되고 있다. '학부모'는 이 혁신의 전 과정에서 적극적·능동적 참여자가 된다. 학교교육은 학부모와 함께할 때 비로소 그 정당성과 유효성, 그리고 옹골찬 성과를 기대할 수 있다는 인식 때문이다. 학부모는 학교운영위원회를 통해서 학교 예결산 심의, 교육과정 협의 등에 참여할 뿐 아니라, 학부모회의를 통해 또 다른 경로로 학교 운영에 참여할 수 있다. 근래에 들어 학부모 연수가 부쩍 활성화되고 있으며, 독서모임, 지역 봉사활동 등 다양한 참여의 기회를 제공하고 있다. 학부모들은 이 과정에서 다른 집 아이들도 내 아이처럼 느끼고 함께할 수 있다는 교육에 있어 매우 중요하고 근본적인 자각에 이르게 되었다는 보고가 있다. 서울형혁신학교가 위치한 구청들은 재정, 환경, 인력 등에서 협력적 위치에 있다. 방과 후 돌봄을 위한 지역 공부방 지원, 문예체 활동을 위한 제반 시설과 인력 제공, 다양한 예술 공연 감상을 위한 할인 혜택 제공, 학생들의 봉사활동 체험을 위한 도움 제공 등이 그 예이다. 이 협력 사업은 학교의 신청을 받아 수행된다. 여기서 제시된 상은 어디까지나 기본 틀일 뿐 서울형혁신학교들은 이 기본 틀을 바탕으로 '저마다' 학교를 독특하고 다양하게 만들어 가고 있다. 서울혁신학교 이야기, 128~139[11]

이 패러다임 전환에 대한 요청은 기존의 체제가 '삶을 볼모로 하고 있다'는 이유에서뿐 아니라 그 '낙후성'이라는 점에서도 불가피하게 제기되고 있다. 왜냐하면 근대 사회와 산업화 시대에 초점을 맞춘 기존의 낙후한 학교 틀을 가지고는 정보화 시대에 진입한, 그리고 특히 4차 산업혁명의 시대에 직면한 현재는 물론 미래 역시 준비할 수 없음이 자명하기 때문이다.

이를테면 경쟁 교육의 산물인 '소위 PISA 척도에 따른' 세계 최고 수준의 학업성취도란 언어, 수학, 과학 등 몇몇 주요 교과에 국한된 것으로 고답적 지식교육의 산물에 대한 평가라는 한계를 가진다. 그것도 삶의 다양한 역량 차원을 조명하지 않았다는 문제 말이다(잘 알려진 바와 같이 최근 하워드 가드너Howard Gardner는 '다중지능이론'을 통해서 이 문제의 중대성을 과학적으로 탐구해 냈다). 그것도 대체로 강요에 의한, 따라서 내적 동기에 의해 추동되지 못한 피동적 산물이라는 점에서 그렇다. 이 학업성취도에는 진정성이 결여되어 있는 것이다.[12] 그런 점으로는 역시 교육 재정 규모, 관료주의적 학교 운영 체제, 학교교육 전반의 비민주성, 교실의 구조, 일방적·획일적 교육과정과 수업 방식, 상당수 학부모들의 경쟁적 교육관 등도 거론할 수 있다. 따라서 이 새로운 혁신학교는 '창의성과 혁신, 문제해결 능력, 의사소통과 협력, ICT 소양, 생태 감수성' 등에서 탁월한 학교를 지향한다. 이 문제는 PISA가 2015년 설정한 평가 기준을 고려해 보면 좀 더 절박하게 다가올 수 있는데, 이는 기존의 학교교육 틀로는 전혀 책임 있게 응답할 수 없는 비판적 사고력, 과학의 사회적 책임, 협동적 문제해결 능력, 환경 감수성 등의 문제들이 새로 다루어지도록 했기 때문이다. 요컨대 혁신학교는 기존의 학교와는 전혀 다른 학교문화를 발전시키려 한다.

마지막으로 또 한 가지 중요한 점은 이 혁신학교라는 것이 '특목고'나 '자율형 사립학교'같이 어떤 특정한 범주의 학교가 아니라, 최종적으로 학교 전반의 혁신을 위해 확보할 필요가 있는 '교두보'를 뜻한다는 점이 분명해졌다.

이를 위해 최근 흥미로운 방안 하나가 제시되었는데 '혁신교육지구'가 바로 그것이다. 자치구를 단위로 자치구청, 교육청, 시민단체가 공동으로 학교의 성장 지원망(민관학 거번넌스를 통해 학교 안팎에서 혁신교육과 교육복지를 실현하기 위한 체계)을 구축하여 교육혁신을 전개하는 지구를 뜻하는 것으로 2017년 현재 서울의 25개 자치구 중 22개 자치구에서 실시되고 있다. 이 지구 안에 있는 학교에는 주요 교과와 문·예·체 영역의 정규 수업을 지원하는 협력교사를 단계적으로 배치하고, 마을이 학교교육 혁신을 지원하는 것이다.

4. 혁신학교의 의미 있는 성장과 전개를 위한 논의

앞서 1~3에서는 혁신학교 출현과 전개과정, 혁신학교의 법적 근거와 지형도, 초기 단계에서 경기도와 서울특별시교육청이 설정한 정책적 기조에 대해서 살펴보았다. 교육청들의 정책 수립과 수행 과정에는 초창기 작은 학교연대운동에 참여한 교사들과 학교혁신을 위해 참여적으로 활동한 교사, 그리고 대안교육운동의 실천가와 이론가들이 함께 결합해 일하고 있다. 교육청들의 최근 정책 방향과 교육감들의 입장을 보면 혁신교육이 계속 진화해 가고 있음을 알 수 있다.

이 자리에서는 혁신학교의 성장과 전개를 위해 의미 있게 고려할 만한 문제들을 일곱 가지 명제로 정리하여 간략히 살펴보고자 한다.

① 경쟁 교육 대 협력적 인간교육: 인간적 삶과 가치, 어린이와 청소년의 행복을 추구하는 교육

② 교육의 사사화 대 교육의 공적 가치 추구: 사회공동체적 가치 실현과 복지교육

③ 전통적 관료제 학교 대 민주적·참여적 자치공동체 학교: 살아 있는 유기체로서의 학교

④ 획일적 교육과정 대 자율성, 독창성, 다양성을 추구하는 교육과정: 유연한 교육과정

⑤ 주입식·강의식 수업 대 자기생산적·협력적·창의적 학습: 가르침과 배움, 경쟁과 협력, 모방과 창조 사이에서 적정한 균형점 모색

⑥ 객관적 지식교육 대 개성적·인격적 지식교육: 개성의 발현과 성숙

⑦ 주요 교과목 교육 대 문화·예술·체육을 포괄하는 전인교육: 통섭과 융합에 의한 상호 연계적 전일성

이상은 각각 모두 엄밀한 이론적 논의를 요하는 주제이나, 지면상의 이유로 주요 논지만을 간추려 제시한다.

대학 입시 경쟁 교육과 학교교육

혁신교육을 위한 기초적 논의에서 경쟁 교육 대신에 전인적 성장·발달을 위한 교육을 추구하자는 목적 설정은 백번 지당하다. 하지만 상위 단계로 진학할수록 입시 문제가 현실적 압박으로 작용할 수밖에 없다는 점에서 혁신교육의 정당성을 위한 좀 더 견고한 논거가 필요하다. 그 논거는 학교에 대한 비판적 논의를 통해서 찾을 수 있다. 우리 사회에서 학교는 보통 그 자체로서보다는 하나의 도구, 즉 대학 입시를 위한 '도구'로서만 이해되는 경향이 짙다. 따라서 학교는 존재하기는 하나 본질적으로 존재

하지 않는다는 문제를 안고 있다. 학교가 본질적으로 존재하기 위해서는 그 자체 교육 본연의 길을 추구하는 것 외에 다른 길이 없다. 경쟁이 입시 구조 때문에 발생하는 것이라면, 그 구조는 반드시 고쳐야 한다. 하지만 또 다른 시각에서 볼 때 그러한 개혁 작업이 완료될 때까지 아무것도 할 수 없는 것은 아니다. 입시제도를 고침으로써 그 하위 단계의 학교제도를 정상화할 수 있다는 말도 맞지만, 하위 단계의 학교교육을 정상화하는 노력을 꾸준히 기울이다 보면 대학 입시제도 개선의 길도 열릴 수 있다고 생각할 수 있다. 실제로 '현 제도에서도' 좋은 교육을 하는 학교 사례들이 적지 않다는 사실을 확인할 수 있기 때문이다.

문제 많은 대학 입시 때문에 아무것도 할 수 없는 게 아니라, 대학 입시에도 불구하고 우리는 새로운 방향을 찾아야 하고, 혹은 좀 더 정확하게 말해서 이렇게 문제 많은 대학 입시 때문에라도 학교교육은 새로운 방향을 찾아야 한다. 요는 학교는 대학 입시를 위한 단순한 도구로서가 아니라, 더 근본적인 목적, 즉 어린이와 청소년의 삶의 정당한 발현과 전개를 촉진하기 위해 존재해야 하며, 대학 진학은 그러한 과정의 자연스러운 결과여야 한다는 말이다. 좀 더 정확히 말해서 학업의 과정에서 우선권을 가지는 것은 대학 진학이 아니라 '진로 지도'이다. 21세기 한국의 변화된 상황에서 대학 진학은 더 이상 무조건적 명령이 될 수 없다.

경제 세계화 경쟁 교육과 인간교육-생태적 교육

현 혁신학교 정책에서 경쟁 교육을 추동하는 또 다른 요인은 1990년대 이래 가속화되기 시작한 경제 세계화로 인해 힘을 얻게 된 '기술 만능주의적-경제적 교육 모형', 즉 시장市場이라는 신神이 요구하는 논리에 따라 경제적 생존과 사회문화적 생존을 교육의 초미의 관심사로 보고 '무한 경쟁'과 '승자독식'의 법칙을 추종하는 교육 모형이다. 이 모형의 정당성을 어느 선까지 인정할 것이냐 하는 물음은, 최근 극단화된 자본주의 사회의 모순, 즉 흔히 20 대 80 혹은 1 대 99로 대변되는 사회적 양극화의 모순 속에서 저울질을 해 볼 필요가 있다. 교육을 이 모순을 첨예하게 하는 식으로 쓸 것인지, 아니면 이 모순의 극복을 위해서 쓸 것인지 하는 문제다. 이 모형이 안고 있는 치명적인 약점은 그러한 과정의 최종적인 목적에 대해서는 침묵을 지키고 있다는 것이다. 그것은 "하나의 인간적 존재가 된다는 것은 무엇을 뜻하는가?"라는 물음이다. 이것을 학교교육 본연의 과제로 삼고 있는 곳. 그곳이 바로 혁신학교이다. 혁신학교는 '인간성의 학교'인 것이다.

현시점에서 인간교육이란 주제는 생태학적으로도 조명할 수 있는 과제를 뜻하는데, 다음 네 가지 차원에서 그러하다.

① 자신과의 관계에서: 타자와의 경쟁이 아니라 '자기 자신과의 교류'에 중점을 두며, 따라서 인간됨, 인간 형성 문제를 공부의 근간으로 삼는다.

② 타자와의 관계에서: 공동체를 경쟁 위에 놓는 사회생태학적 시각을 추구한다. 따라서 평준화 정책이 지향하는 이상은 포기할 수 없는 정당성을 갖는다. 특수목적고와 자율형 사립고의 출현은 유감스럽게도 이 구조를 무력화시켰는데, 이로써 일반계 고교는 전반적으로 점차 황폐화되는 상황에 빠져들게 되었다. 또한 경쟁을 통해서 학교 역량을 제고하자는 일제고사와 학교별 성적 고시제는 현장에서 많은 반감을 불러일으키고 있다. 교수학습 차원에서 학습자는 자발적으로 또한 협력적으로 공부해야 하며, 평가 역시 서열화 방식보다는 개개인의 적성과 능력에 맞게, 또한 공동체가 조화롭게 성장할 수 있는 방식으로 시행되어야 한다.

③ 국제적 관계에서: 오늘날 한 나라의 교육은 경제 세계화에 따른 무한

경쟁과 승자독식의 법칙에 따라 재편된 세계 질서에 부득이 편입되었다. 혁신학교는 무한 경쟁과 승자독식이 아니라 상호 존중과 상생이 가능한 세계 질서를 교육의 목적과 목표로 설정한다. 그런 뜻에서 의미 있는 '세계 윤리'를 터득하고 배우는 곳이다.

④ 자연환경과의 관계: 경제 세계화, 즉 '고삐 풀린' 자본주의와 기술문명의 구가라는 판에서 전 지구적 자연환경의 파괴라는 참사가 대대적으로 진행 중이다. 그러나 기존의 공교육체제가 그 철저한 변혁을 위해 패러다임을 전환했다는 증거는 찾기 어렵다. 혁신학교는 그런 점에서 생태적 학교이고자 한다. 이는 21세기의 시대적 정신이기도 하다.

어린이 체험과 상호 관계적-대화적 모형

혁신교육이 경쟁(지상주의) 교육을 배격하는 이유는 이 체제들이 '어린이 체험'을 동반하지 않기 때문이다. 혁신학교는 어린이 체험을 전제하는 어린이를 존중하는 교육의 자리이다. 단 좀 더 예민하게 보아야 할 부분은 어린이 존중이 어린이 중심주의 교육을 뜻하지는 않는다는 점이다. 어린이 중심주의 교육은 교육적 진실 전체를 전적으로 옳게 대변하지 않는다. 이는 자칫 아동의 신격화로 빠져들 수 있는 바, 어른 중심 교육이 문제가 많은 것처럼 또 다른 편에서 문제를 안고 있는 접근 방식이다. 실제로 아동은 연약하며 인간 일반이 가지고 있는 결함 많은 존재로서 적합한 교육적 도움을 필요로 하는 존재인 것이다. 여기서 바로 변증법적 사유 형식에 의한 '상호 관계적-대화적 모형'이 출현하게 되었는데, 이 모형은 교사와 아동 간의 관계 방식을 정당하게 규정할 뿐 아니라, 학교 영역 전반에 걸쳐 현실 적합성을 갖는다고 할 수 있다.

교육과정과 교수학습 방식의 다변화

어린이를 존중하는 변증법적-상호 관계적 교육 모형은 그에 상응하는 교육과정을 발전시킬 수 있다. 이 점에서 유연한 교육과정의 필요성은 끊임없이 제기되어 왔다. 그 요체는 객관적 목적 설정에 의해 아동에게 일방적·획일적으로 주어지는 교육과정이 아니라, 과거만이 아니라 현재, 교사만이 아니라 아동, 학교 안만이 아니라 학교 밖, 교육부와 교육청만이 아니라 단위 학교와 교사들의 요인이 정당하게 고려되는 교육과정 구성에 있다.

새로운 교육과정은 교수학습 방식의 다변화를 예고한다. 그 주요 특징으로는 전일성, 자발성, 창조성, 인격적·개성적 지식, 협력 등을 촉진하는 구조를 들 수 있다. 전일적·통섭적 교육과정, 월요아침모임, 이야기법, 프로젝트법, 모둠대화식 협력학습법, 주기별 집중수업, 실천학습법, 4시간 단위 수업-통합교과적 열린 학습법 등은 그 주요 사례들이라 할 수 있다.[13]

단 이 새로운 방법들을 도입함에 있어 '전통적 교육과정과 수업 방식'에 대해서는 어떻게 해야 할지에 관한 문제가 제기될 수 있다. 즉 교과교육과정과 강의식 수업의 위치 문제이다. 새로운 방법으로 그것을 전적으로 대치 내지 폐기하는 방안이 있겠고, 제한적으로 보전하면서 새로운 방법과 병행하는 방법이 있을 수 있겠으나, 후자가 좀 더 타당하다고 하겠다. 아이들에게 체계적이고 지속적으로 이루어지는 교수학습 과정도 필수적이기 때문이다. 아이들이 '모든' 해석과 맥락을 스스로 알아내고 자기의 경험을 바탕으로 추리할 수 없다는 이유에서 그렇다. 만일 강의법이 문제가 많다면 강의법 그 자체를 개선하는 쪽으로 노력을 기울이는 게 옳다. 이것을 무조건 협력학습법으로 대치한다고 해서 문제가 해결되는 것은 아니라는 뜻이다. 교수학습 구조를 단순히 '배움'으로 대치하는 것은 옳지 않다. '가르침'의 차원이 상존하기 때문이다. 모든 것이 배움이라면 '교敎'의 차원은 어디에 존재하는가? 학교는 배움의 공동체일 뿐 아니라 가르침의 공동체이기도 하다. 한학 공부법에서 말하는 '교학상장敎學相長'은 다시 이 지점에서 의미를 가질 수 있다.

5. 과제와 전망

'혁신학교 패러다임'의 핵심은 요컨대 인간다운 교육, 행복한 아이들, 자유와 자발성, 협력과 공생, 민주시민, 생태적 위기에 봉착한 인류사회의 미래를 제대로 담보해 낼 수 있는 학교 등에 있다. 해방 후 학교라 하면 늘 '그렇고 그런' 학교만 다녔던 우리에게 이런 새로운 학교 형태와 또 그 전국적 확산도와 영향력을 볼 때 현재의 흐름은 분명 우리 교육사의 중대한 분기점이 아닐 수 없다.

그럼에도 "좋은 이야기긴 하지만 그래 가지고 변변한 대학에 보낼 수 있을까?"라는 식의 판에 박힌 응수를 예견할 수 있다. 장황한 논의보다는 우리의 혁신학교 같은 독일의 혁신학교 사례 하나를 들어 본다. 헤센주, 비스바덴시에 있는 헬레네랑에슐레Helene-Lange-Schule는 1980년 중반 고답적이었던 종래의 학교 틀을 벗어나 개혁을 시도했는데, 그 결과 오늘날 독일은 물론 국제적으로도 널리 알려지게 된 학교이다. 그 이유는 다음과 같다. 즉 2001년에 시행된 OECD의 피사(PISA-국제학업성취도평가) 연구 결과, 이 학교 학생들은 독일 전국 평균은 물론 핀란드나 한국 학생들의 평균성적보다도 더 뛰어난 점수를 얻은 것으로 나타났기 때문이다. 주목할 만한 것은 그 성과가 우리나라처럼 유치원 때부터 달달 볶아서 점수 따는 공부에 몰아넣는 식으로가 아니라, 교육 본연의 길을 찾아 정도를 걸은 결과라는 점에 있다.[14] 이 사례에 비추어 보면 우리의 공부가 그 목적이나 내용뿐 아니라 방법에서도 치명적 결함을 가지고 있음이 드러난다. 교육 본연의 길은 학업성취도를 추구하는 길과 배치되지 않는다. 인간 교육과 학업성취도, "이 둘은 두 마리의 토끼가 아니다." 인간교육 본연의 길은 학업에서도 좋은 결과를 낳을 수밖에 없다는 것이 우리의 살아 있는 경험이다. 지난 세월 동안 도처에서 주력해 온 우리의 혁신학교들도 이미 그러한 희망의 증거들을 보여 주기 시작하고 있다.

혁신학교 운동은 아직은 초창기로 갈 길이 멀다. 현시점에서 우선 필요한 것은 긴 호흡이다. 가장 긴요한 것은 문제를 풀어내는 학교 안의 소통적 협의구조일 것이다. 적지 않은 현장 사례에서 그렇지 못한 현상들이 보고되고 있어 개선이 요구된다. 폭넓고 다양한 시각에서 철학과 방법론에 대한 이론적 공부가 지속적으로 이루어져야 한다. 현 단계에서 어떤 하나의 교수학습 방법의 논리를 지배적 위치에 올려놓는 것은 바람직하지 못하다. 또한 국제적 비교 연구는 어느 모로 보나 유익하여 촉진해야 한다. 특히 유럽의 경우 공교육과 혁신학교 전개에 있어 앞선 역사와 풍부한 사례를 가지고 있다는 점에서 생산적 대화가 기대된다. 그러나 무엇보다 중요한 것은 '자기 자신의 작품'을 만들어 내는 것이다.

| 생각해 보기 |

1. 혁신학교가 정책 이전에 교육운동으로 발화되었던 역사적 정황에 대해 이야기해 보자.
2. 경기도교육청과 서울특별시교육청이 초창기 상황에서 설정했던 정책적 주안점은 무엇인가?
3. 혁신학교를 위한 향후 전망과 과제에서 중시해야 할 지향점들은 무엇일까?

1. 남한산초등학교에 대해서는 강벼리·조선혜(2010), 『안순억 교사와 남한산 학교 이야기, 얘들아! 들꽃 피는 학교에서 놀자』, 푸른나무 참조. 최근 남한산초등학교 졸업생들(권새봄 외 6인)이 자신들의 학창 시절 경험을 묶어 『남한산초등학교 졸업생들의 이야기, 학교 바꾸기 그 후 12년』(맘에드림, 2012)이라는 책으로 펴냈다. 모두 일곱 명의 졸업생들은 기고문들을 통해서 당시 선생님들의 시도가 얼마나 열정적이며 진정성 있는 것이었는지를 가슴 벅차게 입증해 주고 있다.
2. 조현초등학교 사례에 대해서는 이중현 교장의 혁신학교 조현초 4년의 기록을 담은 『학교가 달라졌다』(우리교육, 2011) 참조.
3. 이상 남한산초교를 비롯한 '작은학교운동'에 대해서는 '작은학교교육연대'가 펴낸 『작은 학교 행복한 아이들』(우리교육, 2010) 중 서길원의 글 「작은학교운동이 걸어온 길」(277~289)의 논지 참조-이 과정에서 '교장공모제'를 통해 임용된 교장들의 역할이 주효했는데, 그 생생한 경험을 담은 책이 최근에 출간되었다. 김성천·박성만·이광호·이진철의 『학교를 바꾸다』(우리교육, 2010). 작은학교교육연대는 현재 진행형이다. 최근 그 전개과정에 초점을 맞춘 다음 문헌이 출간되었다. 작은학교교육연대, 『작은학교, 학교의 길을 묻다-작은학교교육연대 11년의 기록』, 내일을 위한 책, 2016.
4. 당시 상황에 대해서는 다음 문헌 참조. 이성대. 『혁신학교, 행복한 배움을 꿈꾸다』(행복한 미래, 2015). 저자는 2009년 경기도 교육감 선거 당시 혁신학교 정책을 입안하는 데 책임적 위치에 있었으며, 이후 2012년까지 혁신학교와 관련된 다양한 정책을 추진했다.
5. 송순재(2006 여름), 「한국에서 대안교육의 전개과정, 성격과 주요 문제점」, 『신학과 세계』 56: 156~201.
6. 자료를 제공해 주신 서울특별시교육청의 허영주, 김영삼 장학사님께 지면을 빌려 심심한 감사의 말씀을 드린다.
7. 이 주제에 관해서는 경기도 김상곤 교육감이 '국회혁신교육포럼 기념 토론회'에서 발표한 글 「민선교육감 2년을 통해 본 초중등교육의 혁신 과제」, 『토론회 자료집』(2012. 7. 13.), 7~33 참조.
8. 경기도교육청 산하 혁신학교 주요 사례에 대해서 경태영의 『대한민국 희망교육, 나는 혁신학교에 간다』(맘에드림, 2011) 참조.
9. 서울형혁신학교에 대해서는 서울특별시교육청에서 펴낸 『서울혁신학교 이야기, 기분 좋은 설렘』(2012)을 주로 하고, 아울러 서울특별시교육청 홈페이지 참조. http://www.dreamschoolinseoul.net/custom/custom.do?dcpNo=28927(2012. 8. 20. 인출 참조). *이하 서울형혁신학교 관련 본문에서 숫자는 『서울혁신학교 이야기, 기분 좋

은 설렘』쪽수를 표시.

10. 경기도교육청은 2011년 10월 5일에, 서울특별시교육청은 2012년 1월 26일에 조례를 제정·공표하였다.

11. 경기도의 주요 혁신학교 사례 및 현황에 대해서는 경태영의 『대한민국 희망교육』 참조.

12. PISA 연구에 의하면 지난 10년간 한국 학생들이 수업 및 방과 후 수업에 투자하는 시간은 전체 대상 국가 중 가장 많다. 최상위 성적을 보이지만 가장 많은 시간을 투자한다는 점에서 학업 효율성은 높은 게 아니다. 교육 투자 대비 효율성 지표에서 한국은 핀란드나 캐나다를 앞질러 상위권에 속하지만 사교육비가 고려되지 않았다는 점에서 회의적이다. 또 학습 동기는 전체 분석 대상 국가 중 평균 이하이다. 자세한 것은 한국교육개발원이 펴낸(2011) 『지표로 본 세계 속의 한국 교육』참조, 특히 6-13.

13. 이 점에 대해서는 7장 헬레네랑에슐레 참조.

14. 특히 이러한 교육철학적 관점에서 학교의 면모를 소개한 Enja Riegel의 『꿈의 학교 헬레네랑에』 송순재 옮김(착한책가게, 2012) 참조.

- 강벼리·조선혜.『안순억 교사와 남한산 학교 이야기, 얘들아! 들꽃 피는 학교에서 놀자』. 푸른나무, 2010.
- 권새봄 외.『남한산초등학교 졸업생들의 이야기, 학교 바꾸기 그 후 12년』. 맘에드림, 2012.
- 경태영.『대한민국 희망교육, 나는 혁신학교에 간다』. 맘에드림, 2011.
- 김상곤.「민선 교육감 2년을 통해 본 초중등교육의 혁신 과제」.『2012년 국회혁신교육포럼 토론회 자료집』, 7-33.
- 김성천·박성만·이광호·이진철.『학교를 바꾸다』. 우리교육, 2010.
- 이성대.『혁신학교, 행복한 배움을 꿈꾸다』. 행복한 미래, 2015.
- 이중현.『학교가 달라졌다』. 우리교육, 2011.
- 서울특별시교육청.『서울혁신학교 이야기, 기분 좋은 설렘』. 2012.
- 송순재.『유럽의 아름다운 학교와 교육개혁운동』. 내일을여는책, 2000.
- 성열관·이순철.『한국 교육의 희망과 미래, 혁신학교』. 살림터, 2011.
- 심성보.『인간과 사회의 진보를 위한 민주시민교육』. 살림터, 2011.
- 작은학교교육연대.『작은 학교 행복한 아이들』, 우리교육, 2010.
- 초등교육과정연구모임.『비고츠키 교육철학으로 본 혁신학교 지침서, 행복한 혁신학교 만들기』. 살림터, 2011.
- 한국교육연구네트워크.『새로운 사회를 여는 교육혁명』. 살림터, 2013.

- **강벼리·조선혜.『안순억 교사와 남한산 학교 이야기, 얘들아! 들꽃 피는 학교에서 놀자』. 푸른나무, 2010**
  혁신학교 운동의 효시가 된 남한산초등학교와 그곳에서 중심 역할을 한 교사 안순억의 개혁을 위한 생각과 실천의 면면을 학교의 일상을 바탕으로 흥미진진하게 풀어낸 책.

- **권새봄 외(2012).『남한산초등학교 졸업생들의 이야기, 학교 바꾸기 그후 12년』. 맘에드림, 2012.**
  남한산초등학교에 혁신적 작업이 도입되었을 때 재학하던 어린이 7인이 청년이 된 후 당시를 회상하며 쓴 책. 이들의 입으로 풀어낸 이야기보다 혁신교육이 더 무엇인지를 생생하게 말해 줄 수 있는 것은 없을 것이다.

- **이성대.『혁신학교, 행복한 배움을 꿈꾸다』. 행복한 미래, 2015.**
  경기도교육청에서 혁신학교가 정책으로 입안될 때 기획자로서 중심 역할을 했던 이성대 교수가 우리나라 학교교육의 진정한 방향을 철학과 방법 면에서 철저히 궁리해 낸 책. 이론뿐 아니라 현장감이 뛰어나 누구나 쉽게 그러나 깊이 있게 읽을 수 있어서 참신성이 더하다.

- 송순재. 「한국에서 대안교육의 전개과정, 성격과 주요 문제점」. 『신학과 세계』 56: 156-201.

  우리나라에서 대안교육이 태동했던 시점부터 이후 전개과정을 중심으로 대안교육의 개념, 관련된 문제의식과 현안을 다뤘다. 혁신학교가 출현할 수 있도록 한 역사적, 철학적 배경 중 중요한 지점 하나를 자세히 짚어 볼 수 있다.

우리나라 공교육의 문제를 해결하기 위한 정부 주도형 학교개혁 정책은 뚜렷한 변화를 가져오지 못했다. 2009년 이후 시도된 혁신학교 정책에는 우리나라 교육운동의 다양한 실천적, 역사적 경험들이 축적되어 있다. 이는 교육 주체들의 경험에 기초해 아래로부터 민주적 방식으로, 교육의 본질에 충실한 변화를 지향하면서 아이들의 삶을 존중하기 위한 교육으로 우리 교육을 변화시키고자 하는 것이다. 2017년 현재 전국 14개 시·도 교육청에서 추진하고 있는 혁신학교 정책은 우리나라 학교교육의 새로운 미래를 보여 주는 마중물 역할을 하고 있다.

이미 시작한 본보기 미래학교, '혁신학교'

손동빈

1. 왜 혁신학교인가?

우리나라 국민들은 우리의 교육에서 무엇이 문제인지를 잘 알고 있다. 교육문제에 대한 토론은 수시로 이루어지고, 그 해결책이 제시될 때마다 실천하기보다는 관망하는 경우가 많았다. 그동안 추진된 새로운 교육정책들은 대부분 성공적이지 못했고, 정치적이지 않아야 할 교육이 정부 권력의 변화에 영향을 받았기 때문이다. 교육정책이 새롭게 제시될 때마다 학교는 각종 정책의 누더기로 어떤 방향으로 무슨 교육을 하려는지 알 수 없는 지경에 이르렀다. 학교는 변하지 않고 자살 증가, 안전사고, 학교폭력 등 각종 사회 문제가 발생하면 그것에 대한 교육이 필요하다는 주장이 앵무새처럼 되풀이되고 학교는 울며 겨자 먹기로 떠안는 일이 반복되었다.

2009년 경기도 교육감의 등장과 함께 도입된 혁신학교 정책에 대해서도 대부분의 사람들은 조만간 사라질 것이라는 판단에 따라 관망적 태도를 보였다. 혁신학교 정책의 특징과 그 추진 방향은 옳지만 그것은 과거의 경험에 비추어 곧 사라질 것이라는 경험이 강하게 작용했기 때문이다.

그러나 혁신학교 정책은 과거의 학교개혁 정책과 달리 학교 현장과 일반 국민들로부터 호응을 얻으면서, 뭔가 되어 가는 조짐이 확인되었다.

2009년에 도입된 혁신학교 정책은 2010년 6개 시도에서 2014년에는 14개 시·도 교육청 정책으로 자리를 잡아 갔다. 학교가 서서히 꿈틀거리고 학부모들 사이에서 관심이 커지면서 혁신학교는 기존의 정책과는 다르다는 인식이 싹트고 퍼져 나갔기 때문이다.

혁신학교는 그동안 우리 국민들이 원했던 교육의 변화 방향을 학교 현장에서 학교의 구성원들과 함께 숙의하며 실천적으로 학교 변화를 시도하는 정책이다. 그동안 우리나라 교육의 각종 문제로 인해 학교는 교육의 본래적 활동을 할 수 없는 상황이었다. 관료적이고 권위적이며 국가주의적인 문화가 지배했다. 혁신학교는 과거의 이런 문제와 모순을 극복하는 과정에서 생겨났고, 이런 점에서 우리 사회의 정치적 민주화 이후 사회적 민주화의 확장 과정에서 나타난 민주화의 한 프로젝트로 이해할 수 있을 것이다.

또한 혁신학교는 교육의 본래적 기능을 회복시킴으로써 학생들의 삶을 존중하고 학생들 스스로 삶을 영위할 수 있는 기본적인 능력을 향상시키고자 노력한다. 그럼으로써 학생들이 어떤 사회적 환경에 처하든 그 환경에서 자신이 스스로 문제를 발견하고 창조적으로 해결해 나갈 능력을 발휘할 것을 기대하고 있다.

이런 점에서 최근 우리 사회의 변화, 특히 알파고로 대표되는 4차 산업혁명 시대의 교육적 대응과 관련지어 논의되고 있는 '미래학교', 그리고 역량으로 표현되는 '미래학력' 등은 이미 혁신학교를 통해 구현되고 있다고 할 수 있다. 미래 사회는 불확실성의 사회, 정보의 무한정한 증대, 인공지능과 같이 인간의 지적 능력의 한 분야조차 기계로 대체할 수 있을 것이라는 특징을 보인다. 이런 사회에서는 우리 교육의 병폐인 암기식 지식 위주의 교육, 입시 중심의 교육보다는 역량 중심의 창의성을 중시하는 교육을 강조할 수밖에 없다. 그리고 실제 미래 교육은 이런 방향에서 논의되고 있다.

한마디로 혁신학교는 그동안 우리 교육의 문제를 해결하고, 미래 교육을 준비하는 학교다. 이미 미래를 준비하는 학교로서 미래의 학교가 어떤 모습이어야 하는지를 보여 주는 본보기 학교이자, 미래의 어느 순간 우리 교육의 중심 트렌드가 될 '떠오르는 학교Emerging School'[1]라고도 할 수 있다. 우리가 혁신학교를 다시 살펴보고 그것에 주목해야 하는 이유이다.

2. 학교개혁의 필요성

혁신학교 정책은 우리나라 교육문제를 해결하기 위해서는 학교를 개혁해야 한다는 인식에서 출발했다. 우리나라 공교육은 양적으로 확대되었을 뿐만 아니라 발전교육론의 입장에서는 일정한 성과를 이루었다. 이 과정에서 학교는 대규모 시설에서 많은 학생들에게 지식을 전수하면서 산업사회가 요구하는 인력을 충당해 왔다. 그렇지만 일정한 시기가 지나면서 발전교육론 입장만으로는 판단하기 어려운 문제 상황에 직면하게 되었다. 교육은 온데간데없고 교육이라고 말하기에는 낯 뜨거운, 우리가 성찰해야 하는 일들이 발생하고 있기 때문이다. 이제 학교가 바뀌어야 하고 교육이 새로워져야 한다는 것은 학교 구성원들의 절실한 요구이면서, 사회적 변화에 따른 필요이다.

1) 학교 구성원들의 요구

먼저, 학교는 학생들의 삶과 행복을 담보해 주지 못하고 있다. 우리나라 학생들은 높은 학업성취도를 보여 주고 있지만, 학업흥미도와 문제해결력, 자신감 등은 매우 낮다. 또한 관계지향성, 사회적 협력능력은 36위에 그치며, 수업 시간에 불행하다고 느낀다는 학생이 53.8%, 수업 시간에 한 번도 질문을 하지 않는다는 학생이 42%일 정도로 학생들은 학교에서 행복하지 못하다.

　교사들의 경우도 학교에서 교사로서 보람을 느끼지 못하고 있다. 우리나라 교사들은 OECD 국가 중 가장 우수한 상위 5% 인재집단임에도 불구하고 OECD 교수학습에 대한 국제조사(OECD Teaching and Learning International Survey, TALIS)에서 교사들의 교직 만족도가 낮고 특히 자기효능감이 참여국 중 가장 낮은 것으로 나타나고 있다.

　학부모들은 학교에서 진행되는 공교육에 대해 전적인 신뢰를 보이지 않고 있으며, 실제 우리나라 입시제도는 학부모가 공교육에 온전히 의존하지 못하게 하고 있다. 이것은 2007년 이래 조사한 1인당 사교육비 증가세 지속과 무관하지 않다.

　이런 상황에서 학교교육으로 대변되는 우리나라 교육은 이제 더 이상 사다리 기능을 하지 못한다는 보고서가 나왔다.[2] 개천에서 용 난다는 것은 이제 옛이야기가 되어 버렸다.

2) 시대 변화에 따른 요구

　21세기로 접어들면서 지식과 정보의 양이 폭발적으로 증가하고 정보화 사회를 지나 이제는 4차 산업혁명 시대를 논의하는 상황이 되었다. 단순한 정보나 지식의 양보다 문제해결력, 높은 창의력, 공동체에서 살아갈 역량을 갖춘 인재가 필요하다. 이런 사회적 변화에 따라, 세계 여러 나라에서는 학교교육의 변화를 추구하고 있다. 대표적인 것이 OECD의 DeSeCo 프로젝트(1997~2005)이다. 이는 개인의 성공적 삶과 사회의 지속가능한 발전에 필요한 지식, 실행력, 태도, 가치, 윤리를 포괄하는 것을 역량이라고 보았으며, 그 역량 중심으로 학교교육을 변화시킬 것을 강조한다.

　또한 UNESCO(2015)에서도 미래 사회에 학생들이 갖추어야 할 역량과 기술을 규명하고 있다. 여기에는 기본적 지식 및 인지적 기술의 습득뿐만 아니라 문제해결력, 창의적 사고력, 이해력, 인권 존중, 포용력inclusion, 공정성equity, 문화적 다양성 등이 포함되어 있다.

이러한 역량이나 능력을 강조하는 것과 함께 학교교육을 변화시켜야 한다는 요청에 따라 다양한 보고서가 제출되었다. 벨기에의 '학습 및 재설계 연구소The Learning and Redesign Lab'의 연구보고서인 "2030미래학교: 어떻게 학습과 작업을 매력적으로 만들 수 있을까?", 핀란드의 2030년 미래 전망 보고서 교육 부문의 비전, 유럽위원회 합동연구소IPTS의 "학습의 미래The Future of Learning"라는 연구보고서 등이 대표적이다.

3. 혁신학교의 의미와 등장 배경

1) 혁신학교의 의미

'혁신학교'는 2009년 이후 등장한 교육감들의 정책으로 구현되기 시작했다. 즉 2009년 경기도 교육감 보궐 선거 이후, 학교혁신을 위해 전국 시·도교육청 정책으로 제시된 학교를 일컫는다. 이 혁신학교는 어느 날 갑자기 한두 사람의 아이디어를 통해 나온 것이 아니라 우리나라 학교교육개혁운동의 역사적 맥락에서 나온 것이다. 연구학교뿐만 아니라, 열린학교운동, 대안학교운동, 참교육실천운동, 작은학교운동 등 숱한 역사적 경험을 통해 축적된 학교개혁의 경험들이 서로 짝을 맞추어 완성해 가는 퍼즐 같은 실천운동이다. 따라서 혁신학교는 특정한 이론에 근거한 것이 아니라 우리나라 교육문제 해결을 위한 다양한 이론적 틀거리를 통해 실천적으로 발전하고 있는 정책이다.

2) 혁신학교의 등장 배경

(1) 정부 주도 학교개혁의 한계

혁신학교는 정부가 주도했던 학교개혁의 한계를 인식함으로써 등장했다. 정부 주도의 학교개혁 정책으로는 우선 '연구학교' 정책을 들 수 있다. 이는 1951년부터 시작되어 지금까지 유지되고 있다. 그동안 이 정책에 따라 엄청난 연구 경비가 특정 분야나 주제를 연구하는 수많은 학교에 투입되었다. 그러나 연구학교 정책은 개별 정권의 의제를 실현하기 위한 도구로 활용되거나, 정부 주도로 학교교육개혁 주제를 선정해 시달하는 하향적Top-down 방식의 개혁을 시도함으로써 학교 현장의 자발성을 유도하지 못한다는 한계를 보였다. 또한 연구학교 정책은 교육의 철학적 의미, 가치보다 주어진 내용을 어떻게 잘 전달할 것인가에 초점을 맞춤으로써 교육의 본질적 논의를 전개할 수 없는 한계도 보였다. 이와 함께 연구학교를 통해 확인된 연구 성과는 지정 기간이 지나면 흔적도 없이 사라지고 만다. 이런 점에서 연구학교 정책은 학교교육개혁을 위해 마련된 것이기는 하나 더 이상 그 효과를 기대할 수 없으며, 오히려 이 정책에서 취한 연구 가산점 제도로 인해 학교의 관료적 지배를 강화하고 학교 현장 구성원들의 상호 협력을 유도하지 못한다는 비판에 직면해 있다.

둘째, '학교자율화 정책'이다. 이는 1980년대 후반 국가 주도 학교 통제체제가 비효율성과 교육의 질 저하를 초래한다는 비판이 제기된 이후 1995년 교육개혁 방안을 발표하면서 본격화되었다. 이것을 주도한 문민정부에서는 학교공동체 구축 방안으로 학교운영위원회를 설치하고, 교장 및 교사 초빙제를 시범 실시했으며, 학교 규제를 폐지 또는 완화했다. 뒤이어 국민의 정부에서는 자율학교 및 자립형 사립고등학교를 운영하는 등 학교체제를 다양화하고, 학교 예산 회계 제도와 학교발전기금 도입을 통해 단위 학교 운영의 자율성과 효율성을 높일 수 있는 기반을 조성했다. 그리고 참여정부에서는 자립형 사립고 시범 운영과 개방형 자율학교 도입, 교장 공모제 등을 실시했으며, 이명박 정부에서는 자율, 책무, 선택, 경쟁, 다양성 등을 키워드로 자율형 사립고 확대 등 고교 다양화 프로젝트와 학교 자율화 조치 등을 추진했고, 박근혜 정부도 이 기조를 지속하고자 했다. 학교 자율화 정책이 20년 이상 지속되고 있는 것이다.

그러나 이 정책은 신자유주의의 성격을 띰으로써 교육문제를 오히려 더 심화시키고 있다. 입시 위주 교육은 더욱 강고해지고 사회경제적 불평등과 연동된 교육 불평등이 심화되고 있다. 교원평가, 일제고사 등의 강행으로 학교가 교육기관으로 제대로 서지 못하고 있다. 또한 이 정책들은 학교자율화 정책임에도 학교교육개혁의 주체들을 대상화했으며, 무엇보다 학교 전반의 혁신과 주체의 재조직화로 나아가지 못했다. 학교교육의 경쟁 중심 문화를 더욱 심화시켰던 것이다.

(2) 학교 현장 안팎의 교육운동

혁신학교의 등장 배경은 혁신학교 정책 도입 이전, 학교 현장 안팎에서 전개된 여러 운동들을 언급하지 않고는 제대로 밝히기 어렵다. 좀 더 정확하게 말하면 이 운동들은 혁신학교 정책의 기반을 제공했다고 할 수 있다. 애초에 이 운동들은 여러 맥락을 타고 또한 여러 상이한 이름들로 전개되었는데, 그 주축을 이룬 것은 우리의 어린이와 청소년 그리고 학교교육 문제를 붙들고 줄기차게 씨름해 온 교사를 비롯한 교원과 학부모 그리고 교육이론가와 실천가들이다.

① 새교육 운동

새교육 운동은 해방 후 미국 유학생 출신 교육학자이자 문교부 차장이었던 오천석이 주도했다. 그는 존 듀이로부터 진보주의 교육을 배우고 학교교육을 통해 학생들이 민주적 교육을 경험하기를 열망했다. 지금도 교실 개혁의 중요한 방법으로 논의되는 아동 중심, 경험 중심 교육 방법들, 예컨대 토의·토론 학습이나 프로젝트 학습은 이미 이때 도입되었다. 1946년 서울효제초등학교에서 발표된 새 교수법 내용은 수업 시간을 80분으로 하여 통합 교과로 조직하고 주입식 교육 방법에서 탈피하여 탐구할 문제에 대해서 학생들이 충분한 토의를 한 후에 교사의 의견을 듣도록 하는 등 요즘 혁신학교에서 추구하는 교육과도 유사한 교육이 이미 시도되었다. 그러나 이 운동은 당시의 억압적이고 권위적이고 관료적인 학교와 사회 분위기, 위로부터 계몽적 성격으로 진행된 것이라는 점에서 커다란 한계가 있었다.

② 탐구수업 보급

제3차 교육과정 시기의 학문 중심 교육과정도 학교 수업을 바꾸려는 노력이라고 할 수 있다. 학생들 스스로 꼬마 과학자가 되어서 자연과 사회 현상에 대한 의문을 가지고 가설을 설정하고 자료를 모아서 과학적이고 객관적인 결론을 도출하도록 하는 교수 방법이 보급되었다. 그러나 이 탐구수업은 교과를 학문에 종속시키고 학생들을 꼬마 과학자로 양성하겠다는 지나치게 협소한 교육적 관점에 터하고 있다. 또한 유신 시대는 현상을 객관적이고 과학적으로 탐구하는 방법이 현실적으로 불가능한 정치적 조건이었고, 일부 교육학자들에 의한 계몽적 성격으로 인해 파급효과는 그리 크지 않았다.

③ 열린교육운동

열린교육은 1980년대 하반기부터 학교 현장에서 자생적으로 전개된 교육운동이다. 이 운동은 학교 현장 교원들의 지지를 받으며 진행되었다. 1993년에는 시·도 교육청 및 교과부가 열린교육을 위한 시범학교를 지정하면서 전국으로 확산되었다. 이 운동은 우리 교육의 위기를 극복할 수 있는 방안이라는 인식에 따라 빠르게 전파되었으나, 교육행정기관이 지정하는 시범학교 형식으로 진행되면서 기본 정신에 따라 충실한 학교 현장 개혁으로 진전되지 못하고 전시행정 등으로 형식화되는 문제가 드러났다. 또한 이 운동은 우리나라 학교 전반의 개혁으로 나아가지 못하고 주로 초등학교를 중심으로 교수학습 방법론 차원의 변화에 머무르는 한계를 드러냈다.

④ 대안교육운동

대안교육운동은 1990년대 초반부터 학교교육보다는 학교 밖에서 우리 교육의 희망을 만들기 위해 시작되었다. 이 운동은 1997년 간디청소년학교가 개교하면서 본격화했으며, 2000년대 들어와서는 교육부의 지원이 확대되면서 다양한 대안학교가 설립되었다. 대안학교는 학교 공교육에 대한 문제의식과 그 해법으로 출현했고 이후 공교육 개혁에 많은 영향을 끼쳤다. 대안학교가 채택한 학생 중심, 인성 중시, 체험 위주 교육은 공교육 현장에 파급돼 공립 대안학교 설립과 혁신학교에 영향을 주었으며, 작은 규모의 학급과 학교가 교육 활동에 유리하다는 것을 실천적으로 보여 주었다.

또한 이 운동은 세계 여러 나라의 대안교육과 개혁교육운동이 어떻게 어떤 내용으로 학교의 틀을 넘어서는 다양한 이론과 실천을 전개하고 있는지 우리나라 교육 현장에 소개함으로써 교육의 미래에 대한 상상력을 제고하는 데 많은 영향을 주었다.

이러한 영향에도 불구하고 대안학교운동은 공교육 체계 밖에서 상대적으로 비싼 학비에 의존함으로써 그 문턱이 높다는 한계와 고등학교 이후의 진로 결정 시 기존 입시제도와 부딪치게 됨으로써 또 하나의 대안적인 진로를 모색해야 한다는 과제를 안고 있다.

⑤ 학교 현장 교원들의 실천운동

한편 공교육 체계 안의 교사들도 교육개혁을 위한 활동을 활발하게 전개했다. 전국교직원노동조합, 좋은 교사 운동 등과 같은 교원단체에 속한 교사를 비롯한 현장 교사들은 '교과별 교사 모임'을 만들어 학교 안에서 교육 활동의 변화를 가져오기 위해 지속적으로 활동해 왔다. 특히, 전국교직원노동조합 소속 교사들은 '민족, 민주, 인간화 교육'으로 '참교육운동'을 전개했다. 이 운동을 통해 교사들은 국가주의 교육과 전통적 주입식 교육에서 벗어나 다양하고 창의적인 수업·평가 모델, 민주적 학급 운영 경험 등을 축적해 왔으며, 혁신학교를 추동하는 동력으로 작용하고 있다.

⑥ 작은 학교 살리기 운동

학교 현장 교원들이 주로 학교 안에서 개별 수업 시간과 교실 안의 변화에 집중되었다면, 경기도 광주의 남한산초등학교는 우리나라 공교육을 학교 단위로 개혁할 수 있다는 가능성을 확신시켜 주었다.

이 학교의 성공 사례가 확산되면서 작은 학교 살리기 운동으로 발전하여 전국 조직이 결성되었다. 그러나 성공 모델이 대도시가 아니라 주로 대도시에 인접한 폐교 직전의 소규모 전원학교 중심이라는 한계에 머물러 있었다. 대도시의 거대학교는 규모뿐만 아니라 입시 경쟁의 압박 강도가 첨예하다는 점에서 작은 학교 교육개혁 성공 모델을 그대로 적용하기에는 여러 가지 문제가 존재한다. 이로 인해 작은 학교 성공 모델을 공교육 전체로 확산시키는 데 많은 한계가 있었다.

4. 혁신학교의 역할과 정책 특징 및 기본 과제

1) 혁신학교의 역할

혁신학교는 파일럿 스쿨pilot school이다. 공교육 체계 전체를 바꾸어야 하는데 일시에 그렇게 할 수 없으니 우선 준비된 학교를 중심으로 점차 바꿔 나가자는 것이다.[3] 이런 경험이 어느 임계점을 넘으면 학교 전체는 예기치 못한 속도로 일시에 바뀔 것을 기대하는 것이다. 지금은 그 숫자가 소수라도 어느 시점에서 우리 교육이 바뀔 것이라고 기대하고 진행하는 것이다. 궁극적으로는 혁신학교를 시작으로 우리나라 교육 패러다임을 바꿀 '공교육의 새로운 표준'을 만드는 일이라 할 수 있다. 이 과정에서 혁신학교는 다른 학교에 영향을 미치면서 학교를 변화시켜 나가는 허브 역할을 한다는 점에서 허브스쿨hub school의 역할도 해야 할 것이다.

2) 혁신학교 정책의 특징

(1) 학교와 교사의 관점 전환

혁신학교는 학교를 '학교 사회'로 본다. 학교는 그동안 행정관료 조직의 말단 조직으로만 이해되어 왔다. 그리고 말단 행정관료 조직으로서의 학교는 우리 사회의 교사에 대한 스승관과 권위주의적 사회질서를 배경으로 교육이라는 이름의 기능을 유지해 왔다. 그러나 민주화의 진전과 개인주의 사회로의 변화 등 우리 사회의 변화는 더 이상 말단 행정관료 조직으로서의 학교의 존재를 용인하지 않고 있다. 혁신학교는 바로 이런 상태의 학교를 교육 활동이 가능한 학교로 변화시키기 위해 말단 행정관료 조직이 아니라 학교 사회로 본다. 학교를 관료적 지배구조에서 '민주적 교육활동공동체'로 재구성하려는 것이다.

이런 전환은 필연적으로 교사들에게 수업과 생활교육의 전문적 능력을 요구하며, 교육 활동과 더불어 교사의 노동 역시 정당하게 대우하도록 했다. 이제 교사는 단순히 행정업무를 처리하는 것이 아니라 교육의 전문가이자 교육노동을 하는 존재로 자리매김하게 된 것이다.

(2) 상향적 개혁 지향

혁신학교는 하향적top-down 개혁보다는 상향적bottom-up 개혁을 지향한다. 그동안의 학교개혁운동은 국가가 일방적으로 주도하는 개혁이었으며, 학교 현장의 실질적인 변화를 이끌어 내는 데 효과적이지 못했다. 무엇보다도 교육개혁의 실질 동력인 교원의 참여를 이끌어 내지 못했다. 그동안 우리나라 학교 구성원의 참여를 이끌어 내는 최선의 수단은 승진점수였다. 그러나 혁신학교는 학교 구성원의 자율(발)성에 큰 의미를 부여한다. 학교의 혁신을 위해서는 교사들의 자율(발)적 참여가 무엇보다 중요하기 때문이다. 이런 이유로 혁신학교는 민주적 의사결정 과정을 중시하며, 따라서 민주적 교육공동체라 할 수 있다.

(3) 총체적 접근 지향

혁신학교는 분절적 접근보다는 총체적 접근을 지향한다. 그동안 추진한 학교교육개혁 정책들은 학교 전체의 변화를 지향하지 않았다. 그것은 대증요법일 뿐, 학교가 가진 근본적인 문제를 변화시키는 것과는 거리가 멀었다. 혁신학교 정책은 학교개혁을 부분적으로 하는 것은 불가능하다고 본다. 그것은 학교의 문화를 비롯해 학교의 조직구조, 교육 활동 등을 모두 고려해야 가능하다고 보는 것이다. 따라서 혁신학교에서 이루어지는 구체적인 활동들은 상호 연관성이 없는 개별 프로그램들의 전시장이 아니다. 혁신학교는 학교 구성원들의 철학적 공유와 논의를 통해 해당 학교의 상황에 맞는 문제를 발견해 그것을 해결할 사업들을 구성한 것이다. 이런 식의 활동은 혁신학교가 민주적 의사결정 공동체를 기초로 하기 때문에 가능하다. 따라서 혁신학교는 학교 구성원들 스스로 자신의 문제를 발견하고 해결하기 위한 노력과 논의 구조가 기본 플랫폼인 것이다. 결국 혁신학교 정책은 한 학교의 교육 프로그램은 다른 학교에서 참고할 수 있을지 몰라도 그것을 그대로 가져다 옮길 수 없다는 점도 충분히 인식하고 있는 정책이며, 따라서 학교의 자율성을 존중하는 방향에서 수평적 전이를 통한 개혁의 확산을 지향하고 있다.

(4) 협력 중심의 교육 지향

혁신학교는 경쟁보다는 협력 중심의 교육을 지향한다. 우리 사회가 가진 문제를 인식하고 출발했기 때문이다. 지나친 경쟁으로 비인간화된 삶을 살아가는 사회보다는 협력적 가치를 공유한 사회를 지향하는 것이다. 경쟁을 당연시해 왔던 과거의 교육과 현재의 상황은 이제 다시 그 가치를 되돌아보게 한다. 결국 이기심과 탐욕의 사회, 공적 가치가 무너진 공동체보다는 공적 가치와 더불어 사는 삶의 가치가 강조되는 정치적 공동체를 강조하는 것이다.

협력의 가치는 우리 사회가 숙고해야 할 뿐만 아니라 한편으로는 교육의 본질을 찾아가는 과정이기도 하다. 교육은 기본적으로 나눔과 협력의 과정이다. 그것은 앞선 세대의 지식을 나누고 새로운 사회를 담당할 주체들이 상호 협력적으로 자신의 삶을 형성해 갈 수 있는 능력을 키우는 과정이다. 이 과정에서 교사는 가르침보다는 학생의 배움에 관심을 기울이게 된다. 그리고 교사와 학생 간의 인격적 만남은 매우 중요한 가치를 가진다. 교육은 관계를 통해 변화를 추구하는 행위이기 때문이다. 결국 혁신학교는 학생들이 협력적 배움의 과정에서 세상을 이해하고 주체적 삶을 살아갈 능력을 형성할 것을 기대하는 정책이다.

(5) 학교 효과 지향

혁신학교는 선발 효과나 지역 효과보다는 학교 효과를 지향한다. 우리나라 학교는 입시를 중심으로 서열화되어 있다. 이들 학교들은 자신들의 우월성을 드러내기 위해 우수한 학생을 선발하고 진학 가능성이 높은 학생들 입시에만 온 힘을 기울인다. 학생들은 자신들의 고유한 능력을 계발할 기회를 얻는 데 어려움을 겪고, 학교는 학생들에게 기본 교육이라는 책임을 소홀히 하고 있다. 또한 일부 학교는 지역적 차이로 인한 효과를 보기도 한다. 사회경제적 차이가 교육 불평등을 초래하는 상황이 더 커진 현실에서 이것은 곧장 사회문제로 제기된다. 혁신학교는 학생 선발이나 사회경제적으로 좋은 지역인지 여부에 관심을 기울이기보다 어떤 학생이든 학교교육을 통해 잘 가르치겠다는 책임 교육을 지향하고 있다. 학생의 사회경제적 배경이나 개인적 특성이 어떠하든 학생들을 책임 있게 교육하겠다는 공교육의 본질적 기능 회복을 지향하고 있는 것이다.

3) 혁신학교의 기본 과제

(1) 학교 업무 정상화

혁신학교 정책이 추구하는 학교는 행정 중심의 말단 관료조직이라기보다는 학교 구성원들의 교육공동체이다. 현재 학교는 교육 활동, 즉 수업과 학생생활교육보다는 교육행정업무를 효율적으로 수행하기 위한 형태이다. 물론 이들 업무가 교육 활동과 관련되어 있기는 하나 이것은 교육 활동을 지원하는 업무의 성격을 띠므로 이들을 중심으로 형성된 조직은 교육 활동이 부차적일 수밖에 없는 문화를 형성하고 있다.

혁신학교의 일차적 과제는 학교의 조직을 바꾸는 것이다. 교육 활동을 중심에 두는 조직으로 학교를 변화시키는 것이다. 따라서 학교조직체계와 조직 운영 시스템을 교육 활동 중심으로 전면 개편하는 것이 요구되며, 이것이 바로 학교 업무 정상화의 핵심이다.

(2) 수업 및 교육과정 혁신

혁신학교는 협력의 가치를 지향한다. 그러나 현재 학교는 일반적으로 경쟁과 입시 중심의 문화에서 교육 활동이 이루어지고 있다. 이 교육 활동에서 학생들은 소외와 배제를 느낀다. 학생은 겉으로 보기에는 수업에 적극적으로 참여하고 있으나 이는 입시에서 성공하기 위한 것일 뿐 그 속에서 배움의 의미를 찾고 있다고 보기는 어렵다. 상당수 학생들은 학교에 다니는 의미를 찾지 못한 채 수업 시간에 잠을 자는 등 수업 참여를 기피하고 있다. 대부분의 학생들은 경쟁 교육에 시달리면서 '매 맞고 침묵하는 법', '시기와 질투를 키우는 법', '타인과 나를 끊임없이 비교하는 법'과 같은 부정적인 잠재적 교육과정을 경험함으로써 전인적 성장과 발달을 경험하지 못하고 있다.

또한 학교의 교육과정은 국가주의적이고 경쟁 중심적 틀에 지배당하고 있다. 그것은 학교 현장에서 획일적, 파편적, 수동적, 분과주의적 특징을 보이는 교육과정으로 나타난다. 교사가 교육과정을 재구성하고 그것을 실행하는 주체로 서는 일은 문서로만 존재할 뿐이다. 교사들은 "교육과정은 교무부장이나 연구부장이 만드는 거 아냐?", "교육과정은 무슨? 교과서만 보면 되지"라는 말을 당연시하고 있다. 교사들이 교육과정 문해력을 높여야 할 필요를 느끼고, 그렇게 노력하지만 그것이 일반화되기에는 많은 어려움이 있다.

혁신학교에서는 학교에서 이루어지는 교육 활동 그 자체를 교육과정이라고 보고, 그것의 구체적 활동을 구성하는 일에 힘을 기울인다. 이 과정에서 교육 활동의 재구성이 일어나며, 그 지향은 경쟁이 아닌 협력이다. 혁신학교는 입시와 교과서 위주의 교육을 극복하고 교사의 자율적 전문성을 바탕으로 한 교육과정의 재구성, 학생의 참여와 협력을 중심으로 하는 수업, 학생의 성장과 발달을 위한 평가를 주요한 과제로 설정하고 있다.

(3) 학교자치

혁신학교는 학교를 학교 사회라고 보기 때문에, 학교자치를 주요한 과제로 제시하고 있다. 일반적으로 학교에서 학생도 교사도 통제당하고 있다고 느낀다. 부모들은 참여가 아닌 동원의 대상으로 인식되고 있다. 학교의 교육 활동은 학생, 학부모, 교원들의 논의를 바탕으로 이루어지지 않는다. 그것은 정부의 지시, 교육청의 통제 등 관료적 지배와 통제를 통해 진행되고 있다는 점에서 인권, 자율, 참여 등 민주주의를 대표하는 가치들은 설 땅이 없다. 민주시민 양성을 목표로 하는 공교육을 담당하는 학교에서 민주주의는 낯설다. 이런 분위기에서 자란 학생들은 민주주의 가치를 체득하지 못하고 지식으로만 갖게 되며 민주시민의 자질 함양을 할 수 없게 된다.

혁신학교는 학교를 통제 중심에서 소통 중심의 자치공동체로 바꾸어 내고자 한다. 학교 구성원들이 교육 활동 주체로 인정되고, 학교의 관료적 수직적 지배구조는 학교 구성원들의 수평적 상호 관계를 특징으로 하는 민주적 자치공동체 문화로 변화되도록 하려는 것이다. 학교와 교실에서 민주주의를 찾고 민주주의 가치를 실현하려는 것이 혁신학교이다.

5. 과제와 물음

1) 혁신학교를 넘어 학교혁신으로

혁신학교는 기본적으로 학교를 바꾸기 위한 '본보기'의 역할을 하는 학교이다. 다시 말해서 혁신학교를 통해 학교를 바꾸기 위한 기본 토대가 무엇이고 그것이 실제 어떻게 가능한지를 살펴서 그 토대와 방법을 통해 우리나라 학교를 개혁하려는 것이 그 요체이다.

2009년에 시작된 혁신학교는 학교개혁에는 민주적인 학교문화 형성, 학교 현장 교직원들의 자율적 노력 등이 가장 중요하다는 것을 보여 준다. 이에 따라 각 시·도 교육청에서는 학교혁신을 위한 여러 가지 정책을 추진하고 있다. 경기도교육청의 경우, 혁신공감학교 정책 등을 통해 혁신학교의 성과를 바탕으로 학교혁신을 추진했고, 서울특별시교육청의 경우 '토론이 있는 교직원회의', '교원학습공동체' 등과 같은 정책을 통해 학교혁신의 기초를 확산시키고 있다.

혁신학교를 넘어 학교혁신으로 나아가는 과정에서 혁신학교의 양적 확대를 시도하고 있는데, 이것을 어느 정도 수준으로 하는 것이 바람직한지, 또한 양적 확대가 질적 변화를 담보하지 않는다는 건 어떻게 할 것인지 등의 문제들을 놓고 논쟁이 지속되고 있다.

2) 혁신학교 정책의 발전 과제

혁신학교 정책은 학교를 바꾸려는 목적으로 추진되지만 그것과 연동되어 우리나라 공교육의 새로운 패러다임을 형성하려는 것이다. 또한 혁신학교 정책은 학교 안팎에서 지속적으로 전개되고 있는 다양한 교육개혁운동과 상호 영향을 주고받고 있다. 따라서 혁신학교 정책은 단순히 학교를 바꾸는 데 머무는 것이 아니라 우리나라 교육 체제 등의 변화까지도 지향하는 것이다.

이런 점에서 혁신학교 정책은 학교를 비롯한 교육 체제를 어떻게 변화시킬 것인지, 우리나라 공교육은 어떤 가치를 지향하며 어떻게 만들어 갈 것인지 등을 함께 고려하며 정책적으로 진화해 나가야 한다. 고교 체제와 고교교육의 정체성, 초중등교육의 연계, 교장제도를 포함한 인사제도, 교육부와 교육청의 역할과 교육행정, 예산 편성과 집행 방식 등 다양한 분야의 변화를 동반해야 한다. 특히, 혁신학교를 모델로 교육과정 중심의 학교를 지향하고 있는 것을 고려하면 국가교육과정을 이에 걸맞게 개선해야 한다. 혁신학교의 교육과정 실행연구에 따르면[4], 학교교육과정 혁신을 위해서는 국가교육과정은 학교 현장 전문가와 교육 주체들이 중심이 된 상향적 방식, 협력적 가치 지향, 학생들의 삶과 발달에 근거한 내용체계 구성 등을 고려하여 새롭게 구성되어야 한다.

그런데 이 과정에서 혁신학교가 넘어야 할 가장 큰 과제로 등장하는 것이 학력 담론이다. 즉, 경쟁 중심의 입시교육 문화에서 형성된 학력을 대체할 새로운 학력에 대한 담론을 형성하고 그 공감대를 형성해 가야 할 과제에 직면한 것이다.

한편, 혁신학교 정책은 앞으로의 사회 변화, 즉 소득 양극화와 교육 불평등의 동시 심화, 기후변화에 따른 환경생태계의 위기, 세계화의 심화, 인구구조의 변화, 기술융합과 정보사회의 전면화, 한반도의 남북통일 등과 같은 사회적 변화도 고려해야 한다.

| 생각해 보기 |

1. 혁신학교를 이해하기 위해 어떠한 노력을 하고 있는가?
2. 우리 학교는 학교혁신 일반화 정책을 어느 정도 구현하고 있는가?
3. 혁신학교가 미래 사회의 교육을 대비하기 위해 어떻게 변화하여야 하는가?

1. 직역하면 '떠오르는 학교'이지만, 미래학에서는 장기적 관점에서 미래를 예측해 볼 수 있는 학교라고 할 수 있다. 이것은 지금은 일반인들이 눈치채지 못하지만 일정한 기간이 지나면 미래의 커다란 트렌드로 성장할 징후로서의 학교이다.
2. KDI, 「사회 이동성 복원을 위한 교육정책의 방향」 보고서, 2015.
3. 혁신학교의 지정 추이와 현황은 다음과 같다.

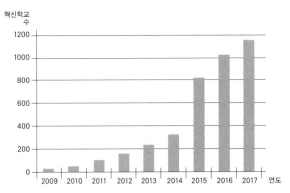

혁신학교 지정 추이(학교 수)

연도	2009	2010	2011	2012	2013	2014	2015	2016	2017
혁신학교 수	13	43	89	154	230	327	816	1016	1154

시도 교육청	혁신학교 명칭	최초 추진 연도	혁신학교 수(2017년 3월 현재)						
			유치원	초	중	고	특수	초중 종합	계
강원	강원행복+학교	2011		27	19	9			55
경기	혁신학교	2009		266	141	53			420
경남	행복학교	2015	1	22	12	3			38
광주	빛고을혁신학교	2011	2	30	15	4	3		54
대전	창의인재씨앗학교	2016		4	8	2			14
부산	다행복학교	2015	2	18	8	3	1		32
서울	서울형혁신학교	2011		111	33	14			158
세종	세종혁신학교	2015	1	6	2	1			10
인천	행복배움학교	2015		20	9	1			30

전남	무지개학교	2011	1	64	20	3			88
전북	전북혁신학교	2011	1	100	44	14			159
제주	다혼디배움학교	2015		12	5	2		2	21
충남	행복나눔학교	2015		29	17	8			54
충북	행복씨앗학교	2015	1	16	11	2			30
계			(9)	685	344	119	4	2	1,154(1,163)
혁신학교 비율									9.8(5.6)
전체 학교 수(2016 현재)									11,733(20,720)

4. 손동빈, 신은희, 이형빈, 홍제남, 박영림, 이은재, 2017. "학교교육과정 혁신 토대 구축을 위한 국가교육과정 개선 방안 연구: 혁신학교 교육과정 실행 사례를 중심으로". 2017 우리나라 교육혁신을 위한 전국 시·도 교육청 국제학술대회 자료집.

- KDI. 「사회 이동성 복원을 위한 교육정책의 방향」 보고서, 2015.
  이 보고서는 한국의 교육이 '계층 이동의 사다리' 기능보다는 갈수록 '계층 대물림의 통로'로 활용되고 있다고 진단한다. "타고난 잠재력이 어려운 환경에 의해 사장되고 능력이 부족한 상속자가 사회적으로 큰 영향을 미치는 자리에 올라 인재의 적재적소 활용이 저해될 경우 사회 통합은 물론 재원 배분의 효율성과 경제성장에도 부정적인 영향을 줄 수 있다"고 본다. 이에 대한 대책으로 '대입 전형에서 기회균등선발 등 적극적인 시정 조치 확대', '성공할 수 있는 경로 다양화', '불리한 배경을 가진 청년의 사회적 배제 예방' 등을 제안한다.

- 박준형, 손동빈, 양형진, 이기정, 정병훈, 조기숙, 조성범, 최경실. 『아이를 살리는 교육』. 지식공작소, 2012.
  이 책은 "너무나도 첨예하고 복잡해 뾰족한 대안이 없다"는 우리나라의 교육문제를 획기적으로 해결할 수 있는 실천 가능한 대안을 제시하고 있다. 우리 교육문제에 대한 해법을 논의하는 과정이 좌우로 나뉜 채 팽팽한 대결을 지속했다고 보고, 좌우를 뛰어넘어 성과를 거둘 수 있는 교육혁신 10년 로드맵을 제안한다. 어른과 아이 모두 고통받고 있는 입시지옥의 문제를 절절히 체험하고 이를 벗어날 방법을 찾아 머리를 맞대 온 지은이들은 교사, 교수, 학부모의 시각에서 기존의 틀을 벗어난 발칙한 대안을 찾아 제안하고 있다.

- 손동빈, 신은희, 이형빈, 홍제남, 박영림, 이은재. 「학교교육과정 혁신 토대 구축을 위한 국가교육과정 개선 방안 연구: 혁신학교 교육과정 실행 사례를 중심으로」. 2017 우리나라 교육혁신을 위한 전국 시·도 교육청 국제학술대회 자료집. 2017.
  이 연구는 교사의 전문성과 자율성에 기반한 학교교육과정을 실행한 혁신학교를 선정하고, 이 학교의 교육과정 실행 사례를 분석함으로써 국가교육과정 개선 방안을 제시하고 있다. 이 연구는 국가교육과정이 단위학교 교육과정혁신에 있어 도움이 되는가에 대한 문제의식을 갖고 그 모순 지점에 주목하면서 혁신학교 사례와 국가교육과정 사이의 불일치 지점과 개선과제를 파악하고 있다

- 정진화. 『교사, 학교를 바꾸다』. 살림터, 2016.
  이 책은 해방 이후 교사운동의 역사를 조망하면서 그 속에서 탄생한 새로운학교운동의 등장과 특징을 밝히고 있다. 2000년대 이후 공교육 제도의 근간인 단위 학교에서 학교 운영 체제와 교육과정, 수업을 혁신하려는 교사들의 자발적, 집단적, 지속적 움직임으로서 "새로운학교운동은 왜 일어났는가? 새로운학교는 일반 학교와 무엇이

다른가? 새로운학교운동은 이전의 참교육운동이나 대안교육운동과 어떤 차이가 있는가? 현재 한국 교육 현실에서 새로운학교운동은 어떤 의의를 갖는가?" 등과 같은 질문들에 대한 답을 찾아 나가고 있다.

- 이성대. 『혁신학교, 행복한 배움을 꿈꾸다』. 행복한 미래, 2015.
  이 책은 2009년 경기도 교육감 선거 당시 정책을 총괄하며 혁신학교 정책을 입안한 저자가 2009년~2012년 동안 경기도교육청에서 기획예산담당관 등으로 일하면서 혁신학교와 관련된 여러 가지 정책을 추진한 경험을 바탕으로 한 책이다. 이 책은 아이들이 단지 즐겁게 시간을 보내는 것에 만족한다면 그것은 혁신학교가 아니라고 단호히 '선언'한다. 혁신학교가 그동안 교육의 새로운 가능성을 확인하였다면, 이제 그 '가능성'을 '당연함'으로 만들어야 할 과제가 우리 앞에 있다고 본다.

- 작은학교교육연대. 『작은학교, 학교의 길을 묻다-작은학교교육연대 11년의 기록』. 내일을 위한 책, 2016.
  이 책은 공교육 안에서 대안적 교육과정을 만들고, 그것을 실천하기 위해 노력해 온 작은학교연대의 발자취를 담은 기록이다. 이 책은 작은학교교육연대가 탄생된 배경과 의미, 작은 학교의 문화와 없애고 채우기, 놀이와 걷기, 다모임, 학생동아리, 농사짓기, 온작품 읽기, 프로젝트 학습, 새로운 평가 방법 등 교육과정에 대해 이야기하고, 작은학교교육연대 선생님으로서 겪어 온 삶의 이야기를 담고 있다.

2장

민주적 학교와 행정의
유기체적 전환

학교는 교육 전문 기관이다. 그러나 현실의 학교는 교육보다는 행정을 중심으로 돌아가고 있다. 학교의 업무체계나 교원 승진제도 등은 교육보다는 행정 중심으로 짜여 있다. 이는 교사를 말단 행정가로 만들어 교육 전문가로서의 정체성을 훼손하는 주된 요인이 되고 있다. 교육의 질을 높이기 위해서는 교사들이 수업과 교육 활동에만 집중할 수 있는 교육 환경을 만들어야 한다. 이는 교사의 편익이 아니라 학생의 교육적 요구로부터 나오는 기본적 요구다.

행정 중심에서 교육 중심의 학교로

강민정

1. 왜 학교 업무 정상화인가

1) 학교 업무 정상화의 필요성

학교는 교육이 이루어지는 곳이다. 누구나 학교를 교육 전문 기관이라 생각한다. 사람들은 학교에서는 수업과 학생활동이 이루어지고 교사들은 이런 교육 활동만을 담당하고 있다고 생각한다.

그러나 현실의 학교는 이와는 거리가 있다. 수업은 시간표에 따라 이루어지지만 배움이 즐거워 아이들 하나하나가 살아 있는 교실 장면은 그리 흔치 않다. 좀 더 많은 시간을 들여 수업 준비를 할 수 있다면 수업의 질이 더 높아질 것임을 알지만 교사들 사이에는 '업무 짬짬이 수업 준비한다'는 자조적인 이야기가 있을 정도다. 교육 불가능이나 학교 붕괴, 배움으로부터의 소외 현상 등과 같이 학교교육의 문제점을 비판하는 이야기들은 너무 흔한 일이 되어 버렸다. 그 원인은 매우 다양하고 복잡하지만 그중 가장 강력한 원인 중 하나가 학교가 실은 교육 전문 기관답게 운영되고 있지 못하고, 교사가 교육 전문가답게 일할 수 있는 여건이 되어 있지 않다는 사실이다.

현실의 학교는 수업과 생활교육이라는 교육 활동 중심으로 조직되고 운영되기보다는 교육청, 교육부, 각종 의회의 요구에 따른 공문서를 작성하고 보고하는 일과 같은 행정 중심으로 조직되고 운영되고 있다.

학교가 교육 전문 기관이 되고, 교사가 교육 전문가가 되어 학교교육의 질이 높아지려면 무엇보다 교사들이 수업과 생활교육에만 전념할 수 있도록 학교조직이 개편되고 운영되어야 한다.

2) 기존 학교조직체계에서 행정업무를 효율적으로 전환하기 위한 체계

조직은 여러 사람이 함께 일하는 단위에서 그 단위가 맡은 일을 효율적으로 수행하는 것을 목적으로 만들어진다. 조직의 목적과 성격에 따라 가장 효율성을 발휘하기에 적합한 조직 형태와 조직체계가 운영되기 때문에 조직체계와 형태는 그 조직의 성격과 목적에 조응하게 되어 있다.

학교는 수업과 상담 및 학생활동을 통한 학생생활교육을 담당하는 곳이다. 그러나 현행 학교조직체계는 수업과 학생생활교육을 잘하기에 적합한 형태가 아니라 행정업무를 효율적으로 수행하는 데 적합한 형태로 되어 있다.

중등의 경우에는 교무부, 연구부, 생활교육부(구 학생부) 등을 주무부서이자 공통부서로 하고 학교별로 몇 개의 부서를 더 설치해 운영하고 있다. 초등의 경우 담임 중심의 학년부 형태를 띠나 학교의 주무부서가 교무부(교육과정부), 연구부, 생활교육부를 기본으로 한다는 점에서는 본질상 중등과 같은 조직체계다.

이들 학교 주무부서들에서 다루는 업무들은 학교교육 활동과 관련되어 있지만 교육의 본령인 수업과 생활교육을 직접 담당하기보다 이 일들이 잘 이루어질 수 있도록 주로 '지원하는 업무'들이다. 따라서 이들 부서가 중심이 되는 한 학교는 수업과 생활교육을 잘하기 위한 조직이 아니라 지원 업무를 잘하기 위한 조직일 뿐이다. 왜 이런 현상이 발생하게 되었을까? 그것은 학교가 교육기관임에도 불구하고 오랫동안 수업과 생활교육보다는 행정업무를 우선시하는 관점에서 운영되어 왔기 때문이다.

학교는 좋은 수업과 충분한 생활교육이 잘 이루어질 수 있도록 조직체계와 운영 시스템을 전면 개편해야 한다.

3) 교사는 교육 전문가인가 말단 행정기관인가?

현재의 학교조직은 교사들이 더 나은 수업을 만드는 일에 집중하거나 학생생활교육에 집중하기 어려운 구조다. 신규 발령을 받는 교사들은 부임 첫날 교무부 학적계나 연구부 컨설팅담당계 식으로 자리 배정을 받는다. 초등의 경우에도 각자의 담임 학급반이 주어지고 교실에서 근무하지만 각자에게는 수업과 학급 외에 별도의 행정업무계가 한 가지 이상씩 부여되는 건 마찬가지다. 모든 교사들이 수업하는 교사, 학생생활교육을 하는 교사가 아니라 행정업무 담당하는 사람으로 규정되어 교직을 시작하는 것이다.

교사들은 자신의 정체성에 혼란을 겪을 수밖에 없다. 주요한 업무가 교육이어야 함에도 불구하고 온갖 서류와 문서를 만들고 그 기일을 지키는 일에 쫓겨야 하는 일상을 살고 있다. 수업 준비를 해야 하고 학생 상담을 해야 하는 교사는 교무실 자기 자리에 돌아오면 교무부나 연구부 같은 행정부서의 일원이다. 옆자리 교사와 수업과 생활교육이 아니라 행정업무에 대해 상의할 수밖에 없는 구조다. 교사들은 끊임없이 자문한다. '나는 교육 전문가인가? 말단 행정기관인가?'

교육 활동이 중심이 되어야 할 학교에서 수업과 생활교육은 학교의 조직적 지원과 시스템이 아니라 철저하게 교사 개인이 감당해야 할 몫일 뿐이다. 이런 환경에서 좋은 수업이나 충분한 생활교육을 기대하는 것은 무리다. 교사 개인의 지나친 헌신을 요구하는 셈이 되기 때문이다.

수업과 생활교육은 교사 개인이 담당할 때보다 교사들이 함께 협력할 때 그 효과성이 극대화된다. 학교조직은 교사들이 수업 준비를 하고 더 나은 수업을 위해 서로 협력할 수 있는 구조, 학생생활교육에 집중하고 더 나은 생활교육을 위해 협력할 수 있는 구조여야 한다. 학교조직체계와 조직 운영 시스템은 교육을 중심으로 하는 방향으로 전면 개편되어야 하며, 이것이 학교 업무 정상화의 핵심이다.

2. 교육 중심의 학교 업무 정상화

1) 학교 업무 정상화가 정말 가능할까?

학교에서 1년 동안 다루는 공문만 8,000~1만여 건에 이른다고 한다. 물론 여기에는 학교에서 순수 생산된 공문 외에 교육청이나 교육부, 각종 의회 및 기관에서 학교로 발송되는 공문도 포함되어 있다. 그러나 그것도 학교 구성원들이 수신자인 문서들이니 어떻게든 교사들과 관련된 업무다. 단순 읽기로 끝나든 혹은 분류까지 해야 하든, 아니면 보고공문을 작성해야 하든….

이렇듯 공문의 홍수 속에 빠져 있는 학교에서 무슨 수로 행정업무가 아닌 교육 활동을 중심으로 하는 조직을 만들 수 있을까? 행정업무 중심의 조직을 운영하고 있는 지금도 충분히 힘든데 행정업무를 부차로 돌리고 수업과 생활교육을 중심으로 하는 조직체계를 운영한다면 그 많은 행정업무는 과연 누가, 어떻게 처리할 것인가?

너무도 오랫동안 학교는 행정 중심 조직 형태로 운영되어 왔기 때문에 이러한 변화가 현실적으로 가능할지에 대해 많은 교사들은 회의에 빠지고 심지어 불안해지기까지 한다. 이러한 상황은 교사들은 물론이려니와 학교 관리 책임을 맡고 있는 교장, 교감들에게는 더욱 심각한 회의를 갖게 만든다.

49:51! 서울에서 처음 학교 업무 정상화를 시작한 학교에서 학교업무조직 개편 결정 시 교사들의 의견 분포다. 교사들의 회의와 불안을 상징적으로 보여 주는 지수라 아니할 수 없다.

사실 완전한 학교 업무 정상화가 이루어지려면 모든 교사가 행정업무로부터 완전히 자유로워지고 오로지 수업과 생활교육만을 담당해야 한다. 그러나 위와 같은 현실에서는 이렇게 완전한 학교 업무 정상화를 구현하기란 쉽지 않다. 따라서 불가피하게 일정한 단계와 과정을 거칠 수밖에 없다. 비록 불완전하고 과도기적 형태이긴 하지만 교육청의 정책적 협조와 학교 관리자들의 인식 전환, 추가적인 인력 지원이 있다면 지금보다 훨씬 진전된 형태의 학교 업무 정상화가 불가능한 것은 아니다.

실제로 서울뿐 아니라 전국의 많은 혁신학교들에서 학교혁신을 위해 학교업무조직을 개편하여 학교 업무 정상화를 추진하는 것을 첫 번째 과제로 삼았으며, 이를 실천에 옮기고 있다. 이들 혁신학교에서도 초기에는 회의와 불안에서 출발했으나 그 효과가 실제 운영과정을 통해 입증되면서 더 많은 학교들로 확산되고 있다.

2) 학교 업무 정상화의 원칙과 방향

학교 업무 정상화의 일차적인 주체는 학교 업무 전체를 통솔하고 관장하는 교장·교감, 학교교육 활동의 직접적인 담당자인 교사, 기타 관련 업무를 담당하는 교직원이다. 그러나 학교 업무 정상화를 위한 조치에는 단위 학교만으로는 해결할 수 없는 요소들도 큰 부분을 차지하고 있다. 여기에서는 일단 단위 학교 안에서, 그리고 현재 조건에서 가능한 조치들에 관해 그 원칙과 방향을 이야기하기로 한다.

① 학교 업무 정상화를 위한 업무 재구조화와 조직 개편은 교사들이
  교육 활동에 전념할 수 있도록 한다는 학교 업무 정상화의 목표를
  중심으로 이루어져야 한다. 따라서 기존의 학교 구성원들이 맡아 왔
  던 업무들은 단순히 양적으로 분석되는 것이 아니라 교육 활동(수업
  과 생활교육)과 교육 지원 업무로 구분하여 질적으로 분석이 되어야
  한다.

② 학교 업무 정상화의 방향과 방안은 전체 교직원의 민주적인 협의와
  의사 수렴 과정을 통해 이루어져야 한다.

③ 학교 업무 정상화를 위해서는 먼저 기존의 학교 업무 중 교육적으로
  불필요한 업무, 관행적으로 실시해 왔던 업무, 전시성 업무 등에 대한
  과감한 폐지나 간소화하는 방안이 마련되어야 한다.

④ 초·중·고 학교 단계는 전문적인 학문을 배우는 것이라기보다 민주
  시민교육을 목표로 국민 기본 소양을 기르는 보통교육이 이루어지
  는 단계다. 따라서 학교의 기본 업무구조는 생활교육을 중심으로 짜
  여야 하며, 수업도 기초지식 학습과 생활교육의 관점에서 바라보아야
  한다.

⑤ 담임제가 실시되고 있는 현재의 학교 상황에서는 수업과 생활교육이
  이루어지는 기본 단위인 학급을 중심으로 학교조직구조가 짜여야 한
  다. 그 구체적인 형태는 학년부 중심 업무조직체계이다.

⑥ 학년부 중심 업무조직체계란 다음과 같다.

 ⅰ) 담임들에게는 학급 운영과 관련한 업무 외의 일체의 행정업무를 맡
  기지 않는다. 기존의 학교문화 속에서는 행정 중심의 '○○계'를 교사
  의 업무로 인정하고 담임은 그에 부가적으로 얹히는 업무로 인식되어
  왔는데 학급 담임을 하나의 업무계와 동일한 것으로 인정하는 것이

필요하다. 관점을 바꾸면 학교에서 담임의 역할만큼 교육적인 성격이 강한 업무가 어디 있는가? 따라서 담임의 업무는 별도의 독립적인 업무로 인정될 뿐 아니라 최대한 지원받아야 할 업무인 것이다.

ii) 학년별로 독립적인 별도 교무실을 가져야 한다. 담임들이 효율적인 학급 운영을 하려면 동학년 담임들 전원이 다른 부서에 흩어지지 않고 각 학년부 교무실에 배치되는 것을 원칙으로 해야 한다.

iii) 교무행정업무는 비담임들이 전담하는 것을 원칙으로 한다. 교무행정의 총괄 관리는 교감이 담당한다. 규모가 작은 학교는 상대적으로 비담임 수가 적게 나오기는 하지만 그만큼 학급 수에 연동된 담임 수가 적기 때문에 학년부 중심 업무조직체계 운영이 근본적으로 불가능한 것은 아니다. 초등의 경우 3~5명 규모의 업무 전담 부장들이 수업 시수를 10~12시간만 담당하고 교무업무전담팀을 운영할 수도 있다. 다만 이와 같은 운영 사례 경험으로 보아 지나친 업무 부담이 소수 업무부장들에게 집중되면서 발생하는 지나친 노동강도 강화, 수업과 교육 활동으로부터의 거리감으로 인한 교사 정체성 문제가 제기되고 있어 개선책을 모색할 필요가 있다.

⑦ 기존에 전체 교사들이 분담하던 교무행정업무를 상대적으로 소수인 비담임들이 맡아야 하기 때문에 이를 전적으로 지원할 교무행정지원사를 별도 채용하여 배치해야 한다.

⑧ 기존에 학교에서 근무하던 교무실무사, 과학조교, 정보담당조교, 학습도움실무사(초등) 등 다양한 업무를 수행하던 실무사들의 업무가 학교 업무 정상화를 위해 전체적으로 조정되고, 이들이 적극적인 역할을 수행할 수 있도록 되어야 한다.

⑨ 수업을 위해서는 담임, 비담임 구분 없이 모든 교사가 참여할 수 있는 교사수업연구회(혹은 동아리)와 같은 별도의 공식 조직이 기본 계선 조직과 별개로 운영되어야 한다.

3) 학교 업무 정상화를 위한 필수조건

학교 업무 정상화가 필요한 이유는 학교업무조직체계가 교육이 아닌 행정 중심으로 짜여 있기 때문이지만 학교와 교사들이 처리해야 할 행정업무의 절대량이 지나치게 많기 때문이기도 하다. 따라서 학교조직체계를 바꾸는 것만으로는 학교 업무 정상화가 근본적인 한계에 봉착할 수밖에 없다. 이 문제를 해결하려면 단위 학교를 넘어서 교육청과 교육부 차원의 적극적인 해결 의지와 해결책이 동시에 강구되어야 한다.

첫째, 교육청과 교육부에서 생산하고 요구하는 행정업무 자체를 과감하게 줄여야 한다. 단지 물리적인 공문 양을 줄이는 것이 아니라 구조적인 해결책을 강구해야 한다.

교육 선진국에서는 교사들의 행정업무라는 개념 자체가 아예 없는 경우가 많다. 교사는 수업연구와 평가, 학생진로진학 지도 등과 관련된 일을 맡는 것이 너무도 당연하게 받아들여진다. 그러나 우리 교육 현실에서는 학교가 상부의 정책을 접수하고 그 실행 결과를 보고하는 것이 당연한 일이 된다.

따라서 학교행정업무의 절대량을 줄이려면 교육청이나 교육부의 역할과 업무 방식을 근본적으로 혁신해야 한다. 교육청이 직접 시행하는 각종 정책 사업들은 과감하게 줄여 나가야 한다. 이는 학교 업무 정상화를 위해서도 필수적으로 요구되는 일이지만 교육청과 학교의 관계, 사업 단위가 아니라 정책 단위로서의 교육청 역할을 전면 재조정하기 위해서도 필요한 일이다.

둘째, 학교에서는 순수한 의미의 행정업무 외에 교육 활동 자체로부터 발생하는 교무행정업무가 존재할 수밖에 없다. 교육과정을 짜고, 각 교육 활동들을 기획하고 실행하고 평가하는 일들에 수반되는 업무들이 그것이다. 이와 같이 교육 활동으로부터 발생하는 행정업무들의 양도 그리 적다고 할 수 없다. 따라서 교육 활동과 관련된 업무들은 내용 생산과 그로부터 파생되는 행정적 혹은 사무적 성격의 일들을 구분하여 처리하는 것이 필요하다. 이를 위해서 후자의 업무를 담당하기 위한 행정전담인력이 배치될 필요가 있다. 쉽게 말해 소프트웨어적인 일은 교사가, 하드웨어적인 일은 행정전담사가 맡는 식의 구조가 요구된다.

서울에서는 이러한 문제의식에 따라 2013년에 서울지역 1,300여 개 전체 학교에 교무행정전담사가 추가로 배치되었다. 그리고 기존에 학교에서 근무하던 교무보조원, 과학조교, 정보담당 보조원, 학습준비물 보조원 등의 교무실무사들이 학교 행정업무를 나누어 맡는 식의 변화도 모색되고 있다.

셋째, 학교에 요구되고 있는 행정적 일들에는 교육청과 교육부 외에도 각급 의회나 기관들의 요구 자료나 통계 등이 있고, 그 양도 결코 적지 않다. 이러한 요구 자료나 통계들은 현재 학교 업무가 대부분 전산화되어 있는 조건을 최대한 활용해서 교사들이 직접 담당하지 않고도 해결할 수 있는 시스템을 만들어야 한다. 학교 업무 전산화는 업무 간소화를 목적으로 도입되었음에도 불구하고 종이 결재의 수고를 덜어 주는 것 외에는 그 효과가 거의 없을 뿐 아니라 오히려 더욱 교사들의 업무 부담을 가중시키는 방향으로 나가고 있다. 교무 업무 전산화를 시스템화할 때 학교 업무 정상화의 관점을 분명히 한다면 현재 우리나라 전산 능력과 기술 수준으로 충분히 이 문제를 해결해 나갈 수 있을 것이다.

4) 학교 업무 정상화의 효과

학교 업무 정상화는 실제 학교업무구조와 환경을 교육 친화적으로 개선한다는 면에서뿐 아니라 그 과정을 통해 우리 학교교육이 안고 있는 여타의 문제들을 해결해 나가는 데도 중요한 역할을 한다. 즉 물리적 환경이라는 하드웨어적 변화와 동시에 학교와 교사의 역할, 학교 구성원들 간의 신뢰 구축, 학교와 교육행정기관 간의 관계 및 업무체계 등과 같은 소프트웨어적인 문제들과 관련된 새로운 고민과 변화를 촉진한다.

① 학년부 중심의 학교업무조직체계는 담임교사들에게 담임 업무 외의 행정업무를 담당하지 않게 하는 것과 동학년 담임교사들이 같은 공간 안에서 근무할 수 있도록 학년별 교무실을 운영하는 것이 핵심이다.

이런 변화는 첫째, 생활교육을 집중적으로 담당하는 담임 역할이 학교교육의 중심이 되게 한다.

둘째, 학년부 중심 업무분장체계는 학생들의 생활교육을 직접 담당하고 있는 담임들이 학년부에 모여 있음으로 해서 자연스럽게 생활교육의 질을 높이는 효과가 나타난다. 학생생활교육은 담임들의 공동 관심사이자 일차적 업무다. 따라서 학년별로 학생생활교육에 대한 논의가 활발해지며, 공동의 생활교육 방안들이 학년별로 구상되고 시행된다. 대부분의 학년부 중심 업무체계를 시행하고 있는 학교들에서는 기존에 생활지도부에서 담당했던 생활교육의 상당 부분이 공식적으로 학년부로 이관되었다.

셋째, 담임교사들이 일반 교무행정업무를 맡지 않게 됨에 따라 학생들과의 상담이나 생활교육, 학급 활동을 위해 더 많은 시간을 투여할 수 있게 한다. 이로써 담임과 아이들이 만나고, 눈을 맞추고, 대화할 수 있는 시간이 늘어나 담임교사와 학생들 간의 신뢰와 래포가 깊어진다.

넷째, 동학년 교사들이 1년 동안 같은 교무실에서 근무하게 됨으로써 교사들 내에서 자연스럽게 상호 학습이 일어나고, 이를 통한 교사 교육 활동 능력의 상향 평준화가 이루어진다. 옆 학급 담임이 학급 운영하는 과정, 학생과 대화를 나누고 상담하는 과정을 자연스럽게 공유하게 됨으로써 이루어지는 자연스러운 결과라 할 수 있다.

다섯째, 학년부 체계는 담임교사들이 교무부나 연구부 등에 흩어져 있을 때는 생각지도 못한 집단지도, 협력지도를 가능하게 한다. 일반적으로 기존의 업무분장체계에서는 담임의 학생 상담이나 지도가 철저하게 교사 개인의 몫이 된다. 담임교사가 수업에 들어가야 한다거나 회의나 기타 업무로 인해 시간을 할애해야 할 때 아이들과의 상담이나 지도는 거기에서 중단될 수밖에 없다. 그러나 동학년 담임들이 한 교무실에서 같이 근무하게 되는 조건에서는 설사 담임이 다른 일로 잠시 자리를 비우게 되더라도 아이들은 지속적으로 같은 학년의 옆 반 담임교사에게 돌봄을 받을 수 있다. 명실상부한 집단지도이자 협력지도다.

② 학년부 중심 업무분장체계를 중심으로 한 학교 업무 정상화는 기존에 행정업무를 관행적이고 무의식적으로 당연시해 왔던 교사들에게 교육 전문가로서의 자기 정체성에 대한 근본적인 성찰을 할 적극적인 기회를 제공한다. 그동안 불만과 문제의식은 가져왔지만 이를 정면에서 부딪쳐 고민하기에는 개별 교사 차원의 한계가 컸다. 그러나 학교 전체의 업무분장체계를 전 교직원이 공식적인 공동 과제로 제기하고 해결해 나가는 과정은 기존의 행정 중심의 학교 업무 문화와 이를 뒷받침해 왔던 학교조직체계에 대해 되돌아보게 하고, 나아가 교사로서 자신의 역할과 일상에 대해 되돌아보게 만드는 효과가 있다. 그리고 함께 이 문제를 풀어 나가는 과정은 교사가 교육 전문가로서 자기 정체성을 회복할 수 있는 힘을 현실화시킬 수 있게 해 준다.

③ 학교 업무 정상화를 위해서는 교육청이나 교육부와 같은 상급기관에서 공문 발송을 과감하게 축소하지 않으면 안 된다는 점을 앞에

서 지적했다. 이는 곧 교육부나 교육청이 어떤 성격의 역할을 자기 임무로 해야 하는지, 이들과 단위 학교와의 관계와 업무 방식은 어떻게 개선되어야 하는지에 대한 문제를 제기하는 과정이기도 하다. 즉 학교 업무 정상화는 단위 학교 안에서만의 변화가 아니라 교육청과 교육부의 역할 재정립에 대한 요구를 수반하고, 이를 현실화시킬 수 있는 기초가 된다.

3. 학교 업무 정상화 사례

학교 업무 정상화 방안에서 초등과 중등은 몇 가지 공통점과 몇 가지 차이점을 갖는다. 이는 급별 교육 방식과 이에 따른 교육 환경의 차이로부터 발생한다. 초중등의 공통점은 담임에게 행정업무를 맡기지 않고 교무행정전담사를 채용하며, 기존의 교무실무사들이 학교행정업무를 적극적으로 담당하는 방향으로 업무 내용이 조정되고, 교감이 교무행정 일부를 담당하면서 교무행정 전체를 총괄 운영한다는 점이다. 차이점은 초등의 경우에는 비담임 교과전담교사들 중 업무전담교사들이 협의의 교무행정전담팀을 구성하여 운영함으로써 비담임들도 교무행정전담팀 교사와 일반 교과전담교사로 구분되는 반면, 중등의 경우에는 담임을 제외한 비담임교사들 전체가 행정업무를 비교적 고르게 맡아 광의의 교무행정전담팀을 운영한다는 점이다.

1) 초등

초등은 출발부터 이미 학년부 체제가 어느 정도 운영되는 상황이었다. 따라서 초등에서의 학교 업무 정상화는 담임들로부터 행정업무를 덜어내고 교무행정전담팀을 운영하는 것에 초점이 맞춰졌다. 학교 여건에 따라 3~5명 내외의 비담임교사들이 수업을 10~14시간 정도로 줄이고 이들이 학교 교무행정업무 일체를 전담하는 방식이다. 이들의 수업은 나머지 비담임 교과전담교사들이 주로 나누어 맡는다.

이러한 방식은 교무행정업무 처리의 효율성은 높으나 소수 교사들에게 행정업무가 과도하게 집중됨으로써 업무 부담 가중과 수업보다 행정업무 비중이 높은 데서 초래되는 정체성 문제 등을 안고 있기도 하다. 최근 이를 해결하기 위한 노력이 시작되어 발전적인 해결책이 마련될 거라 여겨진다. 여기서는 상대적으로 학교 업무 정상화를 제대로 추진하고 있다고 여겨지는 서울의 한 초등학교 업무분장 사례를 제시한다.

〈A초등학교〉

교사 현황: 12부장 체제(업무부장 6+학년부장 6), 수석교사 1, 교과전담 3

① 담임 배정 원칙

▸ 일반학급 45, 특수학급 2

▸ 배정 원칙

⇒ 교사의 희망대로 배정한다.

[조정 원칙] (순서대로 우선순위는 아님)

⇒ 저, 중, 고학년 및 교과를 고르게 순환하여 배정한다.

⇒ 자녀가 본교 재학 중인 경우 자녀 학년과 동일한 학년을 맡지 않는다.

⇒ 경력 5년 미만 교사는 전 학년에 고르게 배정한다.

⇒ 전 학년도 기피 학년 담임교사를 우선하여 배정한다.

⇒ 전 학년도 6학년 담임교사를 우선하여 배정한다.

⇒ 교과전담교사는 영어 교과를 우선으로 한다.

▸ 배정 방법

- 배정일: 매 학년 말(예: 12월 27일)

- 개인별로 희망 학년을 포스트잇에 써서 붙인 후에 위의 원칙에 의해 조정한다.
▶ 학년 업무 조직
- 담당 학급 및 학년 업무 조직은 전입 교사 발령 후 학년별로 모여 협의하여 정한다.
- 학년 업무조직: 학년부장(교육과정), 수업, 평가(통계), 문예체(회계), 생활(수집, 분배), 학습 준비물(정보) 등으로 하되, 학년에서 협의하여 조정할 수 있다.
- 교사회의 효율적 운영을 위하여 수직적 TF팀을 활성화한다.
▶ 학년부장 선정
- 2월 전입 교사 발령 후 동학년 협의하여 정한다.

② 2014학년도 업무전담팀 구성 원칙
▶ 구성 방향
- 교무행정업무부장 선정은 겨울학기 교육과정 평가회에서 정하되, 특별한 사유가 있는 경우 날짜를 조정한다.
- 담임교사는 수업지도와 생활지도에 집중하고, 교무행정업무의 처리는 업무부장 6인과 행정보조사, 기타 보조업무 담당자와 분담하여 처리한다.
- 일반행정업무는 행정실에서 처리한다.
- 학년부장 중심의 수평적 협의체와, 교무행정업무부장 중심의 수직적 협의체를 병행하여 교육 활동의 내실화를 꾀한다.
▶ 영역: 교육지원부장, 교육과정부장, 생활인권부장, 문예체부장, 과학정보부장, 방과후부장
▶ 선정 원칙
- 전원 1년 보직 임기 만료하고 전체 교사 희망에 의해 새로 선정한다.

▶ 선정 방법

- 업무전담팀 지원은 구두로 자천을 받는다.

- 자천자가 없는 경우는 공개적으로 추천한다.

- 단독 후보인 경우 무투표 당선, 복수인 경우 당사자끼리 조율하고, 조율이 안 될 경우 투표를 통해 정한다.

▶ 수업 및 업무

- 담임을 맡지 않고 주당 12시간 내외의 교과 수업을 담당한다.

- 담당 교과목: 담당 학년 교육과정 재구성 운영에 따라 담당 학년과 협의하여 정한다.

- 담당 업무는 업무전담팀 기획회의를 통해 조정한다.

③ 업무 조직표

교장	학교 운영 총괄, 학부모 대민 업무, 대외협력
교감	교무행정업무 총괄, 복무, 강사 계약, 인사관리, 각종 위원회 관리
수석교사	수업공개, 학년별 수업협의 지원, 수업동아리 지원, 교내 교사 연수, 컨설팅 장학, 임상장학
교육지원부장	학적관리, 전출입, 일일 업무, 월별 업무, 교사회 운영, 학부모 상담, 학부모 동아리, 학부모 연수, 학교행사, 취학, 반편, 시상, 나눔, 계절방학 운영(공적심의위원회, 교과목별이수인정평가위원회, 조기진급·졸업·진학평가위원회)
교육과정부장	교육과정 편성 및 운영, 학생평가, 제7지구 자율장학운영, 교육과정평가회, 학교홍보, 대외협력, 혁신학교 운영, 환경생태, 학습부진아(교육과정위원회, 학업성적관리위원회, 학교봉사활동추진위원회, 자율학교자체평가위원회)
과학정보부장	과학, 정보, 컴퓨터 관리, 과학자료 관리, 시청각기자재 관리, 홈페이지 관리, 나이스시스템 관리, 정보공시, 방송, 영재, 교원능력개발평가(교구선정위원회, 교원능력개발평가위원회, 영재교육대상자선정위원회)
생활인권부장	생활, 소방, 안전, 학생자치, 탈북, 다문화, 통일, 진로, 녹색교통안전, 안전지킴이, 상담, 인성, 학교폭력예방교육(학교폭력대책위원회, 학생선도위원회, 생활규정개정심의위원회)
교육복지부장	방과후학교, 돌봄실, 교육비 지원, 원클릭, 영어교육, 교과서, 교사연수 안내(방과후학교학부모모니터단)
문예체부장	잔치, 학교신문, 학습준비물, 체육교육, 스포츠클럽, 팝스, 체육교구, 도서관, 독서교육, 토론논술교육, 가람결배움, 문예체 관련 대회, 학생동아리(도서실자료선정위원회, 학습준비물선정위원회)

학년부장	학년교육과정 계획 수립 및 운영, 학년 행사 기획 및 진행
교과전담교사	학교행사 지원
특수교사	**특수교육 전반, 통합학급 지원**
보건교사	**보건실 운영, 보건교육, 성폭력, 성희롱, 양성평등, 금연, 약물중독, 안전공제회, 학생상담(성희롱·성폭력심의위원회)**
행정보조사	공문 전달, 보고공문 작성, 에듀파인 기안, 입간판 출력, 각종 문서 작성 지원, 학교통계, 교과서, 방송조회 보조
교무보조	전출입 업무, 법적장부 관리, 우편물 분배, 장학자료 분배, 게시판 관리, 각종 행사 보조, 교육지원실 비품 관리
전산보조	컴퓨터 관리, 수업동영상 촬영, 방송실 관리, 학교행사 사진촬영, 학교 홈페이지 관리
과학보조	과학실 관리, 과학자료 관리, 실과실 관리, 학교행사 지원
방과후코디맘	방과후 수강권, 방과후 출석부 관리, 방과후 강사 관리
학습도움실 보조	학습도움실 관리, 준비물 배부, 자료제작, 음악·미술 자료 관리
스포츠강사	체육교구 구입, 체육교구 관리, 학교행사 지원
도서실 사서	도서실 운영, 책 목록 작성, 독서교육 지원
학습부진아 지도강사	부진아 지도, 부진아 카드 관리
돌봄실 전담강사	**돌봄실 총괄**
특수보조	통합학급 지원, 장애아 지도
전문상담사	학생폭력 가·피해자 및 학교 부적응 학생, 고위험군 학생 상담 지원

2) 중등

중등의 경우에는 기존 업무분장이 학년이 아니라 행정업무 중심이었기 때문에 실질적인 학년부를 구성하는 것과 담임에게 행정업무를 맡기지 않는 것, 교무행정전담사를 채용하는 것 등이 학교 업무 정상화의 주요 핵심 내용이 된다. 학교마다 교무행정전담사가 맡고 있는 업무의 내용과 양에서 약간의 차이가 나고 있다. 중등의 경우에는 초등과 달리 소수 업무

부장들이 교무행정업무를 완전히 전담하는 것이 아니라 비담임교사들 전체가 행정업무를 나누어 맡는다. 여기서도 초등과 마찬가지로 상대적으로 학교 업무 정상화를 제대로 추진하고 있다고 여겨지는 서울의 한 학교 업무분장 사례를 제시한다.

〈B중학교〉

학년 담임들은 같은 교무실에서 각 학년별 부서로 운영되고 있으며, 학급 운영과 관련된 업무 외의 일반 교무행정업무는 맡지 않고 있다. 생활교육은 기본적으로 학년부에서 담당하는 것을 원칙으로 한다. 소선도위원회는 생활상담부의 지원을 받아 학년부에서 운영하고 생활상담부는 폭대위를 담당한다. 기존의 교무실무사들이 학적이나 NEIS 등의 일반 교무행정업무를 나누어 맡는다. 공문 분류 시 보고가 아닌 공람공문은 원칙적으로 해당 부장에게가 아니라 과학조교에게 분류되어 공람 업무를 담당하기 때문에 업무부장들이 처리해야 할 공문 양이 일반 학교 부장보다 적은 편이다. 3개 부서가 기획이나 부원이 없는 1인 부장이다.

부서	업무	업무 내용
교감	교감	공문 배부, 교원수급, 정현원, 평정, 전보, 복무, 교권보호위원회 총괄
교무행정 지원사		교육청 보고 업무, 에듀파인, 방과후학교, 자유수강권, 학생증, 시간강사, 스포츠클럽 강사비, 부장 업무 지원, 학적 조회, 기타
교무 기획부	부장	교육과정 운영, 생활기록부 총괄, 학력신장, 성과금, 학교 현황, 명예·수석교사, 교과교실제, 조기 진급 졸업, 규정집, 기타
	기획 수업	시간표, 결·보강, 수준별 이동, 사교육 대책, 자기주도학습, 담임강사 임용, 미이수 과목, 생활기록부, 부진아 기초학습 향상, 교과서 선정, 고사 시간표, 학부모
	고사 성적	고사1, 성적처리, 수행평가, 가산점, 성적관리위원회, 교과교육과정 계획
	영어회화2	영어듣기, 영어행사, 고사2
	교무 실무사	NEIS, 정보공시, 교육 통계, 학적, 전·입학·신입생, 주·월간계획, 가정통신문, 사무용품, 간행물 관리, 교과서 신청, 시상, 수상대장

혁신 연구부	부장	혁신학교 총괄, 업무 정상화, 혁신연수, 교육계획서, 교사학부모 동아리, 혁신학교 교류, 학교 홍보, 방과후 총괄
	기획	수업연구회, 수업 방법 개선, 포럼 워크숍, 협의회, 창의인성 · 전인교육, 학습자료 준비물, 교원학교포상, 교육실습, 교원능력개발평가, 학교 · 교장평가, 장학, 자격 · 직무연수, 시범연구학교, 연구대회, 연구정보원
생활 상담부	부장	교내외 생활지도, 폭력예방교육, 성찰교실, 대안교육, 통합협의회(지구간사학교), 폭대위 · 선도위
	기획	교내외 생활지도, 등하교 지도, 북돋움카드, 덕목별 시상, 지킴이, 교내 생활 안전교육, 요선도학생 지도, 학폭가산점, 교복(선정 · 구입), 유해환경
	전문상담	상담, 검사, Wee클래스, 자살예방, 정신건강
	지킴이	교내 순시, 등하교 지도, 사안 예방, 안전사고 예방
창체 교육부	부장	창의적 체험활동, 각종 체험, 동아리, 공연공모전캠프, 재능기부, 텃밭, 문화교육
	기획	봉사활동, 평생교육, 경제, 통일보훈안보, 저출산고령화, 전통문화, 글로벌, 도서관
	영어회화1	영어듣기, 영어행사
	사서	도서관 관리, 도서 구입, 도서 대출, 도서관
자치 복지부	부장	학생회, 자치활동, 민주인권교육, 자매결연, 학생쉼터, 학생복지
	기획	장학, 인터넷 통신비, 동행 프로젝트, 씨드스쿨, 대학생 멘토링, 교육비지원
	특수	특수 · 통합교육, 기타 복지 업무
미래인재 교육부	부장	과학, 영재학급, 발명, 환경, 에너지, 자연재난교육, STEAM융합, 창의성
	과학 실무사	과학기자재, 실험준비, 실험실 관리, 학교SMS, 단순 공문 접수 및 공람
체육 보건부	부장	체육시설 관리, 재난대응 훈련, 스포츠 강사 섭외 관리, 체육 관련, 청소배정
	기획	체육교구 관리, 스포츠클럽 관리, 체육대회, 기획업무, 각종 대회 출전 관리
	보건	응급처치, 안전공제회, 건강기록부, 장애인, 생명존중, 약물(음주흡연) 오남용, 성교육(양성평등, 성폭력 예방), 보건교육
정보 교육부	부장	홈페이지, 네트워크, 컴퓨터, 정보보안, 개인정보 보호, 저작권
	기획	교단선진화기기 관리, s/w 관리, CD/DVD 자료, 안전교육 총괄
진로진학 상담부	부장	진로진학 총괄, 진로진학 계획 · 행사 · 교육, 직업체험, 진로진학 상담

	1반	2반	3반	4반	5반	6반	7반	8반	9반
1학년 교육부	입학식 부장	기획	진로 생기부	생활 지도 청소	수학 여행 창체	생활 지도 (상벌)	기초 학력 혁신	자치	
2학년 교육부	수련 수학 부장	기획	생활 지도 (상벌)	생활 지도 청소	진로 생기부	자치	수련 창체	기초 학력 혁신	
3학년 교육부	졸업식 부장	기획	생활 지도 (상벌)	생활 지도 청소	수학 여행 창체	진로 생기부	기초 학력 혁신	자치	교복 물려 주기

4. 과제와 물음

1) 학교교육 주체들의 인식 변화

학교는 오랫동안 행정 중심 업무조직체계로 운영되어 왔다. 그 뿌리가 깊기 때문에 학교장이나 교사들 스스로 행정 중심 학교업무조직체계를 당연한 것으로 여기고 그 체계의 일부로 살아왔다. 이제 학교는 교육 전문 기관인가, 교사는 교육 전문가인가에 대해 보다 근본적으로 스스로에게 질문을 던져야 한다. 그리고 그 질문의 답을 찾기 위한 노력은 학교업무조직체계를 행정 중심이 아니라 교육 중심으로 전환하기 위한 노력에서부터 시작되어야 한다.

2) 교육청과 교육행정기관의 변화

학교 업무 정상화는 학교 내부의 조직체계를 바꾸는 것만으로는 완성되기 어렵다. 학교 업무를 교육이 아니라 행정 중심으로 작동되도록 하는 주요한 원인이 교육부-교육청-학교로 수직적으로 연결된 교육행정체계로부터 기인하기 때문이다. 따라서 학교 업무 정상화는 교육의 기본 단위인 학교의 교육과정 운영의 자율성을 인정해야 한다. 이를 중심으로 교육부와 교육청은 관리 감독의 역할이 아니라 정책 방향을 정하고 학교교육을 지원하는 역할로 그 근본 성격이 전환되어야 한다. 이를 위해서는 현재 교육부나 교육청에서 실시되고 있는 직접적인 정책 사업들은 과감히 폐지하고 지침과 보고 수합의 업무 관행을 탈피해야 한다.

3) 학년부체제와 교무업무전담팀 제도는 과도기적 해결책

현재 추진되고 있는 학교 업무 정상화의 방안인 학년부와 교무업무전담팀 제도는 불가피하게 발생하고 있는 행정업무가 존재하는 현 상황에 대응하기 위한 과도기적 해결책이다. 궁극적으로 교사는 수업과 상담, 생활교육 등에만 집중하고 학교에서 발생하는 행정업무는 일반직으로 구성된 행정전문팀(혹은 부서)에서 담당하는 체계가 되어야 한다. 병원에 원무과와 진료부서가 따로 있고, 대학에 교무처와 학과체제가 별도로 있는 것과 같은 구조로 나아가야 한다. 이는 학교교육의 수준을 높이기 위한 필수적인 여건을 조성하는 길이다.

| 생각해 보기 |

1. 교사의 전문성을 구현하기 위한 학교조직체계는 어떠해야 하는가?
2. 우리 학교의 업무조직체계는 행정 중심인가, 교육 중심인가?
3. 학교업무가 교육 중심으로 운영되려면 어떤 업무조직체계가 필요한가?
4. 교육 중심 학교업무체계가 운영되려면 교육청의 어떤 지원이 필요한가?

• 이기정.『학교개조론』. 미래 M&B, 2007.

교사나 교장 개개인의 부족한 열정과 능력이 아니라 교사들이 나름대로 가지고 있는 열정과 능력을 온전히 발휘하지 못하게 만드는 잘못된 학교제도를 비판하고 있는 책. 학교와 학원의 공존이라는 비정상적인 현실과 문제의 원흉처럼 취급받는 대학입시, 학교의 무능함 등 현대 한국 교육이 지닌 근본적인 문제들을 짚어 본 다음, 학교개혁 방안을 제시하고, 교원평가제, 교육과 사무행정의 분리, 교장선출제 등의 개혁 방안에 대한 근거와 반대하는 사람들의 입장 등을 자세하게 서술하고 있다.

• 강민정.「교육정상화를 위한 학교업무조직 개편론」.『교육비평』34 (2014). 171-195.

우리나라 대부분의 학교들에서 일반화되어 있는 행정 중심 학교업무조직체계의 문제점을 분석하고, 교육 활동 중심의 학교조직체계로 전환해야 할 필요성과 그 구체적인 방안에 대해 제안함으로써 학교업무 정상화의 조직적 방향을 제시하고 있다.

공교육의 폐해는 입시 위주 경쟁 교육으로부터만 오는 것은 아니다. 교육부로부터 교사에 이르기까지 수직적 권위주의 문화가 지배하는 학교에서는 창의적인 교육이나 아이들을 삶의 주체로 성장시키는 교육이 불가능하다. 민주적인 학교 운영은 교육 환경뿐 아니라 교육 내용과 교육 방식에까지 영향을 미친다. 민주적인 학교 운영의 출발점은 학교장 중심으로 운영되는 학교에서 기존의 권위주의적 리더십을 민주적 리더십으로 대체하는 것에서 시작되어야 한다.

민주적 리더십이 살아 있는 학교

강민정

1. 왜 민주적 리더십인가

1) 민주적 리더십의 필요성

일반적으로 조직의 성공은 그 조직 구성원들의 자발적 참여가 극대화되고, 리더에 대한 조직원들의 신뢰와 인정이 있을 때 이루어진다. 그리고 이런 조직의 성공이 그 조직이 작동되고 있는 분야의 발전을 촉진하여 선순환적으로 공동체의 발전에 기여하게 된다. 권위주의적인 원리에 의해 움직여지는 조직은 일시적인 성취를 거둘 수는 있을지 모르지만 지속적으로 조직 성원들의 능력과 열정이 발휘되는 것을 막기 때문에 일정한 시점이 되면 한계에 봉착하게 된다.

교육은 어린이·청소년들이 사회 변화에 능동적으로 적응하여 자기 삶의 주인이 될 수 있도록 준비시키는 일이다. 각자가 삶의 주인이 되게 하는 일은 곧 서로를 인정하고 차이를 존중하고 배려하는 것과 동전의 앞뒷면 같은 관계에 있다. 결국 교육은 민주시민성을 기르는 것에 그 목적이 있다 할 것이다. 민주시민성은 교육 내용에서 민주주의를 가르치는 것만으로는 부족하다. 교육 방식과 교육 환경 속에도 민주주의의 원리가 관철되어야 어린이·청소년들의 민주시민성 교육은 살아 있는 교육으로 완성된다. 따라서 교육을 담당하는 학교에는 민주적 문화가 구현되어 있어야 한다.

안타깝게도 교육부-교육청-학교로 이어져 오던 상명하달식 관료주의 관행의 뿌리는 깊다. 교사회나 학생회가 법제화되어 있지 않은 속에서 학교의 의사결정 구조는 아직도 권위주의적 한계에서 벗어나지 못하고 있다. 학교의 민주적 의사결정 구조를 만드는 과정에서 가장 중요한 것이 학교 최고 책임자인 교장의 민주적 리더십 확립이다. 수평적 의사결정 구조도 권력의 분산에 따른 책임의 공유가 전제되지 않으면 불가능하기 때문이다.

혁신학교는 학교의 모든 교육 활동을 오로지 '교육적 관점'에서 재구조화하여 자율과 자치, 협력과 공동체성이 살아나는 민주적 학교를 만들기 위해 노력하는 학교다. 그래서 혁신학교에서는 민주적 리더십의 전형들이 새롭게 창출되고 있다. 기존의 권위주의적 전통이 그 뿌리가 깊기 때문에 물론 이러한 과정은 결코 쉽고 간단하지만은 않다. 그러나 경쟁 대신 협력, 결과보다 과정, 행정보다는 교육을 중시하는 혁신학교의 철학을 실현하려는 학교 구성원들의 노력은 이러한 어려움을 보람으로 대체할 수 있다는 것을 보여 준다. 리더십 문제를 포함하여 한 조직의 문화는 전체 구성원들의 상호작용의 결과다. 따라서 학교 관리자의 리더십 변화만으로는 민주적 학교 운영이 이루어질 수 없다. 교사, 학생, 학부모, 교직원 모두의 주체로서의 변신이 요구되는 이유다.

2) 민주시민교육으로서의 학교교육

교육의 목표는 미래 사회의 주체가 될 아이들의 성장에 있다. 교육은 아이들이 성인으로 성장했을 때 자기 삶의 당당한 주인이 될 뿐 아니라 우리 사회의 발전에 기여할 수 있도록 돕는 것이어야 한다.

한 사람의 천재가 100만 명을 먹여 살릴 수 있다는 주장은 실현 가능하지도 않지만 결코 바람직한 것도 아니다. 사람은 누구나 자존감으로 사는 존재다. 한 사람의 천재에 의해 100만 명이 풍족하게 사는 사회보다 100만 명의 작은 노력으로 소박하게 사는 사회에서 사람들은 더 큰 행복을 느낀다. 왜냐하면 각자가 의미 있는 존재임을 확인하고 사회적 기여를 했다는 만족감을 가질 수 있기 때문이다. 사회적 성공도 경제성장도 행복해지기 위한 수단으로서 그 의미가 있다. 한 사람의 천재에게 부양되는 100만 명의 사회에서는 한 사람의 재능과 노력만이 빛날 뿐이다. 그런 사회에서는 100만 명이 가지고 있는 각양각색의 다양한 능력이 펼쳐질 수 없다. 그러나 조금만 생각해 본다면 100만 명이 가지고 있는 잠재적 가능성이 얼마나 우리 사회를 풍부하고 아름답게 만들지 금세 알 수 있다. 각 개인이 가지고 있는 가능성을 맘껏 펼칠 수 있게 하는 일은 성적이나 재능에 따라 줄 세우는 교육과는 양립 불가하다. 학생 개개인을 온전히 존중해 주는 교육, 다른 사람을 존중해 주는 태도를 배우는 교육을 통해서 이루어질 수 있다.

국가가 사회적인 시스템을 만들어 사회 구성원을 교육시키는 것이 공교육이다. 아이들이 건강한 사회 구성원으로 살아가는 데 필요한 능력과 자질이라 함은 특정한 지식이나 기능이 되어서는 안 된다. 아이들이 어떠한 분야에서 어떠한 직업을 갖든 공통적으로 갖추어야 할 덕목을 형성시키는 것이 공교육의 목적이 되어야 하고, 우리 사회가 민주사회인 한에서는 공교육의 목적은 민주시민 육성이 되어야 한다.

민주시민교육이란 자신의 삶을 스스로 선택하고 헤쳐 나갈 수 있는 능력, 타인을 존중하고 배려할 줄 아는 능력, 권위적이며 독선적이고 부당한 일을 비판할 줄 아는 능력, 약자를 보호하고 그들과 함께 살아갈 줄 아는 능력을 말한다. 공교육은 또한 단지 사회 구성원의 재생산이라는 의미를 넘어서 사회 구성원의 삶의 일정 기간을 국가가 책임지는 과정이기도 하다. 이로부터 공교육이 단순한 재생산 기능을 넘어선 국민의 복지 기능을 담당해야 할 필요가 생겨난다. 이때의 복지란 국민의 교육받을 권리를 충족시켜 주는 것, 교육 자체가 국민의 행복권을 충족시켜 주는 것을 의미한다. 즉, 교육받는 기간도 미래를 위해 저당 잡히고 고통을 감수해야 하는 시간이 아니라 그 자체로 행복한 시간이어야 한다.

또한 공교육은 '공정성'을 그 기본 원리로 한다. 교육의 공정성의 원리란 의지, 능력, 노력 이외의 어떠한 요인에 의해서도 교육의 기회와 과정 및 결과에서 차별받지 않는 것을 의미한다. 교육에서의 복지의 실현이란 이 공정성의 원리에 의해 '모든' 아이들이 질 높은 교육의 혜택을 받는 것이다. 따라서 학교 안에서는 모든 아이들이 양질의 교육적 기회를 차별 없이 향유할 수 있어야 한다. 공정성 역시 공교육에서 관철되어야 할 민주주의의 중요한 가치다. 학교 효과를 지향하는 혁신학교는 교육 목표 및 내용과 방법으로서의 민주시민교육뿐 아니라 차별 없는 공정한 교육을 통해 민주주의를 실천하는 학교다.

3) 교육과정에 내재된 민주주의

민주적인 학교 운영을 위해서는 학교에서 이루어지는 교육 활동과 관련된 당사자들, 특히 교육 전문가이자 교육 주체인 교사들이 교육의 내용과 방식을 결정할 수 있는 의사결정 구조가 있어야 한다. 그래야 교사의 교육 활동이 자발적 동기를 바탕으로 책임을 수반한 것이 되어 내실 있게 이루어질 수 있다.

연간 교육과정이 정작 그 교육과정을 실제 실행하는 주체인 교사들의 의견에 근거하지 않고 몇몇 부장교사들과 교감, 교장의 협의에 의해 짜인다면, 그 교육과정의 목적과 취지가 온전히 살아날 수 있을까? 교육과정은 그것이 목적하는 바가 있고, 그 목적을 최대치로 달성하기 위한 체계와 순서, 방법론을 통해 구체화된다. 동일한 목적을 갖는 교육과정조차 교사에 따라, 학생에 따라, 교육이 이루어지는 지역의 사회경제적 여건에 따라 그 내용과 방법은 달라질 수 있고 달라져야 한다.

또한 설사 교사와 학생의 특성에 맞는 교육과정이 짜인다 할지라도 수많은 수업 장면과 교육 활동 장면 속에서 생물체 같은 역동성을 가질 수밖에 없고, 개개의 교육 활동의 일정한 완결성을 갖는 단위로서의 교육과정 역시 그러하다. 따라서 교사와 학생, 학생과 학생의 교육적 관계를 통해 구현되는 교육과정의 실현과정은 끊임없이 새로운 내용, 방식과 체계를 요구하는 것이기도 하다. 이와 같은 이유로 인해 교육과정은 항상적인 피드백과 수정의 과정을 본질적으로 예비하고 있다.

학교는 이러한 교육과정이 수립되고 실행되는 곳이다. 이러한 생동성生動性을 본질로 하는 교육과정이 제대로 발현되려면 학교라는 조직 자체가 생동적인 조직이 되어야 한다. 교육의 당사자들이 주체적으로 참여하여 소통하고 결정하며, 그 결과를 공유하고 책임을 나누어 지는 과정 속에서만 이러한 교육과정의 실질화가 가능해진다. 학생과 교사의 구체적 특성을 반영할 수 없고, 그들의 참여를 보장하지 않는 국가 단위의 획일적인 교육과정은 산업사회 시대의 왜곡된 교육관의 산물이다. 교육의 주체인 교사와 학생들이 교육과정을 만들고 이를 실행하는 과정에 참여하려면 학교 운영의 전 과정이 민주적으로 이루어져야 한다.

보다 직접적이고 공식적 교육과정 외에 교육 환경과 같은 잠재적 교육과정 역시 중요한 교육적 역할을 담당하고 있다. 교육 환경에는 시설과 같은 물리적 환경만이 아니라 학교 안에서 이루어지는 사람들 간의 관계양식이 포함된다. 그리고 학생들에게 교육적으로 더 큰 영향을 주는 것은 후자라 할 수 있다. 직접적으로는 교사와 학생의 관계양식이 중요하다 하겠지만 교사와 교사의 관계양식 또한 그 못지않게 중요하다. 학생들은 교사가 자신들과 맺고 있는 관계양식으로부터도 배운다. 또한 교사와 교사들이 관계 맺는 방식으로부터도 배운다.

결국 민주시민교육이라는 공교육의 목적으로부터는 말할 것도 없고, 교육과정의 이와 같은 성질로부터도 민주적인 학교 운영에 대한 요구가 발생한다.

2. 민주주의가 살아 있는 학교 만들기

1) 교과서에 갇혀 있는 민주주의

민주시민교육을 위해서는 교육 내용과 교육 방식, 교육 환경 모두에 민주주의의 원리가 관철되어야 한다. 사회나 도덕 교사만이 아니라 모든 교사들은 학생들에게 민주적 태도를 갖추라고 가르친다. 교육기본법에서도 교과서에서도 민주주의를 이야기하고 있다.

그러나 민주주의는 교과서 속에는 있으되 아이들이 살고 있는 삶의 과정 속에는 없는 것이 아닌가? 교사들은 민주주의를 말하나 민주주의를 온전히 가르치고 있지는 못한 것이 아닌가 되물어 볼 일이다.

안타깝게도 교과서는 민주주의를 얘기하고 있지만 아직 학교 안의 인간관계나 학교의 문화 속에 민주주의가 관철되고 있지는 못하다. 교사와 교사 간의 관계에서 가장 중요한 것은 학교의 주요 문제에 대한 의사결정 방식이다. 학교 안에는 상하 구분에 의한 위계질서가 강하게 작동되고 있고, 총체적 관리 책임자인 학교장에게 결정권이 집중되는 현상이 여전히 지배적이다. 책임을 지는 이에게 권력이 집중되는 것이 당연하다는 논리는 오랫동안 많은 학교들에서 일반적 관행으로 받아들여져 왔다. 이는 물론 학교 자체의 자율성이 충분히 보장되지 못하고 있는 교육행정체계로부터 기인한 결과이기도 하다.

소수에 의한 독점적 의사결정 방식은 권위주의 시대나 인적자원을 양성하는 것을 교육 목표로 삼는 산업사회 시대에 걸맞은 것이다. 직접적인 교육 활동을 담당하고 있는 교사들이 학교의 주요한 교육 활동에 대한 결정에 참여하지 못하고 단지 결정된 것을 이행하는 의사결정 구조는 교사를 교육자가 아니라 기능인으로 전락시키는 것이다. 이는 교육적 효과를 반감시키며, 다양한 비교육적 왜곡을 발생시키는 요인이 되기도 한다. 아직도 지시·전달 위주의 지침에 의해 운영되고 있는 학교들이 많다. 아직도 학교교육 활동의 내용과 방식을 결정하는 데 참여하기보다는 최종 실무 실행자에 머물러 있기를 요구받는 교사들이 많다. 학교장의 교육관이 수십 명 교사의 교육관을 압도하는 학교가 많다.

2) 민주적 학교 운영의 핵심, 민주적 리더십

리더십은 크게 권위적 리더십, 방임형 리더십, 민주적 리더십으로 나눌 수 있다. 우리 학교에 관철되고 있는 리더십은 어떤 리더십인가?

민주적 학교 운영이 이루어지고 있는지는 의사결정 과정에 민주적 원리가 관철되고 있는가가 가장 중요한 판단 기준이 된다. 민주적인 의사결정 과정이 이루어지기 위한 핵심은 민주적 리더십의 존재 여부이다. 민주적 리더십은 조직 구성원 하나하나를 주체로 인정해 줄 것을 전제로 한다. 지시와 통제와 관리의 대상으로 인식하는 한 거기에 민주주의가 끼어들 여지는 없다. 구성원 하나하나가 주체로 인정된다는 것은 차이와 다양성을 조직의 기본 성질로 인식한다는 것을 뜻한다. 차이와 다양성을 갈등의 원인이 아니라 조직이 풍성해지고 역동성을 갖게 하는 동력으로 인식하며, 서로를 이해하기 위한 소통과정을 중시하고 차이와 다양성을 기반으로 한 합의과정을 만듦으로써 조직 구성원들의 잠재력을 극대화시켜 개인과 조직의 성장을 이끌어 내는 것을 리더의 가장 큰 책무이자 덕목으로 삼아야 한다. 인간의 성장을 위해 복무하는 학교라는 조직에 민주적 리더십이 가장 적합한 것은 말할 필요도 없다.

학교는 개별 교사의 성향이나 능력이 아니라 구조화된 민주적 의사소통 및 의사결정 시스템에 의해 교육 활동이 이루어지는 곳이어야 한다. 모든 학생들이 자신의 잠재력을 최대한 발현해 자신의 성장이 이루어질 수 있게 하듯이, 모든 교사들이 각자 가지고 있는 잠재된 교육적 능력들을 학교교육 활동에서 최대한 발휘할 수 있도록 해야 한다. 그래야 학교교육의 내용이 풍부해지고, 그래야 온전한 민주시민교육이 가능해진다. 민주적 리더십이 필요한 이유다.

민주적 리더십은 협동과 소통능력, 창의성을 강조하는 21세기 사회의 시대적 요구이기도 하다. 우리는 공장에서 만들어진 상품보다 정보와 서비스 등이 더 큰 부가가치를 생산하는 비물질 생산사회에서 살고 있다. 이런 사회에서는 특정 지식이나 누군가에 의해 내려진 결정의 기계적 실행으로는 해결할 수 없는 문제들에 직면하게 된다. 다양한 지식의 융합과 소통과정 속에서 얻어지는 집단지성에 의해 사회 제 분야의 유기적 관련성들이 더욱 복잡하게 얽혀 있는 문제들을 해결해 나가지 않으면 안 된다. 이러한 문제해결능력을 갖추려면 각자가 가지고 있는 다양성을 최대한 발현해 서로 협력하는 조직문화가 필수적으로 요구되며, 민주적 리더십만이 이러한 조직문화를 가능케 한다.

3) 민주적 의사소통이 이루어지는 학교

민주적인 학교 운영과 민주적 리더십이 구현되기 위해서는 학교장이 결정권을 독점하지 않는 것만으로는 부족하다. 학교 구성원이 의사결정 과정에 참여할 수 있는 의사소통 구조가 작동되어야 하며, 무엇보다 각 구성원들이 결정과 책임의 주체로서 스스로를 인식하고 적극적으로 참여하려는 자세를 갖는 것이 필요하다.

지금까지 교직원회의는 학교 구성원들이 자신의 의견을 내고, 서로의 의견을 주고받으며 토론하고, 공동의 합의점을 찾아 결정하는 회의가 아니었다. 따라서 현재 각 학교에서 이루어지고 있는 전달과 지시 위주의 교직원회의를 교직원들이 모여 학교 운영에 관한 문제들을 실질적으로 논의하고 결정하는 회의로 전환시켜야 한다. 학교장은 각 구성원들이 충분히 자신의 의견을 제시하고 원활한 소통이 이루어질 수 있는 민주적 회의 여건을 제공해 주어야 한다. 이를 위해 리더에게 가장 필요한 것은 구성원들에 대한 신뢰를 갖는 것이다. 민주적 의사소통을 위해서는 구성원 상호 간의 신뢰도 중요하다. 그러나 조직의 리더가 보내 주는 신뢰는 회의과정에 안정성을 부여할 뿐 아니라 회의 결과에 대한 책무성을 높이는 데 결정적인 역할을 한다. 불행하게도 우리 사회 안의 많은 조직에서 민주적 소통 문화에 익숙할 만큼 훈련받은 이들이 많지 않으며, 이는 학교 사회 안에서도 크게 다르지 않다. 우리 안에는 권위주의적 회의 문화에 익숙한 세포가 내면화되어 있다. 따라서 민주적 회의 문화에 익숙해지기까지 일정한 시간이 필요하고, 그 기간은 교직원 스스로 민주적 회의 문화를 학습하는 시기이다. 그래서 다양한 시행착오가 나타날 수 있고, 때로는 차이를 필연적 갈등 요인으로 인식하여 이를 해결해 나가기 위한 과정에서 어려움을 겪을 수 있다. 이런 시기에 리더가 직접 개입하는 대신에 기다려 주고 소통을 자극하는 역할을 하는 것이야말로 대단히 중요하다.

교사학습공동체는 교육의 주체인 교사들이 협력적 관계를 통해 집단지성을 형성해 나가는 것을 의미한다. 교사학습공동체는 교직원회의보다 소규모 단위의 의사소통 구조이며, 보다 미시적인 교육적 문제들을 함께 고민하고 공동 실천하는 것을 가능케 해 준다. 교사들은 교사학습공동체를 통해 서로의 경험을 나누고 서로 다른 교육적 관점을 공유하며, 학생들에게 가장 적합한 교육 방식과 내용을 도출해 낸다. 이처럼 교사학습공동체는 그 자체가 교사들의 민주적 소통문화의 학습과 훈련의 장이며, 동시에 학교 단위의 민주적 의사소통과 결정의 주요 의제들의 내용을 생산하는 기초가 되기도 한다. 민주적인 리더십이란 바로 이와 같은 교사학습공동체를 가급적 공식적인 단위로 인정하고 지원해 주는 것이기도 하다. 왜냐하면 민주적 리더십은 단지 절차상의 민주주의만이 아니라 각 구성원들이 조직의 실질적 주체로 참여하도록 만드는 것에 의해서 완성되기 때문이다.

그러나 이것만으로는 충분하지 않다. 학교 구성원이자 교육의 한 주체인 학생들과 학부모들이 학교교육 활동의 내용과 방식에 자신의 의견을 내고, 자신의 역할을 인식하는 과정이 이루어질 수 있어야 한다. 민주적 리더십이란 교사, 학생, 학부모, 교직원으로 구성된 학교의 각 주체들이 학교교육 활동과 학교 운영에 참여할 수 있는 다양한 통로를 만들고 그들의 의견이 반영될 수 있도록 하는 데까지 나아가야 한다.

학생자치는 단지 교육의 일환으로서가 아니라 학교 운영의 기본 원리로서 보장되어야 한다. 학생자치 활동이 학생들에게 몇몇 교육 활동에 참여하는 기회를 제공해 주는 것 같은 시혜적 관점에서나, 혹은 교육적 수단 차원에서만 인식될 때 민주적 학교 운영은 반쪽짜리가 되어 버리고 만다. 학생들은 학생자치를 통해 동료와의 의사소통 방식뿐 아니라 어른들과의 의사소통 방식을 배운다. 또한 이를 통해 자기 아닌 다른 사람에 대해 이해하는 능력을 기르게 된다. 일반적으로 학생자치가 형식적으로 이루어지는 경우에는 학급회나 학생회 활동을 위한 학교의 지원과 배려나 교육과정상의 반영이 충분하지 않은 것도 원인이지만 보다 근본적으로는 학생들의 의견이 학교 운영에 실질적으로 반영되는 경험의 부족으로부터 온다. 자신들의 의견이 존중되고 받아들여질 때 실질적인 학생자치가 가능해진다.

학부모는 학교의 필요에 의한 동원 대상이거나 사안 발생 시에나 만나게 되는 대상인 경우가 많다. 일상적으로 학교교육 활동을 공유하고 교육적 협력 파트너로 인식되고 그에 걸맞게 활동할 수 있는 여건이 제공되는 경우는 많지 않다. 그러나 아이들의 온전한 성장을 위해서는 학교 안에서의 교육과 가정에서의 교육이 협력적 관계에서 이루어져야 한다. 그래야 아이들은 안정감과 일관성 속에서 성장할 수 있다. 이 점에서 학부모는 상시적인 학교교육의 파트너로 인식되고 학교교육 활동에 참여가 보장되어야 한다. 현실적으로 학부모와 학교 사이에는 보이지 않는 높은 벽이 존재하기 때문에 학부모와의 협력적 교육관계를 형성하는 것은 쉬운 일은 아니다.

민주적 학교 운영을 중시하는 혁신학교에서는 학생자치와 학부모와의 소통 및 협력 교육을 위해 특별한 노력을 하고 있다. 학생자치와 학부모와의 협력 교육의 정도에 따라 학교교육은 그만큼 풍성해지고, 교육 3주체 간의 신뢰와 상호 이해가 높아져 원활한 학교 운영이 가능해진다. 최근에는 학교가 속한 지역사회와의 소통과 협력을 위한 노력으로까지 그 범위가 확대되고 있다. 교육의 내용과 방식이 확장됨에 따라 민주적 학교 운영의 범위와 내용이 그만큼 넓고 다양해지고 있다.

3. 민주적 리더십에 의한 학교 운영 사례

전국의 많은 혁신학교들에서는 민주적 학교 운영을 가장 중요한 학교혁신의 내용으로 인식하고 이를 위해 노력하고 있다. 그 결과 당연히 새로운 민주적 리더십으로 기존의 권위주의적 리더십을 대체하는 학교들이 늘어나고 있다. 이 과정은 직접적인 당사자인 학교장은 물론 교사나 학생, 학부모들에게도 전혀 새로운 경험이고 그만큼 자기 변화의 노력을 요구한다. 특히 학교장의 경우 과거 권위주의적 조직운영 풍토에 익숙해 왔기 때문에 때로는 고통스러운 일로 다가가기도 한다. 그러나 교사를 비롯한 학교 구성원들의 이해와 노력이 수반된다면 민주적 리더십으로의 전환은 책임의 공유와 상호 성장이 이루어지는 집단지성의 형성과정이기도 하다는 점에서 학교교육 내실화를 이루는 선순환의 출발점이 될 수 있다.

1) 초등 사례

많은 혁신학교들에서는 학교장과 교사들의 상호 노력으로 기존의 권위주의적인 리더십을 극복하고 새로운 민주적 리더십 아래 민주적 교사회(다모임)를 운영하고 있다. 워크숍이나 교직원회의(다모임) 등에 행정실 직원, 교무실무사, 급식 조리사 등이 참여하는 학교도 늘어나고 있다. 학교교육 활동평가에 학부모들이 교사와 함께 참여하는 것에서 나아가 함께 준비하고 진행하는 경우도 있으며, 학교교직원회의 규정을 공식적으로 만들어 운영하는 학교도 있다. 아래는 A초등학교 사례다.

학교장의 전폭적인 동의와 지지로 아래의 과정을 전 교직원이 합의하여 운영하고 있다.

▶ 학년과 보직교사를 교사들의 자율성을 최대한 존중하면서 공개적인 협의 과정을 통해 결정한다.

▶ 교사 다모임이나 동학년 모임을 통해 '변화-혁신', '자율'의 과정에 표출되는 구성원들의 다양한 욕구로 인한 갈등, 충돌, 고비 등을 함께 들어주고 함께 풀어 나간다.

▶ 교사회

- 기본 방향: 민주적인 학교 운영을 위한 제도로 교사회를 운영한다. 교사회는 학교를 인간적인 학교, 민주적인 학교, 신뢰하는 학교, 투명한 학교로 만들기 위해 노력한다.

- 운영 원칙: A교 교사회 규정

- A교사회는 관리자와 교사(담임교사, 교과전담교사, 특수교사, 보건교사, 영양교사)로 구성한다.
- A교사회는 학교의 모든 사안에 대해 협의하고 결정한다. 공유 폴더에 A교사회 안건 제안 방을 만들고 누구나 안건을 제안하고 제안 설명을 할 수 있도록 한다.
- A교사회는 매주 월요일 오후 3시 30분에 정기적인 모임을 갖는 것을 원칙으로 한다. 특별한 사안이 발생했을 경우에는 비정기적인 모임을 연다.
- A교사회는 일방적인 지시사항의 전달로 끝나는 직원종례의 틀을 벗어나 학교 운영 전반에 대해 의견을 나눌 수 있는 자리이다.
- A교사회는 사회자와 기록자를 정하여 운영한다. 사회자는 한 사람이 정해서 하는 것이 아니라 사안에 따라 교사들이 돌아가며 사회를 볼 수 있다.
- A교사회에서 논의된 내용은 그 결과를 반드시 정리해서 학교 구성원 모두가 공유한다.
- 학교 안에 구성되는 학교교육과정위원회, 인사위원회, 교구 및 학습자료 선정위원회, 도서선정위원회, 예결산소위원회, 급식소위원회 같은 협의체를 별도로 운영하는 방식과 전체 교사회의로 집중하는 방식을 사안에 따라 선택적으로 운영한다.
- 학교 안에 형식적으로 운영되거나 실질적인 도움이 되지 않는 불필요한 기구와 모임을 과감히 폐지하거나 통합한다.

2) 중등 사례

중등의 경우에도 학교의 주요한 문제들이 교사회의에서 논의되고 결정되고 평가되는 과정을 밟는다. 이는 교사회를 존중하는 민주적 리더십을 갖는 학교장이 있을 때에만 가능한 일이다. 오랜 과거의 관성이 남아 있는 학교에서 때로는 갈등을 겪기도 하지만 상호신뢰가 쌓이는 만큼 극복되어 나간다. 다음은 B중학교 사례다.

학교장은 전체 교직원회의에 반드시 참여하여 교직원들의 의견을 청취하며 자신의 의견도 제출하여 회의를 통해 소통이 이루어지고 주요 현안 결정이 이루어진다. 전체 교직원회의는 학년회의, TF, 교사연구동아리 등 다양한 소규모 모임의 활동에 의해 내용이 알차게 된다. 이와 아울러 학생자치를 위해 예산, 학생회실, 학생의 학교교육 활동 참여 등 학교 차원의 적극적인 지원이 이루어진다.

- 교직원회의: 매주 1회 실시되던 전달 위주의 교직원회의를 없애고 안건 중심의 전체 교직원회의를 실시한다. 단순한 전달이나 공유는 학교 내부 메신저를 통해 해결하고 정기 회의와 안건이 있을 시 임시회의를 실시한다.
- 학교교육계획 수립 워크숍: 학교교육 활동에 대한 평가에 기초하여 매해 2월 전 교직원이 참여하는 교육계획 수립 워크숍이 열린다. 이때 차년도 교육 활동의 큰 방향이 결정되고 이를 시행하기 위한 안건별 소위(TF)가 구성되어 운영된다.
- 매 학기 말 전 교직원이 참여하는 학교 교육 활동 평가 워크숍 실시
- 학년부 중심 업무분장에 의한 상시적인 학년협의회에서 학년교육 활동을 기획하고 진행한다.
- 월례 확대업무협의회 실시: 학년부 중심에 의한 구심력을 보완하기 위해 매월 진로교육협의회, 생활교육협의회, 창체교육협의회 등 유사 업무 담당자들의 확대업무협의회를 실시한다.
- TF 활성화: 학교교육 활동과 관련한 각종 TF가 운영된다.

- 각종 연구동아리가 적극적으로 지원되어 일상적인 소통과 협의 문화가 정착된다.
- 학급회의 정례화와 동아리 조직 및 운영, 평가와 축제 및 각종 학교교육 활동에 학생 참여가 보장되고, 학교장과 학생회 대표의 분기별 정기적인 간담회가 실시된다.
- 학부모회와 학부모 동아리에 대한 예산 지원, 교사-학부모 연합 동아리 운영, 정기적인 학년별 교사·학부모 간담회를 실시한다.

전체 교직원회의 시 분임토론 장면

학년별 교사-학부모 간담회

4. 과제와 물음

1) 민주주의는 지식이 아니라 태도와 삶의 방식

학교에서 많은 교사들이 교과 내용에서만이 아니라 일상적인 학생교육에서 민주주의를 이야기한다. 그러나 민주주의는 말이나 글로써가 아니라 일상에서 관계 맺는 방식을 통해, 교육의 전 과정을 통해 체득되는 것이다. 따라서 민주주의를 가르치기 위해서는 학교 안에 민주적인 관계양식과 민주적인 의사결정 구조가 작동되고 있어야 한다. 이를 위한 첫 번째 출발이 민주적인 리더십을 확립하는 것이다.

2) 교장도, 교사도 민주주의 학습이 필요하다

교장은 물론 교사들도 민주주의를 제대로 배워 본 적이 없다. 따라서 교장에게도 교사들에게도 민주주의를 실천하는 것은 낯설고 불편한 일이기까지 하다. 그러나 공교육의 목표가 민주시민교육이라 할 때, 이 낯설음과 불편함을 떨치고 교사와 교장이 민주주의를 배우고 실천하는 일에 앞장서야 한다. 민주적이지 않은 학교, 민주적으로 생활하지 않는 교사가 민주주의를 가르치기는 어렵기 때문이다.

3) 민주적 리더십 확립을 위해 요구되는 제도적 변화

민주적 리더십의 확립과 민주적인 학교 운영은 학교 구성원들의 주체적인 노력에 의해 가능하다. 그러나 오랫동안 권위주의적 문화와 조직 운영 방식에 의해 지배되어 왔던 우리나라 교육 환경에서 이를 보편화하는 일은 결코 쉽지 않은 일이다. 이를 위해서는 주체들의 의식적 노력 외에도 제도적인 개선들이 이루어져야 한다. 가산점 위주의 교장승진제도나 관료적인 교육행정체계의 변화와 같이 학교를 둘러싸고 있는 보다 구조적인 문제들의 해결도 시급하게 요청된다.

| 생각해 보기 |

1. 교사인 나는 동료 교사들과 민주적인 관계를 맺고 있는가?
2. 우리 학교의 의사결정 구조는 민주적인가?
3. 민주적 리더십이 살아나기 위해 학교 구성원들은 어떤 노력을 해야 하는가?

• 한국교육연구네트워크 편. 『교장제도 혁명』. 살림터, 2013.
  불합리한 교장승진제도를 개혁함으로써 학교를 보다 교육적이고 민주적인 공교육의
  장으로 회복시켜 가기 위한 교육 연구자, 교사들의 모색을 담고 있는 책. 현행 교장
  승진제도의 문제에 대한 개선책도 제시하고 있다.

• 이부영. 『서울형혁신학교 이야기』. 살림터, 2013.
  혁신학교 교사의 실제 경험을 통해 '서울형혁신학교'의 교육철학과 실천 사례, 앞으
  로의 전망 등을 구체적이고 생생하게 전해 주고 있으며, 혁신학교의 핵심인 민주적인
  학교 운영과 그 구체적인 실천인 교사회의 운영과정과 내용에 대해서도 자세히 다루
  고 있다.

서울형혁신학교로서 지난 6년간 국사봉중학교의 학교혁신 과정 중에서 가장 핵심적인 것을 꼽는다면 '공동체 생활협약'을 바탕으로 한 '민주시민교육과정'이다. 새로운 학교문화의 출발점은 학교가 민주적인 생활공동체로 거듭나는 것이며, 이를 위해서는 학생들도 생활공동체를 운영하는 주체로 성장해야 한다. 그런 의미에서 국사봉중학교의 공동체 생활협약은 훈육과 통제 위주의 근대적인 학교문화를 자율, 자치, 협약의 탈근대적 생활공동체 문화로 만들어 나가는 과정으로서 중요한 의미가 있다.

공동체 생활협약 이야기

윤우현

1. 공동체 생활협약이란 무엇인가?

"수업 시간에 토론을 통해 우리나라 헌법을 요약하다 보니 그것이 바로 '민주주의'였습니다. 그래서 결론이 났습니다. 학생들도 주권자인 '민주시민'이라고……"

서울형혁신학교로서 수업혁신을 위해서 '헌법' 주제탐구 프로젝트 수업을 운영하는 과정에서 수업 시간에 학생들이 모둠별 활동을 끝내고 둘러앉아 헌법 조항들에 대해 각각 한마디씩 소감을 이야기하는 자리에서 '교복입은 민주시민'이라는 명칭이 탄생했다. 굳이 교복을 입었다는 표현이 필요하진 않았지만 학생들 대부분이 동의한 표현이었기에 그대로 쓰기로 했다. 그때부터 그 수업은 '교복입은 민주시민 주제탐구 프로젝트 수업'이 되었다. 서울특별시교육청이 학생자치활동을 '교복입은 시민' 프로젝트 활동으로 부르기 이전의 일이었다.

*이 글은 필자가 서울형혁신학교에서 학교혁신을 추진했던 사례를 바탕으로 재구성한 것임을 밝혀 둔다.
*이 사례에서는 국사봉중학교 교육계획에 반영하여 운영했으나, 계획된 바대로 운영되지 못한 경우도 있었고, 역량과 여건에 따라 부분적으로만 운영된 경우도 있었음을 밝혀 둔다.

학생들이 잘 요약한 것처럼 우리나라 헌법을 압축한다면 '민주주의'이고, 교육기본법 제2조에도 명시되어 있는 것처럼 우리나라 초중등 교육의 본령은 학생들이 '민주시민'으로서 성장할 수 있도록 하는 데 있다. 더구나 미래역량으로서도 4차 산업혁명시대 가장 핵심적인 것이 민주시민 역량일 뿐만 아니라 최근 '촛불시민혁명'과정에서 드러난 것처럼 우리 사회가 직면한 여러 가지 문제점도 대부분 미흡한 민주주의에서 비롯된 만큼 민주시민교육은 오늘날 우리 사회의 핵심적인 화두이기도 하다.

　오늘날 우리 사회가 직면한 민주주의의 문제는 이념이나 주장, 대의적인 절차의 부족이라기보다 대부분 중앙집권화된 권력과 대의제도의 과잉에서 비롯된 것이다. 따라서 대안적인 민주주의는 탈근대적인 맥락에서 미시적인 삶의 방식이자 생활문화로서 민주주의를 성찰해 나갈 필요가 있다. 미셸 푸코가 지적한 것처럼 파시즘이라는 괴물 자체가 보통 사람들의 삶 속에 스며들어 미시적인 영역에서부터 작동하기 때문에 삶의 방식으로서 풀뿌리 민주주의가 집단지성으로 내면화되는 과정이 지속적으로 축적되지 않으면 우리 내부의 파시즘을 제대로 성찰하거나 극복하기 어려운 시대에 살고 있다. 제2차 세계대전뿐만 아니라 우리의 근현대사를 돌이켜 보더라도 그렇다.

　특히 우리 사회의 경우, 다른 나라에서 300여 년 걸린 산업화, 민주화 과정을 60여 년으로 압축하다시피 하다 보니 여러 가지 사회경제적 부작용들이 제대로 극복되지 못한 채 켜켜이 쌓여 있는 상황이다. 그러한 사회적 스트레스가 고스란히 아이들에게 전가되었을 뿐만 아니라 압축 성장 과정에서 마을공동체가 해체되고 생활과 학습이 분리됨에 따라 아이들의 성장, 발달과정에 커다란 빈자리가 생겨났다. 공감능력, 생태적 감수성, 공동체적 인간관계, 더불어 사는 삶의 지혜, 생활교육, 인성교육, 집단지성의 공동체 문화와 같은 민주시민성을 경험하고 체득할 수 있는 기회 자체가 거의 사라진 것이다. 현재 벌어지고 있는 청소년들의 소외-일탈문화도 그렇고 우리 사회 청소년 문제의 상당 부분이 이러한 구조 속에서 악순환되고 있다. 그 후유증은 공교육에 그대로 반영되었고, 청소년 자살률 세계 1위, 교실 붕괴 등과 같은 상황에 직면하게 되었다. 그럼에도 입시교육과 배타적인 성적 경쟁, 세계 최장 수준의 학습 시간으로 인한 학업 스트레스는 여전히 학교 현장을 지배하고 있다.

이제는 그러한 악순환으로부터 벗어나야 한다. 삶의 방식으로서 '민주시민 되기'는 누군가 가르쳐 줄 수 있는 것이 아니라 학생들 스스로 생활 속에서 더불어 함께 체득해 나가는 집단지성의 과정이다. 공교육에서 민주시민교육을 제대로 정착시키려면 '민주시민교육과정'이 확고하게 자리매김되어야 하고, 학교 단위에서부터 '앎과 삶이 함께하는 교육과정'이 뒷받침되어야 한다. 생활문화로서 학교 구성원들 간의 관계, 특히 교사-학생 간의 관계가 통제와 지시, 지도가 아닌 어깨동무와 우정을 바탕으로 한 협치, 민주적 의사결정으로 재구성되어야만 가능하다. 이러한 민주적 관계는 학생인권의 보장을 바탕으로 해야 한다. 그러나 교사들 중 상당수는 학생들과 민주적 관계를 인정할 수 없다는 전통적 편견을 갖고 있는 경우가 있다. 벌써 수십 년 동안 학교에서 억압적 관계, 배타적 경쟁, 관료적 통제 문화가 켜켜이 쌓여 있어 이를 제도 정책 차원에서 바로잡는 것도 시급하지만, 실제로는 미시적 생활문화나 일상의 상호관계를 인권에 바탕을 둔 민주적 관계로 재구성해 나가는 과정이 뒷받침되어야만 한다.

이를 위해 국사봉중학교는 공동체 생활협약을 선택했었고, 6년이 지난 지금, 매우 유의미한 민주시민교육이 시작되었다고 평가하고 있다.

2. 공동체 생활협약을 추진하게 된 배경

공동체 생활협약을 시작하기 전, 국사봉중학교는 교사, 학생, 학부모 모두가 기피하는 학교였다. 그만큼 주변 교육 환경도 매우 열악한 편이었고, 서열화된 학교폭력으로 인해 정상적인 학교생활이 어려울 정도였다. 당시 국사봉중학교 교사들의 최대 화두는 수많은 부적응 학생들이었다. 어떻게 하면 '반인반수'처럼 날뛰는 저 아이들과 공감·소통할 수 있을까? 그래서 2008년부터 10여 명의 교사들이 모여 '대안교실'을 시작했다. 초기에는 동아리 형식으로 운영하면서 각자가 원하는 "중학 시절 해야 할 10가지"를 선정하여 함께 프로젝트 활동을 했고, 특히 '걸어서 하늘까지'라는 사제동행 산행 프로그램을 중심으로 지리산, 설악산, 덕유산, 서울 주변 산들을 함께 다니며 문화체험, 다양한 성찰 프로그램, 명상, 야영 등을 실시했다. 그 과정에서 교사들은 소위 '문제아'라는 학생들이 어린 나이에도 너무나 많은 사연들을 품고 있었고, 그 상처들은 부모의 문제이거나 대부분 사회적인 문제에서 비롯되었다는 것, 조금 시간이 걸릴 뿐 스스로 극복해 나가려고 애쓰고 있다는 것을 알게 되었다. 또한 믿고 기다려 주면 책임 있게 문제를 해결하려고 노력한다는 것도 확인하게 되었다. 그 과정에서 서로 공감 소통한 만큼 교사와 학생 간의 관계도 크게 개선되었다. 그러나 이러한 대안교실 활동이 주로 방과 후에 이루어지거나 주말, 방학 등을 활용하는 정도였기 때문에 한계가 많았다. 교육과정 내에서 일상적인 공감 소통과 돌봄이 필요하다는 것을 공감하게 되었고, 학생생활문화가 전체적으로 함께 바뀌는 것이 더욱 중요하다는 것을 깨닫게 되었다. 이후 교사들은 그 아이들에게 맞는 맞춤형 교육과정을 만들기 위해 하자센터, 성미산학교, 이우학교, 지역 사회단체 등을 탐방하고, 책을 읽고 토론을 했다. 점차 대부분의 교사들이 자연스럽게 그러한 활동에 함께 참여하게 되었으며, 국사봉중학교의 낡은 학교문화를 개선하려면 돌봄과 배움을 바탕으로 하는 민주적인 학교문화가 필요하다는 데 공감하게 되었다.

이러한 대안교실 연구모임의 교사들이 주축이 되어 확대된 '신학교 연구모임'을 만들었고, 새롭게 21명의 교사들이 참여하여 교육철학 세미나,

다른 학교 사례 연구, 주제별 토론회 등을 개최했다. 당시 새로 부임한 학교장도 학교 상황에 공감하고 '혁신학교 지정 신청'을 포함한 새로운 학교문화 만들기에 적극 참여하게 되었다.

2011년 혁신학교로 지정되면서부터 대안교실 프로그램은 일상적인 돌봄 활동으로 정착되었고, 매일 함께 하면서 맞춤형 생활교육을 할 수 있는 기회가 확대되었다. 이에 따라 남학생들은 2, 3학년 각각 20여 명의 부적응 학생들을 중심으로 아침, 오후 축구 동아리가 만들어졌으며, 전문 강사가 축구를 가르치면서 다양한 체험활동과 돌봄을 병행하고 있다. 이를 통해 과거보다 훨씬 더 밀착되고, 일상적인 공감 소통이 이루어질 수 있게 되었으며, 그 결과 생활협약도 안정적으로 정착시킬 수 있었다. 아울러 2박 3일 여름 캠프(산행 포함), 각종 체험활동을 병행함으로써 개인적인 성장, 발달이 이루어질 수 있도록 하고 있다. 대안교실 운영의 경험은 혁신학교를 계기로 교육과정 내에서 일상적인 학생생활문화를 혁신하자는 논의로 확장되었다.

3. 공동체 생활협약 만들기

1) 준비 과정

2011년 서울형혁신학교로 지정된 이후, 그에 걸맞은 새로운 학교문화를 만들기 위한 노력이 계속되었다. 수업문화에 대한 성찰보다 더욱 시급했던 것은 오래된 학교 내 비민주적 관계들을 함께 식별해 내는 것이었다. 그 모순이 집약된 곳이 바로 학생생활문화였다. 사실 그 당시 국사봉중학교의 학생생활규정은 아주 상세한 벌칙조항을 포함한 매우 엄격한 내용으로 가득 차 있었다.

교사들이 제대로 학교의 학생생활규정을 검토해 보게 된 것도, 토론을 통해 청소년 자살률 세계 1위의 우울한 자화상을 필두로 학생들의 일탈 문화나 교실 붕괴, 공교육 붕괴 증후군 등의 사회 현상도 바로 비민주적인 학생문화로부터 시작되었다는 것을 성찰할 수 있게 된 것도 혁신학교를 운영하는 과정에서 진행된 교사 토론 덕분이었다. 그 결과 교사회의에서 "이제는 지속 가능하지 않은 기존의 생활지도 방식에서 벗어나야 한다", "그렇다면 옛날 방식과 거꾸로 해 보자. 처음부터 끝까지 학생들이 만들고, 100% 자율로 운영토록 해 보자", "교육이라는 미명하에 자꾸 간섭하지 말고, 학생들이 뭔가를 만들어 낼 때까지 기다려 보자", "학생들이 더 이상 진행하기 어렵다고 판가름 날 때, 그때는 이전의 생활지도 방식으로 돌아가도 늦지 않다" 등등의 주장이 제기되었다. 토론 결과, 학생들이 진행하는 과정을 마칠 때까지 기다려 주기로 했다. 잘 못하면 다시 현재 방식으로 되돌아간다는 전제가 붙었다. 일단 학생들의 선택에 맡기기로 하고, 교사, 학부모는 학생들이 하는 만큼만 뒤따라 하기로 했다.

그동안 국사봉중학교에서 추진해 온 공동체 생활협약의 기본 방향은 기존의 '학생생활지도'를 '민주시민교육'으로 혁신하자는 것이었다. 학생들을 지시, 통제의 대상이 아니라 민주시민 그 자체로 존중해야 하고, 그럴 때 학생들도 민주시민으로 성장할 수 있다는 것이다. 학생들에 대한 통제 위주, 처벌 위주의 학생생활규칙을 학생들이 만든 자율적인 생활협약으로 대체하고, 학생들이 스스로 '학생자치'와 '학급자치'를 중심으로 생활민주주의를 실천해 나감으로써 일상적으로 지속가능한 민주시민문화가 학교문화 속에 뿌리내릴 수 있도록 하자는 것이었다. 특히 '처음부터 끝까지 학생들이 스스로 선택하고 결정해 나가도록 한다'는 원칙하에 아래로부터의 민주주의가 하나씩 꾸준히 쌓여 나가도록 하는 것이 중요하다. 그러다 보니 시간이 오래 걸리긴 했지만 공동체 생활협약을 운영하는 것이 학생 중심의 민주적인 학교문화를 만들어 나가는 출발점으로서 충분한 의의가 있다는 확신이 생겼다.

공동체 생활협약을 처음 시작할 때, 학생들은 환호했지만, 교사, 학부모의 대부분은 "중학교 학생들이 자율, 자치, 협약을 통해 '생활공동체'를 스스로 운영할 수 있을까? 생활협약을 이해하고 그 의미에 걸맞게 만들어 갈 수 있을까?"라는 걱정이 앞섰던 것이 사실이다. 그러나 국사봉중학교 구성원들은 6년여의 운영 과정을 통해 아이들에게도 자율, 자치, 협약할 수 있는 능력이 있으며, 스스로 집단지성 능력을 발휘할 수 있도록 충분히 존중하고 기다려 주면 민주적인 생활공동체 문화가 학교문화로 뿌리내릴 수 있다고 확신하게 되었다. 국사봉중학교 학생들에게 맞는 방법을 찾아가느라 시간도 많이 걸리고, 아직 미숙한 부분도 남아 있지만 생각보다 빠르게 정착되어 가고 있다고 판단된다.

2) 공동체 생활협약 만들기

'학교생활규칙을 스스로 만든다'는 소식에 대다수 학생들이 환호했고, 학생회를 중심으로 계획을 협의한 후, 각 학급자치 활동 3단계(개인 의견 포스트잇 붙이기, 모둠별로 요약하기, 학급 의견 정하기)가 진행되었다. 학생회 대의원들은 연수를 통해 미리 학급별 회의 운영과정을 서로 공유하고 실습하는 퍼실리테이팅 훈련을 받았다. 학생들은 아침 시간 30분과 수업 단축을 통해 확보한 시간, 자치활동 시간 등을 활용하여 의견 붙이기, 분류하기, 모둠별로 요약하기, 학급별로 요약하기를 통한 생활협약 만들기에 참여했다. 처음에 주저하던 학생들도 포스트잇으로 의견을 써서 붙이는 방식에 재미있게 참여하기 시작했다. 대의원회의에서 7가지씩 요약한 학급약속들을 모아 보니 공통된 것들이 많아 최종 학교 전체 약속으로 20여 가지로 압축되었다. 이렇게 만들어진 약속을 설문지로 만들어서 다시 한 번 전체 학생들의 찬반을 물어보았다.

이 과정에서 가장 의미가 컸던 것은 학급 토론의 활성화였다. 학생들 사이에 서로 공감 소통할 수 있는 바탕은 학급 토론인데, 그동안에는 학급자치활동이 형식적으로 이루어지거나 담임시간, 혹은 대충 시간 때우기로 넘어가는 경우가 많았기 때문이다. 이러한 상황에 맞는 특별한 대책이 필요했다. 목소리 큰 아이만 얘기를 하고 나머지는 침묵하는 그런 회의가 아닌 모두가 참여하는 회의 방식을 도입해 보기로 했다. 이를 위해 모든 학생에게 포스트잇을 나누어 주고 의견을 세 가지 이상 써서 붙이기를 시작했다. 다음에는 이것을 모둠별로 세 가지 씩 요약하도록 했다. 그 후 모둠별로 발표한 내용을 모아서 학급 의견을 만들었는데 쟁점이 생길 경우에는 그 의견에 대해서만 찬반을 물어 학급 의견을 만들어 냈다. 이 방법은 지금도 학급자치 시간에 활용하고 있다. 학급 문제를 함께 논의하고 해결해 나가는 과정에서 많이 활용하고 있다.

포스트잇 의견 붙이기, 요약하기를 통해 학교 전체의 생활협약 내용이 만들어지면, 그 내용들에 대해 학생들의 생각을 객관적으로 확인하기 위해 설문조사를 실시한다. 설문조사를 통해 2/3 이상의 찬성이 나오는 내용은 그대로 생활협약으로 확정을 하게 되고, 소수이지만 1/3 이상으로 다른 의견이 나오면 쟁점토론을 실시했다. 학생들이 토론문화에 익숙하지 않았기 때문에 쟁점토론을 실시하기 전에 토론활동지를 작성하는 시간을 갖고 자치활동 시간에 발표하도록 하자 학급 쟁점토론이 활성화되었다. 세 가지 영역(두발, 복장, 휴대폰)에 대해서는 교사, 학생, 학부모의 생각이 너무 달랐기 때문에 쟁점토론 주제로 선정했고, 학급별 쟁점토론, 학년별 토론회, 3주체 공청회, 총투표를 실시했다.

생활협약의 내용이 만들어진 이후 적용 방안(벌칙 등)에 대해서도 다시 한 번 3단계 토론과정이 진행되었다. 처음에는 다양한 벌칙들이 나왔는데, 쟁점토론 과정에서 "자율약속인데 무슨 벌칙이 필요한가"라는 주장이 제기 되자 갑자기 분위기가 바뀌었다. 자율약속의 취지에 맞게 벌점, 벌칙을

다 없애 버린 것이다. 자율약속은 말 그대로 토론, 성찰, 편지 쓰기, 캠페인 등을 통해 자율 운영을 하기로 했고, 학생들이 스스로 운영하기 어렵다고 판단한 최소한의 영역(폭력, 흡연, 수업 방해 및 정당한 지도 불응 등)에 대해서만 강제규정을 두기로 했다. 이 또한 학생들이 투표를 통해 선택했다. 강제규정은 교사들이 운영하도록 하고 벌칙도 교사들이 정할 수 있도록 넘겨주었다. 교사들은 강제규정에 대해 3단계 벌칙을 적용했다. 1단계는 3자협약(교사-학부모-학생 간의 1개월간 실천약속 정하기), 2단계는 성찰-대안 프로그램 이수하기, 3단계는 등교정지라는 3진 아웃제를 적용하기로 했다.

수많은 장애물과 우려에도 불구하고 2012년 3월부터 8월까지 6개월 동안 생활협약 만들기가 진행되었고, 2012년 8월 31일 협약식 이후 2016년 지금까지 별다른 문제점은 없었다. 오히려 장점이 더 많은 것으로 확인되고 있다. 1년간의 적용과정을 거쳐 2013년에는 생활협약 내용 전체를 학교생활규정에 포함시켰으며, 3년차인 2014년부터는 민주시민교육과정으로 재구성하여 수업 중 프로젝트 활동과 자치활동을 결합하여 운영하고 있다.

3) 생활협약 운영하기: "우리가 만든 생활협약 우리가 지킨다"

생활협약은 '자율약속'과 '강제규칙'으로 구분되어 있는데 이는 모두 학생들이 스스로 선택한 것들이다. 강제조항은 폭력, 절도, 흡연, 수업 방해와 교사에 대한 불손한 행위, 부정행위, 무단출결 등 7가지 영역만 포함되어 있을 뿐이며, 교사들이 운영토록 하고 있고, 벌칙도 있다. 그러나 두발, 복장 등 학교생활과 관련된 대부분의 내용은 자율약속에 포함되어 있으며, 학생들이 자율적으로 운영하고 있으며, 별도의 벌칙도 없다. 학생회와 생활협약 지킴이는 격주 1회 체크리스트를 작성하고 평가하여 월 1회

학급 토론을 통해 문제점을 공유하고, 해결 방안을 논의한 후 캠페인, 편지 쓰기, 생활협약 뉴스 등을 통해 약속 이행을 점검해 나가고 있다. 교사들이 개입(성찰 프로그램 운영 등)하거나 벌칙이 적용되는 경우는 강제규칙과 관련된 부분뿐이다. 그럼에도 과거보다 훨씬 더 약속을 잘 지키고 있을 뿐만 아니라 교내 흡연도 사라졌고, 학생들 간의 관계도 눈에 띄게 좋아졌다. 교사들의 경우 학생들과의 불필요한 갈등이 줄어들어 원활한 교육 활동을 할 수 있게 되었다고 말하고 있으며, 교사 자율약속도 월 1회씩 성찰 체크리스트를 작성하고 교사회의에서 점검해 나가고 있는데, 대부분 잘 지키고 있다고 평가하고 있다. 특히 학부모들의 만족도가 높은 편인데, 학부모 자율약속을 통해 자녀교육에 대한 관심과 성찰의 계기가 되었다고 평가하고 있다.

2015년, 2016년에는 휴대폰 사용 문제가 뜨거운 쟁점이 되었다. 2015년에는 교사와 학부모 측에서 휴대폰 중독 문제가 심각하므로 학교에서는 휴대폰을 사용하지 않도록 하자는 내용으로 생활협약을 개정하자는 주장이 제기되었다. 이에 따라 교사 의견을 확인한 결과 17:15가 나옴에 따라 생활협약 개정을 공식 제안하기로 했다. 국사봉중학교에서는 3주체 간에 생활협약에 관한 이견이 있을 경우, 공동체 생활협약 위원회를 개최하여 절차를 정하도록 하고 있었기 때문에, 3주체별로 선출된 각각 5명의 대표들로 구성된 공동체 생활협약위원회를 개최했다. 여기에서 각각 설문조사 및 의견수렴을 하고, 쟁점토론 및 공청회를 개최하며, 총투표를 실시하기로 절차를 정하고, 투표 반영 비율도 참여한 숫자 그대로 하기로 정했다. 4월 내내 세월호 대토론회 과정(개인 의견, 모둠 의견, 학급 의견, 학교 전체 의견)을 추진하느라 지쳤을 법도 한데, 5월부터 곧바로 학생회 임원들과 학급회장단들을 중심으로 휴대폰 대토론회(개인 의견-모둠 의견-학급 의견-전체 토론)를 추진하게 되었다. 교사들도 수업을 통해 휴대폰 중독의 심각성을 공유토록 하고, 다양한 생각들이 논의과정에 반영될 수 있도록 자료를 제공했다. 5월 26일 모든 학생들이 참여한 가운데 3주체 공청회가 개최되었고, 각 대표들의 열띤 토론이 있었지만 근본적인 의견 차이를 좁히지는 못했다. 다만 찬반양론만으로 토론이 진행되는 것보다는 휴대폰 사용 문화를 개선하는 방법에 대한 의견을 추가하여 총투표로 결정하기로 했다.

학생들이 대자보를 붙여 의견을 제시하고, 교사 측에서 이에 대한 반론을 대자보로 붙이면서 논쟁이 뜨겁게 달아올랐다. 서로 치열한 논의를 하다 보니 투표 방법에 대한 견해 차이가 있어서 공정한 진행을 위해 교사, 학생, 학부모 모두 같은 방식으로 웹사이트에 들어가 투표에 참여하기로 했다. 6월 1일~3일까지 투표가 진행되었는데 각각의 참여 정도에 따라 결과가 달라질 수밖에 없었고, 학생들이 어느 정도 참여할지가 관건이 되었다. 결국 2표 차이로 학교에서 휴대폰 사용을 제한하기로 결정되었다. 이후 각 교실마다 투표 결과에 대한 분석으로 소란스러웠다. 다양한 분석이 난무한 가운데 "투표에 참여하지 않은 학생들 때문에 결과적으로 학생 다수 의견이 반영되지 못했다"는 주장이 설득력을 얻는 모습이었다. 운영위원회에서 통과되면 곧바로 새 약속을 적용하기로 했는데 문제가 생겼다. 6월 24일 운영위원회가 성원미달로 간담회로 진행되었기 때문이다. 교사들은 통과될 것으로 보고 휴대폰을 걷기 시작했는데, 절차상 흠결이 생긴 것이었다. 학생회에서는 즉시 임시 대의원회를 열어 절차가 마무리될 때까지는 휴대폰을 회수하지 않도록 의결했고, 교사들도 이러한 상황을 양해하고 휴대폰을 다시 돌려줄 수밖에 없었다.

2016년에도 생활협약 공청회가 개최되었고, 교사, 학생, 학부모 원탁토론과 총투표가 진행되었다. 학생회가 공약 사항으로 휴대폰 조항 재개정을 추진했기 때문이다. 모두 학생회가 주관했고, 학생들이 학급별 원탁토론을 거쳐 학년별 전체 원탁토론과 공청회 등을 진행하는 동안 교사, 학부모도 각각 의견 수렴 절차, 원탁토론을 실시했다. 3주체 공청회를 통해 종합 토론을 거친 후 총투표를 진행했다. 교장선생님과 과반수의 교사들이 제안한 1:1:1(교사:학부모:학생)의 반영 비율은 학생들의 날카로운 반박 토론(1인 1표라는 민주주의 원리에 어긋난다)을 통해 부결되었다. 하지만 모바일 투표에 학생 참여가 저조한 반면 학부모들은 예년보다 더 많이 참여하게 됨에 따라 학생들의 휴대폰 조항 재개정 요구는 부결되었다.

국사봉중학교에서 서울형혁신학교로서 추구하고자 했던 새로운 학교문화가 빠르게 자리 잡아 갈 수 있었던 것은 여러 가지 요인이 있을 수 있다. 학생들의 배움을 중심으로 하는 수업혁신 노력이라든지 교육 활동 중심의 업무 정상화 추진과 민주적 운영 등도 중요한 의미가 있었다. 하지만 가장 크게 학교문화에 영향을 끼친 것은 생활협약이었다. 2012년 1학기 내내 아래로부터의 의견 수렴, 토론 등 집단지성 방식을 통해 3주체가 각각 자율적으로 만들기 시작한 '평화로운 교실, 행복한 학교생활을 위한 공동체 생활협약' 이후 학교문화의 변화가 두드러지게 나타났다.

4. 공동체 생활협약을 바탕으로 한 민주시민교육과정 만들기

생활협약의 운영과정에서 특히 생활협약 주제탐구수업은 매우 중요한 의의가 있었다. 교사회의에서 학생들의 생활협약 준비과정을 좀 더 내실 있게 운영할 수 있도록 하기 위해 별도의 교육과정을 마련하기로 했다. 학생들이 생활협약을 운영하는 데 꼭 필요한 활동을 포스트잇에 써서 붙이고 요약하는 방식으로 교육과정을 구성했는데 각각 역할 분담하여 학생들의 다양한 활동을 지원했다. 이때 만들어진 교육과정은 이후 민주시민 주제탐구 교육과정의 모태가 되었다.

아직 생활협약의 내용에 대한 공감대가 크지 않고 대충대충 형식적으로 알고 있는 학생들이 많다는 평가에 따라 생활협약 주제탐구 프로젝트 수업을 병행하여 교사들도 생활협약에 적극 참여하기로 한 것이다. 첫해에는 총 25명의 선생님들이 참여하여 3개 팀으로 나누고 역할을 분담하여 교사 1인당 평균 3~5시간씩의 교과통합 프로젝트 활동이 진행되었다. 이 과정에서 생활협약의 모든 내용에 대한 충분하고도 깊은 성찰이 이루어졌으며, 만들고 표현하고 행동하는 종합적인 학습이 이루어질 수 있었다. 그 덕분에 쟁점에 대한 학년별 토론이 모두의 참여 속에 더욱 알차게 진행될 수 있었다. 그 과정에서 교사와 학생들이 함께 생활협약에 대해 공감 소통을 할 수 있었다는 점에서 더욱 의미가 있었다. 이러한 생활협약 주제탐구 프로젝트 수업은 전반적인 학교교육과정의 재구성으로 이어졌다.

1기 혁신학교 운영에 대한 성찰을 바탕으로 2015년 제2기 서울형혁신학교를 시작하면서 교육과정에 대한 새로운 모색이 이루어졌다. 혁신학교가 추구하는 아이들 중심의 수업, 배움의 즐거움이 있는 수업을 위해서는 국가수준의 교육과정이나 교과서의 틀을 넘어서 생생하게 살아 숨 쉬는 아이들의 삶 그 자체가 학교교육과정을 바탕으로 한 수업 속에 자리매김될 수 있도록 해야 한다는 것을 깨닫게 되었다. 학교 내 모든 교육 활동은 수업과 연계되어야 하고 또 교육과정을 통해 유기적으로 연계되어야 한 아이의 성장을 총체적으로 뒷받침할 수 있게 된다. 생활협약도 수업과 연계된 학생중심의 맞춤형 민주시민교육과정이 뒷받침될 때 그 의미가 살아나고 아이들의 성장 발달을 촉진할 수 있다. 이를 위해서는 교육과정의 재구성과 그에 따른 수업 리모델링이 불가피하고, 학교 안팎으로 집단지성 문화가 뒷받침되어야 한다. 이는 하루아침에 이루어지지 않는다. 수십 년간 굳어진 수업 관행이 쉽게 바뀌지 않을 뿐만 아니라 민주시민성을 기반으로 한 미래역량을 중심으로 수업을 재구성하는 것도 준비된 만큼만 실천할 수 있기 때문이다.

이러한 문제점을 극복하기 위해 학교교육과정을 재구성하기로 했다. 다음의 표는 2015년 만들어진 주제탐구 교육과정에 대한 평가를 바탕으로 수정, 보완한 2016년 국사봉중학교 교육과정 운영 체계이다.

2014년 11월, 교사회의에서 추천을 받아 '앎과 삶이 함께하는 학교교육 과정 만들기 T/F'를 구성했다. T/F에서는 우선 설문조사를 통해 교사, 학생, 학부모가 가장 선호하는 교육과정을 10개 정도 추출한 후, 그중에서 가장 공통적인 영역(대주제)들을 중심으로 교사, 학부모의 의견 수렴 및 토론을 커져 세부 내용을 선택했다. 특히 학생들의 성장·발달에 맞는 교육과정을 만들기 위해 학년별 교육과정으로 구체화했다. '앎과 삶이 함께하는 교육철학'이 학년교육과정에 녹아 들어가고 각각의 수업과 밀접하게 연계될 수 있도록 하기 위해서는 학년별 교육과정협의회가 제대로 작동되어야 한다. 학년별 교육과정협의회가 학년별 교사학습공동체로서 '앎과 삶이 함께하는 주제탐구 교육과정'을 운영하는 중심축이기 때문이다. 그러기 위해서는 조그마한 것이라도 각각의 장점이 더해질 수 있도록 열린 마음을 갖는 것이 중요하다. 이를 바탕으로 서로 장단점을 살피고, 부족한 부분을 채워 주는 따뜻한 집단지성 문화가 정착되도록 공을 들여야 한다. 아울러 민주시민교육이 활성화되기 위해서는 학년교육과정협의회와 학생자치활동, 사회적협동조합 간에 긴밀한 상호 협력이 이루어지는 것이 바람직할 것이다.

국사봉중학교에서는 수많은 토론과정을 통해 '배움(앎)과 나눔(삶)이 함께하는 민주시민교육'을 추구하되 조금 돌아가더라도 교사를 비롯한 학교 구성원들이 함께할 수 있는 것들을 바탕으로 한 가지씩 꾸준히 축적해 나가는 방식으로 조금씩 실천해 나가고 있다. 그 내용과 수준은 구성원과 지역사회의 집단지성이 이루어지는 정도에 따라 달라질 수밖에 없을 것이다.

그러 의미에서 교사의 전문성은 교육과정을 통해 민주시민성으로서 앎과 삶의 결합을 얼마나 잘 구성해 낼 수 있는가에 달려 있다고 볼 수 있

서울형 혁신학교 기본 철학	학생, 교원, 학부모, 지역사회가 함께 공감·소통의 교육문화 공동체를 형성하고 배움·돌봄의 책임 교육을 실현하고 전인교육을 추구하는 학교		
중장기 비전	배움(앎)과 나눔(삶)이 함께하는 민주시민교육		
국사봉중 교육 목표	배움과 돌봄으로 행복한 민주시민 되기		나눔과 소통으로 더불어 함께 사는 민주시민 되기
	1학년	2학년	3학년
학년별 교육 목표	자기성찰로 자존감 키우기	공감·소통하는 능력 기르기, 인권 존중	나눔·배려 실천하기
학년 교육과정 협의회 -수업연구 및 교과 재구성	1인 1주제탐구 (자기성찰, 자존감)	1인 1주제탐구 (공감·소통, 인권)	1인 1주제탐구 (나눔, 배려)
-학년 특색 주제탐구 프로젝트	자유학기제, 진로 (나의 꿈 탐색하기)	학급 뮤지컬 Mugical makes me Open!!	독서 책 읽고 관심사 찾기 (나만의 책 만들기)
민주시민 교육과정	1. 민주시민교육주간 운영 (7월, 12월) – 민주시민 주제탐구를 위한 교과 재구성(동아리 등) : 자기성찰, 공감 소통, 인권, 나눔과 돌봄, 배려, 사회적 협동, 생태적 삶, 생활협약 등 – 주제탐구 결과 발표 및 원탁토론 2. 사회적협동조합 운영 3. 공동체 생활협약 운영과 연계		
주제탐구 체험활동 및 발표회	나의 꿈 올림피아드 (학기 말 실시)	뮤지컬 발표회 (학기 말 통합)	독서 주제탐구 발표회 (학년 말 실시)
	학생자치활동 중심 주제탐구 발표회 운영 –생태 에너지 전환, 사회적협동조합, 공동체 생활협약(민주시민교육)		
과정 중심 평가 확대	주제탐구 교육과정을 중심으로 과정 중심 평가 확대 등		
학생 맞춤형 성장 발달 책임제	포트폴리오를 작성 관리함으로써 학생 맞춤형 성장발달 지원 –관심 주제탐구 영역별로 활동과정과 결과물 정리(파일) –자기주도 주제탐구 활동과정 정리(월 1회, 창체 시간)		

다. 이를 바탕으로 아이의 지적 흥미를 자극하고, 열중해서 몰두하게 하며, 아이들이 갖는 호기심과 궁금증을 스스로 해결하도록 교사는 믿고 기다려 주어야 한다. 아이들이 어려움에 부딪혔을 때 해결방법을 제시하는 해결사가 아니라 스스로 길을 찾아갈 수 있도록 단서를 제공하는 안내자가 되어야 한다는 것이다. 교육이란 미명하에 학생들이 스스로의 잠재력을 발휘할 기회를 빼앗아 버리는 우를 범해서는 안 된다고 생각한다.

앎과 삶이 함께하는 민주시민교육과정은 교사가 가르치고 전달하는 범위 안에서 아이들이 그 답을 찾는 것이 아니라, 아이들 스스로 질문을 던지며, '만들고 표현하고 행동하는' 방식으로 문제를 해결해 나가도록 하자는 것이다. 교사의 역할은 지식의 전수자가 아니고, 학습자 개개인이 속해 있는 문화적, 역사적, 사회적 상황과 개인의 경험적 기술과 지식을 출발점으로 하여, 학생의 의견과 관심이 반영된 학습 결과를 이끌어 주는 것이다. 교과서에서 배우는 지식으로 그치는 것이 아니라 자신의 삶과 연결된 배움이 일어나도록 하자는 것이다. 그 과정에서 여러 주제들을 구체적이고 융합적으로 이해하게 되고 보다 넓고 깊게 탐구해 나갈 수 있는 바탕을 만들 수 있게 될 것이다.

5. 공동체 생활협약을 위한 성찰과 과제

"지금 국사봉중학교에서 하는 생활협약 활동은 매우 중요한 의미가 있다고 생각한다. 핀란드의 교육개혁도 학생들의 자율, 자치 문화로부터 시작되었다. 한 학급에서 한 학교로, 한 학교에서 10학교로, 100학교로 확산되는 과정에서 핀란드 교육개혁의 토대가 만들어졌고, 그 위에서 '핀란드 교육혁신'의 꽃을 피울 수 있었다."

20여 년간 핀란드 교육혁신을 이끌었던 에르끼 아호가 국사봉중학교를 방문하여 생활협약의 진행과정을 살펴보면서 했던 말이다.

실제로 생활협약을 하면서 학교문화가 많이 바뀌었다. 학생들은 5년 동안 생활협약을 만들고 운영하면서 '학생 중심의 학교', '민주주의 학교'라는 표현을 하기 시작했고, 이제는 생활협약을 한다는 것 자체가 큰 자랑거리이자 자부심의 바탕이 되고 있다. 국사봉중학교를 다닌다는 이유만으로 자기비하를 일삼던 몇 년 전과는 비교할 수 없을 만큼 자존감이 높아졌고, 학교생활이 뿌듯하고 즐겁다는 학생들이 대부분이다. 학생들의 자치활동의 내용도 행사 운영이나 대의원회의 등에 머물렀던 과거와는 비교가 안 될 정도로 양적, 질적으로 심화, 확대되었다. 일상적으로 생활협약을 운영해 나가는 과정 하나하나가 모두 자치활동이기 때문이다.

교사들도 많이 바뀌었다. 생활협약을 통해 학생들도 집단지성의 능력이 있음을 확인할 수 있었고, 지시, 통제의 대상이 아닌 자율적인 참여-협력의 동반자로, 교복 입은 민주시민으로 새롭게 인식하기 시작했다. 벌칙이 없는데도 오히려 약속을 더 잘 지키는 모습을 보면서 아직 부족한 부분도 많지만 학교생활규칙의 대부분을 학생들에게 맡겨도 되겠다는 확신도 생겼다. 그동안 혁신학교에 대해 시큰둥하던 학부모들은 "이제 학교가 뭔가 달라지기 시작한 것 같다"며 생활협약에 대한 적극적인 지지와 공감을 보내고 있다.

이제 공동체 생활협약은 그동안의 적용과정을 바탕으로 좀 더 지속가능한 민주시민교육으로 뿌리내리는 전환점에 서 있다.

가장 먼저 학교 운영의 모든 것들에 대한 일상적인 학급자치가 민주주의 교육과정으로 확고하게 뿌리내려야 한다. 또한 학생들이 학교생활의 주체로 자리 잡을 수 있게 하려면 낡은 학교규칙에 대해 전교생 원탁토론 등을 개최하여 학생들이 운영하는 생활협약 체제로 전환해 나가야 한다고 생각한다.

그리고 초중등교육의 바탕이 민주시민교육이라는 점을 분명히 하고 제도 개선을 추진해 나가야 한다. 교육법과 헌법상 초중등교육의 본령인 민주시민교육이 말 그대로 교육 현장에서 살아 숨 쉴 수 있도록 교육과정이 전면적으로 재구성되어야 할 것이다. 이제 우리 사회도 일상생활 속에서 민주주의의 세례를 받은 학생들이 사회로 나가서 한층 더 성숙한 민주주의 문화를 꽃피울 때가 되었다.

지난 5년간 국사봉중학교에서 서울형혁신학교를 운영해 왔던 경험을 요약해 본다면, "아이들은 스스로 배울 능력이 있다"는 것이다. 그리고 "마을에는 아이들이 스스로 배울 수 있는 모든 것들이 다 갖춰져 있다"고 한다. 무엇보다 학생들이 배움의 즐거움을 찾아 나갈 수 있도록 하려면 앎과 삶이 만나는 공간이 매우 중요하다. 학교에서는 아이들에게 생활공동체를 온전하게 돌려주는 교육과정이 필요하고, 마을은 생활공동체로서 기능을 회복해 나가야 한다. 그것이 '민주시민교육과정'의 출발점이라고 생각한다. '민주시민교육과정을 학생들에게 돌려주고, 교사와 학교, 교육당국은 이를 지원하는 방향으로 교육정책을 재구성해야 한다.

| 생각해 보기 |

1. 성찰하기: 학생과 교사의 관계가 우정에 바탕을 둔 새로운 민주적인 관계로 전환될 수 있을까?
2. 학생들 사이에서 집단지성이 작동될 수 있는 민주적인 회의 방식을 찾아보자.
3. 현재 학교에서 적용하고 있는 학생생활규칙은 학생 참여를 포함한 민주적인 절차를 거쳐 만들어졌는가?
4. 현재 학교에서 적용하고 있는 학생생활규칙은 유엔 아동권리협약, 세계인권선언, 헌법, 학생인권조례나 등을 준수하고 있는가?
5. 공동체 생활협약의 성패는 활발한 학급자치 활동에 달려 있다. 활발한 학급자치 활동을 촉진하는 방안에 대해 이야기해 보자.
6. 국사봉중학교 사례를 참고하여 지속가능한 학교 단위의 자율적인 민주시민교육과정 만들기에 대해 토론해 보자.

- 경기도 학생인권조례.
- 광주학생인권조례.
- 국사봉중학교 교육계획(2011~2016).
- 국사봉중학교 생활협약(2011~2016).
- 국사봉중학교 학생자치 백서(2016).
- 서울시 학생인권조례.
- 세계인권선언.
- 우리헌법읽기국민운동. 『손바닥 헌법책』. 탐탐하우스, 2016.
- 신영복. 『담론: 신영복의 마지막 강의』. 돌베개, 2015.
- 베커, 게롤트 · 리겔, 에냐 · 쿤체, 아눌프 · 베버, 하요(Becker, Gerold & Riegel, Enja & Kunze, Anulf & Weber, Hajo) 편. 『만들고 행동하고 표현하라, 독일 공립학교의 개혁 모델, 헬레네랑에 학교의 교실 혁명』. 이승은 옮김. 알마, 2011.
- 들뢰즈, 질(Deleuze, Gilles). 『천개의 고원』(Mille plateaux: capitalisme et schizophrenie). 김재인 옮김. 새물결, 2003.

- **신영복. 『담론: 신영복의 마지막 강의』. 돌베개, 2015.**
  이 책은 근대문명의 한계를 극복하기 위해 새로운 사유가 필요하며 그 방향으로서 탈근대적인 관계론과 집단지성을 제시하고 있다. 탈근대적인 맥락에서 학교문화를 진단해 보고, 집단지성이 작동되는 민주적인 생활공동체를 만들어 나가는 데 필요한 인문학적 성찰과 오래된 미래로 나가는 비전을 제시해 준다.

- **베커, 게롤트 · 리겔, 에냐 · 쿤체, 아눌프 · 베버, 하요(Becker, Gerold & Riegel, Enja & Kunze, Anulf & Weber, Hajo) 편. 『만들고 행동하고 표현하라, 독일 공립학교의 개혁 모델, 헬레네랑에 학교의 교실 혁명』. 이승은 옮김. 알마, 2011.**
  이 책은 학교혁신에 참여했던 주역들이 그 내용을 역사적, 조직적 관점에서 기술한 책으로 충실하고 풍부한 내용을 담고 있다.

- **들뢰즈, 질(Deleuze, Gilles). 『천개의 고원』(Mille plateaux: capitalisme et schizophrenie). 김재인 옮김. 새물결, 2003.**
  이 책은 신영복 교수의 '담론'에서 제시하고 있는 탈근대적 맥락의 다양한 사유방법론과 탈근대적 관계론, 집단지성에 대해 좀 더 깊이 있게 성찰할 수 있도록 안내한다. 특히 우리 내부의 파시즘을 성찰하고 민주시민성을 새롭게 정립하는 데 많은 영감을 주는 책이다.

〈자료 1〉 2016학년도 국사봉중학교 공동체 생활협약 운영 방향

생활협약	운영 방법
학생 자율 약속	가. 학생자율약속 조항(8개조)은 학생회(생활협약 지킴이, 학급회장단)에서 자율적으로 운영토록 지도하여 주시기 바랍니다. : 벌칙, 벌점 없이 자율 운영합니다. ① 수업 매너, ② 두발, ③ 언어예절, ④ 복장(화장 및 액세서리 포함), ⑤ 휴대폰, ⑥ 청결-실내화, ⑦ 안전, ⑧ 평화로운 학교생활
	나. 운영 방법 → 학급 자치회의(월 1회) 및 학생자치회의(월1회)를 통한 성찰 : 체크 리스트, 글쓰기, 토론하기, 편지쓰기, 캠페인 등 → 생활협약 지킴이 활동 : 학생들이 생활협약에 자율적으로 참여토록 하기 위해 일상적으로 학생회 생활협약 지킴이 활동이 이루어집니다. : 자율약속 지키기 캠페인(체크리스트, 뉴스 방송, 또래 상담, 권고 문자) → 학생회(담임교사, 생활협약 지도교사 포함)의 권고에도 불구하고 3회 이상 자주 생활협약을 어기는 학생은 '3자협약위원회'를 개최함
	다. 휴대폰은 2015년 학교 구성원 총투표에 의하여 '아침 조회 때 걷어서 보관하고, 종례 때 돌려주기로 하고, 아침에 미제출 시 1주일간 학교에서 보관하며, 학부모와 3자협약이 이루어지면 그 내용에 따라 결정한다'로 했습니다.
	라. 학급 약속은 학교생활협약 범위 내에서 학급회의를 통해 자율적으로 운영합니다.
강제 규정	가. 강제규정 중 학교폭력대책자치위원회 관련 사안은 생활교육부에서 담당합니다.
	나. 나머지 강제규정은 학년부에서 운영하되, 3단계로 적용합니다. 우선 1차 3자협약위원회, 2차 성찰 프로그램 운영을 적용하고, 이후에도 되풀이될 경우, 선도위원회와 연계합니다. : 교사의 정당한 지도 불응 및 수업 방해, 흡연 등
	다. 삼자협약위원회 개최 – 학생회(생활협약 지킴이부 등)는 자율약속을 자주어기는 학생들에 대하여 지도교사의 상담 및 권고를 요청할 수 있으며, – 그 학생들이 지도교사의 상담 및 권고를 잘 지켜 나가지 못할 경우, 교사의 정당한 지도에 대한 불응에 해당하므로 3자협약 위원회를 개최합니다 (교사, 학부모, 학생이 함께 참여하여, 대책을 마련합니다)
교사 생활 협약	▶ 월 1회 자기성찰 체크리스트를 작성하여 주시기 바랍니다(교사회의). 성찰표를 붙여 놓고 매일 점검해 주시길 바랍니다.^^
학부모 생활 협약	▶ 월 1회 자기성찰 체크리스크를 작성하여 주시기 바랍니다(e-알리미). 집에 성찰표를 붙여 놓고 자녀와 함께 매일 체크해 주시길 바랍니다.^^
생활 협약 개정 절차	▶적용 시기: 매년 9월 1일~다음해 8월 30일까지 ▶개정 시기: 매년 7월 생활협약 개정 설문조사, 토론(학생자치활동) → 과반수 이상 개정 의견 시 공청회(공동체 생활협약위원회 개최, 절차 협의) → 총투표 → 학교운영위원회 심의, 의결 후 시행(8월 말 서약식)

1 학생 자율약속

학생들 스스로 지켜 나가야 할 자율약속	
1. 수업 매너	① 수업 시간에 졸거나 잠자지 않겠다(졸리면 선생님의 허락을 얻은 후 잠깐 쉰다)
	② 수업 시간에 군것질을 하거나 잡담을 하지 않고, 서로 참여-협력하며 경청하겠다.
	③ 자리를 바꾸거나 다른 과목 공부를 하는 등 수업을 방해하는 행위를 하지 않겠다.
	④ 종 치면 곧 바로 자리에 앉아 수업 준비를 하겠다.
2. 두발	⑤ 두발은 자율화하되, 염색은 자제(튀지 않는 색깔)하도록 하고, 퍼머(웨이브)는 금지한다.
3. 언어예절	⑥ 학우들 사이에서 서로 존중하며, 고운 말(다가가는 대화)을 사용한다.
	⑦ 선생님들께 예의 바른 용어를 사용하며, 감정적으로 말대꾸하지 않는다.
4. 복장 등	⑧ 지정된 교복, 또는 생활복을 단정하게 입는다. 등교 이후 추울 때는 상의 위에 패딩, 점퍼 등을 걸칠 수 있도록 하고, 여름에는 생활복, 간편복을 활용할 수 있도록 한다.
	⑨ 지나친 화장, 액세서리는 자제하도록 한다.
5. 휴대폰 매너	⑩ 학교에서는 휴대폰을 사용하지 않는다(등교 후 아침 조회시간에 제출하고, 종례 후 돌려받도록 한다. 아침에 제출하지 않았을 경우, 1주일간 학교에서 보관한다) ※부모님과 3자협약이 이루어진 경우에는 그 내용에 따라 결정함
6. 청결, 실내화	⑪ 교실, 복도 등에 쓰레기, 침, 껌 등을 버리지 않고, 항상 깨끗한 환경을 만드는 데 솔선수범한다.
	⑫ 건강과 안전, 청결한 교실 환경을 위해 실내화를 신도록 한다(삼선 슬리퍼 금지)
7. 안전한 학교생활	⑬ 복도나 계단에서 뛰지 않으며, 학우들에게 피해를 줄 수 있는 위험한 장난을 하지 않는다.
	⑭ 책상, 의자를 포함한 학교 물품을 함부로 다루거나 파손하지 않는다.
8. 평화로운 학교생활	⑮ 집단 괴롭힘이나 따돌림, 협박 등 모든 폭력행위를 방관하지 않겠다. (폭력 stop! 활동에 참여하며, 문제가 발생하면 함께 토론하여 해결하도록 노력하겠다)
	⑯ 서로 존중하고 배려함으로써 따뜻하고 우정이 넘치는 학교문화를 만들겠다.

2 국사봉중학교 공동체 생활협약(강제규정)

공동체 규칙	징계 수준
폭력	▶ 학교폭력 예방 및 대책에 관한 법률 등 관련 법률에 따름 －학교폭력대책자치위원회 개최
성폭력	
절도	
흡연	▶ 1회: 3자협약 ▶ 2회: 성찰 프로그램, 대안교육 이수 ▶ 3회: 등교정지 － 1년간 누적 적용함
교사의 정당한 지도에 불응, 수업 방해 행위	▶ 1회: 3자협약 (단, 해당 교사와 학생에 대하여 중재, 조정, 화해 노력을 우선함) ▶ 2회: 성찰 프로그램, 대안교육 이수 ▶ 3회: 등교정지
무단출결	▶ 3회 무단지각, 결과, 조퇴는 무단결석 1회로 처리함 ▶ 1차, 2차, 3차, 4차(무단결석 7회마다 경고 통지서 발송)
부정행위	▶ 해당 고사는 0점 처리 ▶ 사안의 경중에 따라 학교 내 봉사

3 교사 자율약속

	교사 스스로 지켜 나가야 할 자율약속
1. 학생들과 공감 소통하기	① 학생들의 말을 믿고 존중하며 눈높이를 맞추어 끝까지 경청하기
	② 학생들의 감정과 기분을 이해하고, 공감하는 표현을 한 후, 차분하게 설득하기
	③ 아이들의 기질이 다양하고 생각도 다를 수 있음을 인정하고 역지사지하기
	④ '감정적으로 대하거나 버럭하지 않기, 욕설이나 상처가 되는 말 하지 않기, 차별하거나 비교하지 않기
	⑤ 항상 밝고 웃는 얼굴로 친절하고 상냥하게 학생들을 맞이하기
2. '배움의 즐거움'을 찾아가는 행복한 수업 만들기	⑥ 학생들이 자기주도적으로 참여-협력하면서 '배움의 즐거움을 찾아가는 행복한 수업'을 만들기 위해 노력한다.
	⑦ 수업 준비를 철저히 하여 쉽고 재미있게 가르친다.
	⑧ 교사들도 서로 참여-협력하면서 함께 성찰하는 수업연구를 통해 교육 전문가로 성장하며, 학생들의 다양한 잠재 능력을 촉발하는 창의적인 교육과정을 마련한다.

	⑨ 학교생활에서 학생들의 자율성을 존중하고, 자치활동을 보장한다.
	⑩ 칭찬을 많이 하고 작은 실수는 관용과 사랑으로 이해해 준다.
3. 함께 참여 -협력하는 생활교육 (교사, 학생, 학부모)	⑪ 학생생활교육은 교사-학생-학부모가 함께 약속을 하고 지켜 나가 도록 한다. 이를 위해 충분한 대화와 상담을 통해 약속 이행을 점검 한다.
	⑫ 학생들의 인권을 존중하고, 체벌하지 않는다.
	⑬ 자율약속을 잘 지키지 않는 경우, 우선 학생들의 자치활동과 토론을 통해 스스로 해결토록 하고, 이후 상담 및 학년별 성찰 프로그램 등 을 통해 지도해 나간다.

4 학부모 자율약속

학부모 스스로 지켜 나가야 할 자율약속	
1. 자녀와 공감, 소통하기	① 하루에 5분씩 손잡고 대화하기, 등하교 시 안아주기, 하루 세 번 이 상 사랑한다고 말하기
	② 아이들이 말할 때, 눈높이를 맞추어 끝까지 경청하기
	③ 아이들과 대화할 때, 부모의 생각과 다를 수 있다는 것을 인정하고, '버럭하지 않기, 욕설이나 상처가 되는 말 하지 않기, 다른 친구들과 비교하지 않기, 잔소리 줄이기
	④ 먼저 아이들의 감정과 기분을 존중하고, 공감 표현하기, 이해할 수 있도록 차분하게 설득하기
	⑤ 꽃으로도 때리지 않기
2. 올바른 생활 습관 만들기	⑥ 좋은 생활습관(인사예절, 건강, 독서, 게임, 휴대폰 등)을 갖도록 함 께 실천하겠다.
	⑦ 아침밥을 꼭 먹이겠다.
	⑧ 잠을 충분히 자도록 배려하겠다.
	⑨ 학교생활과 친구들 관계에서 일어나는 일들에 대해 관심을 갖고 자 주 대화하겠다.
	⑩ 자녀들이 외출할 때는 어른들의 허락을 받도록 하겠다.
3. 자녀교육 함께 참여하기	⑪ 좋은 취미생활을 갖도록 함께 참여하겠다.
	⑫ 한 달에 한번 이상은 자녀들과 함께 나들이를 하거나 다양한 체험활 동을 하도록 노력하겠다.
	⑬ 자녀들의 꿈, 진학, 장래 희망 등에 대해 자녀들 스스로 결정하도록 존중하고 배려하겠다.
	⑭ 자녀의 생활교육은 학생-학부모-교사가 함께 약속을 하고 꼭 지켜 나가도록 노력하겠다.

〈자료 2〉 2015학년도 국사봉중학교 민주시민교육과정

시기	주제탐구 영역		각 교과 연계	연계 활동
3. 30 ~ 4. 3	사회적 삶을 위한 주제 탐구하기 WHO LIFE SKILL	1. 의사결정 2. 문제해결 3. 창조적 사고 4. 비판적 사고 5. 효과적 커뮤니케이션 6. 대인관계 7. 자기인식 8. 공감 소통 9. 감정 코칭 10. 스트레스 통제	[각 교과 연계된 영역별 탐구 활동] 언어생활 탐구(국어), 공감 소통 표현하기(외국어), 감정 코칭하기(공감 소통 기술), 창조적·비판적 사고 기술 탐구(기술, 수학, 과학), 인터넷 예절, 효과적 커뮤니케이션(정보), 스트레스 통제 기술, 치유(체육, 음악, 미술), 자기성찰(공통), 장애 이해(특수)	- 자기성찰 - 브레인 라이팅 활용 - 예술적 표현 체험
7. 13 ~ 7. 17	학교 생활 성찰	1. 생활협약 탐구 - 글쓰기, 그림, 편지, 협동화 - 생활협약 브레인 라이팅(강점, 약점, 기회, 위기) - 생활협약 뉴스 만들기 - 나의 학교생활 성찰하기 - 생활협약 노가바 만들기 2. 생활협약 원탁회의 - 우리 학교 대토론회	- 각 교과별 역할 분담(프로젝트 활동) - 학생자치활동과 연계 - 생활협약 개정, 학급회의	- 발표, 전시 - 생활협약 4주년 서약식
8.31 ~ 9.4	민주 시민성 교육	1. 헌법, 청소년 인권 탐구 2. 나눔, 돌봄 탐구 3. 노동사회, 시민참여 탐구 4. 세계시민 탐구	- 영역별 전문가 초청 - 교과 영역별 프로젝트 활동 - 학생자치활동과 연계	-주제탐구 결과 발표 -서약식
12.21 ~ 12.24	민주시민 되기	1. 참여예산제 프로젝트 - 제안서 만들기: 학교 2. 사회적 문제 해결 방안(원탁토론) 3. 학생회장 후보에게 바란다.(1인 1제안)	- 각 영역별 참여 예산 만들기(각 교과별 역할 분담), 제안하기, 반영하기 - 학생자치활동과 연계	

학부모는 교사 • 학생과 더불어 교육의 중요한 주체이면서도 그동안 교육 주체로서의 위치를 갖지 못하고, 학교의 필요에 의해 교육 활동이나 각종 행사의 동원 대상이 되어 왔다. 학생의 온전한 성장과 발달이 이루어지려면 교사의 역할 못지않게 학부모의 역할도 중요하다. 교사와 학부모의 지속적인 소통을 통해 학부모의 학교교육에 대한 이해와 공감대를 높여 나가야 한다. 교사와 학부모의 소통과 학부모회 활동 사례를 통해 학부모와 함께 하는 교육의 방향을 제시해 본다.

학부모와 함께 하는 교육

이희숙

1. 학부모와 어떻게 소통할까?

1) 교사–학부모 소통의 필요성

대부분의 교사들은 학부모의 존재를 부담스럽게 여기고, 학부모와의 만남을 되도록 피하고 싶어 한다. 그렇다고 마냥 피할 수만은 없는 관계여서 교사와 학부모와의 관계를 '불가근 불가원'이란 말에 비유하기도 한다. 교사들이 학부모와의 만남을 부담스러워하는 데에는 복합적인 이유가 있다. 우리나라 학부모들의 지나친 교육열, 언론을 통해 불거지는 학부모 촌지 문제, 학부모 민원으로 인한 분쟁 등을 겪으면서 학부모에 대한 부정적 인식이 강화되고 있기 때문이다.

학부모 입장에서도 자녀가 교사로부터 부당한 대우를 받거나, 교사의 수업 방식이나 교육과정 운영에 대해 불만이 있어도 문제를 제기했다가 자칫 자신의 자녀에게 피해가 갈지 모른다는 우려 때문에 참고 넘어가는 경우가 많다. 교사와 학부모라는 특수한 관계로 인한 소통 부재는 서로에 대한 신뢰와 공감대 형성을 가로막아 교육의 효과성을 떨어뜨린다.

최근 혁신학교를 중심으로 학부모를 교육의 중요한 주체로 인식하고 다양한 방식으로 학부모와 소통하며 교육적 성과를 높이고 있는 점은 학부모와의 소통이 얼마나 중요한지를 일깨워 주고 있다.

다음은 혁신학교에서 이루어지고 있는 학부모와의 소통 사례를 통해 바람직한 소통 방안을 모색해 보고자 한다.

2) 학부모 상담

담임교사는 학급 학생들에 대해 많이 알면 알수록 학생들과의 교감과 관계 맺기가 원활하기 때문에 수업 시간이나 학급 활동 시간을 통해 학생 개개인의 특성을 파악하고자 노력한다. 하지만 학급당 학생 수 과다, 잡무로 인한 학생과의 면담 시간 부족, 가정환경에 대한 정보 부족으로 학생을 온전히 이해하기가 쉽지 않다.

최근 학생들의 학교폭력 등 일탈 행동의 증가는 교사들의 교직 수행의 어려움을 가중시키고 있다. 정서적으로 문제가 있는 학생 대다수는 가정 문제와 연관성이 높기 때문에 아무리 교사가 노력을 해도 가정과의 협력 없이 교사의 힘만으로 학생의 행동을 변화시키기는 어렵다.

학부모도 자녀가 학교에서 어떻게 생활하고 있는지 궁금한 점이 많지만 가정통신문이나 SNS, 학교 홈페이지, 알림장, 주간학습계획, 통지표 등 학교에서 일방적으로 제공해 주는 정보를 통해 자녀의 학교생활을 피상적으로 파악할 수밖에 없다.

학부모 상담은 교사와 학부모가 직접 대면하여 대화를 나누면서 서로의 교육관에 대한 차이를 좁히고 학생에 관해 심층적 정보를 나눌 수 있어서 다른 매체에 의한 소통에 비해 훨씬 효과적이다.

상담을 통해 학부모는 담임교사로부터 자녀의 교우관계, 학습태도, 인지적 능력 등 자녀의 학교생활 모습을 상세히 들을 수 있고, 교사는 학부모를 통해 학생의 가정에서의 생활습관, 부모와의 관계, 과제 수행 등 학교에서 발견하지 못한 다양한 정보를 듣게 되어 학생을 이해하는 데 많은 도움이 되며, 학부모와 교사 간의 서먹서먹함과 불편함을 해소하는 기회가 되기도 한다.

학부모 상담은 교사와 학부모가 필요성을 느낄 때 언제든지 이루어져야 문제 해결에 도움이 된다. 그러나 대부분의 학부모들은 담임교사와의 상담에 상당한 부담감을 느끼고 있어서 자발적 상담 신청을 주저하는 경우가 많다. 전체 학부모가 참여하는 학부모 상담주간을 설정하여 실시하면 자발적으로 상담에 나서기를 꺼려 하는 학부모들도 쉽게 상담에 참여하게 된다. 최근 학부모 상담의 중요성이 부각되면서 소수 학교에서 실시되었던 학부모 상담주간 운영이 많은 학교로 확산되어 가고 있다. 공식적 상담은 최소 상반기와 하반기에 각각 1회씩 실시하는 게 좋겠다.

4학기제로 운영되는 혁신학교에서는 여름·겨울학기에는 생활통지표를 작성하여 발송하고, 봄·가을학기에는 학부모 개별 상담으로 생활통지를 대신하고 있다. 생활통지표는 학생에 대한 정보를 충분히 담을 수 없기 때문에 2회의 학부모 개별 상담은 학생에 대해 많은 정보를 제공하는 기회가 된다.

학부모 상담 시간은 교사나 학부모에게 매우 중요한 시간이므로 유익한 시간이 되기 위해서는 사전 준비를 잘해야 한다. 수업 시간을 통해 축적된 학생의 학습 결과물을 잘 정리해 두었다가 상담 시 적절히 활용하면 상담에 대한 신뢰도를 높일 수 있다.

교사는 학부모와 상담 시 학생에 대한 정확한 정보를 제공함과 동시에 학부모로 하여금 교육적 관점을 바로 세울 수 있는 안내자가 되어야 한다. 담임이 올바른 교육적 관점과 인권의식을 가지고 학생들을 대해도 가정교육이 학교교육과 일관성을 갖지 않을 때 아이들은 큰 혼란에 빠지게 된다. 부모들의 그릇된 교육관은 아이들과 부모와의 관계를 위협하는 요소가 될 수 있으므로 교사의 역할이 중요하다.

3) 학급 학부모 다모임

　학부모들은 주간학습계획 안내, 알림장, 가정통신문, 자녀와 대화를 통해 학교교육에 대한 정보를 접하지만 교사와의 직접 소통이 아닌 만큼 궁금한 내용이나 문의사항이 있을 때 답답함을 느낀다. 교사 역시 학부모들의 다양한 인식과 요구 때문에 자신의 교육적 철학을 소신 있게 펼치기가 어렵다. 또한 학교에서 이루어지는 수업과 교육 활동의 의미와 맥락에 대해 학부모에게 설명하고 이해시킬 기회를 갖기가 쉽지 않다. 학년 초 교육과정 설명회나 학부모와 개별 상담시간이 있지만 상호 이해와 공감대를 형성하기에는 시간이 부족하다.

　학부모들끼리 SNS를 통해 빈번하게 소통이 이루어지고 있는데 사적으로 소통이 이루어지다 보니 자칫 근거 없는 이야기들이 오고 가면서 교육 활동에 부정적 영향을 줄 수 있다. 교사와 학부모가 지속적인 만남을 통해 충분히 소통하고 이야기를 나누면서 공감대를 형성하기 위해서는 공식적인 학급 학부모 다모임을 적극 권유한다.

　학급 다모임은 첫 모임에서 학부모와 협의를 통해 횟수, 시간, 운영 방법 등을 정하고 월 1회 또는 격월, 분기별 등 상황에 따라 운영한다. 맞벌이 부부에게도 참여 기회를 부여하기 위해 가끔 주말이나 저녁시간 모임도 고려할 필요가 있다. 다모임 운영은 매월 교육과 관련된 도서를 정하여 읽고 와서 이야기를 나누는 독서 모임, 교육 활동에 대한 구체적 설명과 궁금한 점 질의응답, 사회적으로 이슈가 되고 있는 교육 관련 의제 등에 대해 함께 이야기 나누기, 특정 분야에 전문적 식견이 있는 분을 초대하여 함께 토론하기, 학생들이 수업 시간에 했던 특별한 활동 경험해 보기 등 다양한 내용과 방식으로 운영할 수 있다.

　교사가 수업이나 각종 업무에 더해 학급 학부모 다모임까지 챙기는 게 결코 쉽지 않겠지만 학부모 개인의 경험에 의해 형성된 다양한 교육적 관점을 바람직한 방향으로 정립시켜 가는 데 가장 좋은 기회이다.

4) 교사-학부모 간담회

학급 학부모 다모임이 학급별로 교사와 학부모들이 자율적으로 모임을 갖는 자리라면 학부모 간담회는 동학년 교사와 각 학급 대의원이 한자리에 모여 학년교육과정 운영이나 학년 전제 학생들의 특성, 학년 운영에 대한 개괄적 내용을 논의하는 자리이다. 학급 다모임에서의 다양한 논의들을 넘어 보다 넓은 시각을 가지고 학년의 공동 의제를 도출하고 교사들과 심층적 논의를 통해 학년 전체를 바라보는 시각을 갖게 되고, 학부모들의 문제의식이나 궁금한 내용들에 대해 폭넓게 협의하는 기회가 된다. 특히 학부모들이 담임교사에게 직접 꺼내기 어려운 문제가 있을 때 간담회를 통해 정선된 내용으로 의제화해서 논의할 수 있다.

간담회 준비는 학급별로 학부모 다모임을 통해 의견을 수렴한 후 대의원이 함께 모여 학년 간담회에서 논의할 의제를 몇 가지 정리한 다음, 학년 교사에게 전달하면 동학년 교사들은 전달받은 의제에 대해 사전 논의를 통해 내용을 정리하여 간담회에 임한다.

이런 준비과정은 학부모나 교사 모두에게 교육적 관점과 철학을 세우고 공유하는 학습의 장이 될 수 있기 때문에 준비하는 과정에 더 큰 의미가 있겠다.

간담회 횟수는 사전 준비 등을 고려해서 최소 연 1회 또는 학기당 1회씩 갖는 게 바람직하다.

2016년 교사-학부모 간담회 학년별 공통 의제(○○초)

학년	의제
1	다문화 가정의 자녀에 대한 배려 장난과 폭력의 사이 학생 과밀로 인한 학급 운영의 힘든 점, 학부모가 도울 부분이 있는지… 아이 숙제하기에 부모의 개입 정도
2	스마트폰에 노출되는 아이 온작품 읽기 진행 정도와 가정에서 도울 점 글쓰기와 맞춤법(숲을 보는 관점 키우기)
3	주기집중 수업의 진행 좋은 생활 습관을 위한 학교와 가정에서의 일관된 소통 생각하는 힘과 깊이 있는 사고 확장을 위한 수업
4	공동생활 에티켓에 대한 교육 3주체 서로 간의 소통 경제적으로 어려운 아이에 대한 배려 4학년 또래의 특성
5	아이들 스스로 규칙 정하고 지키는 학생 생활자치 친구를 괴롭히는 아이, 학교폭력에 대한 교육 학교와 가정에서의 성교육
6	장애인 인식 변화 교육 6학년 또래 문화 혁신학교 6년차로서의 아이들의 생각이나 가치관, 생각하는 힘의 성장. 이에 대한 교사로서의 소감

5) 교사-학부모 포럼

교사와 학부모 모두 매일 학교와 가정에서 부딪치는 교육문제에 집중하다 보면 교육을 바라보는 시각이 좁아질 수 있다. 가정과 학교교육을 넘어 우리나라 교육, 더 나아가 미래 사회를 대비한 세계 교육의 흐름 등 교육 전반에 대한 이해를 통해 시각을 넓히는 것이 필요하다. 교사-학부모 포럼은 이런 필요성에 뜻을 같이하는 교사와 학부모가 함께 시작하되, 처음부터 형식을 갖춰 큰 규모로 시작하기보다는 참여 의지가 있는 교사와 학부모들이 소수라도 먼저 소박하게 시작하고 점차 관심 있는 분들이 참여할 수 있도록 한다. 학교 내에서 교사-학부모가 함께 하는 포럼을 운영하고 있어 사례를 소개하고자 한다.

⟨교육포럼 운영(○○초)⟩

▶ 운영 내용
- 운영 일시: 격주 월요일 오후 2시 30분~5시 30분
- 참여 대상: 교육에 관심 있는 교사, 학부모 누구나 참석 가능
- 주제 선정: 학교 내외의 교육 활동과 관련된 내용이나 교육 전반에 관한 현안과 이슈를 중심으로 포럼 참석자들과 함께 논의하여 정함
- 진행 방식: 주제에 따라 교사 또는 학부모 중 한 사람이 발제하고 자유롭게 토론

▶ 그동안 다루었던 주제
- 한국 혁신학교의 방향과 개선점
- 4학기제 운영과 봄, 가을 방학
- 영어교육에 대한 고민
- 교육 3주체의 자치(1차)
- 교육 3주체의 자치(2차)
- 독서교육: 외부 전문가 초빙
- 평가와 통지 방식
- 학력學力과 학력學歷-3주체가 각각 생각하는 학력 향상은 무엇인가?
- 혁신포럼-올해 마무리와 내년 계획
- 혁신학교 교육의 본질[혁신학교란 무엇인가]
- 재능기부 단체의 구성과 문제점, 활동 방향
- 법제화된 학부모회 제대로 알고, 자리 잡아 나가기

- 학부모 동아리 운영

▶ 의의
- 혁신교육에 대한 학부모의 궁금증 해소와 이해를 높임
- 교사와 학부모와의 교육에 관한 인식의 차이를 좁힘
- 교육에서 추구해야 할 올바른 지향점을 인식하는 계기가 됨

6) 학부모와 함께 하는 학교 평가

학교마다 매년 학년 말에 다양한 형태로 학교 평가를 실시한다. 학교 평가는 교육청에서 배부한 학교 평가지표에 의한 평가와 학교별 교육과정 수립을 위한 설문조사, 학년별·부서별 평가, 전체 교직원이 참여하는 교육과정 운영 전반에 대한 평가회 등이 있다.

4학기제로 운영되는 혁신학교에서는 학기별로 전체 교직원이 참여하는 교육과정평가회가 심층적으로 이루어진다. 학교교육과정 운영 평가가 다양한 방식으로 이루어지고 있지만 대부분 교사가 중심이 되며 학부모는 학년 말에 가정에 배부되는 설문지 작성 외에는 실질적 참여가 이루어지지 않고 있다. 종이 설문지에 의한 학부모 의견 수렴은 학교교육 활동 전반에 대한 학부모의 다양한 생각과 의견을 수렴하는 데 한계가 많다.

학교 평가를 통해 보다 바람직한 교육을 설계하기 위해서는 교사, 학생, 학부모가 함께 할 때 더 큰 의의가 있을 것이다. 학교 평가에 학부모가 참여해서 교사들과 머리를 맞대고 학교교육 활동에 대해 깊이 있게 토론하고 생각을 나누는 과정을 통해 학부모들도 교육의 주체로서의 자부심을 갖게 될 것이다.

학부모와 함께 하는 자체 평가 사례를 소개한다.

〈학부모와 함께 하는 ○○초 자체 평가 '꿈, 톡, 톡(talk)'〉

가. 취지

아이들 교육은 학교와 가정과 사회가 목표를 함께하고 같은 방향을 바라보며 협력할 때 효과가 크고 아이들의 성장에도 도움이 되므로 학교 단위에서 학생, 학부모, 교사가 함께 하는 평가회를 통해 교육공동체 일원으로 성장과 발전, 공감과 협력이 이루어지는 자리가 되도록 하며 잘잘못을 논하는 자리가 아닌 '성장과 발전'을 이야기하고 더 나은 방향을 모색하는 자리가 되도록 하기 위함.

나. 평가 목표

• 교육 3주체가 한자리에서 상원의 성장을 확인하고 격려하는 시간을 갖는다.
• 아이들의 발달과 성장을 돕는 교사, 학부모, 학생의 '상'을 성찰하고 정립한다.
• 상원 교육이 나갈 방향을 공유하고, 학교와 가정의 협력을 모색한다.

다. 평가지표

• 지표 설정: 평가지표는 교육철학, 교육과정, 학교 운영이란 4개 영역에 총 10개 지표를 설정한다.
• 공통 지표: 서울형혁신학교 운영 목표와 중점 과제에 나타난 혁신학교 철학을 3주체가 공유했는가와 서울형혁신학교로서 상원초등학교 교육 목표와 비전을 어느 정도 실현했는가에 초점을 두고 설정한다.
• 자율 지표: 서울상원초등학교만의 중점 과제와 지역자원 활용 사업을 평가하도록 설정한다.

라. 지표와 평가 방법

구분	영역	평가지표	평가 방법
공통 지표	교육철학	•혁신학교 이해도 평가와 발전 방향에 대한 의견 수렴 •상급 학교에 대한 불안의 실체 •입학생 학부모의 만족도	•설문 •설문, 인터뷰 •설문
	교육과정	•평가와 통지 방식의 혁신 •문예체 교육의 만족도와 개선 방향	•설문, 워크숍, 대토론회
	학교 운영	•민주적 학교문화 •3주체의 자발적이고 수평적 소통 •상원 시스템에 대한 만족도	•설문, 워크숍
공통 지표	학교 특색사업	•지역과 소통하는 '마을이 학교다' 사업 개선 방향 •상원행복축제(1학기 책놀이한마당, 2학기 해피 페스티벌)	•워크숍

마. 구체적인 평가 일정

단계	내용	시기
자체 평가를 위한 학교-학부모간담회	•학운위에서 자체 평가 실시 요청 •학운위와 학교 측이 자체 평가 실시를 위한 위원회 위원 구성과 방향을 협의함	7. 10.
자체평가위원회 구성	•자체평가위원회 구성(교원위원 8명, 학부모위원 6명, 외부 인사 1명)	7. 2.
평가계획 수립	•자체 평가 계획 수립 •공통 지표와 자율 지표 선정 •평가 방법, 자료 수집 방법 결정	7. 21~8. 18.
자체 평가 실시	설문조사(학부모, 학생, 교사)	8. 28~9. 3.
	워크숍 •1차 성적 및 평가 통지 방법 •상원 시스템 평가 •민주시민교육	8. 21.
	•2차 내가 꿈꾸는 혁신학교 •3주체 소통에 관한 평가 •마을이 학교다	8. 29~8. 30.
	대토론회 우리가 꿈꾸는 혁신학교	9. 18.
	추적 조사 (인터뷰) 상원중학교 교사, 졸업생	9. 11.
평가 결과 분석 평가 결과지 작성	자체 평가 결과 정리, 평가서 작성 평가위원회 교과과정 성과와 개선 방향 진단	10. 19~10. 31.
평가 결과 활용	평가분석 2015년도 교육과정 계획에 반영	

바. 평가 진행 과정

| 자체 평가를 위한 협의 | ⇨ | 평가위원회 구성 | ⇨ | 자체 평가 자료 수집과 정리 |

| 자체 평가 실시 | ⇦ | 자체 평가 계획 수립 | ⇦ | 평가위원 자체 연수 |

| 영역별 자체 평가 보고서 작성 | ⇨ | 위원회 회의를 거쳐 최종 보고서 작성 | ⇨ | 자체 평가 결과에 따라 반영 계획 수립 |

7) 교육과정 설명회

학교마다 매년 3월에 학부모 총회를 실시하는데 학교에서 날짜를 정해 학부모를 불러 놓고 학교장 인사말과 학교 운영 전반에 대한 설명, 담임선생님과 인사 나누기에 이어 학부모 학급 대표, 녹색어머니회, 명예교사 등 학부모가 학교 지원을 위해 필요한 인력을 뽑으며, 학교에 따라 수업공개까지 병행해서 실시하기도 한다. 학부모가 운영 주체가 되어 학부모 총회를 열고, 학교는 교육과정 설명회를 학부모 총회와 분리해서 별도로 실시하는 게 바람직하다. 혁신학교에서는 이미 교육과정 설명회가 정착되어 가고 있지만 전체적으로 확산되기까지는 시간이 필요하다.

교육과정 설명회가 내실 있게 이루어지기 위해서는 사전에 철저한 준비가 필요하다. 학교 차원에서는 학교교육과정 안내 자료 제작, 학년별 설명회 날짜 조정, 가정통신문을 통한 설명회 안내 등을 준비하고 학년에서는 학년교육과정 재구성과 학년 운영을 미리 설계하고, 설명회 자료 제작과 설명회 프레젠테이션을 만든다.

교육과정 설명회는 학년 초에 한 번 실시하거나 상반기와 하반기에 각각 실시하기도 한다. 학년별로 날짜를 달리하고, 맞벌이 가정을 위해 저녁 시간에 실시하는 게 좋겠다. 학부모들은 교육과정 설명회를 통해 학교·학년·학급 교육과정 속에서 이루어질 아이들의 한해살이 흐름을 읽을 수 있어 매우 유익한 시간으로 여긴다. 교사 역시 교육과정 설명회를 위한 사전 준비를 위해 1년 동안 운영할 교육과정을 미리 공동 설계함으로써 준비된 교육과정을 운영할 수 있고, 학부모의 학교교육에 대한 신뢰를 높이는 데 효과가 크다.

학교·학년 교육과정 설명회 일정(○○초)

학년	일시	장소	설명회 순서
1학년	3. 21(수) 19:00	시청각실 및 각 교실	1부 학교교육과정 안내 (19:00~19:30) 2부 학년교육과정 안내 (19:30~20:00) 3부 담임과 대화 시간(교실) (20:00~)
2학년	3. 22(목) 19:00		
3학년	3. 19(월) 19:00		
4학년	3. 15(목) 19:00		
5학년	3. 16(금) 19:00		
6학년	3. 20(화) 19:00		

8) 학교 여는 날

학교마다 시행하고 있는 학부모 공개수업은 조금씩 차이가 있지만 보통 한 해에 한 번, 한 시간 공개로 이루어진다.

한 시간의 수업공개는 학부모들이 자녀들의 학교생활을 깊이 관찰하고 이해하는 데 턱없이 부족한 시간이다. 학부모들은 잘 짜인 한 시간의 수업보다 일상적인 학교생활 모습을 통해 자녀들이 선생님 또는 친구들과 어떻게 소통하며 생활하고 있는지를 보고 싶어 한다.

일부 혁신학교에서는 이런 문제점을 해결하고자 학교 여는 날을 상, 하반기에 각각 하루씩 정해서 오전 시간 동안 학부모들이 자연스럽게 학급에서 아이들의 수업을 참관하도록 하고 30분 노는 시간에는 아이들이 친구들과 어울려 노는 모습도 가까이서 볼 수 있도록 하고 있다. 오전 내내 수업을 공개하는 일이 교사 입장에서는 부담스러울 수 있는데 학부모 참관을 의식한 과도한 수업 준비보다는 일상적인 수업을 자연스럽게 공개함으로써 학부모들이 평소와 동일하게 진행되는 수업을 통해 자녀들의 학교생활의 단면을 생생하게 관찰할 수 있다. 참석한 학부모에게 참관하면서 관찰하고 느꼈던 내용을 참관록에 기록해서 제출하게 한다. 참관록은 담임교사가 학부모의 생각을 파악하는 데 의미 있는 자료가 된다.

2. 학부모가 주체적으로 참여하고 세워 가는 학부모 활동

1) 학교운영위원회

학교운영위원회는 '5·31 교육개혁'을 통해 단위 학교의 자율성과 창의성에 바탕을 둔 학교 운영 체제로의 전환을 위해 도입되어 1996년부터 시작되어 현재 모든 초·중·고등학교에 설치가 의무화되었다. 학교운영위원회는 교사, 학부모, 지역위원으로 구성되며, 학교 운영의 중요 사항을 민주적인 절차에 의해 자율적으로 결정하는 단위 학교 차원의 교육자치기구로서 국·공립학교는 심의를, 사립학교는 자문 역할을 한다. 학운영위원회는 학교교육과정 운영과 예산에 대한 검토 및 의견 제시, 교복 및 앨범 공동구매, 학교 협동조합 운영 등 의미 있는 역할을 하고 있으나 학부모위원의 역할은 만족할 만한 수준에 이르지 못하고 있다. 학교운영위원회의 법적 위상이 높은 만큼 교사·학부모·지역위원이 서로 머리를 맞대고 학교자치 실현을 위해 힘써야 하겠다.

2) 학부모가 참여하는 학교 내 각종 위원회

학교 내의 각종 위원회 중 학부모가 꼭 포함되어야 하는 위원회가 있다. 학부모 참여를 의무화한 것은 학교교육에 학부모 의견이 적극 반영될 수 있도록 하기 위해서다.

위원회별로 학부모위원을 선정하기가 번거롭다는 이유로 학교에서 일방적으로 학부모위원을 지명하는 경우가 많은데 전체 학부모가 모이는 학부모 총회에서 각 위원회의 역할을 충분히 설명하고 일정한 절차를 거쳐 선정하면 학부모들에게 위원회에 대한 관심과 역할에 대한 이해를 높이고 능동적 참여를 이끌어 낼 수 있다.

학부모 총회 전에 미리 학부모위원이 필요한 위원회 목록과 역할, 임기, 필요 인원 등을 파악해 두면 원활하게 위원 선정을 할 수 있다.

학교 내 학부모가 참여하는 위원회(○○초)

위원회명	인원	임기	비고
학교폭력대책자치위원회 (생활규정개정심의위원회, 학생선도위원회 겸임)	4명	2년	생활규정 개정 심의, 학교폭력 발생 시 자치위원회 참석, 학생 징계 관련 심의
방과후학교 학부모모니터단	3명	1년	방과후학교 수업 모니터 및 평가 분기별 1회
급식 모니터단	10명 내외	1년	아침 식재료 검수(8:10~9:00) 및 급식시간 검식, 조리과정 모니터링
교원능력개발평가위원회	6명	2년	교원능력개발평가 평가안 수립
도서실자료선정위원회(3명)	3명	1년	학교 도서 구입 시 구입 도서 선정 심의, 외부 독서 관련 학부모회의 참석
자율학교 자체평가위원회	3명	1년	자율학교 자체 평가
6학년 앨범선정위원회 (6학년 학부모)	3명	1년	6학년 앨범 선정 심의
수학여행·수련활동 활성화위원회 5년(1), 6년(2)	3명	1년	학생 수학여행 장소 선정 심의

3) 학부모가 주체적으로 만들어 가는 학부모회 운영

(1) 학부모회 세우기

3월 초 학교마다 학부모 총회가 열리고, 이때 학부모회가 조직되는데 학교 주도로 이루어지다 보니 학부모가 주체적으로 운영하는 학부모 활동을 기대하기 어렵다. 학부모회는 전체 학부모 의견이 대의체계를 통해 학교교육에 적극 반영될 수 있도록 역할이 강화되어야 한다. 기존의 방식대로 학교의 필요에 의해 각종 행사에 동원되는 수동적 역할에 머무르거나 소수 임원 중심으로 폐쇄적으로 운영된다면 학부모들에게 외면당하는 조직이 될 것이다. 2015년 후반기에 서울시 의회를 통해 '학부모회 지원 조례'가 통과됨에 따라 학부모회의 위상이 높아졌으므로 위상에 걸맞은 학부모회 활동을 고민하고 만들어 가야 한다.

(2) 학부모회 사업 평가 및 계획 세우기

일반적으로 학교교육과정 계획 수립 시 교사, 학생, 학부모에게 설문지를 배부하여 작성하는 데, 이와는 별도로 한 해의 학부모회 운영을 평가하고 의견을 수렴하기 위한 설문을 학부모회에서 별도로 진행하는 것이 바람직하다. 설문 결과는 대의원 총회나 워크숍을 통해 공유하고 문제점을 보완하여 다음 학년도의 학부모회 사업계획을 수립하면 전체 학부모의 눈높이에 맞는 사업계획을 세울 수 있다.

사업계획을 수립하기 위해서는 학부모회 운영 예산이 얼마인지 미리 파악해야 한다. 학교 운영비가 넉넉하지 않다 보니 학부모 관련 예산은 항상 우선순위에서 밀려 최소한의 예산으로 편성된다. 학교의 어려운 사정을 감안하더라도 학부모회 활동이 활성화되기 위해서는 적정 예산을 책정할 필요가 있다. 학교 운영비 외에도 혁신교육지구 사업, 서울시 마을공동체 지원 사업, 자치구의 부모 커뮤니티 지원, 평생교육 운영 지원 등 학부모들이 지원받을 수 있는 여러 사업이 많으니 잘 활용하면 학부모회 활성화에 도움이 될 것이다.

지금까지 대부분의 학교에서는 학부모 활동 예산 편성 시 학부모를 배제하고 학교에서 담당자가 일방적으로 편성하고 집행하는 경우가 많았다. 학부모 관련 예산은 학부모와의 사전 조율을 거쳐 학부모회에서 사업계획 수립 시 예산 편성도 함께 하도록 권한을 줄 필요가 있다. 학교회계 규정상 학부모에게 직접 예산 지원이 안 되므로 담당자의 협조가 필요하다. 학부모회의 예산 편성과 집행의 독립성은 학부모회 활동력 강화를 위해 매우 중요한 지점이다.

학부모회 예산 계획(○○초)

항목	내용	예산액
학부모회 협의회비	1, 3주 임원정기회의, 대의원 총회, 학부모 총회 등	100,000
학교장과 학부모 단체 임원진과의 간담회	학년 초 학교장과의 간담회	200,000
학부모대의원 워크숍	상, 하반기 2회	200,000
학부모 동아리 간사 간담회	상, 하반기 2회	100,000
학부모 연수 운영비	강사비, 간식비	1,500,000
학부모 소식지 발간	상, 하반기 2회 발간 인쇄비	400,000
학부모 동아리 지원	5개 동아리 × 100,000	500,000
학부모회 분과별 운영비	5개 분과 × 100,000	500,000
총계	3,500,000	

(3) 학부모회 규정 제정

'서울특별시교육청 학교 학부모회 구성 및 운영 등에 관한 조례'를 참고로 하여 단위 학교별로 학부모회 규정을 만들 필요가 있다. 학부모회 규정은 학부모회에서 규정 제정 TF를 만들어 초안을 만들고 학부모 총회에서 인준을 받는다.

규정에는 명칭, 활동 목적, 회원 구성, 회원의 권리와 의무, 학부모 총회 및 대의원 총회 개최 시기 및 위상, 임원 선출 및 임기, 임원의 역할, 의결 방식 등의 내용을 담아 제정하며, 사전에 학교와 협의하여 내용을 다듬는다. 학교마다 학교운영위원회, 학부모회, 녹색어머니회 등 학부모 단체끼리의 보이지 않는 견제와 경쟁이 존재하므로 전체 학부모들의 의견을 충분히 반영하여 학부모회 규정을 제정하게 되면 학부모회 운영의 방향이나 주체성을 잃지 않고 지속적이고, 안정적으로 운영하는 데 든든한 버팀목이 될 수 있다.

(4) 학부모회 회의 체계

학교 규모에 따라 차이가 있지만 대규모 학교에서는 전체 학부모가 한자리에 모이기 어려울뿐더러 교육에 대한 관점이 다양해서 학부모의 의견을 폭넓게 수렴하거나 담아내기가 쉽지 않다. 이런 한계를 극복하고 최대한 많은 학부모의 의견을 수렴하기 위해서는 대의체계에 의한 운영이 불가피하다.

학부모회 운영이 활력 있게 이루어지려면 학급 대의원의 활동이 매우 중요하다. 대의원의 적극적인 참여와 협력 없이는 학부모회가 생명력을 잃게 된다. 학급 대의원 선출은 3월 초에 열리는 교육과정 설명회에서 학급 학부모가 모두 참석한 가운데 실시한다. 대의원의 역할에 대해 잘 설명하고 교사의 개입 없이 학부모 임시 사회자를 정해서 학부모들이 충분히 협의하여 학부모 대의원을 선출하도록 한다.

학생 임원 학부모가 학급 대의원을 맡는 관행이 아직도 남아 있는데 이런 관행에서 과감히 벗어나 자발성에 의한 능동적 활동 의지가 있는 학부모가 대의원이 되어야 역할에 충실할 것이다.

학부모 회장과 임원은 학부모회 규정에 따라 학부모 총회에서 민주적 절차에 의해 선출한다.

학부모회 조직체계 못지않게 회의체계가 잘 확립되어야 내실 있는 학부모회 운영이 가능하다. 임원회의는 월 1~2회 정례화해서 학부모회 활동 전반에 관해 빈틈없이 점검하면서 추진 동력을 만들어 가야 한다.

그 밖에 대의원 총회, 대의원 워크숍, 학부모 총회, 분과회의 등 학부모회 활동이 풍성하고 알차게 이루어질 수 있는 조직체계와 회의체계를 학교 상황에 맞게 잘 정립해 갈 필요가 있다. 회의 후에는 회의 결과를 회의록에 잘 정리한 후 학교 누리집에 탑재하여 학부모 회원들과 공유하도록 한다. 또한 회의를 통해 학교에 제안할 사항이 생기면 학부모 회장이 학교에 정식으로 전달해서 학교 운영에 적극 반영되도록 한다.

학부모 조직(○○초)

구분	인원	선출 방법	역할
회장	1	학부모 총회에서 선출	학부모회 총괄(대외홍보, 총회소집 등)
부회장	1	학부모 총회에서 선출	학부모 총회 진행
감사	1	학부모 총회에서 선출	학부모회 운영 지원
총무	1	학부모 총회에서 선출	학부모회 회의록 작성 및 홈페이지 게시, 학부모회 예산 집행
학년간사	1	학부모 총회에서 선출	학년 대의원회의 운영, 학부모 간담회 진행
학급 대의원	급당 2명	학급 다모임에서 선출	학급 교육 활동 지원, 학급 학부모 모임 운영

학부모 회의 체계(○○초)

구분	일정	참석 대상	협의 내용
학부모 총회	연 1회	전체 학부모	• 2015 학부모회 임원 선출 • 분과 구성 • 학부모회 운영 계획 수립
학부모회 대의원회의	계절 학기별 1회 (총4회)	학부모회 대의원	• 학부모회 운영 중간 보고 및 협의
학부모회 임원회의	1, 3주 화요일	회장, 부회장, 총무, 감사, 학년 간사, 동아리 대표	• 학부모회 운영 점검 • 학년별, 분과별 현황 보고 • 제안 및 건의사항 협의 • 사안 발생 시 논의
학년 간담회	상반기 1회 (하반기는 학년자율)	해당 학년 전체 대의원, 해당 학년 전체 교사	• 학년교육과정 운영 • 학생생활교육 • 기타 안건
학년 대의원회의	필요시	학년 간사, 학급 대의원	• 임원회의 협의 내용 • 학년별 사안 논의
학급학부모 다모임	필요시	학급 학부모	• 학부모회 사업 및 학급 교육 활동 지원 협의
분과회의	필요시	분과별 회의	• 분과별 할 일 점검 및 진행

(5) 분과 운영

학부모회 운영을 하다 보면 소수 임원 중심으로 활동이 이루어져 일의 쏠림 현상과 역할이 불분명한 데서 오는 책임감 결여 등 활동에 어려움을 겪을 수 있다. 이런 단점을 보완하기 위하여 학부모 사업을 3~5개 분과로 나누어 운영하면 대의원들이 자신의 특기와 적성에 맞는 분과를 선택해서 전문성을 살려 활동할 수 있다.

분과별 활동은 활동 영역이 명확하게 나뉘어 있고 분과별 특성에 맞는 역량 있는 대의원이 함께 모여서 활동하게 되므로 수준 높은 활동이 이루어지는 장점이 있는 반면 타 분과와 활동 내용이 공유되지 않아 학부모회 운영이 자칫 기능적 역할에 머무를 수 있으므로 분과별로 유기적이고 협력적인 관계를 유지하면서 학부모가 공감하는 활동이 펼쳐지도록 한다.

학부모회 분과 운영(○○초)

구분	주요 활동	2016년 활동 내용
도서분과	아이들과 책과 관련한 활동	• 1블록 후 노는 시간에 도서관에서 책 읽어 주기 • 10월 책잔치 주관
연수분과	학부모 대상 연수 기획 운영	• 학부모의 의견 수렴 후 연간 연수 스토리를 계획하여 운영 • 학부모 토론 마당 협력 진행
홍보분과	학부모 활동 홍보 및 소식지기획	• 학부모 연수 및 회의 후기 공지 • 학부모회 소식지 발간
나눔분과	봉사와 나눔 영역의 활동(지역 연계)	• 교내 분실물 찾아주기 • 공공 시설물 사용 예절 캠페인 진행 • 불우이웃돕기 김장 담그기
[3주체 생활협약] 분과	3주체 생활협약 관련 활동	• 2016년 신입생 학부모 의견 수렴 및 통계를 통해 수정, 보완점 파악 • 월 1회 체크리스트를 전체 학부모 대상 발송/회수 후 학부모 의견 수렴

(6) 학부모의 교육적 관점을 세우는 학부모 연수

학부모 연수는 학부모가 바람직한 교육적 관점을 세우는 데 큰 영향을 미치므로 학부모 연수 기획에 심혈을 기울여야 하며 예산도 충분히 배정해서 연수 운영에 어려움이 없도록 한다.

분절적인 연수보다는 부모교실 또는 학부모 아카데미 등 연간 계획을 세우고 주제와 내용이 맥락과 연계성을 갖도록 기획하여 연수의 효과를 높인다.

학부모 연수의 주제나 영역을 교육철학 바로 세우기, 교육의 공공성, 미래 사회에 필요한 역량, 진로에 대한 올바른 관점, 아이들의 발달단계별 특성, 자녀와의 소통 방법 등에 관한 내용으로 구성하여 학부모들이 연수를 통해 교육에 대한 올바른 가치관을 정립하고, 자녀의 바람직한 성장과 발달을 돕는 부모의 역할이 이루어질 수 있도록 한다.

연수 기획은 학교 담당자가 일방적으로 하기보다는 학부모회 내에 연수 분과를 두어 기획, 강사 섭외, 홍보, 진행, 연수 후 설문조사 등 연수 전반에 대한 운영을 담당하도록 하면 담당 교사의 업무가 줄어들 뿐만 아니라 학부모들의 자발성과 책임감이 발휘되어 연수 운영이 더욱 알차게 이루어질 수 있다.

학부모 연수에 되도록 많은 학부모가 참여할 수 있도록 홍보 웹자보 등을 만들어 충분한 시간을 갖고 온·오프라인을 통해 적극적으로 홍보하여 연수에 대한 관심을 높이도록 한다. 학부모 연수 시간을 통상 학부모들이 가장 선호하는 평일 낮 시간에 실시하는 경우가 많은데 맞벌이 부부나 아버지들도 참여 기회를 주기 위하여 평일 외에 주말, 야간 등의 연수 일정을 마련한다.

2015 학부모 연수(○○초)

일시	주제	강사
3월 2일	신입생 학부모 연수 1(학교교육 방향)	학교 교사
3월 3일	신입생 학부모 연수 2(학부모의 학교 참여)	학부모회
4월 29일	비폭력 대화	외부 강사 초빙
6월 23일	혁신교육에 대한 이해	학교 교사
7월 5일	엄마 마음 챙김의 양육	외부 강사 초빙
9월 8일	발달과정 이해와 아이의 자존감	외부 강사 초빙
9월 20일	스마트 폰 및 디지털 세대와의 소통	외부 강사 초빙
10월 8일	아동인권과 교육공동체의 의미	외부 강사 초빙

(7) 학부모의 성장을 돕는 학부모 동아리 운영

학부모가 자신의 취미와 관심 분야에 대해 지속적으로 서로 배우고 학

2015 학부모 동아리 운영 현황(○○초)

동아리명	활동 내용	모임 일시	장소
퀼트	일상생활에 필요한 소품 위주의 퀼트 작품을 만듦.	금요일 10:00~12:00	학부모방
목공	나무를 직접 깎고 다듬으며 나무의 질감과 특성을 살려 목공예품이나 생활용품 만듦.	월·수·금 3시 이후	실과실
바이올린	바이올린 기초 기능을 익히고, 쉬운 곡부터 점진적으로 연주능력을 키워 감.	수요일 10:30~12:00	시청각실
밴드	음악을 사랑하고 열정을 가진 사람들이 모여 즐겁게 연주를 하며 친목을 도모함. 노래와 악기에 대하여 익숙하게 익힘.	일요일 15:00~17:00	학부모방
사물놀이	우리 가락 사물놀이에 관심 있는 학부모님들이 모여 기초부터 사물놀이 가락을 익힘.	월·수·금 15:00~18:00	시청각실
글쓰기 모임	인문고전, 역사서를 읽고 토론하고 자기를 발견하는 글쓰기를 하면서 아이와 함께 성장해 나가는 동아리.	수요일 10:30~12:00	학부모방
아버지 모임	주말을 이용하여 아버지와 자녀가 함께 운동을 하거나 야외 활동을 통해 아버지들끼리 생각을 공유하고 아이와의 소통을 통해 친밀감을 높임.	토요일 (시간 미정)	운동장, 마을 주변 등
학습용 보드게임	가정에서 자녀교육에 적용할 수 있는 수학 학습용 보드게임 활용법을 익힘.	목요일 10:00~12:00	학부모방
나눔봉사 동아리	학생과 학부모가 학교 안팎에서 봉사활동을 함.	토요일 (시간 미정)	학교 및 지역사회
재잘재잘 인문학 동아리	책을 정해 함께 읽고 토론하며 인문학적 소양과 교육적 관점을 바로 세워 나감.	월요일 10:00~12:00	학부모방
놀이	어렸을 때 해봤던 다양한 놀이(고무줄, 구슬치기 등)를 해 보고 익힌 후 놀이를 통해 아이와의 소통을 도모하는 동아리	토요일 (시간 미정)	운동장, 체육관 등
생태	학교 주변의 생태환경을 돌아보며 살아 있는 동물과 식물을 관찰하고 자연환경의 변화를 느껴 보는 동아리.	토요일 (시간 미정)	마을 주변 등
수공예	실뜨기의 방법을 익혀 생활소품을 만들고 전시도 하는 동아리.	수요일 09:30~11:00	학부모방
책읽어주기 그림자극 동아리	아이들의 학교생활 속에서 일상적으로 책을 읽어 주거나 그림자극 제작과 공연	목요일 10:00~12:00	방송실 첫째 주 금요일 10:30 ~12:00

습해 나갈 수 있도록 학교에서 학부모 동아리를 개설해서 운영에 필요한 예산과 장소를 지원해 준다면 학부모들이 보다 쉽게 학습의 기회를 누릴 수 있다.

학교 내의 학부모 동아리는 학교 밖 학습모임과 달리 학부모회 활동 범주에 포함되므로 취미와 특기 신장에 머물지 않고 동아리 활동을 통해 길러진 역량을 학교 교육활동 지원에 투입함으로써 학부모의 역할을 의미 있게 만들어 갈 수 있다. 생태 동아리의 생태 수업 지원, 목공 동아리의 목공 수업 지원, 사물놀이 동아리의 사물놀이 수업 지원, 퀼트 동아리의 학생 퀼트 동아리 수업 지원 등 실제 지원 사례가 많이 있으며 교사와 학부모 모두 만족도가 매우 높다.

학부모들이 동아리 개설은 신청양식을 만들어 비치해 놓고 개설을 희망할 경우 신청양식에 신청서를 작성하여 제출하면 특별한 사정이 없는 한 동아리 개설과 운영을 지원한다. 이미 개설된 동아리의 충원은 학년 초에 가정통신문 안내를 통해 신청을 받는다.

학부모 동아리 예산 지원은 동아리 참여자 수, 학교교육 활동 지원 내용에 따라 차등 지원할 수 있다. 학교 예산 사정을 고려하여 적정한 금액을 지원하고 추가 비용이 필요한 경우 참여자가 부담한다. 최근 서울시의 마을공동체 사업, 혁신교육지구 사업 등을 통해 학부모 활동에 대한 지원이 다양하게 이루어지기 때문에 이를 적극 활용하면 도움이 된다.

학부모 동아리 운영은 동아리 개설과 회원 모집, 간사 선정 및 연간 활동 계획 수립을 마친 후 4월 초에 간사모임을 통해 동아리별 활동 계획을 서로 공유하고 예산 사용 시 주의점, 기타 교육 활동 연계 방안 등을 협의하고, 12월에는 동아리별로 평가회를 가진 후 간사모임을 통해 동아리별 평가 내용을 공유한다.

(8) 아버지들의 참여를 이끌어 내는 아버지회

오랫동안 자녀교육은 어머니의 전유물로 여겨져 왔다. 학교운영위원회, 학부모회, 학부모 동아리 등에 참여하는 학부모의 인적 구성을 보더라도 아버지의 참여는 아주 미미한 수준이다. 대부분의 아버지들이 주간에는 직업에 얽매여 있는 데다가 저녁이 있는 삶이 보장되지 않는 사회적 여건 때문에 아버지들의 학교 참여는 거의 불가능하다.

자녀교육에서 부모 양쪽의 가치관이나 교육적 관점이 상반될 때 가정 불화의 원인이 아이의 정서 발달에 부정적 영향을 미치게 된다. 부모 양쪽의 자녀교육에 대한 관점이 좁혀지려면 아버지들의 자녀교육에 대한 관심과 이해가 더욱 깊어질 필요가 있다.

최근 혁신학교 중심으로 아버지회가 활성화되고 있는 점은 매우 고무적인 현상이다. 참여 구성원의 특성상 평일 저녁 시간이나 주말을 이용해서 활동해야 하는 제약 조건 속에서도 짧은 기간 동안에 매우 역동적인 활동력을 보여 주고 있다.

아버지회 활동 예시(○○초)

프로그램명	일시	활동 장소	활동 내용
'아빠 어디 가' 캠프	여름방학 중 1박 2일	학교 운동장 또는 외부 캠핑장	조별 대항 작은 체육대회, 물놀이, 아빠 아이 요리 자랑, 전래놀이, 아빠 아이 팀 노래자랑, 한밤 영화제, 캠프파이어
아버지와 함께하는 축구교실	격주 토요일 10:00~12:00	학교 운동장	축구 기초 기능 익히기, 축구 경기하기
아버지와 함께하는 텃밭 가꾸기	매주 토요일 오후	학교 부근 텃밭	텃밭에서 농작물 기르기, 식물 관찰, 자연 생태놀이, 김장 담그기(독거노인 돕기)
아버지가 주관하는 연수	토요일 10:00~12:00 (분기별 1회)	학교 시청각실	아버지들이 듣고 싶어 하는 연수, 아이와 함께 활동하는 연수
도서관 데이	매주 수요일 저녁	마을 도서관	책 읽어 주기, 영화제, 놀잇감 만들기 등

아버지회의 활성화는 자녀교육에 대한 아버지들의 관심과 참여를 이끌어 냄으로써 아버지의 역할을 새롭게 정립해 나갈 수 있는 계기가 될 뿐만 아니라 지역사회와의 연대를 통해 마을교육공동체를 형성하는 데 중추적인 역할을 하고 있어서 학교를 너머 지역사회에서의 활동이 기대된다.

(9) 학부모가 운영하는 학교협동조합

학부모들이 중심이 되어 학생, 교직원, 마을 주민이 함께 참여하는 학교협동조합 설립이 전국의 여러 학교에서 활발하게 이루어지고 있다. 학교협동조합은 전문적 역량이 필요하기 때문에 학부모들의 학교 협동조합 참여는 매우 값진 경험이 되고 있다. 실제로 학부모가 학교협동조합 이사장을 맡아서 성공적인 운영 사례를 만들어 내고 있어 학부모 역할에 대한 기대가 상승하고 있다.

학교협동조합 초창기에는 학교 매점에서 판매하는 먹거리의 질에 대한 문제의식에서 건강한 먹거리 판매를 위한 학교 매점 운영이 주가 되었으나, 근래에는 학교 옥상을 이용한 햇빛발전소, 방과후학교, 돌봄실 운영 등 영역이 확장되어 가고 있다. 학교협동조합은 학교 밖 협동조합과 달리 학교 학생들의 수업이나 교육 활동과 접목한 다양한 활동을 통하여 학생들에게 생태적 삶의 가치와 윤리적 경제활동 등 미래 사회에 필요한 역량을 길러 주는 중요한 역할을 하고 있다. 또한 마을 주민의 참여를 통해 학교와 지역사회를 연결하는 교육경제공동체를 추구한다.

협동조합은 출자금에 관계없이 1인 1표의 원칙으로 운영되기 때문에 조합원으로 참여하는 학생, 교사, 학부모가 평등한 위치에서 운영에 관련된 다양한 의견을 서로 나누며 조율해 가는 과정이 민주시민교육의 생생한 학습의 장이 된다.

○○고등학교 사회적협동조합의 목적

삼각산고등학교 사회적협동조합은 자주적·자립적·자치적인 조합 활동을 통하여 구성원의 복리 증진과 상부상조 및 국민경제의 균형 있는 발전에 기여하기 위하여 학생·학부모·교사·지역 주민들이 조합원으로 참여하여 조합원의 권익 향상과 복지 실현 및 지역경제 활성화를 목적으로 한다.

협동의 가치를 바탕으로 윤리적 경제 활동 및
소통과 나눔의 교육을 통해 학교와 지역사회를 연결하는 교육경제공동체

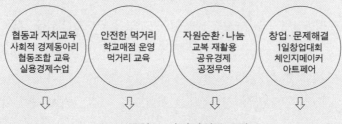

○○고등학교 사회적협동조합

○○고등학교 사회적협동조합의 비전

- 매점 운영 수익을 학생교육활동에 지원-체인지메이커, 1일 창업 기회, 협동조합교육, 공유경제교육, 나도 선생님, 기초 심화 협동조합 교육
- 학생들이 협동조합활동에 적극적이고 즐겁게 참여-건강한 먹거리, 환경생태적 삶에 대한 인식 확산과 실천
- 학생들이 상품의 유통 판매를 직접 기획 실천-기업가 정신 교육(앙트십), 경제경영교육, 문제해결능력 향상의 진로교육의 장으로 연계, 활용
- 공익 목적 사회적협동조합 활동에 즐겁게 소통하며 참여 공정하고 윤리적인 사회적 경제에 대한 배움+미래역량을 갖춘 민주시민으로 성장
- 학교와 지역사회의 연계, 소통, 지역교육경제공동체와의 협력

(10) 학부모 전용 공간 마련

학부모 연수, 학부모 총회 등 대규모 행사는 학교 강당이나 시청각실을 이용하지만, 이런 공간 외에 학부모들이 평소에 자유롭고 편리하게 이용할 수 있는 학부모 전용 공간이 필요하다. 학부모회 공간 활용 실태를 보면 독립된 학부모회의실이 마련되어 있지 않거나, 별도 공간이 있어도 시설이 활용하기에 충분치 않은 경우가 많다. 교실 공간 부족으로 어려움을 겪는 학교는 학부모 전용 공간 마련이 힘들 수 있지만 교실이 남아도는 학교에서조차 학부모 전용 공간이 없는 경우가 꽤 많다. 학부모회 전용 공간의 필요성을 미처 인식하지 못한 탓일 것이다.

학부모의 학교 참여와 활동력을 높이려면 학부모 전용 공간 마련이 꼭 필요하다. 전용공간이 있으면 정기적인 학부모회 임원회의, 대의원회의, 분과별 회의, 학급 또는 학년 단위의 모임, 학부모 동아리 활동, 행사 준비를 위한 기획회의 등 각 주체별 학부모 회의와 모임이 일상적으로 이루어져 학부모 활동의 활성화에 도움이 된다. 학부모 전용 공간 사용의 편의를 위해 컴퓨터, TV, 회의나 동아리 활동에 필요한 책걸상 등을 비치한다. 공간 사용으로 인한 단체 간 불편한 일이 발생하지 않도록 주체별 이용 날

학부모방 공간 이용(○○초)

이용 주체	요일	시간	이용 내용
녹색안전봉사회	월~금	9:30~10:00	녹색교통 활동 도구 정리
안전지킴이단	월, 수, 금	14:00~14:30	안전지킴이단 활동 일지 작성
	화, 목	14:30~15:00	
학부모회	1, 3주 화요일	10:00~12:00	학부모회 임원회의
	2, 4주 화요일	10:00~12:00	분과별, 학년별, 학급별 모임 및 학부모 소강좌 운영
학부모 동아리	월, 수, 목, 금, 토	동아리별로 시간 안배	학교 내 학부모 동아리별로 공간 사용

짜와 시간을 사전에 잘 조정하여 공간 이용의 효율성과 편리성을 높이도록 한다.

| 생각해 보기 |

1. 학부모를 교육의 주체로 여기고 소통하려고 노력하고 있는가?
2. 학부모와 함께 하는 교육을 위해 교사로서 어떤 노력을 해야 하는가?
3. 학부모 활동이 주체적이고 역동적으로 이루어지도록 학교에서 어떤 지원을 해야 하는가?

• 서울강명초등학교. 『함께 만들어 가는 강명초 이야기-서울형혁신학교 강명초 4년의 기록』. 서울강명초등학교, 2014.
서울강명초등학교 구성원들이 혁신학교 운영 4년 보고회를 준비하면서 엮은 백서로, 강명초에서 4년 동안 치열하게 토론하고 고민하며 혁신의 꿈을 이루고자 실천해 온 교육 활동 내용과 교사들의 생생한 경험과 느낌이 담긴 글들이 실려 있다.

• 삼각산고. 『삼각산고 협동조합 설명회 자료집』. 삼각산고, 2016.
삼각산고 학교협동조합의 운영 취지와 운영 내용을 알기 쉽게 설명해 주고 있다.

최근 제기되고 있는 교육 패러다임 변화는 교육의 주체를 확장하는 것까지 포함하고 있다. 학교에서의 교육뿐 아니라 학교 밖 교육의 필요성에 대한 공감과 아울러 학교교육의 내용과 질을 풍부하게 하기 위한 지역사회와의 협력 교육 필요성도 제기되고 있다. 혁신학교는 교육과정의 다양화와 삶과 결합된 교육을 모색하는 과정 속에서 지역 협력 교육을 앞서 실천해 왔다. 이는 장기적으로는 지역과 학교가 분업적 협력관계를 갖추는 기초가 될 것이며, 학교에 과부하 된 부담들을 생산적으로 해소해 나가 공교육 정상화에도 기여하게 될 것이다.

지역사회와 협력하는 혁신학교

강민정

1. 왜 지역사회와 협력하는 혁신학교인가

1) 지역 협력 교육의 필요성

학교교육의 혁신을 위해서는 학교 밖 마을의 도움이 필요하다. 민주주의에 대한 지식만이 아니라 민주적인 삶의 태도와 가치를 배우기 위해서는 아이들의 삶과 연결된 교육이 이루어져야 한다. 아이들의 삶이 이루어지고 있는 모든 곳이 아이들의 배움의 장이 되어야 하고, 학교교육의 내용으로 들어와야 한다. 아이들이 배움의 주체가 되게 하는 혁신학교의 교육은 단순한 교육 방법의 변화가 아니라 교육 내용의 변화도 수반하게 된다. 이것이 지역과 협력 교육이 필요한 첫 번째 이유다.

아이들 교육을 위해서는 학교만으로는 해결할 수 없는 일들도 많다. 아이들 삶은 학교에서 끝나는 것이 아니다. 가정과 학교 밖 생활이 이루어지는 시간들도 아이들 삶과 성장에 영향을 끼친다. 학교교육의 혁신만으로는 아이들의 온전한 성장을 도모할 수 없다. 학부모와 지역사회와의 협력이 필요하다. 이것이 지역 협력 교육이 필요한 두 번째 이유다.

학교교육의 질을 높이려면 다양한 분야의 전문가들이나 보조 인력의 도움이 필요하다. 교사들은 교육 전문가이고 교과 전문가이다. 수업 방법이 다양해지고 교과 수업 외의 다양한 활동이 확대되고 있다. 이러한 활동들은 교육 전문가인 교사와 교육 내용이나 활동 분야의 전문가의 협력이 이루어질 때 그 수준이 높아질 수 있다. 지역에는 다양한 전문성을 갖춘 이들이 존재한다. 이것이 지역 협력 교육이 필요한 세 번째 이유다.

급속한 산업화로 마을이 해체되면서 이전에는 마을에서 했던 돌봄 기능을 학교가 떠맡게 되었다. 방과후학교, 돌봄교실, 교육복지 등이 대표적인 것들이다. 학교는 교육 외에 이런 일들을 떠안게 되면서 안 그래도 정규교육과정의 혁신을 위해 집중하기도 버거운데 업무 과부하가 걸려 버렸다. 그리고 교육 전문 기관으로서의 정체성까지 흔들리는 지경이 되었다. 이제 마을이 학교가 짊어진 짐을 나누어 져야 한다. 그 과정이야말로 해체된 마을을 다시 복원하는 과정이기도 하다. 지역 협력 교육이 필요한 네 번째 이유다.

학교혁신을 앞장서 실천했던 혁신학교들에서는 지역과의 협력 필요성을 자연스럽게 느끼게 되었다. 그래서 지역과 다양한 형태의 협력 교육의 시도들을 해 왔다.

교육이 자신과 세상을 이해하고 어떻게 살 것인가를 모색하는 것을 돕기 위해 진행되는 학교. 아이들 삶이 이루어지는 모든 곳이 아이들의 배움의 장이 되고 가장 좋은 것은 자라나는 아이들에게 최우선적으로 제공되어야 한다는 걸 모든 어른들이 당연시 여기는 마을. 혁신학교가 앞장서 실천하고 있는 지역 협력 교육이 만들어 내고자 하는 학교와 마을이다. 이는 학교교육을 정상화하고 내실화하는 동시에 학교 밖 교육도 공공적 성격을 갖게 하는 것이기도 하다. 아이들 교육을 제대로 하기 위해 학교도 변하고, 마을도 변하고, 학교와 마을의 관계도 변화하는 새로운 일들이 이루어지고 있다.

2) 학교는 정규교육과정을, 마을은 방과후를!

(1) 삶과 결합된 교육

학교는 정규교육과정에 집중하는 곳이어야 한다. 학교는 일반 복지기관이 아니며 온갖 사회문제들에 대한 면피용 해소구도 아니다.

학교는 정규교육과정에 집중하고 교사들은 질 높은 교육을 위해 전념해야 한다. 학교가 정규교육과정에 집중할 수 있을 때 학교교육의 질은 높아질 수 있다. 정규교육과정에는 수업과 다양한 체험활동, 동아리 활동, 자치활동, 봉사활동 등이 포함된다. 이러한 과정을 통해 학생들은 살아가는 데 필요한 지식과 능력을 갖추고 민주시민으로서의 가치와 태도를 배운다. 아이들에게 가장 학습 효과가 높은 것은 자신의 경험, 자기와 맺고 있는 관계, 자신의 생활(삶)과 연결된 것들을 통해 학습이 이루어질 때다. 자신의 생활이 이루어지고 있는 지역에 대한 이해는 곧 자기 자신에 대한 이해를 깊이 하는 과정이기도 하다. 아는 만큼 보인다는 말이 있듯이 지역에 대한 이해는 지역에 대한 애정, 자기 삶의 터전에 대한 소속감과 자부심으로 연결된다. 지역이 삶과 유리되고 지역 안의 인간관계가 파괴되어 극단적 개별화가 가속화되는 것이 일반적인 상황에서 지역을 배우고 지역 안에서 맺어지고 있는 인간관계를 이해하게 되는 것은 지역의 공동체성을 회복하는 길이기도 하다. 세계화 시대의 시민성 역시 지역을 기반으로 할 때에만 구체성과 다양성이 살아 있는 것이 된다. 지역이 학교교육과정 안으로 들어오고 학교가 지역으로 나가는 과정이 이루어지는 것은 구체성을 기반으로 한 교육과정 내실화의 다른 모습이다.

고도로 추상화되어 있는 교과서 속의 지식들은 그 자체를 습득하는 것이 목적이 아니다. 교과서를 비롯한 텍스트의 내용들은 아이들의 삶 속으로 들어오고 내면화되어야 한다. 전문연구자나 단순 기능인을 기르는 게 공교육의 목적이 아닌 한 학교는 배움을 통해 자신과 세상에 대한 이해의 폭을 넓혀 나감으로써 사회 구성원으로 살아갈 준비를 시켜 주는 곳이어야 한다. 세상 안에 살아가면서 세상을 만들어 나가야 할 사람은 학생들이다. 따라서 학생들에게 필요한 것은 스스로에 대한 자존감과 자신이 살아갈 세상에 대한 이해다. 자존감이란 자신이 맺고 있는 구체적인 관계와 일상 속의 자신에 대한 긍정적 이해를 뜻한다. 그 속에서 존중받는 존재로서 자신을 확인하는 것을 말한다. 따라서 학생들의 배움과 학습이란 곧 자신의 일상이 이루어지는 곳, 자신이 맺고 있는 관계와 분리할 수 없다. 이로부터 학생들의 경험과 생활이 이루어지는 지역이 교육 내용과 과정 안에 들어올 수밖에 없게 된다. 문제풀이식 죽은 지식만을 기계적으로 습득하는 교육에서는 전혀 중요하지 않던 것들이 실은 교육의 중요한 부분이 되는 것이다.

성적과 경쟁 중심의 교육으로부터 벗어나 '삶의 교육'을 고민하고 실천하려는 혁신학교에서는 따라서 자연스럽게 아이들의 삶이 이루어지는 지역이 학교교육 안으로 들어올 수밖에 없다. 그래서 많은 혁신학교들에서는 지역을 이해하기 위한 내용들이 동아리나 체험활동, 봉사활동은 말할 것도 없고, 교과수업 안에도 들어오게 된다. 교사들은 당연히 교육적 필요에 의해 지역을 이해하고 이를 교육적으로 활용하는 일을 하게 된다. 지역은 그 자체가 교육의 내용이 되기도 하고, 학습장이 되기도 하며, 교육활동 지원 인프라가 된다.

(2) 지역 전문가와 협력으로 교육과정 풍부화

학교의 정규교육과정이 질 높은 수준에서 이루어지려면 학교와 교사들만의 힘으로는 해결하기 어려운 문제들이 있다. 아이들의 정서적 안정감과 가장 큰 성장 환경이 되고 있는 가정의 문제는 학교 안에서도 다른 모습으로 지속되고 발현된다. 이는 아이들의 학습과 성장을 돕는 학교교육에서도 다루지 않으면 안 되는 요소다. 이로부터 학부모와의 협력적 관계가 요구된다. 그러나 현실 속 학교에서 학교와 학부모의 협력적 관계를 찾아보는 건 쉽지 않다.

또한 학교정규교육과정을 위해서는 때로는 특정 분야의 전문적 기능이 요구되는 경우도 있다. 대표적인 것이 학생 동아리 지도다. 풍물이나 목공, 사진기술 등이 교사의 필수 자격요건은 아니다. 그럼에도 불구하고 현실에서는 교사가 그런 능력을 갖기를 요구한다. 아이들이 동아리 활동을 통해 관련 분야를 이해하고 익히기 위해서는 가능한 최고의 전문가들을 접할 수 있도록 학교와 사회가 지원해 줄 필요가 있다. 전문성이 떨어지는 교사들이 가르치면 교육의 질이 떨어질 수 있고 그 활동이 형식적이 되기 쉽다. 최근에는 정규교과수업에서 연극이나 뮤지컬 등 특정 기능이나 실제 경험자들과 함께 하는 협력 수업이 늘어나고 있다. 그러나 교사 개별적 차원에서 이러한 협력 수업을 진행할 적임자를 물색하고 연결하는 것은 쉬운 일이 아니다. 그래서 뜻이 있는 경우에도 이런 현실적 어려움 때문에 포기하고 넘어가는 경우도 적지 않다. 관련 분야 적임자들 인력풀이 체계적으로 갖추어져 있다면 학교 정규교육과정은 훨씬 더 풍성하고 질이 높아질 것이다.

학부모와 지역 주민들은 다양한 구성으로 이루어져 있다. 이들은 대부분 다양한 경험과 전문성을 가진 이들이다. 교육적 필요에 의해 이들이 학교교육 활동을 지원한다면 학교교육과정은 좀 더 다양하고 풍부해질 수 있다. 교사가 갖는 교육적 전문성과 학부모나 지역 주민이 갖는 특정 분야의 전문성이 결합하여 아이들에게 다양한 경험 기회를 제공하는 것은 교육의 질적 수준을 높이는 역할을 한다. 미술 수업 시간에 주민이나 학부모 중 전문 사진작가가 미술 교사와 함께 팀티칭을 한다든가, 마을 전시관에서 사진작품 감상을 한다든가, 아이들이 수업 시간에 사진을 배우고 자신이 살고 있는 지역을 사진으로 찍는다든가, 이렇게 찍은 사진으로 마을 축제의 부스 하나를 채운다든가 하는 일들이 모두 학교 안에 들어오는 지역과 지역으로 나가는 학교의 모습이다. 이는 아이들에게 교육적 혜택이 될 뿐 아니라 학부모나 지역 주민에게도 자신의 경험이나 재능을 통해 교육적으로 기여함으로써 또 다른 가치와 보람을 갖게 해 주는 일이다. 학교가 교육을 매개로 한 지역공동체의 명실상부한 허브로 거듭나는 것이다.

이 외에도 청소년 전문 상담, 청소년 전문 정신건강 치료기관, 청소년 문화 예술 관람 및 공연 시설, 청소년 전용 쉼터 등이 학교 인근 마을에 갖추어져 있고 학교와 마을 시스템이 연계되어 있다면 학교에서의 교육은 훨씬 안정적이고 질 높게 이루어질 수 있을 것이다. 이미 몇몇 지역에서 실시되고 있는 것처럼 학교가 요청하면 간단한 절차를 거쳐 체험학습을 위한 마을의 전용교육지원 버스 등을 운영하는 것과 같은 일들이 이루어진다면 학교교육의 안정성은 훨씬 높아질 것이다.

(3) 마을의 돌봄 기능 회복과 학교교육 정상화

학교는 지금 정규교육과정 외의 업무들로 인해 몸살을 앓고 있다. 사교육 대책의 일환으로 시작된 방과후학교는 사교육 줄이기 효과는 발휘하지는 못한 채 오히려 학교정규교육과정의 질을 약화시키는 원인이 되고 있다. 교사들은 정규수업 시간 외에 방과후학교 수업을 맡거나 혹은 방과후학교 관련 행정업무 부담을 맡아야 한다. 교사가 방과후학교에 쏟은 시간과 에너지가 있다면 그것은 온전히 정규교육과정의 질을 높이는 데 쓰여야 한다. 초등학교에서 실시되고 있는 돌봄교실 역시 마찬가지다. 돌봄교실 때문에 교실을 수업 준비와 연구실로 써야 하는 교사들은 교실을 돌봄교실에 내주고 학교 안에서 여기저기 떠돌이로 지내야 하는 경우가 적지 않다. 돌봄교실과 관련된 업무를 교사들이 일정 부분 맡고 있는 것도 교사들이 정규교육 활동에 집중할 수 없게 하는 요인이 되고 있다.

학교는 교육에, 지역은 (청소년)복지에! 지금까지 교복특사업을 통해 학교가 저소득층 자녀에 대한 선별적 복지업무까지 담당해 왔다. 선별적 복지를 중심으로 하는 학교 내 복지사업은 복지에 대한 사회적 인식과 제도가 미흡했던 상황에서는 학교 안에서만이라도 사회적 취약계층에 대한 별도의 돌봄을 제공할 수 있었다는 점에서 일정한 의미를 갖는 일이었다. 그러나 이제는 무상급식, 반값교복 등 보편적 복지에 대한 논의가 광범위한 사회적 지지를 얻고 있으며 실행되고 있다. 최근에는 예전 동사무소, 현재의 주민자치센터까지 복지센터로 전면 전환되는 변화가 일어나고 있는 상황이다. 지역은 주민들의 생활복지를 실현하는 곳이 되어야 하고 이것이 지자체의 가장 큰 임무가 되고 있다. 주민 생활복지의 최우선순위는 자라나는 아이들에게 주어져야 한다. 특히 그동안 학교가 맡아 왔던 선별적 복지업무는 이제 지역으로 이관하고 학교는 정규교육과정에 집중할 수 있어야 한다.

학교 안에서는 모든 아이들에게 공평하면서도 질 높은 교육 혜택이 주어져야 한다. 학교는 이 일에 집중할 수 있어야 한다. 이때의 공평성은 획일성을 의미하는 것이 아니다. 학생 개개인이 갖는 재능과 특징에 맞는 교육, 배움에서 뒤처진 아이들을 표준적 기준까지 끌어올리는 교육을 포함하는 것이다. 이를 위해 저소득층 학생들의 사회경제적 이유에서 비롯되는 학습과 성장과정상의 문제 해결을 위해 학교가 지역에 지원을 요청할 수 있는 시스템을 만들어야 한다. 지역은 선별적 복지(돌봄)가 필요한 학생들에 대한 집중적인 협력관계를 만들어 학교를 지원해야 한다. 그동안 학교가 맡아 왔던 선별적 복지업무는 학교가 지원을 요청하고 지역이 책임지는 방식으로 전환되어야 한다.

학교는 교육이라는 관점에서, 지역은 복지라는 관점에서 상호 협력적 지원체계를 갖추어야 한다. 학교 안이든 밖이든 '지역에서 제일 좋은 것은 아이들에게!'라는 구호가 모든 이들의 마음에 공유되면 아이들의 행복뿐 아니라 미래 사회의 행복도 동시에 만들어질 수 있다. 존중받는 아이들이 다른 사람을 존중할 줄 알게 되고, 상호 존중이 살아 있는 세상을 만들

수 있다. 우리나라만큼 아이들 교육에 대한 열의와 투자를 많이 하는 나라가 없다. 다만 그것들이 철저하게 개별화되고 사적으로 이루어지고 있는 것이 문제다. 교육에 대한 열정과 지원을 내 아이라는 울타리가 아니라 우리 아이들 전체를 위해 쏟으면 학교와 지역이 동시에 살아난다. 내 아이에게 이로운 것이 모든 아이에게 이롭지는 않지만 모든 아이에게 이로운 것은 내 아이에게도 이롭다. 이런 관점에서 학교 밖 공공적 시설들은 아이들을 그 일차적 사용자이자 수혜자로 삼아 운영되도록 해야 한다.

다양한 이유로 인한 가정에서의 돌봄 결핍, 문화적 경험의 부족, 정서심리상의 불안정 등은 아이의 삶 자체를 위해서도 해결되어야 하지만, 학습 효과 면에서도 중요한 장애 요인이다. 따라서 아이들이 지역에서 교육적 돌봄을 많이 받을수록 학교에서의 교육적 성과도 높아진다.

학교와 지역이 협력할수록, 학교의 담이 낮아질수록, 학교는 더 학교다워지고, 마을은 더 마을다워진다.

2. 지역과의 협력 교육 사례

1) 교육청과 지자체의 정책으로 활성화되는 지역 협력 교육 사례

(1) 혁신교육지구: 서울, 경기, 전북, 강원, 인천 등 전국 각지에서 실시 중이다. 지역마다 규모나 방식, 예산액이 차이가 있으나 학교와 지역의 협력에 대한 사회적 공감대가 형성되고 이를 정책적으로 추진하는 것이 혁신교육지구사업이다. 서울의 경우 공교육 정상화와 마을공동체 회복을 목적으로 서울특별시교육청과 서울특별시, 지역교육지원청과 자치구, 지역의 교육시민활동가, 학교와 교사들이 협력 교육을 위한 행·재정적 지원체계 및 거버넌스를 운영하고 있다. 장기적으로 학교와 마을의 협력구조를 만

들기 위해서는 그동안 각 분야에서 별도로 활동해 왔던 단위들이 서로를 이해하고 소통하는 것이 중요하다. 민-관-학 협력에 의해 추진되는 혁신교육지구사업은 그동안 자치단체가 학교를 지원하거나 자체 교육 사업 등에 사용해 왔던 교육예산을 보다 합리적으로 사용하며, 학교뿐 아니라 학교 밖에서도 공공성을 갖는 교육이 이루어질 수 있게 할 것이다. 혁신교육지구는 학교가 교육에 집중할 수 있도록 변화시키고, 마을이 보다 체계적으로 아이들 교육을 지원하는 곳으로 바꾸는 것을 지향한다. 혁신교육지구사업이 교육을 위한 일인 만큼 교육적 관점이 명확하게 견지되기 위해 학교와 교사들의 관심과 참여가 중요하다.

(2) 각 지역에서는 혁신교육지구사업 외에 자치단체와 교육청이 협력하는 사업들이 여러 가지 형태로 추진되고 있다. 2013년 시작된 서울의 '교육도시 서울'이나 경기도의 학교 밖 '꿈의 학교' 사업이 대표적이다. 전자는 교육청이나 지역, 학교의 요구에 의거한 자치단체의 지원 사업으로 학교 화장실 개선 사업, 스쿨버스 지원 사업 등 다양한 시-교육청 협력 사업을 추진 중에 있고, 경기도의 '꿈의 학교'는 음악, 미술, 종합예술, 인문학, 스포츠, 기타의 6개 특화된 교육 내용을 마을학교 형태로 방과후형, 계절형, 혼합형으로 진행하고 있다.

(3) 서울특별시교육청에서 추진하고 있는 마을결합형학교와 서울시 마을공동체종합지원센터에서 추진하고 있는 마을-학교 상생 프로젝트는 단위 학교 차원에서 지역 자원을 활용한 협력 교육을 실시하고 있는 경우를 말한다. 많은 혁신학교들은 혁신교육지구 내에서뿐 아니라 마을-학교 상생 프로젝트에도 적극 참여하여 지역과 연계된 교육 활동들을 진행하고 있다. 마을과 함께 하는 마을 축제나 지역으로 나가는 동아리 활동 등이 이루어지고 있다. 지역 기관과 연계하여 동아리 활동과 봉사활동을 결합

하는 교육도 이루어지고 있으며, 지역 교육시민단체가 학생들의 학습장이
되거나 주제별 협력 교사로 참여하기도 한다. 교육청이나 구청에서 운영하
는 진로교육센터가 보다 체계적이고 현장 체험적 진로교육을 지원하고 있
기도 하다. 최근에는 학부모, 지역 주민, 학생, 교사가 함께 학교 매점이나
방과후학교, 돌봄을 위한 학교협동조합이 시도되고 있다. 학교협동조합은
학교 운영상의 필요를 충족시켜 주는 역할을 함과 동시에 학생들에게 체
험적 경제교육의 기회를 부여하며, 마을과 학교가 함께 기획하고 함께 운
영하며 함께 책임지는 새로운 협력적 관계를 만드는 기회가 되기도 한다.
경기복정고, 서울영림중, 삼각산고, 독산고, 월천초, 양화초, 국사봉중 등
에서 학교협동조합이 운영되고 있으며 서울을 비롯한 전국에 급속한 속도
로 확산되고 있는 중이다.

2) 혁신학교의 지역 협력 교육 사례

수업 방법 개선과 같은 교육과정 정상화를 위해 노력하는 혁신학교들
에서는 생활과 결합한 '삶의 교육'의 철학을 실천하고 있다. 이는 자연스럽

게 학생들의 삶의 현장인 지역과 인적·물적으로 연계된 교육 활동으로 발전하며, 일부에서는 '지역교육과정'을 만드는 시도들도 이루어지고 있다. 특히 혁신학교들에서는 활동과 체험교육이 활성화되어 있어 교육과정의 내실화를 위한 학교의 교육적 요구는 지역과 함께 하는 교육을 고민하게 만든다. 자율학교이기도 한 혁신학교들에서는 학교교육과정을 교사들의 고민과 협의 속에서 만들어 나가고 이 과정에서 지역과 협력하는 다양한 교육 활동들이 제안되고 시도되고 있다.

다른 한편에서는 혁신학교 안에서 이루어지는 학교혁신의 진전에도 불구하고 오히려 단위 학교만의 혁신으로는 교육문제를 근본적으로 해결할 수 없다는 문제들에 대한 인식이 더욱 구체화되는 계기로 작용하기도 한다. 이로부터 학교를 넘어선 지역과의 협력 교육 시스템에 대한 요구가 제기되고, 단위 학교만의 혁신이 갖는 구조적 한계에 대한 혁신학교 주체들의 인식은 혁신교육지구 정책 출현의 주요한 출발점이 되기도 했다. 최근에는 학교가 운영하고 있는 방과후학교와 돌봄교실 등을 아동·청소년 교육복지 차원에서 지자체와 마을이 담당하기 위한 마을방과후체계 구축 사업이 시작되고 있다.

⑴ 초등학교 사례

혁신교육지구가 운영되고 있는 지역의 A초등학교는 혁신교육지구 사업의 일환으로 마을로부터 보조교사와 방과후코디를 지원받아 정규수업 시간에 교사를 보조하면서 학습이 느린 학생들을 돌보고, 방과후학교 관련 행정업무를 담당하여 교사들이 정규수업에 집중할 수 있도록 하고 있다. B지역에서는 지역 주민이기도 한 학부모들이 자체적인 학부모 모임을 통해 학부모가 주관하는 교육 활동을 기획해 학교교육과정의 일부로 지역 내 몇몇 초등학교의 전교생을 대상으로 하는 '학부모 주관 창의 한마당' 행사를 운영하기도 한다. 이 교육 활동에는 100여 명 이상의 학부모들이 자발적으로 참여하여 새로운 협력 교육의 전형을 만들어 내고 있으며, 동시에 마을이 교육을 위해 들썩들썩하게 생기를 되찾게 되는 계기도 만들어지고 있다. C초등학교에서는 방과후학교와 돌봄을 위해 학부모와 지역 주민이 함께 만드는 학교협동조합 조직을 준비 중에 있다. 또한 학교와 함께 기획하여 주말과 방학 중에 학부모와 지역 주민들이 강사로 참여하는 체험교육을 실시하기도 한다.

(2) 중학교 사례

A중학교는 창의체험 시간을 활용해 지역 내 생태 전문가나 성교육 전문가, 사회적 경제 전문가 등을 초빙해 전일 체험교육을 정기적으로 실시하고 있다. 자치구나 주민 센터에서 분양하는 마을 텃밭을 학교 텃밭으로 활용해 학부모, 학생, 교사가 함께 하는 텃밭 가꾸기 교육을 실시하기도 한다. 또한 지역의 진로교육지원센터와 협력해서 지역 내 일터를 학생들의 진로체험교육장으로 개방하고 일터 관계자가 직접 진로 멘토 역할을 담당하기도 한다. 지역 주민들이 전문 멘토 훈련을 받아 특별한 돌봄이 필요한 학생들을 대상으로 방과 후 1:1 멘토 프로그램을 연간 사업으로 실시하여 학생들의 정서 안정과 학교와 마을에 대한 소속감 향상 등의 효과를 얻기도 한다.

혁신교육지구사업이 추진되고 있는 B지역에서는 지역 내 전체 중학교에 방과후코디를 배치하여 방과후학교 관련 실무 행정업무를 담당하게 함으로써 교사들의 업무 부담을 줄이고 교사들이 교육 활동에 집중할 수 있는 여건을 제공하고 있다.

S중학교에서는 생태교육의 일환으로 탄소 줄이기 교육을 정규교육과정 내 지역 연계 통합교과 교육과정으로 운영하며, 이를 마을 축제로까지 연계하여 새로운 지역결합형 교육의 전형을 만들어 내고 있다. 이 과정을 학생회가 주도하게 함으로써 학생자치 활성화와 내실화도 이루어진다.

마을학교와 함께 하는 탄소 줄이기 통합교육과정

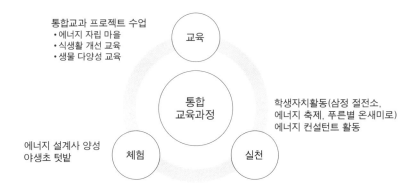

통합교과 프로젝트 수업
• 에너지 자립 마을
• 식생활 개선 교육
• 생물 다양성 교육

교육

통합
교육과정

학생자치활동(삼정 절전소,
에너지 축제, 푸른별 온새미로)
에너지 컨설턴트 활동

에너지 설계사 양성
야생초 텃밭

체험

실천

2014 마을학교와 함께 하는 체험학습

에너지 설계사 양성 과정 운영	야생초 텃밭 운영
• 우리 학교 에너지 설계사 양성(15명) • 우리 마을 에너지 설계사 양성(15명) • 에너지 적정 기술 실습 • 학교 축제 에너지 절약 부스 운영	• 상자 텃밭. 재활용 텃밭, 오가노포니코 • 지렁이 분변토 만들기 • 야생초 식단 만들기 • 10년 후 학교 텃밭 설계하기

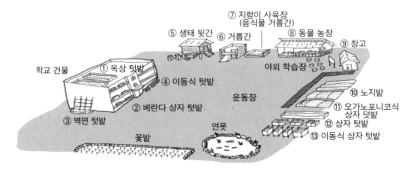

아이들을 위해 학교와 마을 주민이 함께 만들어 갈 10년 후 학교 텃밭

(3) 고등학교 사례

A지역 교육지원청은 학교와 마을의 요구를 적극 수용하여 마을의 교육 인적자원을 조사하고 이들과 학교가 서로 만나 정보를 교환하여 학교교육과정에 마을 교육 역량을 가진 주민들이 참여할 수 있는 기회를 공식적으로 제공했다.

B고등학교는 징계 받은 학생들의 사회봉사활동을 지역 내 지역아동센터와 연계하여 실질적인 봉사활동이 이루어지게 하고, 대안학급을 운영하면서 미술치료나 뮤지컬 등 전문성을 가진 지역 주민들이 대안학급의 교육 일부를 담당하고 있기도 하다. 또한 학교 매점을 학생, 교사, 학부모, 지역 주민이 함께 학교협동조합으로 운영하고 있기도 하다.

C고등학교에서는 학생동아리 활동을 원칙적으로 봉사활동과 연계하여 운영하도록 하며, 이때의 봉사활동은 지역의 어려운 이웃이나 각종 돌봄기관을 대상으로 하여 진행하는 경우가 많다. 예를 들면 요리 동아리는 마을 독거노인들을 위한 반찬을 만들어 전달하고 음악 관련 동아리는 복지기관이나 병원을 방문해 노래와 연주를 하는 방식이다. 또한 학생들이 연초에 개인이나 2~3명의 소그룹으로 프로젝트를 기획하여 진행하고 연말에 발표하는 프로그램을 운영하여 학생들의 자기주도적 학습능력을 높이고 있는데, 이 프로젝트들 중 많은 것들이 학생들의 일상이 이루어지는 지역과 연계된 주제들이 많이 채택되어 자연스럽게 지역 연계 교육 활동이 전개되고 있기도 하다.

D지역은 지역 내 일반 고등학교 3학년생을 대상으로 지역 내 사회적 기업들과 연계한 본격적인 직업교육을 실시하기도 한다.

3. 과제와 물음

1) 지역 협력 교육을 위한 안정적인 여건

학교와 지역이 안정적으로 협력하기 위해서는 단위 학교나 교사 개인의 노력으로는 해결하기 어려운 문제들이 많다. 이를 위해서는 교육청과 지자체의 적극적인 정책적 지원이 필요하다. 왜냐하면 지역 협력 교육을 위해서는 일정한 지원 시스템이 필요하기 때문이다. 이런 시스템은 행·재정적 지원과 인적 지원이 이루어질 때 작동 가능하다. 또한 법률이나 조례와 같은 법적 지원 장치가 있으면 학교와 지역의 협력이 보다 활성화될 수 있다.

2) 교육 주체들의 인식 변화

지역 협력 교육은 학교에만 교육의 책임이 요구되던 지금까지의 인식의 변화를 요구한다. 지역 협력 교육을 위해서는 학교 구성원 외에 다양한 학교 밖 사람들이 학교 안팎의 교육과 돌봄에 참여하게 된다. 이 과정에서 서로 상이한 경험과 생각을 가진 이들 간에 교류와 협력이 이루어져야 한다. 그러나 이러한 일들은 상당 기간 동안 서로 다른 경험을 가졌던 이들 간의 차이점으로 인한 오해와 충돌을 야기할 수도 있다. 그러나 시대의 변화에 따라 교육 주체의 확장과 학교 외 지역사회의 아동·청소년 복지 책임에 대한 요구는 더욱 커질 수밖에 없다. 이 점에서 교육행정관료, 학교장과 교사들의 인식의 전환이 요구된다고 하겠다.

3) 지역 협력 교육을 위한 교사의 역할

지역 협력 교육은 학교에 대한 다소 간단한 인적·물적 지원의 수준을 넘어서서 학교교육과정의 변화까지로 나아가야 한다. 마을을 배우고, 마을에서 배우고, 마을로부터 배우는 교육이 정착되기 위해서는 학교교육과정 안에 마을이 녹아들어 있는 마을교육과정을 만들어 운영해야 한다. 이를 위해서는 교사들 스스로 학교가 자리하고 있는 마을, 아이들의 삶이 이루어지고 있는 마을을 이해하기 위한 노력이 필요하다. 최근 지역 협력 교육을 적극 추진하고 있는 곳에서 교사 대상의 마을 투어, 마을 이해하기 연구, 지역 주민과 교사가 함께 하는 동아리 등이 다양하게 시도되고 있다.

| 생각해 보기 |

1. 교사인 나는 아이들의 삶이 이루어지고 있는 지역에 대해 얼마나 알고 있는가?
2. 우리 학교교육과정은 '삶과 결합한 교육과정'을 구현하고 있는가?
3. 우리 학교에서는 지역 협력 교육을 위해 어떠한 노력을 하고 있는가?
4. 우리 지역은 학교교육을 지원하기 위해 어떠한 정책을 시행하고 있는가?

• 강민정. 「2015 서울형 혁신교육지구 정책의 성과와 과제」. 『교육비평』 36(2015), 210~232.
  2013년부터 시작된 혁신교육지구 정책의 교육적 의의와 이를 통해 이루어진 성과와 과제를 정리. 2016년 서울 25개 자치구 중 20개 자치구에서 실시되고 있는 서울형 혁신교육지구 정책 관계자들에게 정책 방향과 도움을 주고 있다.

• 서용선 외. 『마을교육공동체란 무엇인가?』. 살림터, 2016.
  전국 여러 지역 마을교육공동체의 다양한 경험들을 담은 책. 학교를 살리고, 마을을 일구고, 아이들의 건강한 성장을 도우려는 많은 교사들과 마을 사람들, 전문가들이 함께 만들어 낸 결과물에 대한 진지한 탐구이자 각양각색 사례들이 담긴 보고서로 마을교육공동체가 무엇이고 왜 필요한지를 물으며 고민한 11명의 저자들이 함께 집필한 책.

3장

삶을 위한 교육과정

학교교육이 바뀌어야 한다, 수업이 바뀌어야 한다는 얘기는 오래전부터 있어 왔으나, 학교교육과 수업을 바꾸려는 노력은 번번이 실패해 왔다.

혁신학교가 생기면서 학교교육과 수업에 대한 관심이 불붙게 되었다. 특히 교육과정에 대한 관심이 높아졌다. 교육과정을 혁신하려는 다양한 노력으로 교육과정과 수업을 바꾼 사례들도 그만큼 많아졌다. 교육과정을 왜 혁신해야하는지, 어떻게 바꾸어 가야 하는지 알아보고, 교육과정을 혁신한 사례를 살펴본다.

학생과 교사가 주인이 되는 교육과정의 혁신

이부영

1. 왜 우리는 교육과정 혁신을 말하는가?

학교교육이 바뀌어야 한다, 수업이 바뀌어야 한다는 얘기는 오래전부터 있어 왔고, 그에 따라 수업을 바꾸려는 노력은 계속 진행되어 왔다. 그러나 그동안 진행해 왔던 학교교육과 수업을 바꾸려는 노력은 번번이 실패해 왔다. 외국에서 좋다는 교육이론과 방법도 많이 들여왔지만, 그럴 때마다 학교 현장의 혼란만 초래했을 뿐 우리 것으로 정착시켜서 지속하지 못하고 사라지기를 반복했다.

혁신학교가 생기면서 다시 학교교육과 수업에 대한 관심이 불붙게 되었다. 예전과 다른 것이 있다면 예전에는 단지 수업 방법에 대해 관심이 집중되었다면, 혁신학교에서는 수업을 변화시키는 기본적인 조건인 소통과 협력의 학교문화와 수업과 평가를 포함한 교육과정에 관심을 두었다는 것이다.

그 결과 짧은 기간 동안 전국에서 교육과정에 대한 관심이 높아졌고, 교육과정과 수업을 바꾼 사례들이 많아졌다. 대한민국 공교육 역사 이래 교육과정에 대한 고민을 이렇게 많이 한 적이 있나 싶을 정도로 교육과정을 혁신하려는 노력들이 많았다. 그동안 학교교육을 변화시키려는 수많은 교육개혁운동이 있었지만, 교육과정을 변화시킨 사례는 아직까지 없었다.

교육과정을 변화시키려는 노력은 성과도 많았지만, 시행착오도 있었던 게 사실이다. 앞선 시행착오들은 교육과정이 또는 교육이 가야 할 방향을 고민하는 바탕을 단단하게 해 주고 있기에 매우 귀중하다. 지금까지 교육과정을 혁신한 사례를 바탕으로 해서 앞으로 교육과정을 왜 더욱 혁신해야 하는지, 또 어떻게 바꾸어 가야 하는지 지속적인 고민과 연구와 실천이 필요하다.

2. 교육과정 왜 혁신해야 하나?

1) 교육과정과 수업에서 주인 되기

(1) 교과서를 교육하기? 교육과정으로 교육하기!

전에는 교과서에 있는 내용을 빠짐없이 진도를 빼는 교사를 성실하고 유능한 교사라고 한 적이 있었다. 또 전에는 '교과서 같은 사람'이라는 말이 칭찬하는 말이었지만, 이제는 더 이상 칭찬하는 말이 아니다.

이미 7차 교육과정부터 '교과서는 교육과정을 구현하는 또 다른 자료'라고 명시해 놓고 있으며, 지도서에는 각 단원마다 "단원의 지도 계획은 예시의 성격을 지니고 있으므로, 지역 및 학교의 실정과 학생의 발달 정도 등에 따라 학교에서 재구성하여 지도할 수 있습니다"라는 문구가 들어 있다. 이 문구 때문이어서가 아니라, 전국에서 오직 국정 교과서 한 권을 사용하는 것은 그 어느 지역 아이들에게도 알맞지 않다. 아이들뿐 아니라, 교사에게도 알맞지 않다.

이러한 교과서에 대한 논란은 꽤 오래전부터 계속해 와서 초등의 경우 7차 교육과정까지 전 교과의 교과서를 전국에서 똑같은 오직 국정 교과서 한 권만 사용해 오다가 2007개정교육과정 5, 6학년부터 예술체육 교과를 중심으로 검정 교과서가 도입이 되더니, 2014년에 3, 4학년에 적용되는 2011개정교육과정[1]에서는 3, 4학년으로까지 확대해서 적용하고 있다. 그러나 여러 권 중 마음에 드는 한 권을 선택한다 하더라도 이미 만들어져 나온 검정 교과서들도 우리 학교의 실정과 지역, 그리고 아이들의 상황을 고려해서 만들어진 것이 아니기 때문에 여전히 맞지 않기는 마찬가지다. 검정 교과서가 오직 하나뿐인 국정 교과서의 '획일화'에 대한 대안으로 '다양성'을 추구하는 것이었는데, 현재 검인정 교과서를 보면 전혀 그렇지가 못하다는 생각이다. 결국 그 어떤 교과서도 교사가 그대로 믿고 따를 교과서는 '없다!' 현대에 와서 교과서는 더 이상 경전이 아니다.

(2) 만들어진 교육과정 사용하기? 함께 만든 교육과정 사용하기!

초중고 할 것 없이 우리나라 전국의 학교와 학년교육과정을 보면 거의 비슷비슷하다. 특히 학년교육과정에 들어 있는 교과 진도표가 똑같은 학교가 대부분이다. 이렇게 된 이유는 학교와 학년교육과정, 그리고 교과 진도표를 교사 스스로 만들지 않고, 누군가 처음 만들어 놓은 것을 복사해서 붙여 넣었기 때문이다. 진도표만 복사해 오는 것이 아니라, 교실에서 사용하는 학습지도 교사 스스로 만드는 것보다 그대로 다운받아서 쓰는 일이 많다. 우리 지역, 우리 학교, 우리 반 아이들, 그리고 교사인 개인의 특성과 상관없이 만든 것을 똑같은 진도표로 똑같은 교과서 내용으로 똑같은 수업을 한다. 공개 수업 지도안도 대부분 다운받아서 해결한다. 우리나라 학교교육은 그야말로 표절 천국이다.[2] Ctrl+C와 Ctrl+V로 교육한다는 말을 할 정도다.[3]

결국 Ctrl+C와 Ctrl+V로 그럴듯하게 교육과정은 만들 수 있지만, 내 교실에 맞는 것이 아니기 때문에 결재용으로만 쓰인다. 학년 초에 멋있게 편집해서 결재를 받은 뒤에는 아무도 거들떠보지 않는 것이 학교, 학년 교육과정이다.

2) 교육에서 삶 중심 통합성 회복하기

(1) 초중등 교육의 분과적 운영 형태

초등교육이 중등교육과 크게 다른 점을 꼽으라면 '통합성'이다. 초등이 교과별 교사가 있는 중등과 달리 담임이 중심이 되어서 여러 과목을 같이 지도하게 되어 있는 것도 바로 초등의 통합적인 특징 때문이다. 그러나 말만 '통합성'이지, 여전히 초등교육 현장에서도 중등교과 중심으로 교과별로 쪼개서 지도하고 있는 것이 현실이다.

그 이유는 현재 초등교육과정 구성이 애초부터 초등학생의 삶을 중심으로 구성된 것이 아니라, 교과 중심으로 되어 있는 중등의 교과를 단원별로 합쳐 놓은 형태이기 때문이다. 단적인 예로 초등 사회나 과학교과의 단원을 보면 중등의 교과 내용이 단원별로 들어와 있는 것을 알 수가 있고, 나아가 초등교사 양성기관인 교육대학의 커리큘럼을 봐도 그대로 증명이 된다.

중등의 경우에는 교사자격증 자체가 교과별로 분리되어 있고, 교과 수업으로 운영되기 때문에 그동안 대부분 철저히 교과별로 분과적인 교육을 해 왔다. 심지어 같은 교과를 담당하는 교사들끼리도 같이 모여서 연구하고 수업하는 협력적인 모습도 거의 보기 힘들었다.

초등교육의 통합성에 대한 고민으로 1, 2학년에 바른생활, 슬기로운 생활, 즐거운 생활 세 개의 통합교과가 탄생했는데, 과연 이 세 통합교과가 통합적인 교육을 하는 교과인가를 살펴볼 필요가 있다. 그 문제점에 대한 지적으로 2011년 개정교육과정부터는 아예 세 교과를 8개의 영역으로 묶은 통합 교과서가 나왔는데 과연 교과서를 통합했다고 통합교육일까? 현재 1, 2학년 통합교과의 경우 교과를 통합하고 교과서를 통합했다고 하면서 평가는 또 교과별로 따로따로 하고 있다. 교과가 여전히 존재해서 수업은 통합적으로 하더라도 내용을 보면 세 교과서가 기계적으로 분리되어 있고, 교과별 목표, 교과별 시수가 다 따로따로 제시되어 있다. 현재 초등학교 1, 2학년 통합교과는 한마디로 '무늬만' 통합교과다. 이렇게 된 원인은 '통합'의 근본적인 의미를 아직까지 정확하게 짚지 못하고 있기 때문이다.

(2) 분과적 교육하기? 통합적 교육하기!

초등교육이 통합적인 성격을 띠는 이유는, 아이들의 삶이 분절적이지 않고 통합적이기 때문이다. 아이들은 의식주와 놀이, 공부가 따로 떨어져 있는 것이 아니라, 놀면서 공부하고 밥 먹으면서 공부하는, 일과 놀이와 공부가 하나다. 즉 삶 자체가 '공부'다. 삶 속에 수학도 국어도 미술도 음악도 체육도 과학도 사회도 다 포함되어 있다. 그런데 삶 속에서 내용을 따로따로 빼서 교과로 만들다 보니 교과 내용 속에 반대로 아이들의 삶이 빠져 있게 된다. 진정한 통합은 분절시킨 교과를 기계적으로 통합시켜서 되는 것이 아니라, 다시 빠졌던 '삶(생활)'을 되찾아서 '삶(생활)으로서의 교육'을 회복해야 한다고 본다.

삶 속에서 그리고 내 삶과 연결해서 하는 공부는 관심이 가고 재미가 있다. 이해도 잘되고 수업이 지루할 틈이 없다.

초등뿐 아니라, 중등에서도 그동안 철저히 분과적으로 진행해 왔던 교육과정과 교육 내용을 아이들의 삶을 중심으로 각 교과 교사들이 협력해서 통합적인 교육으로 재구성할 필요가 있다.

3) 학생 중심, 배움 중심 교육으로 돌아가기

(1) 학생 중심 수업, 배움 중심 수업

'학생 중심 수업'[4]이란 말은 같은 뜻을 가진 '배움 중심 수업', '배움이 일어나게 하는 수업', '배움이 있는 학생 중심의 수업', '학생 활동 중심 수업'이란 말과 함께 최근 몇 년 새 수업을 이야기하면서 또는 각종 수업 관련 연수에서 빠지지 않고 등장하고 많이 사용하고 있다. 왜 이 말을 최근 들어 많이 쓰게 된 것일까? 이 말은 2009년 경기도를 시작으로 14개 시·도 교육청에서 펼치고 있는 혁신학교들이 수업에 대해 새롭게 고민하기 시작하면서 쓰기 시작하다가 전국의 일반 학교에까지 번져 나가기 시작했다.

이런 현상은 그동안 학교 교실에서 해 온 수업이 '학생 중심'이 아니었다는 반증이라고 본다. 그동안 학교교육에 불만이 많이 있어 온 만큼, 지금까지 관례대로 이어 온 학교교육을 둘러싸고 있는 비상식적이고 비정상적인 문화와 교육 활동에 대해 성찰해 보고, 새롭게 바꾸어 가려는 혁신학교에서 촉발된 것이다. 결국 학교교육과 수업이 '배움 중심', 즉 '학생 중심'으로 돌아가야 한다는 뜻이다.

(2) 왜 '학생 중심'이어야 하는가?

학교에서 이루어지는 수업을 비롯한 모든 교육 활동이 '학생 중심'이어야 하는 것은 사실 너무나 당연하다. 그 증거는 국가수준교육과정과 헌법에도 나와 있고, 수많은 연구 결과를 살펴봐도 그렇다. 먼저 국가수준교육과정에 다음과 같이 명시되어 있다.

교육과정의 성격은 다음과 같다.
가. 국가 수준의 공통성과 지역, 학교, 개인 수준의 다양성을 동시에 추구하는 교육과정이다.
나. 학습자의 자율성과 창의성을 신장하기 위한 학생 중심의 교육과정이다.
다. 학교와 교육청, 지역사회, 교원 학생·학부모가 함께 실현해 가는 교육과정이다.

라. 학교교육 체제를 교육과정 중심으로 구현하기 위한 교육과정이다.

마. 학교교육의 질적 수준을 관리하고 개선하기 위한 교육과정이다.

2015개정교육과정 내용(교육부 고시 제2015-80호[2015년 12월 1일])

분명 '학습자의 자율성과 창의성을 신장하기 위한 학생 중심의 교육과정'이라는 말이 명시되어 있는데, 여기서 '학생 중심의 교육과정'이란 바로 학생들에게 필요한 학생의 삶을 위한 교육을 하는 것을 말한다. 그러나 학교에서 이루어지고 있는 교육 활동이 과연 학생의 삶을 위한, 학생에게 필요한 교육을 하고 있는가? 교사들은 모두 그렇다고 하면서 수업과 교육을 해 왔고 지금도 하고 있다. '이건 너희들에게 꼭 필요한 것이라고', 하지만 '꼭 필요하다'는 기준은 학생이 아닌 교사가 일방적으로 정하는 것이 대부분이다. 국가수준교육과정에 제시된 '학생 중심 교육과정'이라는 말이 무색하게 교사가 배워서 옳다고 알고 있고 그렇게 믿는 쪽으로 학생들을 일방적으로 끌고 가는 교육을 하는 경우가 많다.[5]

아직도 대한민국의 교육은 여전히 '자극하면 반응하고', '투입한 만큼 산출'이 되는 행동주의에 머물러 있고, 여전히 학생들을 행동주의의 상징인 '파블로프의 개'로 보고 있는 것은 아닌지 생각해 봐야 한다. 학생들은 '파블로프의 개'가 아니다. 저마다 감정이 있고 생각이 있고 경험이 다양한 '사람'이다.[6]

대한민국 교육에서 극복해야 할 것이 위와 같은 '행동주의'와 또 하나 모든 것을 교육으로 해결하려는 '교육주의'라고 보는데, '교육주의' 역시 교사 중심에서 나왔다. 거기에다 각종 '실(업)적주의'가 보태져서 학교에서 하는 '교육'이라고 이름 붙인 것들이 정작 학생은 보이지 않고, 화려한 성과물만 보이게 된다. '행동주의', '교육주의', '실(업)적주의'로 이루어지는 교육은 학생 중심 교육이 아니다. 이런 것에서 벗어나자는 것이 바로 '배움 중심' 교육이고 '학생 중심' 수업이다.

그다음 누구나 다 알고 있는 헌법 제1조를 보자.

① 대한민국은 민주공화국이다.
② 대한민국의 주권은 국민에게 있고, 모든 권력은 국민으로부터 나온다.

헌법 제1조는 우리나라가 작동하는 기본적인 원칙과 원리이며 가치다. 헌법 제1조는 누구나 다 알고 있지만, 헌법 제1조를 무색하게 하는 모습을 우리는 곳곳에서 흔히 볼 수 있다.

우리나라 교육이 문제가 많다는 것은 학교교육 현장에 헌법 제1조를 제대로 구현하지 않았기 때문이 가장 크다고 볼 수 있다. 특히 학교와 교육이 민주적이지 못한 것은, 교사들이 성장과정에서 민주주의를 지식으로 배우기만 했지, 몸으로 직접 실천하는 것을 제대로 배우지 못했기 때문이다. 민주주의를 '배움 중심', 또는 '학생 중심'으로 배우지 못했기 때문이다.

'학생 중심' 교육, '학생 중심' 수업은 헌법 제1조에서 말하는 학교와 교실에서 실현하는 너무도 당연한 민주주의의 근본 의미이며 가치다.

그리고 굳이 열거하지 않아도 이미 수많은 교육학자와 인지심리학자들이 초등학생 시기의 발달 특징에 대해 연구한 자료에 따르면, 이 시기 아이들은 구체적인 조작활동을 통해 온몸으로 부딪히면서 배우고, 직접 찾아가서 경험하고 체험하면서 배워야 한다는 것이다.[7] '학생 중심', '배움 중심'으로 하는 공부는 지겹지 않고 재미있고 제대로 배운다.

3. 교육과정 어떻게 바꾸어야 하나?

1) 교육과정·수업·평가에 대한 이해

(1) 교육과정·수업·평가의 관계

지금까지 대부분의 교육 관련 서적에서 교육과정과 수업과 평가를 세 영역 각각 서로 다른 자리를 차지하게 그려 놓은 모습을 많이 볼 수 있다. 그러나 교육과정과 수업, 평가는 각각 다른 자리를 차지하는 것이 아니라, 한 몸이다.

교육과정을 말하면 우리는 국가수준교육과정, 학교교육과정, 학년교육과정, 교과교육과정 같은 문서로 작성된 '형식적인 교육과정'만을 생각하기 쉬운데, 교육 활동 속에서 형식적인 교육과정보다 더 영향을 많이 끼치는 것이 '잠재적 교육과정'이다.

'잠재적 교육과정'은 교육과정 시수에 포함되는 수업 시간이 아닌, 등하교 시간, 노는 시간, 밥 먹는 시간, 청소 시간에 이루어지는 교육을 포함한다. 그리고 교사의 표정과 말투, 행동과 태도, 취향을 비롯해서 교실과 학교, 지역의 공간적인 환경, 사회적인 환경, 주변 자연환경이 모두 '잠재적인 교육과정'에 포함된다. 눈에 띄지는 않지만, 인간의 성장에 가장 영향을 끼치는 것은 '형식적인 교육과정'보다는 '잠재적 교육과정'이다. 따라서 교육과정, 수업, 평가를 계획하고 진행할 때 '잠재적 교육과정'을 빼놓고 말할 수 없다.

(2) 수업과 평가의 관계

교육과정 속에서 큰 자리를 차지하는 수업과 평가의 관계를 살펴보면, 그동안 수업과 평가를 분리해서 생각했기 때문에 나타난 문제들이 매우 크다고 볼 수 있다. 수업과 평가는 분리하면 안 되고, 별개로 보면 안 되고 '수업이 곧 평가(수업=평가)' 관점으로, 즉 한 몸으로 봐야 한다.

수업과 평가의 관계

기존 관점	바꾸어야 할 관점
수업 평가	수업·평가
• 수업 따로 평가 따로 • 수업 방법 따로 평가 방법 따로 – 중간고사, 기말고사 – 일제고사 – 사(오)지 선다형 – 문서 평가 중심 – 숫자로 표현하는 결과 중심 평가 – 우열이 드러나는 평가 – 정답이 하나인 평가 – 규정하는 평가 – 교사 중심 평가	• 수업이 곧 평가 • 수업 활동 과정에서 평가도 함께 하기 – 특징 관찰 중심 평가 – 과정 중심 평가 – 활동 중심 평가 – 수시(상시) 평가 – 서로 다름을 인정하는 평가 – 정답이 아이마다 다른 평가 – 도와주는 평가 – 학생 중심 평가
배움에서 멀어지게 하는 평가	성장과 발달을 돕는 평가

2) 만들어 가는 교육과정 운영

(1) 문서와 실제를 같게 하기

지금까지 대부분 학교에서 학교와 학년교육과정과 진도표, 학습지, 심지어 수행평가지까지 교사 스스로 만들지 않고, 누군가 만든 것을 다운받아 작성해서 결재를 받는다. 그러고는 거들떠보지 않는다. 실제 수업은 문서와는 또 다르게 진행하는 모습을 우리는 학교에서 흔하게 볼 수 있다.

그러나 내가 가르칠 내용은 내가 스스로, 그리고 동료 교사들과 함께 만들고, 그래서 무엇보다 문서와 실제를 같게 해야 한다. 이것이 바로 '만들어 가는 교육과정'이다.

'만들어 가는 교육과정'에서 가장 큰 의미는, 내가 할 교육과정 내용은 내 스스로(또는 동료들과 함께) 만든다는 것이고, 그다음 의미는, 교육과정을 학년 초에 한 번 만들고 그냥 두는 것이 아니라, 학년 초에 1년 전체 교육과정 틀을 확실하게 계획해 놓은 뒤 수업을 진행하면서 그때마다 자세한 내용을 보완하고 수정해 나가는 것이다. 왜 이렇게 하느냐 하면 학년 초에 교육과정을 계획할 때는 아이들을 파악하지 못하고 교사 위주로 작성할 수밖에 없기 때문이다. 그러나 아이들을 만난 뒤 아이들의 특성과 아이들을 둘러싸고 새로운 관심사가 떠오르면 그에 알맞은 내용을 중심으로 교육과정을 새롭게 구성할 필요가 있기 때문이다.

그리고 학년 초와 다르게 새롭게 진행한 내용을 다시 교육과정에 반영해 놓는다. '만들어 가는 교육과정'에서 교육과정 완성은 2월 종업식이 끝난 뒤에야 가능한 것이다.

(2) 교과서 재구성·교육과정 재구성·교육 내용 재구성

학생이 중심이 되는 수업을 하려면 먼저 교사가 교육과정을 지역과 학교, 학급 아이들, 그리고 교사의 개별 특성에 따라 새롭게 재구성해서 작성해야 한다.

교사들이 교육과정 재구성을 시도하는 첫 단계는 바로 교과서를 보고 가르칠 때 교과서에 있는 내용이 교사도 동의할 수 없을 뿐 아니라, 아이들에게도 맞지 않다고 느낄 때다. 이럴 때 아이들은 공부가 재미없어지고 교사들도 가르치기 힘들어진다. 이때 내용만 아이들에게 좀 더 다가가는 다른 것으로 바꾸어도 수업 시간이 훨씬 달라진다. 또, 단원을 1단원부터 마지막 단원까지 차례로 다 나갈 것이 아니라, 단원 일부 내용을 바꾸거나 통합하거나 순서만 바꾸기만 해도 수업 내용이 훨씬 달라질 수 있다. 이것이 바로 '교과서 재구성'이다. 교육과정을 재구성하기 위해서는 가장

먼저 교과서 내용에 대한 비평 작업이 필요하다. 교과서 재구성에서 시작해서 교육과정 재구성으로 가야 한다.

혁신학교를 운영하면서 학교와 학년 교육과정을 새롭게 바꾸어 가는 작업을 하면서 가장 어려웠던 것은 국가수준교육과정 속에서 학교와 학년교육과정을 재구성하는 것이었다. 어찌 보면 우리나라와 같은 꽉 짜인 국가수준교육과정 속에서는 교육과정을 근본적으로 재구성하기가 매우 어렵다. 특히 국가수준교육과정에서 제시하고 있는 성취기준과 성취수준에 동의할 수 없는 것이 너무나 많다. 그러나 공교육에서 무시할 수는 없는 노릇이다.

교육과정 재구성에서 꼭 생각해 봐야 할 것은, 학교 구성원들의 끊임없는 논의와 협의가 없이는 불가능하다는 것이다. 요컨대 학급의 교육과정은 학급 혼자 별개로 운영해서는 안 된다는 것이다. 학교 구성원들과 같이 학교교육과정에 대한 철학과 형식의 틀을 새롭게 연구해서 학교교육과정 속에서 학년 연계를 생각한 뒤, 학년교육과정을 결정하고 난 뒤 작업해 내야 의미가 있다.

(3) 교사들의 교원학습공동체 마련

학교와 교육을 바꾸는 것은 몇몇 교사의 힘으로는 불가능하다. 학교에 교사들의 교육연구전문공동체가 마련되어야 가능하다.

1년 동안 학급에서 운영할 총제적인 교육 활동 내용을 교사의 능력과 학급 학생들의 상황, 학교와 학년 교육과정에 따라 짜야 한다. 그러나 초등의 경우 담임교사 혼자 적게는 5개에서 많게는 10개 교과를 담당해야 하는데, 그마저 해마다 학년이 바뀌는 현실에서 1년 학급살이를 위한 단위 학급 교육과정을 담임교사 혼자 계획하고 운영하기란 쉽지 않다. 교사의 개인 능력에 한계가 있기 때문에 현실적으로 혼자서 하는 것은 불가능하다. 그리고 교사 개인이 갖고 있는 것이 정답이라고 볼 수도 없다. 그래서 학교 전체가 함께 소통하고 협력하면서 토론해서 의견을 모아서 집단 지성으로 교육과정을 운영하는 교육연구전문공동체가 되어야 한다.

교육 전문가인 교사들이 모인 학교는 교사들이 모여서 교육에 대해서 수업에 대해서 학생생활교육에 대해서 논의하는 곳이 되어야 한다. 그러면서 동학년 중심 교원학습공동체와 주제와 교과 중심의 교원학습공동체를 상시적으로 운영해야 한다. 교과별로 진행하는 중등의 경우에는 학년 중심으로 교과별 교사가 서로 협력해서 교육과정을 운영할 수 있게 학년별 학습공동체 구성이 필요하다.

교사들은 자꾸 책이나 유명한 강사한테 교육과 수업 방법을 배우려고만 하는데,[8] 그동안 경험을 통해 나를 성장시킨 가장 의미 있는 연수는 유명한 강사의 연수가 아니고, 동료 교사들과 머리를 맞대고 경험을 나누고 서로의 생각을 토론할 때였다. 주제별 동아리 모임도 좋고, 전체 교사회를 통한 토론과 동학년 교사들과 늘 하는 수업협의회를 통해서 전문성이 길러진다.

1년 학년교육과정을 짤 때도 학년부장 혼자 하지 말고, 2월에 새롭게 구성된 동학년 교사들이 머리를 맞대고 일 년 동안의 학년교육과정을 함께 짜는 것부터가 필요하다. 그렇다고 동학년이 모두 똑같이 가라는 것이 아니다. 교사가 다 다르기 때문에 똑같이 할 수도 없다. 학년이 시작되기 전에 1년 학년 전체 교육과정 흐름을 작성하면서,[9] 그 학년의 교육과정 전체에 대한 이해가 되고, 그러면서 각기 학급 교육과정이 세워지게 된다. 이것이 '바로 따로 또 같이' 학년교육과정이다.

만약에 동학년 개인 특성으로 볼 때 같이 할 수 없는 상황이라면, 이웃에 있는 학교 동학년 교사들과 학습공동체를 구성해서 함께 하는 방법도 있다. 교원학습공동체에서 잊지 말아야 할 것이 바로 혼자 가지 말고 같이 가야 한다는 것이다.

그리고 학년 초에는(또는 학기 초마다) 교사 스스로 작성한 1년 학년교육과정 운영 계획을 학부모들한테 설명해 내는 '교육과정 설명회'를 개최하는 것이 좋다. 또 교사들은 매 학기가 끝날 때마다 교육과정 운영 결과에 대해 성찰하고 정리해서 동료 교사들과 서로 나누는 평가 자리가 반드시 필요하다. 전반적인 학교교육과정 운영을 평가하는 '교육과정 평가회'와 학년교육과정 운영 결과를 정리해서 서로 나누는 '학년교육과정 운영 결과 보고회' 같은 자리를 마련하는 것이 좋다. 그래야 지속가능한 교육과정과 수업, 평가의 혁신이 이루어질 수 있고, 시간이 지날수록 교사들이 깨달음도 커지고 성장한다.

3) 교육과정 재구성 방법

(1) 교육과정 재구성을 하면 좋은 점
① 초등교육의 특징인 '통합적' 교육을 할 수 있다.
② 삶에 바탕이 된 교육을 할 수 있다.
③ 교과 간 같은 주제를 통합함으로써 시수를 여유롭게 운영할 수 있다.
④ 맥락성이 있어서 아이들이 교육 활동에 적극 참여하거나 교육 내용을 이해하기 쉽고, 교사도 교육 활동 진행이 수월하다.
⑤ 수업이 재미있다.

(2) 교육과정을 재구성하기 전에 살펴볼 것
① 헌법에 나타난 인간으로서의 기본 권리, 행복권에 대해서
② 국가수준교육과정에서 제시되고 있는 교과별 성취기준과 성취수준에 대해서
③ 지금 우리 아이들의 삶에 대해서
④ 우리가 해 온, 그리고 지금도 하고 있는 학교교육에 대한 반성과 깊은 성찰

⑤ 생명해방의 표현에 대해서

⑥ 평가의 의미와 방법에 대해서

학교에서 교육과정 재구성을 가장 못하게 하는 것이 '일제고사'와 교사와 학부모가 깊이 갖고 있는 예전의 평가관이다. 교육과정을 재구성한다면서 평가는 예전 방법으로 하는 경우가 많은데, 교육과정 재구성 내용을 가장 잘 평가할 수 있는 평가 방법도 반드시 함께 고민하지 않으면 안 된다. 현재 교육과정 재구성을 논의하면서 가장 먼저 달라져야 할 것이 평가다. 또한 통지 방법도 달라져야 한다.[10]

(3) 교육과정 재구성 원칙

① 통합성: 아이들 삶 중심, 생활 중심

② 보편성: 보편적 가치를 추구한다.

③ 공공성: 공공의 이익을 위한다.

④ 생태성: 생태적 관점

⑤ 협력성: 상호 관계의 중요성

(4) 교육과정 재구성 방법

① 소극적인 교육과정 재구성-교과의 틀 유지

- 단원 순서 바꾸기
- 우리 아이들과 지역에 알맞게 단원 순서만 바꾸어도 활동 내용이 확 달라지는 것이 많다.
- 단원 지도 내용에서 텍스트와 관련 자료만 아이들에게 알맞은 것으로 바꾸기
- 교과별로 몇 단원 내용만 바꾸기
- 새롭게 내용을 첨가하려고 급급해하지 말고, 필요 없는 부분을 빼

는 것이 더 필요하다.

- 교과별로 단원별 중복되는 내용 통합해서 운영하기
  - 2007개정교육과정 때 1, 2학년 통합교과의 통합단원 구성
  - 교과 통합했을 때 시수 계산을 내용으로 봐서 입체적으로 계산할 필요가 있다. 예를 들어 과학과와 국어과를 주제 통합해서 2차시를 운영했을 경우 시간상으로는 2차시이지만, 내용상으로는 과학과 2차시와 국어과 2차시를 진행한 것과 같다. 이 경우 시수를 총량으로 볼 때 2차시만 계산하지 말고, 4차시로 계산해야 맞다고 본다. 그러나 이런 시수 계산은 현재 시스템으로는 가능하지 않은 게 문제다.

② 적극적인 교육과정 재구성-주제 중심으로 교과 통합하기

- 여러 개 교과를 한 주제로 묶어서 교과통합 재구성
  - 서정초 '핵심역량'이 바탕이 된 주제 중심의 교과통합 재구성
    (☞ 참고 도서: 서우철 외, 『수업을 살리는 교육과정』, 맘에드림, 2013)
- 한 교과 중심으로 주제를 정해 개별 교과의 성취기준도 달성하고 타 교과와 통합하기
  - 미술과 전담교사인 이부영의 6학년의 주제통합 미술 수업 사례
  - 전주 신동초 6학년 사회과 주제통합 재구성
    (☞ 참고 도서: 이윤미 외, 『아이들이 주인공이 되는 주제통합수업』, 살림터, 2014)
- 몇 개의 교과를 한 가지 주제로 통합해서 운영하기
  - 2009 개정교육과정의 1, 2학년 세 통합교과를 통합한 주제통합 교과서[11]
  - 혁신학교들의 부분적 교과 통합 재구성 사례
  - 그 밖의 사례
  : 『몽실 언니』를 읽고, 내용에 대해 토론하고 독후감이나 서평 쓰고, 당시 사회 역사적 상황 알아보면서 이해하고, 『몽실 언니』 내용 중

일부를 연극으로 표현해 보고, 연극 소품 만들고 무대장치를 해 보고, 연극 발표 포스터 그리고 연극 발표하는 활동(5, 6학년)

: 계기교육 사례(예: 대통령 장례식, 일본 대지진, 싸이의 열풍, 세월호 참사, 가습기 살균제 사건, 알파고와 이세돌의 대결…)

③ 더 나아가기

- 교과 해체, 성취기준 새로 설정하기
- 교사 중심 교육과정(교사마다 다른 내용과 방법으로 교육과정 구성)

* 세심하게 짜인 국가수준교육과정 체제인 현재 대한민국 공교육에 서는 적용하기가 불가능하다. 앞으로 국가수준교육과정의 대강화 가 돼야 하고 교과서가 없어야 가능하다.

3. 교육과정을 혁신해 낸 학교 사례[12]

1) 학교교육과정 운영 계획서를 확 바꾸다

두껍기만 하고 학교마다 거의 비슷하며 400쪽가량이 되어 인쇄비도 적 잖게 드는 데다, 만들어 놓고 나서는 아무도 거들떠보지 않는 것이 현재 의 학교교육과정 운영 계획서이다. 이를 위해 강명초는 2012년에 학교교 육과정 책 구성을 위한 TF를 구성해서 진행했다.

가장 중요한 원칙은, 우리가 의논해서 정리하지 않은 내용을 넣지 말자, 남의 것은 절대로 그대로 베껴 오지 말자였다. 그리고 중요한 핵심 내용만 넣고, 나머지 각 업무부서별 자세한 내용은 별도 파일로 보관해 두자였다. 학교 내용과 쪽수를 더 줄여도 되었지만, 교육청의 여러 요구들이 많아서 더 줄일 수 없었다.

2) 학년(급)교육과정 편성

대부분 일반 학교에서는 교육과정(연구)부장이 학년마다 교과별 시수와 주당 시수를 편성해 주면 학년 교사들은 그 시수에 따라 학년(급) 교육과정을 구성하는데, 그렇게 하지 않고 반대로 한다. 12월 말에 전체 교사가 모인 자리에서 다음 학년도 함께 갈 것(교육과정설명회, 계절방학, 학교 여는 날, 학년별 공개수업일, 계절별 잔치, 계절별 교육과정평가회…) 같은 것을 결정하고 나면, 그다음에 학년 교과별 시수와 주당 시수는 새로 구성된 동학년 교사들이 함께 교육과정을 계획하고 구성한다.

학년에서 편성한 시수를 교육과정부장한테 보내면 교육과정부장이 나중에 전 학년 것을 정리해서 학교교육과정을 정리한다. 학년(급)교육과정 편성의 주체는 학년(급) 교사들이기 때문이다.

또 학교마다 학년 초에 1년 교육과정을 계획하는 것으로 끝내고 마는데, 본교는 계획한 것을 실행하면서 문제점을 수정 보완하고 실행한 것, 변경해서 운영한 실제 교육과정 운영 내용을 다시 정리해서 1월 말에 완성한다. 이른바 '만들어 가는 교육과정'이다.

3) 교육과정 재구성, 수업공개와 협의회

수업혁신을 위하여 우리는 어떤 모델을 택하여 갈 것인가? 어떤 프로그램을 도입할 것인가? 많은 논의를 했지만 학교 전체가 특정한 모델을 선택하기보다 수업 전반에 흐르는 문화에 대하여 고민하고 방법을 모색하기로 했다. 그 이후 수업 재구성에 있어서는 교사 개개인의 연구와 장점을 살린 수업이 가능하도록 열어 놓기로 했다. 우리가 알고 있는 수업 형태들이 교과에 따라 학년에 따라 수업 주제에 따라 그 적합성이 모두 다를 것이기 때문이기도 하다.

수업공개는 동학년 중심으로 함께 연구하고, 수업을 보고 협의회가 이루어진다. 수업공개를 위해 시간을 변경한다거나 하지 않는다. 공개수업도 일상의 수업처럼 운영한다.

(1) 내용

① 교과 간 중복되는 활동을 묶거나, 연결이 가능한 성취기준을 중심으로 주제를 중심으로 교과를 통합하여 아이들의 성장에 도움이 되게 운영한다. 한 주제를 가지고 특정한 시기 동안 집중해서 운영하기도 한다.

② 동학년별 수업협의체에서 동료 장학 및 수업협의의 주요 주제는 아동의 내면에서 배움이 일어날 수 있는 수업 방법을 개발하여 운영한다.

③ 주제별 '수업연구 동아리'를 구성하여 수업공개와 수업협의회를 활성화하고 교사 개개인의 수업 전문성 신장은 물론, 동료성 구축을 통하여 함께 성장하는 기회를 갖는다.

(2) 방침

① 교내 자율장학은 교원학습공동체 활동을 통하여 수업 방법 혁신의 목표를 가지고 전 교사가 능동적으로 참여한다.

② 교내 자율장학은 자기장학, 동료장학, 임상장학, 컨설팅장학 등으로 구분하여 다양하게 운영한다.

③ 동학년별 수업협의회, 주제중심 수업연구 동아리 협의회를 통하여 새로운 수업혁신 프로그램을 개발하고 교내 자율장학과 연계하여 운영한다.

④ 수업공개는 동학년별, 수업연구 동아리별로 공동 주제를 가지고 연구하고 수업공개일을 자율적으로 정하여 발표 및 협의회를 하여 교

사의 수업 전문성을 향상한다.

4) 학교·학년(급)교육과정 설명회

학교·학년(급)교육과정 설명회는 3월에 동학년 교사들이 협력해서 구성한 1년 학년교육과정 운영 계획을 학부모들에게 설명하는 자리다. 예전에는 학년 초에 '학부모 총회'라고 해서 학부모들이 모여 학교·학급임원 뽑다가 정작 학교와 학년(급)교육과정에 대한 안내를 받지 못하고 돌아가는 일이 많아서, 강명초는 교사들이 주관하는 '교육과정설명회'와 학부모들이 주관해서 운영하는 '학부모 총회'를 분리해서 운영했다.

학교·학년(급)교육과정 설명회는 학년 교사들이 책임지고 준비해서 학년별로 하루씩 날짜를 잡아 진행한다. 배부할 학년별 자료집과 보여 줄 설명 PPT 자료는 학년 교사들이 준비한다. 단, 전체 학교교육 내용이 있는 '교육 안내'와 '사계절 배움달력'은 교육과정부장이 만들어서 제공하고, 나머지 행정업무전담팀 부장들은 학년별로 진행되는 학교·학년(급)교육과정 설명회가 원활히 운영될 수 있도록 지원을 담당하고 있다.

(1) 방법
저녁 7~9시까지로 정해 놓고, 7시부터 8시까지는 시청각실에서 학년 전체 학부모들이 모여서 동학년 교사들이 편성하고 정리한 1년 학교·학년(급)교육과정 운영에 대한 전반적인 내용을 설명하고, 8시부터는 각 담임 교실로 나누어 들어가서 학급별로 1년 학급교육과정 운영에 대한 내용에 대해 설명하고 질의응답을 받는다. 끝나는 시간은 학급마다 다르다.

(2) 내용
학년에 따라 조금씩 다르지만, 교장선생님 인사, 담임 소개, 학년의 발달 특징, 교육과정 재구성 운영 계획, 평가 계획, 교과통합체험학습 운영 계획, 생활교육, 학부모회 안내 등으로 진행된다.

5) 1년에 네 번 하는 학교교육과정 평가회

4계절 학기를 운영하면 계절학기에 따라 네 번 하는 것이 많다. 그중 한 가지가 학교교육과정 평가회다. 대부분의 학교들이 교육과정 평가회를 12월에 한 번만 하거나 또는 상반기, 하반기에 한 번씩 두 번 하는데, 4학기제를 운영하는 경우 각 계절학기가 끝날 때마다 한 번씩 모두 네 번 하며, 부장 중심의 평가회가 아니라 전체 교직원이 참여하여 실질적인 평가회가 이루어진다.

네 번의 교육과정 평가회가 다 다르다. 봄학기와 가을학기 평가회는 보통 하루 일정을 잡아 진행하고, 여름학기 평가회는 봄, 여름학기에 이루어진 교육 활동에 대한 평가가 이루어지기 때문에 좀 더 충분한 시간을 가지고 평가회를 한다. 교육과정 평가회 후에 집중 논의가 필요하면 특정 날짜나 기간을 정해 집중 논의를 진행하기도 한다.

겨울학기 교육과정 평가회는 가장 길다. 11월 말부터 12월 내내 이루어진다. 11월 말에 학생, 학부모, 교직원, 그리고 행정지원사와 협력강사들까지 모두 1년 학교교육과정 운영 내용에 대한 설문조사를 해서 한 해 운영된 학교교육과정 운영 내용 전반을 평가하고, 평가를 바탕으로 해서 다음 해 계획을 세운다.

학교교육과정 평가회에는 전체 교직원이 참여하는 것을 원칙으로 한다. 겨울학기 교육과정 평가회 마지막 날(겨울방학 전)에는 전체 교원이 모인 자리에서 공개적으로 행정업무전담팀 부장(6명)과 학년담임을 결정한다. 행정업무전담팀부장과 학년담임 정하는 원칙은 교사회에서 사전에 정하는데, 해마다 처한 상황에 가장 알맞도록 전체 교사들의 의견을 모아서 함께 정한다. 학년부장은 새 학년 교사 인사이동이 다 끝난 뒤인 2월 중순에 동학년 교사들이 의논해서 결정한다.

6) 일상적인 교육을 그대로 보여 주는 '학교 여는 날' 운영

'학교 여는 날'은 5월과 11월 연 2회 실시하는 학부모와 외부인을 위한 공개수업 날이다. 학부모들이 충분히 자녀의 학교생활을 관찰할 수 있도록 등교할 때부터 1블록, 노는 시간, 2블록, 점심시간까지 오전 내내 공개한다. 수업 시간표가 중복되지 않게 하기 위해 상반기에는 수요일, 하반기에는 화요일로 정해서 운영한다. 이날 학부모와 외부인들은 어느 교실이든 마음대로 다 돌아볼 수 있다.

오전 내내 학교를 여는 것에 대한 부담감이 많은 데도 불구하고, 특별히 준비한 수업을 한 시간 보여 주기보다는 일상적인 교육 활동을 공개하면서 '학교 여는 날'의 교육적 의미를 살린다.

학부모들이 오전 내내 학교에 머물면서 수업 시간의 활동과 노는 시간에 자녀가 친구들과 어떻게 어울려 지내는지 자유롭게 관찰하면서 아이의 학교생활을 이해하게 된다. 학교에 머무르는 시간이 충분하기 때문에 다자녀가 재학하고 있어도 자녀들의 학교생활을 두루 살필 수 있다. 학부모는 수업을 참관하고 수업 참관록을 작성하여 제출하도록 한다.

7) 수업연구 동아리 운영

수업혁신을 위한 교사 연구 활동의 방향을 다음과 같이 정한다.

- 횡적인 연구 활동으로 동학년별 학습공동체를 최우선의 연구모임으로
  활동

- 종적인 연구 활동으로 교사 개개인의 관심과 자질을 살려 무학년으로 '주제별 학습공동체' 활동
- 동학년 중심의 학습공동체를 통한 일상적 수업혁신과 주제별 학습공동체를 통한 긴 호흡으로 연구하는 교사상 정책

학습공동체 교사 취미모임과 다르게 수업과 연관해서 운영하자는 원칙을 세우는 것이 필요하다.

8) 학년교육과정 운영결과 보고회 '수업나눔'

민주적인 학교문화를 위해 함께 생각했던 것 중 하나가 '따로 또 같이'라는 것이었다. 학교가 안고 있는 문제 중 하나는 동료 교사의 수업을 참관하기 어렵고, 자신의 수업을 공개하거나 이야기하길 꺼린다는 점이다.

이를 극복하기 위해 그동안 학교에서 수업공개를 헤 오고 있지만, 공개를 위한 공개일 뿐, 교사들에게 큰 도움이 되지 않았다. 이런 문제점을 극복하기 위해 협력과 자발성, 다양성이 녹아나는 학년별 수업연구와 수업공개, 수업협의회를 운영한다.

한 학기가 끝날 때마다 각 학년별로 중점적으로 시도했던 학년교육과정 운영 내용 결과를 학년에서 성찰하고 정리한 것을 전 교사들 앞에서 발표하는데, 이것이 바로 학년교육과정 운영결과 보고회 '수업나눔'이다.

4. 교육과정 혁신의 한계와 과제

교육과정을 혁신하려는 움직임은 날로 커지는데 교육과정을 혁신하는 데 한계와 과제를 살펴보면 다음과 같은 문제들이 있다.

(1) 국가수준교육과정

① 분과적 구성과 학년별로 세밀한 성취기준 제시의 문제

② 평가를 상중하 세 단계로 구분하는 성취수준의 문제

(2) 학교, 학년 교육과정 구성 과정과 구성 내용과 활용 과정

학교마다 큰 고민 없이 서로 베껴서 철학이 없다. 교육과정 계획을 수립할 때 소수 교사만 참여하다 보니 교사들이 대상화되고 관심이 없다. 두껍기만 해서 인쇄비만 많이 나갈 뿐 만들고 나서 아무도 거들떠보지 않는다. 학교장의 경영관이 들어가서 교장이 바뀔 때마다 학교가 확확 바뀐다.

(3) 학교 전체 구성원과 학년 간의 연계성

공교육의 특징으로 잦은 교사 이동과 1년 담임제, 담임마다 가치관이 상반될 때 교사들의 가치 지향점과 학년 연계성을 어떻게 가져갈 것인가는 지속적으로 고민하면서 해결해야 할 과제다.

(4) 동학년 교사들과의 협력

동학년 교사들과 어디까지 협력할 것인가? 과연 동학년이 똑같은 내용을 똑같은 방법으로 가르치는 것이 협력인가? 형식적 협력보다 내용적 협력에 대한 연구가 필요하다.

(5) 평가

평가 방법만 바꿀 것이 아니라, 평가 내용의 패러다임을 바꾸어야 한다. 과거의 평가관에서 새로운 평가관으로 바꾸지 않으면 안 된다.

(6) 학력을 보는 관점

과거 학력관에 머물러 있다. 새로운 학력관으로 빨리 전환되어야 한다.

(7) 수업을 보는 관점

여전히 교사의 지식 전달 방법과 수업의 관점에서 수업을 보고 있다.

(8) 비민주적인 학교문화

구성원들의 학교 운영에 대해 토론과 논의가 활발한 민주적인 학교문화의 여부가 교육과정을 원활하게 운영하는 선결 조건이다.

(9) 교사양성과정 기관

교사양성과정에서 학교교육의 현실과 방향, 내용을 제대로 짚어 주지 못하고 있다. 현재의 교사 양성 정책이 오히려 학교교육에 걸림돌이 되고 있다.

| 생각해 보기 |

1. 혁신학교에서 새로운 바람을 불러일으킨 여러 가지 현상 중 하나가 교육과정 재구성이다. 혁신학교에서 교육과정 재구성에 대한 관심이 일어난 까닭은 무엇인가?
2. 교육과정 재구성이 어렵게 느껴지는 까닭은 무엇인가?
3. 현재 학교에서, 교육과정을 재구성해서 운영하는 데 걸림돌이 되는, 먼저 없애거나 바꾸어야 할 것에는 어떤 것들이 있나?
4. 교육과정을 재구성할 때 놓치지 말아야 할, 교육과정 재구성의 중심을 이루고 있어야 할 것은 무엇인가?
5. 교육과정 재구성을 하지 않고 수업할 때와 재구성을 해서 수업할 때 특별히 다른 점은 무엇인가?

1. '2009년 개정교육과정에 따른 교과교육과정'이 뒤늦게 2011년 8월에 고시되었기 때문에 명칭도 길고 혼돈하기 쉬워서 이름을 '2011개정교육과정'이라고 부른다.

2. 심지어 승진점수를 따기 위한 현장연구보고서나 교장 공모 때 제출하는 경영계획서조차 남의 것을 베껴서 내는 사례가 많아서, 공문에 '표절하지 말 것'을 명시하고 있다.

3. Ctrl+C와 Ctrl+V를 넘어서 아예 클릭 하나로 모든 수업과 평가를 다 할 수 있는 교육 프로그램 업체가 성업 중이다. 클릭만 할 수 있으면 자격증 없어도 할 수 있는 수업, 전국에 같은 프로그램을 쓰는 학교 교실에서 모두 다 똑같이 진행되는 수업, 아이들이 하루 종일 텔레비전 화면만 보면서 똑같은 장면을 보며 하는 수업, 선생님의 따뜻한 목소리가 아닌 텔레비전에서 나오는 기계음을 들려주면서 하는 수업… 이렇게 하는 수업을 교사들이 편리하게 수업할 수 있다는 이유로 많이 선택해서 성업 중이라는 것은 대한민국 교육이 죽었다는 반증이다.

4. 이 말을 특별히 더 많이 쓰게 된 배경으로는 최근 교육과정과 수업혁신 바람과 함께 불어닥친 '배움의 공동체' 열풍에도 기인하는데, 혹자는 '배움 중심 수업'이라고 하면 곧 '배움의 공동체'를 연상하기 때문에, 이 말을 사용하는 대신에 '학생 중심 수업'이라는 말을 써야 한다고 주장하는 사람도 있다.

5. 여기에 국가수준교육과정의 모순이 있다. '학생 중심'이라면서 학년군별 목표와 성취기준을 모든 아이들에게 획일적으로 제시해 놓고 있어서, 해당 학년에서 성취하지 못하면 바로 '학습부진아'가 될 수밖에 없게 된다. '학생 중심' 교육과 수업에서는 '학습부진아'라는 말이 생겨날 수가 없다. '천천히 배우는 아이'만 있을 뿐, '학습부진아'는 없어야 맞다. '학습부진아'는 없는 것을 국가수준교육과정에서 만들어 내고 있는 것이다. '학습부진아'를 만들어 놓고 '학습부진아'를 구제한다고 돈과 시간을 들인다. 진정한 '학생 중심 교육과정'은 아이 특성에 따라 교육과정을 다 다르게 구성해야 한다.

6. 하물며 개의 경우에도 그동안 행해 온 방식대로 단순히 먹이나 강한 자극으로 행동을 고치는 것이 아니라, 개 입장에서 개를 이해하면서 개가 스스로 생각하게 하면서 행동을 고치는 EBS 스페셜 프로젝트 4부작 '세상에 나쁜 개는 없다'의 강형욱 반려견 행동전문가의 이야기를 참고할 필요가 있다.

7. 아이들의 인지발달에 대한 연구 자료로 지금까지는 피아제의 인지발달이론에 많이 의존해 온 경향이 있었지만, 최근 들어 한 사람을 둘러싸고 있는 사회 심리적 환경까지 종합적인 관점에서 이해하려는 비고츠키를 중심으로 한 사회문화심리학적 발달이론에 대한 관심이 거세게 일어나고 있다.

8. 이를 두고 '연수 쇼핑'이라고도 한다.

9. '진도표'라는 말을 쓰지 않고 융통성 있고 탄력적으로 교육과정을 운영할 수 있게 교육과정 '흐름'이라는 말을 사용하기도 한다.
10. 최근 교육부는 스마트교육을 강조하는데, 스마트교육을 하면 평가 역시 스마트교육에 알맞게 해야 하는데, 실제 상황은 그렇지 못하다.
11. 2009개정교육과정에서 통합교과의 주제별 교과서 개발은 초등 저학년의 통합성을 십분 고려하여 작업해 낸 결과이나, 수업은 통합으로 하면서 평가는 여전히 주제가 아닌 교과별로 나누어서 하는 모순을 안고 있다.
12. 서울형혁신학교 서울강명초등학교 사례.

- 서울강명초등학교. 『강명초 4년 백서. '함께 만들어 가는 강명초 이야기'』. 2014.
- 의정부여자중학교. 『수업을 비우다, 배움을 채우다』. 에듀니티, 2015.
- 이부영. 『서울형혁신학교 이야기』. 살림터, 2013.
- 이윤미 외. 『아이들이 주인공이 되는 주제통합수업』. 살림터, 2014.
- 조상식 외. 「서울특별시교육청 정책연구 보고서-혁신미래교육에 따른 새로운 학력관 연구」. 서울특별시교육청, 2015.
- 초등교육과정연구모임. 『행복한 혁신학교 만들기』. 살림터, 2011.
- 초등교육과정연구모임. 『초등교육을 재구성하라』. 에듀니티, 2013.

- **이윤미 외. 『아이들이 주인공이 되는 주제통합수업』. 살림터, 2014.**
  아이들의 삶과 앎을 하나 되게 하기 위하여 교육과정과 수업, 평가를 바꾸며 행복한 배움을 만들어 낸 진실한 교육 활동 이야기다. 동학년 선생님들이 주제통합학습을 통하여 아이들이 학습과 삶의 주인으로 오롯이 세워져 가는 성장의 기록이 가득 담겨 있다.

- **의정부여자중학교. 『수업을 비우다, 배움을 채우다』. 에듀니티, 2015.**
  이 책은 교육과 배움, 학교와 아이들에 대한 근본적인 물음에서 시작한 현장 교사들이 실천적으로 답을 만들어 가는 과정을 담고 있다. 2011년부터 '배움의 공동체'와 함께 혁신학교 만들기를 추진해 온 의정부여중은 1955년에 세워진 학교로, 흔히 보이는 원도심의 모습처럼 도심 재개발 바람과 함께 학교 주변 지역이 슬럼화되었고, 교육적으로나 문화적으로 거의 지원을 받지 못했다. 다른 지역에 비해 기초 학력이 부진하거나 기초 생활 습관이 부족한 아이들도 많았는데, 특히 여학생들은 낮은 자존감 등으로 학교생활에 어려움을 겪고 있었다. 그러던 중 2011년, 학교를 정상화시키고 사회 변화와 새로운 교육 패러다임에 능동적으로 대응하고자 경기도교육청에서 추진하고 있는 혁신학교를 신청하게 되었다. 4년간의 다양한 시도와 경험을 통해 의정부여중은 '자존감'과 '배려'라는 학교 철학을 세우고, 학교문화, 운영 방식, 학교 및 학년 교육과정, 평가혁신 등 학교 전반에 걸쳐 변화를 만들어 내고 있다.

혁신학교가 추구하는 교육과정은 학습자가 자신의 현재 및 미래 삶의 세계에 관한 지식과 태도, 실천 활동을 끊임없이 새롭게 만들어 가는 역동적인 교육과정이다. 그 지향점은 교사와 학생이 상호작용하면서 더불어 성장하는 집단지성을 창출하는 데 있다.

삶의 교육과정 함께 만들기

김정안

1. 왜 삶의 교육과정을 말하는가?

1) 삶과 동떨어진 공장식 학교교육

> 황홀한 상상의 영역,
> 메아리치는 신의 웃음으로서 탄생했다.
> 이곳에선 어느 누구도 진리를 소유하지 않고
> 모든 사람이 이해받을 권리를 지닌다."
>
> _밀란 쿤데라(Milan Kundera)의 「소설의 기술」(1988) 중에서.

밀란 쿤데라가 그리는 소설의 이상적인 모습은 '신의 웃음'을 메아리치게 하는 것이다. 포스트모더니스트 교육학자 윌리엄 돌Jr. William E. Doll은 흥미롭게도 쿤데라를 인용해 자신의 교육과정관을 펼친다. 그것은 '상상의 영역'으로, 각자가 진리를 늘어놓는 대신 서로 대화하면서 타인의 말에 공감하고, 비판적으로 경청하며 다양한 생각을 연결하는 방법을 찾고, 상대방과 적극적으로 관계하면서 자신의 범위를 확대하는 것이다.[1]

윌리엄 돌에게 세상의 현실은 단순하고 통일된 것이 아니라 복잡하고, 잠정적이다. 그러므로 이러한 실재를 반영하는 교육적 모델은 근대 교육과정처럼 고정된 것이 아니라 상상, 탐구와 대화, 상호작용을 통해 만들어 가는 변형적 교육과정transformative curriculum이어야 한다.[2] 돌은 학생들의 삶이나 자아형성과 무관한 미국의 교육과정을 비판하며, 어디로 가야 할지에 대해 역설하고 있는 것이다.

한국의 교육과정도 학생의 삶이나 불확실하고 끝없이 변동하는 세상과 동떨어져 있다. 학교에서 배우는 지식은 학습자 자신의 삶에서 나오는 것이 아니며 교사들은 학생들에게 앞으로 살아갈 세상에 대해서 새롭게 상상하고, 비판적으로 생각할 수 있는 기회를 주지 못하고 있다. 19세기 말에 처음 서구로부터 들어온 근대 패러다임 그대로인 한국의 학교교육은 학생들에게 더 이상 맞지 않는 '족쇄'가 되어 버렸다.

서구에서 근대 학교는 산업혁명기에 처음 만들어졌다. 공장 조립 라인과 서비스 산업에 종사할 읽고 쓰고 셈할 줄 아는 노동력이 갑자기 많이 필요해지자 대중교육을 위해 근대 학교가 등장한 것이다. 건물뿐 아니라 교육과정도, 학제도 공장식이었다. 공부란 정해진 지식과 교육과정을 컨베이어 벨트처럼 정해진 궤도에서 수용하는 것을 의미했다.

근대 학교교육철학의 바탕이 된 것은 뉴턴의 기계론적 세계관이다. 뉴턴은 과학은 우주에 대한 총체적인 이해를 향해 진보한다고 믿었다. 과학자들이 엄밀한 실험과 검증을 통해 신념과 가치의 영향을 받지 않는 '객관적', 법칙적 지식을 만들 수 있다고 보았기 때문이다. 지식은 이처럼 예측 가능한 목표를 향해 진보하는 선형적이고 완성 가능한 것이며, 학습이란 이미 완성된 지식을 학습자가 자기 내면에 반영하면 되는 것이었다.[3]

산업주의 사고는 20세기에도 교육과정에 깊이 침투해 있었다. 미국의 교육행정 전문가였던 커벌리Ellwood Patterson Cubberley는 1916년 "어떤 의미에서 학교는 삶의 다양한 요구를 충족시키기 위해 원자재(아이들)를 생산품으로 가공하고 만드는 공장"이라고까지 공언했다.[4] '근대 교육과정의 아버지' 랄프 타일러는 19세기 유산을 끌고 와 20세기 교육과정 모형을 만들었다. 미리 정한 학습 목표에 따라 전문가들이 학습 경험을 선정, 조직한 것을 교사들이 '배달부'로 전달하고, 표준화 평가로 끝나는 선형적 모형이 그것이다.

지금도 한국의 국가나 학교교육과정은 모두 타일러식 모형을 따르고 있다. 교육부는 2015개정교육과정의 성격으로 '국가수준의 공통성과 지역 학교 개인수준의 다양성의 동시 추구', '학습자 중심 교육과정', '교육청과 학교교육 4주체가 함께 실현해 나가는 교육과정' 등을 제시하고 있다. 그러나 검인정 교과서, 학업성취도 검사로 학교교육을 통제 관리하는 일을 멈추지 않으면 개정교육과정 취지는 구호로 끝날 가능성이 크다.

2) 입시제도의 굴레

한국에서 대학입시 부담은 고등학교에서 가장 심하고 직접적이지만 입시 대비는 초등학교 이전부터 시작된다. 대학 진학이 공교육 목표, 성패의 기준으로까지 둔갑해 교육과정이나 수업혁신을 가로막는다. 교사들이 무엇을 어떻게 가르칠까, 학생들이 어떤 공부를 할까를 결정할 때 가장 먼저 생각하게 되는 것이 대입시험이다. 5지선다형 수능시험을 '절대적' 잣대로 전국 고교를 줄 세우고 경쟁을 부추긴다.

학생부 종합전형 확대로 입시제도가 일정 부분 개선되고 있지만 학생부 종합전형에 대한 불신과 수능시험이 유일하게 공정하고 타당한 시험이라는 생각도 상당히 존재한다. 입시와 학교에서 수능이 사라지지 않고 있는 것은 그 때문이다. 입시제도와 근대 교육과정의 '유착' 관계는 아주 견고하여 떼어 내기 어렵다. 학교는 아이들에게 배움과 성장의 기쁨, 희망을 주지 못하고 대부분의 아이들을 패배자로 낙인찍고 있을 뿐이다. 학교와 사회로부터 받은 좌절감과 소외감이 학교생활 중도 포기, 왕따와 학교폭력의 가장 큰 원인으로 지적될 정도이다.

3) 역동적 교육과정관의 등장

20세기 후반 들어 다양한 이론의 학자들이 고정되고 정형화된 교육과정을 비판하고 만들어 가는 역동적인 교육과정관을 제시하기 시작하는가 하면, 북유럽을 비롯한 교육 선진국들에서는 새로운 교육 패러다임이 자리 잡아 가고 있다.

역동적 교육과정관의 효시는 18세기부터 19세기에 걸쳐 활약한 이탈리아 철학자 비코이다. 그는 뉴턴과 데카르트가 촉발시킨 근대 과학혁명이 한창이던 시기에 태어났으면서도 이들의 관점을 강하게 비판했다. 지식은 발견되는 것이 아니라 창조되는 것이며, 지식의 창조는 확실성을 향한 필연적인 진보가 아니라 일정한 불확실성을 수반하는 것이라는 것이다. 예를 들어 수학은 객관적인 실재가 아니라 오로지 '인간 정신의 산물'일 뿐이며, 과학은 '인간의 뇌와 자연 세계와의 상호작용'의 산물로서 창조되는 것이다.[5]

당시에는 반향을 얻지 못한 비코의 통찰은 백여 년이나 지나서 다윈의 진화론적 동역학과 결합됐다. 다윈은 자연세계에 불변하는 본질이 존재한다는 주장을 비판하고 자연은 항상 현재와 다른 모습으로 생성되는 과정에 있으며, 그 자체로서 이해되고 이해될 수 있어야 함을 주장했다. 변하는 자연 현상에 대한 지식도 변하며 불확실할 수밖에 없음을 의미하며 고정되고 객관적인 지식관을 부정한 것이다.

20세기에 아인슈타인의 상대성 이론은 지식의 불확실성을 수용하는 과학 패러다임 성립에 결정적인 영향을 미쳤다. 20세기 중반 교사와 학습자가 교수학습 과정 속에서 함께 만들어 가는 역동적 모형이 등장한 것은 이 같은 지적인 전환을 토대로 한 것이다. 학습을 통해 고등 사고력과 창의성, 더불어 살아가는 힘을 키울 수 있는 길이 열린 것이다.

4) 혁신학교와 자유학기제의 성과
-교육과정을 함께 만드니 아이들이 살아나다

매우 다행스럽게도 한국에서도 혁신학교를 중심으로 삶의 교육과정, 역동적 교육과정을 구성하는 노력이 지속되고 있다. 혁신학교는 학교 현장 중심의 학교혁신을 추진하는 파일럿 학교이다. 혁신학교의 가장 큰 특징이 무엇인가에 대한 질문에 가장 공통되는 답변은 아이들 개개인 모두가 '살아 있는 것', 즉 아이들의 활기와 개성이 넘치고 자존감이 높다는 것이다. 모두 자기 나름의 분명한 생각을 표현하며, 자기 몸과 마음을 이해하고 사랑한다. 나아가 동료의 생각을 듣고 존중하며 서로 합의를 이뤄내고 서로 배려하고 돕는다. 이 높은 자존감은 학습 효능감과 미래역량 육성으로 이어지고 있다.

무엇이 이런 결과를 만들어 내고 있는가? 모든 교육 활동에서 아이들이 주체로서 역할을 하고, 민주적인 운영 체제와 문화가 이들을 주체로서 세우는 환경이 되어 주기 때문이다. 다시 말해 국가교육과정과 교과서를 바탕으로 하되 참여와 협력으로 교육과정을 새로 계속 새롭게 창조해 가고 있는 것이다. 교육 활동에서 아이들이 주체가 된다는 것은 삶의 역량 육성을 목적으로 교육 활동 전체가 아이들의 주체적 자기결정을 중심으로 운영되고 있다는 것이다.

한편 자유학기제는 위로부터 내려온 교육정책이다. 그런데 지필평가 폐지 정책으로 자유로운 교육 활동과 탐구, 진로 탐색의 기회가 확보되자 학생 중심으로 수업과 교육과정이 바뀌고 이를 통해 아이들이 본디 갖고 있는 배움의 힘이 살아나고 있다. 자유학기제의 선행 연구로도 볼 수 있는 혁신학교의 교육 활동은 자유학기제 운영에 많은 구체적 사례와 시사점을 제시해 주고 있다.

2016년 이후 혁신학교와 자유학기제는 '4차 산업혁명' 시대에 교육이 어떻게 대응해야 하는가 하는 새로운 고민을 안게 되었다. 2016년 클라우스 슈밥Klaus Schwab은 과학기술 혁신과 디지털화가 촉발시킨 삶과 일, 인간관계의 혁명적인 변화들을 '4차 산업 혁명'으로 부를 것을 제안하고 이 변화에 대한 대응 방향과 방법을 제시한 바 있다.[6] '4차 산업혁명'에 관해서는 시대 설정의 적절성 문제를 비롯해 논쟁이 한참 진행 중이다. 그럼에도 이제까지 인간관계 및 인간과 다른 생명체의 관계를 고민하던 시대로부터 인간과 인공지능을 포함한 비인간의 바람직한 관계까지 모색해야 하는 시대로 급속히 변해 가고 있다는 점과 교육의 본질은 미래에 대비하는 것이라는 점은 분명하다.

혁신학교들은 사실 처음부터 학생들이 지식 습득을 넘어 학습하는 방법을 아는 것을 포함해 삶을 위한 미래역량을 육성해 오고 있다. 그러나 '4차 산업혁명'은 혁신학교에게 다시금 새롭게 해야 할 일이 무엇인지를 묻고 있다.

2. 삶의 교육과정 함께 만들기

1) 개인의 주체성 살리기

만들어 가는 교육과정을 주도하는 흐름 가운데 한 흐름인 재개념주의는 학생 개개인의 경험의 가치에 주목함으로써 개인이 자신의 삶의 주체가 되는 교육과정을 만들 것을 주장하고 있다. 1970년대를 전후해 등장한 재개념주의는 하나의 이론적 입장이 아니라 교육과정의 재개념화를 시도하는 여러 지적 노력을 통틀어 말하는 것이다. 이 재개념화는 유동적이고 상황에 따르며, 고정적이지 않다. 재개념주의를 대표하는 파이너는 교육과정을 교수목표에서 자기 자신과의 복잡한 대화와 프로젝트로 재개념화한다.

재개념주의는 현상학, 해석학, 정신분석학, 포스트모더니즘, 신학 등 다양한 관점에서 해석하고, 자서전 방법, 생애사 등의 방법을 통해 인종주의, 식민주의, 성차별주의, 정치적 억압과 저항 같은 주제들을 다룰 것을 주장하는데, 근대 교육과정에서는 이러한 문제들이 미리 구성되어 주입되어 왔음을 비판한다.

파이너는 포스트모더니즘을 기반으로 교육과정 재재념화를 선도했다. 그에 따르면 학교교육과정의 목적은 학생들을 교과지식 전문가로 양성하는 것이 아니며, 표준화시험 성적을 높이고 학생들을 기업에서 요구하는 효율적이고 말 잘 듣는 사람으로 훈련하는 것도 아니다. 교육의 목표가 지식을 위한 지식이나 경제적 정치적인 목표가 아니라는 점을 인식할 때 교육과정은 삶에 대한 탐구로 전환된다. 즉 교육과정은 우리 자신과 학생의 참된 삶을 위한 기회, 시민의식과 윤리의식을 갖추고 정신적으로 성숙한 개인을 길러내는 과정으로서 이해되어야 하는 것이다. 교육은 자신의 실존적 의미를 추구하는 것이며, 교육과정이란 '달려야 할 정해진 길(명사)'이 아니라 학습자가 자신의 경험과 의미에 따라 주체적으로 '자신의 길을 만들어 가는 것(동사)'이다. 교육과정을 이처럼 동사로서 이해하는 것은 자신과의 대화를 통해 자신의 존재의 의미를 자각하고, 자신을 자유롭게 하고 더 나아가 다른 사람과 더불어 사회를 재건하는 데 목적을 두고 있다.[7]

2) 집단학습 구현하기

재개념주의가 학습자의 주체적 이해를 강조하는 반면, 역동적 교육과정을 추구하는 또 하나의 주요 흐름인 복잡성 교육과정이론은 [그림]에서 보듯이 지식, 교육과정, 수업, 개인적 이해가 서로 겹치며 동시성을 갖는다는 점에 주목한다. 또한 학습의 실제 단위가 개인이 아니라 학급 전체라고 보기 때문에 교육과정이 더욱 풍부해지려면 학급에서 여러 가지 방식으로 집단학습이 이루어져야 한다고 주장한다.[8]

집단학습이란 교실의 교사, 학습자들이 상호작용하고 서로에게 배워 함께 성장하는 것이다. 학습자들은 자율적으로 활동하지만 교류를 통해 독특한 아이디어를 모아 낼 수도 있고, 네트워크로 연결하여 집단 전체의 아이디어로 전환함으로써 함께 성장하게 된다.

교실에서 교사와 학생들이 단순히 모여 있는 '집합'이 아니라 개별 학습자 '집단'으로서 존재하기 위해서는 몇 가지 지켜져야 할 원리들이 있다. 학습 목표는 열려 있어서 단지 지향점만을 제시해 주는 것이어야 하며, 학생과 교사는 공동 학습자이자 공동 교사로서 존재해야 한다. 나아가 이들 사이의 '근거리 상호작용'이 활발히 이루어져야 한다. 근거리 상호작용은 각자의 이념, 예감, 의문, 표상에 대한 서로 다른 방식들이 상호작용을 통해 서로 부딪치고 만나 새로운 이해, 통찰력, 발견들을 만들어 나가는 것을 의미한다.

교사는 리더로서 학습자의 이념들이 서로 만나고 부딪치도록 보장해 주는 기제들을 만들어야 한다. 쟁점, 맥락, 참여자에 따라 나타나는 우발성을 고려해야 하며, 학습 결과를 통제하려는 바람을 버려야 한다. 교육과정과(수업, 평가)에서 단 하나의 권위를 인정하는 것은 집단의 지식 창조 잠재력을 소멸시키는 것이 된다.

그렇다고 해서 수업에서 교사의 역할이 없거나 해석이 무한히 퍼져 나

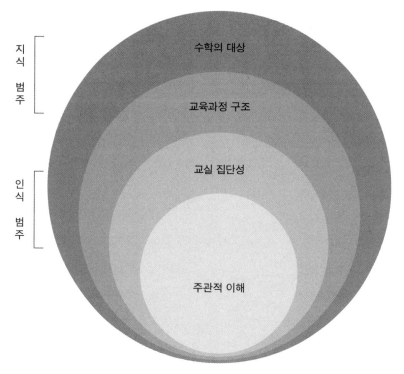

지식 범주

인식 범주

수학의 대상

교육과정 구조

교실 집단성

주관적 이해

데이비스와 심트가 개발한 수학이라는 집단적 지식을 여러 조직들이 겹쳐지는 것으로 이미지화한 그림. 데이비스와 수마라에 따르면 집단적 지식과 주관적 이해 외에도 교실집단성과 교육과정 구조를 복잡성 현상으로 고려할 수 있어야 한다. 수학적 대상 쪽으로 갈수록 중요한 변형이 생기려면 수십 년 걸리며 주관적 이해 쪽으로 갈수록 수 초만으로도 변형이 이루어진다.

가도록 두어야 한다는 뜻은 아니다. 교사는 다양한 해석을 지지하지만 해석의 범위에 대해 상당히 엄격한 한계 설정을 해야 한다.[9]

집단학습의 최대 효과는 질적으로 사뭇 새로운 차원의 지식의 창발이다. 다음은 데이비스와 수마라가 수학 교사들과 만나 경험한 창발성 사례이다. "곱셈이란 무엇인가?"에 대한 수학 교사들의 최초 반응은 한계가 분명했다. 그러나 서로 의견 교환을 하고 다른 해석을 탐색해 볼 것을 요청받자 짧은 시간에도 몇 가지 다른 해석이 제시됐다. 분임들 간의 상호작용을 위해 충분한 시간을 가지고 분임별 포스터에 붙일 각자의 해석 목록을 작성한 후 포스터가 전시됐다. 곱셈은 덧셈의 반복, 동일한 숫자의 모음, 좌표에서 건너뛰기, 다층구조, 비율적인 계산의 기초, 나눗셈의 역산, 일종의 덧셈과 거듭제곱의 매개, 대열-생성, 면적-계산, 좌표상의 확장과 압축하기 등이 제시됐다.

데이비스와 수마라에 따르면 수학 교사들은 긴 의견 교환 과정에서 곱셈이 이러한 해석들의 단순 총합이 아니라 일종의 복잡한 개념의 혼용이라는 인식을 공유했으며, 더욱 중요한 점은 연구 전체 과정을 통해서 개별 참여자들의 수학 지식이 집단 자체의 창발적인 수학 이해와 구별될 수 없다는 점이 점점 더 분명해진 것이다.[10]

3) 통합적 지식(통합교육과정) 구성

삶을 위한 역동적 교육과정은 통합적 지식을 추구해야 한다. 학습자와 지식뿐 아니라 학습자의 삶의 현실이자 탐구 대상인 현상들, 그것을 탐구하는 학문들도 동시(발생)성을 가지며 경계를 가로지르는 것이기 때문이다. 이 현상의 경계 가로지르기를 이해하고 탐구에서 가로지르기를 시도할 때 세계에 대한 이해와 이를 바탕으로 한 삶의 능력도 도약할 수 있는 것이다.

복잡성 철학자 에드가 모랭은 미래를 위한 교육은 통합적 지식 구성 노력을 해야 한다고 주장한다. 세계 속에서의 인간의 조건을 자리매김하려는 자연과학 지식과 인간의 다차원성과 복잡성을 밝혀 주는 인문학 지식을 통합해야 하며, 나아가 철학, 역사, 시, 문학, 예술의 소중한 성과들도 과학적 지식 안으로 통합해야 한다는 것이다. 복잡한 세계를 위한 교육은 자아와 사회, 개인과 집단, 예술과 과학, 인간과 자연 등을 구분하는 것이 아니라 일정한 학문 사이의 경계를 가로지르는 것이다(표 1 참조).[11]

[표 1] 위의 '집단학습' 사례인 수학 교사들의 곱셈 이해를 통해 본 현상 및 학문 간의 경계 가로지르기(곱셈이든 어떤 다른 개념이든 간에 개인적인 이해는 현상들 사이의 경계를 가로지르는 측면에서 볼 때 의미가 있다)

현상들 간의 경계 가로지르기	학문들 간의 경계 가로지르기
곱셈에 대한 개인적인 이해	관련 학문
유전자의 구조에 근원을 둠(생물학적인 성향)	신경학
신체적인 상호작용 안에서 정교해짐(개인적인 경험)	심리학
사회적인 상호작용 안에서 정교해짐	사회학
문화적인 도구에 의해 가능해짐	인류학
문화적인 도구에 의해 가능해짐	생태학

3. 혁신학교의 역동적 교육과정 사례 – 삼각산고를 중심으로

1) 미래역량을 기르는 교육과정

"사실은 불확실하고 가치는 논쟁 중이며, 위험 부담은 크고 결정은 시급한 과학."

과학자 라베츠Jerome Ravetz와 펀토위츠Silvio Funtowicz가 '탈정상과학post-normal science'에 대해 정의한 말이다. 과학자 집단이 실험실에서 발견한 사실을 사람들이 그대로 받아들이는 '정상과학'의 시대는 이미 지났고, 지금은 탈정상과학의 시대라는 것이다. 이 시대 과학의 주체는 과학자 공동체가 아니라 주민과 이해집단을 포함하는 '확장된 공동체'이며, '확장된 공동체'가 불확실성이 많은 위험 문제들을 현명하게 해결하려면 과학을 둘러싼 과학자 사회와 시민 사회의 대화와 신뢰, 정부와 시민 간의 합의가 중요하다. 즉 '과학의 민주화'가 절실한 것이다.[12]

기후변화, 전염병, 탈핵인권, 평화적 공존 등 지속가능 사회 관련 문제들은 개별 국가 차원으로는 도저히 해결할 수 없는 문제들로 전 지구적 차원의 '확장된 공동체'가 함께 풀어야 한다. 이 공동체는 질 높은 집단지식(집단지성), 미래역량, 세계시민의식을 갖추어야 한다.

혁신학교가 추구하는 교육 목표는 바로 이 '확장된 공동체' 구성원, 즉 미래역량을 갖춘 세계시민을 육성하는 것이다. 미래역량은 현재 삶과 유리되는 것이 아니라 현재의 연장선으로서의 미래 사회에서 살아갈 삶의 역량을 의미한다. 혁신학교에서는 학생들이 민주적 학교문화 속에서 민주시민성을 키운다. 학생들은 교과활동, 비교과 활동 모두에서 교육과정에 대한 자기결정권을 상당 정도 행사하고 있다. 수업의 주체일 뿐 아니라 각종 행사 활동도 대부분 학생들이 주체적으로 기획하고 운영한다. 생활교육도 수업이나 교육과정과 별개로 진행되는 것이 아니라 교육과정 속에 융합되어 있으며 수업과정으로 이루어진다. 선도위원회도 참여수업의 일종이다. 학생들은 3주체의 하나로서 학생생활규정 제정과 개정을 함께 한다. 초등학교에서도 학생다모임을 통해 테마별 수학여행 기획 등 자신들과 관계된 사항을 스스로 결정한다. 학생들이 스스로 문제를 제기, 해결하는 자치활동은 자율성과 창의력, 협력과 배려를 배우는 역동적인 시공간이다.

혁신고는 미래역량 교육을 통한 공교육 정상화와 진학지도라는 두 가지 과제를 동시에 수행하고 있다. 대학입시 성과가 우선 목표가 아니지만 입시를 현실적인 구조로서 인정하고 대응하는 것이다. 중요한 것은 입시 대비를 미래역량 육성 교육의 일환으로 추진한다는 사실이다, 다행히도 학생부 교과 중심 전형과 학생부 종합전형이 존재하는 덕분에 가능하다. 혁신고 졸업생들은 고교생활이 이후의 삶과 대학 공부의 든든한 밑거름이 되고 있다고 이야기한다.

2) 삼각산고의 교육과정 혁신 사례

(1) 교육과정 혁신과 수업혁신의 연계

삼각산고는 2011년 개교와 더불어 혁신학교 운영을 시작했다. 처음부터 학교 운영 시스템뿐 아니라 교육과정, 수업 등 전체 영역을 동시에 바꾸어 왔다. 교육과정 혁신의 기본 원리는 (1) 유연한 교육 목표와 교육과정을 설정하는 것, (2) 참여수업과 피드백 중심 평가 등을 통해 교육과정의 내용을 채우며 계속 만들어 가는 것이다.

교사와 학생 모두가 참여자로서 상호작용을 주고받는 대표적인 참여수업 형태는 프로젝트 수업, 토론 수업, 글쓰기 수업, 협력 수업, 극화 수업 등이다.

[표 2] 참여 중심 수업을 통해 만들어 가는 교육과정 사례(연간계획표, 2014)
-1학년 〈과학과 기술〉 토론 수업

Key Word	주제	관련 단원	토론 형식
GMO	GMO 작물의 안전성 논쟁	식량 자원	Mini 시민합의회 (직소 기법을 변형한 토론)
AI, 바이러스, 신종 전염병의 발생	신종 전염병의 발생 원인과 대책 (살처분)	질병	바이러스 감염원 찾는 실험 수업 살처분 논쟁
반도체	반도체의 원리／불산 등 반도체 제조 공정에 사용되는 위험물, 영화 〈또 하나의 약속〉 적정기술과 첨단기술	정보 통신	눈덩이(Snowballing) 토론
정보 저장과 정보 활용	정보의 집적과 활용 개인정보 유출／BIG DATA	정보 통신	정보 유출과 사생활 침해에 대한 심각성 토론
기후변화	기후변화의 원인 및 대책 IPCC기후변화 협약의 논쟁 따라가 보기 -배출권 거래제, 탄소포집 기술, 개발도상국과 선진국 간의 기후변화 책임 규모 논쟁	환경	월드 카페
원자력 발전	원자력 발전의 원리 및 찬반 논쟁 핵폐기물 저장／후쿠시마 원전 사고	에너지	CEDA

재생가능 에너지	재생가능에너지의 종류와 원리 및 현실성 문제	에너지	삼각산고 재생가능에너지 투어(시민 햇빛 발전소, 지열 등) 재생가능에너지를 확대하고 현실화하기 위한 방안 찾기
하이브리드	하이브리드의 원리 및 적용 가능성	에너지	하이브리드가 적용되고 있는 제품 찾아보기
빈곤	식량증산 및 빈곤 문제	식량 자원	빈곤의 원인: 빈곤 지역 조사 및 대안에 대한 포스터 발표회
동물 실험	동물 실험의 찬반 문제	생명 윤리	찬반 토론 배틀

* 기본 계획상 각 주제별로 3차시를 진행하는데 1차시는 개념 이해 학습, 2차시는 실험, 3차시는 토론 수업으로 운영한다.

(2) 통합교육과정 운영

• 개념과 의의

통합교육과정 구성을 교육과정 혁신의 핵심 과제의 하나로 삼아 추진하고 있다. 특정의 주제, 역량, 과제 등을 중심으로 교과 내 통합, 교과 간 통합, 교과 수업과 창체활동 통합 등 다양하게 재구성한다.

• 사례

① 주제 중심 통합교육과정

- 도시생활 주제 중심: 강북구의 생활을 중심으로 도시생활에 관한 학생 탐구 활동 및 발표 수업을 진행

② 주제 중심 방과후 통합교육과정 '삼각산고 알ㅁ나무'(2015년)

- 몇 가지 주제를 선정해 이를 중심으로 문이과를 통합하고 교과와 비교과활동을 통합한 방과후 통합교육과정

③ 역량 중심 통합교육과정: 창의적 글쓰기(창체 학교 특색 자율활동)

- 핵심적인 미래역량인 소통과 표현 역량 육성을 위해 3년간 주당 1시

[표 3] 도시생활 주제 중심 통합교육과정

교과	교수학습 방법	차시	소주제	활동	평가
지리	강의, 조사 토의, 발표,	4차시	10대가 바라보는 희망찬 도시, 강북구	모둠별 탐구 주제 토의 -우리 동네 자랑거리 찾아 홍보하기 -우리 동네 문제점 찾고 해결책 모색하기 - 탐구 결과 PPT 발표	수행평가, 학생 상호 평가와 결합, 탐구발표 대회를 통해 탐구 결과를 공유
역사	과제 수행 및 발표	2차시 및 가정 학습	역사과 -발길 따라 배우는 서울 사람들의 현대 생활사 (강북구 중심)	-조별 혹은 개인별 주제 선정 및 문헌 조사 활동 -현지 답사 및 관련자 인터뷰 -조사 결과를 토대로 동영상 혹은 PPT 제작 및 발표	수행평가, 학생 상호 평가와 결합, 탐구발표 대회를 통해 탐구 결과를 공유
	과제 수행 및 발표	2차시 및 가정 학습	강북구 지도에 태양계 그리기	-지름 50cm의 짐볼을 우리 태양으로 가정하고, 태양의 크기를 측정하여 실제의 태양과의 축척을 계산하여 알아내기 -축척에 맞게 각 행성의 위치 계산하여 찾아가기(학교를 태양으로 가정) -강북구 지도를 토대로 태양계 그리기	수행평가

[표 4] 알믹나무 교육과정 개요

주제	1. 현대 과학기술의 발전은 인류사회에게 '멋진 신세계'를 열어 주는가?	2. 협동경제는 자본주의 경제의 대안이 될 수 있는가?	3. 원자력 발전소 추가 건설 찬반 토론
활동 1	필독서 독서 및 독후활동: 독서 후 원자력, GMO, 자동차, 스마트폰 중 한 분야 택해 과학에 대한 기술 편익 비용 분석과 해당 과학 기술 적용 찬반토론	토론 :지정 도서 1권 읽고 대주제 관련 소주제에 대해 토론	원자력 대해부 1) 토론대회 사전 활동 2) 팀별로 주어진 이슈(7개 중 하나) 조사 발표 3) 기본 도서 3권 읽기
활동 2	독서 토론 마당 1) 편익 기술 향유를 위한 비용 절감 방안 2) 행복한 기술개발을 위해 지켜야 할 행복기술 헌장 작성	특강-강북구 지역 협동경제 관련 시민 활동가와의 대화	2 대 2 토론대회 (토너먼트)

활동 3	특강 및 강사와의 대화: 주제 "초전도 기술과 적정 기술 운동"	독후감 대회: 지정 도서 1권	독후감 대회: 기본 도서 3권 중 1권+자신의 찬반 의견 독후감 작성
활동 4	독후감 작성: 마무리 활동. 최초 읽었던 지정 도서 독후감 제출		

[표 5] 창체 학교 특색 자율활동
-소통과 표현, 탐구 역량 육성을 위한 창의적 글쓰기 수업

	1학년	2학년		3학년	비고
초점	나를 성찰하기	나의 관심 분야 찾기		진학 및 취업에 대한 구체적 고민	- 자신을 성찰하는 글쓰기에서 자신의 진로 찾기, 삶의 좌표 세우기로 연결 - 각 학년 말에는 학급 문집 출판 - 시화전 및 수업 과정을 평가하는 백일장 개최 - 1인 1프로젝트 소논문 우수작 시상
		인문계열	자연계열		
기본 과제	- 소설, 시 쓰기, 시화 제작 - 서평, 독후감, 콩트 쓰기 - 영화 감상문 쓰기 - 자소서 쓰기	- 소설, 시 쓰기, 시화 제작 - 설명문, 논술문 쓰기 - 서평, 수필 쓰기 - 자소서 쓰기	과학탐구 방법론, 과학, 실험, 과학, 과학 체험, 영화 감상	- 자기소개서 쓰기(진학, 취업 등) - 구술면접 연습 - 1인 1프로젝트 소논문 쓰기 - 수리 논술	
심화 과제	- 자서전 쓰기 - 1인 1프로젝트 소논문 쓰기	- 실험보고서 쓰기 - 프레젠테이션 - 1인 1프로젝트 소논문 쓰기			

간씩 통합교과적 글쓰기 수업을 진행

- 학년별로 초점 및 기본 과제, 심화 과제를 차별화하고, 심화 과제의 하나로 2년 동안 모든 학생이 매년 1개의 '1인 1프로젝트 소논문'을 작성하도록 지도(3학년 소논문 쓰기는 희망자에 한함)
- 일회성 백일장을 지양하고 학생의 학습과정 전체를 평가하는 수업-대회 연계 시스템을 정립
- 1학년과 2학년 문과반은 국어과 교사가, 2학년 이과반은 과학과 교사가 지도
- 3학년 학생들의 경우는 진로진학 연계 맞춤형 동아리로 분반하여

3학년 담임교사들이 글쓰기, 구술 면접 대비 등 다양한 표현 활동을 지도
- 우수 작품 발표대회를 열어 성과를 공유하고 우수 작품집을 제작. 작품집은 이후 1인 1프로젝트 교재로 사용

[자료 1] 창의적 글쓰기 소감문

매주 1번씩 진행되었던 창의적 체험활동 글쓰기 수업 중에서 가장 기억에 남는 활동은 시 쓰기입니다. 우리 학교는 매년 가을에 전교생이 창작시를 쓰고 시화를 그리고 이를 축제 기간 중 전교에 전시하는 시간을 가집니다. 이때 잘 썼거나 못 썼거나 상관없이 전교생의 시를 모두 전시하기 때문에, 보통 때 엿볼 수 없었던 친구들의 마음속을 들여다볼 수 있어 참 좋았습니다.

시 쓰는 첫 시간, 글쓰기 선생님께서 마음속에 오래 머물러 있던 감정을 따라 시를 써 보라고 하셨습니다. 저는 제 마음속에 좋든 싫든 가족이 가장 많이 머물러 있다고 느꼈습니다. 가족에 대한 얘기를 쓰는 것은 식상하다고 느꼈지만 결국 전 늘 툭탁거리며 싸우게만 되는 동생에 대해 쓰기로 했습니다. 글쓰기 선생님은 그 누구도 아닌 나만의 이야기가 되도록 써 보라는 주문을 하셨습니다. 저는 다른 누구의 동생이 아닌 나만의 동생이 되도록 동생의 평소 습관이나 표정, 말투를 떠올려 보았습니다. 그러다 보니 무심히 지나쳤던 동생의 모습들이 하나하나 떠올랐습니다. 그렇게 시를 쓰면서 동생에 대해 화가 나 있던 마음이 가라앉고, '내 옆에 있지 않으면 허전한 사람'이 바로 동생이었다는 것을 새삼 느끼게 되었습니다.

④ 과제 중심 통합교육과정: 한 학기를 마무리하는 '나도 선생님' 프로젝트

- 목적
- 다양하고 흥미로운 학생 기획 수업을 통해 기말고사 후 학기말 수업의 충실도를 높이고 학생들의 다양한 역량 제고
- 수업을 준비하며 학생 스스로 1년 동안 배우고 실천해 온 일을 정리하는 계기를 갖기
- 수업 계획안과 수업 진행에 대한 멘토 교사의 지도를 통해 전공적합적 진로교육을 강화
- 참가 대상: 1, 2학년 신청자
- 프로젝트 기간: 2014. 12. 22(월)~2014. 12. 29(월)
- 내용
- 학생 기획 수업 운영: 학생들이 혼자 혹은 팀별로 다양한 주제의 수업을 운영
- 수업의 주제와 내용은 학생 스스로 선정: 진로 관련 주제나 관심 주제, 매점 협동조합 준비 등 학교 특색 활동, 동아리 활동 관련 주제 등
- 주로 토론 수업, 발표 수업, 극화 수업 등 참여 수업으로 진행

[표 6] '나도 선생님' 프로젝트 주제 예시

주제 선정 배경	주제 예시
특기 및 흥미, 진로 관련	호신술 및 낙법, 영화 속 과학 이야기, 분자음식, 과학기술 사회에 살아가는 시민의 자세, 영화, 이렇게 만들었어요, 우리나라 유물과 지형 정리, 비정상회담을 통해 알아보는 세계 문화, 글쓰기 수업 등
특기 및 흥미, 진로, 학기 중 프로젝트 수업 관련	기후변화, 공정무역, 공정여행, 영화, 이렇게 만들었어요 등
특기 및 흥미, 진로 관련성, 1인 1프로젝트 관련	팔레스타인-이스라엘 분쟁, 다문화교육 등
특기 및 흥미, 진로, 동아리 활동 관련	영어 그림책 수업
수업 애로 사항 해결하기	고등학교 조별 과제 심리학
학생 중심 특색 활동 협의 및 홍보	협동조합 매점을 준비하자

4. 과제와 물음

2016년에는 '알파고 충격'이 한국 교육의 위기감과 더불어 교육개혁 논의를 촉발시켰다. 미래 사회 대비를 위한 교육개혁의 핵심은 교육과정을 바꾸는 일이다. 현재 전국의 혁신학교들이 미래역량 육성을 위한 교육과정 혁신을 추진하고 있으나 크게 두 가지 한계에 부딪치고 있다.

하나는 새로운 학력을 포함한 미래역량 개념과 방법의 모호성이다. 혁신학교 스스로가 각자 개념을 규정하고 방법을 탐색하고 있는 실정이다. 배움은 무엇이고 학력은 무엇인가? 학력과 역량의 관계는 무엇인가? 양자는 동일한 것으로 정의될 수 있는가? 미래역량관의 정립을 바탕으로 학교에서 미래역량 육성을 위해 적용할 수 있는 방법론에 대한 전문적 지원이 절실하다.

다른 하나는 미래역량을 교육과정/수업/평가를 통해 육성할 수 있는 토대가 형성되어 있지 못하다는 점이다. 국가교육과정의 과도한 통제력, 검인정 교과서 중심 체제, 입시 체제, 선다형 평가 및 성적 등급 체제 등을 그대로 둔 채로 미래역량을 담아 낼 수 없다. 미래역량 논의는 앞서가고 그것을 구현할 체제는 뒤처져 있는 현실이 개혁되지 않으면 혁신학교에서조차 교육과정 혁신은 한계를 가질 수밖에 없다. 이를 위해 필요한 교사들의 교육과정 자율권과 평가권은 어느 정도까지 확보될 수 있는가?

| 생각해 보기 |

1. 개인별 학습계획 및 교육과정을 집단학습 및 학급 교육과정과 어떻게 결합시킬 수 있을까?
2. 교사들의 교육과정 공동 설계 과정에서 인식론의 차이나 가치관의 차이로 인해 이견이 생길 때 어떤 합의나 조정을 할 수 있을까?
3. 통합교육과정을 운영하고자 할 때 부딪치는 어려움들은 무엇이며 이는 어떻게 넘어설 수 있는가?
4. 국가교육과정은 어느 수준까지 제시되는 것이 바람직한 것인가? 검인정 교과서의 대안은 무엇인가? 교사에게 지금 필요한 교육과정 자율권은 무엇인가?

1. 윌리엄 E. 돌(William E. Doll Jr.) 외, 『교육과정과 포스트모더니즘의 시각』, 김복영 옮김(교육과학사, 1997), 254

2. 양미경, 『교육과정 및 교수방법』(교육과학사, 2003), 54.

3. 윌리엄 돌에 따르면 근대 교육과정 성립에 영향을 미친 중요한 역사적 사건은 더 거슬러 올라갈 수 있다. 16세기 중엽 칼뱅 이래로 curriculum이라는 개념의 어원인 라틴어 '마차경주로'(currere)는 마땅히 가야 할 '삶의 길 또는 삶의 과정'이라는 의미를 갖게 된 것이다. 교육과정이 '정규 학습과정이나 훈련 과정'이라는 개념은 프로테스탄티즘과 부르주아적, 상업적, 자본주의적 문화의 터전에서 탄생했다. Jr. William E. Doll, "Complexity and the Culture of Curriculum". *Complicity: An International Journal of Complexity and Education*. Vol. 9. No. 1 (2012), 10-29.

4. 엘우드 커벌리(Ellwood P.Cubberley), 『공립학교에서의 행정』, 1916; 윌리엄 돌 외, 『교육과정과 포스트모더니즘의 시각』, 77에서 재인용.

5. 데이비스와 수마라, 『혁신교육, 철학을 만나다』, 현인철 옮김(살림터, 2011), 120~121.

6. 클라우스 슈밥(Klaus Schwab), 『제4차 산업혁명』, 송경진 옮김(새로운 현재, 2016), 12~13. 슈밥은 이 변화가 가히 역사적인 것이라고 주장한다. 기하급수적인 변화 속도, 범위와 깊이에 있어 과학기술 융합으로 만들어진 개개인, 경제, 기업, 사회의 패러다임 전환, 시스템 충격을 수반할 만큼 복잡성의 증가로 볼 때 그러하다는 것이다.

7. 윌리엄 파이너(William Pinar), 『교육과정 이론이란 무엇인가?』(문음사, 2005), 259~260.

8. 복잡성 과학은 1970년대에 일관된 논의 체계를 갖춘 학문으로서 세상의 복잡성에 주목한다. 복잡성은 사물을 이루는 대단히 많은 단위 간의 상호작용과 간섭이 엄청나게 많은 것을 의미하며, 복잡성이 만들어 내는 무질서와 질서의 뒤엉킴 속에서 거시적으로 볼 때 나타나는 질서가 바로 복잡(적응)계이다. 에드가 모랭, 『복잡성 사고 입문』, 신지은 옮김(당대, 20010), 54~55.

9. 데이비스와 수마라, 『혁신교육, 철학을 만나다』, 245~250.

10. 데이비스와 수마라, 『혁신교육, 철학을 만나다』, 253~254.

11. 에드가 모랭, 『미래의 교육에 반드시 필요한 7가지 원칙』, 고영림 옮김(당대,1999), 79.

12. 홍성욱, 『홍성욱의 과학 에세이』(동아시아, 2008), 178~180.

- 김정안 외.『주제통합수업』. 맘에드림, 2013.
- 김지수 외.『진짜공부』. 맘에드림, 2014.
- 서용선 외.『혁신교육 미래를 말한다』. 맘에드림, 2013.
- 서울 신은초 교육과정 연구교사모임.『리셋 교육과정 재구성』. 맘에드림, 2015.
- 양미경.『교육과정 및 교수방법』. 교육과학사, 2003.
- 장대진 외.『혁신학교 무한도전』. 인물과사상사, 2014.
- 홍성욱.『홍성욱의 과학 에세이』. 동아시아, 2008.
- 데이비스와 수마라(Davis, Brent & Sumara, Dennis).『혁신교육, 철학을 만나다』. 현인철 옮김. 살림터, 2011.
- 돌, 윌리엄 E.(Doll, Jr. William E.) 외.『교육과정과 포스트모더니즘의 시각』. 김복영 옮김. 교육과학사, 1997.
- _____. "Complexity and the Culture of Curriculum". *Complicity: An International.*
- *Journal of Complexity and Education.* Vol. 9. No. 1. 2012, 10-29.
- 모랭, 에드가(Morin, Edgar).『미래의 교육에 반드시 필요한 7가지 원칙』. 고영림 옮김. 당대, 2001.
- 설리번, 존 P.(Sullivan, John P.).『세 학급이 들려주는 창조적 집단 지성 학습』. 현인철 외 옮김. 씨아이알, 2013.
- 슈밥, 클라우스(Schwab, Klaus).『제4차 산업혁명』. 송경진 옮김. 새로운 현재, 2016.
- 헤이스와 테이(Hase, Stewart & Tay, Boon Hou). "Capability for complex systems: beyond competence", in Proceedings of Systems Engineering/ Test and Evaluation Conference, SETE 2004. Focusing on project success(Adelaide, 8-10 November 2004).

- **김정안 외.『주제통합수업』. 맘에드림, 2013.**
서울형혁신학교 초, 중, 고 7개교가 1~2년 동안 운영한 주제중심 통합교육과정과 수업 사례를 소개한다.

- **김지수 외.『진짜공부』. 맘에드림, 2014.**
혁신고등학교 졸업생들이 겪은 혁신학교 이야기. 혁신학교교육철학과 교육 활동을 통해 배우고 성장했는지를 이야기해 주고 있다.

- 서용선 외. 『혁신교육 미래를 말한다』. 맘에드림, 2013.
  현장 교사 출신 전문가들이 혁신 사례를 토대로 혁신학교 철학 및 그에 기반을 한
  역량중심교육과정과 변혁적 리더십 등 학교 운영에 꼭 필요한 내용들을 기술했다.

- 서울 신은초 교육과정 연구교사모임. 『리셋 교육과정 재구성』. 맘에드림, 2015.
  학년별 주제중심 통합교육과정 재구성 사례.

- 장대진 외. 『혁신학교 무한도전』. 인물과사상사, 2013.
  혁신학교 천왕초 6학년 교사들이 아이들과 함께 생활한 1년간의 교육과정.

- 데이비스와 수마라(Davis, Brent & Sumara, Dennis). 『혁신교육, 철학을 만나다:
  복잡성 이론 교육 실천의 뿌리를 찾아서』, 살림터, 2011.
  복잡성 교육철학이 현실에 어떻게 접목되는가를 보여 준다.

- 모랭, 에드가(Morin, Edgar). 『미래의 교육에 반드시 필요한 7가지 원칙』. 당대,
  2001.
  프랑스 복잡성 철학자 에드가 모랭이 세계 여러 지역 전문가들의 감수를 받아 출간
  한 책으로 지속가능한 미래 교육을 위해 필요한 원칙들을 제시. 교육이 미래의 힘을
  제공하기 위해서는 지식이나 사고방식이 왜, 어떻게 바뀌어야 하는지를 설명해 주고
  있다.

- 설리번, 존(Sullivan, John P.). 『세 학급이 들려주는 창조적 집단 지성 학습』, 씨아
  이알, 2013.
  복잡성 철학에 비추어 세 교실의 집단적 학습과 집단지성의 창발을 관찰한 연구서.

4장

함께 만드는 수업과 평가

수업은 학교교육 활동에서 가장 많은 비중을 차지하고 있다. 그동안 교실이라는 폐쇄적인 공간에서 교사 개인의 몫으로 철저하게 묶인되어 왔던 수업은 이제 교사와 교사, 교사와 학생 간의 상호 소통과 협력에 의한 것으로 변화되어야 한다. 더욱이 수업의 목적이 단순 지식 전달이던 시대는 이제 과거의 일이 되고 있다. 상호 소통과 협력에 의해 개방적으로 이루어지는 수업이야말로 학생의 삶의 태도와 능력을 기르며, 교사의 전문성을 향상시킬 수 있는 동력이다.

서로 배우고 성장하는 수업

강민정

1. 왜 서로 배우고 성장하는 수업인가

1) 수업혁신의 필요성

학교에서는 다양한 교육 활동이 이루어진다. 학교에서 이루어지는 교육 활동 중 가장 많은 시간과 비중을 차지하는 핵심 교육 활동은 수업이다. 혁신학교에서는 다양한 교육혁신 시도들이 이루어지고 있다. 한마디로 총체적인 학교교육 내용과 방식 및 학교문화의 혁신이 이루어지고 있다. 이와 같은 학교혁신은 수업의 혁신과 교육과정의 혁신에서 비로소 완성된다. 물론 이것이 단계적인 것은 아니다. 그러나 학교교육 활동의 혁신은 지속적이고 일상적인 수업혁신과 동시적으로 이루어져야 한다.

교사들마다 각자의 수업 방식이 있고 수업관이 있다. 그러나 대부분 교실 안에서 이루어지는 수업은 큰 틀에서 일정하게 공통의 원리와 형태를 띤다. 교과서 중심 수업, 교사 강의 중심 수업이 그것이다. 너무나 오랜 전통이 있고 가장 고전적이며 정통적인 수업 방식으로 인식되어 온 이 같은 방식에 대부분의 교사들은 익숙해져 있다. 그 효과와 무관하게 학생들 역시 이런 수업 방식에 익숙해져 있음은 말할 필요도 없다.

많은 교사들이 스스로를 수업 전문가라고 생각하고 있다. 또한 '수업은 교과 내용에 관해 어느 정도 완성된 수준인 교사가 미완성 상태인 학생들을 가르치는 것'이라는 생각이 일반적인 수업관이다. 그래서 수업에서 가장 중요한 것은 교사에게 집중하는 것, 교사의 지시를 잘 따르는 것이 된다. 근본적으로 수업에서 학생들의 주체성과 참여는 이 한계 안에 있다. 학생들이 학습과 배움의 주체라는 인식은 학교 담장을 넘어 복도쯤까지 들어오지만 교실 문턱을 넘지 못하고 이리저리 배회하다 어디론가 사라지는 것이 일반적이다.

학교교육의 문제는 결국 교실 안에서 이루어지는 수업 속에서 드러나고, 수업의 한계는 학교교육이 봉착하게 되는 한계의 가장 강력한 원인이 된다. 아이들 태반이 자고 있는 교실, 소수의 아이들만이 수업을 통해 배움의 축적을 경험하는 교실, 교사와 아이들 사이에 소통과 상호작용이 사라진 교실, 수업 속에서 성취와 자긍심을 느끼는 날들이 점점 줄어드는 교사. 이런 교실, 이런 수업을 혁신하지 않고는 학생도 교사도 만족감과 행복감을 느끼는 학교교육은 불가능하다.

2) 수업은 역동적 관계 맺기의 과정

(1) 학교 수업의 목적

수업의 목적은 무엇일까? 수업을 통해 학생들에게 어떤 배움과 성장이 일어나도록 해야 하는가? 교과지식을 체득하게 하는 것이 수업이라는 게 일반적인 생각이지만 과연 학교에서 이루어지는 수업의 목적을 그렇게 규정하는 게 타당할까? 아마도 단순한 교과지식 습득을 목적으로 하는 수업이라면 학원 수업을 듣는 것이 더 효과적일지도 모른다.

학생들의 논리적 사고력, 비판적 사고력, 공감능력과 예술적 감수성, 자기표현 능력을 기르는 것도 수업의 목적이다. 각 교과의 지식은 이런 능력을 기르기 위한 기초이자 매개 역할을 할 것이다. 이런 능력들은 순수하게 독립적으로 획득되는 것은 아니다. 각 요소 간 상호 연관 관계 속에서 형성되거나 혹은 더욱 촉진되기도 한다. 예를 들어 비판적 사고력을 위해서는 논리적 사고력이 밑받침되어야 하고, 각각의 능력들은 쓰기나 말하기, 발표하기 등을 통해 표현능력과 결부되어 발전하기도 한다. 교과에 따라 이러한 능력 중 특정한 능력을 키우는 일에 더 효과적인 교과가 있을 수 있다. 그렇다고 특정 교과의 절대적 필요성이 성립되지는 않는다. 학교에서 가르치는 교과의 종류는 끊임없이 변화해 왔다. 때로는 통합되기도 하고 때로는 새로운 교과가 신설되고 때로는 있던 교과가 폐기되기도 한다. 이는 현재의 교과체계가 고정불변이 아님을 뜻한다. 그러니 교과 내용과 교과지식에서 수업의 의미와 목적을 찾는 것의 한계는 너무도 분명하다.

교과의 통합이나 폐기, 신설과 같은 변화는 거의 전적으로 초·중·고에서의 교육은 학문 그 자체나 혹은 전문적 연구능력을 기르는 것이 아니라 공민(公民, 국가 사회의 일원으로서 그 나라 헌법에서 정하는 모든 권리와 의무를 가지는 독립생활을 하는 자유민)을 기르는 것에 그 목적이 있기 때문에 초래되는 결과다. 즉 공교육인 초·중·고 학교교육에서 이루어지는 수업의 목적은 민주시민으로서 필요한 자질과 능력을 갖추도록 하는 것에 있다. 이것이 학교 수업과 학원 수업의 가장 근본적인 차이다.

따라서 수업은 텍스트로서의 교과 내용 그 자체만이 목적이 아니라 그것을 매개로 자신의 생각이나 느낌을 표현하고, 다른 사람들의 생각과 느낌을 이해하고, 그 과정에서 서로 다른 생각과 느낌을 존중하며, 그것들을 수용하거나 조정하거나 통합하거나 발전시켜 나가는 능력을 기르는 과정이어야 한다.

우리 아이들은 영화 한 편이 생산하는 가치가 기업 하나의 생산 가치와 맞먹거나 그걸 뛰어넘는 시대에 살고 있다. 또한 우리 아이들은 정보와 지식이 넘쳐나는 시대에 살고 있고 살아갈 것이다. 이와 같은 시대 변화는 수업이 단순한 교과지식의 습득이나 많은 양의 지식을 담고 있는 교과서를 떼는 것이 되어서는 안 되는 원인이 되고 있다. 지식의 양과 습득 속도가 수업의 목적을 규정하는 것은 이제 구시대에 속하는 것이 되었다. 초·중·고 공교육에서 이루어지는 수업의 목적 역시 이런 시대적 변화에 따라 텍스트에 담긴 교과 내용의 전달과 습득에 방점이 찍히는 게 아니라 지식을 의미 있게 다루고 새롭게 만들어 낼 줄 아는 능력을 기르는 것으로 그 무게중심이 이동되어야 한다.

(2) 소통과 공유를 통한 배움

왜 똑같은 수업 자료로 똑같은 교사가 수업을 해도 수업에 대한 만족도, 수업의 완성도, 수업의 결과가 달리 나타날까? 왜 때때로 성적이 높은 학급보다 성적이 낮은 학급 수업이 더 잘 이루어지는 걸까? 수업 시간에 다룰 교과 내용만 잘 정리되고 준비되어 있으면 수업이 잘 이루어질까? 다양한 시청각 자료와 재미있는 이야기를 준비해도 왜 수업 시간에 자거나 참여하지 않는 아이들 문제는 근본적으로 해결되지 않을까? 좋은 수업을 하고 싶은 것은 모든 교사들의 공통적 바람이다.

많은 교사들이 교사와 학생들 간에 친화적인 관계가 형성되어 있으면 수업 내용과 관계없이, 수업의 난이도와 관계없이 비교적 괜찮은 수업이 이루어진다는 것을 알고 있다. 그러나 그것만으로는 충분하지 않다. 학생들이 수업 내용을 자기 것으로 만들어야 수업의 목적이 제대로 달성되는 것이다. 수업 내용을 단순한 지식으로서 체득하는 것이 아니라 수업과정을 통해 가치와 태도도 체득해야 한다.

교사는 수업 내용에 맞게 적합한 수업 자료와 수업 방식을 준비해야 한다. 그리고 이를 재료로 가장 효과적인 수업이 될 수 있게 수업 설계를 해야 한다. 그러나 수업은 건축 설계와는 달리 설계가 그대로 물질화되지 않는다. 왜냐하면 수업의 주체는 벽돌이나 철근이 아니라 사람이기 때문이다. 따라서 설계도는 개개 학생들의 특징과 그 총화로서의 학급 상황에 따라 다양한 상호작용을 만들어 내며 역동적인 완성과정을 거친다.

매번 다른 분위기와 다른 결과가 나타나는 것은 수업이 결국 교사와 학생 사이의 관계 속에서 이루어지는 상호작용의 과정임을 가리킨다. 학급마다 학생들은 다르고 교사는 그 구체적으로 다른 존재인 학생들과 매 시간 만나는 것이다. 따라서 같은 교재, 같은 내용, 같은 수업 자료라 하더라도 그것을 받아들이는 학생들이 다르기 때문에 교사는 그 차이에 주목해야 한다. 왜 똑같이 하는데 이 반에서는 잘되고 저 반에서는 잘 안 될까? 아이들이 다르기 때문이다. 아이들이 다르다는 것은 아이들에게 책임이 있다는 것과는 전혀 다른 말이다. 그런데 때때로 우리 교사들은 그 원인을 아이들에게서 찾는다. 진짜 원인은 수업에서 교사의 역할이 그 차이를 감안하여 관계 맺기에 성공하거나 실패한 것에 있다. 교사는 수업 속에서 교과 내용을 매개로 학생들과 관계를 만들어 가는 것이다. 일방적인 방식은 상호작용이 만들어 내는 긍정적 힘을 살려내지 못한다. 교사 혼자 일방적으로 쏟아 내는 수업은 교사에게도 힘든 일이지만 학생들에게도 견디기 힘든 일이다. 좋은 수업이란 교사와 학생 상호작용이 잘 이루어진 수업이며 그럴 때 학습효과도 높다. 이 점에서 교사는 교과 전문성을 갖춰야 하지만 관계 전문가이기도 해야 한다. 교과 전문성보다 더 중요한 것이 관계 전문성이라 해도 과언이 아니다. 배움은 교사와 학생 사이에 좋은 관계 맺기 속에서 일어난다.

교사와 학생들의 직접적인 소통과 관계 맺기뿐 아니라 학생들 사이에 소통과 관계 맺기가 잘 이루어질 수 있도록 하는 것도 수업에서 교사의 중요한 역할이다. 왜냐하면 배움은 교사와 학생 사이만이 아니라 학생과 학생들 사이에서도 일어나기 때문이다. 지식을 자기 것으로 체득하기 위한 방법은 다양하다. 읽기, 듣기, 말하기, 쓰기, 문제풀기 등등. 그러나 가장 효과적인 방법은 다른 사람에게 가르치기다. 다른 사람을 가르친다는 것은 자기 자신이 그 내용을 가장 정확하게 이해할 때만 가능한 일이기 때문이다. 가르친다는 것은 내용에 대한 정확한 이해뿐 아니라 가르쳐야 할 대상에게 적합한 방식을 고민하게 함으로써 상대방에 대한 이해를 수반하는 과정이기도 하다. 관계 지향적 학습 방식은 인지적 학습 효과 면에서나 타인을 이해하고 관계 맺는 방식을 배울 수 있다는 점에서나 중요한 수업 방식의 하나로 일상화될 필요가 있다.

특정한 소수 학생이 이런 기회를 독점하지 않고 학생들끼리 서로 배우고 가르칠 수 있도록 하려면 서로의 생각을 나눌 수 있는 일상적인 소통과 공유가 가능한 학습 환경이 만들어져야 한다. 여기에 가장 적합한 것이 소규모 단위의 모둠학습과 협력학습이다.

(3) 삶과 결부된 수업

교육의 목표는 수업의 제1 목적이 되어야 한다. 공교육의 목표는 민주시민을 길러 내는 것이다. 아이들이 건강한 사회 구성원, 민주시민으로 성장할 수 있도록 돕는 것이 공교육의 목표다. 다른 사람을 존중할 줄 알고 약자를 배려할 줄 아는 것, 자신의 권리 행사에 무능하지 않으며 자신의 책무에 게으르지 않은 것, 차이를 인정하며 소통할 줄 아는 것, 그리고 자신의 삶을 스스로 헤쳐 나가기 위해 요구되는 생활의 지식과 예술적 감수성을 기르는 것이 그것이다. 교육을 통해 100명의 아이들이 이렇게 성장한다면 100가지, 아니 그 이상의 다양한 방식으로 우리 사회를 풍부하게 할 사회 구성원이 자라나는 것이다. 왜냐하면 아이들은 혼자가 아니라 서로 관계를 맺고 살아가게 될 것이기 때문이다.

수업을 통해서 아이들은 자신과 연관된 사람들과의 관계와 자기가 살고 있는 세계를 자기의 생활과 결부 지어 이해할 수 있어야 한다. 그래야 살아 있는 지식을 얻을 수 있다. 수업 시간에 배운 것이 자신의 삶을 이해하고 변화시키는 기제가 되어야 한다. 수업 시간에 배운 것이 자신과 직간접적으로 관계를 맺고 있는 사람들을 이해할 수 있는 계기가 되어야 한다. 이런 의미에서 PISA가 비판적 사고력, 협동적 문제해결능력, 과학의 사회적 책임, 환경감수성 등을 2015년 평가기준에 포함시킨 것은 시사하는 바가 크다.

자신이 경험했거나 자신의 문제라고 인식될 때 가장 이해의 폭과 깊이가 넓고 깊어지며 학습의 내면화가 잘 이루어진다. 삶과 결부된 수업은 수업의 목적뿐 아니라 수업 시간에 이루어지는 학습의 교육적 효과라는 점에서도 요구되는 것이다. 삶과 결부된 수업을 통해 아이들은 자기 자신의 경험뿐 아니라 함께 학습하는 다른 친구의 경험과 삶, 함께 생활하는 가족들의 경험과 삶 등으로 점차 확장적으로 나아갈 수 있을 것이다. 학습의 주체는 학생이고 자신이 배운 지식이 자신의 삶에 의미 있는 것으로 다가갈 때 가장 큰 학습 효과가 있다는 점을 생각한다면 교사는 매 수업 시간의 수업 내용들이 학생들의 삶과 맺고 있는 연관성 속에서 맥락적으로 이해될 수 있는 수업을 고민하고 준비해야 한다.

2. 서로가 성장하는 수업

1) 교사: 교사에게 최고의 교사는 동료 교사

(1) 수업공개

수업공개는 장기 기증의 고통을 수반한다? 많은 교사들에게 결코 우스갯소리로 치부될 수 없는 공감 가는 이야기일 것이다. 우리나라 교사 양성 과정에서 수업에 대해 깊이 있고 체계적으로 배우는 과정은 한없이 부족하다. 학교에 부임해서도 교사들은 학교 시스템이나 선배 교사로부터 수업에 대해 배울 기회를 거의 제공받지 못한다. 수업은 전적으로 교사 개인이 감당해야 하는 몫이다. 몇 시간의 교수학습법 강의와 한 달 교생 실습, 그중 몇 시간의 실제 수업으로 좋은 수업을 하는 교사가 갖춰야 할 것을 다 갖추기를 기대하고 있는 것이 현실이다. 이런 상황에서는 수업의 전문성을 갖추기도 어렵거니와 수업이 마치 교사 개인의 절대적 능력과 등치되는 결과를 초래한다. 그러니 수업공개는 교사 개인에게는 철저하게 개인의 능력을 드러내고 평가받는 자리로 여겨질 수밖에 없다. 이로부터 수업공개의 고통이 기인하게 된다.

그러나 수업이야말로 이론만이 아니라 다양한 임상적 훈련을 통해 개선되고 완성되어 가는 일이다. 따라서 이를 담당하는 교사들은 수업에 대해 끊임없이 배우고 연구해야 한다. 그래서 많은 교사들이 좋은 수업을 위해 다양한 연수를 찾아다닌다. 그러나 수업을 위한 학습은 이론이나 사례를 통한 간접 학습이 아니라 실제 자신의 수업을 분석하고 그 속에서 부딪치는 어려움을 드러내는 직접 학습의 방식을 통해 이루어져야 한다. 또한 다른 교사의 수업을 참관하고 이를 함께 연구하는 것만큼 수업에 대해 많은 것을 배울 수 있는 방법도 없다.

다양한 임상 경험과 학습을 하는 의사가 유능한 의사가 되는 것처럼 교사들도 수업에 관해 동일한 적용을 받는 것이라는 인식이 필요하다. 질병 현상에 대한 의사들의 치료 임상과는 달리 수업은 끊임없이 생동하고 변화하는 감정과 이성의 주체인 사람을 대상으로 하는 일이기 때문에 교사의 학습은 지적 학습 외의 영역을 포함하고 있다. 수업공개는 다양하게 발생하는 수업 상황들을 공유하고 이에 대한 교육적 해법들을 강구하기에 가장 적합한 학습 방식이다. 수업 개선을 위한 수업혁신을 도모하는 많은 혁신학교들에서 일상적인 수업공개가 이루어지고 있는 것은 이러한 이유 때문이다.

(2) 수업연구회

특정 시기에 같은 학교에서 근무하는 교사들은 같은 학교의 학생들을 대상으로 수업이라는 동일한 교육적 행위를 하는 주체들이다. 교사들의 전문성이란 이론적인 것이라기보다 실천적인 성격이 강하다. 이 실천성은 구체적인 학교 현장에서 구체적인 수업 장면이나 교육 활동 과정 속에서 체득되고 구현된다는 점으로부터 나온다. 같은 학교에서 근무하는 교사들에게는 일정한 특징을 갖는 특정한 학생들을 대상으로 하여 수업을 진행한다고 하는 공통의 과제가 부과된다. 따라서 개별 교사의 능력에 전적으로 의존하는 수업보다는 동일한 학생들을 대상으로 하는 교사들끼리의 공동 연구와 협력에 의거한 수업이 훨씬 더 좋은 수업이 되는 것은 말할 필요도 없다. 수업을 함께 연구하고 준비하는 교사들의 수업연구회는 다음과 같은 점에서 그 교육적 의미를 갖는다.

첫째, 수업연구회는 다양한 경험과 능력을 가진 교사들이 모여 수업을 연구하고 준비할 수 있게 해 그만큼 많은 전문성들이 합해져 교사 상호 간 학습이 일어나게 한다. 교과 내용이나, 수업 자료, 수업 방식 등에서 개별 교사의 한계를 뛰어넘는 풍부함을 제공해 준다.

둘째, 수업연구회는 학생들과의 관계에서 발생하는 어려움을 교사들의 협력적 관계 속에서 풀어 나갈 수 있는 일상적인 계기와 환경을 제공해 준다. 일반적으로 수업 시간에 참여하지 않거나 문제 행동을 일으키는 학생의 경우 대부분 여러 교과 시간에 동일한 행동을 나타낸다. 따라서 그런 학생들의 문제는 개별 교과나 개별 교사만의 문제가 아니라 여러 교과 교사 공통의 문제이기도 하다. 수업연구회는 교사들 사이에 이런 문제를 함께 드러내고 해결 방법을 찾아 나갈 수 있는 계기가 된다.

셋째, 관계 맺기는 관계의 당사자들 간에 서로에 대한 이해가 전제되는 행위의 과정이다. 그런데 개별 교사와 학생과의 관계는 양자가 가진 서로에 대한 인식에 제한받을 수밖에 없다. 그러나 교사들 사이에 집단적 소통이 이루어지는 수업연구회에서는 개별 학생에 대한 다양한 관점이나 경험을 가진 교사들이 의견을 나눌 수 있게 되어 학생에 대한 입체적이고 다면적인 이해가 가능해진다. 이는 교사와 학생의 일면적이고 편협한 관계 양식을 깨고 교사가 학생과 더욱 긴밀하고 풍부한 관계 맺기를 할 수 있도록 해 준다.

넷째, 교사들의 수업연구회는 직접적인 수업의 질을 높이는 외에 가르치는 주체인 교사들도 학생들과 마찬가지로 공동으로 학습하는 모범을 보임으로써 학생들에게 교사에 대한 신뢰와 간접적인 교육 효과를 제공해 준다.

다섯째, 교사들의 수업연구회는 교사들 간에 교육적 의제를 매개로 한 관계 맺기를 일상화하여 전문성과 동시에 공동체성을 높이는 효과를 가져온다. 이는 학교라는 조직의 결속도를 높이고 수업의 간접 환경을 긍정적으로 변화시킨다.

최근 많은 혁신학교들에서 수업의 질을 높이고 학교 교육력을 높이기 위한 방안으로 교사들 간에 다양한 형태의 수업연구회가 시도되고 있다. 당연히 학교교육 활동의 근간인 수업연구를 위한 교사수업연구회(혹은 동아리)가 활발하게 조직·운영되고 있다. 교사들이 일상적으로 수업에 대해 생각과 이야기를 나눌 수 있는 기회가 만들어짐으로써 자연스럽게 교과 간 벽을 허물고 같은 주제나 연관성 있는 주제를 내용으로 하는 교사 간, 교과 간 협력 수업에 대한 모색도 훨씬 활발하게 이루어질 수 있게 되었다. 주제통합 프로젝트 수업이 많은 혁신학교들에서 진행되고 있는 이유이기도 하다. 주제통합 프로젝트 수업은 주제에 따라 수업의 교육적 효과를 높일 수 있는 방법이기도 하지만 교사들 사이에서 교육과정에 대한 고민을 구체화하고 교육과정을 직접 재구성해 보는 경험을 가질 수 있게 해 준다. 교사의 교사는 교사이며, 특히 최고의 교사는 같은 학생들을 가르치는 같은 학교의 교사라는 게 입증되고 있다.

2) 학생: 서로에게 배우는 수업

수업은 교사와 학생의 상호작용을 기본으로 하지만 그 못지않게 중요한 것이 학생과 학생 사이의 상호작용이다. 지식은 원리를 풀어 쓴 몇 개의 문장으로 표현되지만 그것을 자신의 것으로 이해하고 내면화하는 것은 훨씬 복잡한 과정을 거친다. 고도의 추상적 명제나 지식을 이해하는 것은 논리적 사고력을 통해 이루어진다. 그러나 앞서 언급한 것처럼 대부분 초·중·고 학교에서 배우는 지식은 학생들의 직간접적인 경험이라는 용광로를 통과하면서 자신의 것으로 내면화된다. 개별 학생들의 경험은 제한적이다. 교사나 동료 학생, 교과서와 같은 텍스트나 다양한 매체를 통한 간접 경험이 이 제한성을 극복하게 해 준다. 특히 비슷한 연령의 비슷한 발달 단계에 있는 동료 학생들의 경험이야말로 가장 효과적인 학습의 기제가 된다.

학생들은 서로 비슷하면서도 서로 다르다. 그래서 학생들 상호 간에는 다양한 관점과 다양한 측면에서 의견이 제시될 수 있고, 가장 확실한 공감과 이해과정을 공유할 수 있다. 이 점에서 수업 시간에 교사의 일방적인 이야기나 설명은 최소화하고 학생들 상호 간에 많은 이야기를 나눌 수 있도록 하는 것이 중요하다. 학생들끼리 함께 탐구하게 하는 것은 가장 좋은 수업 방법 중 하나다. 학생들은 서로에게서 배우기 때문이다. 소규모 단위의 모둠학습과 협력학습은 이를 일상적으로 가능하게 하는 조건이 된다. 모둠 단위의 학습과 학급 전체 차원의 공동 탐구를 유기적으로 결합시키는 것이 수업에서 교사의 중요한 역할이 되어야 한다.

학생들마다 학습능력이 다르고 잘하는 것이 다르다. 일반적으로 주지교과를 잘하는 학생들이 다른 교과도 잘할 가능성이 높은 건 사실이다. 그러나 주지교과의 비중이 지나치게 높고, 이 분야에서 잘하는 학생들은 그에 비례해서 학습능력에 대한 높은 평가를 받는다. 또한 이는 학생들에게 학습 효능감이나 학습 의욕 나아가 자존감에까지 영향을 미친다. 모든 학생들이 매 시간마다 자신의 이야기를 할 수 있고 그걸 인정받는 경험을 한다면 그 과정에서 소수 아이들이 아니라 모든 아이들의 자존감과 학습 욕구는 높아진다. 이런 수업 방식은 아이들의 학습을 더욱 깊이 있고 입체적인 것으로 만들어 준다.

뿐만 아니라 이러한 수업 방식은 학생들 상호 간에 차이를 배우고 각자가 가진 긍정적 면을 확인하고 공유할 수 있게 해 준다. 개방적이고 수용적인 관계 맺기, 협력적인 학습 경험을 가질 수 있게 한다. 수업을 통해 인지학습 면에서의 배움뿐 아니라 사람을 이해하고 함께 살아가는 태도를 배울 수 있게 한다. 수업을 통해 선순환적인 학습구조와 관계구조가 생겨날 수 있다. 수업은 학생들이 서로에게서 배우고 성장하는 과정으로 진행되어야 한다.

3. 서로 성장하는 수업 사례

전국의 많은 혁신학교들에서는 다양한 방식의 수업혁신 시도들이 이루어지고 있다. 다양한 수업 모형이 적용되고 있지만 교사 중심의, 일방적 강의 중심의 수업에서 탈피하여 학생 참여 중심의 수업이 이루어진다는 점에서 공통점이 있다. 학생들의 발달 단계에 따라 초등과 중등에서의 수업 형태에는 다소간의 차이가 있지만 동일 학교 교사들 사이에 수업을 함께 연구하고 준비하는 수업연구회가 운영되고 있다는 공통점도 있다. 교사의 잘 준비된 수업 설계와 교사-학생 간의 상호 작용, 학생-학생 간의 상호 작용이 유기적으로 결합되어 배움이 일어날 수 있게 하기 위한 노력이 이루어지고 그 성과들이 조금씩 나타나고 있다. 잠자는 아이들, 학습 의욕을 완전 상실한 채 수업에 참여하지 않는 아이들 모습이 교실에서 점차 사라지고 있다. 지식과 사람을 함께 배우는 수업, 자존감을 얻고 협력의 가치를 배우는 수업, 교사도 학생도 서로 성장하는 수업이 가능해지고 있다.

1) 초등

초등에서는 학생들의 활동 중심 수업을 위해 많은 혁신학교들에서 수업 시간 두 시간을 묶고 20~30분의 쉬는 시간을 갖는 블록 수업 시간표를 운영하고 있다. 그리고 교육과정을 재구성하여 주제통합수업을 실시하는 경우가 많다. 수업을 위해 교사들 간에 교육과정과 수업에 대한 사전 연구와 토론이 이루어지고 함께 역할을 나누고 협력하는 과정을 거친다. 수업 방식은 특정한 수업 모형을 획일적으로 통일하지 않고 학급의 교사와 학생에 따라 가장 적합하다 여겨지는 방식으로 진행한다.

다음은 A초등의 5학년 수업 사례다.

5학년 통합교육과정의 일부

녹색안전봉사회	•나라 세우기, 무역과 문화 교류(벽란도), 불교, 신분제와 여성의 삶, 대외관계(몽골)
도형 (합동, 넓이)	•수학·미술 교과 통합 •삼각형의 합동, 평면도형의 넓이, 테셀레이션 디자인
생활 속 입체	•수학·미술·실과 교과 통합 •육면체의 전개도를 활용하여 정리함 제작
식물	•국어·과학·실과·미술 교과 통합 •식물의 구조와 기능에 대한 학습 및 조사 발표

집중 수업 '고려시대' 수업

고려시대 주제별 수업 개괄

블록(분량)	학습 주제	학습 내용	주요 활동
1블록	고려, 나라 세우기	• 후삼국의 통일 • 고려 왕의 고민과 그 해법	스토리텔링과 즉흥 역할극
2블록	벽란도의 하루	• 벽란도를 중심으로 한 고려의 무역	연극
1블록	고려 사람들과 불교	• 삶과 밀착된 생활형 불교	역사학자 되어 보기
2블록	신분제와 여성의 삶	• 고려의 신분제 • 고려 여성의 삶 • 무신의 난과 집권	연극 역사학자 되어 보기
1블록	대외 관계(몽골)	• 몽골의 침략과 저항	스토리텔링
1블록	고려를 마치며	• 공부한 내용 정리 • 고려시대 소감 나누기	한 줄 정리 및 글쓰기 역사 골든벨

2) 중등

교과 구분이 명확하고 교과 담당 교사에 의해 수업이 이끌어지는 중학교에서는 초등과 같이 통합적인 교육과정 재구성 시도보다 개별 교과 수업을 함께 만드는 방식이 보다 일반적이다. 수업연구회의 조금 발전된 형태로 복수의 교과들이 협력하여 주제통합 프로젝트 수업을 진행하기도 한다. 수업 개선을 위해 수업연구동아리나 수업연구회 형태가 운영되고 있다. 여러 교과 교사들이 범교과 수업 공동 설계를 통해 수업활동지를 함께 만들어 수업에 적용해 보고, 이를 다시 수정하는 과정을 통해 수업을 실질적인 공동 작업으로 만들기도 한다. 아래는 B중학교의 사례다. 교사-학생-학생 간의 상호작용이 일어나는 실제 수업 장면의 자료는 아니지만 제시된 자료들을 통해 수업과정과 이를 위한 교사들의 협력적 관계를 그려 낼 수 있을 것이다.

1년 동안 학교 전 교사가 수업공개를 하고 수업연구회를 운영하는 경험을 하고 작성된 소감문이다.

- 수업연구회 운영 원칙 및 수업 관찰 방식
1. 전체 교사가 모두 수업공개를 한다.
2. 수업공개 방식은 학년별 수업연구회와 교과별 수업연구회로 진행한다.
3. 수업연구회는 촬영이 아니라 학급을 실제로 남기고 실제 참관하는 방식으로 진행한다.
4. 매주 특정 요일을 수업연구회의 날로 정한다.
5. 수업연구회를 학기당 1회씩 지역 내 타 학교 교사들에게도 공개한다.
6 수업 관찰 방식
- 교사의 수업 기술에 집중하지 않는다.
- 수업 교사에게서 배운 점을 이야기한다.
- 아이들의 활동을 주로 관찰한다.

- 교사가 교사에게 배우다

그동안 학교의 교실은 교사와 학생들만의 공간이었고 닫힌 공간이었다. 기존의 공개수업이나 연구수업이 지나치게 교사의 수업 지도 기술 면에 초점을 맞추어 진행되었고 일상적인 수업의 과정이기보다는 새로운 수업 기술을 전시하는 성격이 강했다. 이런 이유로 공개수업이나 연구수업이 교사의 수업지도 능력을 향상시키고 일상적인 수업에 그 성과가 피드백되는 것은 쉽지 않은 일이었다. 무엇보다 교사들이 자기의 교실을 여는 것 자체가 엄청난 부담으로 작용할 수밖에 없었다.

우리는 수업혁신을 위한 가장 효과적인 연수는 다른 어떤 것도 아닌 동료 교사의 수업을 많이 보는 것임을 지난 1년 동안의 수업연구회를 통해 확인할 수 있었다. 일상적으로 이루어지는 보통의 수업을 언제든 동료에게 열어 함께 수업의 문제를 공유함으로써 지금까지 경험하지 못했던 새로운 경험들을 할 수 있었다. 20년 이상 수업을 하면서 자신의 과목이 아닌 다른 교과의 수업을 볼 기회는 전혀 없었다. 그러나 수업연구회는 자기 교과 외에 다양한 교과 수업을 참관할 수 있게 해 주었다. 그 경험을 통해 서로 다른 교과목이지만 수업 일반이 갖는 공통의 문제들을 타 교과에서는 어떻게 해결해 나가는지를 배울 수 있었다. 또한 교과가 다르기 때문에 가질 수 있는 그 교과만의 특성을 살린 수업에서 내 수업에 적용할 만한 새로운 아이디어를 얻어 낼 수도 있었다. 같음과 다름의 변증법적 통합이라고나 할까? 이것이 책 속에서가 아니라 실제 수업 현장의 실천적인 관찰 과정에서 이루어지기 때문에 그 효과들이 더욱 쉽고도 의미 있는 것으로 다가오게 되었다. 지난 1년의 과정을 통해 어떤 교사의, 어떤 과목의, 어떤 수업에서도 배울 것이 최소한 한 가지 이상은 있다는 것을 알게 되었다. 수업을 디자인하는 다양한 형태, 아이들을 수업에 참여시키는 다양한 팁, 아이들과 교사가 관계를 형성하고 소통하는 다양한 방식들에 대해 풍부한 경험을 가질 수 있게 되었다.

이제 우리 학교는 교사들이 학교의 공식적인 일과의 하나로 서로의 수업을 열고 관찰하고 토론하는 새로운 문화가 형성되게 되었다. 이제야 비로소 수업 전문가로서의 교사의 모습을 되찾기 시작한 것이다. 수업연구회는 끊임없이 교사들로 하여금 수업에 대해 고민하고 연구하도록 자극하는 계기가 되었다. 대부분의 교사들은 아이들의 배움이 일어날 수 있도록 교과 내용을 재구성하고 아이들의 활동을 자극할 수 있는 활동지를 매 시간 만들었다. 이제 더 이상 몇 년 전에 만들었던 학습지나 지도안을 가지고 그대로 수업을 하는 교사는 찾아 볼 수 없다. 내 수업이 동료 교사의 발전의 밑거름이 되는 경험, 동료 교사의 수업을 통해 내 수업이 발전하는 계기를 얻는 경험은 아주 특별하고 소중한 경험이었다.

• 학생이 스스로 배우다

솔직히 말해 혁신학교를 시작하면서 수업혁신에 대해 본격적으로 고심하기 전에는 수업을 바라보는 시각이 거의 전적으로 교사 중심의 사고였다. 아이들을 수업의 주체로, 배움의 주체로 생각하기보다는 수업의 대상으로 간주하는 사고에서 벗어나지 못했다. 교사가 '열심히 가르친다'는 것과 학생이 '잘 배운다'는 것은 전혀 다른 차원의 문제이며 일치하지 않는 경우가 많다는 것에 대해 진지하게 고민해 보지 못했다.

수업의 중심은 '배움'이고 그 배움의 주체는 학생이다. 교사는 학생들의 배움이 잘 일어나도록 도와주고 이끄는 역할을 하는 것이다. 학생은 다양한 관계와의 소통을 통해서 배움의 과정을 경험하고 배움에 도달한다. 교재와의 관계, 친구와의 관계, 교사와의 관계에서 의미 있는 소통이 일어나게 함으로써 배움이 이루어진다. 학생들은 수업에서 다양한 활동을 직접 수행하면서 스스로 배움의 과정에 도달하게 된다. 이제 더 이상 학생들은 교사로부터 배우는 것이 아니라 교사의 도움을 받아 스스로 배우게 된다.

교사는 학생들이 배움에서 어려워하고 막혀 있는 부분을 찾아내고 그것을 해결해 나갈 수 있도록 하는 다양한 활동을 한다. 아이들의 발언과 질문을 수업 내용과 연결 짓고 수업에서 이루어지는 다양한 활동과 이야기들을 수업의 핵심 내용과 연결하여 계속적으로 되돌리기 하면서 배움의 깊이를 다져 주는 역할을 한다. 이제 교사는 일방적으로 수업 내용을 던져 주는 사람이 아니라 아이들이 스스로 배움의 과정에 도달하도록 섬세하게 관찰하고 그것을 조직해 주는 사람이다.

아이들은 친구의 질문과 설명을 통해 교사가 설명해 주는 것보다 훨씬 쉬운 언어로 배움의 내용들을 자기화한다. 아이들은 어려워하는 친구들에게 설명하고 가르쳐 주는 것을 통해 자신의 배움을 더욱 깊이 다져 나간다. 그리고 이 과정에서 아이들은 단지 새로운 지식만을 배우는 것이 아니라 다른 사람과 소통하는 방식, 다른 사람을 도와주고 관계를 형성하는 것을 익히게 된다. 그리하여 아이들은 교사의 도움을 받아 스스로 배우는 과정을 축적하게 된다. 이것이 우리가 진정으로 수업을 통해 아이들에게 주고자 했던 것이 아닐까?

4. 과제와 물음

1) 수업혁신의 출발은 교사로부터

누구에게나 자신에게 익숙한 지금까지의 방식이 편하다. 또 그것의 장점을 더 신념화하게 된다. 학교교육 혁신의 핵심은 무엇보다 수업혁신에 있다. 모든 교사는 좋은 수업 하는 것에 대한 열망을 가지고 있다. 그런데 이제 좋은 수업이란 더 이상 교과서 내용을 정리해 주고 이해시키는 것이 아닌 시대로 접어들고 있다. 배움이 즐거운 수업, 교사와 학생의 소통과 교감이 잘 이루어지는 수업을 위해 교사들이 기존의 자기 수업을 성찰하고 변화시키는 데 나서야 한다. 교사의 준비와 공력에 비례해 수업이 살아난다면 힘들어도 어쩌겠는가. 그것이 교육 전문가인 교사의 몫이고, 보람인 것을. 교사가 변화할 때, 아이들도 변하고 학교교육도 변한다.

2) 수업을 위한 교사들의 협력과 공동 작업

수업은 더 이상 교사 개인의 몫이 아니다. 교사들이 함께 연구하고 협의하며 준비해서 만들어지는 수업은 수업에 대한 교사의 부담을 줄이고, 수업에서의 교사 전문성을 향상시켜 주는 가장 효과적인 방법이다. 협력과 소통 능력이 강조되는 시대, 교육에서 아이들에게 갖추어 주어야 할 중요한 덕목이 되고 있는 시대다. 교사들 역시 소통과 협력을 공동 수업연구나 공동 수업 만들기를 통해 실천해야 한다. 민주적이지 않은 교사가 민주주의를 가르칠 수 없듯 소통하고 협력하지 않는 교사가 소통과 협력을 가르치기는 어려운 일이다. 일상적으로 자기 수업을 열고, 필요할 때 언제나 다른 교사의 수업을 보고, 그것에 대해 함께 의견을 나누며 이 과정 속에서 서로가 성장하는 수업혁신 노력이 필요하다.

3) 교사들이 함께 수업을 연구할 수 있는 여건 조성

학교는 다른 무엇보다도 교사들이 수업연구와 수업 준비를 잘할 수 있는 여건을 제공해 주어야 한다. 수업을 위한 교사들의 공동 작업을 위한 별도의 연구 시간을 배정하고, 여타 업무로부터 자유롭게 해 주며, 재정적 지원을 해 주어 학교에서 교사들의 공동 수업연구가 안정적으로 진행될 수 있도록 되어야 한다.

| 생각해 보기 |

1. 좋은 수업이란 어떤 수업일까?
2. 나의 수업은 교과서와 지식 전달 중심으로 이루어지고 있는 것은 아닌가?
3. 우리 학교 동료 교사들은 수업을 주제로 함께 협의하고 연구하는가?
4. 우리 학교는 교사들이 수업 개선을 위해 노력할 수 있도록 지원하고 있는가?

• 김정안 외. 『주제통합수업』. 맘에드림, 2013.
  서울형혁신학교로 지정된 7개 혁신학교들이 지난 1~2년 동안 운영한 주제 중심 통합교육과정과 수업 사례를 소개한 책.

• 남경운·서동석·이경은. 『아이들이 몰입하는 수업 디자인』. 맘에드림, 2014.
  이 책은 혁신학교에서 같은 학교 교사들끼리 교과의 벽을 넘어 범교과 수업 모임을 통한 공동 수업 설계 경험과 사례를 소개하고 있다.

• 박현숙. 『교사는 수업으로 성장한다』. 맘에드림, 2012.
  '배움의 공동체' 수업 모형을 적용하여 수업혁신에 성과를 만들어 낸 장곡중학교의 수업혁신 사례를 소개하며 동료 교사들과 함께한 실천을 바탕으로 학교를 배움의 공동체로 만들기 위한 과제와 방법을 제시하고 있다.

• 이준희 외. 「혁신학교의 전문적 학습공동체 구현 양상 및 활성화 방안 연구」. 서울특별시교육청 연구정보원 교육정책 연구소, 2015.
  혁신학교의 전문적 학습공동체 구현 양상 및 활성화 방안 연구는 수업을 비롯해 다양한 형태로 이루어지는 교사공동학습 사례를 분석하여 그 교육적 효과를 정리한 서울시교육정책연구소의 연구보고서.

최근 교육 현장에서는 전문가학습공동체에 주목하는 새로운 흐름이 형성되고 있다. 몇 개 지역청에서는 학교마다 전문가학습공동체 운영을 권장하고 예산 지원까지 하는 정책적 지원을 하고 있다. 전문가학습공동체는 교사들 간의 협력적 문화를 형성하고, 수업 및 교육의 질을 개선하며, 나아가 교사 스스로 교육과정을 재구성하는 능력을 제고하는 데 결정적 역할을 한다.

전문가학습공동체

강민정

1. 왜 전문가학습공동체인가

1) 전문가학습공동체의 필요성

많은 교사들이 좋은 수업과 효과적인 교육을 위해 연수를 비롯한 다양한 학습을 끊임없이 하고 있다. 그 형태는 대부분 교사 개인 차원의 학습이거나 학교 단위를 넘어서 교과나 교육 활동별로 비슷한 관심을 가진 교사들 간의 학습이다. 하지만 개인적 차원의 학습은 상호 학습의 시너지 효과를 얻을 수 없고, 학교를 넘어선 교사 간의 학습은 공동 실천과 피드백의 시너지 효과를 얻기가 어렵다. 공교육에서 이루어지는 모든 교육 활동은 기본적으로 학교 단위에서 구현된다. 또한 교사들의 학습은 지적 수준에 머물지 않고 실천적 성격을 띠는 것이 그 특징이다. 이 점을 고려한다면 교사들의 학습이 학교 내에서 공동학습 형태로 이루어지는 것이 가장 바람직하다.

사회의 급속한 변화와 이에 따른 교육 환경의 변화, 교육에 대한 사회적 요구의 변화는 교사들이 지속적인 학습을 해야만 하는 요인이 되고 있다. 특히 지식을 다루고 창조할 줄 아는 능력을 기르는 교육의 중요성이 더욱 커지면서 교과지식 전달자의 역할보다는 복잡한 사회와 그 속에서 이루어지는 삶에 대한 이해와 태도가 길러질 수 있도록 하는 교사의 역할이 더욱 커지고 있다.

이로부터 개별 학교 단위에서 교사들의 전문가학습공동체의 필요성이 발생한다. 최근에는 학교 교육력 제고를 위한 해법으로 전문가학습공동체에 주목하는 경향이 세계적인 추세이기도 하다. 교사들이 교육 전문가로서 전문성을 높이기 위한 공동학습에 집중하려면 우리 학교교육 환경의 변화가 요구된다. 학교 밖 사회에서는 교육 전문가로서 교사에 대한 인식과 신뢰가 형성되어야 하며, 학교 안에서는 교사들의 자율성을 충분히 보장해 주는 민주적 리더십과 교사들이 교육 활동에 전념할 수 있도록 하는 업무구조 혁신이 동시에 이루어져야 한다.

교육의 질은 교사의 질을 넘어서지 못한다는 이야기가 있듯이 교사들의 전문가학습공동체는 교사들의 전문성을 높일 뿐 아니라 학교 교육력을 높이는 중요한 기제가 될 것이다.

2) 공교육 위기 해결책으로서의 전문가학습공동체

(1) 교육 원리로서의 공동체성

배움의 욕구는 다양한 동인에 의해 형성된다. 그러나 배움이 현재의 나로부터 더 성장한 내가 되고자 하는 의지적 선택의 행동인 한 그 기저에는 스스로에 대한 자존감이 기본적으로 존재해야 한다. 자존감이란 '나는 괜찮은 사람'이라는 스스로에 대한 긍정의 인식이다. 자존감이 '나는 무엇인가 잘할 수 있는 사람'이라는 자신감의 원천이 되고, 이러한 자신감이 잘하고 싶은 욕구, 배움에 대한 욕구를 형성시킨다. 그런데 이러한 인식은 타고난 것이거나 관계와 무관하게 개인의 내적 과정을 통해 형성되기보다는 자신과 관계를 맺고 있는 부모나 교사, 친구들과의 관계 속에서 신뢰와 존중을 받는 것을 통해 형성된다.

학생들의 학습의욕을 자극하고 이를 교육 활동을 통한 성장의 동력으로 전환시키는 작업이 학교교육이라 할 때, 당연히 학교 안의 인간관계는 상호 존중과 신뢰를 형성하는 것이 되어야 한다. 상호 존중과 신뢰는 소통과 협력의 원천이다. 서로 존중하는 속에서 소통과 협력이 일어나는 관계가 공동체성이 살아 있는 조직이나 집단이 되게 한다. 즉 공동체성이 관철되는 사회로서의 학교는 학생 개개인의 자존감을 살리고 이들 간에 소통과 협력에 의한 배움의 시너지 효과가 나타날 수 있게 한다. 하나의 획일적인 잣대에 의해 줄 세우기 식 관계가 아니라 학생들 각자가 가지고 있는 다양한 재능이 존중되는 관계에서는 서로의 재능이 다른 사람의 부족한 부분을 채워 줘 함께 성장하는 것이 가능해지기 때문이다.

상호 존중을 전제로 한 공동체성이란 각자의 자존감을 높여 개인의 학습과 성장을 도와줄 뿐 아니라 소통과 협력을 통한 종합적이고 다면적인 성장을 가능케 한다. 그러나 이와 같은 교육적 의미를 갖는 공동체성의 원리가 학교 안에 관철되기 위해서는 교사 개인이 학생들과 맺고 있는 관계만으로는 충분하지 않다. 교사들 스스로 관계 속에서 공동체성을 내면화해야 이를 학생과의 관계에서 교육적으로 유의미하게 실천할 수 있다. 또한 관계양식은 잠재적 교육과정으로서 중요한 교육적 행위이기도 하다. 이것이 교사들 사이에 공동체적 관계가 형성되어야 하는 이유다. 교사들 사이의 관계는 교육적 활동과 교육적 고민들을 매개로 이루어질 수밖에 없다. 따라서 교사들의 공동체적 관계는 교육 전문가로서 교육적 문제들을 함께 해결해 나가기 위한 전문가학습공동체의 형태를 띠게 된다.

(2) 공교육의 위기 극복책으로서의 공동체성 회복

학교 안팎에서 아이들을 압박하고 있는 경쟁의 원리는 더욱 강도가 세지고 있다. 줄 세우기 문화는 입시에 성공하는 소수 아이들을 제외한 대다수 많은 아이들에게 자괴감과 열등감을 내면화시킨다. 이런 환경에서는 소위 상위권 학생들조차 전인적 성장을 하기 어렵다. 매번 설문조사 때마다 1위로 나오는 진로교육에 대한 학부모들의 요구 역시 철저하게 이중적이다. 자녀들의 다양한 진로 가능성을 탐색하기 위한 교육적 활동을 요구하면서도 결국은 성공적인 진학교육에 대한 요구로 수렴된다. 진로교육에 대한 학부모들의 요구는 높지만 진학교육과 충돌하지 않는 범위에서의 진로교육을 바라는 것이 학부모들의 솔직한 심정이다. 이는 학교 밖 사회 구조 탓이니 학부모들의 이런 태도를 무조건 탓할 수만도 없다.

우리 사회가 교사에게 요구하는 것도 전인적 성장을 돕는 교육 전문가로서의 능력이라기보다 입시 전문가로서의 능력이 되고 있다. 2013년 조사된 '교사위상지수'에 의하면 우리나라가 교사에 대한 존경심에서는 21개 조사 대상국 중 최하위라고 한다. 이는 교사와 학생 사이에 신뢰와 소통의 관계가 파괴되었음을 말해 주는 지표다. 학교 안에서의 경쟁의 원리는 학교 밖, 학교 간의 경쟁의 원리로 확대되고 있다. 아이들의 전인적 성장보다는 입시 성공이 학교교육 성패의 지표가 되고 있다. 초·중·고 전 과정을 통해 대학 가기 유리한 학교와 그렇지 못한 학교가 뚜렷이 구분되어 학생들 줄 세우기가 학교의 줄 세우기로 확장되고 있다.

승자독식의 경쟁과 공동체성은 양립 불가능하다. 경쟁은 성공한 소수를 만들지만 전인적 성장이라는 교육적 목적과는 거리가 먼 결과를 초래할 뿐이다. 성공한 소수에 밀린 다수의 낙오자들은 교육의 과정과 결과 모든 면에서 피해자가 되고 만다. 학교 안에서의 공동체성 파괴는 학교 교육력을 현저히 저하시킨다는 점에서도 해결하지 않으면 안 되는 중요한 과제가 되고 있다. 경쟁 일변도의 공교육은 공동체성을 회복하는 교육으로 전환되어야 하며 그중 가장 핵심적이고 출발점이 되는 것이 교사들 사이의 관계이다. 전문가학습공동체는 교육적 문제들을 주제로 교사들 사이에 실천적인 상호 학습이 이루어지게 함으로써 공동체성을 회복하게 한다.

3) 새로운 교육 패러다임과 전문가학습공동체

교육은 공장에서 주물을 찍어 내는 일도, 만들어진 상품을 많이 파는 일도 아니다. 교육은 삶의 주체인 아이들, 감성과 지성을 가진 인격체인 아이들과의 소통과 상호작용을 통해 배움을 나누는 일이다.

세상의 변화 속도에 따라 교육에 대한 사회적 요구 또한 변화 발전하고 있다. 지식을 습득하는 능력이 아니라 필요한 지식을 찾아내고, 새로운 지식을 창조해 낼 줄 아는 능력이 중요해지고 있다. 한 개인이 습득하는 지식의 양이 아니라 정보와 지식을 다룰 줄 아는 능력이 요구되고 있다. 사회는 점점 정치, 사회, 경제, 교육, 문화 등의 상호 연관성이 깊어지고, 인간의 다양한 욕구들이 다면적으로 맞물려 더욱 복잡하게 돌아가고 있다. 이러한 사회에서는 한 개인의 능력이 아니라 서로 간 소통하고 협력하는 능력이 중요해진다. 지식과 정보를 다룰 줄 아는 능력 또한 이러한 사회와 그 속에 사는 인간에 대한 이해를 전제로 한다. 이제 아이들에게 필요로 되는 교육은 소통하고 협력하는 것을 배우는 것이 중심이 될 수밖에 없다.

또한 아직도 우리 교육에 대한 입시의 지배력이 강하게 작용하고 있긴 하지만 배움이 즐겁고 행복한 공교육에 대한 사회적 요구가 점차 높아지고 있다. 이처럼 변화된 교육 환경 속에서 교사의 지속적이고 일상적인 학습과 연구는 새로운 교육 패러다임으로의 전환과정에서 필수적인 요구가 되고 있다. 교사들이 다양한 교육적 문제들을 중심으로 학습함으로써 교육의 질은 높아진다. 소통과 협력의 원리가 관철되는 교육을 위해서는 교사들 스스로 소통과 협력의 관계에 익숙해져야 한다. 교사의 전문성은 교과지식에서 머무는 게 아니라 교육 방법에서의 전문성이 핵심이다. 교사들 간의 협력적인 전문가학습공동체는 이러한 전문성을 높이고 변화하는 사회에 대한 교육의 적극적인 적응력을 높이는 데 효과적인 방법이 될 것이다.

교육과정상에 봉사활동이나 창의적 체험활동 등이 등장한 것은 편향된 교과교육의 한계를 극복하고자 함이었으나 현실에서는 이조차 형식적으로 이루어지거나 철저히 입시에 종속되어 애초의 취지를 제대로 살리지 못하고 있다. 최근 몇 년 사이에 확대되고 있는 중학교 자유학기제나 덴마크 에프터스쿨을 벤치마킹한 서울의 오디세이 학교, 경기도의 꿈의 학교 등은 새로운 시도라 할 수 있다. 이러한 시도들은 수업을 비롯한 교육 활동의 내용과 방식에서 전면적인 변화를 요구하는 시대 흐름을 반영한 결과다.

이제 국가 단위로 짜인 교육과정을 그대로 따르기만 하던 수동적인 교육 활동의 영역은 점차 좁아지고 있다. 교사들 스스로 수업 내용과 수업 방식, 전체적인 교육과정의 재구성에 스스로 나서야 한다. 이는 교사의 교육권을 온전히 살리기 위한 올바른 방향의 변화이기도 하다. 이렇게 변화되고 있는 교육 환경에서 교사들이 수업을 비롯한 교육과정에 대해 함께 고민하고 연구하는 일은 교육 전문가로서의 교사 정체성을 회복하는 과정이기도 하다. 특히 같은 학생들을 대상으로 교육을 책임지고 있는 학교 단위에서 교사들이 전문가학습공동체를 운영하는 것이야말로 교육의 효과를 극대화시키는 가장 효과적인 방법이 될 것이다.

2. 무엇이 전문가학습공동체인가?

1) 전문가학습공동체란?

개인적인 노력에도 불구하고 거대한 입시교육체제의 커다란 톱니바퀴 안에 존재할 수밖에 없는 교사들은 교육 전문가로서의 자기 정체성에 혼란을 느끼고 교육적 열정과 의욕을 상실한 채 관성적인 교육 활동에 머무르는 경향이 점차 높아지고 있다.

최근에는 사회가 세계화, 정보화 등을 특징으로 하는 지식 기반 사회로 급속히 변화해 감에 따라 학교뿐 아니라 각 분야에서 전체 사회 구성원들은 스스로 학습을 주도하고 다른 구성원들과의 협력과 공동 탐구 collaborative inquiry를 통해 복잡한 문제들을 함께 해결해 나가는 능력을 요구받고 있다. 우리나라뿐 아니라 최근 미국 등지에서도 학교 교육력 제고를 위한 학교혁신 논의가 활발하게 일어나고 있다. 피터 센게Peter Senge는 교사의 전문가학습공동체의 효과를 지적하고 있다.[1] 맥러플린과 텔버트 McLaughlin & Talbert, 1993는 교사들이 협력적 탐구collaborative inquiry와 학습을 할 수 있는 기회를 많이 부여받을수록 자신들이 지니고 있는 경험과 지혜를 더 공유하고 개발할 가능성이 높다고 했다. 학교 구성원들의 학습력 증진을 주목적으로 지원적 공유 리더십과 지원적 환경, 개인 실천의 공유, 구성원들의 공동 탐구 등이 이루어지는 전문가학습공동체로 조직화된 학교에서는 교사들이 더 높은 헌신성을 보이고, 이로 인해 학생들의 학업성취가 증진되었다는 증거들이 제시되고 있다.[2]

전문가학습공동체란 학교 구성원, 특히 교사가 중심이 되는 학교 단위의 학습공동체로 네트워크화된 관계 속에서 협력과 반성을 통해 상호 학습을 목적으로 하는 학교 내의 전문가 집단[3]을 의미한다. 교사의 전문성은 단순한 지식 전달 역할과는 구별되는 교육적 실천 속에서 구현된다. 교사의 교육적 실천이란 학생들의 전인적 성장을 돕는 삶의 안내자, 관계 전문가로서의 능력을 요구한다. 전문가학습공동체는 교사를 포함한 학교 구성원들이 가치와 규범을 공유하고 협력적 관계 속에서 지속적인 학습을 하는 것을 근간으로 한다.

2) 혁신학교와 전문가학습공동체

(1) 혁신학교 혁신 방식의 특징

혁신학교는 목적의식을 가지고 우리 교육이 직면하고 있는 문제들을 해결하며 학교교육을 교육 본질에 맞게 정상화하고자 노력하는 학교이다. 그리고 자율성에 기초하여 민주적으로 운영되는 교육공동체다. 지금까지 교육문제를 해결하기 위한 다양한 개혁 시도들이 이루어져 왔다. 교육부나 교육청 단위에서 이루어진 학교교육 개혁은 학교 구성원들의 자발적 요구에 기초하기보다 교육 당국의 정책으로 추진되는 톱다운Top-down 방식이었다. 따라서 부분적인 성과에도 불구하고 이러한 시도들은 학교교육 변화를 근본적으로 추동하지 못하고 사업 종료와 동시에 그 성과가 축적되지 못하고 사라지는 한계를 반복해 왔다. 왜냐하면 학교 밖의 관점이나 요구에 의한 개혁 시도는 현장에서 제기되는 문제에 대한 학교교육 주체들의 문제의식이나 요구와는 일정한 거리와 온도차를 가질 수밖에 없기 때문이다. 이에 비해 교과연구회나 교과교사모임, 여러 교사단체들의 교육개혁 노력은 비교적 교육 현장에 기초한 교육개혁 시도에 속한다 할 수 있다. 그러나 이러한 시도들 역시 구체적인 교육 활동이 이루어지고 있는 학교라는 공간적 범위를 넘어선 주제별, 사안별 협력 방식에 의한 개혁 노력이라는 한계가 있다.

교사와 학생 사이의 미시적인 교육적 활동뿐 아니라 교육정책이라고 하는 거시적인 교육 활동조차 궁극에는 학교라는 단위 안에서 구체화되고 실현된다. 따라서 공교육의 혁신을 도모하는 모든 교육혁신 시도는 결국 학교교육의 변화로 나타날 수밖에 없고 나타나야 한다. 이 점에서 학교를 단위로 하여 학교 구성원들에 의해 자발적이고 자율적으로 이루어지는 교육 활동 개선 노력이야말로 교육혁신을 가장 효과적으로 실질화할 수 있는 방법일 것이다. 혁신학교에서는 학교교육의 주체, 그중에서도 교육 전문가인 교사들에 의한 자발적이고 자율적인 교육개선을 위한 노력들이 활발하게 이루어지고 있다. 그 결과 혁신학교에서는 연수나 장학과 같은 전통적인 교사 전문성 향상 방식이 아니라 자발적이고 자율적인 전문가학습공동체를 통한 전문성 향상 노력들이 적극적으로 이루어지고 있다.

(2) 민주적 학교 운영과 전문가학습공동체

민주주의란 한편에서는 각 구성원들이 자신의 문제를 스스로 해결할 수 있는 권리를 부여하는 것이지만 다른 한편에서는 주체가 되는 각 구성원들이 스스로의 결정에 대해 책임을 나누어지는 것을 기본으로 한다. 스스로 계획하고 집행하며 이를 지속적으로 개선해 나가기 위해서는 주어진 방침을 이행하는 것을 넘어서서 학교교육 활동에 대한 주체적인 연구와 고민이 요구된다. 교사들이 교육과정을 고민하고 구성하며, 이를 어떠한 방식으로 실천할 것인가, 교육과정에서 발생하는 문제들은 무엇이며 이를 개선하기 위한 방안은 무엇인가에 대해 끊임없는 연구가 이루어져야 한다.

개별 교사에게 발생하는 문제처럼 보이는 것도 결국은 여러 교사들이 공통적으로 겪고 있는 문제인 경우가 많고, 학교교육 활동 자체가 학년이나 교과 등 교사 개인을 넘어서 함께 협의하고 협력하지 않으면 안 되는 교육 활동들이 거의 대부분이다. 혁신학교는 학교교육 활동을 개별 교사의 수준이 아니라 교사들 간의 수평적 협력 방식에 의해 실천함으로써 학교교육의 효과성을 높이고자 한다. 특히 교사 개개인이 학교공동체의 일 주체로서 스스로 교육 활동을 기획하고 실천하며 책임지는 민주적인 학교 운영을 지향하기 때문에 이를 위해 스스로 교육 활동의 내용들을 생산하기 위한 다양한 전문가학습공동체를 운영하고 있다.

(3) 혁신학교 전문가학습공동체의 특징

그동안 교원 전문성 신장을 위해 사용된 전통적인 방법은 주로 다양한 형태의 연수와 장학활동 등이었다. 최근 연수와 장학활동에서도 관료주의적 한계를 극복하기 위한 일련의 시도들이 이루어지고 있다. 그러나 아직도 이러한 연수 및 장학 활동들은 형식적이거나 학교 현장의 요구를 기반으로 하지 못한 내용이나 방식으로 이루어지는 경우가 더 많은 게 현실이다.

자발성에 기초하여 자율적으로 운영되는 혁신학교의 전문가학습공동체는 어떤 정형화된 형식이나 매뉴얼을 갖지 않고 구성원의 자기 성장과 집단의 문제 해결을 위한 자발적 참여와 지속적인 연구와 토론이 이루어진다는 점에서 기존의 연수 및 장학활동과는 그 성격을 달리한다.

혁신학교에서 주로 운영되고 있는 전문가학습공동체는 개방적인 상호작용과 소통, 반성적 대화와 토론에 의한 공동 학습의 방식으로 집단적 성장을 추구하고 있다. 이는 학교교육의 개선이 개별 교사의 노력이 아니라 학교 구성원 전체의 협력으로 학교 단위의 총체적 변화에 의해서만 가능하다는 것을 혁신학교 교사들이 공동으로 인식하고 있기 때문이다. 개별 교사들의 참여와 협력에 의해 운영되는 전문가학습공동체에서는 개인의 성장과 조직의 성장이 동시에 이루어진다. 학습의 주요 내용은 교사 개인의 지식, 기능의 개발, 취미와 흥미보다는 학생들의 성취 향상을 위한 교육과정, 수업 개발 등 학교 전반의 문제 해결을 위해 집단의 역량을 구축할 수 있는 것들로 주로 이루어져 있다. 전문가학습공동체가 갖는 주요한 관심사는 학생들의 배움learning이다. 전통적 학교에서는 학습teaching이 강조되었다면 전문가학습공동체에서는 배움이 중시된다. 전통적 학교에서는 학습 실패의 책임을 학생들에게서 찾는 데 반하여, 혁신학교에서는 학습 실패의 원인을 학생이 아닌 교육 방식, 교육 내용, 교육 환경 등에서 찾고 이를 개선하기 위한 적극적인 노력을 위해 전문가학습공동체를 운영한다.

(4) 혁신학교의 전문가학습공동체 유형

혁신학교에서 이루어지고 있는 전문가학습공동체의 학습 방법은 대규모 연수와 교육보다는 동료 교사에 의한 토론, 상호 피드백과 지원, 코칭coaching, 공동 수업, 팀티칭 등의 형태를 띠고 있다. 혁신학교에서는 다양한 교사학습동아리나 교육 활동의 각종 주제를 매개로 한 연구회 등이 활발하게 운영되고 있다. 이 중 가장 대표적인 것이 수업연구회다.

　개인의 성공적 삶과 사회발전을 위해 요구되는 핵심역량을 구명하기 위해 OECD가 추진한 DeSeCo(Definition and Selection of Competencies) 프로젝트[4]에서 제시한 21세기에 필요한 핵심역량들에서도 드러나듯이 자율성과 이를 기반으로 한 사회적 관계역량을 키우는 일의 중요성은 시대적 요구가 되고 있다. 이러한 시대적 흐름의 결과 최근 토론 수업이나 협력 수업, 모둠 수업, 팀 프로젝트 수업 등 기존의 강의 일변도의 일제식 수업 형태에서 탈피한 새로운 관계 지향형 수업 모델들이 적극 시도되고 있다. 혁신학교에서는 이와 같은 수업 모델들을 구체적으로 적용하려는 수업혁신 노력들이 비교적 활발하게 이루어지고 있다. 기존의 수업혁신 노력과 혁신학교에서 이루어지는 수업혁신의 가장 큰 차이는 같은 학교에 근무하는 교사들이 수업연구회(혹은 수업연구동아리)를 구성하여 수업에 대한 경험을 공유하고 상호 학습을 통해 실천적인 피드백을 실시하는 학교 단위 전문가학습공동체를 운영한다는 점이다.

　이 외에도 생활교육이나 학생자치, 창의체험교육, 진로교육 등 학교에서 이루어지는 다양한 교육 활동들과 관련하여 관심 있는 교사들이 함께 연구회나 학습동아리를 만들어 학습하는 일이 활발하게 전개되고 있다. 최근 일부 교육청에서는 혁신학교에서 이루어진 성과에 주목하여 학교교육 개선을 위해 교사들의 전문가학습공동체가 갖는 중요성을 인식하고 이를 정책적으로 지원하기 위한 적극적인 노력을 하고 있다. 예를 들면 교사학습 동아리를 위한 예산 지원을 한다거나, 학교 단위에서 자체적으로 이루어지는 전문가학습공동체의 학습과정을 공식 직무연수로 인정해 주는 제도 개선 노력 등이 그것이다.

3. 전문가학습공동체 운영 사례[5]

전문가학습공동체는 교사의 개인적인 관심사에 대한 단순한 지적 욕구를 해소하고자 하는 단순 학습 서클이 아니다. 학교의 교육 활동 과정에서 발생하는 문제들을 동료 교사와의 협력적 학습을 통해 해결하고자 하는 실천적 학습 단위다. 많은 혁신학교들에서는 교사들로 구성된 전문가학습공동체의 운영을 학교의 공식적인 활동으로 인정하고 이를 위한 시간과 공간, 재정적 지원을 하고 있다.

전문가학습공동체는 학습동아리나 주제별 교육연구회가 가장 전형적이지만 학교에 따라 학년별 연구모임 등 다양한 형태로, 1년 단위로 연중 지속적으로 운영되는 경우도 있고, 주제나 사안에 따라 단기적으로 집중 운영되는 경우도 있다. 또한 기본적으로 자발성에 기초하여 운영되기 때문에 의무적이고 강제적인 운영을 지양하고 자율적으로 운영하는 것을 원칙으로 한다. 전문가학습공동체가 학교에서 안정적으로 운영되려면 교사들이 교육적 문제들에 에너지를 집중할 수 있도록 하는 학교 환경이 필요하다. 따라서 교사들의 자율성을 존중하는 민주적인 리더십과 이를 최대한 지원하려는 지원적 리더십이 요구된다.

1) 초등 사례

통합교육과정이 적용되고 있는 초등의 경우에는 학년 단위로 교육과정을 재구성하기 위해 동학년 교사들이 운영하는 전문가학습공동체가 중등보다 상대적으로 더 활성화되어 있다. 수업이 교육과정의 핵심 요소이기 때문에 교육과정 재구성을 위한 전문가학습공동체의 활성화는 자연스럽게 수업연구회와 같은 학습공동체 운영을 자극하기 용이한 여건을 갖는다. 이 외에도 생활교육이나 학생 활동 등 다양한 교육문제들을 주제로 한 전문가학습공동체가 운영되고 있다. 다음은 A초등학교 사례다.

업무전담팀은 경력이 많은 선배 교사들이 맡아 주고, 수업혁신에 대한 갈증이 높은 후배 교사들은 학년에 들어가 수업혁신에 집중하는 여건이 마련되었다. 수업에 대한 고민이 주요한 일상이 되면서 업무에서의 유능함보다는 수업에서의 탁월함이 빛을 발하는 학교문화가 만들어졌다. 각 교사들의 개성 있는 교육 활동은 주변 동료들에게 건강한 자극이 되고 좋은 교육 활동은 학년이나 학교 전체가 함께 하면서 교육과정이 자리를 잡아 갔다.

전문성 신장은 개인의 역량만으로는 돌파하기 어려운 측면이 있기 때문에 언제나 동료들과의 교류를 필요로 하며 그러다 보니 동학년과의 협조 체제는 거스를 수 없는 대세가 되었다. 사실 혁신학교 첫해만 하더라도 동학년 협의회는 수업보다는 행사 위주의 논의가 중심이 되었던 것이 사실이다. 그러나 해가 갈수록 협의의 성격은 교육과정이나 수업협의회 중심으로 변화했고, 지금은 학년 단위의 작은 교사회로서 학년 운영의 모든 것이 이 회의를 통해 결정된다. 그러다 보니 최소 주 2회의 동학년 협의회가 열리고, 이 시간을 확보하기 위해 학교 행사를 잡지 말아 달라는 학년의 요청으로 화요일과 목요일로 고정 운영하고 있다.

수업연구회는 학년에 따라 다르기는 하지만 학년별로 보통 1년에 5~6개 정도의 연구 주제가 잡히는데, 그중 한 주제는 수업공개용 주제가 된다. '집중수업'이라고 하여 하나의 주제를 일정 기간 동안 집중적으로 배우는 방식을 채택하고 있는데 수업공개를 할 때에도 집중 수업 주제를 보여 준다. 이걸 준비하는 동안 교사들은 많은 양의 독서와 검색, 토론 등을 벌인다. 그렇게 논의한 결과를 학년 공통 수업 계획서로 제출하며 각 반은 공통 수업 계획서의 하위 차시 중 하나를 수업으로 공개한다. 일반 학교에서는 공개수업의 경우 한 교사가 한 차시 수업을 준비하는 것에 그친다면 개별 차시를 넘어 하나의 큰 주제를 동학년이 함께 준비하고 그 속에서 자신이 어떤 차시의 수업을 할지를 결정하는 것이다. 동학년과 함께 고민하여 마련한 커다란 맥락 속에 자신의 수업이 있기 때문에 수업협의회에서 할 말은 당연히 많고 다른 사람의 수업을 본 후에도 나누게 되는 이야기는 깊이가 깊을 수밖에 없다.

동학년 협의회가 가로로 만나는 연구 공동체라면 수업연구 동아리는 세로로 만나는 연구 공동체이다. 관심 있는 주제나 연구 과제를 중심으로 학년에 상관없이 모여서 학습과 토론을 벌이는 방식이기 때문에 세로로 만나는 연구 공동체라 할 수 있다. 특히 동학년 협의회가 활성화되지 않았던 혁신학교 초기에는 이 수업혁신 동아리가 협력적 학습공동체를 이끌었다. 초창기에는 모두 9개의 수업연구 동아리가 있었다. '아이 눈으로 수업 보기'라는 수업 분석 동아리, '어린이 책을 활용한 수업 나누기'라는 어린이 도서 읽기 동아리, '통합적 접근 수업연구'라는 통합 재구성에 관한 동아리 등이 그것이다. 이후 수업혁신의 흐름을 동학년 협의회가 주도하면서 현재는 4개 팀으로 줄어든 상태다. 이렇듯 두 종류의 연구 공동체는 씨줄과 날줄이 되어 A 초등학교 교사들의 전문성을 신장시키는 역할을 톡톡히 하고 있다.

2) 중등 사례

중등의 경우에는 교육과정 재구성을 직접적인 주제로 하는 학습공동체보다는 수업 관련 학습공동체가 더 활성화되어 있는 편이다. 수업 공유를 포함한 다양한 수업 모델의 학습 및 적용, 주제통합 프로젝트 수업연구 및 준비 모임, 학생자치, 생활교육, 진로교육 등 다양한 주제로 전문가학습공동체가 운영되고 있다. 다음은 B중학교 사례다.

각 학년별 담임들로 구성된 학년부에서는 정기적인 공식 학년협의회가 이루어져 학년 차원에서 함께 풀어야 할 현안을 논의하는 과정을 갖게 되며, 이 과정이 곧 생활교육에 대한 교사학습공동체의 운영과정이된다. 또한 학년부는 이와 같은 정기적인 협의를 통해 이루어지는 공식적인 학습 외에 일상적인 학급 운영과 상담의 실제 사례를 같은 공간 안의 동료 교사로부터 간접 학습함으로써 비공식적 생활교육 학습공동체를 만들어 낸다.

2011년 혁신학교를 시작하는 첫해부터 수업혁신을 전체 교사의 공동 과제로 인식하여 이를 함께 풀어 나가기 위한 협동적 문제 해결, 공동체적 수업연구를 진행했다. 거의 매주 하루를 정해 전체 교사가 모두 연 1회 수업을 공개하고 수업공개 교사를 제외한 나머지 교사들은 학년별 혹은 교과별로 나뉘어 수업을 참관한 후 수업연구회를 진행했다. 1년 동안 총 46회(명)의 수업공개와 수업연구회가 진행되었고 이는 교사들에게 수업을 공유하고 서로의 수업에서 배우며, 함께 연구하는 학교문화를 체화하는 과정이 되었다. 수업 참관 후 진행되는 수업연구회에서는 교사들 사이에 학생 이해와 수업 디자인에 대한 토론이 이루어졌다. 전체 교사가 참여하는 일상적인 학습공동체를 통해 교사들은 수업의 질을 개선할 수 있는 다양한 배움의 기회를 가질 수 있었으며, 그동안 개별화되고 배타적인 공간으로 여겨졌던 교실 수업을 공동의 학습의 장으로 전화시키는 경험을 하게 되었다.

새로운 수업연구회라는 형식의 교사학습공동체는 기존의 비판과 논평 중심의 수업공개와 연구회와는 질을 달리하는 경험이었다. 학생들의 배움의 관점에서 함께 활동지를 고민하고, 다른 교과 수업을 통해서도 수업에 대한 배움과 자극이 이루어진다. 수업연구회는 다른 교과 교사들 간에 협력적인 프로젝트 수업에 대한 계기와 의욕을 형성하게 만들어 전체 학교 차원에서 프로젝트 수업이 시도되는 수준은 아니지만 교사들

간에 자연스럽게 같은 주제를 함께 협력해 진행하는 프로젝트 수업이 계속 이루어지게 했다.

이 외에도 보다 밀접하게 관련된 업무를 맡고 있는 교사들끼리 업무 협력과 동시에 상호 학습이 이루어질 수 있도록 창체교육연구회, 진로교육연구회, 학생자치연구회, 생활교육연구회 등을 구성하여 운영하기도 했다. 이는 학년이나 부서 간 벽을 허물고 업무협력협의회 형태로 정기적인 협의와 토론을 하는 전문가학습공동체의 새로운 시도다.

이와 같은 교사학습공동체 문화는 학생들 사이에도 공동체성이 형성되게 촉진하는 역할을 하며 학생에 대한 교육적 관심과 다양한 교육 활동을 시도해 보게 하는 요인으로 작용하고 있다.

4. 과제와 물음

1) 전문가학습공동체의 전제조건

아직도 학교에서 교육과정 운영에 교사의 자율적 참여가 보장되지 못하는 경우가 많다. 교사들의 전문가학습공동체가 운영되기 위해서는 교사들이 수업을 비롯한 교육적 문제들에 대해 스스로 고민하고 결정할 수 있는 풍토가 전제되어야 한다. 그래야 교사들의 공동학습은 실천으로 이어지고 이것이 학교교육을 변화시키고 성장시키는 역할을 할 수 있으며, 교사들의 참여 역시 단순 학습 차원을 넘어선 실천적인 학습이 될 수 있다.

2) 교육 활동에 대한 교사의 인식 전환

많은 교사들이 수업과 생활교육 등 교사의 교육적 행위는 교사 개인의 몫이라고 여기고 있다. 이는 한편에서는 교육에 대한 교사들의 책무성과 자부심을 높이는 것이지만 다른 한편에서는 교사들을 개별화시키고 교육 문제에 대한 교사들 간의 수평적인 교류와 협력을 방해하는 요인으로 작용하기도 한다. 그러나 상담이나 생활교육은 물론 수업조차도 교사들 간의 협업이 이루어질 때 그 효과는 극대화된다. 교사들이 교육 현장에서 겪게 되는 어려움조차 교사 개인 차원의 문제가 아니라 공통의 문제인 경우가 많다. 따라서 이제 학교에서 교사가 담당하는 모든 교육적 활동을 공동의 주제로 삼아 동료 교사와 함께 협의하고 해결해 나가야 하는 것으로 인식 전환이 이루어져야 한다. 교사에게 전문가학습공동체는 이제 선택이 아니라 필수가 되는 시대로 변화되고 있다.

3) 전문가학습공동체 운영을 위한 여건

전문가학습공동체가 안정적으로 운영되려면 교사들만의 의지로는 힘든 부분이 많다. 교사들이 함께 모여 공동 학습을 할 수 있는 시간적 여유와 공간이 필요하다. 이를 위해서는 교사들이 참여하는 전문가학습공동체가 학교의 공식적인 일로 인식되고 이를 위한 지원이 이루어져야 하며, 전문가학습공동체가 교사의 성장뿐 아니라 학교교육의 성장과 발전을 위해 필수적이라는 인식의 전환이 이루어져야 한다.

| 생각해 보기 |

1. 나는 교사의 전문성을 높이기 위해 어떤 노력을 하고 있는가?
2. 교사의 전문성을 높이기 위한 효과적인 방법은 무엇인가?
3. 우리 학교에는 전문가학습공동체가 운영되고 있는가?
4. 우리 학교에서는 전문가학습공동체가 운영될 수 있는 지원이 이루어지고 있는가?

1. 피터 센게(Peter Senge)는 『*The Fifth Discipline*』에서 '학습조직'(Learning Organization)에 대해 논하면서 새로운 것을 배울 수 있는 능력이 조직 발전에 가장 결정적 요인이며, 지속적인 발전을 추구하는 조직은 모든 구성원들이 성공할 수 있는 방법을 습득할 수 있도록 집합적인 경험과 재능 및 능력을 최대한 발휘할 수 있는 학습조직을 구성해야 한다고 주장했다. 피터 센게, 『제5경영』, 안중호 옮김(세종서적, 1996).

2. Camburn & Louins Bryk, "Professional community in Chicago elementary schools: Facilitating factors and organizational consequences", *Educational Administration Quarterly*, 35(supplemental, 1999), 751-781; McLaughlin & Talbert, *Building school-based teacher learning communities: Professional strategies to improve student achievement*(New York: Teachers College Press, 2006).

3. 김희규·주영효. "학교단위전문가학습공동체 형성 및 활성화를 위한 분산적 지도성 실행".『교육문제연구』 43(2012), 1-26.

4. OECD는 1997년부터 2003년까지 개인의 성공적 삶과 사회의 발전에 요구되는 핵심역량을 규명하기 위해 DeSeCo(Definition and Selection of Competencies) 프로젝트(2003)를 추진했는데, 이 프로젝트는 크게 세 범주로 핵심역량을 구분하고 영역별 하위 요소들을 다음과 같이 제시하고 있다. 첫째 영역은 상호작용을 위한 도구활용 역량(Using tools interactively)으로, 도구를 상호작용적으로 활용하는 능력으로 복잡하고 다양한 사회적, 물리적 환경 속에서 목표 달성을 위해 도구를 효과적으로 사용할 수 있는 능력을 일컫는다. 둘째 영역은 이질적인 집단과의 사회적 상호작용 역량(Interacting in heterogeneous groups)으로, 이질적인 집단 구성원들과 원만한 관계를 형성할 수 있는 능력과 다원화된 사회에서 다양한 문화적 배경을 가진 사람들과 원만하게 관계를 맺고 협력하며 갈등을 관리하고 해결할 수 있는 능력을 뜻한다. 셋째 영역인 자율적 행동 역량(Acting autonomously)은 자신의 삶을 자주적으로 관리할 수 있는 능력으로 주도적으로 자신의 생애를 계획하고 관리하며 책임이나 권익에 대해 인식함으로써 사회 속에서 자율적으로 행동할 수 있는 능력을 뜻한다. 이준희 외,「혁신학교의 전문적 학습공동체 구현 양상 및 활성화 방안 연구」(서울특별시교육청 연구정보원 교육정책연구소, 2015).

4. 이준희 외.「혁신학교의 전문적 학습공동체 구현 양상 및 활성화 방안 연구」, 서울특별시교육청 연구정보원 교육정책 연구소(2015)에서 일부 발췌.

- 김희규·주영효. "학교단위전문가학습공동체 형성 및 활성화를 위한 분산적 지도성 실행". 『교육문제연구』 43(2012), 1-26.
- 남경운·서동석·이경은. 『아이들이 몰입하는 수업 디자인』. 맘에드림, 2014.
- 엄기호. 『교사도 학교가 두렵다』. 따비, 2013.
- 이준희 외. 「혁신학교의 전문적 학습공동체 구현 양상 및 활성화 방안 연구」. 서울특별시교육청 연구정보원 교육정책연구소, 2015.
- 전교조학교혁신특별위원회(편). 『학교혁신 팟캐스트』. 참교육, 2015.
- 사토 마나부. 『수업이 바뀌면 학교가 바뀐다』. 손우정 옮김. 에듀니티, 2011.
- 센게, 피터(Senge, Peter). 『제5경영』. 안중호 옮김. 세종서적, 1996.
- Bryk, Camburn & Louins. "Professional community in Chicago elementary schools: Facilitating factors and organizational consequences." *Educational Administration Quarterly*, 35(supplemental, 1999), 751-781.
- McLaughlin & Talbert. *Building school-based teacher learning communities: Professional strategies to improve student achievement.* New York: Teachers College Press, 2006.

- **사토 마나부·손우정. 『수업이 바뀌면 학교가 바뀐다』. 에듀니티, 2011.**
  일본에서 진행된 배움의 공동체 실천 사례를 중심으로 수업을 매개로 한 교사학습공동체가 학교교육의 전반적인 변화로까지 발전하는 과정을 정리해 주고 있다.

- **엄기호. 『교사도 학교가 두렵다』. 따비, 2013.**
  학교 현실을 생생하게 드러내며 학교가 다시 성장을 꿈꿀 수 있는 공간이 되기 위한 해법으로 먼저 교사들이 '타자'를 만날 것을 제안하며 학생들, 자신과 다른 교육관을 가진 동료 교사와의 대화와 협력을 제안하고 있다.

- **전교조학교혁신특별위원회(편). 『학교혁신 팟캐스트』. 참교육, 2015.**
  전국의 혁신학교에서 일어나고 있는 다양한 혁신교육 사례들을 구체적으로 정리해 보여 준다.

협동학습을 매개로 교육에 대한 본질적인 문제의식을 함께 풀어 나가면서 그동안 간과하거나 지나쳤던 것들에 대해 진지하게 생각해 볼 수 있는 내용을 담으려 했다. 또한 현재 거론되고 있는 많은 수업혁신 관련 이론 가운데 협동학습에 대하여 '수업 기법=수업 방법론'이라는 관점을 뛰어넘어 "왜 협동학습인가?"에 대한 논의를 교육운동 및 교육철학적 관점에서 기술하고 있다.

살아 있는 협동학습

이상우

1. 왜 우리는 지금 협동학습을 말하는가

1) 협동학습의 문을 열며

학교 현장에 혁신교육 바람이 불면서 수업혁신이라는 것을 놓고 이런 수업을 해야 한다 저런 수업을 해야 한다고 말하면서 다양한 이론, 방법들이 난무하고 있는 모습을 보게 된다. 협동학습도 그 가운데 하나다. 그런 교육 현장에 '왜?'는 없고 '어떻게?'만 넘쳐나고 있어 또 다른 문제점들을 야기하고 있다는 것을 교사들은 알고 있는 것일까 의문이 든다. 과거 '왜?'에 대한 충분한 이해도 없이 '어떻게?=수업 방법론'이라는 측면과, 오로지 성적 향상이라는 왜곡된 목표에만 매진한 나머지 가열되었던 '열린교육Open education'을 둘러싼 논쟁의 교훈을 벌써 잊은 것은 아닌지 모르겠다. 현재 우리나라 혁신교육의 문제점 몇 가지만 살펴보면 아래와 같다.

(1) 혁신교육이라는 교육운동에 기반을 둔 '왜?'라는 시대적 가치와 문제의식들, 철학적 바탕이나 시대의 변화에 따른 필요성 등은 거론이 잘 되지 않고 있다.

(2) 혁신교육을 단지 다양한 교육이론이나 프로그램, 수업 방법의 도입 및 적용 정도로 인식하고 있다.

(3) 위와 같은 인식들이 각 지역 교육청으로부터 또다시 무분별하게 양산되고 있다.

위와 같은 모습을 지켜보면서 변화의 기로에 놓여 있는 우리나라의 교육이, 또한 혁신교육운동이 물거품이 되고 말 것 같은 걱정이 앞선다.

따라서 이 글에서는 혁신교육을 말하면서 거론되고 있는 많은 이론 가운데 협동학습에 대하여 '수업 기법=수업 방법론'이라는 관점을 뛰어넘어 왜 지금 우리는 협동학습의 필요성을 이야기하고 있는지, 협동학습이 혁신교육운동과 어떤 연관이 있는지, 이를 위해 학교 현장은 어떤 변화를 준비하고 실천해야 하는지 등에 대하여 이야기해 보고자 한다.

2) 협동학습, 무슨 뜻인가?

협동학습이란 학습 활동을 수행할 때 학습자 개인의 학습 목표와 동료들의 학습 목표가 동시에 최대로 성취될 수 있도록 학습자들 간의 상호작용과 역할 보완성을 활성화시키려는 학습 전략 중의 하나이다. 그러나 협동학습의 개념적 정의는 학습자들 간의 상호작용을 유도하는 방법이나 협동을 구조화하는 방식에 따라서 연구자들마다 약간씩 달리 설명하고 있다.

- Kagan: 교과에 관한 학생 간의 협동적인 상호작용을 학습 과정의 부분으로 받아들이는 일련의 교수 전략.
- Slavin: 학습 능력이 각기 다른 학생들이 동일한 학습 목표를 향해 소집단 내에서 함께 활동하는 수업 방법.

- Cohen: 모든 학습자가 명확하게 할당된 공동 과제에 참여할 수 있는 소집단 내에서 함께 학습하는 것.

① 모둠 안에서 학생들이 서로 토의하며 자신의 생각을 절충하고 명료화해 나가는 과정 속에서 협동하여 의미 있고 잊히지 않는 학습이 되도록 서로 도움을 주는 것.

② 협동학습은 전통적인 소집단 학습의 문제점(부익부 현상, 무임 승객 효과, 봉 효과)을 집단 보상 방법과 협동 기술의 훈련으로 해소해 나가는 것.

▶ 부익부 현상: 학습능력이 높은 학습자가 더 많은 반응을 보임으로써 학업성취가 향상될 뿐만 아니라 소집단을 장악하는 현상

▶ 무임 승객 효과: 학습능력이 낮은 학습자가 적극적으로 학습에 참여하지 않고도 높은 학습 성과를 공유할 수 있는 것

▶ 봉 효과: 학습능력이 높은 학습자가 자기의 노력이 다른 학습자에게 돌아가기 때문에 학습 참여에 소극적이 되는 것

협동학습의 기원을 살피면 오랜 과거로 돌아갈 수 있겠지만 오늘날 이야기되고 있는 협동학습은 20세기 초중반 경쟁 학습, 완전 학습을 기반으로 개별 학습(특히 열린교육)에서 발생한 문제점을 극복하기 위한 대안으로 시작되었다고 볼 수 있다.

*경쟁 학습의 문제점: 극소수의 승자와 다수의 패자를 양산, 인성 파괴
*개별 학습의 문제점: 끝없는 재정 투자, 개인주의 만연, 사회성 약화, 사회 현실은 여전히 경쟁사회라는 인식

우리나라에서는 1990년대에 본격적으로 소개되기 시작했고 2000년대 초반 열린교육이 현장에서 자리매김을 하지 못하고 빠져나갈 즈음부터 교육부나 교육청이 아닌 현장 교사들로부터 크게 호응을 얻게 되면서 협동학습이 현장에서 활발하게 적용되기 시작했다고 보면 될 것이다.

3) 왜 우리는 지금 협동학습을 말하는가?

(1) 결핍의 언어로서의 '협동'

많은 사람들은 우리 사회를 경쟁사회라고 말한다. 경쟁이 난무하고 있다는 말이다. 하지만 나의 생각은 다르다. 경쟁사회가 아니라 '경쟁을 조장하는 사회'라고 바라보는 것이 더 적절할 것이다. 그래서 사람들은 협동사회를 꿈꾼다. 그만큼 우리 사회는 '협동'이 부족하다. 아니 '협동의 결핍'이라는 말이 더 적절할 것이다. 이 문제를 교육의 힘으로 극복해 나가자는 차원에서 우리 삶의 문제와 실천의 문제로서 변화를 꿈꾸며 교육운동의 차원에서 우리는 협동학습을 말하고 있는 것이다.

(2) '협동協同'에 담긴 의미

국어사전을 찾아보면 '협동'은 '서로 마음과 힘을 합함'이라고 되어 있는데 우리는 어떤 상황에서든 지위나 계급의 고하를 막론하고 서로 도울 때 협동이라는 말을 사용한다. 그 표현 속에는 수평적 개념이 내재되어 있다. '협동'은 지속가능하면서도 살기 좋은 우리 사회를 이루어 가는 데 꼭 필요한 원리, 원칙으로서의 가치를 뜻하는 언어이지 방법이나 수단으로서의 언어가 절대로 아니다.

> *'협동'이란 낱말에 담긴 여러 의미들
> '협동'이란 낱말에는 기회의 평등, 관계의 평등(아이들 간의 평등, 교사와 아이 사이의 평등, 인간과 자연 사이의 공존), 나눔, 소통, 배려, 인권, 평화, 생명, 생태적 가치 등이 담겨 있다.
> ① 일반적으로 협동학습에서의 '협동'을 한자로는 '協同'이라고 쓴다. 하지만 나의 생각은 다르다. 나는 '協動'이라고 쓰고 싶다.
> ② '協動': '協(합할 협)' + '動(움직일 동)' = '많은 사람이 힘을 합하여 행한다'는 의미가 더 적합하다고 생각한다.
> ③ '協'이라는 글자 속에 있는 3개의 '力'이 갖는 의미
>   – 제1의 '力'=심력(여러 사람의 마음의 힘)
>   – 제2의 '力'=지력(여러 사람의 지혜의 힘)
>   – 제3의 '力'=체력(여러 사람의 육제의 힘)[1]

(3) '협동'과 '학습'의 만남이 주는 철학적 의미

협동학습은 합성어이다. '협동'과 '학습'이 만나서 나름의 철학적 의미를 만들어 내고 있다. 하지만 현재 우리나라에서 협동학습은 철학적 의미는 사라져 버리고 방법적 의미만 남았다. 학습을 위해 협동을 하느냐 협동이라는 가치를 학습에 녹여내느냐의 문제는 매우 다를 뿐만 아니라 그 차이 또한 매우 크다.

지금 우리가 협동학습을 말하는 이유는 교육 현장에서 아이들이 상호작용하는 과정 속에서 자연스럽게 지식을 습득해 나간다는 것을 넘어 '협동'이라는 가치를 밑바탕에 자연스럽게 녹여내어 또래들과 물질, 생각, 시간, 정보, 가치, 지식, 힘, 지혜 등을 함께 나누고 배려, 소통, 공감, 존중하면서 모두가 행복한 교실, 즐거운 학교, 행복한 사회를 만들어 나가는 데 필요한 '협동적 자세와 습관'을 길러 주는 방향으로의 전환이라는 점에 그 핵심이 있다. 어릴 때부터 이런 교육 환경에서 자란 아이들이 어른이 된다면 그들의 만들어 갈 미래의 우리 사회는 분명히 기대할 만하다는 교육적 기대가 내재되어 있다고 보면 된다.

---

*협동적 교육철학이 추구하는 교육

첫째, 민주적 공동체(평등-평화-인권-생태-협동-나눔, 다 함께 잘 살기, 사회적 기술을 통해 서로 공감과 신뢰, 배려가 묻어나는 관계 형성)로서의 학교, 사회를 재구축하는 것.

둘째, 교사와 학생 모두가 자신의 욕구와 관심을 충족시킬 수 있는 자율적이고 다양한 교육의 가능성을 찾아내는 것.

셋째, 아이들의 필요와 흥미, 욕구에서 출발하는 교육을 통해 아이들의 배움에 대한 욕구를 되살리는 것(아동의 경험, 지식, 문화를 바탕 ⇨ 아이들이 교육의 중심에 있음).

넷째, "인지적·정의적·신체적 발달"이라는 교육 요소를 간과하지 않도록 하며 미래 사회를 살아가는 데 필요한 능력 형성을 통해 지속가능한 성장을 꾀할 수 있도록 하는 것.

다섯째, 아이들을 자유로운 미래의 주역으로 교육시키는 것(학교 안에서 협동, 나눔, 평등, 자유, 민주, 소통, 배려, 공감, 존중 등의 개념을 가르치고 체험할

수 있도록 함).

여섯째, 교사는 학생이 연구할 수 있도록 도와주는 관계이며, 교사와 학생 모두 함께 배우는 관계를 지향하는 것.

일곱째, 학교가 학생들의 요구에 맞추어 나감을 지향하는 것(학생을 학교에 끼워 맞추는 일이 없도록 함).

여덟째, 교사는 경쟁을 최소화(지양)하며, 학생들이 앞으로 나아갈 수 있게 기본적인 것들을 안내해 주는 존재(평가는 아이들이 알고 있는 것을 북돋우고 격려해 주는 것이어야 하며, 아이들의 지식 구축을 도와주는 기제! ⇨ 모르는 것이 무엇이고, 잘하는 것이 무엇인지 알려 주는 것이 중요 ⇨ 아이의 입장에서 평가 ⇨ 모르는 것을 정확히 분석 ⇨ 아이들을 점수로 평가, 서열화하지 않고 진보를 보고 평가해 주는 방안 모색).

아홉째, 이런 모든 현상들이 일부의 교실과 학교에서만 일어나는 것이 아니라 모든 학교 현장과 교실 그리고 학교 밖에서 실천 가능할 수 있도록 하는 것.[6]

이와 같은 것을 추구하기 위해서 필요한 것은 교과 간 경계가 없는 통합교육(교육과정의 재구성을 통해서라도 가능하게 할 필요가 있다), 민주적인 방식의 학교 및 교실 운영과 교육 활동의 지원이다. 그리고 이 모든 것이 학교 이전의 경험, 학교 경험, 학교 이후의 경험까지 연계, 지속될 수 있도록 하는 것에 중점을 두고 학교 안과 밖에서 지역사회와 함께 할 수 있는 시스템과 환경을 갖추는 일도 필요하다.

(4) 협동학습 속에 녹아 있는 아이들에 대한 세 가지 믿음

① 아이들의 배움의 과정을 중시한다.
② 아이들의 가능성을 존중한다.
③ 아이들이 자신의 세계를 만들어 가도록(자신의 삶을 가꿀 수 있도록) 돕는다.

4) 협동학습, 우리 교육 문화를 바꾸다

현재 우리 공교육의 현실은 살펴보면 암기 중심, 경쟁 중심으로 흘러

가고 있다는 것을 알 수 있다. 과거 산업시대의 교육을 벗어나지 못하고 있다는 말이다. 특히 학교 현장에서 벌어지고 있는 다양한 경쟁적 요소는 아이들의 온전한 발달과 성장을 위협하는 매우 강력한 힘을 갖고 있는데 이를 극복하기 위한 대안으로서 협동학습은 충분한 가치를 지니고 있다. 철학적 바탕 및 패러다임의 전환에 입각한 협동학습의 실천과 자리매김은 경쟁 중심의 우리 교육 문화 및 사회적 문제 해결에 큰 도움을 줄 것이다.

(1) 불안 심리 vs 안정감

경쟁 교육이 불안 심리를 조장, 심화시키지만 협동학습은 서로를 적극적으로 지지하고 모두가 과제의 성공적 수행을 기대하고 인정, 격려함으로써 안정감을 쌓아 가게 된다.

(2) 외적 보상 vs 내적 동기

경쟁 교육은 어떤 식으로든 과제를 빨리 끝내도록 강요하고 결과만을 강조하는 경향이 강한 반면 긍정적인 상호작용을 바탕으로 협동적으로 과제를 해결해 나가는 과정을 매우 중요하게 여기는 협동학습은 팀 기반의 창의적인 문제해결력, 어렵고 힘든 과제에 대한 도전정신과 탐구정신 등을 향상시키는 데 큰 도움을 준다.

(3) 열등감 vs 자존감

경쟁 교육은 뒤처진 학생들의 열등감을 강화시키고 자존감을 떨어뜨리지만 반면 사고하고 말하고 행동하는 것을 즐기는 아이들의 심리를 잘 활용한 협동학습은 학습에 대한 자신감, 노력하는 자세, 책임감, 자존감을 향상시키는 데 큰 힘이 되어준다.

(4) 의욕 상실 vs 흥미와 열정

경쟁 교육이 대부분의 학생들에게 배움에 대한 의욕을 상실하게 하는 반면 공감, 배려, 존중을 기반으로 한 협동학습은 학습은 질문이 있는 교실, 틀려도 괜찮은 교실, 의욕과 열정이 가득한 교실을 만들 수 있게 도와준다.

(5) 폭력 vs 평화

경쟁 교육이 시기심과 질투심, 증오심을 기반으로 폭력적인 문화 및 수많은 사회적 문제를 양산하는 데 기여하는 반면 '협동=다 함께'라는 철학에 기초한 학급문화가 형성된 협동적인 교실은 사회적 기술을 바탕으로 하여 평등, 평화, 인권, 소통, 공감, 존중, 배려, 생태적 감수성, 협동, 다 함께 잘 살기 등이 생생하게 살아 숨 쉬게 된다.

(6) 불신 vs 신뢰

경쟁 교육은 교사와 아이들 사이의 믿음을 무너뜨리지만 협동학습은 소통 및 평등한 관계를 매우 중요시함으로써 아이들 간, 교사와 아이들 간 신뢰와 동반 성장에 도움을 준다.

(7) 수단적 교육 vs 교육 본질

경쟁 교육은 교육은 수단화하는 경향이 있지만 협동학습은 평등, 평화, 인권, 소통, 공감, 존중, 배려, 생태적 가치, 협동, 다 함께 잘 살기 등 보다 나은 삶, 보다 좋은 사회, 지속가능한 우리 사회를 만들어 가기 위한 교육의 본질에 충실하다고 말할 수 있다.[3]

5) 성공적인 협동학습을 위한 8가지 열쇠

(1) 교사 자신은 협동적이지 않으면서 아이들에게 협동적인 삶을 살

아가라고 말하는 것은 모순일 수밖에 없다.

(2) 다 함께 잘 살기 목표=삶의 지향점, 문제가 발생하였을 때 해결을 위한 핵심 열쇠가 되어 주기도 한다.

(3) 4가지 기본 원리: 긍정적인 상호 의존, 개인적인 책임, 동등한 참여, 동시다발적인 상호작용

(4) 모둠이라는 소집단을 통해 구성원 간의 긍정적이고도 적극적인 상호작용을 경험할 수 있도록 계획한다.

(5) 협동적 학급 운영=학급에서 계획되고 실천되는 모든 활동에 '공동체=협동'이라는 것을 중심에 두고 협동적인 삶을 실천해 나가는 1년의 과정을 가리키는 것이다.

(6) 협동학습에서 말하는 구조는 농구에서 슛을 할 때 왼손의 역할(구조는 협동학습을 도울 뿐)과 같다.

(7) 교사와 아이들 모두의 마음을 열고 협동하고자 하는 마음이 생길 수 있도록 학교 및 교실 풍토, 문화, 분위기 등을 개선시켜 나가야 한다. 학교, 교실에서 경쟁적 상황이나 활동을 최소화시키지 않으면 안 된다.

(8) 사회적 기술을 잘 갖춘 교사와 아이들이 생활하는 교실에서는 갈등이나 문제들이 최소화되거나 점점 줄어드는 모습을 보게 된다.[4]

2. 협동학습 실천 사례

협동적 학급 운영을 위해서는 '학급 활동+수업', 이를 위한 시스템이 '협동학습'이라는 인식이 필요하다. 학급 운영과 수업은 별개의 것이 아니다. 학급 운영은 커다란 두 개의 축이 있는데 그중 하나의 축이 수업이고 나머지 하나는 학급 활동(생활지도, 급식지도, 상담, 1인 1역, 독서지도 등)인 것이다. 그리고 이 두 개의 축이 서로 같은 목표를 향해 나갈 때 아이들은 비로소 바람직한 방향으로 성장할 수 있다. 학급 활동은 '협동'을 지향하면서 수업 속에서는 스티커나 점수 등으로 '경쟁' 및 개인-모둠 간의 갈등을 조장하는 곳에서는 결코 목표 달성이 이루어질 수 없다. 협동적 학급 운영은 학급 활동 속에서도 수업 속에서도 경쟁을 없애거나 최소화하고 서로 협동, 배려, 존중, 공감, 소통하는 분위기 속에서 평등, 평화, 인권, 생태적 감수성이 살아 숨 쉬도록 할 때 비로소 완성된다. 이를 위해서는 교사들도 학교에서 협동적, 민주적 문화가 형성될 수 있도록 최선을 다해야 하며 그 경험들을 협동적 학급 운영 속에 녹여낼 수 있어야 한다.

1) 협동적 학급 운영

협동적 학급 운영은 교실에서 일어나는 모든 현상에 '협동'이라는 철학을 바탕으로 한 문화가 자리매김할 수 있도록 아이들과 함께 토대를 구축하고 실천해 나가는 일이다. '아이들의 아이들에 의한 아이들을 위한 활동'이라는 인식과 협동학습의 네 가지 원리가 중심에 있어야 하며 학년 초부터 세밀한 계획을 바탕으로 1년이라는 긴 호흡으로 한 걸음씩 천천히 일관성 있게 추진되어야 한다는 인식이 필요하다.

2) 학급 활동 및 수업

학급 활동[5]과 더불어 수업의 모든 활동은 협동학습의 네 가지 기본 원리를 바탕으로 진행되어야 한다. 또한 학급 공동체라는 큰 틀을 위협하는 활동이나 요소를 없애거나 최소화하면서 하나의 목표 '다 함께=협동'을 향해 나아갈 때 비로소 완성된다.

특히 학급 활동을 하면서 각종 행사 등을 이벤트와 같은 성격으로 하는 경우가 많은데 이 또한 수업이라는 관점에서 바라보고 실천할 필요성이 있다. 예를 들어 생일파티를 하더라도 수업이라는 생각을 가지고 그 속에 축하, 친교, 우정, 글쓰기, 부모님의 은혜에 감사하는 마음, 생명의 의미, 탄생의 의미 등을 넣어 교과, 단원과 연계시킨다면 훌륭한 수업이 된다. 이렇게 운영한다면 학급 활동 또한 수업이 되고 수업 또한 학급 활동이 된다. '협동'이라는 철학을 가지고 "수업+학급 활동=학급 운영"이라는 관점을 유지하면서 일관성 있게 학급을 운영해 나갈 때 협동적 학급 운영

3월 1주 학급운영 계획						3월 2주 학급운영 계획					

(표 생략 — 주간 학급운영 시간표)

이라는 공식이 만들어진다.

3) 협동적 학급 운영 계획

협동적 학급 운영(협동학습을 기반으로 한 학급 운영)은 1년의 시작을 어떻게 하느냐가 매우 중요하다. 특히 새 학년 1~2주 정도 협동적 학급 운영에 필요한 밑바탕(배려, 공감, 협동, 나눔, 소통, 재능과 적성에 대한 이해, 자기에 대한 이해, 자존감 세우기 등)에 대하여 아이들과 함께 고민하고 생각할 시간을 갖는 일은 1년의 성패를 좌우할 만큼 중대한 일이다. 이를 위해 세밀하게 계획을 짜고 하나하나 풀어 가기 위한 노력과 실천이 필요하다.

다음 예시는 2015학년도 나의 학급 사례이다. 2주에 걸쳐 교과 수업보다 창의적 체험활동 시간을 최대한 확보하여 협동적 학급 운영을 위한 밑바탕 마련하기 활동을 해 보았다.

협동학습 수업은 아이들 간의 상호작용 과정을 매우 중요시한다.
- 협동학습: 수업을 소통의 맥락으로 이해, 제일 중요한 것은 '듣기'.
- 〈교사↔아이, 아이↔아이〉 관계에서 듣기와 연결 짓기가 가장 핵심.
- 듣기를 통해 상대방과 나와의 연결 고리를 만든다. ⇨ 사회적 기술의 중요성.
- 상대방의 말은 그 사람을 이해하며 들여다볼 수 있는 창임.
- 교사는 아이들의 말을 통해 서로를 연결 지을 수 있는 노하우가 있어야 함.
- '배움'의 과정에서 아이들의 말 한 마디와 행동 한 가지는 중요한 수업의 재료.
- 아이들의 말 ⇨ 교재 혹은 자료의 어디와, 이전 이야기의 어느 지점과, 한 개인 안에서 이미 알고 있는 어떤 것과, 이와 관련되어 있는 다른 누군가와, 아이들 삶-실생활 속의 무엇인가와, 아이의 과거-현재-미래와 연결 지을 것인가 등에 대한 탐구.

▶ 실제 수업 설계 및 활동 결과, 수업 소감 사례

8차시 최대공약수, 최소공배수를 이용한 기약분수 만들기와 통분

교사 이번 시간에는 최대공약수를 이용한 기약분수 만들기, 최소공배수를 이용한 통분하기를 활용하여 모둠별로 협동 미션 과제를 해결해 보도록 하겠습니다. 이를 통해 생활 속에서 기약분수와 통분의 유용함을 경험해 보게 될 것입니다. 지금부터 나누어 주는 미션 과제를 협동적으로 해결해 보기 바랍니다.

모둠 미션 1 | 기약분수를 이용한 크기 비교

아래 주어진 분수 중 어떤 수가 더 큰지 알아보시오(반드시 분자와 분모의 최대공약수를 이용하여 기약분수로 만들고 해결해 보시오.

$$\frac{234}{702} , \quad \frac{198}{594} \quad \Rightarrow 답:$$

해결 과정:

이 활동을 통해 알 수 있는 점(기약분수를 이용하면 좋은 점)

모둠 미션 2 | 최소공배수를 활용한 통분

◆ 워밍업 문제

한 아버지가 자신이 기르고 있는 돼지 12마리를 형과 동생에게 각각 $\frac{2}{4}$, $\frac{2}{6}$씩 나누어 주려고 한다. 두 사람은 돼지를 각각 몇 마리씩 받게 되는가?(반드시 최소공배수로 통분하여 해결하시오.)

◆ 협동 과제

옛날 아라비아의 어떤 상인이 낙타 17마리를 유산으로 두 아들에게 남기고 죽으면서 첫째 아들에게는 낙타의 $\frac{1}{2}$을, 둘째 아들에게는 낙타의 $\frac{4}{9}$를 주겠노라고 하였다. 아버지께서 돌아가시고 나서 두 아들은 낙타를 나누어 가지려고 하였다. 그러나 17마리는 나누어지지 않았다. 어떻게 나누어 가질 수 있을까를 고민하던 차에 우연히 낙타 한 마리를 타고 여행을 하면서 마을을 지나던 한 청년이 두 아들의 집에서 하룻밤을 지내게 되었고 두 아들의 고민을 듣자마자 잠시 고민을 하더니 자신이 바로 해결해 줄 수 있다고 하였다. 과연 이 청년은 두 아들의 고민을 어떻게 해결해 주었을까?(반드시 낙타는 살아 있어야 한다.)

해결 과정:

모둠 미션 2의 협동 과제 해결 방법

여행을 하던 청년은 자신이 타고 온 낙타는 두 아들에게 보태어 주면서 낙타를 나누어 가지라고 하였다. 그러자 두 아들은 한사코 사양하였다. 하지만 청년이 그렇게 해야만 나누어 가질 수 있다고 하여 어쩔 수 없이 한 마리를 보태어 나누어 가지기로 하였다. 그런데 웬걸? 첫째가 18마리의 $\frac{1}{2}$인 9마리를, 둘째가 18마리의 $\frac{4}{9}$인 8마리를 나누어 가지니까 한 마리가 남는 것이었다. 결국 두 아들은 여행을 하던 청년 덕분에 자신들의 고민을 해결하였고, 여행을 하던 청년도 자신이 타고 온 낙타를 다시 돌려받아 여행을 떠날 수 있게 되었다.

아이들 (주어진 시간 동안 모둠별로 미션 활동을 해결한다.)

교사 시간이 다 되었네요. 수고하셨습니다. 오늘 스스로 배움 공책에 최대공약을 활용한 통분, 최소공배수를 활용한 약분 관련 문제를 10개 이상 만들고 해결해 보도록 합니다. 직접 문제 내기 어려운 사람은 수학익힘책 문제를 옮겨 쓰고 해결해도 좋습니다.

9차시 수업 소감

수업 도입 단계에서 지난 시간에 공부했던 통분하기 방법을 다시 한번 짧게 설명하고 그를 바탕으로 미션 활동을 수행할 수 있도록 하였다. 활동지를 나누어 주자마자 아이들은 활동에 몰입하여 개별적으로 해결해 보고 모둠원의 생각과 비교를 해 보기도 하였다. 답이 다르면 어떤 것이 맞는지 서로가 자신의 해결과정 및 결과를 제시하기도 하면서 모둠 토론 활동을 꾸준히 이어 갔다. 적절한 도전의식을 자극하는 활동지는 아이들을 수학 시간에 주인이 되도록 한다. 그리고 그 속에서 아이들은 스스로 협동적인 활동에 빠져든다.

이번 미션 활동지는 그것을 그대로 보여 주었다. 7모둠 가운데 4모둠 정도가 다른 모둠원의 도움 없이 해결하는 데 약 20분 정도 걸렸다. 그래서 이 정도에서 멈추고 미션 과제 해결을 완수한 모둠원에게 설명을 할 수 있도록 하였다. 해결을 하지 못한 모둠에서는 "아, 그거였구나!" 하는 말들이 자연스럽게 터져 나왔다. 그렇게 오늘도 과제 해결 과정에 대한 이들 간의 연결 짓기를 통해 협동학습의 성공적인 실현을 내 눈으로 직접 목격하는 즐거움을 맛보았고 한 아이는 큰 소리로 내게 "선생님, 매일 수학 시간 이렇게 하면 좋겠어요"라고 외치며 나의 마음에 어떤 울림을 전해주었다. '그래 나도 매일 그런 수업을 하고 싶단다. 그러기 위해서 더 열심히 연구하고 노력하도록 할게!'

어떤 교사들은 이런 미션 과제 등의 수행에도 모둠 점수(예를 들어 먼저 해결한 모둠 또는 해결한 순서에 따라 차등을 두어 상점 등을 준다) 등을 부여하기도 한다. 하지만 이런 것들이 불필요한 경쟁과 부정적 상호작용을 부추기며 학생들 간의 갈등을 심화시키기도 한다. 또한 성공 가능성 및 기회 차원에서도 평등성을 저해할 뿐만 아니라 승리자/패배자 학생들을 갈라놓을 가능성도 무시할 수 없다. 진정한 협동학습은 이런 것들을 지양한다. 모든 아이들에게 공평한 성공의 기회를 제공하고 먼저 해결하든 늦게 해결하든 모두 똑같이 목표에 도달할 수 있다는 자신감을 심어 줄 뿐만 아니라 먼저 해결한 모둠원들이 도움을 필요로 하는 모둠 혹은 개개인에게 도움을 줄 수 있어 학생들 간의 관계나 긍정적 상호작용 측면에서 매우 큰 효과를 거둘 수 있다. 그런 수업 속에서 학생들은 자연스럽게 도움을 주고받으면서 상대방을 존중하고 배려하며 다름을 이해하며 성장해 나갈 수 있게 된다.

3. 협동학습, 협력학습, 무엇이 맞는가?

1) 사전적 정의

협동, 협력을 한영사전에서 찾아보면 (1) cooperation (2) collaboration 이 검색된다. 하지만 거꾸로 영한사전에서 collaboration을 검색해 보면 협력, 공동작업, 합작 등으로 해석된다. 모호한 개념이라 할 수 있다. 이런 상황에서 우리나라에 전해질 때 고유명사처럼 굳어져 사용되어 온 '협동학습'이라는 용어를 "'협력학습'이 맞다, '협동학습'은 '협력학습'보다 낮은 단계이다, 협동학습과 협력학습은 다르다"와 같이 말하는 것은 무엇인가 석연치 않아 보인다.

2) 이 두 가지를 꼭 구분해야 하는가?

최근 들어 영미권 학자들이 이 둘을 굳이 구분하려 한다. 그들이 말하는 이 두 가지의 공통점과 차이점을 간략히 살펴보면 다음과 같다.

	협동학습cooperation	협력학습collaboration
공통점	1. 듀이의 교육철학을 따름. 2. 교실을 실생활 중심, 경험 중심, 창조적 활동 중심으로 전환시키고자 노력함. 3. 학교교육은 생활을 위한 준비가 아니라 생활의 경험 그 자체이며 학생 중심 교육이어야 한다는 것을 강조. 4. 학습공동체를 매우 중요하게 여김.	
차이점	1. 전통적 교실의 경쟁적 환경에 대한 대안으로 등장 2. 협동을 통해 학습 효과 증진을 추구 3. 공동의 목표를 설정하고 구성원들의 협동을 통해 효과적인 해결책 찾는 것을 중시 4. 구조화된 활동이 많음 5. 결과를 중시함 6. 교사 중심 7. 행동주의, 사회심리학 기반	1. 전통적인 교실의 권위적 질서에 대한 대안으로 등장 2. 상호작용과 협상을 통해 인지적 성장을 추구 3. 대화와 토론을 통해 서로의 차이를 확인하고 능동적으로 자기 지식을 구성해 나가는 것을 중시 4. 비구조화된 활동이 많음 5. 과정을 중시함 6. 학생 중심 7. 구성주의 심리학 기반

그러나 위의 상황만 놓고 보아도 결국 둘의 차이는 거의 없다는 것을 알 수 있다. 특히 위의 표에서 5번, 6번에서 큰 차이점을 보인다고 할 수 있지만 우리나라에서 협동학습을 실천하면서 학생을 중심에 두지 않았거나 과정을 중시하지 않았던 교사들이 과연 몇이나 있었을까? 그렇게 본다면 굳이 이 두 가지를 이렇게까지 비교하면서 구분할 필요가 있을까 하는 생각에 도달하게 된다. 마치 여러 명의 장님이 각각 코끼리의 여러 부위를 만져 보면서 '코끼리는 이렇게 생겼어!'라고 말하는 것과 흡사하다는 생각이 드는 대목이다.

혹자들은 이렇게 말한다. 협력학습은 협동학습처럼 구조화된 순서와 절차를 정해 놓고 활동을 하지 않는다고. 하지만 우리나라에 주로 전해진 협동학습의 모습은 케이건식 협동학습으로 그것이 협동학습의 본 모습은 아니다. 다만 협동학습의 다양한 흐름 가운데 우리나라에 교육 현실과 잘 맞아떨어져 케이건식 협동학습 중심으로 저변 확대가 되었을 뿐이다. 실제로 현장에서는 협동학습과 협력학습을 구분하여 실천하지 않는다. 또한 협력학습이라 제목을 붙인 각종 강좌나 연수에서 지금까지 우리나라에서 협동학습 전문가들로 알려진 사람들이 강의를 주도하고 이끌어 나가고 있다. 그러니 이 두 가지를 서로 다른 것이라 구분하지 않는 편이 더 좋을 듯하다.

3) 그럼에도 불구하고 '교육' 분야에서는 협력보다는 협동이 더 적절

협동	우리 사회를 지속가능하게 만들어 주는 원리이자 원칙, 철학, 가치의 용어
협력	어떤 목적을 달성하기 위한 수단으로서의 용어

협력이라는 용어는 정치, 경제 분야에서 제일 많이 쓰인다. 최근 들어 음악 분야에도 많이 쓰인다. 그들의 목적을 달성하기 위한 수단으로 협력

을 하는 것이다. 그리고 그 용어 속에는 수평구조보다는 수직구조가 자리하고 있다.

- 대기업과 하청업체 사이에는 협동적 관계가 아니라 협력적 관계가 존재한다.
- 여러 나라 사이에는 서로 간의 이익을 목적으로 협력적 관계를 맺는다. 하지만 그 속에 수평적 관계는 없다.

위와 같은 이유로 볼 때 가치의 문제와 직결된 교육이라는 분야에서 과연 협력이라는 용어를 쓰는 것이 바람직한가 아니면 협동이라는 용어를 쓰는 것이 바람직한가? 철학적인 면까지 고려하려면 어떤 용어가 더 적절할지 생각해 볼 일이다.

이미 앞에서도 한 번 밝혔듯이 '協動' : '協(합할 협)' + '動(움직일 동)' = '많은 사람이 힘을 합하여 행한다'라는 의미가 더 적합하다고 생각한다.

4. 과제와 물음

1) 소통하는 학교문화-민주적 공동체 만들기

협동학습이 교육 현장에 뿌리내리려면 우선 교사들도 협동학습을 몸으로 직접 느껴 보아야 한다. 이를 위해 학교문화 자체를 민주적으로 만들고 소통구조를 개선하여 누구 한 사람이 만들어 가는 학교가 아니라 우리 모두 함께 협동적으로 만들어 나가는 학교를 직접 경험할 수 있어야 자신의 교실도 민주적으로 만들어 나가고 아이들을 민주시민으로 길러 낼 수 있다. 비민주적인 학교에서는 민주적인 교실도 없다.

2) 협동학습을 위한 학교 시스템-수업에 집중하는 풍토

학교 현장은 개인적 민주주의, 취약해진 동료성, 개인주의적 사고가 지배하게 된 지 오래다. 그 이유로 비민주성, 수동성, 많은 잡무와 서로에 대한 무관심, 불신, 경쟁심리 등을 꼽을 수 있다. 이런 것들은 교사들로 하여금 업무 보는 틈틈이 수업하게끔 하는 기이한 현상을 초래하기에 이르렀다. 이를 극복하기 위해서는 수업에 집중하는 풍토 조성, 이를 위한 잡무 줄이기 및 불필요한 행사나 활동 없애기, 업무의 효율성을 높이기 위한 시스템 점검 및 개선 등의 작업이 선행되어야 한다. 그리고 이런 과정을 통해 생긴 여유를 교원학습공동체 만들기에 투자할 수 있도록 학교 풍토 조성 및 행정, 재정적 지원이 꼭 필요하다.

3) 협동적 수업연구 공동체로 변화하기-전문적 학습공동체

언제부터인가는 알 수 없지만 학교 현장에는 연구하는 풍토가 사라지고 인터넷 자료를 다운로드하여 이용하기, 기법이나 기능 중심의 수업과 강의, 권위에 의존하는 경향이 매우 강하게 나타나고 있다. 그 이유로 잡무, 행사, 연구 시간의 부족 등을 들고 있지만 그 탓만 하기에는 무엇인가 아쉬움이 남는다. 협동학습이 학교 현장에 바람직한 형태로 자리매김하려면 잡무와 전시성 행사의 최소화를 바탕으로 교사들의 연구 시간을 확보해 주고 교사들은 그 시간에 함께 모여 협동적으로 연구 및 실천, 피드백을 하면서 교육과정을 창의적으로 편성, 운영해 나간다면 혁신교육은 훌륭히 이루어질 수 있을 것이라 확신한다. 협동학습은 아이들만 수업 시간에 경험하게 해서는 안 된다.

1. 내가 근무하는 학교는 민주적 의사소통구조를 갖고 있는가?
2. 내가 근무하는 학교는 교사 협의회가 민주적으로 잘 이루어지고 있는가?
3. 내가 근무하는 학교는 교사들이 수업에 집중할 수 있도록 적극 지원하고 있는가?
4. 내가 근무하는 학교는 교사들 간의 전문적 학습공동체가 잘 형성되어 있는가?
5. 나 자신은 교내외에서 전문적 학습공동체 활동에 적극 참여하고 있는가?

1. 이상우,『협동학습, 교사를 바꾸다』(시그마프레스, 2012), 2.
2. 이상우,『협동학습, 교사를 바꾸다』, 114~115.
3. 이상우,『협동학습, 교사를 바꾸다』, 17~28.
4. 이상우,『협동학습, 교사를 바꾸다』, 141~204;『살아 있는 협동학습 1: 협동적 학급 운영의 이해』(시그마프레스, 2009), 102~214.
5. 학급 활동: 수업 이외에 교실에서 이루어지는 모든 활동, 즉 각종 행사, 급식지도, 생활지도, 청소 등을 말한다.

- 이상우.『살아 있는 협동학습 1: 협동적 학급 운영의 이해』. 시그마프레스, 2009.
  철학에 기반을 둔 학급 운영이라는 관점에서 협동학습을 소개. '경쟁'을 지양하고 협동적으로 배움을 실천해 나갈 수 있도록 시각과 관점을 넓히는 데 도움이 됨. 협동학습을 적용한 실제 수업 사례가 듬뿍 담겨져 있음.

- 이상우.『살아 있는 협동학습 2: 협동학습 수업의 질적 접근』. 시그마프레스, 2015.
  '수업혁신'이라는 관점에서 미래 사회를 준비하는 교육으로서 수업이란 무엇이고 그 속에서 협동학습은 어떤 역할을 해야 하는가에 대한 고민을 '성찰'과 '아이들의 꿈'이라는 관점에서 다양한 사례를 들어 풀어 나가고 있음.

- 이상우.『협동학습, 교사를 바꾸다』. 시그마프레스, 2012.
  2013년 문화체육관광부 우수도서. 협동학습에 대한 고민의 수준을 한 차원 높여 '교육운동'이라는 관점-왜 협동적 교육철학인가, 경쟁에 대한 불편한 진실들, 협동적 학교공동체 만들기, 소통 등-에서 풀어 나가고 있음.

- 이상우.『5학년 수학 수업, 협동학습으로 디자인하다』. 시그마프레스, 2016.
  혁신학교에서 수업혁신을 위해 2015년 한 해 동안 5학년 수학교육과정 분석, 문제점 및 대안 제시, 실제 수업 디자인 및 수업 소감, 아이들 한 명 한 명이 '꼬마 수학자'가 되어 협동적으로 나눔과 배움을 실천했던 과정, 수학 원리를 발견해 나가는 과정을 생생하게 그려 나간 책.

학생의 삶과 흥미, 이해와 탐구의 과정에 초점을 두어 여러 시간에 걸쳐 주제를 만들고 계획하고 실행하고 결과를 도출하고 다양한 방식으로 표현하고 공유하는 그 모든 학습 모형의 발상은 모두 '프로젝트 학습'의 범주 안으로 들어올 만하다. 학생을 중심적인 학습 주체로 끌어올려 문제해결력을 높이고자 하는 모든 수업은 프로젝트적인 것이다. 이미 많은 수업이 부분적으로 이와 유사한 방식을 적용하고 있어 많은 교사들은 이미 프로젝트 수업 개발자이다. 특히 대부분의 깊이 있는 수행평가는 프로젝트적인 발상이다. 그것에 깊이를 더하고 수업에서 차지하는 비중을 확장하며 더 다양한 방식이 자연스럽게 정착할 수 있도록, 이 글을 통해, 프로젝트 학습 의미와 정신, 다양한 방식과 가능성을 살펴봄으로써, 현실의 삶과 사회에 밀착된, 실행적이며 실제적인 교육을 적극적으로 모색해 보고자 한다 . 프로젝트 수업 자체가 무에서 유를 만들고, 사람의 창의성을 극대화하는 것이기에 특정 모형의 설명보다는 의미와 정신에 많은 초점을 두려 했다.

학생이 중심 되는 프로젝트 학습

이수미

1. 왜 프로젝트 학습을 말하는가

1) 프로젝트 학습이라는 열쇠

삶을 위해 존재하는, 삶의 한 공간에 있어야 할 교육이 뭔가 관념적 추상물로 고형화되고 지식화되어 우리의 구체적이고 역동적인 삶으로부터 너무 괴리된 듯한, 그 넓고 깊은 틈이 주는 그 불안한 느낌이 뭔가 '프로젝트적인' 그 어떤 학습을 구상하게 하는 가장 일차적인 마중물일 것이다.

교육을 둘러싼 현실이 주는 압박은 틈을 더 불편하게 벌려 놓는다. 경쟁적 사회구조에서 교육이 선별과 배제의 기능의 담당자로 '전락'(이 전락은 아이러니하게도 교육에 목매게 하는 놀라운 '격상'으로 표현된다)하면서 객관성과 편의성을 내세운 오지선다 지필평가, 객관식 평가에 교육 내용과 방식이 규정되고 갇혀 버린다. 누가 보아도 우리가 살아내야 하는 실제 세계에서 제기되는 문제는 수능 문제처럼 선다형 문제가 아니며 대충 '감'이나 '스킬'로 풀어낼 수 있을 만큼 간단치 않고 복잡다단하고 불확정이며 역동적이라는 것은 직관적으로 명명백백하지 않은가?

더욱이 교과서를 채운 활자화된 지식은 폐쇄된 교실 환경과 평면적이고 일방향적인 수업의 구조 속에서 배움에 대한 설득 혹은 흥미와 감흥을 충분히 끌어내지 못한 채 많은 학생들을 배움으로부터 소외시킨다. 권위적이고 위계적인 지식체계로 인해 한 번 배움에서 소외되면 메꾸기 힘든 교육 격차의 수렁에 빠져들 수밖에 없는 것은 더욱 고질적인 문제다.

다행스럽고 현명하게도 우리는 '진짜 공부'라는 교육적 화두를 꺼내 들고, 그 족쇄를 풀 여러 괜찮은 열쇠들을 다듬어 보는데 그 열쇠의 하나쯤이 프로젝트 학습일 것이다. 하염없이 대상화되어 멍한 눈으로 졸음을 참아가며 견디어 내야만 하는 고달픈 수업을, 자신을 둘러싼 생생한 삶의 공간에 발 딛게 하고 자발적으로 스스로 생각하고 온몸으로 참여하는 역동적인 수업의 풍경으로 바꾸어 줄 열쇠 말이다.

2) 왜 프로젝트 학습인가?

지식 전달 중심의 수업에서 자신의 삶과의 연관성을 설득받지 못하고 흥미를 잃고 배움으로부터 달아난 아이들을 돌려세울 방법은 무엇일까?

흥미와 감흥은 학습자의 내부에 있기 때문에 자신의 삶, 자기 자신과 의미 있게 관련을 시키는 경험을 직접적이고 지속적으로 해야 한다. 삶과 직접 연결된 과제와 질문 속에서 의미 있는 경험과 활동, 즉 능동적 참여 속에서 스스로 학습의 주체가 되는 것이다. 지각은 선택적이고, 자신에게 관심이 없는 것은 항상 스쳐 지나가기 때문에 흥미와 자발적 경험 속에서 채택된 지식들은 의미 있는 삶의 무기로 내장될 수 있다. 스스로 학습의 주체가 되고, 학습의 과제를 기획하여 현실 경험선을 만들어 주고자 하는 것이 프로젝트 학습이다.

사실 이미 20세초부터 존 듀이 등 많은 교육학자들은 경험 중심 교육, 현장학습, 학생 주도적 학습, 도전적 프로젝트의 수행 등의 교육적 가치를 강조해 왔다. 이것이 20세기 후반부터 교육의 대안적 모델인 '프로젝트 학습'(프로젝트 기반 학습)으로 등장한 것은 학교의 개념이나 학교의 역할에 대한 새로운 교육 패러다임과 관련되어 있다.

학습조직 이론의 창안자라 할 수 있는 피터 센게Peter Senge가 『학습하는 학교Schools That Learn』에서 나열한 지식사회의 학교가 극복해야 할 지점들을 보면 역으로 근대성을 극복하기 위해 교육 패러다임이 무엇을 지향해야 하는지를 한눈에 알 수 있다.

1. 아이들에게는 본래 뭔가가 부족한 점들이 있으며 학교는 이것을 채워 준다.
2. 학습은 머리에서 일어나는 일이며 몸과는 관련이 없다.
3. 모든 학생들은 동일한 방식으로 배우고 또 그렇게 배워야 한다.
4. 학습은 교실에서 일어나는 것이며 일상생활에서 일어나는 것은 아니다.
5. 지식은 원래부터 분절적이다.
6. 학교는 '진리'를 가르치는 곳이다.
7. 학습은 근본적으로 개별적인 활동이며 경쟁을 통해 학습의 효과를 높일 수 있다.[1]

근대 교육 체계에서 최선의 학습이란 '거대 담론에 의해 지배되는', '모순이 해소된', '미리 존재하는' '의미가 완결된' 지식의 수렴에 있었다. 근대 산업사회의 해체와 더불어 절대적 지식과 진리체계에 대한 회의와, 근대성과 객관주의에 대한 성찰은 학습과 지식에 대한 새로운 교육 패러다임을 낳았다. 새로운 교육철학 속에서 지식이란 더 이상 절대적이고 완결적인 진리 체계가 아니라, 개인의 삶의 경험과 다양한 사회적 작용 속에서 구성되는 상대적이며 상황적·맥락적인 것으로 인식되었다. 따라서 학습이란 지식이 부족한 대상에게 완결된 지식을 전달하고 들이부어 지식의 양을 확대하는 과정이 아니라, 알아차리지 못한 지식의 부적설성을 발견하는 것이거나, 알 수 있는 것, 할 수 있는 것, 존재할 수 있는 것들의 가능성을 넓혀 나감으로써 세계에 적응하는 능력을 배우는 것이다.

프로젝트 학습을 둘러싼 새로운 교육 패러다임에서 학생과 교사, 교실과 학교는 다음의 관점으로 재인식된다.

첫째, 학생들은 몸의 감응과 인지적 자극 등 다양한 학습 자극에 대한 경험을 통해 자신의 앎의 세계를 스스로 선택하고 탐색하며 구성해 나가는 능동적 존재이며, 교사는 완결된 지식의 전수자가 아니라 학습과정과 환경을 조직하고 그들과 상호작용함으로써 학생이 능동적으로 학습 경험을 완수할 수 있게 하는 조력자이자 마스터이다.

둘째, 교실은 개별 학습자들이 동일한 방식으로 획일적이고 선형적으로 배우는 닫힌 공간이 아니라 집단적 학습자가 협력과 상호작용을 통해 온라인 공간과 교실 밖 세상으로 연결되는 열린 공간이어야 한다.

셋째, 우리의 세계 자체가 다양한 요소가 얽혀 있고 상호작용하는 역동적이고 복합적인 세계이므로, 세계를 올바로 이해하기 위해서는 분절적 교과의 벽에 머무르지 않고 주제로서 통합적인 방식으로 접근하고 다루는 환경 속에 학습자를 놓아야 하고, 학습자의 일상생활의 곳곳의 공간에서 밖의 세계로 접근하고 확장할 수 있도록 학습의 길이 조직되어야 한다.

넷째, 학생들의 교육 활동 과정 중에서 의미 있는 학습이 이뤄지며 따라서 이러한 수행의 과정에서 의미 있는 관찰과 평가가 이뤄져야 한다.

프로젝트 학습에 대한 관심의 또 다른 한 축에는 우리 사회의 변화 방향에 대한 인식이 깔려 있다. 사회가 빠르게 지식 기반 사회로 이전하면서 많은 양의 지식과 정보의 소유, 그것을 다루고 활용하는 것, 그리고 공유와 결합을 통해 새로운 의미 있는 지식과 정보로 변환하고 창조할 수 있는 힘, 자신의 머리로 제대로 인식하고 생각하는 능력이야말로 정말 이 사회가 필요로 하는 것이 된 것이다. 이에 대응하여 학교교육의 중요 지점은 '무엇을 아는가'로부터 즉 '무엇을 할 수 있는가'로 명백히 위치 이동해야 한다는 교육적 인식이 폭넓게 확산되었다. 즉 이제 학교의 역할은 더 많은 '지식'을 머릿속에 심어 주는 것이 아니라 그 지식들을 자신의 삶과 사회 발전의 등불로 활용할 '역량' 즉 창의적 사고력, 문제해결력, 협업능력을 길러 주는 데에 초점을 맞춰야 하는 것이다. 일찍이 경제협력개발기구의 '데세코DeSeCo' 프로젝트가 미래핵심역량으로 '도구의 지적 활용', '사회적 상호작용', '자율적 행동' 등을 제시한 이래, 인지 역량, 사회 정서 역량, 참여 자치 역량 등 다양한 역량 개념으로 변주되면서 가장 중요한 교육지표로 표준화되어 가고 있다. 학력과 학업의 기준이 단편적 지식과 기술에서 인지 정서와 다양한 능력이 복합된 '역량'이란 관점으로 진화된 것이다.

이미 여러 선행 연구를 통해 프로젝트 학습PBL이 미래 핵심역량의 여러 세부 요소와 연관되어 있으며 이를 증진시키는 수업 형태임이 드러났다.

프로젝트 학습은 이렇게, 학습의 '흥미'와 지식의 '맥락성'을 전제로 한

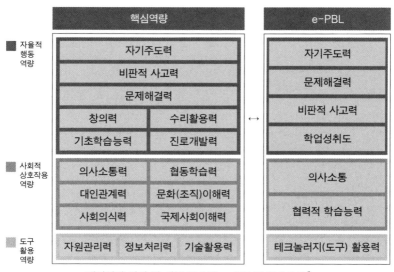

핵심역량 영역 및 세부 요소와 e-PBL의 학습효과[2]

혁신적 학습생태계 구축이라는 관점과 미래 인재 양성을 위한 핵심역량 교육의 관점에서 우리 교육의 중요한 구원병으로 주목받게 되었다.

2. 프로젝트 학습의 원리 이해

1) 프로젝트 학습의 개념

'프로젝트'란 앞으로 던지다 혹은 던져진 것의 의미로, 즉 '계획', '과제'로 해석할 수 있다. 프로젝트 학습이란 학습자의 삶 주변으로부터 문제 해결의 목표(과제, 계획)를 포착하여 일련의 체계화된 탐구활동에서 의미 있는 결과를 도출하고 표현하게 함으로써, 이를 통해 심층적인 지식과 사회적 기술을 습득하게 하는 수업을 말한다. 즉 주변의 삶의 구체적인 정황과 요소로부터 유발된 질문과 과제, 그것을 해결할 일련의 설계와 계획을 가지고, 다양한 적용과 집중적인 탐구 및 수행을 통해 과제를 해결하고 표현하며 획득된 지식을 공유하는 일련의 학습 방법인 것이다.

프로젝트 학습은 하나의 주제에 기초하여 1~2주간 수업에서 진행되는 짧은 프로젝트로부터 지역공동체와 학교 밖 사회인들까지 관련시키며 한 해에 걸쳐 진행되는 학제 간 프로젝트까지 다양하며, 이 과정은 개인별로 이루어질 수도 있으나 소집단, 혹은 학급, 학교 전체 학생들의 협력을 바탕으로 이루어질 수도 있다.

프로젝트 학습PBL은 새로운 교육 방법을 고민하는 사람들에겐 꽤 귀에 익은 학습법이면서도 대부분의 경우엔 여전히 낯설고 또는 벅차고 다소 모호하게 다가올 수 있다. 왜냐하면 실제 그것이 이뤄지는 방식이나 모형이 표준화되기에는 주제나 수업 상황에 따라 교사의 창의성과 유연한 역량에 의존해야 하고 그리하여 너무나 다양하고 비정형적인 형태를 띠기 때문이다. 그것은 프로젝트 학습을 제대로 이해하고 실천하기 위해서는 그것을 구성하는 가장 핵심적인 구성 요소가 무엇인가, 그것이 목표하는 즉 구현하고자 하는 핵심 목표는 무엇인지를 파악하는 것이 가장 중요하고 그것을 구현하는 방법은 매우 다양하며 창의적일 수 있다는 것이다. 그래야만 외래어로 합성된 학습법 명명에 기세 눌리거나 혹은 형식화된 방법론에 진짜 정신을 빼앗기지 않을 수 있기 때문이다.

PBL이란?
PBL은 두 가지 의미가 있다. 프로젝트 기반 학습(PBL: Project Based Learning)과 문제 중심 학습(PBL: Problem Based Learning), 흔히 프로젝트 기반 학습(PBL: Project Based Learning)을 문제 중심 학습(PBL: Problem Based Learning)으로 등치시키는 경향이 있지만, 문제 중심 학습은 프로젝트 기반 학습의 하나의 수업 구조, 혹은 유형으로 보는 것이 적절할 것이다. 실제적 문제에 대해 비구조화되고 자기주도적인 방식으로 문제를 해결하는 실행적인 성격의 수업인 문제 중심 학습은 구성주의 교육관에 의해 학습자 중심, 지식과 기능 태도 및 영성의 결합, 매체의 결합, 협력적 과정 중시의 패러다임과 결합하면서 프로젝트 학습으로 원리화된다.

---

2) 프로젝트 학습의 핵심 원칙과 교사의 역할

프로젝트 학습의 창안자라 할 만한 킬패트릭Kilpatrick은 프로젝트 학습을 '전심을 다하는 유목적적 활동'이라 정의했다. 프로젝트 학습의 핵심은 그것의 목적은 학습자가 스스로 자신의 조건과 요구로부터 학습문제를 설정하고 구체적으로 해결해 나감으로써 지식을 결합하고 새로운 지식을 생산하며 사물과 상황에 대한 인지능력과 실행능력을 높여 나가는 결과에 이름으로써 진정으로 배움의 기쁨과 가치를 느끼고 향유하게 하는데에 있는 것이다. 함께 기획하고 학습과정을 밟아 나가며 탐구를 완수하고 돌아보면서 자신이 혹은 우리가 해냈다는 뿌듯한 보람과 자신이 한 단계 성장했다는 기쁨을 느끼는 체험과정이 될 수 있게 해야 하며, 형식적인 겉치레의 발표와 활동을 넘어서서 깊이 있는 탐구와 높은 사고를 통해 한 단계 높은 배움에 이르게 한다는 명확한 학습 목표와 원칙이 견지되면서 수업이 조직되어야 할 것이다.

먼저 이를 위해 학습자 중심의 운영이 구현되어야 한다. 학습자 중심은 학습자의 흥미와 요구에 기반을 둔 수업이어야 하며, 학습자의 자기주도성이 학습의 시작에서 끝까지를 떠받치는 기둥이어야 한다는 것이다. 이것은 문제의 설정, 협력적 탐구의 과정, 표현 방식의 채택과 실현의 전 과정에서 선택권과 주도권이 학생들에게 주어지는 것을 기본 원칙으로 하여야 한다는 것이다.

동시에 배움을 중심에 놓는 원칙을 견지해야 한다. 프로젝트 수업이 단순한 체험이나 일회적 행사에 그치지 않기 위해서는 지식의 심화된 탐구로 이어지고 의미 있는 지식의 생산적 체험이 되어야 한다. 수업 요소의 인풋(투입)과 아웃풋(산출) 사이에 의미 있는 탐구와 활동이 설계 배치되고 수행될 수 있게 함으로써, 다양한 자료와 정보의 접촉을 통한 지적 세계의 확장, 지적이고 면밀한 분석력 및 확장적 사고의 습득, 논리적이고 창의적인 사고, 민주 시민 의식 함양 등 의미 있는 학습 목표들을 실현해야 한다.

3) 프로젝트 학습의 절차와 구조

(1) 프로젝트 수업 기획하기(사전 작업)

프로젝트 수업이 이벤트적 기획이나 일회적인 수업에 그치지 않기 위해서는 교육 내용에 대한 철저한 분석과 학기 초 교육 목표와 수업 계획의 큰 흐름 속에서 꼼꼼한 사전 설계를 해야 한다. 우선은 국가수준의 교육과정과 교과서를 분석하고 검토하면서 같은 교과 또는 관련 교과 교사들과의 긴밀한 협의를 통해 교육과정의 재구성을 통해 프로젝트 수업으로 다룰 교과 내용을 결정하고 이를 바탕으로 수업의 실행 계획을 수립한다. 어찌 보면 대상에 대한 이해와 문제의 파악, 해결 방법의 기획, 동료 교사들과의 협업과 집단지성을 통한 문제 해결 등 그 자체로서 교사도 하나의 '프로젝트 수업이라는 프로젝트'를 수행하는 셈이다.

프로젝트 수업에서 교사의 역할

이러한 학습자 중심과 배움 중심의 원칙이 변증법적으로 선순환하는 구조를 만들기 위해 일반 수업보다 교사는 더 적극적인 역할을 해야 한다. 학습자 중심이라 하여 교사의 역할이 축소되고 교사가 수업의 방관자가 되어야 한다는 뜻은 아니다. 비고츠키의 근접발달영역이론을 빌려 오지 않더라도 지나치게 무질서하고 무방향적인 수업으로 변질되지 않기 위해서는 오히려 교사는 적절한 학습 환경을 다양하게 설계해야 하고 도움이 필요로 하는 순간을 간파하면서 한 단계 도약할 수 있도록 과제를 제시하는 적극적인 안내자 역할을 해야 한다. 일반 수업보다 더 학생들을 관심 있고 적극적으로 관찰하고 심지어 내면까지 통찰할 수 있도록 해야 하는 것이다.

초등학교에서는 한 교사가 전체 교과를 다 가르치기 때문에 교육과정 재구성을 통한 통합프로젝트 수업을 기획하기에 훨씬 수월하다. 그러나 중고등학교에서는 교육과정이 분과적으로 움직이는 체계이고 복잡한 수업 시간표 속에서 통합교육과 프로젝트를 수행하는 것은 수월치 않다. 교과별 수업 내용의 선후 관계를 고려하고 시수를 배분하며 내용의 중복성을 제거하면서 따로 움직이면서도 하나의 학습 목표로 수렴되는 체계적인 통합을 위해서는 그만큼 교사끼리의 소통과 철저한 준비, 목표의식과 방법론의 공유와 이해가 필요하다. 그러므로 거대 규모의 통합교과 프로젝트 수업을 조직할 교사 내적 역량이 충분히 축적되어 있지 않다면 소규모 단위의 교과 결합 혹은 자신의 단위 교과 내에서 학생이 능동적으로 통합적인 활동을 수행하도록 조직화하는 방식으로 프로젝트 수업을 진행하는 것도 효율적이고 지혜로운 방법의 하나가 될 수 있을 것이다.

요즘은 학기 초 교과서를 펴놓고 학생들과 함께 교육과정을 분석하고 재구성하면서 프로젝트 수업을 기획하는 단계부터 학생들의 능동적 참여와 선택에 맡김으로써 학생들의 자발성을 최대치로 끌어낼 수도 있다.

(2) 프로젝트 수업의 기본 구조

과제(주제)의 포착		과제 수행		공유 및 평가	
문제의 파악	해결 계획 수립	문제 해결 모색	결과 정리	발표 및 평가	성찰 하기

① 주제 정하기(문제 파악하기)

문제의 핵심 내용을 정리하고 공유하면서 이해의 기반을 다짐으로써 학습 주제를 도출해 내는 과정이다. 어떤 주제를 중심으로 지식을 구성해 나가게 할 것이냐는 프로젝트 학습의 성패를 좌우하는 핵심 요소이다. 프로젝트 학습의 주제를 정할 때는 다음의 두 요건을 기준으로 한다.

• 학습자가 지식 탐구와 구성의 능동적인 주체가 될 수 있도록 욕구와 내면적 흥미가 기반이 되는 주제
• 실제 세계와 연결되는 통합적인 성격을 띠면서, 교육과정과의 연계성이나 학습을 통해 달성시키고자 하는 역량 목표 등의 요구조건을 충족시키기에 적절한 주제

학습자 중심을 강조하느냐 혹은 수업의 유목적성을 강조하느냐에 따라 '어떤 주제를 어떻게 선정하게 해야 하는지' 철학적 논란이 되고 있는 부분이기는 하지만, 실제에 있어서는 프로젝트 수업이 놓인 상황과 성격(교과 수업인지, 창의적 재량활동으로 이뤄지는 수업인지 등)에 따라 교사는 학생의 주체성과 흥미를 살리면서도 교육과정의 조건을 충족시키는 수업을 유연하게 조직할 수 있을 것이다. 주제 중심의 프로젝트 수업이라면 교사

가 학생들의 수행활동을 이끌도록 선별한 주제의 장으로 이끌어 낼 수도 있다.

② 문제 해결 계획 세우기

문제에 대한 핵심 내용을 파악하고 학습 주제(과제)를 도출했다면 모둠별로 과제 수행 계획과 역할 분담을 적성하고 실천 세부 계획안을 짜게 한다. 이 과정에서도 교사는 역시 관심을 갖고 학생들을 관찰하면서, 과제를 해결하기에 적절하고 실현 가능한 방법과 계획을 수립하는지에 대해 질문을 던지거나, 필요한 부분에서 적절하게 피드백이나 조언을 해 주는 등 적극적으로 상호작용을 해야 한다.

③ 문제 해결 모색하기

과제 수행 계획에 따라 문제 해결을 구체적으로 모색한다. 설문조사, 자료나 정보 탐색, 전문가 인터뷰나 실험, 현장 조사 등 문제의 성격에 맞게 실행한다. 이때 교실은 교과서의 제한된 공간에서 벗어나 넓은 세상과 직접 연결되고 학생들은 실제 세계를 구체적으로 직면하고 이해하는 과정에서 주체적으로 의미 있는 지식과 정보를 구성한다. 이때에도 역시 교사는 학습자와 학습자, 학습자와 세계가 더 역동적이고 적절하게 만날 수 있도록, 관찰하고 상호작용하는 조력자의 역할에 충실해야 한다.

④ 결과 정리하기와 표현(발표와 공유)

과제 해결을 모색한 결과물을 정리하고 다양한 방식으로 표현하게 한다. 단편적 요소들을 잘 맞물리게 하나의 의미 있는 결과물의 형태로 연결 짓고 완성함으로써 촘촘하고 논리적인 인식체계를 구축할 수 있게 된다. 결과물을 완성하는 방법은 글쓰기(보고문), 프레젠테이션 발표 등과 같은 언어적인 요소로 구성될 수도 있고, 음악, 그림, 동작과 같은 비언어적인 요소 혹은 뮤지컬, 연극, UCC와 같은 종합예술적 표현 등 내용과 주제에 맞는 다양하고 창의적인 방식으로 표현될 수 있다. 학생들은 표현과 공유(발표회, 전시회, 자료집 발간 등)를 통해 사고를 체계화시키고 상호 영향을 받으며 인식을 확장시킬 수 있게 된다.

⑤ 평가하기

프로젝트 수업은 결과적인 지식의 습득을 지향하는 수업이 아니므로 수업이 지향하는 학습 목표의 달성 여부를 관찰과 과정의 수행 여부에 초점을 두어 과정 평가가 이뤄져야 한다. 과정 평가에서 주요하게 평가해야 내용은, 어떤 동기와 목표를 갖고 주제를 설정했으며 해결의 과정에서 문제 해결의 창의성과 적절성, 개인의 참여 몰입도와 자발성, 주도성, 협력성이 높았는지, 프로젝트 활동을 통해 구체적으로 어떠한 성장을 이뤄 냈고, 역할을 적극적으로 수행했는지 혹은 탐구활동은 창의적이고 적절하게 이뤄졌는지, 표현과 공유 활동에서 주제와 내용에 대한 내면화는 잘되었는지 효과적으로 주변과 공유했는지 등 성장과 협력 등에 초점을 둔 항목들로 구성될 수 있는데, 구체적인 평가 기준과 방식은 프로젝트 수업 실시 이전에 개발하여 학생들에게 공개하는 것이 좋다. 이를 통해 학생들은 프로젝트 학습에서 무엇이 중요하고 어떤 원칙을 지켜야 하는지, 어떤 목표를 추구하는 수업인지를 이해하고 내면화할 수 있게 되며, 평가에 대한 신뢰감을 가질 수 있다.

교사는 모둠 활동 및 개인의 활동에 대한 전 과정을 섬세한 시선으로 관찰하면서 과제 수행 능력이 얼마나 향상되는지, 학습의 과정에서 얼마나 전심을 다하고, 성장하는지를 확인하면서 평가를 수행한다. 이러한 관찰과 표현의 과정 평가에는 교사의 평가뿐만 아니라 학생들이 스스로 동료를 평가하는 항목과 학습자 자신의 평가와 자아 성찰을 포함하는 것이 좋다. 이를 통해 평가의 객관성을 높일 수 있고, 학습자가 다른 시선에서 학습에 몰입하며 학습의 의미를 재정립할 수 있는 기회가 될 수도 있다.

3. 프로젝트 학습 실천 사례

1) 개별 교과 프로젝트 학습

(1) 한국사 프로젝트 학습
- 관련 단원 및 주제: 대단원 〈근현대사의 흐름〉 중 '일제 강제 동원과 전후 처리' 주제
- 내용
- 대주제인 일제 강제 동원 관련 소주제들 중에서 모둠별 소주제를 스스로 선정하여 탐구(4차시)
- 전후 처리 과정의 문제점을 분석하고 해결 및 실천 과제를 제시
- 탐구 결과 내용을 다양한 방식으로 표현하여 영상물로 제작하여 발표하고 공유
- 우수작 대상 수업 연계 발표대회를 운영하여 전체 학년이 공유하고 교사 평가와 학생 평가를 결합하여 시상

(2) 사회 프로젝트 학습(사회참여발표대회)
- 관련 단원: Ⅱ. 공정성과 삶의 질
- 수업 기획 의도: 삶을 둘러싼 우리의 문제들을 파악해 보고 삶의 질을 높이기 위해 그 문제들을 어떻게 해결해야 하는지를 실천적 대안적으로 모색함으로써 여러 정책의 개념이나 정책 결정에 대해 실제적으로 이해하고 현실 참여의식과 민주시민의식을 기른다.

- 수업 일정

차시	수업 내용	수업 형태
1차시	공정성과 삶의 질에 대한 개념 수업	강의, 학습지 작성
2차시	모둠 구성 및 주제 정하기, 문제 해결 과정 및 발표 계획 수립, 역할 분담(1차 계획)	모둠 토의
3차시	2차 계획(보완과 수정)	
4차시	탐구활동(자료 탐색, 현장 조사, 계획 수정)	컴퓨터실 정보 탐색 모둠 토의
5차시	발표대회 및 시상	

- 학생 학습지에 던지는 질문으로 본 활동 맵

• 해결하고자 하는 문제는 무엇인가요?

• 이 문제가 어떤 불편을 주고 있나요?

• 이 문제가 발생하게 된 원인은 무엇인가요?

• 이 문제를 해결해야 하는 책임이 누구에게 있는지 다양한 관점에서 분석해 봅시다.

• 이 문제와 관련한 법률과 정책을 찾아보세요.

• 다음 시간에 컴퓨터실에서 어떤 자료를 찾아야 할 것인지 정리해 보세요.

• 이 문제를 해결하기 위해 어떤 정책(공공정책)을 제한할 수 있나요?

• 문제 해결을 위해 여러분은 구체적으로 어떤 활동을 전개하려고 하나요?(캠페인, 서명운동, 설문조사, 신문이나 방송국에 편지 쓰기, 청원활동, 모둠활동, 봉사활동, 민원 제기, UCC 제작하고 알리기, SNS에 글 올리기)

• 구체적 실천을 위해 우리 모둠은 언제, 어떤 일을 해야 할지 일정을 정하고 역할을 분담해 보세요.

2) 통합 교과 프로젝트 학습 1(주제 및 활동 중심)

- 초등학교 6학년 교실에서 만나는 프로젝트 수업: 〈우리〉 프로젝트 수업

(1) 교육과정 재구성과 교과 통합에 따른 프로젝트 수업 개요도

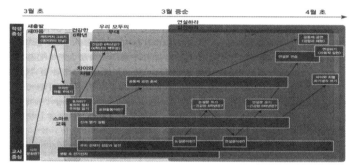

이성대 외, 『프로젝트 수업, 교육과정을 만나다』, 78.
초등학교 6학년 각 교과의 성취기준을 분석하여 '새 출발 새 마음'이라는 통합
적 주제명으로 〈우리〉 프로젝트 수업을 구상한 것이다.

(2) 하위 주제 프로젝트 수업-〈차이와 차별〉 프로젝트 수업 구상안

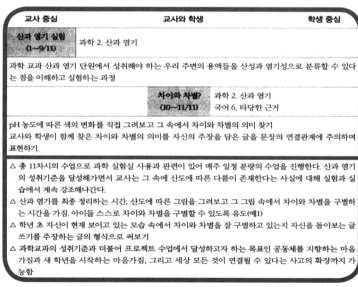

이성대 외, 『프로젝트 수업, 교육과정을 만나다』, 106.

〈우리〉 프로젝트 수업 과정의 하나로 과학과 국어 교과의 성취기준을 통합하여 프로젝트 수업을 구상했다.

3) 개별 프로젝트 학습(1인 1프로젝트)

1인 1프로젝트 학습은 주제 영역의 제한을 전혀 두지 않고, 문제의 설정과 범주화의 주체를 온전히 학습자 자신으로 설정함으로써 학습자가 내면 자신의 욕구나 학습상의 지향을 응시하는 것을 학습의 출발점을 삼는 학습이다. 일반적으로 한 학급 내의 학생들의 관심 분야나 진로의 방향, 탐구 실행 능력은 학생 수만큼이나 다양할 수 있기 때문에 모두 자신에게 맞는 한 가지 주제를 선택할 수 있지만, 동일한 관심 분야나 학습 욕구 대상을 가진 학습자들끼리 모둠을 구성하여 협력적으로 프로젝트를 수행하기를 권장한다. 기간은 상황에 따라 설정할 수 있지만, 1학기에 한 주제 또는 1년에 한 주제에 대한 프로젝트를 수행하는 것이 적절하다.

이 프로젝트 학습은 특정 교과의 차원을 뛰어넘은 학습이기 때문에 교육과정 운영상 가장 바람직한 방법은 프로젝트 학습 시간을 교육과정상에 따로 배정하는 것이다. 서울형혁신학교인 삼각산고의 경우 창의적 글쓰기 시간을 배치하고 과정의 일부 시간을 활용하여 프로젝트 학습을 지도하고 있는데, 이를 통해 삼각산고의 모든 학생들은 자신이 수행할 수 있는 수준과 규모 안에서 교과활동이나 학교활동, 개인의 삶에서 얻은 문제의식이나 호기심을 발견한 문제의 해결, 진로의 영역에서 개발하고 싶은 개인 역량이나 의미 있는 사회참여활동을 적극적으로 수행하고 스스로 지식의 창조자 생산자로 서는 경험을 하고 있다.

이 활동 역시 교사는 주제 선정에서부터 탐색과정, 표현활동까지 친절한 멘토이자 안내자가 되어 학생들의 스스로 탐구의 길을 완주할 수 있도록 지도해야 한다. 다음은 그 과정에서 학생들에게 프로젝트 수행의 길을 잘 보여 주는 〈프로젝트 활동 계획 점검〉 학습지 내용의 일부이다.

프로젝트 보고서를 내기까지 활동 맵과 점검 사항

활동 순서	적절성을 판단하기 위한 질문	점검 결과
해결 문제 (탐구 주제) 정하기	– 자신이 열정이 담긴 주제인가? 즉 (더) 알고 싶고, 해 보고 싶고 해야 할 일이라고 생각하는 주제인가?	
	– 해결 문제 또는 탐구 주제가 자기 자신에게나 혹은 사회적으로 가치나 의미를 가지는 주제인가?	
	– 자신의 창의성을 보여 줄 수 있는 주제인가 – 깊은 생각을 통해 자신이 성장할 수 있는 주제인가?	
	– 주어진 프로젝트 수행 기간에 걸맞은 주제인가? 이번 프로젝트의 성격과 기간에 비춰 볼 때 답 도출이 너무 쉽거나 단순하지 않나? 혹은 기간 내에 해결하기 어려운 주제는 아닌가?	
	– 주제가 포괄적이고 막연한 어휘나 개념이 아니라 문제형 또는 실천형으로 표현되고 있는가? 예 1) 우리 학교 하복 → (수정) 우리 학교 하복의 불편 사항 개선안은 무엇일까 또는 개선안을 디자인하기	
	위의 기준에 맞춘 주제의 수정 보완 확정 ⇨	
2. 문제 해결 방법 모색과 일정 수립하기	① 문제 해결을 위해서 가장 우선순위에 있는 해결(탐구) 방법은 무엇인가?	
	– ①을 언제 어떻게 할 것인가?	
	② 문제 해결을 위해 두 번째 우선순위에 있는 해결(탐구) 방법은 무엇인가?	
	– ②를 언제 어떻게 할 것인가?	
	③ 문제 해결을 위해 꼭 필요한 기술이나 해결 방법, 멘토는 무엇, 누구인가?	
	–③을 언제 어떻게 할 것인가?	
3. 이후 활동	1) 수집한 자료의 해석과 비교, 분석, 도표화하기 2) 결론(문제 해결책 또는 의미 분석하기, 가설 검증하기) 3) 보고서 제출하기 4) 발표 및 공유	

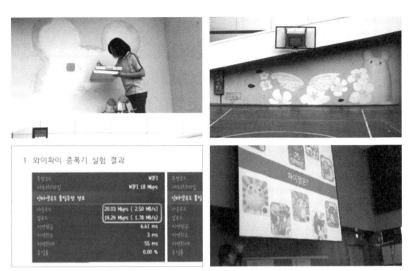

다양한 1인 1프로젝트 학생 활동 사례

4. 과제와 물음

프로젝트 학습은 그 자체로 교사-교사, 교사-학생, 학생-학생, 학교-지역사회, 교과-창의적 체험활동 등 분리된 교육적 주체나 영역들이 유기적으로 연결되고 결합할 수 있는 수업 형태이다. 다시 말하면 프로젝트 학습 자체가 이상적인 학습생태계를 구축할 수 있는 의미 있는 교육 형식이며 매개적 방법론이라는 것이다. 그러나 역설적이게도, 프로젝트 수업이 일회적인 행사나 단편적 경험, 한바탕 떠들썩한 전시적 행사에 제한되지 않고 우리 교육의 의미 있는 기본 구조로 안착하기 위해서는 단위 학교 내에서 건강하고 역동적인 학습생태계의 조성이 전제되어야 한다.

물론 개별 교과 내에서, 교사 한 명 한 명이 자신의 수업 공간 안에서

부분적이고 가능한 방식으로 프로젝트 수업을 운영하고 작은 성공의 경험을 축적시켜 나가면서 보다 확장적이고 적극적인 프로젝트 수업을 기획 운영할 수 있고 그것이 학교 내에서 프로젝트 수업이 목표하는 교육 패러다임을 확산되는 토대가 된다. 그러나 개별 교과의 성취를 전범으로 삼고 확산을 위해 노력하는 동시에, 교사 내의 민주적 협의 구조와 학습공동체적 문화, 학교 내의 모든 교육적 부문에서 상호 연결을 통해 성취를 높이고, 참여와 소통의 기회를 증진시켜 가는 노력들이 쌓였을 때 자연스럽게 프로젝트적 성격을 띠는 것으로 진화될 가능성이 높은 것이다. 이러한 노력들과 맞물려 본격적인 프로젝트 학습을 추구했을 때 그것은 더 생동감 있고 역동적인 학습생태계를 구축하는 묘약이 될 수 있다. 그러므로 한편으로는 혁신학교 등 일정하게 학교가 역동적인 학습생태계의 망을 구축할 수 있는 제도적 토대를 만드는 것이 프로젝트 학습의 확산과 정착을 위한 과제가 될 것이다.

학습생태계의 구축은 한편으로는 관계적 조건이기도 하지만, 교육과정-수업-평가로 이어지는 교육체계의 측면을 얘기하기도 한 것이다. 수업은 그것을 둘러싸고 있는 큰 교육과정과 교육 목표의 밑그림과 접목될 때 안정적이고 지속적인 방식으로 운영되어, 프로젝트 학습이 목표하는 바가 실질적으로 구현될 수 있다. 또한 수업은 그에 조응하는 적절한 평가와 결합되었을 때 학생들의 동기의식과 안정적인 지지와 신뢰를 얻어 낼 수 있다. 수업에서 길러 내고자 하는 역량에 대한 관점의 변화, 교사의 전문성을 기반으로 한 교육과정의 재구성, 과정 평가 중심의 평가 방식에 대한 혁신적 관점으로 건강한 학습생태계를 구축하는 것이 필요하다.

그런 의미에서 초등학교를 중심으로 교육과정을 재구성하면서 학생 중심 배움 중심의 수업혁신을 하려는 노력이 확산되고 있고, 중학교도 자유학기제라는 바람을 타고 고등학교에서는 학력관 역량관의 변화와 이에 따른 학생부종합전형 등 입시제도 다변화의 바람을 타고 프로젝트 수업이 설득력 있게 다가올 수 있는 제도적 조건이 성숙되고 있음은 바람직한 일이라 할 것이다.

| 생각해 보기 |

1. 교사가 중요하다고 생각하는 중심 의제(교육 목표)와 학생의 흥미와 능동성 중에 무엇을 더욱 우선시하는 것이 교육적일까? 학생 주도성의 범위는 어디까지일까?
2. 초등학교 외에 분과적으로 운영되는 중학교 고등학교에서 통합적인 프로젝트 학습은 어떻게 이루어지는 것이 가장 효과적일까? 교사 개인이 자기 교과의 한계를 넘어서 통합적인 교육 영역으로 확장하여 수업하는 방식과, 여러 교과가 교과의 벽을 넘어 통합교과적으로 프로젝트 수업을 조직화해 내는 방식 사이에서 적절한 균형점은 무엇일까?
3. 우리 학교의 교육 목표와 내가 맡은 학년 및 교과의 교육과정을 검토했을 때 프로젝트 수업을 계획한다면 어떤 주제와 형태, 규모로 조직할 수 있을까?
4. 입시 위주의 교육 현실에서, 많은 수업 차시를 할당해야 하고, 입시교육에서 주로 지식을 다루는 방식과는 거리가 있는 프로젝트 수업을, 시간과 에너지 낭비라는 부정적 견해를 극복하고, 지향할 가치가 분명하고 지속가능한 수업이 되게 하기 위해 교사가 가져야 할 학력관(역량관) 및 교육철학을 진정 나는 갖고 있는가?

1. 한숭희, 「지식혁명의 포스트모던 조건과 평생학습의 난제」, 『아시아교육연구』 5(3) (2004), 6-7에서 재인용.
2. 강인애·진선미·여현숙, 「21세기 학습자의 핵심역량 제고를 위한 교육방법: e-PBL의 가능성 탐색 연구」, 『학습자중심교과교육연구』 14(4)(2014), 342.

- 강인애·정준환·서봉현·정득년.『교실 속 즐거운 변화를 꿈꾸는 프로젝트 학습』. 상상채널, 2011.
- 강인애·진선미·여현숙.「21세기 학습자의 핵심역량 제고를 위한 교육방법: e-PBL의 가능성 탐색 연구」.『학습자중심교과교육연구』14(4)(2014), 331-363.
- 이성대 외.『프로젝트 수업, 교육과정을 만나다』. 행복한 미래, 2015.
- 정준환.『설레는 수업, 프로젝트 학습 PBL 달인되기 1: 입문』. 상상채널, 2016.
- 최상덕.『미래 인재 양성을 위한 핵심역량 교육 및 혁신적 학습생태계 구축(Ⅱ)』. 한국교육개발원, 2014.
- 한숭희.「지식혁명의 포스트모던 조건과 평생학습의 난제」.『아시아교육연구』5(3)(2004), 141-163.
- 기노쿠니어린이마을학원.『프로젝트로 꽃피는 자율교육』. 김은산 옮김. 우리교육, 2014.
- 마르크햄, 톰 외(Markham, Thom & Larmer, John & Ravitz, Jason).『프로젝트 기반 학습 입문서』. 노선숙 외 옮김. 교육과학사, 2007.
- 리겔, 에냐(Riegel, Enja).『꿈의 학교 헬레네랑에』. 송순재 옮김. 착한책가게, 2012.

- 강인애·정준환·서봉현·정득년.『교실 속 즐거운 변화를 꿈꾸는 프로젝트 학습』. 상상채널, 2011.
프로젝트 학습의 개념과 목표, 학습원칙과 원리, 절차, '왜'와 '어떻게'에 충실하여 프로젝트 학습의 이념적 기반과, 아울러 교육 현장에서 실천할 수 있는 구체적인 사례와 지침까지도 제공하는 프로젝트 학습의 교과서와 같은 책.

- 이성대 외.『프로젝트 수업, 교육과정을 만나다』. 행복한 미래, 2015.
프로젝트 학습에 대한 원론적인 관점을 넘어서 초등학교, 중학교, 고등학교 급별로 교육과정과 맞물릴 수 있는 적절한 프로젝트 수업의 방법과 유형을 구체적인 사례와 지침을 통해 소개해 주는 책. 교육과정에 녹아들면서 지속가능하고 질적인 수준이 담보되는 프로젝트 수업의 지침서.

- 정준환.『설레는 수업, 프로젝트 학습 PBL 달인되기 1: 입문』. 상상채널, 2016.
초등학교 교사인 필자가 어떻게 아이들의 마음과 눈높이에서 출발하여 프로젝트 학습을 다양하게 만들어 낼 수 있는지 그 구체적인 수업의 장면들을 상세하게 그려 놓은 책. 관념적인 언어로는 충족되지 않는 프로젝트 수업의 구체적인 풍경을 생생하게 보여 주며, 그 직접적인 실천에 한 걸음 다가설 수 있도록 해 준다.

평가는 방법만으로 바뀔 수 있는 대상이 아니다. 교육이 방법적으로만 다가가기에는 어려움이 있듯이 평가도 철학이 중요하다. "평가를 왜 하는가"에 대한 물음은 "교육을 왜 하는가"에 대한 물음과도 같다. 그래서 철학을 세우는 일은 역시 평가를 어떻게 할 것인가에 대한 논의보다 앞서야 하는 것이다. 우리나라의 교육은 평가를 빼놓고는 이야기할 수 없는데, 소수를 위한 교육이 아니어야 하듯 모두를 위한 평가란 어떤 것인지 생각해 보는 것은 중요한 일이다. 지금부터라도 교육의 본질, 교육과정과 수업 속에서 평가에 대한 이야기의 폭을 넓고 깊게 해야 한다.

성장과 발달 중심의 평가

손유미

1. 평가, 문제를 되짚다

1) 일제식 학력평가에 대하여

그동안 학생의 학업성취도를 판단할 때 상당히 의존했던 평가 방법은 일제식 학력평가였다는 것에 동의할 것이다. 대개의 학교에서는 학기마다 중간과 기말 시점에 일제형 학력평가를 통해 학생을 평가했는데, 이는 시기나 형식, 내용의 측면에서 여러 가지 문제를 안고 있다. 시기적으로는 교육의 과정 끝에서 전형적인 결과 평가로서 진행하기 때문에 실질적인 피드백이 이루어지기 어렵다는 것이다. 평가 결과는 학생의 수준을 판단하는 근거로만 남지 세심한 지도로 바로 이어지기는 어렵다. 중간 시점이라면 평가가 끝나도 여전히 남은 진도가 있고, 기말 시점이라면 방학을 앞두고 있으니 말이다. 학교는 점수로만으로도 환류가 일어나기를 기대하며 수준 확인의 기회만 제공하고, 학생은 학습 보충의 책임을 그대로 안게 된다. 평가 결과는 심지어 교과별, 영역별 특성을 따르지 않은 채 무의미하게도 전체 교과 평균을 따져 그야말로 총괄적으로 정리된다. 교과의 한 영역의 학업성취도가 높은 학생이 반드시 다른 영역에서도 같은 수준의 결과를 보이는 것은 아니다. 예컨대 말하기와 쓰기에서 수준의 차이가 나타나도, 국어를 잘한다, 못한다는 식으로 결론짓는다는 것이다. 또한 성격이 다른 교과를 한데 묶어 평균을 산출하는 것은 점수와 서열 지향의 관습에 따른 것이지, 학생에 대한 세심한 분석과 지도를 위한 것은 아니다. 평가 내용도 암기한 지식의 양에 충실한 경우가 대부분이다. 평가 문항 자체가 문제해결력, 비판적 사고력, 창의력 등을 기르기 위한 것이 아니고 얼마나 많은 지식을 갖고 있느냐에 따라 평가 결과가 달라지는 것이다. 단순 암기만 잘해도 평균 이상의 결과가 나온다는 것이 모두 같은 맥락의 이야기이다.

2) 결과적인 수행평가에 대하여

그렇다면 또 다른 평가 방법인 과정 중심 수행평가는 그 정의에서도 밝히고 있듯이 전통적인 학력평가의 한계를 뛰어넘는 데 도움이 되었을까. 결론적으로는 기대에 크게 미치지 못했다고 볼 수 있다. 수행평가performance assessment는 "학습 결과 또는 표준화된 검사 등을 강조하는 전통적 평가의 대안적인 평가 방법 중 하나로, 학습의 과정과 실제성authenticity, 종합 능력 등을 강조하는 평가이다. 따라서 1회성 평가보다는 다수의 측정과 평가 활동이 수반되며 인위적인 상황보다는 실제 상황natural setting에서 평가가 주로 이루어진다"고 했다. 그렇지만 수행평가도 현실에 비추었을 때 대안적인 평가 방법이라고 인정하기가 쉽지 않다. 주로 과제로 제시되거나 1회성 평가에 그치다 보니 노작, 실습, 기능도 수행의 과정보다는 결과 위주로 판단하는 경우가 대부분이다. 또한 교과 진도나 입시 준비에 얽매여 실제 상황 혹은 다양한 수업 상황에서 있는 그대로의 평가를 실시하기가 어렵다 보니 실제와 동떨어져 평가를 위한 평가라는 양태를 낳기도 했다. 한편, 수행평가는 앞에서 말한 학력평가에 견주어 평가의 시기가 분산된 것은 사실이지만 여전히 결과 평가라는 형식이 근본적으로는 바뀌지 않았다는 것이다. 이는 수행평가가 학력평가 중심으로 움직이는 학교 사회에서 구조적으로 맞지 않는 평가 방법이었기 때문에 과정, 실제성, 종합 능력이라는 핵심어가 무색한 결과가 나온 것이다. 구조는 바뀌지 않은 채 그 구조와는 방향이 다른 내용이 들어간 것인데, 그 결과 내용이 형식을 극복하지 못하고 또 다른 문제를 나온 것으로 분석해 볼 수 있는 대목이기도 하다. 여기에 더하여, 학력평가와 수행평가가 학생의 학력에 대한 종합적인 판단에 미치는 영향을 경험적으로 따져 보았을 때 더 비중을 차지하는 것은 무엇일까. 바로 학력평가이다. 수행평가의 정의를 보면 수행평가가 상당히 중요한 평가 방법이라는 것을 알 수 있지만 결국 학생을 평가하는 중요한 잣대는 학력평가라는 것을 부인하기가 힘든 것은, 학교 사회의 현실적 구조와 맥을 같이한다.

3) 성적 중심의 통지에 대하여

학부모들에게 전달되는 초등의 학교생활통지표는 중등의 성적표와 크게 다르지 않다. 초등의 학교생활통지표이든 중등의 성적표이든 학생의 학교생활에 대한 정보가 종이 한두 장으로 요약되는데 주요 항목은 학교생활기록부에 기초하여 있고, 핵심 내용은 각 교과별 학업성취도에 대한 것이다. 학생들의 학교생활에서 가장 중요하게 여겨지는 것은 '생활'이 아니라 '성적'인 것이다. 이것은 학력 중심의 사고에서 비롯된 것이라고 할 수 있다. 발송 시기 역시 모든 교육과정이 마무리되는 시점이라서 결과 중심으로 통지가 된다. 그렇다고 같은 형식의 통지 방법으로 횟수를 물리적으로 늘리는 것이 의미 있는 것은 아니다. 지면에 담겨 있는 내용도 딱딱하고 이해하기 어려운 용어로 기술된 경우가 많다. 하지만 성장과 발달을 위한 학교교육을 생각했을 때 이러한 형식의 통지 방법은 맞지 않다. 학생의 성장과 발달을 돕는 가장 좋은 방법은 학생과 부모와 선생님이 수시로 한

자리에 만나서 이야기하는 것이다. 작게는 지면상의 표현에 있어 틈이 넓거나 오해가 생기더라도 바로 그 자리에서 차이를 좁힐 수 있을 것이고, 크게는 세 주체 간에 성적을 떠나서 깊은 이야기까지 가능할 테니 말이다. 결론적으로 생활통지표나 성적표의 형식은 다양하고 유연하게 바뀌는 것이 맞지만 그에 앞서 평가의 본질적인 방향부터 달라져야 한다. 양식만 바꾸고 담고 있는 내용은 바꾸지 않는다면 평가의 방향이 학력 중심에 고정되어 있는 채 같은 문제만 반복될 뿐이다.

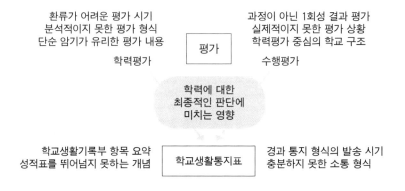

2. 평가, 관점을 바꾸다

1) 교육의 가치

먼저, 평가에 대해 이야기하기에 앞서 조금 더 본질적인 질문에 대한 답을 생각해 보겠다. '교육적 본질에서의 평가 관점'이라고 했을 때, 교육적 본질은 무엇일까. 즉, 우리는 교육을 왜 하는 것일까. 우리나라의 국가수준 교육과정 총론을 살펴보면 '추구하는 인간상'을 '민주시민으로서 필요한 자질을 갖추게 하여…'라고 언급하고 있다. 그러면 민주시민이 갖추어야 할 자질이 무엇인지 생각해 볼 필요가 있겠다. 그런데 그것에 대한 구체적인 논의는 차치하더라도 교육과정에서는 그것이 ① 인간다운 생활, ② 민주 국가의 발전, ③ 인류 공영의 이상을 실현하는 데 이바지할 것이라고 보고 있다. 이 세 가지 범주의 공통분모는 바로 공동체이며, 이들은 다시 배려, 나눔, 협력, 평화 등 민주사회의 필수 가치와 연결된다.

2) 협력의 관계

앞에서 살펴본 바와 같이 교육의 목적이 개인적 가치에서 더 나아가 '모두'를 위하는 것에 있다고 한다면, 공동체 삶을 바탕으로 하는 민주사회의 필수적 가치에 더욱 주목하게 된다. 그 가운데에서도 '협력'에 대하여 이야기를 해 보겠다. '협력'은 평가를 지배하는 요소 중 하나인 '경쟁'의 상대적인 가치이다. '경쟁'은 교육 본질과는 거리가 먼 개념인데, 교육과정에 기술된 '추구하는 인간상'의 면모를 살펴보더라도 '전인적 성장, 기초 능력, 문화적 소양과 다원적 가치, 세계와 소통하는 시민'에서 경쟁적인 요소는 찾아보기 어렵다. 경쟁적인 상황에서는 '남보다 내가', 혹은 '나 혼자' 잘해야 하기 때문에 학생들의 학습에 대한 피로도는 지나치게 혹은 불필요하게 높아질 수밖에 없다. 지나친 경쟁 구도에서는 관계 속에서 배우게 되는 핵심 역량들이나 인성 요소들을 파악하기도 어렵다. 서로를 견제하는 경쟁적 상황에서의 예상 가능한 실패 경험은 자칫 깊은 좌절과 의욕 상실을 불러올 수 있다. 심각한 사회 문제인 청소년의 높은 자살률이나 낮은 행복 지수의 현주소는 이를 뒷받침한다. 반면, 서로를 돕는 협력적 상황에서의 예상하지 못한 성공 경험이 오히려 배움에의 근원적 동기를 심어 주지 않을까.

3) 학력의 본질

평가의 본질을 이해하는 데서 가장 핵심은 무엇일까. 바로 학력이다. 학력에 대한 특정한 개념은 평가의 패러다임을 형성하면서 교육 전반을 지배하고 있다고 해도 과언이 아니다. 그렇다면 학력은 우리 사회에서 어떻게 받아들여지고 있을까. 보통은 학력學力을 곧 지력知力으로만 이해한다. 그런데 학력의 사전적 정의는 '교육을 통하여 얻은 지식이나 기술 따위의 능력. 교과 내용을 이해하고 그것을 응용하여 새로운 것을 창조하는 능력'이다. 전자의 미시적 관점에서의 기술보다는 후자의 거시적 관점에서의 기술이 학력의 본질을 좀 더 잘 풀이했다고 볼 수 있는데, 어쨌든 두 경우다 지식을 넘어서는 능력의 차원에서 학력의 개념에 대해 말하고 있다. 그런데도 우리 사회는 지식에 단정 지어 학력을 이해함으로써 왜곡된 결과를 만들어 내고 있는 것이다. 지력의 한계를 넘어서지 못하면 교육은 제 모습을 찾아가기 힘들 수 있겠다. 학력學力은 '배우는 힘'이다. 그렇다면 무엇을, 왜 배워야 할까. 요즘의 아이들은 현재의 삶을 살지 못한다. 좁게는 앞으로 갖게 될 직업을 위해서이거나 넓게는 현재가 아닌 미래에 발휘하기 위한 능력을 쌓으려고 지금의 시간을 소비한다. 그런데 진정한 삶은 미래를 위한 준비가 아닌 지금-여기의 삶이 아닐까. 학력은 바로 오늘의 삶을 살아가는 데 필요한 것을 배우는 것이다. 그것은 지식이 될 수도 있고, 기술이 될 수도 있고, 요즘 화두인 핵심역량이 될 수도 있다. 중요한 것은 어느 쪽에도 치우쳐서는 안 된다는 것이다. 전인적 인간으로서의 성장과 미래의 공동체적 삶의 영위는 지금이 아니고서는 이루어지기 힘든 것이다. 지금의 삶이 그렇지 않은데 미래의 삶이 그렇게 될까. 교육이 목적하는 바는 '지금-여기'의 삶부터 시작되어야 한다.

4) 배움의 과정

평가를 왜 할까. 이 질문에 대해 교사들에게서 주로 나오는 의견은 '학습 목표 도달 정도 확인, 부족한 부분의 재지도, 평균 이상의 실력 향상,

학습에의 동기 부여' 등이었다. 이에 더하여 학습 목표 도달 정도를 확인했다면 그 이후의 환류는 어떻게 되는지, 부족한 부분의 재지도 내용과 방법은 무엇인지, 상대평가에 따른 평균의 의미는 무엇이고 실력의 개념은 무엇인지, 동기가 부여되어야 할 학습의 내용과 방법이 무엇인지 등에 대해서도 함께 다루어져야 한다.

여기에서는 앞서 이야기한 교육의 가치, 협력의 관계, 학력의 개념을 바탕으로 평가의 목적이 학생의 성장과 발달을 돕기 위함이라는 전제 위에서 이야기해 보도록 하겠다. 그 전제를 따르면 평가는 결과적인 측정과 확인에서 더 나아가 배움의 과정에서 이루어져야 하며, 평가를 계기로 다시 배울 수 있는 기회를 줄 수 있어야 한다. 단적인 예로, 그동안은 서로에게 물어보거나 책을 찾아 문제를 해결하는 것은 측정과 확인을 목적으로 한 평가에서는 해서는 안 되는 행동이었지만, 배움의 과정과 기회라는 측면에서는 금지된 행동이 아니라는 것이다. 오히려 평가를 통해서 배운 것을 더 확실하게 할 수 있다. 교육과정 총론의 '평가'를 살펴보자.

> 나. 2) 학습의 결과뿐만 아니라 학습의 과정을 평가하여 모든 학생이 교육 목표에 성공적으로 도달할 수 있도록 한다.

즉, 교육이 종결되는 의미로서의 평가를 지양해야 하며, 교육의 과정 속에서 이루어지는 즉각적인 환류를 통한 배움의 기회가 매우 중요하다는 것을 확인할 수 있다.

3. 평가, 성장과 발달을 돕다

강원도교육청에서는 2012년 하반기에 '교사별 상시 평가제' 우선 적용,

그해 말에 일제고사 폐지 과정을 거치며 평가 정책의 근본적 변화를 꾀했다. 그 후 2013년에 강원도 내 전체 초등학교가 '교사별 상시 평가'를 시행했고, 같은 맥락에서 2014년부터는 '행복성장평가제'를 실시하고 있다. 평가제도에 대한 이와 같은 정책적 변화는 평가 개선 자체를 위한 것이라기보다는 평가를 넘어선 수업의 변화, 교육을 바라보는 학교 현장의 궁극적인 변화까지 목적에 두고 있다. 수업이 바뀌지 않는 것은 학교 사회 전체를 지배하는 평가 때문이고, 평가에 따라 교육과정의 비정상적 운영을 여실히 보여 주는 수업 장면에서는 공교육의 위기가 드러난다. 이를 바로잡고자 평가관, 수업관 더 넓게는 교육관까지 다시 살펴봐야 하는 것이다. 그래서 여기에서는 평가, 그리고 수업, 그 기반의 교육과정에 터하여 강원도의 평가에 대해 살펴보겠다.

1) 진단 VS 이해: 학생 이해하기

3월에 교사가 아이들을 처음 만나 가장 먼저 하는 일은 무엇이냐고 물어보면 아이들과 친해지기, 학급규칙 정하기, 자리나 청소 정하기, 관계 만들기 등이라고 이야기한다. 그리고 빠질 수 없는 것이 진단 평가이다. 그 진단 평가라는 것은 국어, 수학(여기에 더해서 사회, 과학, 영어까지)을 4지선다형만 있는 시험지를 하루 동안 풀게 하여 60점을 기준으로 기초학력 부진 학생을 선별하는 것이다. 그럼 진단 평가로 아이에 대해 다 알게 된다고 할 수 있는가. 아이 몸의 자람, 성격이나 개성, 감정이나 정서, 가족이나 이웃, 새 학년이 된 두근거림이나 품고 있는 바람들도.

아이를 이해하는 것은 사실 아이를 만나는 그 순간부터 이루어진다. 교사가 미리 자리를 정해 놓지 않았을 때 겪는 혼란을 잠시만 참아 보면 아이들은 저마다의 행동을 하게 된다. 자리나 청소를 정하는 것도 아이들은 학급회의를 통해 얼마든지 정할 수 있고 그것은 곧 국어과 성취기준이나 창의적 체험활동 목표와도 연결된다. 교사가 아이들에게 처음부터 끝까지 모든 것을 친절하게 준비해 주는 것이 오히려 아이에게는 배움의 기회를 뺏는 것이고, 교사 자신은 아이를 이해할 수 있는 기회를 놓치는 것이다.

사실 '진단'이라는 용어는 의학 용어에서 나온 것이다. 진단의 사전적 의미Daum 한국어 사전를 찾아보면 '의사가 환자를 살펴어 병의 상태를 판단함'이라고 기술되어 있으며 이 낱말은 '의학'으로 분류되어 있다. 이렇듯 '진단' 활동은 아이의 부족한 점이나 문제를 찾는 등의 부정적인 면에 관점이 고정될 염려가 있고, 몇 가지 단편적인 사실을 통해 성급하게 판단하는 일이 있을 수 있다. 진단 평가에 대응하여 진단 활동이라는 말을 사용하기 시작했다는 배경이 있지만, '진단'에 대해 진단하지 못한 까닭으로 아쉬움이 있었다. 그래서 이 글에서는 진단 활동을 넘어서 이해 활동이라는 용어를 제안한다.

웃지 못할 사실인지, 웃자고 지어낸 것인지는 확실하지 않으나 한때 인터넷에 떠돌던 이야기 하나를 들어 본다. 교사가 미술 시간에 도화지를 주었더니 다른 아이와는 달리 한 아이가 도화지를 온통 까만색으로 칠하더라는 것이다. 이 장면을 놓고 과연 교사는 어떻게 할 것인가. 여러 연수를 다니며 선생님들께 물었더니 다양한 해석이 나왔다. "아이에게 무슨 '문제' 있나?" 혹은 "아이에게 '우울'한 성향이 있나?"라는 대답이 항상 가장 먼저 들려왔다. 그 아이를 나쁘게 보는 게 아니라 도와주고 싶은 마음이 컸을 것이다.

질문 자체가 의도가 있다는 것을 안 선생님들은 여기에서 좀 더 나아가 "바탕에 여러 색을 칠해서 검정색으로 덮은 다음 긁어서 표현하려는 거 아닌가요?"라고 이야기했다. 그러다 한두 명의 선생님이 "아이에게 왜 그렇게 칠하고 있는지 물어봐야지요"라고 대답한다. 그렇다. 교사는 부정적(대개는 부정적이다)이든 긍정적이든(좋다고 좋은 게 아니다. 균형을 잃은 시각이라는 것은 부정적인 판단과 마찬가지이다) 성급한 판단을 내리기에 앞서 아이를 있는 그대로 봐야 한다. 모르겠으면 물어보면 되는 것이다. 교사는 모든 것을 알아낼 수 있는 전지전능한 신이 아니다. 아무튼 그 아이의 답은 '김'이었다.

아이 이해 활동은 3월 내내 할 수도 있고, 1~3주의 범위 내에서 다양하게 기간을 조정하여 할 수 있다. 그런데 아이 이해 활동이 3월에만 이루어져야 하는 것은 아니다. 새로운 학습 주제에 들어갈 때도 매번 이루어질 수 있으며 1년 내내 이해 활동을 하게 되는 셈이다. 그러면 도대체 진도는 언제 나가느냐는 질문이 많은데 그 학년군에서 다루게 되는 성취기준 가운데 관련 있는 것을 따로 뽑아 진행하면 된다.

교과별 이해 활동의 예를 들어 보면 국어는 학급회의, 책, 자기소개 글을 통해 모든 영역을 살펴보았다. 수학은 사칙 연산 각 다섯 문제를 칠판에 적어 놓고 풀이 과정을 설명하는 것으로 수와 연산 영역을, 도형은 종이접기나 칠교놀이, 몸짓을 통한 표현이나 교실 공간의 사물을 활용하여 놀게 했다. 체육은 학기 초이니만큼 몸을 푸는 데 중점을 두면서 개인, 짝, 모둠, 전체가 할 수 있는 다양한 몸 풀기 동작을 했다. 음악은 새 교과서를 살펴볼 겸 훑어보며 찾은 노래나 평소 좋아하는 노래를 신체 활동을 함께 하며 불러 보는 것으로, 미술은 가지고 놀 딱지를 직접 만들어 보는 것으로 주제 선정, 색 선택, 표현 방법, 도구 사용 등을 살펴보았다. 이러한 이해 활동을 통해 자연스럽게 교과의 성취기준 외적인 것들,

좋아하는 것으로 놀잇감(딱지) 만들기

잘하는 것으로 놀잇감(딱지) 만들기

어쩌면 더 중요한 것들도 보게 되었다.

지금 맡고 있는 아이들이 4학년일 때 미술 시간에 아이들이 가지고 놀 수 있는 놀잇감을 스스로 만들어 보는 활동을 했었다(관련 성취기준은 '체험: 자신에 대한 느낌과 생각을 다양한 방법으로 나타내기'이다). 자신에 대하여 어떤 것을 표현해 내는지를 보며 그 아이를 들여다볼 수 있고, 원을 그리거나 자를 때의 손 근육 발달도 볼 수 있기 때문이다. 한 아이는 공룡에 대한 것을 색깔 없이 짧은 선으로 표현했고, 다른 아이는 감정을 주제로 여러 색을 사용하여 다채롭게 나타냈다. 나는 두 아이를 비교하여 한 아이가 다른 아이보다 미술에 재능이 있다, 없다는 식으로 얘기했다.

그렇지만 선을 짧게 끊어서 미술적으로 발달이 덜 됐다고 부정적인 평을 받았던 그 아이는 나중에 그 짧은 선을 이용하여 감각적인 표현을 해내곤 했다. 미술에서의 발달이란 무엇인가. 그리고 그것을 어떻게 평가할 것인가. 미술은 특히나 특정 기준에 도달했는지를 따져서는 안 되는 예술 교과군이다. 그리고 누구와도 비교를 해서는 안 된다. 아이들에게 필요한 것은 '소질'이 있다는 얘기가 아니라 누구나 거침없이 표현하는 바탕이다.

2) 방법 VS 철학: 배움 이해하기

(1) 교과서 아닌 교육과정

그렇다면 기준을 어디에 두어야 할까. 바로 교육과정이다. 교과서가 수업의 주요 교재이기 때문에 교과서로 가르친 내용을 평가해야 한다고 생각하는 경우가 많다. 그러나 교과서는 특정한 사람들이 모여 그들이 합의한 관점에 따라 교육과정을 구체적인 자료로서 실현한 것이지 그 자체가 교육과정인 것은 아니다. 교과서에 있는 내용을 평가할 수 있지만 교육과정의 성취기준과 직접적인 관련성이 없다면 평가하지 않는 것이 더 바람직하다. 교과서의 차시별 학습 목표, 지도서에서 정리된 단원 목표, 교육과정의 성취기준은 비슷하지만 다르다. 그래서 평가할 것과 평가하지 말아야 할 것 사이의 판단 기준은 교과서가 아니라 교육과정이 되어야 하는 것이다. 차시별 학습 목표는 성취기준이 수업 단위에 맞게 분절적으로 제시되어 한 차시만 본다면 성취기준과 직접적으로 관련이 없을 때가 많다. 지도서의 단원 목표는 성취기준이 여러 단원에 걸쳐 중복되는 경우가 적지 않기 때문에 평가할 단원과 그렇지 않아도 되는 단원 정도를 판단할 필요가 있다.

(2) 통합적 교사교육과정

누군가가 물었다. 교육과정 재구성을 왜 하느냐고. 사실 교과서는 한 집단에 의하여 국가 교육과정이 실현된 한 예에 불과하다. 그래서 그것이 절대적일 수는 없다. 교사는 맹목적인 교과서 전달자가 아니며 공공성에 바탕을 둔 교육철학과 국가교육과정에 대한 비판적 이해, 교사교육과정 실천력을 가진 전문가이다. 그리고 평등하게 모두에게 배움의 기회가 주어져야 하고, 인간은 분절적이지 않기에 배움은 통합적으로 일어나야 한다. 국가수준의 교육과정은 최종적으로는 교실의 수업 장면에서 교사교육과정으로 나타난다. 성취기준 중에는 비슷한 주제로 묶을 수 있는 내용이 있는데, 월별로 국경일이나 기념일, 학교 행사를 중심으로 주제를 정하고 그에 따라 단원 배치를 달리하는 것으로 교육과정 재구성을 해 볼 수 있다. 다만 가치를 놓쳐서는 안 된다. 학년 초에 학생들이 직접 교과서의 차례만 펼쳐 놓고 학습 내용을 살펴보며 재구성을 했는데 어렵지 않게 할 수 있었다. 이러한 활동을 통해 학생들은 배울 내용을 전체적으로 살펴보게 되고, 학습의 주체로 설 수 있는 기회를 갖게 된다. 즉, 학급 단위에서 학생과의 협의를 통해 교사교육과정을 세우고 운영하는 것인데 그렇다면 수업 과정과 같은 맥락에서 교과별 성취기준에 대한 평가도 당연히 통합해서 진행할 수 있다. 다음은 6학년 주제통합 교육과정에 따른 수업과 평가에 대한 내용이다.

【 교육과정과 평가, 핵심 】	【 교육과정과 평가, 일상적으로 】
• 성취기준에 집중 - 영역별 특성 파악 - 교과서를 가르치는 것이 아닌 활용하는 기준 - 할 것과 하지 말 것 구분 • 수업이 곧 평가 - 학생 중심 수업 → 관찰 평가와 관찰 기록 - 있는 그대로의 모습, 성장한 정도 - 시기별, 방법별로 다양한 진단 활동 • '잘'과 '못' 되도록 지양 - 예체능일수록 기능 중심의 평가 관점 지양	• 교사들의 자발성과 함께하는 분위기 중요 • 교사의 자신감과 학생에 대한 격려, 응원이 중요 • '왜'에 대한 질문, 교육적 안목 필요 • 교육과정 연구 및 수업혁신과 병행 • 교육철학이 녹아 있는 평가 실현 • 학력의 개념을 앎의 수준 그 이상으로 넓게 • 진단평가는 진단활동으로 실시 • 영역에 맞게 선다형 평가도 필요하면 실시 • 상담, SNS, 문자, 반모임으로 소통 실천

【 하나. 교사교육과정의 실현 】	【 둘. 가장 가까운 이가 】
• 교과 간, 교과 내 통합 평가 - 6학년 2학기 국어 2. 정보의 해석: 면담 - 6학년 1학기 실과 1. 인터넷과 정보 3. 일과 진로 - 교과와 영역마다 비슷한 내용을 통합 평가하여 최소한의 평가로 최대한의 효율을 거둠 - 실과과에서 관심 분야의 직업군을 살펴보고 국어과에서 직업인 면담을 하며 실과과에서 이를 종합하여 파워포인트 제작	• 평가 주체 다양화 - 6학년 1학기 국어 4. 마음의 울림: 축하 글 - 6학년 2학기 국어 2. 정보의 해석: 면담 - 6학년 1학기 체육 3. 경쟁 활동: 배드민턴 - 6학년 미술, 창체: 수시로 강사 선생님과 대화 - 교사 외에도 다양한 주체가 평가에 참여 - 다만, 교사가 전혀 개입하지 않는 것은 아니며 평가 상황이나 평가 방법에 대하여 사전 안내, 종합 판단 등이 이루어져야 함

【 셋. 성취기준에 근거하여 】	【 넷. 삶을 생각하다 】
• 영역의 특성에 따른 평가 - 6학년 1학기 수학 5. 원주율과 원의 넓이 - 6학년 1학기 미술 7. 우리들의 일상 - 수와 연산 영역 평가가 아니므로 계산기 활용하기 - 운동장에서 주어진 지름과 원의 넓이로 직접 원을 그리는 과정을 평가함 - 측정 영역이므로 cm^2와 m^2단위의 감을 기름 - 풍속화의 개념을 확대하여 생각해 봄	• 배움과 생활(삶)을 연계한 평가 - 6학년 2학기 국어 6. 생각과 논리: 선거 유세 - 6학년 2학기 사회 1. 우리나라의 민주 정치 - 학습 내용을 실제 아이들의 생활과 연결하여 배움과 삶이 하나가 되게 함 - 학생들과 다른 상황이고 다소 억지스러운 CD 자료에 의존하지 않기 위함 - 학생들은 체크리스트로 후보자 평가 교사는 학생들의 평가를 평가

【 다섯. 아이들을 생각하며 】	【 여섯. 결과가 아닌 과정을 】
• 학생 중심의 평가 - 6학년 1학기 체육 2. 도전 활동: 뜀틀 - 6학년 2학기 국어 1. 문학과 삶: 인물의 갈등 - 학생들이 각자에 맞는 평가 수준을 선택함 - 뜀틀의 방향과 단의 높이를 스스로 선택하고 문학 작품의 수준을 각자가 찾음 - 평가의 목적이 학생 간 비교에 있지 않음 - 교육과정에 구체적인 상황이 명시되지 않아 교사의 전문성이 발휘될 여지가 많음	• 과정 중심의 평가 - 6학년 1학기 과학 3. 생태계와 환경 - 6학년 2학기 실과 6. 동물과 함께하는 생활 - 6학년 1학기 국어 4. 나누는 즐거움 - 6학년 1학기 사회 3. 환경을 생각하는 국토 가꾸기 - 학습의 결과가 아닌 문제를 해결하기 위한 UCC 제작 일련의 과정을 평가 - 과학과 환경 실태 조사, 실과과 생활 속 동물, 국어과 참여 바라는 글, 사회과 환경 문제 해결

【 일곱. 서로의 다리가 되어 】	【 여덟. 숨은 그림 찾기 】
• 교과의 도구적 활용과 단계적 평가 - 6학년 1학기 국어 5. 사실과 관점: 뉴스 - 6학년 1학기 수학 6. 비율그래프 - 6학년 1학기 사회 1. 우리 국토의 모습과 생활 - 한 가지 주제 학습을 통해 관련 교과의 도구적 활용으로 단계별로 평가 - 사회 수업에 필요한 관련 교과 수업을 먼저 함 - 국어과에서 뉴스를 통해 인구 문제 알아보고 수학과, 사회과에서 공통으로 비율 그래프 다룸	• 주변 환경을 활용한 평가 - 6학년 1학기 체육 5. 여가 활동 - 6학년 2학기 미술 12. 이것도 미술 재료 - 6학년 2학기 19. 건축 모형 만들기 - 주변 건축물 답사 후 자연 재료를 활용하여 건축 모형 제작 과정을 평가함 - 하조대 정자와 인근의 현대식 전망대에 올라 옛날과 오늘날의 건축물 특징을 비교함 - 해변에서 구할 수 있는 재료로 모래 건축

【 아홉. 딱딱함을 깨뜨리고 】	【 열. 평가 그리고 수업, 최적의 조건 】
• 다양한 평가 소재 투입 - 6학년 1학기 수학 1. 분수의 나눗셈 2. 소수의 나눗셈 - 여러 자료를 활용하여 평가 부담을 없애고 평가의 유형을 다양화 함 - 색종이, 초콜릿으로 분수의 나눗셈 평가하고 - 전자저울로 두 물체의 무게를 구하여 이를 비교함으로써 소수의 나눗셈 평가 - 기타 문제는 교과서에서 골라 평가	• 동기 부여된 최상의 환경에서의 평가 - 6학년 1학기 체육 5. 여가 활동 - 6학년 1학기 실과 2. 간단한 음식 만들기 - 가치 있는 경험을 할 수 있도록 동기 부여된 최상의 평가 환경을 제시함 - 평가가 교실에서만 이루어진다는 생각을 버리고 다양한 환경에서의 평가 상황도 경험함 - 체육의 야영 활동과 실과의 조리 활동 병행하여 즐거운 체험학습 속에서도 평가 가능

(3) 교과, 그리고 영역

교육과정 총론 '평가'의 내용을 살펴보자.

다. 학교는 교과의 성격과 특성에 적합한 평가 방법을 활용한다.
1) 서술형과 논술형 평가 및 수행평가의 비중을 확대한다.

여기서 짚고 가야 할 것은, 수행평가의 비중을 확대한다는 것은 양적 확대를 말하는 것이 아니라 질적 확대를 뜻한다는 것이다. 단순하게 평가 도구와 방법을 여러 가지로 늘리는 것이 아니라 교과의 성격, 영역별 특성과 평가의 목적, 내용, 방법에 알맞은 평가 도구와 방법을 선택해야 한다는 것이다. 그러한 과정에서 자연스럽게 평가가 다양하게 이루어질 수밖에 없다. 교과별로 평가가 달라져야 하고, 한 교과 내에서도 영역별로 평가가 같을 수 없다. 예를 들어 보자. 교과 성격을 따져 보았을 때도 사회나 과학도 지식적인 측면을 묻는 경우가 많은데 사회는 여러 자료에 대한 수집과 해석을 바탕으로 사회 현상을 탐구하도록, 과학은 자연현상 등을 탐구하며 과학을 하도록 해야 한다. 예술 교과와 체육과에서는 지식 및 기능 평가만을 중시하는 관점을 지양해야 하는 것이다. 영역의 특성을 생각해 보았을 때, 국어의 경우 듣기·말하기, 읽기도 듣거나 말하는 행동, 읽고 이야기를 나누는 것으로 평가할 수 있는데 관련된 내용을 쓰게 하여 평가하는 경우가 많다. 수학 측정 활동의 경우 측정 활동을 배제한 채 수와 연산과 같이 선택형 중심으로 평가하는 경우가 대부분이다. 이 두 경우는 교과의 성격, 영역의 특성, 성취기준의 내용을 충분히 고려한 평가 방법일까.

국가교육과정에는 역사 영역, '대한민국의 발전과 오늘의 우리'에 "8·15 광복에서 현재까지 분단과 전쟁 등 시련을 극복하면서 오늘의 대한민국을 건설해 온 과정을 시각 자료를 통해 확인한다"라고 되어 있다. 그래서 6학년 사회 시간에 광복의 그날을 담은 사진을 한 장 놓고 자세히 보기 시작했는데 아이들은 시키지 않아도 'WELL COME'을 보고 그것의 의미를 함께 이야기하기 시작했다. 교사가 모든 것을 설명하지 않아도 아이들은 사진 자료 하나만 놓고 많은 것을 이해할 수 있다. 사회과, 그리고 역사는 암기 대상이 아니고 사실을 읽어 내고 그 의미들을 연결하여 장면을 유의미하게 상상하는 교과이기 때문이다.

ㄱ: 외국인을 환영한다는 뜻 같은데?

ㄴ: 어떤 외국인?

ㄱ: 우리나라가 광복이 되게 도와준 나라 있잖아.

ㄷ: 나도 책에서 광복 후에 미국이 들어온다고 봤어.

ㄹ: 그리고 외국에 나갔던 유학생이나 독립운동하러 간 분들도 있잖아.

ㅁ: 그럼 우리말로 쓰면 되잖아.

ㅂ: 그때는 아직 광복한 지 얼마 안 돼서 우리말이랑 우리글을 못 썼잖아.

ㅅ: 맞아. 일제강점기 때 선생님이 총칼을 메고 수업을 했다고 했었잖아.

ㅇ: 그럼 이제 우리말이랑 우리글, 역사 같은 것을 다시 배울 수 있겠네.

6학년 수학에는 직육면체의 겉넓이와 부피 단원이 있다. 성취기준은 "측정: 직육면체와 정육면체의 겉넓이를 구하는 방법을 이해하고, 이를 구할 수 있다"이다. 그런데 이미 아이들은 학습지를 통해 선행학습을 한 상태라 겉넓이와 부피 구하는 방법을 알고 있었다. 그래서 방법적인 면으로 접근하면 그저 학습지 내용을 복습하는 수업밖에 될 수 없었다. 그래서 측정 활동 영역인 만큼 구체물을 가지고 직접 측정 활동을 해 보도록 했다. 교실에서 찾을 수 있는 직육면체 혹은 정육면체를 찾아 필요한 길이를 재고, 겨냥도를 그린 다음, 겉넓이와 부피를 구하도록 해 보았다. 숫자만

주어졌을 때와는 다른 움직임으로 아이들은 수업 활동에 '참여'하기 시작했다.

그리고는 주어진 쌓기나무로 입체도형을 만들고 직육면체를 이용하여 그 도형의 겉넓이와 부피를 구하도록 했다. 이때 계산이 복잡해진다면 평가라고 할지라도 계산기 등을 사용할 수 있다. 국가교육과정 수학의 평가에도 "수학 학습의 평가에서는 평가하는 학습 내용과 방법에 따라 학생에게 계산기, 컴퓨터, 교육용 소프트웨어 등의 공학적 도구와 다양한 교구를 이용할 수 있는 기회를 제공한다"라고 명시되어 있다.

아이들이 만든 도형은 겹침이 있는 것과 뚫린 부분이 있는 것이었는데, 겹침이 있는 도형은 부피는 변화가 없으나 겉넓이는 더 작아지고, 뚫림이 있는 도형은 부피는 작아지지만 겉넓이는 더 넓어진다는 것을 아이들은 문제를 함께 해결하고 이야기하며 깨닫게 되었다. 다음 활동으로 주어진 쌓기나무로 겉넓이가 가장 넓은 도형을 만들면서 재미를 붙였다. 그리고 아이들은 겉넓이와 부피의 개념을 완전히 이해하게 되었다. 중요한 것은 이 과정에서 교사가 둘 사이의 관계를 찾아보자는 이야기를 한 적이 없었는데도 아이들은 스스로 '생각'을 하고 함께 이야기를 했다는 것이다.

국어 교육은 우리 말과 글을 살리는 교육이어야 한다. 1학년에서는 우리말과 글을 익히는 과정에서 받아쓰기를 거의 모든 교실에서 한다. 그러

겹침이 있는 입체도형

뚫림이 있는 입체도형

나 이 받아쓰기야말로 교육 활동을 왜곡시키는 전형적인 평가의 요소를 담고 있다. 교사 중심적인 평가라는 것, 점수로 모든 것이 결정된다는 것, 결정적으로 우리말과 글을 익히는 데 크게 도움이 안 된다는 것이다.

국가교육과정에서 "쓰기: 쓰기의 규범과 관습을 익혀 두세 문단 정도의 글을 쓰고, 일상생활에서 즐겨 쓰는 습관을 기른다. / 문법: 국어의 구조에 대한 기초적 이해를 바탕으로 어휘를 넓혀 나가며, 자연스러운 문장을 생산하고, 국어 현상을 즐겨 관찰하는 태도를 지닌다"라고 말하고 있는 영역 성취기준에도 맞지 않다. 결국은 '즐겨 쓰기' 위함인데 받아쓰기는 이미 아이들에게는 스트레스가 되었다. 1~2학년군은 아이들도 일상생활에 대한 감각이 충분히 자랐다. 그 아이들에게 말과 글을 맡겨 자신의 말과 글을 살려 쓸 수 있도록 하는 교육이 일찍부터 이루어져야 한다.

(4) 삶을 담은 과정

일상생활 경험, 그리고 수업과 평가에서 오는 배움이 다른 것이 아닌 것을 인지할 때 학생들은 수업과 평가에 더 능동적으로 참여하게 되며 성장의 기회를 갖게 된다. 또한 주로 생활하는 공간인 학교와 이를 둘러싼 지역에 대한 이해를 바탕으로 학생들은 삶과 배움을 연결하게 되며 이때 그 배움은 더욱 가치가 있다. 이는 앞서 밝힌, 실제적인 상황에서 평가를 해야 한다는 수행평가의 정의와도 맥을 같이한다.

첫 번째 사진은 도덕과 미술 교과 통합 시간에 학교생활에서 필요한 생활협약 표지판을 만들어 해당하는 장소에 붙이는 장면이다. 학생들이 체육관에 있는 물품을 자율적으로 사용하고 난 후에 체육창고에 정리를 해놓지 않아 '쓴 물건은 제자리에'라는 생활협약이 다시 강조되었고 이를 담은 표지판을 꾸미는 데 이른 것이다. 미술 시간에 작품 활동으로 초대장이나 포스터 꾸미기 등을 자주 하는데 만들어진 작품이 교실에 게시가 되는 경우가 많다. 그렇지만 초대장은 초대할 사람에게 전달하는 게 맞고,

생활협약 표지판 만들기

친환경 채소 기르기

테마학습여행(수학여행) 계획 발표하기

노래잔치 무대 막 그리기

포스터는 학교나 마을 게시판에 붙이는 게 맞지 않을까. 그 이후에 이루어지는 평가가 활동 목적에도 더 맞을 것이다.

두 번째 사진은 학생들이 실과 시간에 화분에 채소를 가꾸는 모습인데 이 채소는 실제로 학교급식의 친환경 재료로 이용이 되어 학생들 밥상에 오르게 되었다. 친환경적으로 잘 기른 채소를 밥상에 올리기 위해서 아이들은 채소를 길러 내는 시간에 더 책임감을 가지게 되었는데, 평가가 평가를 위한 평가를 넘어서 배움을 더욱 격려하는 작용을 하게 된 것이다. 즉, 직접 기른 채소가 실제 밥상에 오르는 과정에서 학생들은 친환경적인 농산물의 생산과 이용을 '체험'이 아니라 '삶'으로 이해할 수 있었다.

세 번째 사진은 나를 찾는 여행을 주제로 국어와 실과 통합 시간에 진행한 테마학습여행(수학여행) 계획 발표 장면인데, 학생들의 제안에 대하여 타당성을 따져 실제로 테마학습여행(수학여행)에 반영했다. 삶 속에서의 배움과 평가는 학생들을 배움에 더욱 집중하게 만드는 힘이 있었다.

네 번째 사진은 지역 초등학생들의 '노래잔치' 무대 막을 여러 날에 걸쳐 완성한 것이다. 학생들은 무대 막을 어떻게 구성할 것인지 처음 디자인 단계부터 토의했고, 본격적으로 표현 작업에 들어가면서 전체와 부분적인 형태의 크기와 위치, 색상의 선택, 새로 발견하게 된 표현 방법에 대해 이야기를 나누었으며, 작품이 완성되고 나서도 잘된 점과 아쉬운 점, 어려웠던 점 등에 대해서도 자연스럽게 대화를 나누었다. 교사는 이 과정 전체와 작품 결과를 눈여겨보는 관찰 평가를 했다. 삶과 생활 혹은 경험에 맞닿아 있는 배움은 그 자체로 의미가 커서 사실 평가는 크게 중요하지 않은 것이 되어 버린다.

3) 통지 VS 소통: 학부모 이해하기

여름방학을 눈앞에 두고 또다시 깊은 고민이 시작되었다. 통지표가 나갈 즈음이 되었기 때문이다. 글을 쓰는 것은 어렵지 않았지만 낱말 하나하나에 담긴 내용을 고르기가 늘 쉽지 않다. 또 애써 쓴 글이긴 해도 아이와 부모님이 행간의 의미를 내 생각과 다르게 읽어 오해나 상처가 생기지는 않을까 걱정도 되었다. 결국 소통의 문제에서 또 걸리게 되는 것이다. 통지표라는 말도 너무 일방적이고 고압적이라 그냥 지극히 단순하면서도 중요한 '유미의 이야기'로 바꾸었다. 그리고 이야기라는 말에 맞게 교과 성적만을 '우수합니다, 훌륭합니다, 잘합니다…/ 양호합니다, 대체로 잘합니다, 잘하는 편입니다…/ 잘못합니다, 부족합니다, 노력이 필요합니다…'로 담아내지 않으려고 했다. 그렇다면 통지표(바람직한 용어는 아니지만 대체할 용어가 없어 그대로 사용한다. 그런데 통지표라는 용어가 문제가 있다고 인식하기 시작한 것도 얼마 되지 않는다는 것을 생각하면 새삼 놀라울 따름이다)를 어떤 관점에서 보아야 하는지 이해가 되었다고 해도 막상 아이에 대해 쓰려고 보면 글에서 막히고 만다.

앞에서 아이 이해 활동에 대한 이야기를 하면서 들었던 '김' 이야기를 다시 해 보자. 그럼 이 아이에 대해 통지표에는 어떻게 쓸 것인가. 이 장면만 놓고 본다면, 먼저 있었던 일을 있는 그대로 쓰고, 그 일에 대하여 사실 확인이나 원인 분석을 한다. 그리고 그 의미를 찾아보고, 이 아이의 성장을 도울 수 있는 이야기를 담는다. 예를 들어, 이렇게 써보면 어떨까. '○○가 미술 시간에 도화지를 온통 까맣게 색칠했는데 궁금해서 물어보니 칠하고 있는 것이 김이라고 했습니다. 모두가 미처 생각하지 못한 것을 그려낸 것은 김이 좋아하는 반찬이기 때문이었습니다. ○○는 생물에도 관심이 많으니까 바다 속의 김은 어떤 모습이고 어떻게 자라는지 알아보면 좋을 것 같습니다. 곧 있을 실과 음식 만들기 시간에 김을 이용한 음식 만들기를 생각해 보는 것은 어떨까요?'

이번에 한 학기를 돌아보며 아이들의 이야기를 들어 보았더니 한 아이가 자기가 6학년이 되어서 많이 성장한 것 같다고 이야기하는 것이었다. 그 까닭을 물으니 글을 쓸 때 뭘 써야 할지 모르겠고 맞춤법도 많이 틀렸는데, 올해는 맞춤법도 별로 안 틀리고 글의 내용이 많아졌고, 무엇보다도 자기 마음에 든다는 것이다. 그렇지 않아도 통지표에 그렇게 써 두었는데 아이가 스스로 그렇게 얘기하는 것이다. 며칠 뒤 집으로 통지표를 보내고 나서 한 부모님이 문자를 보내서서 긴장을 하며 읽은 적이 있었다. 내용인즉 아이에 대해 알고는 있었지만 어떻게 표현해야 할지 몰랐는데 통지표를 보고 고개가 끄덕여지더라는 이야기였고, 고맙다는 인사도 함께 있었다.

아이와 부모는 교사가 아이에 대해 천기누설(?) 하는 것처럼 통지표를 써도 이미 자신에 대해 혹은 아이에 대해 다 알고 있다는 이야기를 하고 싶었다. 통지표 자체는 절대 권력이 될 수도 없고, 그렇게 되어서도 안 된다. 아이들에 따라 이야기는 다양하게 펼쳐질 수 있고, 그에 따라 통지표도 다양하게 펼쳐질 수 있다는 생각을 하게 됐다. 그래서 통지표 자체의 변화를 꾀하는 동시에 지면에서 벗어나 보기로 했다. 분기에 한 번씩 진행되는 반모임은 '내' 아이가 아닌 '우리' 아이들에 대한 이야기를 나누며, 교육 활동에 대한 질적인 의견 수렴 과정을 담는다. 그러다 보니 완벽하진 않아도 아이를 함께 기르며 학급문화와 학교문화가 협력적으로 바뀌고 소통이 잘되어 교사와 부모 사이의 관계도 가까워졌다.

평가를 벼리로 잡고 수업, 교육과정에 대한 이야기를 하다 보니, '교사는 어떤 사람인가?'라는 물음에 맞닥뜨리게 되었다. 교사와 아이, 부모와의 관계가 그다지 편하지 않은 것은 교사가 '평가하는 사람'으로 낙인찍혀 있기 때문은 아니었던가 생각해 본다. 한 아이에게 글씨를 잘(이 낱말을 빼고는 평가가 안 될 지경이다) 썼다고 칭찬을 하면 상대적으로 다른 아이들은 글씨를 못 쓰게 되는 것이 돼 버린다.

지금까지는 교사의 말과 행동에는 평가가 깊이 배어날 수밖에 없었다. 아이들이 점점 주체성을 잃어 가고 삶의 기준을 타인에게 두기 시작한 것도 그 때문일 것이다. 자아 성찰이 빠진 채, 타인이 객관성이라는 이름으로 여러 사람과 비교하여 날카롭게 칼날을 내리치는 것은 아닌가. 그래서 교육이라는 것이 정답인 것과 정답이 아닌 것으로 갈라질 수 없는데 평가로 인해 그 경계가 뚜렷해졌고, 그만큼 교실은 편안함보다는 긴장감으로 가득 차게 된 것이다. 당연히 이러한 모습은 학교가 따뜻한 삶의 터가 아니라 전쟁터와 다름이 없음을 보여 준다. 아이들이 학생으로서 학교에서 보내는 시간 또한 삶이지 않은가. 그렇다면 우리가 아이를 보는 시선은 어때야 하는가. 교사가 아이를 바라보는 눈에 담겨 있어야 하는 것은 서둘러 결론을 내리려는 성급함이나 칼날 같은 판단력이 아니다. 내 얘기를 들어주고, 나를 읽어주는 누군가가 있다는 것만으로도 얼마나 위안이 되었던가. 아이들의 마음은 저절로 열리지 않을까. 살면서 가장 많이 듣고 싶었고, 가장 진심으로 나를 위로해 주었던 말은 무엇일까. 바로 "괜찮아"가 아니었을까.

| 생각해 보기 |

1. 지금까지의 평가는 교육 본질에 비추어 누구에게나 공정한, 모두를 위한 평가였는가? 그렇지 않다면 그 까닭은 무엇인가? 경쟁과 그에 따른 서열화가 지배하는 현실 사회에서 평가는 어떤 의미를 가지며, 우리는 이를 극복하기 위하여 어떤 논의와 실천을 이어 가야 하는가?
2. 교육과정과 교과서 사이에서 평가는 어디에 바탕을 두어야 하는가? 교육과정과 교과서는 각각 평가를 어떻게 달라지게 하는가? 그 사이에서 교사의 전문성은 어떤 방향성을 가져야 하는가?
3. 평가의 객관성이란 무엇이며, 그것은 어느 시점에서 두드러져야 하는가? 학생의 성장과 발달을 돕는 평가 관점에 따르면 저마다 다른 성장과 발달 속도를 생각하여 학생들을 보는 것이 마땅한데, 이때 객관적 평가는 어떤 의미로 놓이게 되는가?
4. 평가는 왜 해야 하는 것인가? 평가는 반드시 해야 하는 것이라면 그 까닭은 무엇이며, 그것은 어떤 방향을 가져야 하는가? 철저한 표준을 지향하는 제도화된 평가 없이는 정말 교육이 불가능한 것인가? 우리는 평가 없는 교육을 상상할 수는 없는가?

- 김해경 외.『초등평가혁신』. 맘에드림, 2016.
- 강원도교육연수원.『1급 정교사 자격연수 교재』. 2014.
- 강원도교육청.『우리 학교가 달라졌어요』. 2013.
- 교육부.『(2009 개정 및 2015 개정) 초등학교교육과정』.
- 홍세화 외.『교사 입시를 넘다』. 우리교육, 2014.
- 루리야, 알렉산더 로마노비치(Александр Романович Лурия).『비고츠키와 인지 발달의 비밀』. 배희철 옮김. 살림터, 2013.
- 포남초등학교 교사들.『배움의 공동체를 만들다 학교를 바꾸다!』. 에듀니티, 2016.

- **김해경 외.『초등평가혁신』. 맘에드림, 2016.**
우리나라 교육을 뒤흔드는 평가를 정면에서 마주하고 학생들의 성장과 발달에 따른 평가 이야기를 풀어냄으로써 교육의 본질을 해치지 않는 평가는 어떤 방향이어야 하는지 가늠할 수 있도록 평가 이론부터 실천까지 면밀히 펼쳐낸 책.

- **포남초등학교 교사들.『배움의 공동체를 만들다 학교를 바꾸다!』. 에듀니티, 2016.**
학교가 학교답게, 교육이 교육답게 바로 설 수 있도록 한 교사들의 간절한 목마름이 담긴 강릉포남초등학교의 혁신학교 4년의 이야기로부터 이 시대의 교사로서 어떻게 살아야 하는지 생각해 볼 수 있는 책.

5장

독서·연극·노작 수업

독서는 존재의 뿌리를 탄탄하게 해 주고 스스로 배울 수 있는 힘을 준다. 독서활동이 모든 학생들에게서 활발하게 이뤄지려면 학교도서관을 활성화하고 학생 중심의 독서수업과 독서동아리를 활성화할 필요가 있다. 그 실천 사례를 통해 독서와 혁신교육이 어떻게 만날 수 있고 또 만나야 하는지를 제시한다.

교육혁신과 독서

백화현

1. 우리 교육, 혁신이 필요하다

사람에게는 의무교육이 필요한가? 아이들은 왜 학교에 가야만 할까? 한두 번 이런 질문을 던져 보지 않은 사람은 없을 것이다. 특히 우리나라처럼 아이의 인격과 개성을 존중하지 않는, 획일적이고 강압적인 '입시교육'이 강요되는 학교에 아이를 보내야 하는 부모나 그런 학교에서 교육을 해야 하는 교사일 때, 이 질문은 수시로 마음을 괴롭힌다.

사람은 누구나 평생토록 배워야 한다고 생각한다. 우선 사람은 '나'를 잘 알기 위해서 배워야 한다. 인간은 섬세한 감정과 복잡한 사고체계를 지닌 고등동물인 까닭에 '나'이면서도 '나'를 알기가 어렵다. 또한 '나'는 나를 둘러싸고 있는 세계와 크고 작은 영향을 주고받으며 끊임없이 변화하기 때문에 나와 관계 맺고 있는 세계를 잘 알아야 나도 잘 알 수 있다. 나를 아는 일은 내 존재의 뿌리를 튼튼히 하는 일로서, 뿌리가 튼튼한 나무라야 바람이 불어와도 흔들림 없이 꽃을 피우고 열매를 맺을 수 있는 것처럼, 사람 역시 존재의 뿌리가 탄탄할 때 외부에 휘둘리지 않고 아름답고 풍성한 자신의 꽃을 피워 낼 수 있다. 이러한 일은 꾸준한 배움이 있을 때 가능하다.

또한 사람은 일정 나이가 되면 경제적으로 독립해야 하므로 배워야 한다. 인간은 '몸'을 지닌 존재이기 때문에 결코 '밥 문제'로부터 자유로울 수가 없다. 그렇기에 사람들은 '직업'을 구하려 그토록 애를 쓰는 것이고, 대한민국의 많은 아이들이 '공부'가 싫으면서도 아침부터 밤중까지 학교와 학원을 오가며 공부에 매달리는 가장 큰 이유 역시 좀 더 나은 직업을 얻기 위함일 것이다. 금수저를 물고 태어난 사람이 아닐진대 밥 문제로부터 좀 더 자유로워지려면 배워야 한다.

또 사람은 사회적인 존재로서 함께 아름다운 사회를 만들어 가기 위해 배워야 한다. 특히 대한민국과 같은 민주국가에서는 민주시민으로서의 역할을 잘하기 위해서 배워야 한다. 플라톤의 지적처럼 시민이 우매할 때 민주정치는 중우정치로 전락하고 만다. 민주사회에서 무지는 죄다. 이러한 죄를 짓지 않기 위해서라도 우리는 배움에 힘써야 한다.

따라서 이러한 배움의 기회는 일정 기간 동안 누구에게나 평등하게 제공되어야 한다. 이는 개인의 성장뿐 아니라 국가의 발전에도 중대한 영향을 끼치는 일이기 때문에 '의무교육'을 통해서라도 시행할 필요가 있다. 이러한 교육을 실행하기에 가장 적합한 곳이 학교다. 학교는 학령기 모든 아이들에게 이러한 배움의 토대를 마련해 주기 위해 존재하는 것이다. 학교를 통해 이러한 배움의 토대를 탄탄히 했을 때, 아이들은 학교를 떠난 후에도 스스로 계속해서 배우며 성장할 수 있다.

그러나 오늘날 우리의 학교는 아이들을 이러한 '배움과 성장'으로 이끌고 있는가? 학교를 떠난 후에도 스스로 계속해서 배워 갈 힘을 길러 주고 있는가? 알다시피 우리의 교육은 '입시교육'이 중심을 이룬다. 입시에서 좋은 성적을 얻기 위해서는 '정답 하나'를 빠른 속도로 정확히 골라낼 수 있어야 한다. 한 해에 55만 명이 치르는 수학능력시험에서도 문제마다 '정답은 하나'이고 학교에서 실시하는 정규고사의 지필평가 역시 대체로 '정답은 하나'이다. 이러한 평가 시스템에서 좋은 점수를 얻으려면 기억력과 암기력을 강화하고 과목마다 문제집을 쌓아 놓고 풀며 정답 맞히는 훈련을 해야 한다. 때문에 우리 아이들은 낮에는 학교, 저녁에는 학원을 오가며 몇 번이고 교과서를 반복하고 그토록 많은 문제들을 풀고 있는 것 아니겠는가. 더구나 우리나라 학부모 세대는 공부를 잘한 순서대로 취업을 잘한 경험이 있는 데다 많은 이들이 광적일 만큼 높은 교육열 탓에 우리 아이들은 자신의 적성이나 취향, 학습 의지와 상관없이 대개가 '공부'만을 강요당한다.

이러한 교육 환경과 시스템 속에서 아이들이 자신을 바로 세우고 민주시민의 역량을 키우며 학교를 떠난 후에도 스스로 배워 갈 힘을 기르기에는 역부족이다. 또한 '다품종소량생산'을 특징으로 하는 지식정보화시대인 오늘날은 더 이상 '소품종다량생산'의 획일적인 산업화시대가 아닌 탓에 '정답 하나'를 잘 맞혔다고 해서 취업을 잘할 수 있는 것이 아니다. 이제 물건은 넘쳐나고 사람들은 저마다 개성을 찾는다. 따라서 기업에서는 구매자의 특성을 정확히 파악하여 맞춤형으로, 품종은 다양하되 소량생산을 해야 한다. 그만큼 창의성을 필요로 한다. 당연히, 시키는 일만 할 줄 아는 사람보다 새로운 것을 먼저 제안할 줄 아는 사람을 찾게 되어 있다. 하지만 획일적인 교육을 받고 자란 사람에게서 이러한 창의성을 기대하기는 어렵다. 우리의 획일적인 입시교육은 인성은 말할 것도 없고 취업에도 도움이 안 된다. 결국 교육혁신은 인성뿐 아니라 밥 때문에도 시급한 것이다.

2. 독서, 교육혁신의 구름판이다

교육제도의 개선, 교육과정 및 수업 방법과 평가의 혁신, 학교 건축과 공간의 혁신, 학교 운영의 민주화 등 우리 교육을 혁신해야 할 분야와 내용은 산더미다. 너무 많아 무엇을 우선순위에 둬야 할지, 무엇에 집중해야 할지 갈피를 잡을 수 없을 지경이다. 동시다발적으로 전방위적인 노력을 하면 좋겠지만 사람마다 위치와 관심사가 다른 만큼 각자의 위치에서 자신이 할 수 있는 일부터 시작할 수밖에 없다. 내 경우, 가장 힘을 쏟고 있는 일은 혁신의 구름판 역할을 할 수 있는 독서 활성화이다.

앞서 말했듯이, 사람은 배움을 통해 더 나은 자신을 만들어 갈 수 있다. 배움을 통해 자신을 더 깊이 만나며 존재의 뿌리를 튼튼히 할 수 있고, 경제적으로 독립할 수 있는 능력도 기를 수 있으며, 더불어 아름다운 사회를 만들어 갈 수 있는 역량을 키울 수 있다. 학교는 이러한 배움을 돕기 위해 존재하는 것이고, 이러한 배움이 제대로 일어날 수 있도록 하는 일은 교육혁신의 핵심 과제이다. 이 일을 풀어 나갈 수 있는 토대, 곧 구름판 역할을 하기에 독서만 한 것이 없다.

1) 독서는 '질문'과 '배움의 기쁨'을 준다

앞서 말했듯이 인간은 섬세한 감정과 복잡한 사고체계를 지닌 고등동물인 까닭에 '나'이면서도 '나'를 알기가 어렵다. 그러나 모든 존재가 그러하듯, 사람은 '나'다울 때 가장 편안하고 그 존재가 가장 빛난다. 때문에 생각이 마비되지 않는 한, 인간은 늘 '나는 누구인가?'라는 질문을 던질 수밖에 없고, 누구라도 자신의 삶을 자기가 주인이 되어 가장 '나답게' 살고 싶어 하는 것이다. 이는 인간의 오랜 역사를 통해 증명되고 있는 바와 같이 인간의 본성이다.

'나'를 알고 '나'를 살기 위해서는 질문과 배움이 있어야 한다. 곧, 나는 어디로부터 와서 어디로 가는 것인지, 나는 무엇을 원하고 무엇을 해야 하는 것인지, 이 세상은 무엇이고 나는 이것과 어떻게 관계 맺어야 하는 것인지, 나는 '삶'을 어떻게 살아야 하는 것인지에 대한 질문이 있어야 하고 이를 해결하기 위한 노력이 있어야 한다.

그러나 우리나라처럼 교과서를 중심으로 '진도 나가기'에 급급한 교실, 학생의 생각은 묻지 않은 채 '정답 하나'만을 강요하는 평가, 부모와 학교가 함께 나서서 아이들에게 '성적 향상'만을 요구하는 교육은 이러한 질문들을 막을 수밖에 없고, 이런 채로 성장기를 보낸 아이들은 어른이 되어서도 '나'를 찾기 위한 질문을 어찌해야 하는지, 내가 내 삶의 주인으로 산다는 것이 무엇인지 잘 알지 못해 갈팡질팡할 수밖에 없고, 그렇다 보면 누군가에게 끌려다니며 부화뇌동하는 삶을 살게 되는 것이다. 그러나 이것은 인간의 본성에도 맞지 않고 전혀 아름답지도 않다.

학교는 아이들에게 질문과 배움의 기쁨을 되돌려줘야 한다. 사람은 자신이 주체가 되어 스스로 묻고 탐색할 때 배움의 즐거움을 느낀다. 자신이 궁금해하던 것을 스스로 발견하게 되었을 때의 기쁨은 이루 헤아릴 수 없다. 아니 궁금해하는 것들이 있다는 것만으로도 행복하다. 그러나 우리 아이들은 궁금해하는 것이 없고 공부가 너무도 지겹다.

'정답 하나'를 버리고 아이들마다 자신의 생각을 펼칠 수 있게 해 줘야 한다. 낮이고 밤이고 '교과서'에만 매달리게 할 것이 아니라 도서관의 수많은 책과 자료, 또 직접 체험할 수 있는 현장을 활용해야 한다. 이것들을 통해 묻고 탐구하고 함께 소통하고 나누며 아이들은 스스로 배움의 주체가 되어 '나'를 찾고 '나'를 성장시키며 자신이 '주인이 되는 삶', 나아가 남들과 '더불어 사는 삶'을 살 수 있다.

독서는 이러한 일들을 아주 잘 도울 수 있다. 책에는 저자의 관찰이 있고 생각의 길이 있고 내 울타리를 벗어나게 하는 새로운 세상이 있기 마련이다. 이러한 세계를 맞닥뜨렸을 때 우리는 자극을 받지 않을 수 없고 질문들이 모락모락 피어나지 않을 수 없다. 만일 이러한 독서를 지속적으로 활발하게 한다면, 읽는 데서 그치는 것이 아니라 쓰고 토론까지 한다면, 나아가 직접 그 현장들을 찾아가 보기도 한다면, 우리의 질문은 더욱 활발해지고 배우고 싶은 것들이 꼬리에 꼬리를 물며 생겨나기 마련이다. 이런 배움은 기쁘지 않을 수가 없다. 이러한 배움을 통해 '나'는 나를 더 깊이 만나고 세상을 더 넓고 깊이 들여다보며 내 삶의 철학을 갖게 되고, 스스로 주체들이 되어 아름다운 사회를 함께 만들어 갈 수 있는 것이다. 곧 독서는 이러한 배움, 이러한 삶을 위한 구름판이다.

2) 독서는 지식정보화시대를 살아갈 힘을 준다

우리나라의 교육열은 세계가 인정할 만큼 뜨겁다. 우리 아이들은 초등학교 입학과 함께 '공부' 스트레스를 받아야 하고, 중학생이 되면 거의 모든 아이들이 학교와 학원을 오가며 온종일 '공부'에 매여 지낸다. 세계에서 그 예를 찾아볼 수 없을 만큼 공부에 투자하는 시간이 많고 사교육비 또한 엄청나다. 그런데 이러한 공부를 해야 하는 아이들, 이를 뒷바라지하는 부모, 이러한 교육을 행해야 하는 교사들은 행복할까? 알다시피 누구도 행복하지 않다. 아이는 자신의 존재 이유를 알 수가 없고, 부모는 자신의 삶을 잃어버렸다. 교사들 역시 점점 더 피폐해져 가는 교단이 힘겹다. 그럼에도 우리는 이 광적인 교육열에서 벗어날 수가 없다. 왜인가?

그것은 '공부를 잘해야 좋은 직업을 가질 수 있다'는 신화 때문이다. 사실 우리는 이러한 교육열 덕분에 남들이 백여 년에 걸쳐 이뤄낸 산업화를 20여 년 만에 따라잡을 수 있었고, 또 그 덕에 오랜 헐벗음과 굶주림으로부터 벗어나 오늘의 '부'를 누릴 수 있게 되었다.

산업화시대에 취업을 잘하기 위해서는 윗사람이 무엇을 원하는지 잘 듣고 이해할 수 있는 능력과 주어진 일을 성실히 수행할 책임감이 있어야 한다. '교과서 하나'에 '정답 하나'는 이러한 인재를 길러 내기에 아주 좋은 교육 시스템이다. 때문에 근대의 학교들은 이 시스템을 학령기 아이들에게 적용한 것이고, 기업과 기관에서는 이 시스템에 잘 적응한 아이들을 필요한 만큼 순서대로 고용한 것이다. 이때는 산업부흥기였기 때문에 이러한 '공부'를 하면 웬만큼 취업을 할 수 있었고 공부를 잘하는 순서대로 원하는 직업을 골라 가질 수 있었다. 때문에 오랜 세월 동안 배고픔에 시달렸던 부모들은 광적일 만큼 자녀교육에 매달리게 된 것이고, 아이들 역시 부모처럼 배고프지 않기 위해, 자신에게 헌신하는 부모에게 보답하기 위해, 자신이 좀 더 부유해지기 위해 '공부'에 매달리지 않을 수 없었던 것이다. 학생과 학부모의 요구가 그렇고 교육 시스템이 그러한데, 교사인들 어쩌겠는가. 또한 교사들이야말로 그러한 교육 시스템에 잘 적응하여 공부를 매우 잘했던 사람들인데 어떻게 그 신화를 쉽게 버리겠는가.

그러나 이 시대는 더 이상 '소품종다량생산'의 산업화시대가 아니다. 직업을 얻으려면 시대를 알지 않으면 안 된다. 시대의 요구에 따라 농경시대에는 농부가, 산업화시대에는 노동자(블루칼라 & 화이트칼라)가 주를 이루지 않았나. 사람은 일정 나이가 되면 경제적으로 독립해야 하고, 자신과 사회를 위해 필요한 '일'을 해야 한다. 이것이 '직업' 아닌가. 이러한 직업을 얻기 위해서는 자신을 알고 사회를 알고 시대를 알아야 한다. 특히 오늘날처럼 시대 자체가 크게 용틀임하며 사회 전반을 뒤흔들 때는 시대의 특성을 간파할 때라야 원하는 직업을 얻을 수 있다.

흔히 말하듯, 21세기는 지식정보화시대이다. 컴퓨터의 등장과 인터넷의 발달로 인해 이제 지식과 정보는 넘쳐나고 빠르게 업그레이드된다. 또한 산업화가 가져온 물질적 풍요로 인해 사람들은 똑같은 물건보다는 더 특색 있고 자신의 취향에 맞는 것들을 찾는다. 때문에 어느 기업이고 망하지 않으려면 구태의연한 답습과 획일성을 탈피하여 '창의성'을 발휘해야 한다. 곧 '소품종다량생산'이 아니라 '다품종소량생산'으로 전환해야 하고, 이마저도 빠르게 변화시켜 나가야 한다. 이런 일을 잘하려면 구매자의 요구와 특성, 기존 제품에 대한 정보 및 타사의 제품 정보, 사회의 변화 등 이에 필요한 지식과 정보를 수집하여 분석할 수 있는 능력, 곧 지식 정보 활용 능력이 필요하고 이를 토대로 창의성을 발휘할 수 있어야 한다. 곧 '지식정보화시대'란 '풍부한 지식과 정보를 기반으로 창조성이 요구되는 시대'인 것이다.

지식과 정보를 내 것으로 만들기 위해서는 읽고 분석할 수 있어야 한다. 또한 이를 토대로 새로운 것을 창조하기 위해서는 질문과 탐구심이 있어야 한다. 학교를 다니는 동안이나 학교를 떠난 후에도 스스로 이러한 활동을 지속할 수 있게 하려면 학교를 다니는 동안 활발한 독서활동을 통해 스스로 질문하고 탐구할 수 있는 능력과 배움의 기쁨을 누릴 수 있게 해 줘야 한다. 학교를 다니는 동안 몸으로 익힌 이러한 경험이 있을 때 학교를 떠난 후에도 필요한 공부를 스스로 할 수 있다.

독서는 어느 시대에나 중요한 것이었지만 독서가 '밥 문제'와 직결되어 있는 이 시대에는 더욱 중요한 것이 되었다. 말 그대로 '지식과 정보'가 생산의 토대가 되는 '지식정보화시대'는 누구에게나 지식과 정보를 제 것으로 만들 줄 아는 능력이 요구된다. 곧, 자신에게 필요한 지식과 정보를 잘 활용할 줄 아는 사람에게 직업의 문이 열리고, 학교와 학원을 오가며 기계적으로 공부하여 정답 하나만을 잘 맞히는 사람보다 스스로 묻고 탐구하며 꾸준히 독서하는 사람에게 좋은 일자리가 주어진다는 것이다. 나아가 시대가 크게 용틀임할 때는 이에 맞는 새로운 일자리 창출이 필요한 것인데, 이 역시 꾸준히 묻고 탐구하며 독서하는 사람들에게서 가능한 것이다. 때문에 학교는 아이들의 인성뿐 아니라 밥 문제 해결을 돕기 위해서라도 '독서교육'을 활발히 전개해야 한다.

3. 독서교육 어떻게 할까

1) 학교도서관을 주목하자

소수 몇몇을 위한 교양이나 취미활동으로서의 독서가 아니라 학생 모두를 위한 독서교육을 활발히 전개하기 위해서는 학교도서관이 필요하다. 모든 학생들을 독서로 이끌기 위해서는 수업을 통해 독서교육을 하는 것이 가장 좋다. 독서를 수업에서 풀어내지 않으면 아이들은 초등학교 저학년을 벗어나는 순간 독서로부터 멀어지기 십상이다. 해도 되고 안 해도 되는 독서를 굳이 할 이유가 없는 것이다. 독서보다 재미난 것이 수두룩한 데다 우리의 청소년들은 아침부터 밤중까지 독서와 상관없는 '공부'에 매달려야 하기 때문에 독서를 하고 싶어도 시간을 확보하기가 어렵고 마음의 여유도 없다. 때문에 독서를 하더라도 흥미 위주나 스트레스 해소용이 되고 만다. 이러한 독서는 마음을 위로하는 데는 얼마큼 도움이 되겠지만 지식정보화시대를 살아갈 힘을 기르기에는 역부족이다. 따라서 수업을 통해 도서관의 수많은 자료와 책들을 읽으며 서로 묻고 토론하고 탐구하는 독서활동을 활발히 전개해야 하고, 학교도서관은 이를 적극 지원해야 하는 것이다.

이러한 문제를 연구하기 위해 내가 활동하고 있는 '전국학교도서관 서울모임'은 2008년에 서유럽(영국, 프랑스, 독일), 2011년에 북미(미국, 캐나다), 2014년에 북유럽(핀란드, 노르웨이, 스웨덴, 덴마크)의 학교와 도서관 등을 탐방했다. 이 나라들은 학교 모습도 다르고 교육과정도 많이 달랐다. 그러나 그들 모두의 공통점은 교과서의 힘이 크게 약화되어 있고 정답 하나를 고르라는 평가를 버렸다는 것이다. 이들의 교과 수업에서는 학생 스스로 필요한 책과 자료들을 찾아 읽고, 쓰고, 탐구하고, 발표하는 활동이 주를 이루고 있었고, 다양한 노작활동과 예술활동 및 체육활동이 매우 활발했다. 또 오후 3시 반 이후에는 학생들마다 자율적인 클럽활동을 매우 활발히 하며 자신의 취미와 적성을 살리고 있었다. 시대가 변했으니 교육 시스템과 내용도 달라져야 한다는 것이 그들의 답이었다.

이 중에서 우리가 더욱 관심 있게 지켜본 것은 학교도서관과 독서교육이었다. 대부분의 학교는 초등학교 저학년 외에는 독서수업 시간이 별도로 배치되어 있지는 않고, 독서활동은 모든 교과 활동 속에 자연스럽게 녹여져 있었다. 교과서를 벗어나 수많은 책과 자료들을 직접 찾아 읽고 분석해서 글을 쓰고 토론을 하고 발표하는 수업이 주를 이루다 보니 거의 모든 학습이 독서활동으로 이뤄져 있다고 해도 과언이 아닐 만큼 독서활동이 매우 활발했다. 그리고 이런 활동이 더욱 활발할 수 있도록 학교도서관 혹은 공공도서관이 적극적으로 돕고 있었는데 서유럽과 북유럽은 공공도서관이 활발하고, 미국과 캐나다는 학교도서관과 공공도서관 모두 매우 활발하게 움직이고 있었다.

북미를 여행한 후 우리 도서관모임전국학교도서관 서울모임, 이하 우리 모임 선생님들과 함께 펴낸 『북미 학교도서관을 가다』전국학교도서관 서울모임, 2012, 우리교육에서도 소개했듯이, 지금도 마음에 깊은 감동으로 남아 있는 미국 그레이트넥 사우스 중학교 교장 선생님의 이야기이다.

"우리 학교교육 목표는… 중학교라는 말속에 함축적으로 녹아 있다고 생각합니다. 중학교는 아이가 청소년으로 변화되는 시기이죠. 이때 자신을 알아내고 긍정적으로 변화할 수 있도록 필요한 것을 찾아 주고 지원해 주는 것이 우리 교육의 목표입니다. 도서관은 이 일들을 아주 훌륭히 돕고 있습니다. 도서관은 중요한 것 중 하나가 아니라 '가장 중요한 곳'이지요. 그래서 우리는 도서관을 학교의 중앙에 위치시켜 놓았습니다. 도서관은 지성의 공간이자 자아를 발견하고 성장시키는 곳입니다."

포트 리 콜 중학교 교장 선생님도 다르지 않았다.

"교육의 목표는 계속 변해 왔는데, 교장이 되어 특히 주목하게 된 것은,

'관계의 문제'와 '정서의 문제'입니다. 대인관계를 잘 풀어 나가고 정서적으로 안정이 되면 공부는 자연히 하게 되는 것 같더군요. 사람은 누구나 배울 수 있는 힘을 갖고 있고 배워야 합니다. 저는 이러한 것들이 잘 이루어질 수 있도록 돕는 일을 교육 목표로 하고 있습니다. 도서관은 인간관계나 정서적인 문제를 돕는 데 가장 좋은 곳이고, 다양한 탐구활동과 프로젝트 활동 등을 통해 스스로 배워 갈 수 있는 힘을 길러 주기에 최적한 곳입니다."『북미 학교도서관을 가다』, 16-17

이들이 지적한 것처럼, 지식정보화시대에 도서관은 중요한 것 중 하나가 아니라 가장 중요한 것이다. 또한 아이들은 학교도서관을 통해 가난한 아이든 부자 아이든, 공부를 잘하는 아이든 못하는 아이든, 자아를 발견하고 성장시켜 갈 기회를 공평하게 제공받아야 하며, 이를 통해 스스로 배워 갈 힘을 기르고, 함께 묻고 토론하고 협력하며 서로 다른 사람이 어떻게 더불어 아름다운 사회를 만들어 갈 수 있는지 몸으로 익혀야 한다. 우리나라에는 공공도서관에서 이런 일을 적극적으로 지원할 여건이 안 되니, 학교도서관을 더욱 주목하여 이를 활성화할 필요가 있다.

2) 독서수업 사례
-'관심 주제 탐구하여 나만의 책 만들기 프로젝트'를 중심으로

(1) 독서교육의 세 줄기
학교도서관과 독서의 중요성을 깨달은 2000년부터 2015년 2월 교직을 그만둘 때까지 나는 매해 학교도서관과 독서교육 업무를 자원해서 맡았다. 다행히 2001년 3월 한 달 말고는 항상 사서 선생님(비정규직 사서)과 함께 할 수 있었기 때문에, 도서관의 운영과 관리는 사서 선생님에게 맡기고 나는 독서교육에 좀 더 주력했다.
내가 전개한 독서교육의 내용은 크게 3개의 줄기로 분류할 수 있다.

하나는 도서관에서 다양한 독서행사를 지속적으로 전개하여 학생들의 독서에 대한 관심과 흥미를 높이고자 했다. 금요책추천영상방송, 대출자행운권대잔치, 책속보물찾기, 밤새워책읽기, 문학기행, 저자와의 만남, 독서의 날 이벤트, 한글날 이벤트, 독서퀴즈대회, 독후감대회, 독서토론대회, 독서활동의 날 행사 등 매월 한두 개의 독서행사를 지속적으로 실시하여 학생들이 독서를 재미와 문화로 접근할 수 있도록 유도했다. 그러다 보니 우리 도서관은 하루 종일 아이들이 북적대는 시장이 되기 일쑤였지만 그만큼 독서에 대한 관심은 높아졌다.

또 하나는 독서수업을 활성화하여 독서활동이 좀 더 체계적이고 깊이 있게 이뤄질 수 있도록 했다. 이의 실행을 위해, 학년별로 국어과 수업에서 한 시간을 독서시간으로 확보하여 '36차시 단계별 독서수업 프로그램'을 실시하거나 '책 읽기'와 '책 읽기&자료 탐색하기' 시간으로 활용하는 한편, 여러 교과에서 도서관 활용 수업이 활발할 수 있도록 지원하고, 내 국어 수업은 독서활동이 중심이 되도록 학생 중심의 탐구수업으로 많이 바꾸었다.

마지막으로, 독서동아리 활성화를 통해 자율적인 독서활동 능력을 기르고자 했다. 이것은 학생뿐 아니라 교사와 학부모에게도 해당되었는데, 교사와 학부모는 2003년부터, 학생 독서동아리는 2011년부터 활발히 전개했다.

이 모든 내용을 소개하기에는 지면이 허락하지 않아 본고에서는 독서수업 사례로, 혁신학교에서 교과통합으로 실시한 '관심 주제 탐구하여 나만의 책 만들기 프로젝트'를 간단히 소개하고, 독서동아리의 가치와 운영에 대해 짧게 소개하겠다. 부족한 내용은 글 말미의 읽기 자료에 소개한 책들을 통해 살펴보기를 권한다.

(2) 교과통합수업,

'관심 주제 탐구하여 나만의 책 만들기 프로젝트' 사례

2013년과 2014년에 교사로 근무한 국사봉중학교는 2013년에 혁신 3년 차가 되는 혁신학교였다. 그래서인지 학생 자치활동이 매우 활발하고 지역환경운동가와 함께 진행하는 생태 수업이라든지, 뮤지컬 전문가와 함께 하는 뮤지컬 수업처럼 일반 학교에서는 보기 드문 생활 밀착형 수업과 예술교육이 활발했다. 그러나 아쉽게도 도서관과 독서교육 쪽은 전 학교만 못했다. 또한 경제적으로 매우 열악하고 기초학습력이 부족한 아이들이 많은 탓인지, 책을 읽고 글을 쓰는 일에 부담을 느끼는 아이들이 많았다. 그러나 이 아이들에게 '독서'가 어떤 변화를 가져다줄 수 있는지 충분히 알고 있던 터라, 학교에 부임하자마자 학교에 적극 권유하여 예전 학교에서처럼 다양한 독서 행사와 독서수업, 독서동아리가 활발해질 수 있도록 힘을 보탰다. 나아가 독서수업동아리 선생님들과 함께 교과통합으로 '관심 주제 탐구하여 나만의 책 만들기 프로젝트'까지도 시도해 볼 수 있었다.

우리 동아리의 주된 관심사는 '독서와 수업의 접목'이었다. 이를 통해 우리는 학생들이 수업의 주체로 설 수 있도록 돕고, 자아를 새롭게 발견하고 배움의 즐거움을 누리며 스스로 배울 수 있는 힘을 길러 주고 싶었다. 그러나 우리 교사 역시 이러한 독서수업의 경험이 없기 때문에 3월부터 5월까지는 관련 책들을 함께 읽으며 회원들이 함께 진행할 만한 수업을 모색하고, 6월에 내가 제안한 '교과통합 관심 주제 탐구하여 나만의 책 만들기 프로젝트' 수업을 함께 하기로 결정을 하여 9월부터 이를 실행했다. 이 프로젝트 수업은 2013년에는 2학년, 2014년에는 1학년을 대상으로 실시했는데, 여기에서는 지면상 2014년의 사례를 소개한다.

① 준비 단계

3월: 어떤 주제, 어떤 형태로 프로젝트를 진행할지 토론한 끝에, 1학년과 개별 반 대상으로 지난해처럼 교과통합 '관심 주제 탐구하여 책 만들기 프로젝트'를 진행하기로 합의. 학생들이 이 프로젝트를 염두에 두고 미리 자료를 준비할 수 있도록 창체 독서에서 자신의 관심 분야 정보 찾기와 책 읽기를 한 달에 두 시간 이상 진행하기로 했다.

4월~7월: 창체 독서 시간에 이 프로젝트가 2학기에 본격적으로 진행될 것을 학생들에게 안내한 후, 한 달에 한 번은 컴퓨터실을 이용해서 자신의 관심 분야 정보를 찾도록 이끌고, 한 번 이상 도서관에서 책 자료를 찾아보도록 이끌어 주었다.

7월~8월: 수업의 큰 틀을 짜고 서로의 역할을 정했다.

9월: 여러 차례 수정 보완 작업을 거쳐 1학년 교과통합 프로젝트 수업안(자료 1)을 마련했다.

'관심 주제 탐구하여 책 만들기 프로젝트' 수업안

1학년 교과통합 '관심 주제 탐구하여 나만의 책 만들기 프로젝트' 수업안

I. 수업 개발 이유

이 프로젝트는 우리 독서수업연구동아리가 지난해 함께 개발하여 실행했던 프로그램을 수정 보완한 것으로, 지난해에는 2학년과 개별 반을 대상으로 15차시로 진행한 것과는 달리 올해에는 1학년과 개별 반을 대상으로 20차시로 진행하려 한다. 이는 창체 독서 교육과정이 지난해에는 2학년에 편성되어 있었지만 올해에는 1학년으로 옮겨 오게 되고 이에 따라 독서수업연구동아리 회원들 역시 1학년을 맡고 있는 교사들이 주를 이루게 되어 자연스럽게 그리된 것이다.

대한민국의 교육은 21세기가 시작된 지 10여 년이 흘렀음에도 여전히 '교과서 하나에 정답 하나'의 교육 내용과 평가 방식을 고수하고 있다. 이런 까닭에 우리의 수업은 학생을 배움의 주체로 세워 스스로 배울 수 있는 힘을 길러 주기보다는 교사 중심의 지식 전달에 초점이 맞춰져 있다. 때문에 아이들은 수업에서 매우 수동적이고, 오랫동안 학교를 다녔음에도 자신이 무엇에 흥미와 관심이 있는지 잘 알지 못하고 스스로 배울 수 있는 힘도 턱없이 부족하다.

교과통합 '관심 주제 탐구하여 책 만들기 프로젝트' 수업은 우리가 안고 있는 이러한 문제들을 극복하고자 하는 시도이다. 그리고 굳이 '교과통합'으로 실시하게 된 것은, 학생 개개인의 관심사가 워낙 다양하여 한 교과, 한 교사가 단독으로 실행하기에는 무리가 있었기 때문이다. 또 보고서 형태가 아닌 '책 제작'으로까지 나아가게 된 것은 중학생 아이들은 노작활동을 좋아하기 때문이기도 하거니와 자신의 책을 완성하여 저자로서의 성취감과 감격을 누리게 해 주고 싶었기 때문이다.

II. 수업 계획

1. 수업 주제: 교과통합 관심 주제 탐구하여 책 만들기 프로젝트

2. 수업 목표
- 관심 주제를 집중적으로 탐구함으로써 자신의 흥미와 적성, 진로를 스스로 발견할 수 있도록 한다.
- 자신이 필요한 책과 자료, 정보를 스스로 찾고, 읽고, 분석하고, 재구성하여 스토리가 있는 책으로 만들어 봄으로써 독서에 대한 관심과 흥미를 높이고 탐구심 및 지식정보 활용 능력을 향상시킨다.
- 자신만의 책을 직접 만들어 봄으로써 노작의 즐거움과 저자로서의 성취감과 감동을 얻게 한다.

3. 수업 방침
- 1인 1주제(개인별 탐구), 혹은 2~3인 1주제(모둠별 탐구) 중 택일하여 탐구할 수 있도록 한다.
- 책과 웹 자료를 골고루 활용하여 탐구하도록 한다.
- 탐구한 내용은 종이책 혹은 전자책으로 제작한다.
- 교사는 수업이 원활히 진행될 수 있도록 긴밀히 협력하고 담당 학생의 탐구를 돕는다.

4. 수업 형태: 교과 통합형 주제탐구 프로젝트 형태

5. 수업 기간: 2014. 10. 1(수)~11. 18(화)

6. 수업 계획(총 20차시)

1) 참여 교과 및 교사

참여 형태	교과	교사명	역할	담당 학급
프로젝트 수업 연구 및 실행	국어/독서	백화현	• 프로젝트 수업 진행 • 국어과 관련 주제 선정 학생 지도 • *과정 및 결과물 평가	1반~6반
	국어	김현정	• 프로젝트 수업 진행 • 국어과 관련 주제 선정 학생 지도 • *과정 및 결과물 평가	1반~5반
	음악/창체(독서)	박효은	• 프로젝트 수업 진행 • 음악과 관련 주제 선정 학생 지도 • 과정 평가	1반~6반
	도덕	류승화	• 프로젝트 수업 진행 • 도덕과 관련 주제 선정 학생 지도 • 과정 평가	1반~6반
	영어	이미선	• 프로젝트 수업 진행 • 영어과 관련 주제 선정 학생 지도 • 과정 평가	2, 3반
	영어	문현숙	• 프로젝트 수업 진행 • 영어과 관련 주제 선정 학생 지도 • 과정 평가	1, 5반
	중국어	김민경	• 프로젝트 수업 진행 • 중국어과 관련 주제 선정 학생 지도 • 과정 평가	1반~6반
	미술	이수정	• 프로젝트 수업 진행 • 미술과 관련 주제 선정 학생 지도 • 과정 평가	1반~4반, 6반

	수학	김희정	• 프로젝트 수업 진행 • 수학과 관련 주제 선정 학생 지도 • 과정 평가	4, 6반
프로젝트 수업 연구 및 실행	특수	지정훈	• 개별 반 학생 지도 및 평가	개별 반
	특수	김혜진	• 개별 반 학생 지도 및 평가	개별 반
프로젝트 연구 및 실행 지원	사서	박연지	• 프로젝트 수행에 필요한 자료 지원 및 자문	1반~6반
프로젝트 실행 지원	미술	박균남	• 프로젝트 수업 진행 • 과정 평가	5반

2) 차시별 내용

차시(시행일)	내용	학습자가 할 일	담당 교사	장소
1 (10. 1 ~10. 7)	프로젝트 수업 안내(교사) 탐구할 내용과 주제 생각하기 (학생)	주어진 주제 중 하나를 선정하여 과제를 어떻게 진행할지 생각한다.	백화현(1반~6반) *10. 6. 6교시 1-1 공개수업	각 교실
2 (10. 8~ 10. 14)	탐구 계획 세우기	프로젝트 수행 계획을 세워 계획서를 제출한다.	백화현(1반~6반)	도서관
3, 4 (10. 13~17)	관련 자료 수집 및 읽기 1, 2	관련 자료를 찾아보고, 중요한 내용을 메모하며 읽는다-1.	백화현, 박효은 (1반~6반) *10.13. 6교시, 1-5 공개수업	도서관, 컴퓨터실
5, 6 (10. 20~24)	관련 자료 수집 및 읽기 3, 4	관련 자료를 찾아보고, 중요한 내용을 메모하며 읽는다-2.	백화현, 박효은 (1반~6반)	도서관, 컴퓨터실
7 (10. 20~24)	책의 얼개 짜기	수집한 자료들을 토대로 책의 내용과 형태를 어떻게 할지 책의 얼개를 짠다.	류승화 *10. 23. 1교시, 1-4 공개수업	각 교실
8, 9, 10, 11 (10. 20~24)	책 내용쓰기 1~4	수집한 자료를 토대로 책 내용을 쓴다.	김현정(1반~5반), 백화현(6반)	도서관, 컴퓨터실
12, 13 (10. 27~31)	책 편집하기 1, 2	책 편집의 방법을 익혀 책을 편집한다.	김민경(1반~6반) *10. 28. 6교시, 1-2 공개수업	컴퓨터실

14, 15 (10. 30 ~11. 7)	책 표지 만들기	속표지와 책 표지를 만든다.	이수정, 김혜진 (1반~6반) *11. 3. 1, 2교시 1-6 공개수업	도서관, 교실
16, 17 (11. 3~7)	책 완성하기	책의 서문과 후기, 판권, 지은이 소개 등을 넣어 책을 완성한다.	이미선(2, 3반) *11. 5 1교시 1-3 공개수업 김희정(4, 6반) 문현숙(1, 5반)	도서관, 교실
18, 19 (11. 10~13)	책 소개하기 1, 2	자신이 제작한 책을 소개한다-1.	김현정(1반~5반) *11. 11. 2교시 1-1 공개수업, 백화현(6반)	각 교실
20 (11. 14~18)	프로젝트 소감 문 쓰기 및 총평	프로젝트 수업 소감문을 쓰고 2~3명 발표한다 (*교사는 총평한다)	각 반 담임	각 교실

3) 프로젝트 탐구 주제: 주어진 주제 중 택일(지면상 생략)

7. 책의 분량 및 구성

1) 분량
▶ 본문:
  1인; 사진과 삽화 포함하여 A4(글씨 크기 11, 상하 여백 15, 좌우 여백 25 기준) 15쪽 이상
  2~3인; 1인 분량×저자 수
▶ 저자 서문(프롤로그): 1~2쪽
▶ 저자 후기(에필로그): 1~2쪽
▶ 참고 문헌: 1~2쪽

2) 구성 요소: 저자 소개, 저자 서문, 저자 후기, 본문, 참고 문헌, 속표지, 겉표지, 판권(발행인, 발행일, 저자, 책값 등의 저작권), 출판사명.

8. 평가(총45점)
• 계획서를 포함한 과정 평가(10점): 계획서를 제때 안 내거나 주어진 시간을 제대로 활용하지 않을 때마다 1점씩 감점.
• 책 결과물(20점): 내용(10), 편집과 디자인(10점)
• 책 소개(10점): '책 제작의 과정과 본문의 내용을 잘 소개하는가'를 기준으로 평가
• 프로젝트 전 과정에 대한 소감문(5점): 진정성을 기준으로 평가

② 시작 단계

역시 학생들에게 이 프로젝트 수업을 기획하게 된 이유를 설명하고 이 수업의 중요성과 필요성을 역설하며 모든 학생이 열심히 동참해 줄 것을 독려했다. 그리고 프로젝트 수업안(자료 1)을 배부한 후 내용을 설명한 후 다음 시간부터 본격적으로 프로젝트 수업이 진행될 것이니 전체의 흐름을 숙지할 수 있게 몇 번이고 읽어 보도록 권유했다.

③ 전개 단계

수업안의 일정대로 진행했는데, 차시별로 필요한 유인물은 그때그때 배부하고 프로젝트 수행 도중에도 학생들이 필요로 하는 책 자료와 물품들은 바로바로 구입하여 제공해 주었다.

학생들은 수업안 일정대로 1차시에는 수업 전반을 안내 받으며 자신이 탐구할 주제를 무엇으로 해야 하나, 프로젝트를 혼자 하나 친구와 함께 하나, 와글와글 떠들며 브레인스토밍의 시간을 갖고, 2차시에는 수행 계획을 세웠다. 이후 수업안 일정대로 진행이 되었는데, 여기에서 전개 과정을 일일이 소개하기에는 역부족이니 프로젝트 수행 계획서(자료 2)와 나만의 책 얼개 틀(자료 3) 및 그 결과물(자료 4)만 소개한다(더 자세한 내용에 대해서는 이 프로젝트의 전 과정이 이미 자유학기제 선택 프로그램 교육과정으로 개발되어 학교마다 교육과정 자료집으로 보급되었으므로 참조 바람).

| 자료 2 | 관심 주제 탐구하여 책 만들기 프로젝트 수행 계획서

관심 주제 탐구하여 책 만들기 프로젝트 수행 계획서	
제출자	1학년 ( )반 ( )
탐구 주제	
지도교사	
탐구 방법 (언제, 어디서, 어떻게 탐구할까?)	
이 시간에 찾아본 책 (책 이름 & 지은이)	1, 2. 3. 4. 5.
이 시간에 찾아본 정보 (혹은 사이트)	1, 2. 3. 4. 5.
확인	( )월 ( )일 ( )교시 ( )인

나만의 책 얼개	
책의 주제	
책의 제목	
책의 내용 (목차) * '지은이 서문'은 꼭 있어야 하지만, 후기는 서문에 함께 담아내도 됩니다. * 본문 구성은 반드시 3장으로 할 필요는 없습니다. 예시문을 참고하여 자신이 좋은 대로 하면 됩니다.	• 지은이 서문(프롤로그)–책을 펴내며 • 본문 1장: (　쪽 ~　쪽) 　1. 　2. 2장: (　쪽 ~　쪽) 　1. 　2. 3장: (　쪽 ~　쪽) 　1. 　2. • 후기(에필로그):
책의 형태	• 책의 크기: • 책의 분량: • 책의 모양: • 속지 종이: • 표지 종이:

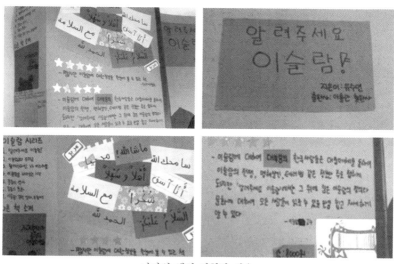

나만의 책의 외형과 내용

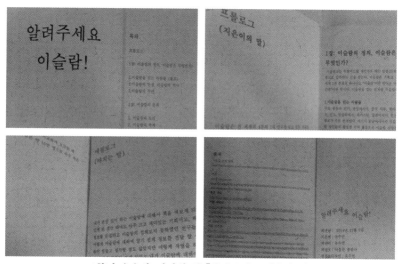

1학년 유수연, 나만의 책 『알려주세요 이슬람』의
속표지-목차-프롤로그-본문 1쪽-에필로그-출처-판권

④ 마무리 단계

이 수업은 교과통합으로 여러 사람이 함께 움직여야 했던 탓에 어려움이 많았지만 수업 후의 반응은 매우 좋았다. 학생과 교사의 수업 후 소감 및 평가 소개한다.

학생 소감

- 책을 만듦으로써 성취감을 맛볼 수 있었다.
- 내 관심사가 무엇인지 좀 더 잘 알게 되었다.
- 정보와 책을 찾아 읽으며 스스로 학습할 수 있는 힘이 생겼다.
- 만든 책을 보고 친구의 관심사를 알 수 있었고 친구를 새롭게 발견하게 되었다.

교사 소감

- 열심히 수업에 참여하는 모습을 보며 신선한 충격을 받았다.
- 완성한 책을 보며 학생들의 잠재 능력이 엄청나다는 것을 확인할 수 있었다.
- 프로젝트 수업의 필요성을 깊이 인지하게 되었다.
- 수업을 성공시키기 위해서는 더욱 섬세한 준비와 수업 환경이 마련되어야 함을 새삼 깨달았다.

총평

- 학생들이 자신의 관심사에 대해 흥미를 갖게 된 듯하다.
- 학생들의 정보 활용 능력이 향상된 듯하다.
- 학생들이 스스로 책을 완성하며 성취감과 자부심을 갖게 된 듯하다.
- 학생들의 내면이 성장한 듯하다.
- 교사 역시 수업에 대해 자신감과 성취감을 얻은 듯하다.

위 수업 사례에서 엿볼 수 있듯, 프로젝트 수업(혹은 프로젝트 학습)은 학습자를 배움의 주체로 세우고 스스로 학습할 수 있는 힘을 길러 준다. 또한 주제탐구 수행을 하기 위해서는 친구와의 협력, 교사의 조언, 도서관의 도움 등 많은 이들과 관계를 맺어야 하므로 자연스럽게 사회성과 협동심이 길러진다. 그중에서도 '관심 주제 탐구하여 나만의 책 만들기 프로젝트'는 프로젝트 수업으로 얻을 수 있는 이러한 효과뿐 아니라 자아정체성과 진로 문제까지도 탐색할 수 있도록 돕고, 노작의 기쁨과 '나만의 책'을 완성하는 성취감까지도 안겨 준다. 곧, 교과서에 밑줄을 그어 가며 교사가 일방적으로 주도하는 기존의 수업과는 매우 다른, 혁신교육이 지향하는 목표와 가치들을 얻을 수 있는 것이다. 학생뿐이겠는가? 이러한 수업은 교사들 역시 서로 협력하게 하고 스스로 연구하게 하며, 교사 스스로 수업을 기획하고 디자인 하는 진정한 수업권을 되찾게 해 준다. 이처럼 교사와 학생 모두 수업에서 주체자가 되고 진정한 배움과 성장을 이루는 것, 이것은 수업혁신의 핵심 가치이자 목표이다.

이 프로젝트는 2014년 서울특별시교육청 자유학기제 담당자의 요청으로 자유학기제 주제 선택 활동 교육과정으로 개발이 되어 활용되고 있기도 하다. 뿐만 아니라 전국의 여러 중학교 3학년 전환기 프로그램이나 국어과 수업에도 활용되고 있고, 몇몇 고등학교에서는 자율 활동 프로그램으로 활용되고 있기도 하다(더 자세한 내용에 대해서는 이 글 읽기 자료를 참조 바람).

(3) 독서동아리 운영 사례

여전히 '교과서 하나'와 '정답 하나'에 매일 수밖에 없는 대한민국의 교육 시스템에서는 교과에서 독서수업을 활발히 전개하기가 매우 어렵다. 따라서 더 많은 독서활동을 하고자 하는 아이들에게 방과 후 시간을 활용하여 자율적인 독서동아리를 하도록 유도하면 좋다. 국사봉중학교에서는 자율적 학생 독서동아리 22개, 교사 동아리 1개, 학부모 동아리 1개를 운영했다. 지면상 학생 독서동아리 운영에 관한 내용만 간단히 소개한다 (더 자세한 내용에 대해서는 『도란도란 책모임』백화현 지음, 학교도서관저널, 2013을 참조 바람).

① 독서동아리 홍보 및 조직

먼저, 3월 두 주간은 수업 시간마다 '친구들과 함께 하는 독서동아리' 활동의 가치와 필요성을 아이들에게 역설한다. 또한 학부모독서모임과 교사독서모임 회원들에게도 기회 있을 때마다 그 중요성을 피력하고, 가정통신문과 학부모 총회를 활용하여 학부모님들께 우리가 벌이고자 하는 독서동아리 사업 계획을 자세히 안내한다. 그리고 3월 셋째 주에는 "친구들과 함께 하는 독서동아리, 잃어버린 자아와 배움의 기쁨을 되찾을 수 있고, 마음을 나눌 진정한 친구를 얻을 수 있습니다.^^ 원하는 친구들 3~6명과 함께 활동하면 됩니다. 방과 후 1주일에 1, 2번. 친구들과 함께 멋진 책 여행을 하고 싶은 사람은 3월 27일까지 사서 선생님이나 백화현 선생님께 신청하기 바랍니다!"와 같은 내용의 벽보를 학교 곳곳에 붙여 둔다.

2014년 3월에 독서동아리 홍보 및 모집을 위해 학부모님들께 보냈던 가정통신문 내용 하나를 소개한다.

국사봉중학교 2014년 독서동아리 운영 안내 가정통신문

학부모님께

　나뭇가지마다 새순 돋아나는 봄입니다. 댁내 두루 평안하셨는지요?
　2014년 본교에서 진행하고자 하는 자율적인 학생 독서동아리 운영에 대해 안내하고자 합니다.
　독서의 중요성에 대해서는 새삼 강조하지 않더라도 잘 알고 계실 것입니다. 특히 21세기 지식 기반 사회에서는 '독서가 곧 국가경쟁력'이라 할 만큼 '독서의 힘'이 크지요. 그러나 꾸준히 독서하기란 결코 쉬운 일이 아닙니다.
　이에 본교에서는 '책'과 '친구'를 결합한 형태의 '자율적인 학생 독서동아리'를 활성화하여 학생들이 친구들과 함께 책을 읽고 도란도란 얘기 나누며 책에 대한 흥미와 관심을 높이고 친구와의 우의도 깊게 다질 수 있는 기회를 주고자 합니다. 책은 혼자 읽는 것도 좋지만 친구들과 함께 할 때보다 넓고 깊은 독서가 가능하고 재미있게 오랫동안 독서의 즐거움을 누릴 수 있습니다.
　아래 안내 사항을 읽어 보신 후 독서동아리 활동을 희망하는 자녀가 있으면 기일 내에 신청할 수 있도록 협조 바랍니다. (신청서는 본교 도서관과 교무실 독서교육부에 비치되어 있습니다!)
　가정에 평화와 행복이 넘쳐나기 기원합니다.

▶ 2014 자율적 학생독서동아리 운영 계획

1. 목적
• 친구와 함께 하는 독서동아리 활동을 통해 독서에 대한 관심과 흥미를 높이고 정서적인 안정감을 꾀한다.
• 자율적이면서도 지속적인 독서동아리 활동을 통해 독서 습관 및 독서의 질을 향상시키고 평생 독서의 기틀을 다진다.
• 스스로 운영하는 자율적인 독서동아리 활동을 통해 자기주도적인 학습능력을 향상시킨다.

2. 추진 방침
• 학생들의 자발적 참여, 자율적 운영, 소그룹 구성(한 동아리 4~6명)을 원칙으로 한다.
• 독서동아리 활동자는 1주일 1~2회, 1시간 이상 활동을 원칙으로 한다.
• 각 독서동아리에게는 활동 장소 및 약간의 간식을 제공한다.
• 독서동아리마다 울타리 교사를 두어 활동을 격려하고 자문해 준다.
• 1년에 1, 2회 독서동아리 워크숍 및 독서동아리 발표회를 실시하여 활동의 효

율성을 높인다.
- 울타리 교사는 독서동아리 활동자의 활동 내용을 생활기록부에 등재해 준다.

3. 독서동아리에게 권하는 활동
- 원하는 책이나 읽기 자료를 읽고 자신의 삶과 관련 지어 자유롭게 얘기 나누기
- 책이나 읽기 자료를 읽고 글을 써서 발표한 후 주제 토론하기
- 원작 읽고 영화 보기 혹은 명화 보기
- 자료나 책 읽고 독서기행 혹은 문화 답사하기
- 관련 책이나 자료 읽은 후 전시회 및 음악회 등 함께 가기
- 토론 주제 정하여 관련 자료 읽은 후 찬반토론 하기(디베이트 형태)
- 진로 관련 책들을 읽고 진로 탐구하기(진로독서동아리)
- 특별 분야의 책들을 중점적으로 읽으며 한 분야의 전문성 키우기(예: 경제독서동아리, 환경독서동아리, 역사독서동아리 등)
- 한 주제에 관해 3개월 혹은 6개월 단위로 탐구 조사하기(프로젝트 독서동아리)
- 이 밖에도 책을 읽고 다양한 독후활동(캐릭터 그리기, 독서신문 제작하기, 독서나무 만들기, 표지화 그리기 등) 자유롭게 하기

4. 독서동아리 신청 기간: 2014. 3. 12(수)~3. 27(목)

5. 신청할 곳: 국사봉중학교 도서관 혹은 독서교육부 교무실(신청서는 이곳에 비치되어 있으니 함께 하고 싶은 친구와 함께 와서 신청하세요. 함께 할 친구가 없어도 활동 가능하니 와서 상담하기 바랍니다.)

2014년 3월 11일
국사봉중학교장

이렇게 하면 꽤 많은 아이들이 찾아온다. 그러면 아이들에게 독서동아리를 왜 해야 하는 것인지, 어떻게 하는 것인지 간략히 안내한 후, 독서동아리 신청서와 독서동아리 활동 계획서를 나눠 주고 다음날까지 작성해서 제출하도록 한다. 이때 함께 할 친구가 없어 혼자 온 아이에게도 일단 신청서를 제출하도록 한 후 다른 동아리에 넣어 주거나 같이 할 만한 친구를 물색하여 함께 하도록 도와준다.

② 독서동아리 운영 및 활동 원칙

내가 추구하는 학생 독서동아리 운영 원칙은 자발적 참여, 소그룹 구성, 자율적 운영, 정기적 모임, 울타리 교사의 도움으로 요약할 수 있다.

곧 이 동아리는 교사가 일방적으로 끌어가는 '방과후 독서토론논술반'과 달리, 아이들 스스로의 필요성에 의해 '자발적'으로 참여하고 '자율적'으로 운영해야 하는 순수 독서동아리라는 것이다. 그러나 아직 이러한 경험을 해 본 적이 없고 꾸준히 독서한다는 것이 쉬운 일이 아니기 때문에 1주일에 1회 이상 정기적으로 모임 활동을 하게 하여 이 활동을 몸으로 익히게 하고자 한 것이고, 지도교사나 관리 교사가 아닌 '울타리 교사'를 두어 동아리 활동 유지에 기본이 되는 '출석 확인'과 연수, 그리고 자문을 맡도록 한 것이다. 또 굳이 '소그룹 구성'을 강조한 것은 아이들이 많다 보면 모임 날을 정하기도 어려운 데다 활동할 때 행여 소외되는 친구가 생길까 봐, 탁자에 빙 둘러앉아 얘기 나누기에 가장 적합한 4, 5명으로 정한 것이다.

이러한 운영 원칙 외에, 독서동아리가 결성된 후 참가자 아이들에게는 활동할 때 반드시 지켜야 하는 '활동 원칙'을 강조했는데 다음과 같다.

학생 독서동아리 활동 원칙

- 자신의 활동 날에는 반드시 출석한다. 사정이 생겨 못 오게 될 경우는 같은 모임 친구들에게 양해를 구한 후 담당 울타리 교사에게 말씀드린다.
- 활동 시간은 적어도 1주일 1회, 1시간 이상이어야 한다.
- 활동 내용은 독서 관련 활동을 하되 구체적인 프로그램은 모임원들이 협의하여 정한다.
- 활동을 시작할 때 도서관에 비치한 활동일지를 가져가 활동 내용을 2~3줄 기록하여 활동을 끝낸 후 울타리 교사의 사인을 받는다.

- 학교에서 독서동아리를 위한 워크숍과 발표회 자리를 마련했을 때 적극적으로 참여한다.
- 스스로 주체가 되어 활동하고 서로 협력하여 아름다운 배움과 성장을 이루도록 한다.

구속 같아 보이지만 이러한 큰 방향과 울타리는 있어야 아이들이 긴장감을 갖고 책임감 있게 활동할 수 있다. 이러한 원칙이 없다 보면 협동심이 좋거나 열성적인 몇몇 동아리 말고는 뒤로 갈수록 흐지부지되기 십상이다.

졸저 『책으로 크는 아이들』과 『도란도란 책모임』에서 말한 바 있듯이, 친구들과 함께 자신들이 원하는 방법으로 독서동아리 활동을 하다 보면 아이들은 '책'도 얻고 '친구'도 얻을 수 있으며 이분법적인 사고를 다분법적인 사고로 바꿔 갈 수 있다. 또한 배움과 나눔의 기쁨을 누리고 자신의 삶을 자신이 주인이 되어 살아 보는 경험을 할 수 있다. 이러한 일은 특히 성장기 청소년에게 큰 위로와 감동을 주고 배움에 대한 욕구와 자신감을 안겨 준다. 자아를 잃고 배움의 즐거움을 모른 채 입시교육으로 내몰리고 있는 대한민국 청소년에게 독서동아리가 특히 필요한 까닭이다.

4. 배움이 없는 자유는 위험하고 자유가 없는 배움은 헛되다

"배움이 없는 자유는 언제나 위험하며 자유가 없는 배움은 언제나 헛된 일이다Liberty without learning is always in peril and learning without liberty is always in vain."

J. F. 케네디의 이 말은 오래전 처음 만났던 때로부터 지금까지 내 교육 활동의 거울이다. 나는 배움이 좋고 배움이 매우 중요한 것이라 여겨, 하고 많은 일들 중에서 '교직'을 선택해 교사가 되었는데, 막상 학교는 '배움'과는 거리가 먼 교육을 요구했고 나는 오랜 동안 이 요구를 거부할 수 없었다. 비단 나뿐이 아닐 것이다. 국가가 교육과정을 시시콜콜한 것까지 제시해 주고, 하나만의 정답을 강요하는 평가 시스템 속에서는 어떤 교사라도 아이들을 진정한 배움의 길로 이끌 수 없다. 배움은 자유로움 속에서 그 꽃을 활짝 피울 수 있기 때문이다.

　독서는 자유로움 속에서 배움을 얻게 하는 최고의 방법이다. 국가와 학교와 교사는 큰 틀을 제시하고 환경을 제공하면 된다. 아이들은 친구들과 협력하여 서로 묻고 읽고 토론하며 스스로 배워 갈 수 있다. 자유로움 속에서 스스로 주체가 되어 배울 때 아이들은 의젓하게 성장한다. 그리고 이렇게 의젓하게 자란 아이들은 결코 자신만을 생각하지 않는다. 이러한 아이들이 더불어 아름다운 사회를 만들어 갈 수 있다. 교육혁신과 독서 운동을 통해 이루고 싶은 나의 꿈이다.

| 생각해 보기 |

1. 의무교육은 필요한 것일까?
2. 수업은 이미 강제성을 전제로 하고 있는데 '자유로운 배움'을 가능하게 하려면 어떻게 해야 하는 것일까?
3. 아이들이 자신의 삶을 자신이 주인이 되어 살게 하려면 어떤 교육을 해야 할까?
4. 철학적 사유능력이 부족한 한국 사회를 변화시키기 위해 학교는 어떤 노력을 해야 할까?

• 전국학교도서관담당교사 서울모임.『북미 학교도서관을 가다』. 우리교육, 2012.
• 백화현.『도란도란 책모임』. 학교도서관저널, 2013.
• 백화현.『책으로 크는 아이들』. 우리교육, 2010.
• 백화현 외.『학교도서관에서 책 읽기』. 우리교육, 2005.
• 서울특별시교육청.『서울교육』 2015-24: 〈자유학기 선택 프로그램 18 나만의 책 만
  들기 프로젝트(지도서)〉. 서울특별시교육청, 2015.
• 서울특별시교육청.『서울교육』 2015-25: 〈자유학기 선택 프로그램 18 나만의 책 만
  들기 프로젝트(워크북)〉. 서울특별시교육청, 2015.

• 전국학교도서관담당교사 서울모임.『아름다운 삶, 아름다운 도서관』. 우리교육,
  2015.
  저자들이 직접 탐방하여 발견한 북유럽(핀란드, 노르웨이, 스웨덴, 덴마크)의 교육과
  도서관에 관한 이야기. 북유럽의 아름다운 학교와 도서관 사진이 아주 많아 화보집
  을 보듯 사진만 봐도 좋다.

• 전국학교도서관담당교사 서울모임.『북미 학교도서관을 가다』. 우리교육, 2012.
  저자들이 탐방하여 발견한 북미(미국과 캐나다)의 교육을 그들의 학교도서관을 통
  해 풀어내고 있다.

• 백화현.『도란도란 책모임』. 학교도서관저널, 2013.
  철학적 사유능력이 부족한 우리 사회와 배움을 잃은 우리 교육을 변화시킬 방법으
  로 '도란도란 책모임'을 제안하고 있다. 책모임의 가치와 운영 방법 및 활동 내용이
  상세히 담겨 있다.

• 백화현.『책으로 크는 아이들』. 우리교육, 2010.
  7년간의 가정독서모임을 통해 자녀와 자녀의 친구들이 만남과 소통, 배움의 기쁨을
  누리며 성장한 이야기를 담았다. 아이들의 변화하는 글을 통해 성장의 과정을 생생
  하게 엿볼 수 있다.

• 백화현 외.『학교도서관에서 책 읽기』. 우리교육, 2005.
  달동네 학교에서 학교도서관 활성화를 통해 아이들을 배움과 성장으로 이끈 이야기
  와 36차시 단계별 독서수업의 구체적 내용이 담겨 있다.

• 조벽. 『인재혁명』. 해냄, 2010.
  입시교육의 폐해를 비판하며 이 시대에 맞는 인재를 길러 낼 길을 제시하고 있다.

• 전국학교도서관담당교사모임. 『학교도서관 문화를 꿈꾸다』. 우리교육, 2016.
  학교도서관에서 진행한 독서 행사와 독서동아리 운영, 독서 여행 및 지역과 함께 한
  다양한 독서교육 프로그램을 담았다.

• 전국학교도서관담당교사모임. 『학교도서관 희망을 꿈꾸다』. 우리교육, 2007.
  학교도서관에서 우리 교육의 희망을 발견하고 그 희망을 더 크게 만들어 가기 위한
  글쓴이들의 실천적인 내용을 담았다. 학교도서관을 만들고 운영하고 활용하고 누릴
  수 있는 거의 모든 내용이 담겨 있다.

교육연극은 연극의 특징과 장점을 일상 수업에 적용하는 것이다. 이 글은 교육을 위해 연극이 존재하는 이유, 그것을 구체적으로 적용하는 기초적인 방법을 간략하게 안내하기 위한 것이다. 교육연극이 필요한 까닭은 사회의 빠른 변동 속에서 배움이 그 의미를 바르게 찾기 위한 노력이 필요하기 때문이다. 여기서는 비록 교육연극의 기초적인 이해를 담고 있지만 이것을 단초로 예술과 함께 공감 능력과 지적인 성장이 동반되는 교육연극의 참 의미를 소개하기 위한 의도도 있다.

교육연극으로, 삶에 대화를 건네는 수업

구민정

1. 왜 교육연극 수업인가?

1) 교육의 패러다임이 바뀌다

(1) 경쟁에서 협력으로

최근의 교육학에 의하면 학습은 집단적 행위이며 집단 자체가 하나의 학습 단위이다. 학습자들은 협력 활동을 통해 서로 간에 학습을 돕는 비계scaffolding을 제공하며 이렇게 이루어진 학습공동체는 학습자 개개인의 총합을 능가한다.

(2) 전수에서 성장(발달)으로

현대 네트워크 사회·지식정보경제·위키노믹스의 시대에는 정해진 기능과 지식의 전수보다 변화되는 세계에 적응하여 지식과 기능을 창조하는 역량이 중요하다. 지식과 기능의 창조는 개별적 학습이 아니라 협력학습을 통해 이루어지기 때문에 서로 다른 속성을 가진 사람들과의 소통과 협력 능력이 중요하다.

(3) 분과에서 통합으로

의식 철학의 붕괴와 함께 지·덕·체 교육의 분과체제의 정당성도 소멸되어 가고 있다. 지성은 단지 합리성에만 국한되는 것이 아니라 세계에 작용할 수 있는 다양한 가능성을 탐색하는 창조적 능력과 그 탐색을 검증하는 합리성의 조화이다. 이러한 탐색은 문제의 인식에서 출발하며, 교육과정은 이 과정에서 심미적, 이성적, 신체적인 능력이 유기적 전체를 이룰 것을 요구받게 되었다. 특히 심미적 활동은 문제의 인식과 대안 창출의 첫 단계로서 그 중요성이 높아졌다.

2) 교육관의 전환과 예술교육의 중요성

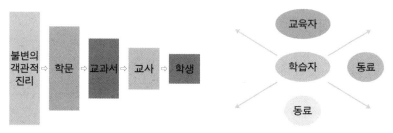

전수transmission와 성장growth

새로운 교육관에서 앎은 행함의 과정이며 행함 역시 앎의 과정, 그리고 삶이란 앎이며 앎이란 삶의 과정으로, 자신과 엮어진 일체의 것들과의 상호작용의 결과이다.

따라서 교육은 실제를 능동적으로 재구성할 수 있는 삶의 기회를 제공해야 한다.

(1) 예술은 폭넓은 경험의 재구성 과정을 제공

- 예술은 상상력을 통해 실제와 같은 (as if~) 가상의 경험을 할 수 있

는 활동이다.

- 예술을 통해 경험의 폭과 깊이를 확장할 수 있다.
- 예술적 활동은 이러한 경험의 능동적 재구성 과정에서 결정적인 역할을 수행할 수 있다(문제의 인지 단계에서/문제 해결의 단계에서).

(2) 예술은 매개된 활동을 제공

3) 예술교육의 중심으로서 교육연극

문제는 예술교육의 중요성뿐 아니라 수많은 예술활동 중 왜 연극이 중요한가라는 물음에 대한 답을 구하는 것이다.

(1) 교육적 예술로서 연극의 장점
- 연극은 공연 그 자체를 목적으로 하지 않을 경우 말과 신체 행동만을 도구로 사용하기 때문에 다른 예술에 비해 진입 장벽이나 비용이 적게 드는 편이다.
- 연극은 자신의 말과 행동을 통해 표현하기 때문에 다른 예술에 비해 미적 체험이 보다 직접적이다.
- 연극은 삶의 여러 장면과 상황을 거의 실제와 가깝게 경험할 뿐 아니라 이를 직접 개조할 수 있는 기회를 제공하며. 이는 경험의 능동적 개조의 기회가 된다(존 듀이).

1. 실용적인 효과	진입 장벽이 낮다(말과 행동).
	비용이 저렴하다.
2. 심미적인 효과	직접적인 미적 체험이 가능하다.
3. 교육적 효과	교육은 능동적인 경험의 개조(듀이). 실제와 비슷한 경험을 통해 이러한 경험의 개조를 위험 부담 없이 할 수 있음.
	연극은 상상적인 상황과 언어적으로 매개된 활동을 창조(비고츠키).

(2) 연극과 교육연극

교육연극은 실제 공연보다는 공연에 이르는 과정에서 획득하는 교육적 효과가 중요하다.

교육연극을 제작하는 과정에서 학생들은 다양한 문제 상황에 직면하며 이를 서로의 협력을 통해서 해결하는 과정을 학습한다(연극은 그 자체로 이미 협력적 활동이며 집단지성의 활동. 협력 없이 연극은 만들어질 수 없음).

교육연극은 연극을 무대에 올리는 결과보다 이를 위해 연극을 구상하고 제작하는 과정 자체에서 발생하는 경험을 교육의 중핵으로 보고 있으며, 이 경험을 구조적으로 조직화하는 후속 활동이 중요하다.

(3) 새로운 교육관의 총화, 교육연극

연극은 신체와 정서가 어우러지는 활동이다.

연극은 간객관적인 활동: 연극은 저마다 서로 다른 능력과 특기를 가진 사람들이 자신들의 능력을 서로 포개어 감으로써 만들어 가는 활동. 또한 연극은 이런 사람들의 관계만으로 만들어지지 않으며 무대라는 객관적인 현실적 제약 위에서 상상력을 동원하여 만들어 내야 하는 활동이다.

연극은 예측 불허의 근접발달영역이 형성되는 활동: 연극은 본질적으로 협력적인 활동. 이는 경쟁에서 협력을 지향하는 교육의 변화 방향과 일치한다.

연극은 그 자체로 특별한 경험이 되는 활동: 전수에서 성장으로라는 교육의 변화 방향과 일치한다.

연극은 종합적인 활동: 연극은 종합예술로서 인간이 할 수 있는 모든 영역의 지식과 능력이 총동원되는 활동이다. 연극의 공연을 하나의 프로젝트로 삼을 경우 이를 중심으로 거의 모든 교과가 연결 가능하며 이는 분과에서 통합을 지향하는 교육의 변화 방향과 완벽하게 일치한다.

4) 연극으로의 삶, 삶으로서의 연극

현대 사회학은 우리의 일상생활이 일종의 연극이라고 비유하고 있다(어빙 고프만, 『일상생활에서의 자아표현』).

사회는 하나의 무대이고 인간은 각자의 삶을 연기하는 배우가 되는데, 이는 사회에서 개인은 각자 지위에 따른 역할을 수행해야 하기 때문이다.

사회에서 사람들은 자기 자신이 아니라 자신의 역할에 따라 요구되는 사회적 가면을 쓰고 특정한 배역을 공연하는데, 이는 특정한 관찰자 혹은 익명의 관찰자를 의식하고 그들로부터 특정한 반응을 끌어내거나 영향을 주기 위한 것이다. 이러한 일련의 과정이 사회생활이며, 사회생활은 특정한 혹은 익명의 관찰자를 관객으로 하는 연극을 공연하는 것과 같다.

이 역할을 고정되어 있지 않고 상황과 맥락에 따라 달라지는데, 주어진 상황에서 자신의 역할이 무엇인지 알아채는 능력을 역할취득이라고 하며, 성공적인 사회생활은 역할취득을 얼마나 정확하게 해내느냐 하는 것과 취득한 역할을 얼마나 성공적으로 연기해 내느냐에 달려 있다.

고정된 자아는 없으며, 어떤 상황 속에서 '연기되어지는 어떤 것으로서의 자아가 존재한다. 자아란 '연극적 과정'을 통해 생성 과정에서 배합되고 배열되어 이루어지는 것이다.

2. 교육연극, 무슨 뜻인가?

1) 교육연극의 문 열고 들어서기

우리나라에 미국이나 영국 중심의 교육연극이 소개된 것은 그리 오래된 일이 아니다. 그러나 학교 현장의 교사들에 의해 연극의 중요성과 의의가 어떤 방식으로든 실천되고 있었고, 이어 미국이나 영국에서 유학하고 돌아온 연구자들에 의해 다양한 교육연극의 이론과 유형들이 소개된 것은 1980년대 중반이다. 요즘은 교육계에 교육연극에 대한 관심과 실천을 위한 모색들이 확산되고 있는데 혁신교육에 대한 연구와 실천 속에서 그 양상이 날로 다양화되고 있다.

2) 교육연극이란?

교육연극은 연극이라는 예술이 교육에 적용되어 발현되는 양식이다. 연극이라는 예술 자체가 본래 교육적 의미를 크게 지니지만, 학교교육에 적용될 때는 무대 상연을 위한 예술로서의 연극보다 연극적 방법을 활용하여 어떤 주제나 개념을 학습하도록 하는 과정에 보다 중점을 둔다. 그러나 연극을 포함한 어떤 예술도 표현하는 주체의 주관적 상상력을 중시하므로 교육연극도 그 점을 간과하지는 않는다.

3) 교육연극의 핵심 "상상과 소통"

교육연극은 때로 '연극놀이'라는 말로 오해되기도 한다. 이 현상은 연극을 상연하는 것에 목적을 두기보다 학습자들이 어떤 주제나 개념, 혹은 주어진 문학적 재료들을 상상하여 몸으로 자유로이 표현하고 소통하는 것에 중점을 두는 데다, 그러한 활동 중심의 수업을 원활하게 하기 위해 '놀이'라는 요소를 매우 중시하는 현상에서 비롯된 것이다.

'놀이'와 '연극놀이' 그리고 '교육연극'의 의미

  (1) 놀이: 놀이는 말 그대로 학습자들과 교사가 함께 몰입에 이르도록 즐겁게 활동하며 웃음을 야기하고 서로 친밀해지기 위한 활동이다.
  (2) 연극놀이: 연극놀이에는 놀이적 요소와 심미적 요소, 사회성 발달을 위한 관계성 놀이, 드라마를 위한 이야기의 맥락을 중시하는 놀이 등이 있다. 일반적인 놀이에 비해 어떤 역할이나 관계, 상황 등을 설정하여 연극적 요소가 가미되는 놀이를 말한다.
  (3) 교육연극: 교육연극은 놀이, 연극놀이, 드라마 활동, 공연 등을 모두 포괄하는 연속체의 개념이다.

---

3. 성공적인 교육연극 수업을 위한 열쇠

1) 몸과 마음을 여는 놀이로 워밍업(놀면서 소통하기)

교육연극 수업에서 가장 먼저 이루어져야 하는 것은 몸과 마음을 여는 것이다.

주로 놀이나 연극놀이를 하면서 학생들은 몸과 마음을 열고 선생님과 래포(rapport, 상호 신뢰관계)를 형성하게 된다. 무엇보다도 학생들은 놀이를 통한 웜 업으로 연극적 상황, 연극적 약속에 익숙해질 수 있다. 스트레칭을 열심히 한 운동선수가 자기도 모르게 경기력이 향상되고 부상 위험도 줄어드는 것과 마찬가지로, 웜 업을 충분히 수행한 학생들은 연극과 토론을 할 수 있는 몸과 마음의 상태를 갖출 수 있다.

이때 명심할 것은 수업을 이끄는 선생님 자신의 몸과 마음을 푸는 것이다.

시간의 길이에 따라 쉽게 할 수 있는 놀이의 종류는 '연극놀이'를 소개한 책들이나 다양한 영상들을 참고할 수 있다.

2) 교육연극 수업의 목표

교육연극 수업의 목표는 신체 활동을 통해 몸과 마음을 열고 주어진 주제를 중심으로 학습자와 교사가 서로 소통하고 인물이나 상황에 공감하며, 협력을 통해 예술적 방식으로 다양한 표현을 자유롭게 하는 것이다. 또한 주어진 주제를 학습하기 위한 핵심 질문을 매 수업의 목표로 설정하여 학습하게 되는데, 다만 전체를 관통하는 수업의 목표가 있다면 '민주시민을 기르기 위한 상상력과 창의성'이라고 할 수 있다. 이는 교육연극이 공감과 창의성을 기반으로 하고 있는 것과 같은 맥락이다.

3) 교육연극의 기본 원리

교육연극은 네 가지 층위의 활동, 즉 놀이-연극놀이-드라마-공연이 일련의 연속된 과정으로 이어진다. 그러나 일반 수업 시간에는 공연이 무대 위의 상연을 의미하지 않고, 수업의 과정 속에서 간단하게 학급 구성원들끼리 하는 형식을 취한다. 무대 공연은 수업 중에 했던 과정들을 다듬고 작품화하여 학교 동아리 발표회나 축제 시에 특별히 집중적으로 준비하여 할 수 있다.

수업의 원리는 다음의 단계를 따른다. 단, 공연은 사이사이에 간단한 활동으로 할 수도 있다.

웜 업 warm-up	준비	공연	후속 활동 (follow-up)
놀이 연극놀이	주제에 의한 드라마 만들기	간단하게 학급 구성원 안에서 공연	토론 이야기 나누기 소감문 작성 그림 그리기

4) 용어의 이해

• D. I. E.(Drama In Education): 교육연극

교실에서 학생들이 협력하여 연극을 활용하는 수업을 일컫는 말이다. 보통 학교 수업에서 이루어지는 교육연극은 D. I. E.를 의미하는 경우가 많다. 완성된 공연을 목표로 연습하고 공연하는 일반적인 연극과 달리, 교육연극은 주어진 학습 목표에 따라 교사의 지도를 통해 즉흥극이나 간단한 상황극을 만들면서 학습하는 것이다. D. I. E.는 일반적으로 웜 업 → 준비 → 공연 → 팔로우 업으로 이루어진다.

• 웜 업: 몸과 마음을 풀어 봅시다

다른 사람들 앞에서 몸짓과 언어로 자신을 드러내기는 쉽지 않다. 학생은 물론이고 선생님들도 그렇다. 이때 먼저 몸과 마음을 풀어 주는 것을 '웜 업warm up'이라고 한다. 웜 업은 매 시간 조금씩 하는 것이 좋다. 한 학기나 일 년 등 일정한 기간을 '웜 업 기간'으로 설정할 수도 있다.

• 준비: 연극 만들기 시작!

웜 업으로 몸과 마음이 충분히 이완되었으면 이제부터 연극을 만들기 시작한다. 교육연극은 수업 주제와 관련하여 상황과 역할을 주고 주로 즉흥극을 하는 경우가 많으므로 대본 작성에 얽매이지 않는다.

• 공연: 간단한 교실 즉흥극 공연!

일반적인 연극은 공연이 목적이지만 교육연극은 다르다. 물론 무대공연은 교육 과정의 하나이자 축제가 된다. 다만 일상적으로 수업 중에 하는 공연은 교실 안에서 편안한 마음으로 드라마 활동을 하는 것이 된다. 이렇게 교육연극에서 공연은 아이들에게 동기유발 뿐 아니라 성취감을 느끼게 하면서도 부담을 크게 주지 않는 일상적인 작업이다.

• 팔로우 업: 공연보다 더 중요한 과정!

연극을 만들어 가는 동안 아이들은 많은 경험을 한다. 이때 경험들을 비판적으로 검토하고 조직화해야 한다. 이 과정을 거치지 않으면 아이들은 애써 얻은 경험들을 자기 것으로 만들지 못한다. 말하자면, 연극을 하면서 놀았고, 재미는 있었는데 무엇을 배웠는지 정리가 안 된다는 것이다. 팔로우 업(follow up, 후속 작업)이 제대로 이루어지지 않은 교육연극은 심지어 교육적으로 위험하기까지 하다. 아이들은 자신이 맡았던 배역의 입장과 거리를 두지 못한다. 오히려 그 배역의 입장과 역할을 내면화하고 정당화해 버릴 수도 있다. 아이들이 직접 만들어서 공연하는 교육연극에서는 자신이 맡았던 역할을 벗고, 거리를 두어 비판적이고 반성적으로 되돌아보는 팔로우 업이 반드시 필요하다.

• T. I. E.(Theatre In Education): (전문가) 교육연극

D. I. E.가 교사의 지도로 학생들이 만든 연극과 후속 작업으로 이루어진 교육연극으로 준비 과정을 특별히 중시한다면, T. I. E.는 전문가[교육연극 극단이나 배우교사actor teacher]들의 연극과 후속 작업으로 이루어진 교육연극이다. T. I. E는 특정한 주제나 사안에 대하여 치밀하게 조사를 해야 하고 극의 구성이나 후속 작업의 결합 방식에 따라 다양한 형태로 제작할 수 있다. T. I. E.의 공연을 위해 전문가들은 사전 작업을 복잡하게 한다.

사전 리서치, 인터뷰, 가상 드라마 만들어 보기 등 주제와 대상에 따라 면밀한 작업을 한다. 하지만 공연 당일 활동은 웜 업 → 공연 → 팔로우 업으로 이루어진다. 예를 들어, 2012년 '학교폭력 예방을 위한 교육연극'으로 학교들을 순회했던 전문 단체의 공연들이 T. I. E.에 해당한다.

• T. I. R.(Teacher In Role): 역할 내 교사

교사가 드라마 활동에 하나의 역할을 입고 참여하여 학생들과 상호작용하는 활동과 이 활동에 참여하는 교사를 일컫는 말이다.

이때 교사는 안경을 쓰거나 간단한 윗옷 바꿔 입기, 혹은 천 등을 이용하여 평소의 교사가 아니라 역할 속의 교사임을 나타낸다. 학생들은 연극적 약속에 의해 교사를 그 역할의 인물로 받아들이고 함께 드라마 활동을 한다.

5) 몰입과 거리 두기: 팔로우 업의 중요성

연극을 만들어 가는 동안 아이들은 많은 경험을 한다. 이때 경험들을 비판적으로 검토하고 조직화해야 한다. 이 과정을 거치지 않으면 아이들은 애써 얻은 경험들을 자기 것으로 만들지 못한다. 말하자면, 연극을 하면서 놀았고, 재미는 있었는데 무엇을 배웠는지 정리가 안 된다는 것이다. 팔로우 업이 제대로 이루어지지 않은 교육연극은 심지어 교육적으로 위험하기까지 하다. 아이들은 자신이 맡았던 배역의 입장과 거리를 두지 못한다. 오히려 그 배역의 입장과 역할을 내면화하고 정당화해 버릴 수도 있다. 아이들이 직접 만들어서 공연하는 교육연극에서는 자신이 맡았던 역할을 벗고, 거리를 두어 비판적이고 반성적으로 되돌아보는 팔로우 업이 반드시 필요하다.

4. [실천 사례] 이런 게 바로 교육연극

교육연극을 활용한 수업 사례는 무수히 많다. 학급 운영을 위한 시간에 교육연극을 활용하기도 하고, 교과 수업 시간이나 창의적 체험활동 시간, 동아리 시간 등에서도 얼마든지 활용할 수 있기 때문이다. 여기서는 교육연극을 활용한 수업에서 유의해야 할 점을 중심으로 전형적인 교육연극 수업의 흐름에 맞추어 진행되었던 사례를 소개하려고 한다.

가장 유의해야 할 점은 학생들의 자발성과 적극성을 유도할 수 있는 웜 업의 방법이고, 팔로우 업으로 어떻게 '거리 두기'를 하여 메타인지를 가능하게 할 것인지를 고려하여 본 활동을 구성하는 것이다.

연극을 활용한 수업은 그 자체로 혁신적인 방식이다. 학생들은 모두 획일적인 자세로 앉아 일방향으로 교사를 주시하며 강의를 듣는 것이 아니라 급우들과 선생님까지 구성원이 되어 함께 사고하고 협력하여 소통하며 상상하고 신체로써 이야기를 표현하게 되기 때문이다.

1) 교육연극 수업 운영

협동적 학급 운영은 교실에서 일어나는 모든 현상에 '협동'이라는 철학을 바탕으로 한 문화가 자리매김할 수 있도록 아이들과 함께 토대를 구축하고 실천해 나가는 일이다. 여기에는 '아이들의 아이들에 의한 아이들을 위한 활동'이라는 인식과 협동학습의 네 가지 원리가 중심에 있어야 하며 학년 초부터 세밀한 계획을 바탕으로 1년이라는 긴 호흡으로 한 걸음씩 천천히 일관성 있게 추진되어야 한다는 인식이 필요하다.

2) 교육연극 수업 사례

(1) 언제 어디서나 쉽게 할 수 있는 웜 업을 위한 놀이로 시작하기

게임처럼 간단하게, 언제 어디서나 쉽게 할 수 있는 웜 업 방법입니다. 사실 가장 많이 사용되는 웜 업 방법이기도 합니다. 연극 수업뿐만 아니라 학생들과 선생님 사이에, 혹은 학생들 사이의 서먹한 분위기를 바꿔 볼 수도 있습니다.

• 놀이 1: 생각보다 재미있어요! 오아이 게임

오전 수업이라면 노래를 부르며 손뼉 치고 놀기를 시작합니다. 이때 부르는 노래는 동요 〈송아지〉에서 자음을 모두 뺀 것입니다.

"오아이 오아이 어우 오아이 어아오오 어우오 어아 아아에."

(송아지 송아지 얼룩 송아지 엄마소도 얼룩소 엄마 닮았네?)

〈송아지〉 외에 다른 동요를 응용할 수도 있습니다. 짝끼리 마주 보고 부르면 절로 웃음이 나오겠지요?

• 놀이 2: 소리 오케스트라

분단이나 모둠별로 하면 재밌습니다. 선생님이 한 모둠을 지목합니다. 지목된 모둠의 한 사람이 먼저 어떤 소리를 내는데, 비트박스, 박수 등 음성과 신체를 이용하여 낼 수 있는 소리들을 계속 이어가면서 하나의 합주를 하게 되는 놀이입니다. 선생님은 앞에서 지휘를 통해 소리의 크고 작음을 유도하게 되는데 그때 각 모둠이 보여 주는 협동의 하모니가 매우 아름답다는 걸 알 수 있습니다. 점차 회를 거듭할수록 소리를 통한 표현의 방법은 날로 능숙해집니다.

• 놀이 3: 당신의 이웃을 사랑하세요?

우선 교실의 책상을 모두 교실 가장자리로 밀거나 치우고 학생들은 의자에 둘러앉습니다. 선생님도 함께 하시는데, 이때 의자는 총 인원수보다 한 개 적어야 합니다(의자 뺏기 놀이이기 때문에). 술래는 둘러앉은 원 안에서 이렇게 말합니다.

"당신의 이웃을 사랑하세요?"

지목된 사람은 "예" 혹은 "아니요"라고 할 수 있는데, "예"였을 경우 지목된 사람의 양옆 사람이 서로 자리를 바꿉니다. 그 틈에 술래는 한 자리를 차지하게 되고, 의자에 앉지 못한 사람은 술래가 됩니다.

"아니요"라고 대답하면, 술래는 "그럼, 누구?"라고 묻습니다.

"○○○ 사람을 사랑합니다"라고 대답하게 되면 ○○○(예: 안경 쓴 사람을 사랑합니다) 사람들만 자리를 바꾸고, 그 틈에 술래는 의자를 하나 차지합니다. 의자에 앉지 못한 사람은 술래가 됩니다.

"○○○ 사람"이라고 안 하고 "나는 모두를 사랑합니다"라고 하면 모두 자리를 바꿉니다. 이때 바로 옆자리에 앉지 않도록 원칙을 주고, 적어도 옆의 옆자리로 옮기도록 합니다. 이 와중에 경쟁이 너무 치열하면 다치기도 하므로 처음에 주의를 주어야 합니다.

이 밖에도 무수하게 많은 놀이들이 있고, 놀이를 잘 지도하게 되면 교육연극을 적용한 수업은 70% 성공이라고 보아도 됩니다.

(2) 수업 적용 사례

연극 토론 수업: '구 & 권 모형'구민정과 권재원이 개발한 학습 모형을 지칭

① 수업 배경

이 수업을 개발하게 된 배경은 두 방향에서 제기된 필요 때문이었습니다. 한 방향은 토론수업에서 비롯된 요구입니다. 토론수업은 학생들이 지적으로 자극을 받는 수업을 원하는 선생님들이 가장 높이 평가하는 수업 방법입니다. 장차 지적으로나 사회적으로나 중요한 일은 대부분 토론을 통해 결정되기 때문에 수업 시간에 토론 능력과 그에 필요한 자질을 함양하는 것은 매우 중요합니다. 그러나 토론 수업은 상당수 학생들을 소외시키는 수업이 되기도 합니다. 지적으로 좀 더 빨리 성장했거나 외향적인 성격의 학생들은 토론 수업이 즐겁습니다. 그러나 배움의 속도가 조금 느리거나 내성적인 학생들에게 토론 시간은 그저 몇몇 아이들의 활약상을 지켜보는 시간이 되고 맙니다. 어떻게 이런 학생들까지 토론을 자기 것이라고 생각하고 참여하도록 할까요?

다른 방향은 교육연극 쪽에서 제기되었습니다. 선생님들이 교육연극을 수업에 활용할 때 가장 큰 어려움은 재미있기는 한데, 정말 이렇게 해서 뭔가 배울 수 있을까 하는 의구심이 든다는 것입니다. 그리고 실제로 적절한 팔로우 업과 결합되지 않으면 교육연극은 활동하는 동안 얻은 교육적 효과를 제대로 얻지 못합니다. 따라서 교육연극을 주지적이고 개념적인 학습을 담당하는 교과에 활용하려면 이를 충분히 감당할 수 있는 정교한 팔로우 업과 결합시켜야 합니다.

이 수업은 이렇게 두 방향에서 제기되는 요구를 모두 충족시키기 위해 교육연극 모형에 논쟁 학습 모형을 팔로우 업으로 도입하여 유기적으로 결합시켰습니다. 이 수업은 학급을 어떤 쟁점에 대한 입장에 따라 찬성조

과 반대조로 편성해서 각자 자신의 입장에 따라 상황극을 제작한 뒤 상대 조를 관객으로 삼아 번갈아 가며 공연하고, 공연이 끝나면 상호 논쟁을 하도록 되어 있습니다. 이 두 조는 상호 공연과 관람이 끝나면 쟁점을 놓고 논쟁을 해야 하기 때문에 수동적인 관객의 위치를 넘어 상대방의 연극을 능동적이고 비판적으로 보게 됩니다.

한 학급에서 두 개의 연극을 제작함으로써 얻어지는 이점은 다음과 같습니다.

첫째, 학생들이 15~20명 단위의 두 집단으로 나뉘어, DIE의 적정 인원을 유지할 수 있습니다.

둘째, 두 개의 연극을 공연함으로써 한 편의 공연 시간을 짧게 가져갈 수 있어 아직 경험이 부족한 학생들의 부담을 덜어 줄 수 있습니다.

셋째, 팔로우 업 단계에서 상대방의 연극에 대한 비판적인 상호 논쟁을 하기 때문에 상대방이 공연할 때 이를 주의 깊게 감상하도록 유도할 수 있습니다.

넷째, 학급의 모든 학생이 어떤 방식으로든 학습에 참여하며, 각자의 특기와 재능을 살리면서 협력합니다. 특히 이 수업은 여타의 교육연극 프로그램과 달리 연극적 활동에 잘 참여하지 못하는 학생들에게도 충분한 활약의 기회를 줄 수 있습니다.

② 수업 진행

이 수업은 모두 10단계로 구성되어 있습니다. 하지만 이 수업은 창조적 자발성이 중요하기 때문에 꼭 이 단계를 기계적으로 맞출 필요는 없습니다. 예컨대 1단계와 2단계의 경계는 분명하지 않으며, 상황에 따라 유연하게 적용됩니다. 그러나 이 수업은 6~8차시에 걸쳐 진행되기 때문에 각 단계에 따른 수업의 흐름에 대해서는 어느 정도 이해하고 있어야 시간이 너무 늘어지거나 혹은 모자라지 않게 조직적인 운영이 가능합니다.

활동 단계	준비 단계	발표 단계	후속 단계
활동 내용	1단계: 쟁점 제시 2단계: 가치 확인 3단계: 학급 재편성 4단계: 소조 편성 5단계: 연극의 구성 6단계: 연습 7단계: 리허설	8단계: 발표	9단계: 논쟁 10단계: 반성

먼저 수업에 들어가기 전에 선생님이 준비해 두어야 할 것들을 정리해 봅니다. 이 수업은 상당한 기간 동안 진행되며, 학생들의 자발성이 많이 발휘되어야 하는 수업이기 때문에 선생님이 철저하게 사전 준비를 해 두지 않으면 우왕좌왕하다가 시간만 보내기 쉽습니다.

첫째, 적절한 쟁점입니다.

가장 중요한 준비물입니다. 쟁점이 좋아야 연극도 재미있게 만들고 논쟁도 치열하게 이루어집니다. 이 수업에 적절한 쟁점은 다음과 같은 특징을 가진 것들입니다.

우선 찬반양론이 서로 팽팽한 쟁점이라야 합니다. 어느 한쪽의 논리가 빈약하거나 어느 한쪽이 직관적으로라도 더 옳거나 틀리게 보이는 쟁점은 피해야 합니다. 교과와 단원에 따라 사회적 쟁점, 가치 쟁점, 혹은 생활상의 문제, 역사적 사건 등 다양하게 선택할 수 있습니다. 그리고 현재 진행 중인 쟁점이라야 합니다. 즉 찬/반 어느 쪽이 옳다고 명확하게 결정이 나지 않고 아직도 논쟁 중인 쟁점이라야 합니다. 끝으로 학생들이 관련 자료를 검색하기 쉬운 자료라야 합니다.

둘째, 찬반 양측의 근거 자료들이 충분해야 합니다.

논쟁이 단순한 말싸움이 되지 않고, 연극이 근거 없는 공상이 되지 않으려면 충분한 근거 자료가 필요합니다. 그런데 학생들은 아무 준비가 없는 상태에서는 적절한 자료를 발견하지 못합니다. 따라서 자료의 마중물 역할을 할 수 있는 기초자료를 사전에 준비해 두어야 합니다. 쟁점과 그 쟁점을 소개하고 학습할 수 있는 자료들(신문, 출력물, 도서, url 등)이 있어야 합니다.

셋째, 검색도구가 있어야 합니다.

학생들이 해당 자료들을 추가적으로 검색하고 저장할 수 있는 컴퓨터 및 저장장치가 필요합니다. 요즘 학교에서 각광을 받고 있는 태블릿의 경우 검색은 용이한 반면 검색한 자료를 저장하기가 어렵습니다. 따라서 해당 수업 공용의 에버노트 등의 클라우드 계정을 만들어 놓는 것이 필요합니다.

ⅰ. 논쟁을 할 쟁점을 제시합니다.

학생들이 문제를 인식하고 찬성이나 반대 입장에서 연극을 제작할 때 흥미를 충분히 느낄 수 있도록 쟁점에 대한 다양한 사례를 함께 제시해 줄 필요가 있습니다. 당시 사회적 쟁점의 경우 뉴스 동영상 등을 먼저 시청하게 하면 좋습니다.

ⅱ. 제시된 쟁점에서 문제가 되고 있는 가치가 무엇인지, 그리고 각 입장에서 표출되는 이해 관심사의 상황이 무엇인지 확인합니다.

예를 들면 '안전 vs 자유', '성장 vs 형평' 등이 있습니다. 이를 위해 선생님은 학생들에게 과제를 부여하거나 혹은 미리 준비된 자료를 학생들에게 제시합니다.

2단계는 교실 상황에 따라 1단계와 함께 진행하기도 하며, 5단계에서 진행하기도 합니다.

ⅲ. 학급을 쟁점의 찬/반 양 입장에 따른 두개의 모둠으로 편성합니다.

쟁점이 있는 주제이기 때문에 대부분의 경우 '찬성팀'과 '반대팀'으로 부르지만, 학생들이 스스로 특징적인 이름을 짓거나, 관련 쟁점에 실제 참여하고 있는 단체의 이름 혹은 그와 비슷한 이름으로 모둠의 이름을 지을 수도 있습니다. 예를 들면, '경남도립병원 쟁점'의 경우 폐쇄 찬성은 '경상남도 도지사와 의원들', 반대는 '보건복지부 장관과 국회 보건위 의원들'과 같이 지을 수 있습니다.

선생님은 학급에서 주도적인 역할을 하는 학생들, 적극적인 학생들이나 학업 성취도가 우수한 학생들이 특정 집단에 편중되지 않도록 유의하여야 합니다. 팀워크가 잘 맞을 수 있도록 평소 학생들의 친소관계가 집단 편성에 잘 반영되도록 해야 합니다. 두 팀의 지도자 역할을 할 두 학생을 먼저 선정한 뒤 이 두 학생이 스스로 동료들을 불러들여 팀을 구성하게 하는 방법도 좋습니다.

원칙적으로는 학생들이 자발적으로 팀을 나누도록 하되, 앞의 원칙이 잘 관철되도록 조정의 묘를 살리는 것은 말처럼 쉬운 일이 아닙니다. 이런 효율적인 집단 나누기가 가능하려면 교사는 평소 학생들과 충분한 래포를 형성해야 하며 학생들의 개별적인 특성들을 충분히 파악할 정도로 관심을 가져야 합니다. 따라서 이 수업은 학기 초에 실시하기 어려우며, 빨라도 학기 중간 정도에 실시하여야 합니다.

iv. 학급을 찬성팀과 반대팀으로 나누었으면, 다시 찬성팀, 반대팀 안에서 역할에 따라 소조를 편성합니다.

32명 정도의 학급이라면 각 팀이 16명 정도가 되는데, 이 중 5명 정도를 토론을 담당할 논쟁조로, 11명 정도를 연극을 제작할 연극조로 나누는 것이 좋습니다. 이렇게 소조가 편성되면 학급은 사실상 총 4개의 소집단 협동학습이 진행되는 셈이 됩니다.

같은 팀의 토론조와 연극조는 긴밀하게 협조하고 상호작용해야 합니다. 논쟁조의 논거와 연극의 내용이 서로 맞아떨어지지 않으면 논쟁에서 성공할 수 없기 때문입니다. 따라서 팀 전체를 이끄는 브레인(리더)의 역할이 매우 중요합니다.

소조 편성을 좀 더 구체적으로 살펴보면 다음의 표와 같습니다. 어떤 역할을 담당하더라도 주체적으로 참여하고 자부심을 느낄 수 있도록 모두 '짱'이라는 이름을 붙여 주었습니다.

v. 연극조는 연극을 제작하고 논쟁조는 토론을 준비합니다.

역할명		해야 할 일	인원수
논쟁조	브레인	팀을 지도하고, 전체적인 내용을 구상하며, 작업일지를 작성하여 검사를 받는다.	1
	토론짱	자료를 수집하고, 논리를 개발하며, 토론을 담당한다.	4
연극조	대본짱	브레인, 토론짱으로부터 내용을 듣고, 그것을 잘 표현할 연극의 줄거리와 장면을 구상한 뒤 브레인에게 제출한다.	1
	감독	연극을 구성하고, 배역을 정하고, 연습 시키고, 공연을 준비한다(대본짱과 겸임할 수 있다).	1
	연기짱	구상된 장면들을 충실히 연습하여 실제로 공연한다.	7~8
	효과짱	소품을 제작하고 각종 음향효과를 만든다.	2

연극 구성 및 논쟁 준비

찬성팀	반대팀
브레인 토론짱	브레인 토론짱
브레인 감독 연기짱	브레인 감독 연기짱

각각의 소조는 맡은 역할을 잘 수행해야 하며, 브레인은 이 과정을 잘 지휘하고 진행해야 합니다.

각 팀은 자기 진영의 입장뿐 아니라 상대 진영의 입장에 대해서도 충분히 연구해서 반대 논리를 개발해야 합니다. 연극조는 같은 팀 논쟁조를 관객으로 삼아 연극 내용을 보여 주면서 토론 내용과 연극 내용을 조율해야 합니다.

〈학생 대본 예시: 밀양 송전탑 건설 반대 대본의 일부〉

(책상에 가족이 앉아 있는 상태로 시작, 엄마가 텔레비전을 켠다)

뉴스(목소리) 다음 소식입니다. 오늘 한국전력에서는 밀양 지역에 송전탑 건설을 진행하겠다고 결정을 내렸습니다. 지난번 주민들의 반대가 한전의 결정을 바꾸지 못한 것으로 보입니다. 한전은 내일모레 공사를 시작할 것이며….

(아빠가 텔레비전을 끈다.)

엄마 이게 웬 난리야. (짜증 난다는 표정과 말투로) 왜 하필 여기에 그걸 짓는다는 거야….

학생 1 (할머니를 바라보며 궁금하다는 듯이) 할머니, 이게 무슨 소리예요? 우리 지역에 송전탑을 짓는다는데 그게 뭐예요?

할머니 그게 말이다…. (한숨을 쉬며) 송전탑이라는 것은 전기를 공급하기 위해 세우는 탑인데, 그걸 우리 지역에 세운다는구나.

학생 1 그러면 좋은 거 아니에요? 근데 왜 반대하는 거예요?

아빠 왜냐하면 이번에 지을 송전탑이 다른 것과 다르기 때문이지…. 이곳에 건설될 송전탑은 76만 5,000볼트의 초고압 송전탑으로 이곳 밀양에만 69개나 세운단다….

할머니 그리고 보통 송전탑은 주민들의 피해를 최소화하기 위해 산 위에

다 세우지만 이번에는 그냥 땅 위에 버젓이 세운다고 한단다….

엄마 그렇게 되면 강력한 전파 때문에 사람의 건강에 큰 영향을 미치고, 소가 송아지를 낳지 못하게 돼. 그리고 벌도 꽃을 찾지 못하게 된단다. 즉, 이곳 밀양은 죽은 땅이 되고 마는 거지….

학생 1 (흥분한 목소리로) 이런 무시무시한 공사를 우리 마을에 한다니! 이건 옳지 않다고 봐요! 힘을 합쳐서 이 공사를 막아야 해요!

할머니 힘을 합쳐 할 수 있는 게 뭐가 있으려나?

학생 1 시위요, 시위를 해요!

엄마 우선 시위가 효율적으로 이루어지려면 많은 사람이 모여야 할 텐데….

학생 1 그럼 이러는 건 어때요? 우리 각자 사람들을 모아 보는 거예요.

아빠 사람들을 다 모으면 내일모레 아침 7시까지 송전탑 건설 현장으로 모이라고 하는 거야.

엄마 그거 좋네요. 그럼 그렇게 하기로 하죠!(아빠만 빼고 모두 퇴장)

(중략)

vi. 구성된 연극을 연습하는 과정입니다. 연극 소조는 완성된 줄거리와 대본을 가지고 연습을 합니다.

소품 등을 담당한 학생들은 소품을 제작하거나 필요한 음악이나 음향을 준비합니다. 감독 역할을 담당할 학생이 있으면 좋으며, 특별히 없으면 브레인이 감독의 역할도 담당합니다. 논쟁조는 상대 팀의 질문을 예상하여 문제를 만들고 답변을 준비하거나 상대방 입장에 대한 질문의 내용을 준비합니다.

교사는 교실에 흩어져 있는 4개의 소집단을 순회하며 지도해야 합니다. 특히 어떤 활동에도 끼지 못하고 소외되어 있거나 무기력한 학생이 없도록 세심하게 역할 배분을 하고 연기지도를 해야 합니다.

※ 연습 단계는 학생들의 활동이 많고 매우 소란스러울 수 있다. 따라서 책상이나 의자가 없는 공간, 예를 들면 무용실 같은 곳이 있으면 빌려서 사용하는 것이다.

vii. 실제 공연과 같은 순서로 미리 프로그램을 진행해 봅니다(리허설)

이때는 연기자들이 대본을 들고 나와도 무방합니다. 이때 연극의 발표 순서, 논쟁 시 발언 순서와 절차 등을 확정 짓습니다.

리허설의 목적은 DIE-논쟁 학습의 절차와 규칙을 익히고, 실제 상황과 흡사하게 최종 점검을 하는 것입니다. 두 팀은 상대방이 어떤 내용의 연극을 준비하고 있는지 리허설을 통해 비로소 알게 되고, 따라서 상대 진영의 논리가 무엇인지 알게 됩니다.

따라서 논쟁조는 리허설 직후에 많은 준비를 해야 합니다. 상대방의 논리가 무엇인지 알게 되었으므로 어떤 지점에서 공격을 가하고 논박해야 하는지 찾아야 하고, 반대로 어떤 지점에서 논박당할 가능성이 큰지 예상해야 하기 때문입니다.

※ 리허설은 공연과 똑같은 절차로 진행하되, 논쟁은 실제로 하지 않고, 논쟁 시 발언의 순서만 결정한다. 따라서 리허설의 구체적인 절차는 8단계를 참조.

viii. 양 팀이 준비한 연극을 실제로 공연합니다.

찬성/반대 중 어느 쪽이 먼저 공연할 것인지는 리허설 때 미리 정합니다. 공연 시 교실 배치는 다음 그림과 같이 합니다. 자기 팀이 있는 곳이 무대 뒤가 되며 상대팀이 있는 곳이 객석이 됩니다. 한 팀이 공연을 하는 동안 다른 팀은 모두 관객이 됩니다.

무대 배치

※ T. I. R.(Teacher In Role: 역할 내 교사)

교사가 공연 전에 '연극적 상황'의 개시를 알리는 사인을 주는 것이 좋다. 예를 들면 교사가 모자를 쓴다든가, 소리로 사인을 할 수 있다. 이 프로그램 전체가 어떤 쟁점을 해결하기 위한 방송토론이나 국회공청회 등을 가정하는 연극적 상황이기 때문이다. 교사는 연극 상황의 개시를 알림과 동시에 방송 아나운서나 국회의 특위위원장 등의 역할을 담당한다.

논쟁조는 상대방이 공연을 하고 있는 도중에 큰 소리로 "잠깐!" 하고 외칠 수 있습니다. 이렇게 되면 공연이 잠시 중단되었다가 속개됩니다.

이 공연 중단 요청(소위 '태클 걸기')은 두 가지 기능을 합니다.

첫째, 장차 이 지점에서 논쟁을 제기할 것임을 예고합니다. 따라서 상대방이 공연 도중 "잠깐!"을 외치면 논쟁조는 그 부분에서 어떤 문제 제기가 들어올 것인지 미리 생각해 두고 토론을 준비해야 합니다.

둘째, 공연 중간에 기분 전환과 놀이적 요소를 가미합니다. 학생들은 공연 도중 "잠깐"을 외치면 연기자들이 정지하는 놀이를 즐거워합니다. 하지만 여기에 제한이 없다면 장난삼아 수많은 중단 요구가 나올 수 있기 때문에 3회 내외로 제한하는 것이 좋습니다.

공연이 이루어지는 차시에 논쟁도 함께 이루어지기 때문에 한 차시 수업을 다음과 같은 순서로 진행합니다.

순서	활동명	활동 내용	소요 시간	비고
1	연극 상황 개시	교사는 준비된 시그널을 통해 토크쇼 진행자, 공청회 사회자 등 토론을 주관하는 역할로 변신한다. 학생들은 논쟁하는 두 당사자나 단체의 구성원으로 변 신한다.	1	
2	공연	토론에 앞서 자료 화면을 먼저 검토하는 형식으로 연극 을 공연한다. 찬/반 중 어느 쪽이 먼저 공연할지는 리허 설 때 미리 결정해 둔다. 서로 상대편이 공연할 때 관객이 되며, 논쟁조는 이후 문제 제기할 부분을 "STOP" 시켰다가 "PLAY"시켜서 문제 제기 표시를 한다. 한쪽 공연이 끝나면 곧바로 상대편 공연으로 들어간다.	20	
3	토론	교사가 진행자가 되어 토론을 진행한다. 토론은 서로 공연 시 "STOP" 했던 부분에 대해 문제 제기를 하면서 시작하고, 이후 자유롭게 상호 토론을 전개한다.	15	길어질 경우 한 차시 연장
4	연극 상황 종료	교사가 약속한 시그널을 보여 주고 연극 상황 종료를 알 린다. 교사는 교사가 되고 학생들도 배역에서 벗어나 학 생으로 돌아온다.	1	
5	정리	준비된 학습지를 통해 연극과 토론을 통해 얻은 지식과 자신의 생각을 정리한다.	8	

ix. 공연이 끝나고 나면 양 진영은 서로 마주 보고 앉습니다.

이때 논쟁조가 앞줄에 앉고, 연극조는 뒷줄에 앉으며, 브레인은 앞줄 가운데에 앉습니다.

논쟁조의 숫자가 적기 때문에 앞줄의 자리가 남을 경우 연극조에서 대본짱, 감독, 주연급들이 앞줄에 앉습니다.

논쟁의 상황 역시 학생으로서 논쟁하지 않고, 방송토론, 공청회 등의 일종의 연극적 상황으로 진행합니다. 따라서 선생님은 계속하여 방송진행자 등의 역할을 수행하면서 논쟁을 진행합니다. 한편 논쟁조는 국회의원, 정부 관료, 관련 단체 대표, 전문가 등의 역할을 수행하면서 논쟁에 참가합니다. 연극조 역시 자기 배역을 계속 수행하면서 방청객 토론이나 진행자 인터뷰 등의 형식을 빌려 논쟁에 참가합니다.

교사가 말투나 톤 등에서 TV 진행자 등을 흉내 내는 것이 좀 더 효과적이지만, 흉내만 내는 것보다는 무엇보다도 실제로 토론을 잘 이끌어 가는 것이 중요합니다. 학생들의 논쟁은 예상 외로 활기가 없거나 혹은 엉뚱한 지엽적 문제로 다투는 경우가 많기 때문에 교사는 적절한 발문과 진행의 노련함을 발휘하여 토론의 방향을 이끌고, 학생들이 고루 발언할 수 있도록 해야 합니다.

x. 논쟁이 끝나면 연극적 상황 종료를 선언합니다.

이제 교사는 방송 진행자가 아니며, 학생들도 더 이상 '찬성팀'이나 '반대팀'이 아닙니다.

(※이 단계는 특별히 중요하다. 교육연극이 반성적 과정을 거치지 않을 경우 학생들은 자기가 속했던 팀의 입장과 논리를 그대로 간직한 채 교실을 나가게 되기 때문이다. 이 수업의 목적은 쟁점의 상반된 두 입장의 논리와 그것이 초래하는 결과를 두루 살펴보라는 것이지, 이 중 어느 한쪽 입장에 고착되라는 것이 아니다.)

학생들은 찬성, 반대의 입장들을 두루 되돌아보면서 평가하고 나름의 판단을 내려 보는 반성적 정리활동을 수행합니다. 다음과 같은 평가지를 작성하는 것이 도움이 됩니다.

연극- 논쟁 수업을 마치고

반 번 이름

1. 쟁점을 정리해 봅시다.

(1) 각 입장 연극의 줄거리는 무엇입니까?

찬성	
반대	

(2) 각 입장을 따를 때 얻게 될 장점은 무엇입니까?

찬성	
반대	

(3) 각 입장을 따를 때 문제가 되는 점은 무엇입니까?

찬성	
반대	

(4) 어떤 선택이 더 타당하며, 그 이유는 무엇입니까?

선택 결과와 그 이유	

2. 소감

이 학습활동을 하기 전과 마친 후, 여러분이 가지고 있는 국가 정책에 대한 관심과 시민 참여의 의의, 쟁점이 된 사건에 대한 생각의 변화를 중심으로 자유롭게 쓰세요.

3. 학습활동 중 자신의 역할과 기여도를 쓰세요.

1) 어떤 활동에 참가했습니까?
① 브레인 ② 대본 ③ 감독 ④ 토론 ⑤ 연기 ⑥ 효과

2) 자신이 기여한 부분이 무엇인지 구체적으로 써 보세요.

③ 수업 흐름도

이 수업의 과정을 다음과 같은 도식으로 간략하게 정리할 수 있습니다.

차시	단계별 활동 내용	준비물 등
1차시	쟁점 확인	워크북
	모둠 구성	
	역할 나누기 및 회의	
2차시	연극 구성 및 논쟁 준비	자료
3차시	연극 연습	대본
4차시	리허설	소품, 의상
5차시	공연 및 논쟁	소품, 의상
6차시	정리	학습지

연극놀이

지금까지 교육연극을 활용한 수업 사례 중 일부를 제시해 보았다. 절대로 잊지 말아야 할 것은 교사의 역할이다. 교사는 우선 학생들이 자유롭게 상상하고 표현할 수 있도록 애초에 놀이를 통해 래포 형성을 잘할 수 있어야 한다. 또한 해당 학습 목표에 따라 세밀한 계획을 하여 학생들이 활동을 통해 놀이와 연극놀이 발표의 과정에서 즐겁게 협력하면서도 보람 있는 학습의 과정을 경험할 수 있도록 해야 한다. 학생들의 '상상력과 소통' 나아가 '창의성의 함양'은 교사의 상상력과 소통의 범위 안에서 자유로울 수 있기 때문이다.

| 생각해 보기 |

1. 교육연극이 적용될 수 있는 다양한 영역에 대하여 생각해 보자.
2. 워밍업을 위한 다양한 방법 가운데 학년별로 적절한 방법을 익혀 보자.
3. 융합 수업의 관점에서 적용할 수 있는 팔로우 업 방법을 찾아보자.

- 구민정·권재원.『수업 중에 연극하자』. 다른, 2014.
- 구민정·권재원.『학교에서 연극하자』. 다른, 2011.
- 구민정·권재원.『한국 교실에 적합한 교육연극 모형의 개발과 적용』. 한국학술정보, 2008.
- 권재원. "한국방송통신대학교 프라임칼리지 교육연극 지도사과정" 1(2강), 2014.
- 오스카 G. 브로켓·플랭클린 J. 힐디(Brockett, Oscar G. & Hildy, Franklin J.).『연극의 역사 Ⅰ』. 전준택·홍창수 옮김. 연극과 인간, 2005.
- 오스카 G. 브로켓·플랭클린 J. 힐디(Brockett, Oscar G. & Hildy, Franklin J.).『연극의 역사 Ⅱ』. 전준택·홍창수 옮김. 연극과 인간, 2005.
- 닐랜즈, 조나단·구드, 토니·부스, 데이빗(Neelans, Jonathan & Goode, Tony & Booth, David).『스트럭처링 드라마』. 이시원 등 옮김. 달라진 책, 2013.
- 켐페, 앤디(Kempe, Andy).『무대가 된 교실』. 이경미 옮김. 연극과 인간, 2007.

- **구민정·권재원.『수업 중에 연극하자』.**
교육연극을 적용하여 실제로 수업한 결과를 보여 주는 책. 중학교 사회과 시간에 주로 수업했으나 진로 및 창체 또는 다른 교과목과의 융합 수업에도 적용할 수 있도록 내용에 대한 설명, 차시별 수업계획 및 워밍업 방법과 팔로우 업 방법도 소개하고 있다.

- **구민정·권재원.『학교에서 연극하자』.**
중학교 학생들과 필자가 함께 만든 연극의 제작 방법과 희곡이 실려 있다. 주제나 내용이 학생들의 삶과 연결되어 있으며 학교에서 연극을 제작하고자 할 때 어떤 점에 유의하는 것이 좋은지 상세하게 설명하고 있다.

- **닐랜즈, 조나단·구드, 토니·부스, 데이빗(Neelans, Jonathan & Goode, Tony & Booth, David).『스트럭처링 드라마』.**
교육연극에 적용할 수 있는 드라마 관습의 종류와 활용방법이 다양하게 수록된 책. 다양한 종류를 한 번에 볼 수 있도록 되어 있어 유용하다. 번역서라 한국에서 적용할 때는 상황에 맞게 바꾸어 적용하는 것이 좋겠다.

도시화된 생활공간 속에서 살아가는 현대인은 학교교육에서도 자연과 분리된 삶 속에서 삶과 동떨어진 교과 중심의 지식 암기 위주의 교육을 받아 왔다. 그러면서 지식 암기 위주의 교육이 사람들의 삶을 행복하게 해 주지 못하고 있다는 것을 경험하게 되었다. 따라서 점점 더 온몸을 움직여서 심고, 가꾸고, 키우고, 만들고, 고치는 '노작교육'의 필요성이 높아지고 있다. 학교교육에서 '노작교육'이 왜 필요한지 알아보고 학교 현장에서 진행하는 '노작교육'의 방향과 사례를 살펴본다.

몸과 마음을 살리는 노작교육

이부영

1. 노작교육, 왜 필요한가?

사람은 자연의 일부분이다. 사람은 자연을 떠나 살아갈 수가 없다.

그러나 지금 대다수 사람들이 자연과 거리가 먼 도시 중심의 아파트형 거주공간에 살면서 주로 실내생활 위주로 바뀌게 되었다. 옛날에는 살아가는 데 필요한 것들을 스스로 생산해서 사용했지만, 지금은 돈을 주고 사서 쓰고, 쓰다가 고장이 나거나 망가지게 되면 바로 버리고, 또 돈을 주고 사게 되는 소비 위주의 삶을 살고 있다.

그러다 보니 그에 따른 부작용을 경험하게 되었다. 자연을 멀리하면서 편리한 소비 위주의 삶이 가져온 물질과 황금만능주의와 환경오염 문제, 돈을 벌기 위한 노동시간의 증대로 인한 상대적 여가시간 부족, 그로 인해 건강하지 못한 정신과 육체의 문제가 뒤따라 왔다.

학교교육도 자연과 분리된 교실 속에서 삶과 동떨어진 교과 중심의 지식 위주 교육을 해 왔는데, 이런 지식 위주 교육이 사람들을 행복하게 해 주지 못하고 있다는 것도 경험하게 되었다.

따라서 도시화가 진행될수록 사람들은 자연의 귀중함을 더 알게 되었고, 자연 속에서 자신이 먹을 것을 주말농장이나 옥상, 베란다 화분을 통해 직접 가꾸는 사람들도 늘어나고 있다. 먹을 것뿐만 아니라, 옷, 가구 같은 것들도 스스로 만드는 사람들도 점차 늘어나고 있다. 만든 결과보다 만들어 가는 과정에 기쁨을 느끼는 것이다.

원래 사람들은 만드는 것을 좋아한다. 아이들은 더욱 그렇다. 그러나 그동안 사람들은 그 기쁨을 놓쳐 왔던 것이다. 가정에서도 학교애서도 배우지 못했던 것이다.

따라서 도시화가 되면 될수록 더욱더 몸을 움직여서 심고, 가꾸고, 키우고, 만들고, 고치는 '노작교육'의 필요성이 높아진다. 학교교육에서도 점차 '노작교육'이 강조되면서 혁신학교를 중심으로 '노작교육'을 교육과정에 포함시키고 있다. 혁신학교뿐 아니라, 앞으로 우리나라 모든 학교교육과정에서 '노작교육'은 더욱 강조될 것이다. 여기에서는 학교교육에서 '노작교육'이 왜 필요한지를 알아보면서 학교교육에서 진행하는 '노작교육'의 방향과 사례를 살펴보겠다.

2. 노작교육의 의의와 방향

1) 대안학교와 혁신학교, 개혁학교의 상징인 노작교육

2000년대 초에 우리나라에 대안학교들이 여기저기 세워졌다. 대안학교들은 규격화되고 획일화된 공교육에 더 이상 희망이 없다고 생각한 사람들이 나서서 만든 새로운 교육 시스템이다. 대안학교마다 세운 주체에 따라 지역에 따라 교육 내용과 방법이 서로 다르지만, 일반 공교육과 눈에 띄게 다른 점이 있다면 다양한 예술 활동과 농사, 목공, 뜨개질, 옷 만들기, 집 짓기 같은 노작교육을 교육과정에 많이 도입했다는 것이다. 일제식 수업에다 외워서 정답을 맞히는 주지교과 위주의 공교육에서 다양한 예술과 활동 중심의 노작교육을 하는 대안교육은 확실히 다른 세계였다.

이후 공교육에서도 대안교육에서 하는 교육 활동들을 부분적으로 도입하기도 했지만, 교육과정 구조상 전면적으로 도입하기에는 어려운 점이 많았다. 그러던 중 폐교 직전의 학교를 뜻있는 교사들이 몰려가서 '작은 학교 살리기' 운동을 펼치면서 학부모와 교육청과 지역의 지원을 받아서 교육과정을 새롭게 바꿀 때 누구랄 것도 없이 가장 먼저 도입하게 된 것이 바로 예술과 노작교육이었다.

이후 혁신학교 정책이 들어서면서 역시나 일반 학교의 교육과정과 달리 가장 먼저 도입한 교육 내용이 또한 예술교육과 노작교육이다. 예술교육과 더불어 노작교육은 혁신학교의 상징인 것처럼 되어 있을 정도이다.

새로운 교육과정을 도입해서 새로운 학교를 만든 발도르프 학교, 프레네 학교, 헬레네랑에슐레, 일본의 키노쿠니 학교 같은 동서양의 개혁학교 또는 대안학교들의 특징을 살펴보면 어김없이 노작교육이 교육과정에 크게 자리 잡고 있음을 알 수 있다.

그렇다면 노작교육이 무엇이길래 예술교육과 더불어 대안학교와 혁신학교, 개혁학교의 공통점이 되고 있을까? 먼저 노작교육의 의미를 알아보기로 하자.

2) 노작교육의 사전적 의미

'노작교육'에 대해서는 다양한 개념과 관점과 정의가 존재한다. 먼저 백과사전에서 그 뜻을 찾아보면 다음과 같다.[1]

> 19세기 말~20세기 초에 걸쳐 독일을 중심으로 발달한 교육 사상·활동. 주지성主知性을 강조하는 기존의 학교교육을 비판하고, 학생들의 자기활동을 통한 노작적 학습의 교육적 의의를 강조했다. 케르쉔슈타이너

Georg Kerschensteiner가 노작학교라는 말을 처음 사용한 이후 노작학교·노작교수의 문제가 교육 사상계의 중심문제로 부각되었다.

노작교육 사상은 다음의 교육학자들에 의하여 전개되었다. J. H. 페스탈로치는 노작교육이 기초 도야의 이념 중 기술적 능력을 길러 줌으로써 지적·도덕적 능력의 도야에 기반이 된다고 생각했다. 오웬은 협동적인 작업 형태로 제시되는 육체적인 활동으로 보았고, 그의 성격형성이론에 입각하여 행복한 인간을 길러 낼 수 있는 교육 방식의 일환으로 간주했다.

마르크스는 노작교육을 상응하는 보수가 지급되는 협동적인 생산노동의 개념 위에 여러 가지 도구 사용과 과학적·기술적 지식의 습득까지 포함하는 종합기술교육으로 생각했다.

J. 듀이는 노작교육을 사회적 생활 상태를 재현하는 인간의 능동적 활동에 참여하는 형태로 제시했다. 즉 듀이의 노작교육은 초보적인 수준에서의 교육과정이면서도 모든 교육과정에 편재되어 있는 교육적 경험의 한 측면으로 전개되었다.

이러한 노작교육의 특징은
① 사회생활을 반영하는 활동에 참여하되, 작업하여 무엇인가를 만들어내는 활동이며,
② 다양한 정신적 특성을 신장시킬 목적으로 이루어지는 육체적 활동이고,
③ 일정한 절차나 기술에 익숙하게 하면서도 개인적인 변용이나 집단적인 협동의 가능성을 열어 주는 활동이다.

노작교육사상을 통해 볼 때 노작교육은 주지주의 교육의 보완으로서 '의미 있는 학습의 전개'와 주지주의 교육의 대안으로서 '삶의 다양한 측면의 통합'을 내용으로 하고 있다. 따라서 노작교육은 능동적인 작업을 통하여 각 교과 내용을 학생들의 구체적인 경험과 관련시켜 줌으로써, 각 교과에서 추구하는 이해와 안목의 형성에 기여한다. 즉 노작교육은 삶의 경험을 특정한 관점에서 구조화한 각 교과 내용을 통합한다는 측면에서 중요한 교육적 가치를 갖는다.

각 교과의 독특한 개념과 탐구양식을 이해하는 것도 중요하지만 각 교과들의 내용을 통합하는 것도 이에 못지않게 중요하다. 독립된 교과로 이루어지는 노작교육은 삶의 경험을 독특한 개념과 탐구 양식으로 구조화하는 교과들의 내용을 총체적으로 통합한다는 측면에서 교육적 가치를 가진다.

3) 노작교육의 흐름과 관점들

여러 자료를 요약해 보면, '노작교육勞作敎育'이라는 용어는 19세기 후반 독일의 게오르그 케르쉔슈타이너가 '아동의 활동적이며 지적인 교육 활동의 참여'라는 뜻으로 사용한 독일어Arbeitserzieung, Arbeitsschule를 일본에서 20세기 초부터 노작교육, 작업교육, 노동교육, 노동작업교육 등으로 다양하게 번역해서 사용한 데서 비롯된 것으로, 이 중에서 가장 널리 사용하게 된 말이다.[2]

이 '노작교육'이란 용어 대신에 이오덕은 우리 교육 현실에 맞게 '일하기 교육'이라는 용어로 제시한 바 있다.[3]

19세기 후반에서 20세기 초에 이르는 시기에 독일의 인지학자이자 발도르프 학교의 창시자인 루돌프 슈타이너Rudolf Steiner와 프래그머티즘을 선도했던 미국의 존 듀이John Dewey 역시 '아동의 신체적·지적·도덕적 능력을 함양시키기 위한 노작교육운동을 이끌었는데, 이들에 앞서 노작교육을 개척하고 후세에 결정적 영향을 끼친 교육자는 '직업도야론'을 주창한 페스탈로치Johann H. Pestalozzi다.

현대적 의미의 노작교육사상은 페스탈로치부터 시작된다고 볼 수 있다. 페스탈로치, 케르쉔슈타이너, 루돌프 슈타이너, 존 듀이가 추구했던 '노작교육'의 의미를 열거해 보면 다음과 같다.[4]

• 요한 H. 페스탈로치: 페스탈로치는 인간성을 구성하는 것은 세 가지의 근본 힘, 즉 정신력, 심정력, 기술력이며, 이것은 각각 머리head, 심장heart, 손hand에 해당한다고 생각했다. 페스탈로치가 말하는 노작교육은 인간에게 공통으로 평등하게 내재하는 지성력, 기술력, 심정력과 같은 능력의 조화로운 자기 발전의 교육 목적을 실현하는 것이었다. 그 특징은 다음과 같다.

첫째, 사회생활을 반영하는 활동에 참여하되, 작업하여 무엇인가를 만들어 내는 활동이다.

둘째, 다양한 정신적 특성을 신장시킬 목적으로 이루어지는 육체적 활동이다.

셋째, 일정한 절차나 기술에 익숙하게 하면서도 개인적인 변용이나 집단적인 협동의 가능성을 열어 주는 활동이다.

따라서 노작교육은 능동적인 작업을 통하여 각 교과 내용을 학생들의 구체적인 경험과 관련시켜 줌으로써, 각 교과에서 추구하는 이해와 안목의 형성에 기여한다. 즉 노작교육은 삶의 경험을 특정한 관점에서 구조화한 각 교과 내용을 통합한다는 측면에서 중요한 교육적 가치를 갖는다.[5]

• 게오르그 케르쉔슈타이너: 지적 계발뿐 아니라, 실제적이며 사회적인 소양을 함양시켜서 노작교육이 가지고 있는 교육과정의 세 가지 측면, 즉 기술 능력, 경제적 통찰력, 시민적 사고력 등을 통해 훌륭한 시민으로서의 성장과 민주주의의 실현을 목표로 한다.

서적 중심의 주지주의적 교육이 안고 있는 편향적 교육의 문제와 산업사회의 성숙에 따른 노동의 비인간화라는 문제를 노작이라는 가치 활동을 통해 극복하고자 했다. 당시 유럽의 개혁교육운동의 이념과 맥을 같이하고 있지만, 그 속에서 도덕적 이상사회를 실현하고자 했다.

• 존 듀이: 학교는 사회로부터 고립된 곳이 아니라, 사회와 유기적인 관계를 맺고 있는 삶의 현장이므로, 학교는 삶을 반영해야 한다. 즉 가정, 동네, 그리고 놀이터에서처럼 아동들에게 생동감 있고 살아 있는 삶의 현실을 대표할 수 있어야 한다. 학교에서의 노작활동은 자연의 각종 재료와 과정에 대한 과학적 통찰이 가해진 중심 장면이며 아동이 인류의 역사적 발전에 대한 이해의 출발점이 되어야 한다. 노작교육을 통하여 아동들은 자신의 지위와 위치가 갖게 되는 사회적 의미를 이해하게 되며, 이로써 사회·윤리적 행위를 이룰 수 있게 될 것이다. 그리고 이것은 결국 조화로운 개인으로서의 전인적 능력과 자유가 최대한 보장되는 민주주의 사회의 실현으로 연결될 수 있다.

• 루돌프 슈타이너: 슈타이너는 정신에 관한 인지학적 지식은 교육에서 정신적 요소뿐만 아니라, 육체적인 요소까지도 기반으로 한다고 했다. 인간은 지속적인 육체적 활동 없이 정신 또는 영혼의 활동을 할 수는 없기 때문이다. 따라서 아동들에게 사고만을 강요해서는 안 된다. 손과 발을 움직일 수 있도록 해 주어야 한다. 그렇게 함으로써 아동들은 전인적 인간으로 성장해 갈 수 있게 된다.

실제적이고 폭넓은 노작활동을 통해 학생들은 첫째, 모든 방면의 생활 영역에 대한 균형 있는 학습활동을 갖게 되며, 둘째, 신체적 활동력을 강화시킬 수 있게 되고, 셋째, 다양한 수공기술 속에서 정확성, 인내력, 자발성 등의 기질을 획득할 수 있게 된다.

이 밖에도 로크, 마르크스. 루소, 프뢰벨 등 노작교육을 역설한 교육자는 많다.

4) 우리나라 노작교육의 흐름

우리나라의 노작교육은 서구와 마찬가지로 산업화에 따른 비인간화, 비도덕적 상황, 비민주적 현실, 분과적 주지주의 교육의 한계에서 비롯됐다.

우리나라의 경우는 농사가 국민 대다수의 주업이던 근대까지는 어린이들이 일을 많이 했다. 이 시기 어린이들은 일이 바쁜 부모를 대신해서 동생 돌보기, 밥 짓기, 빨래하기, 집안 청소, 농사일까지 어른이 하는 몫을 다 해냈다. 심지어 일터에 내보내져서 경제적 활동에까지 참여하는 경우도 많았다. 근대까지 우리나라 어린이들은 요즘 용어로 말하면 아동 노동력 착취에 의한 학대 수준이었다. 다른 한편으로 가사노동과 경제적 활동에 참여하면서 스스로의 능력을 키워 갔고, 또 당시 아이들은 자연 속에서 뛰어놀면서 직접 놀잇감을 만들어 친구들과 같이 뛰어놀면서 자연 속에서 놀면서 배운 것이 많다.

그러나 우리나라도 산업화를 거치면서 고도성장 속에 사람들이 농어산촌을 떠나 도시에 집중하면서 자연스럽게 자연과 일과 멀어지게 되었다. 이 과정에서 사무직 직업을 선호하는 대신 육체적 노동을 하는 사람들을 천대하기에 이르렀다. 그러면서 일하는 것은 좋지 않은 것이라는 생각으로 일하는 것을 무시하고 사람들은 일을 떠나서 살게 되었다.

아이들도 집 밖에서 아이들과 어울려 놀기보다는 집 안에서 지내는 일이 많아졌다. 그나마 대부분의 아이들은 학원에 다니느라 여가시간도 부족하고 여가시간이 생기더라도 주로 텔레비전과 컴퓨터에 빠져 혼자 지내게 되었다. 집안일은 어른이 주로 다 해 주다 보니, 현대의 아이들은 책으로 읽은 지식은 많지만, 기본적으로 해야 할 일은 하지 않게 되면서 그 결과 일도 할 수 없게 되었다.

교실에서 보면, 자기 물건 하나도 챙길 줄 모르고, 빗자루질 걸레질할 줄도 모르고, 단추가 떨어져도 스스로 달지 못하고, 운동화 끈도 매지 못하고, 매듭도 짓지 못하는 바보들이 많다. 나이가 들어도 부모가 없으면 스스로 밥도 챙겨 먹을 줄 모르고, 빨래 하나 할 줄 모르고 갤 줄도 모르는 사람이 되어 있으니 인간으로서 살아가기 위한 기본적인 것도 갖추지 못하게 된 것이다.

또한 아이들이 자신의 손발과 몸을 사용해서 하는 활동을 하지 못하다 보니 점점 피하고 꺼려 하게 된다. 그리고 땀 흘려서 일을 해 보지 않기 때문에 물건이 귀한 것도 모르고, 또한 머릿속 지식이 늘어 갈수록 몸과 마음의 균형은 깨지고 점점 몸과 마음이 병들어 가는 상황에 이르렀다.

이러한 이유로 현대에 와서 주지교과 중심의 지식교육보다는 통합적인 체험교육의 중요성이 대두되면서 노작교육의 필요성도 늘어나게 되었다. 특히 노작교육을 통한 노동교육의 필요성이 요구된다.

우리나라에도 노작교육의 필요성을 역설한 이가 있는데, 바로 이오덕이다. 그는 1978년에 『일하는 아이들』이라는 제목의 농촌 아이들의 글모음을 펴냈고, 1990년에 『참교육으로 가는 길』_{한길사}에 〈일을 해야 사람이 된다─일하기 중심의 교육과정〉을 제시하면서 '일하기 교육'의 필요성을 강조했다. 이오덕이 말하는 일하기 교육의 필요성은 다음과 같다.[6]

• 이오덕: 일을 통해 우리는 삶에 필요한 모든 것을 얻고, 삶의 수단을

몸으로 익히고, 자연과 사회의 참모습·참 이치를 깨닫고, 살아가는 지혜를 얻는다. 사람은 살아가기 위해 일을 해야 하며, 또 사람답게 살기 위해서도 일해야 한다. 일하기를 가르치는 것보다 더 소중한 인간교육이 없다.[7]

일이야말로 사람을 사람답게 만들고, 모든 역사와 참된 문화를 만들어 낼 수 있는 본바탕이라고 했다. 일하는 사람을 높이 보고 일하는 스스로를 자랑스러워하는 태도를 가르치는 것보다 더 소중한 교육은 없으며, 이것이 나라를 살리는 교육이라는 것이다.

일하는 가운데 공부가 되고, 일하는 것이 공부이자 즐거운 놀이가 되어야 한다는 이오덕의 주장은 '일과 놀이와 공부'를 하나로 보는 데서 출발한 것이다.[8]

지금까지 페스탈로치, 케르쉔슈타이너, 듀이, 슈타이너, 그리고 우리나라의 이오덕의 노작교육에 대해 알아보았는데, 구체적인 방법은 달라도 '노작교육'은 통합적 삶의 교육을 통해, 아동의 삶 속에서, 손과 발을 사용해서, 노동(일)의 가치를 깨닫고, 민주시민으로 성장하게 한다는 공통점이 있다. 이를 통해서도 알 수 있듯이 노작교육은 산업화로 인해 도시 중심의 삶을 살고 있는 현대에서는 꼭 필요한 교육이며, 학교교육과정에서 반드시 확대해야 할 교육이다.

3. 학교교육에서의 노작교육 방안

1) 학교 노작교육의 방향

학교 현장에서 진행하는 노작교육의 원리와 방향을 정리해 보면 다음과 같다.

(1) 교육과정 속에서 진행해야 한다

아무리 좋은 교육이라도 교육과정을 무시하거나 업적과 실적 중심의 행사로 운영해서 교육과정을 파행 운영하면서 하는 것은 좋지 않다. 반드시 교육과정 내용과 연계해서 진행한다.

(2) 계획과 평가는 반드시 한다

노작교육 활동을 반드시 학년 초 교육과정계획을 세워서 해야 하고, 교과와 창의적 체험활동 내용 영역에 알맞게 계획을 해서 1년의 교육과정으로 실시한다. 교육 활동 후 반드시 평가 작업을 통해 다음에 피드백한다.

(3) 학년 연계해서 계획한다

노작교육 활동을 계획할 때는 반드시 해당 학년의 교육과정과 연계한 활동을 선정해야 하지만, 전체 학년의 연계성도 고려해야 한다.

(4) 어린이의 성장과 발달을 고려해야 한다

어린이에 대한 이해를 바탕으로 어린이의 성장과 발달을 고려한 내용을 구성해야 한다. 난이도를 학년이나 아이들의 개별 능력에 따라 달리한다.

(5) 통합적으로 진행해야 한다

노작 활동은 그 어떤 활동보다 통합적인 활동이다. 따라서 계획을 세울 때는 교과를 통합해서 계획하고 진행해야 한다.

(6) 결과보다는 과정 중심으로 해야 한다

노작교육에서 가장 중요하게 여길 것은 결과가 아닌 과정이다. 멋있는 결과물을 만드는 데 힘쓰기보다 과정에서 많이 배울 수 있도록 해야 한다. 또한 도구와 재료를 다루는 과정에서 아이들의 감성을 살리는 데 중점을 두어야 한다.

(7) 모든 어린이들이 참여해야 한다

잘하는 몇몇 아이들만 참여하게 하지 말고 모든 아이들이 함께 참여한다. 물론 아이의 상황에 따라 기호에 따라 선택 활동을 마련하는 것도 중요하다.

(8) 생태성을 바탕으로 하고 건강에 해롭거나 환경오염을 일으키는 것을 하면 안 된다

아무리 좋은 노작 활동이라도 아이들 건강에 좋지 않거나 환경오염을 일으키는 것은 하지 않아야 한다.

(9) 활동대비 지나치게 비용이 높은 것은 지양한다

활동 내용과 교육적 가치에 비해서 비용이 지나치게 많이 드는 것은 하지 않는다. 되도록 돈을 안 들이는 방법이나 최소로 들여서 하는 게 좋다.

(10) 실제 생활 속에서 사용할 수 있는 것 중심으로 한다

노작 활동을 실제 생활 속에서 사용할 수 있는 것으로 하면 아이들이 성취감을 갖게 되어서 좋다.

2) 노작교육 환경 갖추기

노작교육을 진행하기 위해서는 노작교육의 종류에 따라 필요한 장소를 미리 마련해야 하고, 별도의 도구와 재료를 준비해야 한다.

(1) 전용 장소 갖추기

- 밭과 논 장소를 마련한다. 논을 마련할 수 없으면 상자 논을 활용해
도 되고, 학교 안에 논밭을 만들 곳이 없으면 학교에서 가까운 곳 주
말농장을 분양받거나 임대해서 사용하면 된다.
- 각종 노작교육을 실시할 수 있는 목공실, 수공예실, 농기구 창고, 조
리실습실 등을 갖추는 것이 좋다. 전용 교실을 갖출 수 없을 때는 교
실이나 별도의 장소에서 진행한다.

(2) 예산 마련

- 학교기본운영비 예산에서 지원 가능한 액수를 살펴본다.
- 혁신학교 운영비 또는 지자체 교육경비보조금을 지원받아 운영할 수
도 있다.
- 처음에 시작할 때는 기본 도구와 재료비용이 많이 필요하다. 따라서
처음일수록 필요한 예산 확보를 미리 해 두어야 한다.

(3) 도구와 재료 마련

- 도구와 재료를 구입할 때는 반드시 먼저 진행하고 있는 학교나 관련
전문가의 도움을 받아서 잘못 구입하는 일이 없도록 한다.

(4) 담당자와 내용 전문가 확보

- 내부에서 관련 교육을 계획, 정리, 관리, 운영할 담당자가 필요하다.
또 학교 안에 관련 내용 전문가가 있으면 더욱 좋다.
- 내부에 내용 전문가가 없다면, 외부 전문가의 도움을 받는다. 이 경우
강사비와 연간 시간 수를 정확하게 계산한 뒤, 알맞은 전문 강사를
공모한다.
- 특히 외부 전문가가 들어올 경우 무조건 맡기지 말고, 사전 협의를

통해 담임교사와 협력해서 수업을 진행한다. 이때 전문가는 협력강사일 뿐 학급을 책임질 수 없으니 담임교사가 반드시 함께 있어야한다.

3) 학교 노작교육 계획 과정

(1) 교육과정 계획하기

노작교육을 가장 무리 없이 원활하게 진행하는 방법은 교과교육과정 속에서 진행하는 것이다. 그러나 노작교육을 충분하게 할 수 있는 시간 확보가 매우 힘들다. 따라서 교과교육과정 내용을 살펴서 어떤 연관된 노작교육이 있는지를 뽑아낸 다음, 1년 교육과정 계획 속에서 편성하여 진행해야 한다.

- 학년 초에 각 교과교육과정에 관련된 영역에 넣어서 활동 계획을 수립한다.
- 교과교육과정 내용에 들어 있지 않거나 교과에서 정해진 시수가 넘칠 때는 창의적 체험활동 영역 속에서 계획, 수립한다. 창의적 체험활동에서 진행할 때는 별문제가 없지만, 교과 시수로 편성할 때는 그에 알맞은 성취기준과 기준 시수를 잘 선택해서 편성해야 한다.
- 교과에서 시수가 확보되지 않거나 시수 편성에 무리가 따를 때는 교과와 창의적 체험활동으로 시수를 나누어서 편성할 수도 있다.

(2) 교과통합 교육과정 재구성

- 노작교육은 기본적으로 통합적인 내용이므로, 학년 초에 교육과정을 재구성할 때 노작교육과 관련된 내용을 포함시켜서 구성한다.
- 또는 노작교육을 중심으로 프로젝트 수업을 진행할 수도 있다.

4) 학교 현장에서 진행할 수 있는 노작교육

학교에서 진행할 수 있는 노작교육을 열거해 보면 다음과 같다.

- 놀잇감 만들기
  - 다양한 놀잇감 만들어서 친구들과 놀기
  - 자연물로 놀잇감 만들어서 놀이하기

- 농사짓기
  - 텃밭과 텃논 가꾸기, 상자 논 가꾸기
  - 화분 가꾸기, 온실 가꾸기

- 화단과 정원 가꾸기
  - 꽃씨 뿌려 가꾸기, 나무 전지하기, 과일나무 가꾸기
  - 개나리와 국화 꺾꽂이해서 개체 수 늘리기, 꽃씨 받아 두기
  - 나무에 이름표 달아 주기, 풀 뽑아 주기
  - 학교에 있는 풀과 나무 도감 만들기, 풀과 나무 지도 만들기

- 바느질하기
  - 단추 달기, 옷 꿰매기, 옷 만들기
  - 큰 옷 줄여 입기, 작은 옷으로 다른 가방 만들기
  - 폐현수막으로 시장가방 만들기

- 빨래하기
  - 간단한 자기 옷 손빨래하기, 옷 개기

- 수공예
  - 뜨개질(손가락으로 뜨기, 코바늘뜨기, 대바늘뜨기), 직조, 염색하기, 수놓기
  - 전통 매듭짓기

- 요리하기
  - 국과 밥 하기, 찌개 끓이기, 김치 담그기
  - 반찬 만들기, 특별 요리 하기

- 목공
  - 못 박고 빼기, 톱질, 망치질, 사포질, 줄톱 사용하기, 드릴로 구멍 뚫기, 조각도로 깎기
  - 숟가락 만들기, 젓가락 만들기, 나무 그릇 만들기, 연필꽂이 만들기, 책상 만들기, 의자 만들기, 벤치 만들기, 야외 의자 만들기

- 고쳐 쓰기
  - 재활용품을 활용해서 쓸모 있는 물건 만들기
  - 전자제품 고치기, 전구 갈아 끼우기

- 공책 만들기, 책 만들기, 화첩 만들기, 문집 만들기

- 집 짓기
  - 움집 만들기, 박스로 집 만들기, 벽돌 쌓아 집 짓기, 나무로 집 짓기

- 석공, 철공
  - 석공이나 철공은 재료와 도구 다루기가 어려워서 중등에서 부분적으

로 가능할 것 같다.

4. 학교 현장에서의 노작교육 실천 사례

1) 서울형혁신학교 **초등학교의 노작교육 사례

(1) 교육과정 재구성을 통한 주제 중심 교과통합 교육과정 운영
- 교과교육과정에 나오는 기본적인 노작교육에 충실하게 진행함: 책 만들기, 염색하기, 바느질(방석 만들기) 등.
- 학년별로 주제 중심 교과통합 교육과정 운영을 하면서 노작교육이 포함됨.
- 만들고 조작하면서 하는 학생 중심의 수업 운영.

(2) 감성을 깨우는 네 가지 문화예술교육

단지 기능 위주가 아닌 어린이들이 아름다움을 느끼며 활동하는 과정에서 문화와 예술에 대한 감수성을 키우고 천천히 오랫동안 작업하는 과정을 통하여 삶의 의지력을 형성하고 완성 뒤 창조의 기쁨을 맛보게 하기 위한 '감성을 깨우는 문화예술교육'을 진행한다.

- 대상: 1~6학년 모든 어린이
- 영역: 감각 체험의 특징이나 의미가 서로 다른 네 가지 활동으로 구성
  목공(따뜻함, 딱딱함, 엄격성, 견고성), 조소(차가움, 부드러움, 유연성, 가변성), 창의음악(발산, 타인 이해, 융통성), 수공예(수렴, 자기 이해, 정교성)

- 운영 방법
- 1학년부터 6학년까지 학년이 연계되는 내용으로 구성하여 영역을 바꾸지 않고 지속적으로 꾸준하게 진행
- 영역별 전문 강사 초빙으로 담임교사와 협력 수업
- 교육과정의 연계: 학년별로 창의적 체험활동과 관련 교과 시간

〈문화예술 수업 계획〉

1, 3, 5학년은 조소와 수공예를, 2, 4, 6학년은 목공과 창의음악을 각각 8주(16차시) 진행

학기 \ 영역	창의 음악	목공	조소	수공예
봄학기 (3/9~4/30)	6학년 전체	2학년 A	3학년 전체	5학년 전체
여름학기 (5/11~7/10)	4학년 전체	2학년 B	1학년 A	3학년 A
가을학기 (8/24~10/23)	2학년 A	6학년 전체	1학년 B	1학년 A 3학년 B
겨울학기 (11/2~2/5)	2학년 B	4학년 전체	5학년 전체	1학년 B

〈3학년 수공예 코바늘뜨기 운영 내용(예시)〉

차시	주제	활동 계획	준비물
1/2	목화솜과 만나기	• 몸 깨우기: 리듬활동, 노래(꽃은 예쁘다), 시 읊고 인사 나누기 • 손가락 깨우기 • 목화송이의 솜에서 씨앗 빼기 • 씨앗 사용해 보기 • 타래를 토리로 만들기 • 이야기를 통해 사슬뜨기를 익혀 손가락으로 내 키만큼 사슬코 뜨기 • 정리, 마침시, 인사	목화, 씨아, 목화솜, 면실

3/4	사슬뜨기 짧은뜨기	• 몸 깨우기: 리듬활동, 노래 부르기, 시 읊고 인사 나누기 • 손가락 깨우기 • 컵받침 • 코바늘로 사슬뜨기 익히기, 사슬코 20코 뜨기 • 짧은뜨기 익히기-한 코 세우고 바늘 넣을 자리 찾아 짧은 뜨기 • 정리, 마침시, 인사	면실, 3~5호 코바늘
5/6	사슬뜨기 짧은뜨기	• 몸 깨우기: 리듬활동, 노래 부르기, 시 읊고 인사 나누기 • 손가락 깨우기 • 컵받침 계속 코가 줄거나 늘었는지 확인하고 20코 유지하면서 계속 올려뜨기 • 정리, 마침시, 인사	면실, 3~5호 코바늘
7/8	레이스 뜨기	• 몸 깨우기: 리듬활동, 노래 부르기, 시 읊고 인사 나누기 • 손가락 깨우기 • 다른 색실로 짧은뜨기 하여 네 면을 한 바퀴 돌려뜨기 하되 네 귀퉁이는 한 코에 3코 뜨기 • 한 코 건널 때마다 3코 사슬뜨기로 레이스 떠서 마무리, 한 귀퉁이에 고리 달기 • 정리, 마침시, 인사	면실, 3~5호 코바늘
9/10	원형 뜨기	• 몸 깨우기: 리듬활동, 노래 부르기, 시 읊고 인사 나누기 • 손가락 깨우기 • 내가 만들 주머니 색으로 그려 보기 • 8코 사슬뜨기로 시작 • 8코를 동그랗게 만든 후 2코를 세우고 둘째 단: 한 코마다 2코씩 떠서 16코를 만들기 셋째 단: 매 코 짧은뜨기 두 번째마다 2코 뜨기 넷째 단: 매 코 짧은뜨기, 세 번째에 2코 뜨기 다섯째 단: 매 코 짧은뜨기, 네 번째에 2코 뜨기 • 정리, 마침시, 인사	면실, 3~5호 코바늘 종이, 색연필
11/12	작은 주머니	• 몸 깨우기: 리듬활동, 노래 부르기, 시 읊고 인사 나누기 • 손가락 깨우기 여섯째 단: 매 코마다 짧은뜨기로 올려 가기 색 배열: 약 삼등분하여 바닥 아랫부분을 가장 짙은 색으로 시작 위로 갈수록 옅어지게 뜨기 • 정리, 마침시, 인사	면실, 3~5호 코바늘
13/14	리코더 주머니	• 몸 깨우기: 리듬활동, 노래 부르기, 시 읊고 인사 나누기 • 손가락 깨우기 가능한 친구들은 리코더를 넣을 수 있을 만큼 길게 뜨고 어려운 친구들은 작은 주머니로 마무리 • 정리, 마침시, 인사	면실, 3~5호 코바늘
15/16	주머니의 입구 뜨기 마무리	• 몸 깨우기: 리듬활동, 노래 부르기, 시 읊고 인사 나누기 • 손가락 깨우기 • 조임 끈을 넣을 수 있도록 구멍 만들기 긴뜨기 1개, 사슬뜨기 1개를 반복하기 짧은뜨기 한 바퀴 돌려뜨기 • 레이스 뜨기: 한 코 건널 때마다 3코 사슬뜨기 하기 • 친구와 둘이서 실 꼬아 끈 만들어 꿰기 • 정리, 마침시, 인사	면실, 3~5호 코바늘

(3) 학년 연계한 연극 활동

학년	1	2	3	4	5	6
학년별 연계 내용	연극의 종류 경험, 관람 태도 알기	인형극, 가면극 (목소리로 연기)	대본을 읽고 장면별로 연기하기	대본을 읽고 장면별로 연기하기	간단한 대본 써서 짧은 연극하기	긴 대본 써서 연극하기 대학로 연극 관람
	역할극 해 보기	역할극 해 보기	역할극 해 보기	역할극 해 보기	5학년 연극제 열기 -12월	6학년 연극제 열기 -12월
	인형극 또는 5, 6학년 연극제 관람	인형극 또는 5, 6학년 연극제 관람	인형극 또는 5, 6학년 연극제 관람	인형극 또는 5, 6학년 연극제 관람	5, 6학년 연극제 관람	5, 6학년 연극제 관람

(4) 계절별 발표회(잔치)

- 사계절 학기를 운영함에 따라 계절학기별로 네 번의 발표회(잔치)를 연다.
- 발표회는 공연과 전시로 이루어진다.
- 발표 장소는 발표 내용에 따라 교내 곳곳(강당, 시청각실, 통로, 복도, 안뜰, 교실 등)에서 이루어진다.
- 발표회는 특정한 몇몇 아이들의 장기자랑이 아닌 교육과정 속에서 배운 모든 결과(노작교육 포함)를 함께 나누는 발표교육 활동으로 이루어진다. 발표와 관람에 모든 아이들이 참여한다.
- 때마다 학교 전체 단위, 학년 단위, 학급 단위 발표회가 적절하게 이루어진다.
- 상황에 따라 하루 또는 기간을 정해서 운영한다.

〈발표회 운영 현황〉

학기	봄학기	여름학기	가을학기	겨울학기
잔치 이름	새싹잔치	푸름잔치	열매잔치	맺음잔치
특징	일주일 동안 기간을 정해서 학년별 학급별로 운영함	학교 단위로 하루 열고, 학년별 학급별로 자유스럽게 운영함	일주일 동안 기간을 정해서 학년별 학급별로 운영함	학교 단위로 하루 열고, 학년별 학급별로 자유스럽게 운영함

(5) 텃밭, 상자 논 가꾸기 활동
- 전체 학년이 참여한다.
- 학교 텃밭을 학년별로 나누어서 분양한다.
- 텃밭이 부족하면 상자 텃밭을 활용한다.
- 상자 논 가꾸기는 4학년에서 담당하여 진행한다.
- 텃밭 가꾸기는 교육과정 시간뿐만 아니라, 상시적으로 한다.

(6) 학교 안 꽃과 나무 가꾸기 활동
- 희망하는 학년이나 학급이 참여한다.
- 활동 내용: 나무 이름표 달아 주기, 꽃과 나무 모종 심기, 풀 뽑아 주기, 물 주기, 벌레 잡아 주기

(7) 1박2일 야영 활동
- 5, 6학년 전체 어린이가 참여한다.
- 5학년은 교실에서, 6학년은 야영장에서 진행한다.

2) 프로젝트형 노작교육 사례(예시)

- 학교 안 나무벤치 만들기
- 학교 정원 만들기
- 작은 집 짓기
- 옷 만들기
- 요리하기

| 생각해 보기 |

1. 현대 사회에서 노작교육이 더욱 강화되는 추세를 보이는 까닭은 무엇인가?
2. 대안학교와 혁신학교에서 노작교육을 특별히 강조하는 까닭은 무엇일까?
3. 학교 현장의 노작교육에서 놓치지 말아야 할 원칙은 무엇일까?
4. 학교 현장에서 노작교육을 위해 갖춰야 할 교육적 환경으로는 어떤 것이 있을까?
5. 노작교육으로 얻을 수 있는 교육적 효과는 무엇인가?

1. 두산백과사전.
2. 전일균, 『노작교육론』(내일을여는책, 2004), 18~20.
3. 이오덕, 『민주교육으로 가는 길』(고인돌, 2010), 221~233.
4. 전일균, 『노작교육론』, 33~45.
5. 두산백과사전.
6. 이오덕은 '노작교육'이라는 말을 쓰지 않았다.
7. 이오덕, 『민주교육으로 가는 길』, 225~226.
8. 이주영, 『이오덕, 아이들을 살려야 한다』(보리, 2011), 64.

- 두산백과사전.
- 붉나무 편.『사계절 생태놀이』. 돌베개어린이, 2005.
- 붉나무 편.『열두 달 자연놀이』. 보리, 2008.
- 윤구병.『꼬물꼬물 일과 놀이 사전』. 보리, 2008.
- 윤구병·김미선.『변산공동체학교』. 보리, 2008.
- 이부영.『서울형혁신학교 이야기』. 살림터, 2013.
- 이오덕.『민주교육으로 가는 길』. 고인돌, 2010.
- 이주영·이오덕.『아이들을 살려야 한다』. 보리, 2011.
- 전일균.『노작교육론』. 내일을여는책, 2004.
- 클라우더, 크리스토퍼·로슨, 마틴(Clouder, Christopher & Rawson, Martyn).『아이들이 꿈꾸는 학교』. 박정화 옮김. 양철북, 2008.

- 이오덕.『민주교육으로 가는 길』. 고인돌, 2010.
  저자가 40여 년간 학교에서 아이들을 가르치고 배우면서 살아온 삶에서 직접 겪으며 깨우친 생각을 묶어 낸 것이다. 자연을 살리고 아이들을 살리고 교육을 살리는 인간해방과 생명해방의 길을 걸어온 저자의 사상을 통해 우리 시대를 괴롭히는 모든 문제의 근원을 치유하도록 이끈다. 특히 우리나라 교육이 가져야 할 마음과 생각이 배어 나오고 있다. 우리의 미래인 아이들을 아끼고 보호할 것을 당부한다.

- 윤구병·김미선.『변산공동체학교』. 보리, 2008.
  10년 동안 변산공동체학교가 이루어 낸 결실을 묶은 책이다. 윤구병의 교육철학에 따라 '스스로 제 앞가림하는 힘과 함께 어울려 사는 힘'을 기르기 위해 노력하는 변산공동체학교 사람들을 만날 수 있다. 변산공동체학교는 학교 건물도 없고 교실과 교과서와 운동장도 따로 정해지지 않았지만, 삶터와 일터가 곧 배움터요 자연과 마을 어른들이 스승이다. 선생님과 부모님은 학생이 되어 배울 수 있고, 아이들은 작은 선생님이 되어 가르칠 수 있다. 김미선이 변산공동체학교를 거쳐 간 아이들과 선생님, 학부모들을 만나 나눈 진솔한 이야기도 함께 들려준다. 마을 안에서 자유롭게 지내고 자연 속에서 자기의 시간을 스스로 통제하는 법을 배우는 변산공동체학교의 모습을 통해, 경쟁 위주의 교육 현실에서 시간과 친구를 잃어버린 우리 아이들을 위한 교육의 길을 보여 주고자 했다.

6장

스승을 찾아서

성래운(1926~1989)은 우리 현대 교육사에서 참교육 실천과 전교조(전국교직원노동조합) 탄생에 주춧돌을 놓은 분이다. 1978년에 '우리의 교육지표'를 발표하는 데 앞장서다 해직교수가 되었고, 감옥에 갔다. 성래운은 '국민교육헌장'을 기반으로 하는 유신독재 반민주 교육에 맞서 아이들 해방, 곧 인간 해방을 위한 참된 민주교육 연구화 실천을 위해 온 힘을 다했다.

성래운 교육론 짚어 보기

이주영

1. 성래운 교육론을 짚어 보는 까닭

1) 성래운 삶 돌아보기

성래운(1926~1989)은 우리 현대 교육사에서 이오덕(1925~2003)과 함께 참된 교육을 연구하고 교육혁신을 실천한 두 기둥으로 참교육 실천과 전교조(전국교직원노동조합) 탄생에 주춧돌을 놓으셨다고 할 수 있다. 1968년 선포된 '국민교육헌장'이 인간교육과 민주교육 정신에 맞지 않다고 비판하면서 1978년에 '우리의 교육지표'를 초안했고, 전남대 송기숙 교수를 비롯한 11명 이름으로 발표했다. 이 일로 감옥에 갔으나 당시 교육자들에게 '국민교육헌장'이 왜 문제가 되고 참된 교육이 나갈 방향이 무엇인가에 대한 깨달음을 주는 커다란 충격이었고, 우리 교육의 흐름을 바꿔 주는 전환점이 되었던 것이다.

성래운은 서울대 사범대를 나왔는데, 대학 3학년 때부터 미국교육사절단 통역을 했고, 학교에서 영어 강의를 할 정도였다. 그럼에도 초등학교 교사를 하고 싶어서 문교부에 신청해서 초등학교 교장 자격증을 받았고, 시골 작은 초등학교로 발령까지 받았으나 대학에서 강의를 계속해야 하는 당시 사정 때문에 포기했다. 4·19 혁명 뒤에는 문교부 수석장학관을 했고, 연세대학교에서 교육학 교수를 하면서 세브란스병원 부설 소아재활원 부속초등학교장을 맡았다. 문교부 장학관과 대학교수를 하면서도 기회가 되는 대로 초중등학교 현장 방문을 꾸준히 하고, 초중등 교사들과 교류했다. 1978년 감옥에 있을 때 이오덕 책을 보고 여러 차례 편지를 주고받으면서 한국 교육이 나아갈 길을 모색했다. 출옥을 한 뒤에도 민주교육실천협의회 공동의장을 같이 맡으면서 참된 교육개혁을 위하여 몸과 마음을 다 바쳤다.

성래운은 1950년대 미국 교육을 시찰하면서 보고 듣고 느낀 이야기를 국내에 있는 제자에게 편지 형식으로 쓴 『숙희에게』를 시작으로 교사들한테 드리는 『선생님께』 같은 책을 썼고, 『민중교육론』을 옮겼고, 『분단시대의 민족교육』, 『인간 회복의 교육』을 비롯한 여러 책을 썼다. 그 가운데 『인간 회복의 교육』은 우리 현대 교육사에서 가장 뛰어난 교육학자가 어떻게 태어났는가를 보여 준다. 이 책은 두 가지 글을 모은 것인데, 그 하나가 루소(Rousseau, Jean Jacques, 1712~1778)가 쓴 『에밀』(Emile ou de l'education, 1762)을 읽고 루소한테 보내는 편지고, 또 하나는 직접 초중고등학교 현장을 다녀와서 그 학교 선생님들한테 쓴 편지다. 성래운은 『에밀』을 여러 차례 읽었다고 한다. 그리고 온전히 내 것으로 받아들이고, 우리 교육 현장과 견주어 본 생각을 루소에게 보내는 편지로 썼다. 루소가 에밀을 위한 젖엄마를 구하는 조건과 우리 겨레가 옛날부터 해 오던 태교와 임신한 여성을 소중하게 여기던 문화를 자세히 살펴서 그 장단점을 밝혀놓았다. 그리고 성장 시기에 따른 루소의 교육철학과 방법을 살펴서 우리 교육 현실에서 무엇을 어떻게 바꿔 나가야 하는지에 대한 생각을 밝혀놓았다. 그 방향과 방법이 지금 각 시·도 교육감이 추진하고 있는 혁신교육이나 행복교육과 다를 바가 없다. 성래운이 꿈꾸던 교육이 수십 년이 지난 지금 다시 살아나고 있는 것이다.

2) 성래운을 기억해야 하는 까닭

성래운은 자신이 꿈꾸던 참된 교육의 씨앗을 현장에서 실천하는 수많은 이름 없는 교사들한테서 발견하고 싶어 했다. 그런 마음으로 현장을 살펴보고, 그 본보기가 되는 사례들을 찾아서 글로 썼다. 성래운은 교육 현장에서 아이들을 직접 가르치는 이름 없는 교사들이 우리 교육의 희망이기 때문에 그런 교사를 찾아 드높여야 한다고 했다. 무명 교사에 대한 찬양은 성래운이 끊임없이 지향했던 독특한 글쓰기 방식이라고 할 수 있다.

나는 이 땅에서 교육을 하는 사람들, 참된 교육이 무엇인가를 생각하는 끈을 놓지 않는 사람들이라면 성래운을 잊지 말고 기억했으면 한다. 성래운이 지향하는 교육을 되살리는 길은 바로 지금 우리 교육이 어디로 가야 하는지를 생각하게 하고, 현재 반인간 교육에 노예로 매여 있는 더 많은 교육자와 학부모들한테 참된 교육이 무엇인가를 일깨워 주는 물꼬가 될 수 있다고 보기 때문이다. 우리 아이들이 억압과 속박으로 치닫고 있는 교육에서 해방되기를 바란다면, 그런 교육으로 우리 겨레가 살아날 수 있으려면, 우리 인류가 지구촌에서 평화롭게 살 수 있는 세상을 꿈꾸는 교육자와 학부모라면 성래운이 지향하는 교육에 관심을 가져 주길 바란다.

2. 성래운이 지향하는 교육

1) 모두 자기 개성에 맞게 다른 교육을 받아야 한다

(1) 달라질래요

우리 반 동무들은 모두 달라요.

얼굴도 다르고
키도 달라요
모두가 똑같아지면 우스울 거야.

우리 반 동무들은 모두 달라요.
생각도 다르고
재주도 달라요.
모두가 똑같아지면 우스울 거야.

어머니는 아버지와 달라서 좋고
오빠는 언니와 달라서 좋아요.
서로가 똑같으면 우스울 거야.

나는 나는
동무들과 달라질래요.
오빠 언니와도 달라질래요,
모두가 똑같으면 우스울 거야.

나는 나는
이 세상의 누구와도 달라질래요.
달라져서 더 좋은 사람이 되고 말 거야.

(2) 해설

　"이것을 시로 보지 않고, 어린 학생을 대신해서 쓴 늙은 교사의 글로
보아 주었으면 하는 것이 나의 바람이다. 평생 교육학도이고 전직 교육자
인 내가 굳게 믿는 바는 저마다 다른 아이들을 입학시켜 하나같이 똑같

은 사람으로 일그러뜨리려는 교육 폭군을 제거하지 않고는, 우리 아이들이 참으로 해방되는 날은 언제까지나 다가오지 않으리라는 점이다. 획일을 강요하는 교육 폭군으로부터 학생을 해방하는 그날을 앞당기는 데, 이 글이 조금이나마 도움이 되기를 바란다."

_성래운의 『분단시대의 민족교육』(학민사, 1984), 서문 중에서

성래운은 당대 최고로 시를 좋아하는 사람 가운데 한 사람이었다. 외우고 다니는 시만 해도 수백 편에 달했고, 강연장이나 집회장은 물론 결혼식 주례사까지도 시 낭송으로 대신했다. 이런 그가 시를 전문으로 쓰지는 않았으나 이렇게 꼭 하고 싶은 말을 몇 편의 시로 노래했다. 이 시는 우리 교육이 아이들을 같은 모양으로 찍어 내려는 공장식 교육에 대한 문제 제기다.

(3) 성래운이 지향하는 교육관
- 아이들은 모두 아이들마다 다른 개성이 있다.
- 아이들마다 다른 개성을 잘 살리도록 가르쳐야 한다.
- 아이들이 스스로 좋은 사람이 되겠다는 자각을 하도록 해야 한다.

2) 장애 어린이들도 평등한 교육을 받을 권리가 있다

(1) 바보

어른들은 정말 바보예요.

앞 못 보는 석훈이지만
두 눈 가진 선호보다 뛰어난 재주가 있는데도

그 재주 찾아내어 기르지는 않고

그저 말 못 한다 한탄만 해요.

선호는 눈이 보여 얼마나 좋을까

골목길을 찾아서 학교를 가고

이 책 저 책 뒤져서 읽어도 보고

선생님 손짓 따라 세상도 보고

말 못 하는 석훈이에게는

오라는 학교도 없고 맞아 주는 선생님도 없어요.

_성래운, 『성래운의 교육 걱정』(보리, 2015), 38.

(2) 해설

이 시는 장애인 학생들을 따로 가르치는 학교와 교사가 태부족하던 1970년대 우리 교육 현장에 대한 문제 제기다. 모두 7장으로 구성했는데, 1장에서는 앞 못 보는 시각장애 어린이들을 반갑게 맞아서 가르치는 학교가 없다고 했다. 2장은 말 못 하는 어린이, 3장은 듣지 못하는 어린이, 4장은 잘 걷지 못하는 어린이, 5장은 소걸음으로 가는 어린이, 6장은 세상에 적응을 하지 못하는 어린이, 7장은 이런 어린이들이 찾아갈 학교를 만들어 주고, 안겨서 배울 수 있는 선생님들이 있게 해 주는 현명하고 인정 많은 어른들이 되어 달라는 뜻을 담았다. 한마디로 특수교육의 확장을 제창한 것이다. 지금은 특수학교가 당시보다 많이 늘어난 것은 사실이지만 영화 〈도가니〉에서 드러난 것처럼 아직도 많은 특수아들이 사회와 학교에서 편견과 차별에 시달리고 있다. '학습지체아'를 '소걸음으로 가는 어린이', 과잉행동장애나 사회부적응아를 '세상에 적응을 하지 못하는 어린이'처럼 그 개념에 딱 맞는 우리말을 찾아 쓴 점도 이채롭다. 해방 후 교육사절단 통역을 도맡을 정도로 영어를 잘하는 성래운의 우리말 사랑은 그가 쓴 글

곳곳에서 교육학 관련 용어를 딱 맞는 우리말로 옮긴 것에서도 잘 나타나 있다.

(3) 성래운이 지향하는 교육관
- 장애가 있는 아이들도 평등하게 교육받을 권리가 있다.
- 장애가 있어도 각각 자기에게 맞는 개성과 특성을 기를 수 있다.
- 장애가 있는 아이들도 배울 수 있는 학교와 선생님이 필요하다.

3) 참된 교육을 위해 아홉 가지 시늉을 버려야 한다

(1) 우리 교육이 하고 있는 아홉 가지 시늉
① 아이들을 경쟁시키는 것은 아이들을 가르치는 것처럼 보이려는 시늉입니다.
② 아이들을 경쟁시키는 것은 아이들을 지도하는 것처럼 보이려는 시늉입니다.
③ 잘한 아이 상 주고, 못한 아이 벌주는 것은 모든 아이가 잘할 수 있게 하겠다는 채찍질 시늉입니다.
④ 교과서만 가르치고, 그 안에서만 시험 보는 것은 우리를 열심히 공부하게 만드는 것처럼 보이게 하려는 시늉입니다.
⑤ 콩나물 교실에서 가르치는 것은 한 아이라도 더 가르치는 것으로 보이려는 시늉입니다.
⑥ 어른들도 고된 청소를 싫어하면서, 우리에게 날마다 시키는 것은 청소와 꾸미는 습관을 기르는 것처럼 보이려는 시늉입니다.
⑦ 돈도 있고 힘도 있는 어른들은 나라보다 부모보다 돈을 더 사랑하면서, 돈도 없고 힘도 없는 아이들에게 충성하고 효도하라고 가르치시는 것은 시늉입니다.

⑧ 어른들이 우리 자연도 강산도 논밭도 바다도 하늘도 다 더럽히면서, 아이들한테 자연보호 교육하는 것은 시늉입니다.

⑨ 땀 흘려 밤낮없이 고되게 일하는 농민이 도시 부자들보다 점점 더 못 살게 되는 것을 그대로 두면서, 아이들한테 근면, 자조, 협동만 가르치는 새마을 교육은 시늉입니다.

_성래운, 『성래운의 교육 걱정』(보리, 2015), 45~48을 다듬어 간추림.

(2) 해설

1970년대 중반 우리 교육 현장을 보면서 교사와 교육행정가와 정치인들이 아이들에게 강요하는 교육이 겉만 번드르한 거짓된 시늉일 뿐 참된 교육이 아니라고 비판하며 참된 교육 곧 교육의 본질을 찾아 실천하기 위해 우리 교육이 먼저 버려야 할 '아홉 가지 시늉'을 제시했다. '가르치다'와 '지도하다'를 구별하고 있고, 교과서만 가르치면서 교과서 내용만으로 시험 보는 것을 비판하고, 아이들 몸에 해롭지 않고 아이들이 기분 좋게 할 수 있는 방법으로 청소 교육을 해야 한다고 하고, 어른들이 앞장서 망치고 있는 애국과 효도와 새마을 교육을 거짓으로 시늉만 내는 교육이라고 비판하고 있다. 무엇보다 농어민을 비롯한 생산직 노동자들이 점점 못살게 되는 빈부 격차를 그대로 두면서 '근면, 자조, 협동'만 가르치는 교육은 거짓이라고 했다. 아이들을 옳고 바르게 교육하려면 사회경제 구조를 바꾸어야 한다는 것이다. 곧 교육문제를 학교 안을 좁혀서 보는 것이 아니라 사회경제와 정치문제로 넓혀 봐야만 참된 교육을 할 수 있는 길이 열린다고 보았다.

(3) 성래운이 지향하는 교육관

- 시늉만 내는 거짓 교육을 버리고 참된 교육을 해야 한다.
- 경쟁 교육과 교과서만 가르치는 교육은 시늉만 내는 가짜 교육이다.

- 일하는 사람을 소중하게 대우하는 사회가 되어야 진짜 교육을 할 수 있다.

3. 루소와 성래운의 이야기 마당

1) 루소와 성래운이 만나다

이주영 안녕하세요? 성래운 선생님이 『에밀』을 읽고 루소 선생님께 고마운 마음을 담아 편지를 쓰셨습니다. 오늘 두 분을 모시고 그 편지를 바탕으로 교육에 대한 이야기를 나눠보고 싶습니다. 먼저 두 분이 인사를 나누시죠.

성래운 제가 사범대 다닐 때 『에밀』을 읽었는데, 그때는 그렇게 좋은 책인지 잘 몰랐습니다. 그런데 해방 뒤에 미국에서 온 교육학자들 강의를 통역하면서 들으니 모두 에밀과 듀이를 중요하게 이야기해서 서양 교육에 큰 영향을 주었구나 생각했습니다. 그래서 나중에 교육학을 강의하면서 다시 읽었고, 교육에 대한 제 눈과 마음을 다시 뜨게 되었습니다. 고맙습니다.

루소 아이고, 이거 제가 쓴 『에밀』을 서양도 아닌 동양에서, 그것도 이백 년도 더 지난 뒤에 이처럼 잘 이해하고 좋아하는 사람을 만나게 돼서 정말 기쁩니다. 아이들 교육에 대한 내 생각을 이렇게 잘 풀이해 주었으니 제가 더 고마워해야 할 일이지요.

이주영 루소 선생님, 저도 교육대학교 다닐 때 『에밀』 읽고 독후감을 내기는 했는데, 그때는 과제 하느라 읽어서 그런지 얼마나 좋은 책인지는 잘 몰랐습니다. 현장에 나와서 아이들을 가르치면서 다시 읽었는데, 어떤 부분은 마음에 쏙 들어왔지만 어떤 부분은 잘 이해가 되지 않기도 했습니다. 나중에 성래운 선생님 글을 읽고 "참, 이렇게 쉽게 새롭게 풀이하는 길도 있구나"싶어서 놀랐습니다. 후학의 눈과 귀를 열게 해 주신 두 분 선생님께 늦게나마 감사드립니다.

2) 태어나서 유치원까지 무엇을 가르쳐야 하나?

이주영 루소 선생님 고아인 에밀을 데려다 기르게 되면서 젖엄마 정하는 일부터 시작하셨습니다. 고아를 선택한 까닭과 젖엄마를 고르는 기준에 대해서 말씀해 주세요.

루소 성래운 선생이 쓴 글을 보니 에밀을 고아로 설정한 까닭을 궁금해 하던데, 사실 나도 고아나 다름없이 자랐고, 내 두 아이도 기를 형편이 안 돼서 고아원에 맡기는 아픔도 겪었지요. 무엇보다 한 사람을 올바르게 교육하기 위해서는 갓 태어난 어린 아기 때부터 당시 가정이 갖고 있는 아이들에 대한 무지와 잘못된 가정교육에서 벗어나 오로지 내 교육관에 맞게 가르치려면 고아로 설정해야 했지요.

성래운 진짜 부모가 없는 아이를 고아라고 하지만 제가 볼 때는 부모가 있어도 집 밖으로 버려지고, 집 안에 함께 있되 교육받지 못한다면 그것 또한 혼자 사는 홀아이라고 생각합니다. 요즘 우리 사회를 보면 이런 고아 아닌 홀아이들이 너무나 많고, 점점 늘어나고 있어서 걱정입니다. 에밀을 위한 교육 이야기는 이제 우리 아이들을 위한 교육 이야기가 되고 말았습니다. 그런 의미에서 에밀은 우리 이웃 아이 이름이고, 선생님은 그런 수많은 고아 아닌 고아들의 진정한 스승이십니다.

루소 그렇군요.

성래운 사람을 사람답게 기르려는 눈으로 본다면 우리 겨레가 세상 어디에 내놓아도 가장 잘했는데, 요즘은 가장 못하는 세상이 되었습니다. 선생님은 갓 태어난 때부터 교육을 해야 한다고 보았지만 우리 겨레는 태교부터 했습니다. 한 어머니가 한 아이를 배 속에 가지면 그때부터 온 집안과 마을 사람들이 홀몸 아닌 그 어머니를 높게 대접하고, 그 어머니도 사람이 보거나 듣거나 해서는 안 될 것을 피하고 하지 않기 위해서 노력했습니다.

루소 성 선생 글을 보니 참말 그렇더군요. 조선에서는 내가 생각했던 것보다 훨씬 앞선 교육을 하고 있었던 것 같습니다. 갓난아기를 돌볼 젖엄마 여섯 가지 조건, 아기에게 입히는 옷, 아기에게 보여 줄 것, 만지게 할 것, 들려줄 소리에 대한 생각이 같았습니다.

성래운 저는 어린아이들이 고통을 말로 표현하도록 가르쳐야 하고, 두려움을 넘어서게 해야 하고, 자연에 따라 살게 해야 어린이들이 참 자유인으로 자랄 수 있다는 루소 선생님 말씀을 잘 새겨 읽었습니다.

이주영 저도 어린이들이 놀다가 다치거나 해도 너무 호들갑 떨지 말고 그런 두려움을 넘어서게 해야 한다는 글을 읽고, 요즘 우리 가정과 학교와 사회에서 다칠까 봐 놀지도 못하게 하고, 조금만 다쳐도 난리법석을 떨면서 유리 온실 속에 화초처럼 키우는 풍조가 심해져서 걱정입니다. 놀이 이야기가 나왔으니, 머리는 되도록 오래 놀게 해야 한다는 뜻을 조금 더 풀어 주시지요.

루소 아기를 아기로 기르려 하지 않고 박사로 만들고 싶어 하는 부모와 교사들 생각에 반대한다는 뜻입니다. 어린 시기에는 몸의 각 부분을 발달시키는 데 집중하고 머리는 되도록 오래 놀게 해야 합니다. 착한 일을 서둘러 하도록 하지 말고, 교훈이 필요하더라도 위험하지 않다면 어린아이들 몸이 충분히 자라는 내일까지 미루어야 합니다. 오늘 억지로 머리에 넣어 주려고 하지 말라는 뜻입니다.

성래운 저도 태어나서 초등학교 들어가기 전까지는 감각 기관을 발달시키고 이성은 최대한 잠재우라는 루소 선생님 말씀에 전적으로 동감합니다.

3) 초등학교에서 무엇을 가르쳐야 하나?

이주영 이성보다 감성에 치중하는 교육을 초등학교가 끝나는 열두서너 살까지 해야 한다고 하셨던 몇 가지 말씀이 생각납니다. "먼저 개구쟁이로 자라나게 해야 한다", "낮에는 움직이고 밤에는 쉬게 해야 한다", "재어 보고, 세어 보고, 달아 보고, 비교하게 해야 한다", "모사가 아니라 감식하는 그리기가 되게 해야 한다", "몸을 즐겁게 움직이는 법을 배우게 해야 한다", "책을 읽고 싶어 하는 마음이 들게 해야 한다", "목숨을 지키는 데 필요한 것을 배우게 해야 한다" 같은 말씀입니다. 그 가운데 "낮에는 움직이고 밤에는 쉬게 해야 한다"는 방정환 선생님도 같은 말을 했기에 신기하게 생각하면서 읽었습니다. 이 말 뜻을 조금 더 자세히 말씀해 주세요.

루소 내가 한 말을 골고루 잘 골랐네요. 방정환? 어린이해방운동을 열심히 한 사람이지요? 맞아요, 나하고 같은 생각이 꽤 있더라고요. 아이들이 해가 뜰 때 일어나고 해가 질 때 잠을 자야 하는 까닭은 어린이들은 심한 운동을 하기 때문에 긴 잠이 필요하고, 자연 규칙에 따라 몸을 움직이고 몸을 쉬게 해야 하기 때문입니다.

성래운 지금 우리 어린이들은 자연의 규칙을 따르기는커녕 자연을 모르고 자랍니다. 낮을 공부만 하면서 보내고 있으며 밤마저도 쉬지 못하고 있어요. 낮이나 밤이나 책상머리에 앉아 인문학교 진학을 위한 시험 공부하는 점수벌레가 되어 가고 있습니다. 그야말로 부모와 교사들이 우리 소중한 아이들을 애지중지 점수벌레로 기르고 있는 것이지요.

루소 한국 교육에서 고쳐야 할 게 많은데, 그 가운데 하나가 독서교육이더군요. 아이들이 책을 읽을 준비가 되지 않았는데도 무조건 읽게 해요. 강제로 말입니다. 그렇게 강제로 하면 안 돼요. 책을 읽고 싶은 마

음이 일어나게 하는 게 먼저입니다. 글 읽기가 영 진저리 나게 만들어
놓고 나서는 읽는 능력이나 책이 무슨 소용이 있겠어요?

성래운 맞습니다. 더구나 요즘은 초등학교에서도 영어다 한자다 난리치
는데, 자기 나라 말을 먼저 충분하게 잘 배우는 게 중요한 시기에 이
게 무슨 어처구니없는 짓인가 싶습니다.

4) 중학교에서 무엇을 가르쳐야 하나?

이주영 루소 선생님은 아이들을 가르치는 2단계를 열두서너 살부터 열
대여섯 살까지로 보셨더군요. 우리나라 학제와 견주면 대략 중학교 시
기라고 할 수 있습니다. 이 무렵 가르쳐야 할 것으로 "일하고 공부하
고 연구하게 해야 한다", "일하기를 체험하게 해야 한다", "손발로 일해
서 사는 법을 배우게 해야 한다", "감각을 관념으로 바꾸도록 해야 한
다", "학문을 사랑하는 마음을 갖게 해야 한다", "사물에 대해 스스로
배우게 해야 한다", "아이가 스스로 질문하게 해야 한다", "딴 아이들
과 비교나 경쟁에 빠져들지 않게 해야 한다", "책이 아니라 실물에 의
해서 깨우치게 해야 한다", "사회관계를 알게 해야 한다", "편견 없이
사회관계의 개념을 깨우도록 해야 한다", "사람으로 살아남는 법을 배
우게 해야 한다", "겉치레가 아니라 실속을 배우게 해야 한다", "자기를
받아들일 수 있도록 해야 한다" 같은 주제에 대해 자세히 말씀하셨습
니다. 좀 더 자세히 말씀해 주고 싶은 주제 한두 가지 정해서 한 말씀
더 해 주시면 좋겠습니다.

루소 내가 이렇게 많은 주제를 이야기했나요? 이백여 년도 더 지나서 이
렇게 들으니 새삼스럽네요. 성래운 선생이 주제마다 해설도 하고, 한국
현실과 견주면서 좋은 제안을 해 주기도 해서 내가 더 할 말이 없겠다
싶습니다. 성 선생 이야기를 더 듣고 싶네요.

성래운 저는 여러 말씀 가운데서 이 시기 교육으로 꼭 해야 하는 게 아이들에게 사람으로 살아남는 법을 배우게 해야 한다고 하시면서 아이들이 손발로 일해서 사는 법을 배우게 해야 한다는 말에 크게 공감합니다. 우리나라 교육에서 가장 잘못된 게 아이들에게 손발로 일해서 사는 법을 가르치는 게 아니라 머리로만 일해서 사는 법을 가르치는 것만 최고로 치기 때문입니다. 이런 교육은 자신의 노예상태를 더욱 악화시키고 거기다가 빈곤까지 덧붙이게 할 따름입니다.

이주영 이오덕 선생님도 손발로 일하는 교육, 윤구병 선생님도 몸으로 일하는 교육을 해야 한다고 주장하셨는데 루소 선생님 생각하고 같은 생각이네요. 일과 놀이와 공부가 하나가 되는 교육으로 나아가야 하는데, 요즘 혁신학교 가운데서 손발과 몸으로 일하기를 가르치는 교육을 중요하게 여기는 학교가 늘어나고 있어서 반갑기는 하지만 그 철학이 빈곤해 보여서 걱정이 됩니다.

성래운 이 시기에 사회관계를 깨우치도록 하는 것이 중요하다는 루소 선생님 말씀도 우리 교육에서 중요하게 받아들여야 한다고 생각합니다. 우리는 중학교 시기에 사회관계에 대한 개념을 가르치려고 하면 정치권력으로부터 억압을 받으니까요. 교육의 정치적 중립은 파당에 대한 중립이 아니라 정치권력자들에 의한 외부 간섭이나 지시 명령에서 벗어나 교육자들이 양심에 따라 진실을 가르치는 것인데, 그게 안 지켜지는 게 한국 교육은 물론 현재 지구촌 대다수 국가에서 저지르고 있는 인류에 대한 죄악이라고 봅니다.

5) 고등학교에서 무엇을 어떻게 가르쳐야 하나?

이주영 열대여섯 살부터 스무 살까지의 교육은 우리 학제로 보면 고등학교와 대학교 1~2학년에 해당하는데요. 이 시기에 해야 할 주요 주제로 "사춘기를 맞이하는 아이들과 사는 길", "증오와 복수가 아닌, 동정과 자애를 아는 길", "빼앗긴 인권을 찾아 주고 자기 모독 행위를 그만두는 길", "느리고 확실하게 나아가게 하는 길", "도덕의 질서와 역사를 배우는 길", "사실들만 제시하고 자신이 판단하게 하는 길", "인간의 마음을 이해하게 하는 길", "제자와 교사가 함께하는 길", "남이 대신 못 할, 남과 다른 '나'가 되는 길", "아이들이 자기 종교를 선택하게 하는 길", "아이들이 독립하게 하는 길"을 이야기하셨습니다. 모두 교육이 가야 할 길을 제시해 주는 주제라고 생각합니다. 성래운 선생님이 쓴 「달라질래요」라는 시와 연계해서 "남과 다른 '나'가 되는 길"을 한 번 더 말씀해 주세요.

성래운 그 시는 시라기보다는 내가 어린이 마음이 되어서 우리 교육이 '나'를 존중하고 '나'를 찾게 하고, 내가 바로 나의 주인으로 살 수 있는 교육을 해 달라고 어른들한테 부탁하는 글입니다. 루소 선생님은 에밀이 사람다운 사람이 되게 하려고 그에게 사람다운 착한 일을 하게 하셨습니다. 사람들 사이만 아니라 동물들 사이에도 미덕을 쌓게 하셨잖아요? 남을 지배하는 일이나 남의 불행에서 자신의 기쁨을 찾게 하지 말라는 것이지요. 한마디로 평화를 사랑하는 사람으로 자라나게 하려면 자기 자신을 찾아서 자기만의 삶을 즐길 수 있게 해 주는 길, 남과 다른 나가 되는 것을 두려워하지 않는, 아니 남과 다른 내 삶을 찾아서 살 수 있는 힘을 길러 주는 교육이 되어야 한다는 내 생각을 담은 것이고, 그 생각은 루소 선생님이 쓴 『에밀』을 읽으면서 더 분명하게 된 겁니다.

루소 그렇지요. 나는 에밀이 사람들 사이만이 아니라 동물들 사이의 싸움도 좋아하지 않는 사람이 되도록 가르치고 싶었습니다. 청소년기에 감각을 지닌 다른 생물을 괴롭히면서 그것을 보기를 좋아하는 몰인정한 사람으로 자라는 것을 너무 많이 보았으니까요. 아이들이 평화로운 삶을 살게 하려면 저마다 자기라는 존재를 찾아서 그 스스로 착해지는 것, 남이 몰라도 착하게 처신하는 길은 오직 자기 자신을 찾는 것이고, 그 길을 교육이 도와야 합니다.

이주영 두 분 선생님 모시고 짧은 시간이나마 함께 교육 이야기를 나눌 수 있어 즐거웠습니다. 루소 선생님이 『에밀』을 발표하신 게 1762년이니까 230년이 지났고, 성래운 선생님이 『에밀』을 쓴 루소 선생님께 보내는 편지 『인간 회복의 교육』을 1982년에 발간하셨으니까 30년이 넘었습니다. 그러나 지금 우리 교육 현실을 살펴볼 때 두 분이 남기신 책을 통해 요즘 교육의 문제를 짚어 볼 수 있고, 헤쳐 나가야 할 길을 찾는 데 많은 도움을 얻을 수 있다고 봅니다. 두 선생님, 고맙습니다.

| 생각해 보기 |

1. 성래운이 쓴 「달라질래요」처럼 요즘 학생들이 배워서는 안 되는 어른들 모습이 무엇인지 생각해 보자.
2. 성래운이 참된 교육을 위해 버려야 할 아홉 가지 시늉으로 지목한 것 가운데서 요즘 교육에 그대로 남아 있는 것들은 어떤 것일까?
3. 루소의 『에밀』과 성래운의 『인간 회복의 교육』을 견주면서 요즘 교육학에서 더 발전시켜야 할 것이 무엇인지 생각해 보자.

- 성래운. 『인간 회복의 교육』. 살림터, 2015.
- 성래운. 『성래운의 교육걱정 보리』. 보리, 2014.
- 전국교직원노동조합. 『한국교육운동백서 1978·1990』. 풀빛, 1990.

- **성래운. 『성래운의 교육 걱정』. 보리, 2014.**

1989년 12월 25일, 우리 현대 교육사의 큰 별인 성래운 선생님이 돌아가셨다. 그 후 마지막으로 근무하셨던 광주대학교 도서관에 성래운 책꽂이를 만들고, 1990년대 중반까지 조촐한 추모식을 했는데 어느 사이 교육학자이면서 교육사상가로서의 성래운은 잊혀 갔다. 성래운 교육론을 되살려야 한다는 생각으로 2010년부터 월간 잡지 《개똥이네집》에 달마다 성래운 선생님의 책에서 골라 5년 동안 연재한 글을 추려서 엮은 책이다.

- **성래운. 『인간 회복의 교육』. 살림터, 2015.**

성래운이 『에밀』을 읽고, 루소에 대한 고마운 마음과 자기 생각을 편지 형식으로 쓴 책으로 『에밀』을 통해 루소의 교육사상을 이해하기 쉽고, 성래운의 교육사상을 살펴볼 수 있다. 원래는 각 장마다 길게 이어 쓴 글인데, 다시 펴낼 때 이주영이 각 부분의 핵심 생각을 뽑아서 작은 제목을 붙여서 나누었다.

- **성래운. 『분단시대의 통일교육』. 살림터, 2015.**

원래 '분단시대의 민족교육'이라는 제목으로 출판되었던 책으로 살림터에서 복간하면서 분단시대의 통일교육으로 바꾸었다. 한반도 분단은 우리 겨레와 인류 평화에 큰 위협이 되고 있으며, 우리 겨레와 인류가 살아남는 길은 분단을 극복하고 함께 평화롭게 살아가야 한다고 주장하면서 그 길로 가기 위한 교육에 대한 생각을 수필 형식으로 쓴 글이다.

〈우리의 교육지표〉

정의롭고 평화로운 사회, 한마디로 인간다운 사회는 아직도 우리 현실에서는 한갓 꿈에 머물고 있다. 따라서 이런 현실을 바로 알고 그것을 개선할 힘을 기르는 일이야 말로 인간다운 인간을 교육하는 길이다. 그러나 이러한 교육 역시 이 사회에서는 우리 교육자들의 꿈에 머물고 있다. 사람이 사람을 마구 누르고, 자손 대대로 물려줄 강산을 돈을 위해 함부로 오염시키는 풍조가 만연한 가운데 진실과 인간적 품위를 존중하는 교육은 나날이 찾아보기 어려워져 가고 있다. 무상 의무교육은 빈말에 그치고, 중고등학교에 진학한 학생들도 과밀 교실과 이기적 경쟁으로 몸과 마음을 동시에 해치고 있으며, 재수생 문제와 청소년 범죄는 이미 걷잡을 수 없는 사회문제가 된 지 오래다. 그리고 온갖 시련과 경쟁 끝에 들어간 대학에서는 진실이 외면되기가 일쑤요, 인재가 번번이 희생되고, 교육적 양심이 위축되는 등 안타까운 수난을 거듭하고 있다.

대학인으로서 우리의 양심과 양식에 비추어 볼 때 오늘의 교육의 실패는 교육계 안 팎의 모든 국민으로 하여금 자발적인 일치를 이룩할 수 있게 하는 민주주의에 우리 교육이 뿌리박지 못한 데서 온 것이다. 국민교육헌장은 바로 그러한 실패를 집약한 본보기인바, 행정부의 독단적 추진에 의한 제정 경위 및 선포 절차 자체가 민주교육 의 근본정신에 어긋나며, 일제하의 교육칙어를 연상케 한다. 뿐만 아니라 그 속에 강 조되고 있는 형태의 애국·애족 교육도 그냥 지나칠 수 없는 문제점을 안고 있다. 지 난날의 세계 역사 속에서 한때 흥하는 듯하다가 망해 버린 국가주의 교육사상을 짙 게 풍기고 있는 것이다. 부국강병과 낡은 권위주의 문화에서 조상의 빛난 얼을 찾는 것은 잘못이며, 민주주의에 굳건히 바탕을 두지 않은 민족중흥의 구호는 전체주의와 복고주의의 도구로 떨어질 위험이 있다. 또 능률과 실질을 숭상한다는 것이 공리주 의와 권력에의 순응을 조장하고, 정의로운 인간과 사회를 위한 용기를 소홀히 하는 결과가 되어서는 안 된다. 민주주의 교육이 선행되지 않은 애국·애족 교육은 진정한 안보에도 도움이 되지 않는다. 민주주의의 실천이 결핍된 채 민주주의보다 반공만을 앞세운 나라는 다 공산주의 앞에 패배한 역사를 우리는 알고 있지 않은가?

이 땅에 인간다운 사회를 실현하고자 하는 우리는 격동하는 국내외의 역사 속에서 그 어느 때보다도 슬기롭게 생각하고 용기 있게 행동할 사명을 띠고 있다. 이에 우리 교육자들은 각자가 현재 처한 위치의 차이나 기타 인생관, 교육관, 사회관의 차이를 초월하여 다음과 같은 우리의 교육지표에 합의하고 그 실천을 다짐한다.

1. 물질보다 사람을 존중하는 교육, 진실을 배우고 가르치는 교육이 제대로 이루어 지기 위하여 교육의 참 현장인 우리의 일상생활과 학원이 아울러 인간화되고 민주 화되어야 한다.

2. 학원의 인간화와 민주화의 첫걸음으로 교육자 자신이 인간적 양심과 민주주의에 대한 헌신적 정열로써 학생들을 가르치고 그들과 함께 배워야 한다.

3. 진실을 배우고 가르치는 일에 대한 외부의 간섭을 배제하며, 그러한 간섭에 따른 대학인의 희생에 항의한다.

4. 3·1 정신과 4·19 정신을 충실히 계승 전파하며, 겨레의 숙원인 자주평화통일을 위한 민족 역량을 함양하는 교육을 한다.

1978년 6월 27일 전남대학교 교수 일동
김두진, 김정수, 김형곤, 명노근, 배영남, 송시숙, 안진오, 이방기, 이석연, 이홍길, 홍승기

'교육지표'란 교육으로 마땅히 지켜야 할 기준과 방향을 말한다. 교육의 본질이 무엇 인가에 대한 생각이다. 이 글은 성래운이 쓰고, 각 대학에서 함께 발표할 교수들을 모으는 중에 비밀이 새 나가서 체포 위기에 처하자 송기숙 교수한테서 먼저 받은 전 남대 교수들 이름만 넣어서 발표해 버린 것이다. 성래운이 발표해 놓고 광주에 가서 알린 다음에 감옥으로 갔다. 지금 보면 이런 수준의 글을 발표했다고 감옥에 가야 한다는 게 어처구니없게 보일 수 있으나 당시에는 감옥 정도가 아니라 목숨까지 내 놓을 각오를 해야만 하는 시대였다. 1980년대에는 각종 교육 민주화 관련 행사를 시 작할 때 '국민교육헌장' 대신에 '우리의 교육지표'를 비장한 목소리로 낭송하면서 마 음을 다졌던 글이다. 40여 년이 지난 지금 우리 교육자들은 현재 상황을 바탕으로 '우리 교육이 나갈 길'을 다시 써 봐야 할 것 같다.

_전국교직원노동조합. 『한국교육운동백서 1978~1990』(풀빛, 1990). 18.

이오덕(1925~2003)은 우리 현대 교육사에서 1980년대 현장 교사들한테 깊은 영향을 끼친 선생님 중 한 분으로 참교육으로 가는 물꼬를 터 주었다. 그것은 현장 교사들이 1980년대 억압과 기만으로 황폐해진 거짓교육에서 맞서 참교육을 실천해야 한다는 열망과 의지를 불어넣고자 한 행동이었다. 선생님은 1980년대 교사와 학부모들이 교육개혁을 위한 운동을 시작하게 하는 씨앗을 뿌려 주었고, 꿈을 심어 주었고, 그 길을 직접 보여 주었다.

이오덕 교육론 짚어 보기

이주영

1. 이오덕 교육론을 짚어 보는 까닭

1) 이오덕 짚어 보기를 열며

이오덕(1925~2003)은 성래운(1926~1989)과 함께 한국 근현대 교육사에서 큰 영감을 주었고, 현장 교사들한테 많은 영향을 주었다. 이오덕과 성래운이 함께 만든 1980년대 '참교육'이라는 개념은 학교 안과 밖에 널리 퍼지면서 수많은 교사와 학부모들에게 나침반이 되어 주었고, 억압과 기만으로 황폐해진 거짓교육에 맞서 참교육을 실천해야 한다는 열망과 의지를 불어넣어 주었다. 곧 1980년대 교사와 학부모들이 교육개혁을 위한 운동을 시작하게 하는 씨앗을 뿌려 주었고, 꿈을 심어 주었고, 그 길을 직접 보여 주면서 중요한 전환점을 마련해 주었던 것이다.

근현대 역사에서 우리 겨레의 교육개혁운동은 조선 후기와 대한제국 시기에 시작되었다. 우리 겨레를 살리는 길이 교육에 있다고 보았기 때문이다. 안창호, 남궁억, 이승훈, 김구, 최광옥을 비롯한 수많은 사람들이 교육개혁을 위해 헌신했다. 그들은 학교를 세우고, 학생을 모으고, 스스로 교사가 되어서 참된 교육을 시도했다. 특히 새로운 『교육학』을 번역하고, 『대한문전』을 저술하면서 교육운동을 펼치던 최광옥(1879~1911)은 교육운동에 혼신을 다하다 몸이 쇠약해져 서른넷이라는 젊은 나이에 교단에서 피를 토하고 돌아가셨다. 근현대 교육운동사에서 기록상으로는 최초의 순직 교육자라고 할 수 있다. 1920년대 어린이해방운동을 전개한 방정환은 학교교육이 조선총독부 정책에 따른 식민지 노예교육으로 전락하는 것을 보고 문학과 노래와 놀이를 비롯한 예술을 중심으로 활동하는 소년회를 전국 곳곳에 만들어 제도교육 밖에서 참된 교육을 개척했다.

1945년 해방 뒤에 새로운 나라 건설을 위해서 입신양명보다는 올바른 교육을 하려고 교육에 투신한 교사들이 많았고, 정국의 혼란과 분단과 전쟁과 이승만과 자유당 독재 치하에서도 참된 교육을 지키기 위해 노력한 교육자들이 많았다. 그러나 훨씬 더 많은 교육자들은 자신의 안존과 이익을 위해서 독재정권의 노예가 되고, 심지어 학생과 학부모들을 대상으로 하는 부정선거 앞잡이가 되었던 것 또한 사실이다. 교육자들이 자기 양심에 따라 즐거운 마음으로 교육에 전념하지 못하고 정권과 교육 관료 조직의 하수인으로 전락하는 순간 교사는 한낱 지식을 파는 보따리 장사꾼이 되고, 오직 승진에만 목을 매기 시작하는 순간 비참한 노예가 된다. 이러한 교육자들의 비인간화와 교사들의 소외 현상은 교육을 파탄으로 몰아간다.

2) 이오덕이 걸어온 길

이오덕은 이러한 두 가지 길에서 벗어나 참된 교육자가 가야 할 길을 찾기 위해 끊임없이 노력했다. 1944년 경북 청송군 부동초등학교에 부임해서 1986년 경북 성주군 대서초등학교에서 퇴임하기까지 42년 동안 초중등학교에서 참된 교육을 실천하기 위해 꾸준히 연구했다. 중간에 젊은 나이에 두 번이나 교감으로 발령받았으나 학생들을 직접 가르치고 싶다면서 스스로 사표를 내거나 강등 신청서를 내는 특이한 경력을 갖고 있다. 1957년 경남 함양군 군북중학교 국어 교사로 재직할 때 재단에서 교감으로 발령을 냈으나 한 달 만에 가정 형편을 사유로 사표를 내고 경북 상주군으로 가서 초등학교 교사로 복직했다. 가정 형편도 있었지만 그보다는 당시 가난한 아이들한테 담임이 수업료 독촉을 강요하도록 해야 하는 교감 업무에 회의를 느꼈기 때문이다. 그렇다고 학교 형편상 교감이 수업료 독촉을 하지 않을 수도 없어서 사표를 내고 말았던 것이다. 1964년 경북 상주군 이안서부초등학교 교감으로 발령을 받고 2년 동안 업무 수행을 했으나 2년 만에 스스로 교육청에 강등 신청서를 제출했다. 교감보다는 교사로 학급에서 직접 학생들을 가르치는 일을 하고 싶다는 이유였다. 교육청에서는 본인 신청을 받아 주는 대신에 예우 차원으로 당시로서는 가기 어려운 경주시 경주초등학교로 발령을 냈다. 이오덕은 이것까지 거절할 수는 없어서 경주초등학교로 부임했다가 1년 만에 산골 학교를 신청해서 경북 안동군 임동면에 있는 대곡분교로 간다.

이오덕은 이런 과정을 거치면서 아주 귀중한 교육 실천 결과를 얻을 수 있었다. 이오덕이 실천 연구한 '삶을 가꾸는 글쓰기 교육'은 기록 가운데서 가장 빛나는 성과로 평가되고 있는 『일하는 아이들』(1978년 청년사에서 출판되었고, 2002년 보리출판사에서 복간하여 현재까지 시판되고 있음), 『우리도 크면 농부가 되겠지』(1979년 청년사에서 출판되었고, 2005년 보리출판사에서 『방학이 몇 밤 남았나』, 『우리도 크면 농부가 되겠지』, 『꿀밤 줍기』, 『내가 어서 커야지』로 나눠서 다시 출판했음)를 비롯한 어린이 글모음에 실린 글 대부분이 군북중학교 교감을 사표 내고 떠나서 복직했던 상주군 공검초, 청리초와 이안서부초 교감을 반납하고 떠나서 지도한 안동 지역 어린이들이 쓴 글이라는 게 결코 우연한 성과가 아니라 이렇듯 교사의 길에 대한 깊은 고뇌와 성찰의 결과라고 할 수 있다.

3) 이오덕 교육론

이오덕이 연구하고 실천했던 교육을 우리는 보통 '삶을 가꾸는 글쓰기 교육'이나 '참교육'이라고 부른다. '삶을 가꾸는 글쓰기 교육'은 당시 글짓기 대회를 겨냥한 글짓기 지도가 아이들 삶을 해치고 있다는 비판을 하면서 거짓말을 꾸미는 '글짓기'가 아니라 자기 삶을 바르게 보고 솔직하게 쓰는 '글쓰기'를 해야 한다는 뜻으로 이오덕이 만든 말이다. 글쓰기 교육은 '표현교육'의 시작과 완성이 무엇인가를 함축해서 나타내는 말이다. '참교육'은 이오덕과 성래운이 당시 거짓된 교육을 강요하는 교육 현실을 비판하면서 교사는 어디까지나 학생 편에서 학생과 함께 학생을 위한 '참된 교육'을 해야 한다는 의미로 쓰다가 1980년대 전후부터 '참교육'이라는 말을 쓰기 시작했고, 1980년대와 1990년대에 학교와 사회에서 널리 쓰기 시작했다. 이는 말 그대로 '거짓된 교육'을 벗어던지고 '참된 교육'을 하자는 것이다. 현재 흔히 쓰고 있는 혁신교육은 한국 근현대 교육사에서 끊임없이 추구해 오던 교육개혁을 지향했던 운동의 일환이라고 할 수 있다. 이러한 이오덕 교육론을 한마디로 말한다면 '삶을 가꾸는 교육'이다.

따라서 혁신교육을 제대로 뿌리내리기 위해서는 이러한 역사적 맥락을 짚어 봐야 하고, 특히 이오덕이 한국 교육 현장에서 실천한 과정과 결과를 바탕으로 주장하는 '삶을 가꾸는 교육'을 잘 살펴봐야 한다. 해방 후 70여 년 동안 우리 교육사를 보면 위에서 아래로 추진하던 교육개혁은 계속 실패했고, 그때마다 서구 이론이나 사례를 새로 들여와 마치 그 이론이 만병통치약인 것처럼 유행하다가 10년이면 그 이름마저 사라지고 또 다른 이름이 판을 쳐 왔다. 그런데 이오덕이 주장한 '삶을 가꾸는 교육'은 1983년 결성한 한국글쓰기교육연구회 회원 교사들을 통해서 꾸준하게 실천되고 있으며, 실천한 교사와 학생과 학부모들한테서 좋은 평을 받아 왔다. 그러한 결과는 이오덕 1대 제자로 인정받을 수 있는 교사, 2대

제자로 기대되는 교사들이 현장 실천에서 이뤄 내는 성과와 평가로 드러나고 있다.

이 글에서는 이오덕이 생각하는 '교사란 무엇인가? 민주 학급이란 무엇인가? 삶을 가꾸는 글쓰기 교육이란 무엇인가?'를 살짝 짚어 보고자 한다. 이를 바탕으로 각자 이오덕에게서 무엇을 찾을 것인가를 선택하고, 이를 바탕으로 다양한 교육 활동을 구안하고 실천하는 자유변경, 그 뿌리를 이루고 있는 이오덕 교육론[1]을 교사들이 만나는 데 또 하나의 길이 될 수 있기를 바란다.

2. 아이들과 함께하는 교사의 삶

1) 교사의 책임과 영광

(1) 교사의 책임

알에서 깨어난 날짐승이 어떻게 자라나게 되는가는 그 어미에 달려 있듯이, 아이들이 어떤 인간으로 굳어지는가는 선생님들이 아이들을 어떻게 다루는가에 달려 있다. 아이들을 지시와 명령에만 의존하는 기계로 만드는가, 아니면 창조적인 삶을 즐기는 인간이 되게 하는가 하는 것이 모두 선생님에 달려 있다. 아이들을 점수 따기의 비참한 동물로 만드는가 아니면 인간스러운 느낌과 생각을 갖는 사람의 자식으로 키우는가, 아이들을 우리 민족의 아이로 기르는가 서양 아이로 기르는가 하는 이 모든 열쇠는 실로 선생님들이 다 잡고 있는 것이다.

-이오덕, 『거꾸로 사는 재미』, 산처럼, 323.

(2) 이오덕이 생각하는 교사의 길

- 교사는 아이들을 창조적인 삶을 즐기는 사람이 되도록 가르쳐야
  한다.
- 교사는 아이들을 사람다운 느낌과 생각을 갖는 사람으로 키워야
  한다.
- 교사는 우리 겨레 아이들을 우리 겨레의 아이로 길러야 한다.

(3) 교사의 영광

내가 교원 대상 강의를 할 때마다 항상 하는 말이 있다. 우리는 단 한 번밖에 주어지지 않은 이번 생을 대한민국 교육을 담당하는 교사로 살고 있는데, 퇴임에 이르러 한평생 교사로 살아온 삶에 대한 여한을 남기지 않으려면 여한이 없이 열심히 하는 것도 중요하지만 그보다 앞서 교사가 할 일, 곧 교육의 본질에 맞게 교사의 길을 걷고 있는가에 대해 항상 되묻고 또 되물어야 한다는 것이다. 나는 이오덕이 제시한 위 세 가지 길을 더 많은 대한민국 교사들이 마음에 품고 살면 좋겠다고 생각한다. 단 한 번 살았던 생의 죽음에 이르러 교사로 살아온 삶을 돌아보면서 빙긋이 웃을 수 있도록.

2) 아이들을 하늘처럼 섬기는 교실

(1) 우리 교육의 현실

교단 생활에서 내가 뼈아프게 반성하는 것은 아이들을 위한 교육이 아니라 아이들을 위한 것처럼 꾸며 보이는 교육이었다. 학교 선생님들이 그 온 정신을 소모하게 되어 있는 것이 공문서 처리가 되어 있고, 무릇 인간의 문화 활동에서 비판이라는 것이 어느 분야보다 더 절실하게 요청되는 곳이 교육인데 참으로 괴상하게도 우리 교육계는 비판이 일체 허용

되지 않았고, 서로 미워하고 해치고 잡아먹도록 하는 짐승 이하의 교육 아닌 교육에 견디다 못해 여기저기서 아이들이 자살하는데, 학자들은 남의 나라 사람들 이론이나 교육만을 소개할 뿐이다. 이 책은 이러한 엄청난 현실을 자각한 일선 교육자들이 아이들 편에서 아이들과 같이 괴로워하고 고난을 받으면서도 끝내 교육을 포기하지 않고 아이들을 지켜가려는 한숨과 고뇌와 외로움과 분노와 몸부림과 지혜로운 사색과 깨달음이 있다.

_이오덕, 『아이들을 하늘처럼 섬기는 교실』(한길사, 1989), 서문을 간추림.

(2) 이오덕이 생각하는 교사의 길
- 아이들을 위하는 것처럼 꾸며서 보여 주는 교육을 해서는 안 된다.
- 남의 나라 이론만 소개하는 것은 아이들을 살릴 수 있는 길이 아니다.
- 교사는 언제나 아이들 편에서 아이들과 같이 아이들을 위한 교육을 지켜 나가야 한다.

(3) 아이들을 하늘처럼 섬기는 교실
이 책은 1988년 출판한 것으로 1980년부터 1987년까지 한국글쓰기교육연구회 회원들이 주고받은 편지 모음이다. 바위같이 억누르는 행정이란 힘 밑에서, 자신의 이익과 편안과 승진 요령만을 추구하는 동료들의 따돌림 속에서, 세속의 유혹에 흔들리는 자신에 대한 회의와 독재 정권의 탄압에 대한 두려움에 떨면서, 멀리 있는 마음을 나눌 수 있는 교육 동지에게 한밤중에 깨어나 편지를 쓰면서, 편지 한 장으로 위로받으며 마음을 다잡던 그 당시 이름 없는 교사들의 속마음을 볼 수 있다. 이오덕은 전국에서 보내오는 이름 없는 교사들 편지에 모두 진심 어린 답장을 써서 위로와 지혜를 주었다. 이 책 제목처럼 들꽃처럼 이름 없는 일선 교사들이

'아이들을 하늘처럼 섬기는 교실'을 만들어 주기를 바라는 마음으로.

3) 아이들한테 배워야 한다

(1) 교사는 아이들한테 배울 수 있어야 한다

아이들을 모르는 어른들은 아이들을 믿지 못한다. 그래서 아이들을 채찍으로 가르치려고 한다. 이런 어른들이야말로 게으르다. 아이들을 지도할 때 아이들이 재미있게 공부할 수 있도록 여러 가지 자료를 모으고 준비해서, 보고 듣고 만지고 만들고 하는 삶 속에서 공부하도록 해야 할 텐데, 그런 살아 있는 교육 방법을 미리 연구하고 준비하지 않는다. 만약 폭력이 지배하는 점수 따기 전쟁터가 바뀌어 평화의 자리가 되기만 한다면, 아이들은 곧 살아나 새로운 공부를 스스로 찾아내어 재미있게 하는 놀라운 슬기를 나타낼 것이다. 나는 그것을 확신한다. 그리되면 교사들도 아이들 힘에 끌려 아이들과 함께 재미있는 삶을 즐기면서 아이들처럼 부지런해질 것이다.

_이오덕, 『아이들에게 배워야 한다』(도서출판 길, 2004), 316~317을 간추림.

(2) 이오덕이 생각하는 교사의 길
- 교사는 아이들을 믿어야 하고, 아이들을 믿기 위해서는 아이들을 알아야 한다.
- 교사는 폭력이 아니라 평화로 가르쳐야 하고, 아이들이 스스로 배우는 놀라운 힘을 배워야 한다.
- 교사는 아이들 앞에서 끌지 말고, 아이들 뒤에서 끌려가면서 아이들과 함께 삶을 즐기면서 아이들처럼 부지런해져야 한다.

(3) 아이들을 따라가는 교육

교사는 아이들을 가르치기에 앞서 아이들한테 배울 수 있어야 한다거나 아이들을 끌지 말고 뒤에서 따라가야 한다는 이오덕 교육론을 현장에서 수없이 실감했다. 이런 생각은 『도덕경』에서 교육과 관련한 글을 골라서 모아 놓은 『배움의 도』[2]*에 실려 있는 '조산원 교사'와 통한다. 교사가 학생들을 믿지 않으면 학생들도 그를 믿지 않는다. 배움의 싹이 틀 때 그것을 거들어 주는 교사는 학생으로 하여금 그들이 진작부터 알던 바를 스스로 찾아낼 수 있도록 돕는다. 교사가 일을 다 마쳤을 때 학생들은 말한다. "대단하다! 우리가 해냈어." 공부가 끝났을 때 아이들이 교사가 가르치는 대로 따라 했더니 잘되었다가 아니라 우리가 같이 온 힘을 모아서 해냈다는 기쁨을 느낄 수 있도록 하는 것이다. 그렇게 하려면 교사는 "무엇을, 왜, 언제, 어디서, 무엇으로, 어떻게" 공부할 것인지 치밀하게 기획은 하되, 아이들이 스스로 그 길을 찾아서 해낼 수 있도록 밀어주고 도와주는 것이다. '따라간다'는 것은 아이들이 스스로 앞으로 밀고 나가게만 하는 게 아니라 경우에 따라 멈추거나 방향을 바꾸어야 하는 순간을 조정할 수 있도록 교사가 항상 아이들과 함께해야 한다는 의미다. 여기서 말하는 '따라가기'는 수동이 아니라 가장 강력한 능동을 의미한다. 다만 그 힘을 아이들이 알아채지 못하도록, 그래서 모든 일이 끝났을 때 아이들이 진정으로 "야, 우리가 해냈어!"라고 외칠 수 있도록.

* 『배움의 도』: 파멜라 메츠 풀어 씀. 이현주 옮김(민들레, 2015), 29. 모두 81가지 글이 있는데, '조산원 교사'는 17번. 이오덕과 함께했던 이현주가 이 글을 옮겨서 《민들레 교회 이야기》(최완택 목사가 담임했던 민들레 교회 주보)에 실었고, 누구나 써도 된다고 했다. 그래서 1990년대에는 손바닥 책자로 만들어서 1,000원씩 받고 배포했는데, 고맙게도 2003년 민들레 출판사에서 처음 책으로 펴냈다.

3. 삶을 가꾸는 학급 문화 만들기

1) 삶을 가꾸는 글쓰기를 위한 기본 조건

삶을 가꾸는 글쓰기를 할 수 있으려면 솔직한 글을 쓸 수 있는 환경을 만들어 주고, 나아가 자기 생활을 적극 창조하는 의욕으로 글을 쓰는 학급 문화를 만들어야 한다. 곧 민주주의 학급 문화를 만드는 일이 우선이다. 우리들 주위에는 삶을 가꾸는 글쓰기가 바르게 싹틀 수 없도록 병든 비민주 학급이 많다. 교사가 일방으로 지시하거나 명령하는 대로만 움직이게 하는 학급, 담임 권력을 대신하는 임원 의견만으로 모든 일을 처리하는 학급, 폭력으로 어린이들 여론과 행동이 좌우되는 학교, 강한 자가 약한 자를 억누르고 따돌리고 괴롭히는 질서가 강요되는 학교, 운동장 하나도 힘센 고학년부터 차례로 쓰는 힘의 질서를 그 밑바닥부터 무너뜨리지 않고서는, 적어도 그런 병든 생활 문화를 바로잡으려는 노력 없이는 결코 인간교육의 길이 열려질 수 없고, 삶을 가꾸는 글쓰기 교육을 출발할 수도 없다.

_이오덕, 『글쓰기 교육 이론과 방법』(고인돌, 2012), 45-52를 다듬어 간추림.

2) 민주주의 원칙에 맞는 학급 운영

- 교사 자신이 먼저 민주주의에 대한 이해와 믿음을 갖고 실천해야 한다.
- 교사와 어린이가 평등한 자리에서 규칙을 정하고 규율을 지켜야 한다.
- 교사는 어린이들이 하는 말, 하고 싶은 말, 해야 하는 말을 잘 찾아서 들어야 한다.

3) 민주 학급을 만드는 길

이오덕은 민주주의는 지식으로 가르치는 것이 아니라 몸으로 익히도록 해야 한다고 했다. 민주주의 선거 기본 원칙을 개념으로 가르치는 것으로 끝나서는 안 되고 직접 학급 선거나 학교 선거에서 민주주의 선거 원칙에 맞는 선거를 체험할 수 있도록 해야 하고, 담임이 가장 위에 있고, 학급 임원이 그다음에 있고, 다른 어린이들이 맨 아래 있는 구조와 질서를 바꿔야 한다고 했다. 이는 각각 자기 맡은 임무만 다를 뿐 학급 생활을 위한 의사표현을 평등하고 평화롭게 할 수 있어야 하고, 학급 규칙도 평등한 관계에서 정해야 하고, 그 규칙을 지키는 일도 모두 평등해야 한다는 것을 뜻한다. 민주공화국인 대한민국 헌법에 따른다면 너무나 당연한 일인데, 아직 우리 사회 곳곳에서 이러한 민주공화국이라는 헌법 정신이 지켜지지 않는 곳이 많은데, 대한민국이 진정한 민주공화국이 되려면 헌법 정신을 어린이들이 어려서부터 학급과 학교에서부터 몸으로 익힐 수 있도록 해야 한다. 교사들은 마음에 깊이 새겨야 한다. 민주 학급은 곧 민주 국가로 가는 첫걸음이라는 것을.

4. 삶을 가꾸는 글쓰기 교육

1) 맺힌 마음을 토해 내는 글

(1) 보기 글

① 공부
공부는 공부는

머리를 좋게 해요.

시험을 잘 보게 해줘요.

공부는 맛있는 햄버거지요.

공부야 공부야 고마워.

(3학년, 여)

② 공부를 못해서

나는 공부를 못해서 걱정이다.

집에 가마 맞기만 한다.

내 속에는 죽는 생각만 난다.

(3학년 남)

_이오덕, 『일하는 아이들』(보리, 2002), 158.

(2) 생각해 보기

- 어느 시가 마음을 토해 낸 걸까요?

- 두 시가 어린이 삶에 끼치는 영향에 차이가 있을까요?

- 여러분 학급 어린이가 쓴 시라면 무엇을 어떻게 지도하고 싶은가요?

(3) 글 살피기

보기 글 ①은 운율을 맞추어 쓰려고 했고, 공부에 대한 여러 가지 생각을 모아서 쓴 시이다. 겉으로 보면 밝고 명랑하지만 속으로 보면 절실함이나 진실함은 부족하다. 보기 글 ②는 외재율보다는 내재율이 살아있고, 무엇보다 이 어린이 삶에서 볼 때는 정말 심각한 고민이고, 오랫동안 가슴에 쌓이고 맺힌 아픔의 표현이다. 이렇게 가슴에 걸려 있는 맺힌 마음을 탁! 토해 버릴 수 있는 자리를 만들어 주는 것이 삶을 가꾸는 글쓰기 교육으로 가는 첫걸음이다. 담임교사가 이 글을 쓴 어린이 손

을 가만히 잡아 주는 것만으로도 이 어린이는 마음의 상처를 조금이라
도 치유하고, 어려운 현실을 이겨 나갈 수 있는 자존감과 힘을 줄 수 있
을 것이다.

2) 순간의 감흥을 붙잡아 쓰는 글

(1) 보기 글

① 구름
푸른 언덕에 누워
파란 하늘을 보면
구름은 구름은
요술쟁이예요.
토끼도 되고 여우도 되고
코끼리도 돼요.
(4학년, 여)

② 딱지 따먹기
딱지 따먹기 할 때
딴 아이가
내 것을 치려고 할 때
가슴이 조마조마한다.
딱지가 홀딱 넘어갈 때
나는 내가 넘어가는 것 같다.
(4학년, 강원식)

_이오덕, 『우리 모두 시를 써요』(지식산업사, 1993), 27.

(2) 생각해 보기

- 어느 시가 순간의 감흥을 진실하게 붙잡아 쓴 걸까요?
- 두 시가 어린이 삶에 끼치는 영향에 차이가 있을까요?
- 여러분 학급 어린이가 쓴 시라면 무엇을 어떻게 지도하고 싶은가요?

(3) 글 살피기

보기 글 ①은 내용은 언덕에 누워 하늘을 보면서 본 것을 쓴 글이지만 실제로는 평소 책에서 읽었던 글을 흉내 낸 글이다. 지식, 개념, 관념을 재주로 쓴 시이다. 거짓 감흥이라 할 수 있다. 보기 글 ②는 자기가 직접 놀다가, 곧 몸으로 움직여서 무엇을 하다가 어느 순간 몸으로 느낀 것을 딱 붙잡아 쓴 것이다. 순간의 감흥을 진실하게 붙잡아 글로 표현한 것이다. 삶을 가꾸는 글쓰기 교육은 이렇게 진실을 붙잡는 글쓰기를 지식이나 기술로 쓰는 글보다 더 먼저 가르쳐야 하고, 어린이 글을 평가하는 중요한 기준으로 삼아야 한다.

3) 함께 나눌 가치가 있는 글

(1) 보기 글

① 나무
나무는 나무는 바보
바람이 불어야 손을 흔들고
비가 와도 피하지도 못하고
나무꾼이 와도 가만히 서 있는
나무는 나무는 바아보.
(3학년, 남)

② 청개구리

청개구리가 나무에 앉아서 운다.

내가 큰 돌로 나무를 때리니

뒷다리 두 개를 펴고 발발 떨었다.

얼마나 아파서 저럴까?

나는 죄 될까 봐 하늘 보고 절을 했다.

(3학년, 백석현)

_이오덕, 『어린이는 모두 시인이다』(지식산업사, 1969), 62.

(2) 생각해 보기

- 어느 시가 여러 사람이 함께 볼 가치가 있는 글일까요?
- 두 시가 어린이 삶에 끼치는 영향에 차이가 있을까요?
- 여러분 학급 어린이가 쓴 시라면 무엇을 어떻게 지도하고 싶은가요?

(3) 글 살피기

학급에서 어린이가 쓴 글은 그 어린이 삶을 가꾸는 데 의미가 있으면 된다. 그다음에 교사가 그 어린이 삶을 이해하거나 그 어린이 내면의 소리를 찾아내서 알려 주는 계기가 될 수 있다면, 곧 의사소통과 관계 맺기에 도움이 되는 것만으로도 충분한 가치가 있다. 그러나 아이들이 쓴 글 가운데는 다른 어린이와 어른들과 함께 보면 좋겠다 싶은 가치가 있는 글도 있다. 그 가치가 어떤 것이냐는 필요에 따라 여러 가지로 분류해 볼 수 있다. 그런 가치가 있는 글을 글모음이나 교육 자료로 발표해서 모두가 공유할 수 있도록 하면 어린이와 교육과 국가가 발전할 수 있다. 삶을 가꾸는 글쓰기 교육은 시작은 어린이 한 명 한 명이지만 인류와 지구촌 삶을 가꾸는 데까지 나갈 수 있는 교육의 길이다. 사람이 사람답게 살 수 있고, 지구촌 모두가 함께 평등하고 평화롭게 살 수 있는 세상으로 가는 길이다.

어린이가 쓴 글에서 어른들이 배워야 할 것이 너무나 많다는 것을 꼭 기억하기를.

5. 말과 글 바로쓰기

1) 우리말과 우리글로 살아가야 한다

오늘날 우리가 그 어떤 일보다 먼저 해야 할 일이 외국말과 외국말법에서 벗어나 우리말을 살리는 일이다. 민주고 통일이고 그것은 언젠가 반드시 이뤄질 것이다. 그것을 하루라도 빨리 이루는 것이 좋다는 것은 말할 나위도 없지만, 3년 뒤에 이뤄질 것이 20년 뒤에 이뤄진다고 해서 그민주와 통일의 바탕이 아주 달라지는 것은 아니다. 그런데 말이 아주 변질되면 그것은 영원히 돌이킬 수 없다. 한번 잘못 병들어 굳어진 말은 정치로도 바로잡지 못하고 혁명도 할 수 없다. 그것으로 우리는 끝장이다. 또 이 땅의 민주주의는 남의 말, 남의 글로 창조할 수 있는 것이 아니라 우리말로써 창조하고 우리말로써 살아가는 것이다.

_이오덕, 『우리글 바로쓰기 1』(한길사, 2003), 8.

2) 우리말과 글 살리기

- 쉽고 바른 우리말로 글을 누구나 알기 쉽게 써야 한다.
- 될 수 있는 대로 중국 한자말을 우리말로 바꿔 써야 한다.
- 잘못된 일본식 한자말을 버리고 우리말을 살려 써야 한다.
- 우리말로 바꿀 수 있는 서양말은 우리말로 써야 한다.
- 어린이들에게 우리말을 바로 가르치고, 어린이 말을 소중히 여기고,

어린이들이 자유스럽게 글을 쓸 수 있게 해야 한다.

- 모든 사람이 쉽고 살아 있는 말로 글을 써야 한다.

3) 우리말 살려 써 보기

• 고사리를 채취해서 판매했다.

　☞ 고사리를 꺾어다 팔았다.

채취採取라는 어려운 중국 한자말 한 개를 버리고 우리 겨레가 수천 년 삶 속에서 만들어 낸 쉬운 우리말로 바꾸면 '꺾다, 캐다, 뜯다, 줍다, 따다, 베다, 뽑다, 잡다, 낚다, 모으다'처럼 여러 가지 우리말을 살릴 수 있다. 또 삶을 또렷하게 나타낼 수 있다.

• 나는 미소를 좋아한다.

　☞ 나는 빙그레 웃는 걸 좋아한다.

이 글은 보통 소리 없이 웃는다는 뜻을 가진 미소微笑로 볼 수 있다. 그러나 앞뒤 없는 이 문장만으로는 미소媚笑, 미소美蘇, 미소微小, 미소微少 가운데 무엇을 뜻하는지 알기 어렵다. 만일 미소微笑라면 '빙그레, 빙긋이, 싱긋이, 생긋이, 살포시, 벙긋벙긋, 방긋방긋, 살짝 (…) 좋아한다'처럼 '소리 없이 웃는 모습'을 뜻하는 우리말에서 그 상황에 가장 알맞은 말을 찾아서 쓰는 것이 우리말을 살리는 길이다.

• 메트로에 부착한 광고가 너무 과다하다.

　☞ 지하철에 붙인 광고가 너무 많다.

버스Bus 같은 말은 이미 어린아이들 입에도 익숙한 말이 되었고, 꼭 영어를 몰라도 쉽게 알 수 있는 우리말이 되었다. 그러나 지하철이라는 말을 백성들이 다 쓰고 있는데 굳이 메트로Metro라는 서양말을 쓸 필요는 없다.

| 생각해 보기 |

1. 이오덕은 '아이들을 죽이는 교육'을 버리고, '아이들을 살리는 교육'을 하자는 마음으로 찾자는 뜻으로 당시 '거짓교육'에 반대하는 말로 '참교육'이라는 말을 쓰기 시작했다. 요즘 교육에서 아이들을 죽이는 교육은 무엇이고, 아이들을 살리는 교육은 어떻게 해야 할까?
2. 아이들 생명을 살리는 삶을 가꾸는 교육을 하기 위해서는 학급 민주화가 첫걸음이다. 요즘 교육에서 학급 민주화를 해치는 것은 무엇이고, 학급 민주화는 어떻게 해야 할까?
3. 이오덕이 우리말과 글을 쉽고 바르게 써야 한다고 주장하는 까닭은 말과 글의 민주화가 이루어져야 모든 사람들이 평등한 삶을 살 수 있기 때문이다. 요즘 쓰는 교수학습 용어 가운데서 쉬운 우리말로 바꿀 수 있는 어려운 중국식 한자말, 일본식 한자말, 영어를 비롯한 외국어들엔 어떤 것들이 있을까?

1. 전현욱, 「교육운동 참여의 자유변경 과정에 관한 사례 연구」, 서울대학교 박사학위
   논문, 2014.
2. 파멜라 메츠(Pamela Metz), 『배움의 도』(민들레, 2015), 29.

- 이오덕. 『삶을 가꾸는 글쓰기 교육』. 보리, 2004.
- 이주영. 「이오덕 삶과 교육사상」. 백석대학교 박사학위 논문, 2010.
- 전현욱. 「교육운동 참여의 자유변경 과정에 관한 사례 연구」. 서울대학교 박사학위논문, 2014.
- 메츠, 파멜라(Metz, Pamela). 『배움의 도』. 이현주 옮김. 민들레, 2015.

- 이주영. 『이오덕, 아이들을 살려야 한다』. 보리, 2011.

  1부에서는 이오덕의 생애를 추적해서 살아온 과정과 생애 주기에 따른 주요 활동을 정리했고, 2부에서는 이오덕 교육사상을 간략하게 정리하고, 3부에서는 이오덕 어린이문학론을 정리했다. 정리했다고 하는 까닭은 이오덕이 남긴 수십 권의 책에서 기본 요소를 추출해서 독자들이 이오덕을 쉽게 알아볼 수 있도록 정리하는 것을 목적으로 쓴 책이기 때문이다. 이오덕의 생애와 교육과 어린이문학에 대한 생각을 만날 수 있다.

- 이오덕. 『민주교육으로 가는 길』. 고인돌, 2010.

  1989년 전국교직원노동조합 결성 과정을 지켜보면서 당시 논쟁의 쟁점이 된 '참교육'이 무엇이고, 어떻게 해야 하는가에 대한 생각을 급히 정리해서 쓴 책이다. 이오덕이 생각하는 참교육이란 무엇이고, 어떻게 해야 하는가를 소박하게 이야기해 주고 있다. 간략하게 쓴 부분들이 많지만 이를 뿌리로 더 많은 줄기를 세우고 잎과 꽃을 피우고 열매를 맺을 수 있는 물꼬가 될 수 있다.

- 이오덕. 『이오덕 일기』 1-5. 양철북, 2013.

  이오덕은 평생 일기를 썼다. 그 가운데서 1960년대부터 2003년 임종 전까지 일기를 쓰고, 그 일기를 바탕으로 시와 동화와 수필을 썼다. 이오덕 일기 가운데서 교육과 관련된 글을 중심으로 골라 엮은 책이다. 아이들과 살면서 고민하고 갈등하고 번뇌하면서도 교사가 걸어가야 할 길을 포기하지 않고 시대에 맞서 버텨 내는 삶의 속살을 만날 수 있다. 1960년대 이후 학교 현장이 어떻게 달라지고 있는지, 또는 세월이 흘러도 전혀 바뀌지 않은 것이 무엇인지를 살펴보는 재미도 있다.

7장

혁신학교를 위한
또 다른 상상력

이 장에서는 세계 여러 나라, 특히 유럽에서 시도되었던 유력한 혁신학교와 자유학교 사례들 중 독일, 덴마크, 프랑스 사례 넷과 일본 사례 하나를 살피고자 한다. 우리나라 혁신학교를 운동 차원에서 추동하는 힘과 원인은 여럿이겠으나 그것들 중 하나는 그러한 다양한 학교개혁운동들이기 때문이다. 이 선구적 시도를 통해서 우리의 역사적 위치를 밝히고 상호 생산적 대화를 나누어 볼 수 있을 것이다.

독일의 헬레네랑에슐레(Helene-Lange-Schule)는 독일 전역에서 가장 대표적인 혁신학교들 중 하나로 알려졌으며 국제적으로도 널리 알려진 학교이다. 덴마크는 세계 교육 지형도에서 그 유례를 찾아보기 어려울 정도로 개방적이고 유연하며 다양한 학제상 특징에 의거해 자유로운 교육적 내용을 발전시키고 있다는 점에서, 또한 공교육과 자유교육 간의 연계구조를 발전시켰다는 점에서 시사적이다. 프랑스의 프레네 교육(C. Freinet에서 비롯된)은 공교육 안에서의 대안교육이라는 점에서 범세계적인 영향력을 가진 시도로, 성격상 우리나라의 혁신학교에 상응한다.

아울러 일본의 사례도 고찰했다. 일본의 '배움의 공동체'의 교수학습구조는 그 핵심이 독일의 예나플란슐레(JenaPlanSchule)에서 발원하여 여러 곳에 널리 확산되었으며 역시 프레네 교육에서도 시도되고 있는 '(연령혼합) 줄기모둠 학습모형'을 일정 부분 일본식으로 토착화시킨 것이라 할 수 있다. 이를 통해 서구적 모형이 동북아시아적 콘텍스트에 적용, 변형되었을 때 가능할 수 있는 형태와 성격을 탐색해 볼 수 있다.

독일의 대표적인 혁신학교 중 하나인 '헬레네랑에슐레'의 중요한 면면과 특징을 행정 체제와 수업 구조 문제를 중심으로 살펴보고 시사점을 짚어 보았다. 이 학교는 지식교육 중심의 근대 공교육 체제를 극복하고 '삶을 위한 교육', 진정한 의미에서의 '인간적인 학교'가 오늘날 정황에서 어떻게 가능한지를 보여 준다. 그것은 한마디로 성찰과 상상력, 그리고 용기와 탐험 정신의 결정체라 할 수 있다.

헬레네랑에슐레Helene-Lange-Schule
-학교의 문화를 혁신하기 위한 창조적 실험

송순재

1. 왜 헬레네랑에슐레인가?

나는 근 이십여 년 전인 1997년 겨울, 잠시 틈을 내어 독일 남부에 위치한 대학 도시 튀빙겐에 머물면서 변화와 개혁을 시도하고 있는 다양한 학교들에 대한 탐사를 하고 있었다. 그때 발견한 학교가 지금은 독일 내에서는 물론 국제적으로도 잘 알려진 '헬레네랑에슐레'(Helene-Lange-Schule, '헬레네랑에'는 인명을 딴 것이고, '슐레'란 학교라는 뜻)이다. 당시 이 학교는 혁신 과정이 상당히 진행되어 많은 성과를 내고 있었으며 현재의 모습과 크게 다르지 않을 정도의 꼴을 갖추었던 것으로 보인다. 그때는 우리 사회에 다양한 학교개혁에 관한 국제적 선례들, 특히 유럽의 대안학교와 혁신학교 사례들이 집중적으로 소개되던 시기로 이를 계기로 헬레네랑에슐레도 그중 한 중요한 사례로 제시되었다. 이후 우리나라 교사들이 이따금 방

---

* 이 글은 필자의 학교 탐방 기록에 기초하되, 학교장과 교사들이 혁신교육의 면면을 다양한 시각에서 소개한 문헌과 자료를 주로 사용했음을 밝혀 둔다.
* 주석에서 게롤트 베커 외(편)의 『만들고 행동하고 표현하라』는 장과 쪽수만, 에냐 리겔의 『꿈의 학교 헬레네랑에』는 저자명과 쪽수만을 제시했다. 라인하르트 칼(Reinhard Karl)이 책임을 맡아 제작한 학교 소개 영상물 〈Eine Schule, die gelingt. Enja Riegel und die Helene-Lange-Schule Wiesbaden〉은 'Reinhard Karl'로만 표기했다.

문하고 그쪽의 교사가 강연 차 내한하기도 하는 식으로 교류가 이루어졌고 이 학교의 면면을 잘 보여 주는 책도 두어 권 우리말로 번역 출간되었다. 이런 식의 국제적 교류는 중요할 뿐 아니라 필수 불가결하다. 역사적으로 볼 때 근대 공교육 체제의 연원은 그곳이고 그 오류를 인식하고 바로잡기 위한 노력을 기울인 것도 그곳이며, 또 문화적 대화라는 시각에서도 그러하다.

헬레네랑에슐레는 독일 중부 헤센주의 수도인 비스바덴에 위치해 있다. 이 학교의 개혁을 주도한 사람은 에냐 리겔Enja Riegel 교장이다. 1983년 새로 부임하여 2003년 은퇴하기까지 20여 년간 뜨거운 열정과 학구적 노력을 바쳐 일한 덕분이다. 이 학교는 원래 1847년 여성교육을 목적으로 설립되었는데, 1, 2차 세계대전이라는 역사의 격동기를 넘어서 근래에 김나지움으로 발전한 후, 1985년에 이르러 마침내 오늘날과 같은 구조 변혁을 위한 전기를 맞게 되었다. 그것은 한편으로는 외부의 자극에 따른 것이었다. 당시 헤센주 교육청은 '촉진단계계획'[1]을 입안했는데, 이는 현장에 있는 학교들의 행정조직뿐 아니라 내적인 구조를 다시 한 번 새롭게 성찰하여 변화를 모색하도록 하기 위한 것이었다. 새롭게 변화한 면모와 특징을 간략히 살펴보자.

2. 행정 체제의 혁신—관료주의적 행정 체제에서 유기체적 생명체로

혁신의 과제로 가장 먼저 짚어 낸 것은 대부분의 학교를 지배하는 행정 체제인 관료제였다. 관료제는 세간에서 종종 회자되어 왔듯이 학교를 마치 공장이나 병영, 심지어는 감옥과도 같이 존재하도록 만들어 버리지 않았는가? 이 메커니즘은 전형적으로 봉사하기보다는 군림하며 지배를 추구하는 행정 체제를 가동하고 권위주의적인 통제 체제를 통해 힘을 발휘하기 때문에, 시간이 갈수록 생동성과 자발성을 질식시킨다는 비판적 문제의식이 대두되었다. 리겔 교장은 이 구조를 하나의 '유기체적 생명체'로 바꾸어 내야 한다고 생각했고 그것은 다음과 같은 방식으로 진행되었다.

이 학교는 5~10학년까지 6개년(중등교육 1단계까지)의 남녀 학생들을 대상으로 하고 있으며, 각 학년 학생 수는 100여 명 정도로 모두 620명가량이다(2012년 이후 기준).[2] 교사 수는 43명이다. 이렇게 보면 이 학교는 큰 규모에 속한다. 학교운영위원회는 대형 학교의 문제와 위험을 옳게 인식했다. 큰 규모는 종종 학생과 교사들을 익명적인 존재로 전락시키고, 각자가 전체를 조망하는 관점을 얻기 어렵게 만든다. 학생과 교사가 서로를 조망할 수 있고 지속적인 관계를 설정하도록 하는 것은 절실한 문제가 아닐 수 없었다.

그래서 이 학교에서는 일종의 '학교 안의 (작은) 학교'를 만들기로 했다. 핵심은 큰 구조 안에서 다시금 작은 구조를 만들고 이들 각각의 구조들이 전체적 연관성 안에서 작동하도록 하는 것이었다. 그것이 바로 '팀 작업'이다. 전교 학생을 100명을 단위로 한 여섯 개의 팀으로 나눈 후 (각 팀은 25~26명이 한 학급을 이루는 작은 학급 4개로 구성), 각 팀을 6~8명의 교사가 하나의 팀을 이루어 6년 동안 지속적으로 가르치는 방식이다. 이를 통해 학생들로 하여금 고도의 자기 책임성과 자율성을 체험하도록 시도했다. 담임교사는 자기 팀에서 좀 더 많은 시간을 보내도록 했는데, 저학년일수록 더욱 그렇게 했다. 이를테면 주당 반 이상의 시간을 자기 팀에 들어간다. 이렇게 하니 학생들의 강점과 약점을 잘 알 수 있게 되었다. 교사는 한 학급에서 '두세 개의 교과'를 가르칠 수 있도록 권한이 보장되어 있다. 학교의 위계질서는 가능한 한 폐지하고 대신 연간계획을 세우는 데서부터 재정에 이르기까지 각 팀이 담당할 과제에 대한 책임성을 제고하고자 했다.

3. 수업혁신을 위한 철학과 방법

1) 기본 구상

학습에서도 근본적 변화가 요청되었다. 학습은 오랫동안 마치 공장의 생산 공정처럼 이루어져 왔다는 비판 때문이었다. 오늘날 학생들은 효율적 외국어 학습을 위해 개인별로 칸막이가 쳐진 어학실에 들어가 반복적 연습과정에 몰두한다. 이런 식의 학습은 분명 기술공학적으로 발전된 방법임에는 틀림없으나 언어적 생동성을 기계화시켜 버리는 상황을 피할 수 없다. 외국어는 차라리 일상적인 대화 속에서, 축제에서 혹은 연극과 같은 예술작품 속에서 생생하게 배울 수 있지 않을까? 우리는 교육을 각자의 삶의 생동성이 분출하는 '판'으로 만들어 나갈 수는 없을까?

교사들은 학교의 수업 구조를 전적으로 새롭게 바꾸어 내지 않으면 안 되겠다는 필요성을 절감했다. 제도를 쇄신하기 위해 필요한 조처가 모색되기 시작했다. 이 관점에서 염두에 둔 개념들이 있었는데 '인간화', '민주화', '학습에서의 자율화'라는 세 가지 명제가 바로 그것이었다. 이 셋을 수업 현장에서 구체화시켜 보면 다음과 같다.[3]

- 학습자 개개인의 자유로운 활동을 통한 학습을 지향한다. 학습은 개인의 자유와 자발성에 따라야 한다는 개혁교육학의 전형적인 주제이다. 따라서 수업에서 교사의 권위에 의한 일방통행식 수업을 지양하고 자기주도적 사고와 활동을 통한 수업을 모색한다.
- 협력적 학습 가능성을 모색한다. 학습에서 개인주의적 관점을 극복하자는 것이다. 공동체적 사고는 개인주의적 사고의 반대 명제이다. 경쟁이 아닌 협력이라는 덕목은 기술산업자본주의 사회에서 점점 절실해지고 있는데, 협력적 삶 없이는 개인 역시 결코 존재할 수 없고 개

인의 역량 역시 협력을 통해서 좀 더 효과적으로 발전할 수 있다는 인식이다.

- 많은 지식을 피상적으로 배우지 말고, '범례적'(exemplarisch)으로 학습하도록 한다. 범례적 학습이란 학습자가 이해할 수 있도록 적은 양을 심도 있게 체화시키는 학습 방식을 말한다. 예를 들어 "좋은 인간, 좋은 삶, 좋은 사회란 무엇인가?"라는 질문에 대해 그리스인들은 뭐라고 했으며, 유럽의 중세와 1920년대 독일에서는 뭐라고 했는지 되묻는 방식이다.[4]

- 실천 학습을 발전시킨다. 종래의 지식이란 거의가 머리만을 맴도는 이론적인 지식에 불과했다. 실제 생활의 맥락에서 학습함으로써 살아 있는 공부를 하자는 것이다.

교사 알버트 마이어Albert Meyer는 이들 지향점이 실제 수업에서 구현되는 과정을 다음과 같이 나타냈다.

학생의 상태를 파악하기(value pupils, 교사의 태도가 중요, 교사의 효과적인 작업 수행을 위한 지원체제 마련) → 학생과 교사 간의 상호 신뢰(학교 안에서의 '관계의 문화' 형성-교사가 학생 개개인에게 보내는 신뢰가 중요) → 적절한 도전의 기회 제공(아동의 흥미에 따른 동기부여-교사는 이 과정을 동반하며 실패의 가능성도 예측) → 책임적 태도를 갖추기(학생들은 바람직한 학업성취도를 보인다-자기 힘으로 하는, 자기주도적인, 다른 사람을 돕는, 사회적 환경 조성을 위한 학습) → 스스로 효능을 체험하도록 하는 학습의 과정(Self efficacy in Learning).[5]

요컨대 객관재의 단순한 전수가 아니라, 학생과 교사 간에 '관계의 문화'를 만들어 내고 이 조건하에 학습자 개인의 내면을 촉발시켜 일정한 성과에 이르도록 하기 위한 과정이라 할 수 있다. 그렇다고 객관재를 무가치하게 여기는 것은 아니다. 객관재가 차지하는 위치가 있다. 하지만 이는 학습자 개인의 세계를 형성하는 과제에 기여하는 한 의미를 가진다는 뜻이다.

2) 유의미한 학습을 위한 교실 공간 재구성

19세기 말 이후 공간이 학습에서 얼마나 중요한 역할을 차지하는지에 대한 문제의식이 점증했는데 이 새로운 의미를 반영하고자 한 결과이다. 이전에 쓰던 학교 공간과 교실(1950년대 후반 4, 5층이 세워짐)은 새로운 교육관과 합치되기 어려웠기 때문에 연차적으로 내부 구조를 바꾸기로 했다.

새로워진 공간 구조의 면면은 다음과 같다. 각 학년마다 4개의 교실을 배정하여 모두 24개의 교실을 마련했다(교실 문은 안팎으로 소통이 가능하게 늘 열어 둔다). 아울러 자료실 하나(교수학습 자료를 위한 방으로), 팀 작업실 하나(학생과 학생, 학생과 교사 간의 협력 작업을 촉진하기 위한 방), 컴퓨터/인터넷/WLAN 방 하나(전체)를 층마다 하나씩 만들었다(전체 각각 6실). 아울러 라디오와 비디오 스튜디오도 설치했고(층마다 있는 건 아님), 여러 용도의 작업실(전체 11실), 자연과학 실험실(4실), 체육관, 도서관, 연극실, 식당, 정원 등도 조성했다. 복도는 다만 통과하는 공간이 아니라 삶이 경험되도록 다양하게 꾸몄다. 이곳의 일부는 마치 교실처럼 개별적, 협력적 작업과 사회적 교류 및 전시를 위한 자리가 되기도 한다. 이른바 '학생생활나눔터'. 각 학년마다 하나씩 모두 6개의 공간이 조성되어 있다. 이와는 별도로 교사들이 함께 작업할 수 있도록 각 층에 작은 교사실을 만들었다. 단순한 교무실이 아니라 함께 작업하는 방이다. 이 방은 교육학적인 견지에 따라 상당 부분 개조했지만 효과적인 과제 수행에는 그래도 좀

비좁은 편이다.[6]

아울러 수업과 학습을 위해 교실과 복도에 비치되어 있는 도구 셋이 있다. 수학실험상자, 자연과학수레, 비스바덴선반이 그것이다. 모두 이 학교에서 개발한 것들이라는 점에서 인상적이다.

수학실험상자: 수학실험 도구를 보관하는 상자로 구멍이 163개 뚫린 핀 보드 13개, 여러 색의 플라스틱 핀, 고무줄과 여타 재료로 되어 있다. 학생들은 5학년이 되면서부터 10학년까지 이것을 가지고 수학공부를 하기 시작한다. 보드에 핀을 꽂아 일정한 형태를 만들고 정해진 점들에 고무줄을 끼워 선을 만든다. 다양한 도형과 선을 만들어 주는 핀 보드이다. 이 보드를 이용해 학생들은 주제에 접근하는 방식을 찾아내고, 자신의 아이디어를 시험하고 또 이것을 학우들에게 알려 주며, 자유롭게 배우면서 수학적 내지 미학적 구조를 발견하며, 다른 학생들과 게임을 하거나 새로운 게임 방식과 도구를 만든다. 이 핀보드와 상자는 9학년 공예시간에 학생들이 직접 제작한 것이다.[7]

자연과학수레: 어떤 교과는 일반 교실에서는 수행하기 어려운 점이 있다. 예컨대 자연과학 수업에는 실험실습 장비가 갖추어진 과학실이 필수적이다. 수공예 작업실, 요리실, 라디오 방송실, 사진실, 미술실, 체육관 등도 마찬가지다. 하지만 그런 장비를 제조·공급하는 회사와 실제 학교 수업 과정이나 학생 개개인의 학습 구조 간에는 차이가 있다는 점이 늘 문제로 대두되어 왔다. 학교 현장에 들어맞는 설비가 절실했다. 또 한 가지 문제가 있었는데 제한된 특수 교실을 여러 학급이 동시에 이용할 수 없다는 것이었다. 여기서 교사들로부터 창의적 아이디어가 나왔다. 과학 수업의 경우, 일반 교실에서도 활용 가능하며, 실제 수업과정과 방법에 적합하게 고안된 설비를 직접 제작하자는 것이었다. 이렇게 하여 일반 교

실이 체계적인 학습 환경으로 탈바꿈하게 되었다. 이 수레는 학생들이 직접 설계·제작했다. 끌고 다닐 수 있는 수레로 교실과 모임 공간에 배치된다. 위 표면은 내구성 있는 타일로 되어 있고 아래에는 큰 수납공간이 있어 기본 장비들, 즉 깔때기, 열쇠, 가위, 칼 등 간단한 생활용품과 다양한 실험 도구들을 보관하게 되어 있다. 실험 도구는 상자에 보관하되, 주제에 따라 여러 색 상자를 만들었다. 파란색 상자에는 현미경 실험 도구, 노란 상자에는 초 실험 도구, 초록 상자에는 식물 실험 도구, 흰 상자에는 빛 실험 도구 등. 큰 실험 도구(현미경 등)와 씨앗, 화학제품 등은 분리 보관한다. 또 실험방법을 설명해 주는 실험 카드도 주제별로 분류해 보관 상자와 같은 색으로 표시해 비치해 두었다. 이 수레는 학급마다 2명의 학생들이 책임을 맡아 관리하고 있다. 학생들은 수레 안쪽에 리스트를 붙여 놓아 이것을 보면서 부족한 자료를 점검하고 부족한 것은 채워 넣는다. 도구 상자 안에도 내용물을 관리하는 목록 카드가 비치되어 있다.

실험 도구를 이용한 과학 수업은 5, 6학년 때 처음 시작된다. 이때는 일정한 실험방식을 배우는 시기이므로 여러 학급이 함께 한다. 도구를 정리하는 원칙과 실험 기술 학습을 위해서 유의할 사항으로 실험 지침서 읽기와 실험순서 지키기, 조용하고 신중하게 작업하기, 도구와 화학제품을 주의 깊게 다루기, 실험 도구 닦기, 실험 도구 제자리에 놓기, 실험 장소 청소하기 등이 있다. 학생들은 이 도구들을 이용해 실험 순서를 이해하고 시험한다. 과정은 실험 준비–실험 실시–실험 평가–실험 기록 정리 등으로 진행된다. 실험은 개인별, 그룹별로 이루어지고 결과도 발표하는데, 이때 과학 수레를 이용한다.[8]

비스바덴선반: 학생들이 독자적으로 개발한 가구로 크기는 가로 132cm, 세로 52cm, 높이 124cm이다. 이 선반은 네 가지 작업(조판, 인쇄, 제본, 목공) 등 한 번에 최대 열한 가지 작업을 할 수 있는 도구이다. 선

반에는 각 작업 과정에 필요한 도구들이 비치되어 있다. 프레네식 인쇄 목판, 제본을 위한 작업이 가능한 작업대, 인쇄 작업대, 목공예 작업대, 제본 작업대 등이 있으며 각각 독특한 구조로 되어 있다. 선반은 덧칠한 압착 판지로 만들고 나머지는 강한 재질의 나무와 합판으로 만든다. 장은 각각의 선반을 넣을 수 있도록 구분되어 있다. 선반들은 책상에 올려 놓고 쓴다. 장은 학생들이 안전하게 들고 다닐 수 있는 크기에 밑에는 바퀴가 달려 있고 한쪽에는 손잡이가 달려 있다. 이 선반은 10~13세 청소년들의 작업 능력에 맞추어져 있고, 누구나 사용법을 익히면 다른 사람 도움 없이 스스로 실험을 해 보고 교사가 제시하는 과제를 해결하게끔 구조화되어 있다.[9]

학교의 이곳저곳을 둘러보고, 교장실에 들어갔을 때 받은 인상이 있다. 교장실은 마치 한 집의 응접실처럼 꾸며져 있었다. 구석 한쪽에는 집에서 가져온 탁자가 놓여 있었고, 다른 곳에는 철제 캐비닛이 아니라 장롱이 배치되어 있었다. 일부러 집에서 쓰던 것을 가지고 왔다고 했다. 창문의 커튼은 문양과 색이 잘 어우러진 것을 골라 걸어놓았다. 아늑한 공간이었다. 필자는 마치 교장 선생님이 사는 집에 초대를 받은 느낌으로 커피 한 잔을 대접받았다. 마치 페스탈로치의 훈훈한 입김이 되살아난 것 같았다. 그는 이미 학교를 가정처럼 만들자고 하지 않았던가? 이런 곳을 아이들이 즐겨 찾지 않는 것은 오히려 이상한 일일 것이다. 오토 볼노(Otto Friedrich Bollnow, 독일의 교육인간학자)는 그의 책에서 공간을 아늑하게 만드는 것이 얼마나 중요한 일인지를 역설한 바 있다. 아이들은 갈등상황에 내던져지기 전에 편안한 정서를 누리도록 해야 하는데-이 경험을 박탈당한 어린이들은 신경증적인 상태에 이르고 병에 걸리기 쉬우며, 심지어는 일찍 죽게 된다는 의학적인 보고를 곁들여-, 이를 위해 아늑한 공간이 필요 불가결하다는 이야기이다.[10]

3) 월요아침대화모임(Morgenkreis)

일찍이 예나 대학의 페터 페터젠Peter Petersen이 예나플란슐레JenaPlan Schule에서 개발한 것으로 새로운 한 주를 맞으며 그 처음을 인격적인 만남과 대화와 성찰의 시간으로 열기 위한 뜻에서 창안한 것이다. 영어로는 Monday morning talking circles로 번역할 수 있다. 헬레네랑에슐레는 나름대로 몇 가지 과정을 개발·운영하고 있다. 원형으로 앉고 중앙에는 탁자를 놓고 그 위에 꽃병이나 기타 예술적 상징물을 배치한다. 참석자들은 이 중심축에 따라 조용히 자리 잡고 마음을 가라앉힌 후 다음 과정을 진행한다. 교사와 학생들은 서로서로 근황을 묻는다. 교사는 정보를 제공하고, 학급의 '주간계획표'와 학생의 '학습계획'을 같이 짠다(다음 '4' 참조). 학급 회의로 활용한다. 다른 학우들에게 주는 피드백 규칙을 정하거나 공감하는 것들을 서로 나눈다. 새로 들어오는 학생이나 떠나는 학생을 위한 환영식이나 환송식을 연다. 생일을 맞는 학생들을 축하해 준다. 반에서 늘 앉는 구조를 달리해서 앉을 수 있는 기회이다. 이 모든 과정들에 있어서 명료한 규칙 제정과 사회적 의례儀禮를 필요로 하는 부분에 대한 치밀한 준비와 진행이 학습과 공동생활의 불가결한 기초라는 인식이 깔려 있다. 이를 통해 하루와 일주일 그리고 각자의 삶은 의미 있게 조율되고 이끌어질 것이라는 기대가 반영되어 있다.[11]

4) '삶에 열린' 학습: 4시간 단위 수업과 프로젝트 수업
　－특히 연극 프로젝트

종래의 수업 구조는 개별 교과 수업, 교실공간에 국한된 학습, 지식주의 편중 학습이라는 문제에 고착되어 있었다. 헬레네랑에슐레는 '삶에 열린' 학습 구조라는 관점에서 그 한계를 극복하고자 했다. '열림'이란 교사 편에서 모든 것을 규정하려 하지 않기 때문에 학습과정과 학습의 결과가 일정 부분 미지의 상태로 남아 있다는 뜻이다. 열린 수업에서 염두에 두는 다음 몇 가지 사항이 있다.

- 학습자는 각기 고유한 특징을 가지며 그 자발성을 무엇보다 중시한다. 따라서 학생들의 질문을 발견해 내고 학생들이 흥미를 보이는 특별한 주제에 초점을 맞추어 진행하는 것이 중요하다.
- 삶에 열린 수업구조가 되기 위해서는 개별 교과를 넘어서 여러 교과를 상호 연계 지으며, 다른 한편 교실 공간을 넘어서서 사회적 환경을 또 하나의 학습의 자리로 삼는다.
- 학습은 머리, 가슴, 손, 발이라는 다양한 차원이 교차하는 실천적, 활동 지향적 성격을 띤다.
- 이미 알려진 지식이 아니라 새로운 영역을 탐사하는 것이기 때문에 도전적 주제를 발굴하고 이를 실제로 구현하는 방법을 익히는 것이 중요하다.
- 수업은 실제 생활 현장에서 하루 종일 이루어지고 이 경험들을 언어적으로 작업해 낸다.
- 열린 수업은 팀으로 수행되고 그 성과는 공동 발제 형식으로 표현된다(발제는 학급과 동일 연령 그룹, 학부모와 방문객들을 대상으로 다양하게 이루어진다).

시간표의 기본 구조를 보면, 오전에는 학과 수업을 원칙으로 하고 오후에는 함께 하는 활동이나 종종 프로젝트 수업을 준비·진행한다. 이 학교에서 특화시켜 개발한 수업은 '4시간 단위 수업'과 '프로젝트 수업'이다. 후자의 경우 교과의 경계보다 특정한 주제가 중심축을 이룬다면, 전자의 경우는 교과의 경계를 유지하면서 서로를 연관 짓는 작업이 중요하다. 4시간

단위 수업의 사례 하나를 들면, 5~6학년의 경우 자연과학 1시간, 사회 1시간, 직업론 2시간으로 이루어진 하나의 단위 시간을 다른 두 개의 교과와 함께 엮어, 1주일에 하루 오전 시간을 이용하여 담임교사가 담당한다.

4시간 안에 다양한 교과를 엮어 공부하는 복잡한 작업이 이루어진다. 4시간 중 1시간은 담임교사 외에 교과전담교사, 예컨대 보통 미술, 기술과학, 자연과학 담당 교사 등이 들어온다. 이 단위 시간은 실천학습(실제 현장과 관련지으며 하는 학습)을 강화하는 데 그 목적이 있다. 수업은 작은 팀 안에서 이루어지고, 전체적으로 유연한 작업의 성격을 띤다. 이 시간에는 여러 개의 방을 동시에 사용하고 교사들도 서로 경험을 교환하고 서로 배운다.

한편 프로젝트 수업은 매 학년에 각각 두 달가량 지속되는 두 개의 과정을 진행한다. 2주간 계획하고 주제에 따라 다른 교과들을 함께 엮어 구성한다. 6주간 지속되는 하나의 프로젝트 수업을 위해 8~11시간이 사용된다. 프로젝트 수업에서 중요한 점은 교사가 담당할 주제와 학생이 담당할 과제를 함께 짜 나간다는 것이다. 학생들이 담당할 과제 때문에 과정의 일부는 확정하지 않고 열어 둔다. 프로젝트 수업이 없는 기간에는 작업실이나 자연과학실에서 실천 학습을 하고, (수학실험 박스나 자연과학수레 등을 가지고) 흥미에 따라 실험을 하거나 자기 하고 싶은 대로 공부한다. 이러한 형태의 열린 학습은 다른 학습을 위해 많은 기회를 제공한다. 프로젝트 수업은 거의가 교과의 경계를 넘어서는 학습이다.

프로젝트 수업은 성격상 여러 가지 요구사항에 부응해야 하므로 '유연한 시간표'를 필요로 한다. 따라서 매주 시작할 때마다 교사팀과 학생들은 '월요아침대화모임'을 이용하여 수업 내용을 함께 조율하고, 이에 따라 시간표는 매번 바뀐다. 이때 학생들이 사용하는 것이 '주간계획표'이다.

주간계획표는 20세기 초엽 개혁교육학에서 개발한 유산에서 물려받아 발전시킨 것으로서, 학생의 자질, 공부하는 형태, 흥미와 성향에 부응하기 위한 것이다. 5학년부터 기간과 방법에 차등을 두어 시작한다.[12] 공부는 3시간으로 된 하나의 단위 시간에 이루어진다. 보통 국어, 영어, 수학 같은 과목에 해당하며, 7시간까지 쓸 수 있다. 여기서 학생들은 교과 전담교사와는 무관하게 자기 계획에 따라 공부한다. 이를테면 학생들은 빈칸이 있는 계획표를 받아들고, 여기에 금주 중 어느 날 무슨 시간에 무엇을 할 것인지를 써 넣는다. 예컨대, 화요일 1교시에는 '자유글쓰기 학습,'[13] 수요일 3~6교시에는 (자연과학수레)를 이용한 '복사' 같은 식이다. 매주 몇 시간은 '주간계획표'라는 표시를 하여 빈 채로 남겨 둔다. 이 공란을 이용하여 학생들은 개인의 취향에 따라 작업한다. 이런 식으로 프로젝트 수업과 주간계획표에 따른 공부는 서로 연계되어 있다.

프로젝트 중에서 이 학교가 중시하는 프로젝트는 '연극 프로젝트'이다. 인상적인 것은 학생들이 이 연극을 결코 어떤 아마추어적인 것으로서가 아니라, 하나의 삶의 과제로서 또한 진정한 예술로서 경험하도록 만들어 내고 있다는 점이다. 이 때문에 이 과정은 높은 수준의 집중도와 참여도를 요구한다. 하지만 그러한 집중도와 참여도는 실상 작품의 이해와 실연을 위해 연습실에서 보내는 시간, 무대의상, 연극 소도구 구입 등으로 인해 연극 자체가 요구하는 것이기도 하다. 따라서 이 과제를 제대로 해내기 위해서는 일주일에 한 시간, 즉 45분이라는 정규 수업 구조로는 턱없이 부족하다는 판단하에 '연극집중수업기간'이라는 것을 두었다. 연극에 참여하는 모든 학생들은 4주간 내내 모든 수업, 숙제, 시험에서 면제를 받고 오로지 연극에만 전념하는 기간이다. 처음에는 특히 국어, 역사, 예술, 노동, 놀이 같은 교과와 관련하여 천천히 시작하고, 3~4개월이 지나면서 밀도를 더해 가고, 마지막 집중 기간 단계에 가서는 아예 학교에서 '아침부터 저녁까지' 연극만 하게 하자는 것이다. 이런 밀도 있는 수업을 통해서 학생들은 정말 특별한 체험을 하고 있다. 그 체험은 "나는 정말 무엇인가를 하고 있다"는 고백으로 이끌고 있다.

이렇게 연극에 몰두하는 이유는 무엇인가? 리겔 교장은 하르트무트 폰 헨티히 교수(Hartmut von Hentig, 독일의 대표적 교육학자로 빌레펠트 실험 학교 등을 시도)의 견해로 답변을 대신했다.

"인간을 교육하는 기관에서 다음 두 가지 교육만 이루어진다면 신뢰를 할 수 있다. 바로 연극과 과학이다. 이 두 가지는 인간이 세상을 이해하는 두 가지 축과도 같다. 즉 주관적 체화와 객관적 진술이 그것이다. 후자는 물질세계의 현상을 이해하기 위한 것이고, 전자는 인간을 이해하기 위한 것이다. 이 두 축은 우리 인간이 하고자 하면, 할 수 있고 알 수 있는 모든 경험을 포괄한다."[14]

이리하여 이 학교는 어마어마한 시간을 투자하여 연극 프로젝트에 몰두하게 되었던 것이다.

5) 9-10학년의 '주기집중수업'

주기집중수업을 도입하게 된 이유는 9학년으로 올라가면서 교과의 수와 주제가 갑자기 늘어나 네 시간 단위 수업이나 팀 수업 등이 있는 전체 수업구조를 자신의 힘으로 통제할 수 없게 되었기 때문이다. 또 어떤 경우에는 학생들의 눈으로 볼 때 수업의 깊이나 진도가 자기 마음에 들지 않는 과목도 생겼다. 이는 학생들에게는 수업이 '산만하게 흩어져 나타나는' 상황을 의미하기도 한다.

더욱이 주제를 다루는 연속성의 단절 때문에 생기는 어려움도 해결해야 했다. 실천학습이나 실험학습(예컨대 자연과학이나 음악, 미술 등)이 가능하려면, 이러한 교과를 이중적인 구조로 쌓아 올려 가야 하는데, 만일 소풍이나 휴일 때문에 학습에 몇 주간의 간격이 생기게 되면, 학생들은 곧바로 주제에 대한 연결고리를 잃어버리게 되기 때문이다. 이 같은 상황은 교과 시간이 적게 배당된 시간들에서 이를테면 생물이나 종교 수업 같은 경우에는 더욱 두드러진다. '주기집중수업Epochenunterricht'을 도입하는 이유는 바로 이 때문이다. 이는 발도르프 학교 수업 방식을 이 학교에 적합하게 도입한 형태라 할 수 있다.[15]

(1) 주기집중수업에 대한 예시

9~10학년의 경우 생물학, 미술, 음악, 종교 교과에 국한하여 주당 네 시간으로 이루어진 단위 학습 시간을 배정하고, 이를 '주기집중수업' 교과로 부른다. 두 시간으로 배정된 수업을 두 번 하는 방식이다. 학년 초에 이렇게 시도해 보았다. 즉 넷으로 구분된 약간 긴 기간을 설정하고, 각 학급은 네 교과 가운데 한 가지만을 돌아가면서 주당 네 시간을 공부하도록 하는 것이다. 9학년 수업을 예시하면 다음과 같다.

이는 다음과 같은 상황을 의미한다. 즉 학생들의 견지에서 보자면, 그들은 학기 초부터 시작하여 9주 동안 주당 4시간의 생물수업을 연속해서 '가 선생님'에게 받고, 다음 9주 동안은 주당 4시간의 미술수업을 연속해서 '나 선생님'에게 공부하는 것이다. '가 선생님'의 경우, 이는 매 주마다

	① 주기집중수업 8. 21부터	② 주기집중수업 11. 6부터	③ 주기집중수업 2. 5부터	④ 주기집중수업 4. 15부터
9a 교사명	생물 교사 도슈리	음악 교사 슐로서	미술 교사 자이볼트	종교 교사 페르트너
9b 교사명	종교 교사 페르트너	미술 교사 자이볼트	생물 교사 도슈리	음악 교사 슐로서
9c 교사명	미술 교사 자이볼트	종교 교사 페르트너	음악 교사 슐로서	생물 교사 도슈리
9d 교사명	음악 교사 슐로서	생물 교사 도슈리	종교 교사 페르트너	음악 교사 슐로서

네 학급에 동시에 들어가는 방식이 아니라, 넷으로 나누어진 주기에 걸쳐 돌아가면서 한 학급을 4시간 동안 가르치는 방식을 뜻한다.

(2) 주기집중수업 경험의 총결산

이렇게 한 결과 지금까지 '부수적으로' 경험해 왔던 것을 집중적으로, 이를테면 영어나 수학을 하듯이 시간을 짜임새 있게 배정하여 예습과 복습을 하는 식으로 공부하게 되었다. 주제에 집중하는 효과가 있었고, 더 이상 산만해지지 않았다. 교사들도 주제를 편안하게 다룰 수 있게 되었다고 보고했다. 이전보다 더 자주 (주제에 관련된) 소풍을 갈 수 있었고, 혹은 넷으로 나뉜 주기를 프로젝트 수업과 비슷한 형태로 계획하게 되었다. 요컨대 교수학적이고 방법론적인 견지에서 수업을 더욱 유연하게 운영할 수 있게 되었다는 것이다. 교사와 학생, 학생끼리의 의사소통도 원활해졌다. 결론적으로 지속적으로 발전시킬 만한 수업형태로 평가되었다.

6) 교과 수업, 개별화 수업, 협력학습

앞에서 언급한 특수한 수업 방법과 나란히 정규교과에 따른 예컨대 영어, 국어, 수학 같은 과목의 수업 형태가 있다. 이런 과제는 어렵지만 잘해 내야 한다. 문제는 학습에서 개인차가 드러난다는 점이다. 이는 한편으로는 서로 돕는다든지 혹은 상호 차이를 인식할 수 있는 기회를 제공하지만, 다른 한편 다양한 수업 방식에 착안해야 함을 뜻한다. 학생들은 특정한 교과들에서 풀어야 할 과제를 부여받고 이 과정에서 도움이 필요하게 된다. 중요한 것은 학생들이 성공했다는 기분을 느끼게 하는 것이다. 여기서 '개별화 학습'이 의미를 가진다.[16] 이때 고려해야 할 사항은 ① 학생들이 수행해야 할 과제의 양, ② 교사가 학생들에게 요구할 수 있는 자발성, ③ 제시하는 과제의 난이도와 복잡성, ④ 학생들의 손에 들려주는 과제

(반드시 교과서일 필요는 없다), ⑤ 학습도입 과정 등이다.

개별화 수업에서 중요한 것은 '공통적인 수업과정'과 '분리된 수업과정'을 병행하는 것이다. 연령이 높아질수록 분리 수업의 빈도와 지속도가 점증했다. 하지만 이 학교에서 특징적인 것은 학생들을 연령층에 따라, 능력에 따라 각기 다른 교실에 집어넣어 여러 교사가 가르치는 방식으로 구분하지 않는다는 것이다. 오히려 학생들은 가능한 한 공동으로 함께 학습할 기회를 가진다. 이를테면 기초과정이 필요한 학생들과 좀 더 어려운 지식을 배울 수 있는 학생들이 4명을 단위로 서로 협력하며 작업한다.

연습과 심화과정이 이루어지는 단계에서는 학생들이 갈수록 다양한 수업 자료를 가지고 자발적으로 서로서로 배우며 공부하는 현상이 나타났다. 즉 난이도가 높은 과제를 할 줄 아는 팀에서는 갈수록 더 어려운 과제에 몰입하는 경향이 나타났다. 이러한 태도 형성을 위해 주간시간표와 관련지어 연습한 다음과 같은 규칙과 공부 습관이 도움을 주었다.

- 먼저 자기가 해 본 뒤, 동급생에게 도움을 청하고, 그래도 해결이 안 되면 교사에게 간다.
- 준비된 해답지를 토대로 자기를 통제한다.
- 학생들은 다양한 교과나 특정한 과제를 위해 주간시간표에서 시간을 할애한다.
- 작은 팀에서 교사는 미흡한 학생들을 돕거나, 수월한 학생들에게 과제를 더 부과한다.

이런 형태의 협력수업은[17] 20세기 초엽 페터 페터젠Peter Petersen이 자신의 실험학교인 '예나플란슐레JenaPlanSchule'에서 발전시킨 '연령혼합 줄기모둠 학습모형'(3년 범위 안에서 연령 차이가 나는 학생들을 4명을 단위로 한데 모아 상호 협력하며 학습하도록 한 방식)[18]에서 유래한 것으로, 최근 우리나라에 소개된 '배움의 공동체'(사토 마나부)의 원형 혹은 선행적 형태라고도 할 수 있다.

7) 이웃 사랑에 관한 실천 학습

헬레네랑에슐레에서 발전시킨 수업 형태들 중 또 하나 인상 깊었던 것은 '이웃 사랑에 관한 실천적 학습' 프로젝트였다. 이 프로젝트는 학생들이 마주치는 일상생활이 '소비사회'의 맥락에 놓여 있다는 점과 이와는 다른 축에서 '하나의 거룩한 세계'가 존재한다는 점을 깨닫게 하는 데 초점을 맞추고 있다. 이를테면 7학년 학생들은 2주간 유치원에서 아이들을 돌보는 과제를 부여받는다. 학생들은 이 기간 동안만은 학교를 떠나 유치원에 가서 아이들을 무릎에 앉히고, 아이들에게 책을 읽어 주고, 점심시간에 질서를 유지하는 일 등의 일을 맡는다. 10학년 학생들은 3주 동안 일주일에 하루 오후 시간을 도움이 필요한 사람들과 함께 지내며 돕는 과제를 수행해야 한다. 학생들은 자신들이 도울 사람들을 주변에서 찾아야 한다. 장애아를 돌보고, 노인과 함께 산책을 나가거나 이야기를 나누고 장을 보러 가고, 외국 아이의 숙제를 봐 주는 등의 일이다. 물론 이들 활동에 대해서 성적을 매기지는 않고, 그들의 활동 상황에 대한 글 한 편을 써서 제출하도록 할 뿐이다.

이 수업의 효과는 아주 특별했는데, 아이들이 이 시기를 통해 인간적으로 성숙해진다는 것을 알게 되었기 때문이다. 자기보다 어리고 약한 사람, 남의 도움 없이는 살아갈 수 없는 노인과의 교제가 아니면 얻을 수 없는 경험을 하게 되었기 때문이다. 사회적 능력 함양을 위한 아주 특이한 시도가 아닐 수 없다.

4. 맺는말

앞에서 소개한 방안들 외에도 이 학교에서는 새로운 행정구조와 학습 방법을 발전시키기 위해 아주 참신한 방안들을 개발했다. 또 수학과 국어, 영어 수업의 개선을 위한 새로운 방안들을 시도하는 동시에, 감각기관을 이용한 수업의 획기적인 발전과 전문가를 초빙해 수업의 효율을 극대화하는 방법도 추구했다. 시간 체험이 다양하게 이루어지도록 '의례'나 '축제' 같은 아주 신선한 사례들을 개혁교육학의 맥락에서 새롭게 고안해 냈다.

헬레네랑에슐레는 안팎의 위협적이거나 생산적인 동인을 통해 서서히 자체 변혁을 꾀한 끝에 매우 참신하고 성공적인 혁신학교로 성장하여 이제 독일은 물론 국제적으로도 널리 알려지게 되었다. 현재의 성과가 있기까지 이 학교 교사들은 혁신교육의 고전적 모형은 물론 현대적 시도들을 섭렵했다. 자세히 살펴보면 프레네 교육, 몬테소리 학교, 슈타이너 학교, 예나플란슐레, 빌레펠트 실험학교, 카셀 발다우 종합학교, 오덴발트 학교 등에서 추구되었던 시도들을 의미 있게 원용하고 있음을 확인할 수 있다. 따라서 헬레네랑에슐레에 대한 공부는 이 선례들로 들어가는 입구를 뜻하기도 한다. 중요한 점은 이 앞선 시도들을 잘 체화하여 '자신의 작품'으로 만들어 낼 수 있었다는 것이다.

이 학교를 자세히 들여다보면 소위 글공부 외에도 일상에서 다양한 자기 활동들이 대폭 촉진되고 있음을 알 수 있다. 특히 연극 프로젝트가 그렇다. 이런 대담한 시도에 대해 다음과 같은 물음이 제기될 법하다. '그러면 주요 교과 공부는 언제 하나?' 아주 흥미로운 사실은 이 학교 학생들이 TIMSS나 PISA 등의 국제학업성취도 평가에서 보여 준 학업성취도가 다른 학교 학생들에 비해 월등했다는 점이다(2002년도 PISA 평가에서 핀란드와 한국 학생들의 평균 성적보다 높은 수준을 보였다). 주목할 만한 것은 그 성과가 우리나라처럼 유치원 때부터 달달 볶아서 점수 따는 공부에 몰아넣는 식이 아니었다는 것이다. 그 원인을 에냐 리겔 교장은 예컨대 연극을 통해 학생들은 '자기 자신에 대한 믿음, 일상의 압박에 유연하게 대처하는 태도'를 배양하게 되는데, 이 과정을 지나면서 처음에는 뒤처졌을지지 몰라도 차츰 시간이 지나면서 학업과 관련된 문제점들을 무난히 극복하면서 전체 상황을 매우 긍정적으로 바꿔 놓을 수 있었던 학생들의 힘에서 찾는다. 교육 본연의 길, 즉 '교육의 인간화'를 위한 길은 좋은 학업성취도를 위한 길과 배치되지 않는다. 이 둘은 두 마리의 토끼가 아니라는 점을 입증해 낸 셈이다.

또 하나 소중했던 기억은 실업계 진학 학생들이 보여 준 삶의 태도였다. 나는 실업계로 진출하는 학생들이 끊임없이 전체적인 교육 상황에서 소외되고 억압받는 상황을 한국에서뿐 아니라 독일에서도 간간이 접했으므로, 교장 선생님께 "혹시 학생들이 진로를 선택할 때 소외감을 느끼거나 열등감 속에서 자포자기하지 않는지" 물어보았다. 답변은 그들은 자신감을 가지고 만족해하면서 진로를 선택한다는 것이었다. 이 학교 학생들은 그 지역의 다른 학교 학생들과 달리 아주 다행스러운 자리에 있었던 것이다. 이는 무엇보다도 학생들이 교사와의 대화를 통해 자기 개성과 능력을 적절하게 인식하고, 또한 자신들의 삶의 방향을 교사가 확고하게 지지하고 있다고 확신하며, 그에 상응하는 실제적인 능력을 갖게 됨으로써 가능했던 것으로 보인다. 참으로 이례적인 성과라고 할 만하다.

헬레네랑에슐레는 우리가 서구에서 도입한 근대 공교육의 유래와 성격 및 그 비판적 극복을 위한 하나의 멋진 상을 보여 준다. 물론 그러한 상은 바깥에만 있는 건 아니다. 이 맥락에서 특히 우리나라 풀무농업고등기술학교(충남 홍성)에서 지난 오십여 년의 역사를 통해 견지하고 발전시켜 온 정신과 방법을 기억하고 싶다. 아무리 강조해도 지나치지 않을 만한 자랑스러운 우리 학교교육의 유산이기 때문이다. 어디 이 학교뿐이랴! 사료를 볼 때 그와 같은 방향에서 스스로의 길을 개척한 학교들이 전국 도처에 묵묵히 존재해 왔을 것임은 분명하다. 이런 점들을 두루 살펴볼 때 현.
시점에 우리 혁신학교들이 딛고 있는 지점이 어디이며, 또 그 역사적 의미
는 무엇인가라는 문제의 성격이 더욱 명료하게 드러날 것이다.

| 생각해 보기 |

1. 헬레네랑에슐레가 혁신 작업을 시작한 이유는 무엇인가?
2. 행정 체제 혁신의 모티브와 결과는 무엇인가?
3. 수업혁신의 쟁점 중 인상적인 사례 세 가지를 택해 이야기 나눠 보자.
4. 헬레네랑에슐레의 혁신적 작업이 우리 교육에 시사적인가? 만일 그렇다면, 그
   이유와 가능성이 무엇인지에 대해 이야기해 보자.

1. 독일의 초등학교는 전통적으로 4년제로, 5학년부터는 소위 직업준비과정과 김나지움의 이원적인 구조로 나뉜다. 그런데 이 '촉진 단계'는 학생들을 4학년에 이어 바로 나누지 않고, '2년 동안의 공통과정'에 다니게 하면서 진로를 준비하는 데 도움을 주도록 설치된 형태이다.
2. 이 학교의 학부모는 수공업과 상업에 종사하는 이들이 다수고, 공업이나 회사원, 관리는 적다. 중산층이 주류를 이루고 상류층은 드문 편이다. 타국적 어린이(이탈리아, 유고, 포르투갈, 터키, 이란, 모로코, 이집트 등)가 전체의 10~12%를 차지한다.
3. 5장 52 / Reinhard Karl.
4. 수학과 물리교육에서 독창적 견해를 폈던 마르틴 바겐샤인(Martin Wagenschein)은 이 이론의 대표자 중 하나이다. 그 몇 가지 사례를 에냐 리겔이 제시하고 있다 (Enja Riegel, 44).
5. Albert Meyer, 「독일의 학교혁신을 이끈 헬레네랑에 학교」, 『2011년 제1회 학교혁신 국제심포지엄 자료집』(학교혁신 국제심포지엄 조직위원회), 행사 발제 ppt 자료.
6. 1장 20, 15장 308~318.
7. 6장 105~108.
8. 7장 137~142.
9. 7장 142~146 / Enja Riegel, 222~234.
10. 오토 볼노(Otto Friedrich Bollnow), 『교육의 인간학』, 오인탁·정혜영 옮김(문음사, 1988), 4장.
11. 14장 290~299.
12. 5장 54~66, 67~68.
13. 1900년대 초엽 프랑스의 셀레스탱 프레네(Célestin Freinet, 1896~1966)가 창안한 학습 방식으로, 아이들은 교과서 없이 손수 찾아낸 글감을 가지고 '자유글쓰기'로 언어의 세계로 빠져든다. 디트린데 바이예(Dietlinde Baillet), 『프레네교육학에 기초한 학교 만들기』, 송순재·권순주 옮김(내일을여는책, 2002), 29ff., 61~89, 161~178.
14. Enja Riegel, 137.
15. 5장 90~92.
16. 93~100.
17. Peter Petersen, *Der kleine Jena-Plan* (Weinheim und Basel, 1927).
18. 13장 251~272.

- 베커, 게롤트·리겔, 에냐·쿤체, 아눌프·베버, 하요(Becker, Gerold & Riegel, Enja & Kunze, Anulf & Weber, Hajo) 편. 『만들고 행동하고 표현하라, 독일 공립학교의 개혁 모델, 헬레네랑에 학교의 교실 혁명』. 이승은 옮김. 알마, 2011.
- 리겔, 에냐(Riegel, Enja). 『꿈의 학교 헬레네랑에』. 송순재 옮김. 착한책가게, 2012.
- 마이어, 알버트(Meyer, Albert). 「독일의 학교혁신을 이끈 헬레네랑에 학교」, 『2011년 제1회 학교혁신 국제심포지엄 자료집』(학교혁신 국제심포지엄 조직위원회), 36-61과 행사 발제 ppt 자료.
- 카를, 라인하르트(Karl, Reinhard) 편. 〈Eine Schule, die gelingt. Enja Riegel und die Helene-Lange-Schule Wiesbaden〉(연도 미상). 학교소개 영상물.
- 볼노, 오토(Bollnow, Otto Friedrich). 『교육의 인간학』. 오인탁·정혜영 옮김. 문음사, 1988.
- 바이예, 디틀린데(Dietlinde Baillet). 『프레네 교육학에 기초한 학교 만들기』. 송순재·권순주 옮김. 내일을여는책, 2002.
- 페터젠, 페터(Petersen, Peter). *Der kleine Jena-Plan*. Weinheim und Basel. 1927.

- **베커, 게롤트·리겔, 에냐·쿤체, 아눌프·베버, 하요 편. 『만들고 행동하고 표현하라, 독일 공립학교의 개혁 모델. 헬레네랑에 학교의 교실 혁명』. 이승은 옮김. 알마, 2011.**
  이 책은 학교혁신에 참여했던 주역들이 그 내용을 역사적, 조직적 관점에서 기술한 책으로 충실하고 풍부한 내용을 담고 있다.

- **리겔, 에냐. 『꿈의 학교 헬레네랑에』. 송순재 옮김. 착한책가게, 2012.**
  에냐 리겔 교장이 은퇴 후 자신의 경험을 회고하며 학교를 혁신해 나간 과정을 생생하게 기록한 책으로 도전적이고 풍부한 상상력과 도전 정신이 여과 없이 나타나 있다.
  아울러 1990년대 초 무렵까지의 상황에 대해서 리겔 교장이 1993년 'Toward Freedom in Education. Discussion Papers and Declarations(ed. by Eginhard Fuchs, 111-123)'에 "The Helene Lange School. Changes from Within"이라는 제명으로 그 대강을 소개한 글이 있다.

공교육과 자유교육 간의 긴장관계 속에서 작동되는 덴마크 학교들의 학제와 철학, 목적과 방법론상 특징을 개방성과 유연성 그리고 다양성이라는 시각에서 일견했다. 공교육 체제하의 혁신 작업을 대안학교 혹은 자유학교와의 유기적 연계 체제 속에서 어떻게 모색할 수 있는지 보여 주는 사례로, 우리 공교육의 한계를 돌파하기 위한 새로운 상상력의 계기가 되었으면 한다.

덴마크 자유교육
개방성, 유연성, 다양성에 대하여

송순재

공교육과 자유교육 간의 긴장관계 속에서 작동하는 덴마크 학교들은 세계 교육 지형도에서 거의 유일하다고 할 정도로 독특한 체제와 구조를 통해서 교육의 진정한 뜻, 즉 '삶을 위한 교육'을 구현하고 있다. 그 특징은 개방성, 유연성, 다양성으로 요약된다. 대학입시와 지식 습득 경쟁 교육을 주안점으로 삼고 있는 우리나라 공교육 체제의 경직된 구조의 한계를 전혀 다른 차원에서 조명해 주는 사례로 제시해 본다.

1. 학제를 통해서 본 교육의 기본적 성격

덴마크 학제에서 첫 번째로 생각해 볼 수 있는 것은 덴마크 교육법이라는 하나의 우산 아래 공교육과 자유교육이 일정한 긴장관계를 가지며 병립하면서, 동시에 상호 협력적 관계를 나누고 있다는 점이다. '자유교육'이란 국가 공교육 체제가 제시하는 틀에서 나와, 즉 국가적 틀에 매이지 않고 독립적 틀에 따라 이루어지는 교육을 말하며, 다양한 형태의 자유학교들로 이루어져 있다. 이러한 병립 구조는 기초교육 단계에서 중등교육 단계를 거쳐 고등교육 단계에 이르기까지 다양한 형태로 존재한다.[1]

처음 단계에 위치한 폴케스콜레Folkeskole부터 살펴보자. 폴케스콜레는 초등교육과 중등교육 1단계를 합한 형태의 9학년제로 운영되는 공립 기초 학교를 일컫는다. 1814년, 그러니까 프로이센에 이어 세계에서 두 번째로 설립되었으며 당시에는 7년제였다. 이 단계는 물론 무상 의무교육기에 해당한다. 이 단계 바로 전에 유치원 과정이 통합되어 운영되고 있으며, 또 자발적으로 1년을 더 다니겠다고 하면 10학년 과정을 선택할 수도 있다.

특이하게도 사립학교들은 이 폴케스콜레와 같은 수준에서 나란히 국가의 교육법 테두리 안에서 운영되고 있다. 우리나라의 사립학교와 달리 덴마크의 경우 대체로 학부모가 설립과 운영의 주체이며, 아동과 청소년을 존중하는 교육 형태라는 특징이 있다. 이들 학교에서 주축을 이루는 학교 형태는 프리스콜레(Friskole, 자유기초학교)인데, 1852년에 설립되었으며 보통 작은 규모로 운영된다. 학교 현장이라는 차원에서 폴케스콜레와 프리스콜레 사이에는 각각의 독자성이라는 점에서 일정한 긴장관계가 있지만, 동시에 상호 교류 및 협력 관계도 존재한다.

이 단계가 종료되면 이어서 중등교육 2단계에 해당하는 김나지움 및 그에 상응하는 경로들이 시작된다. 그리고 동시에 같은 연령대에서 운영되는 직업교육을 위한 과정들도 있다. 중등교육 1단계와 2단계 사이에 아주 특이하고 흥미로운 학교 형태, 바로 '에프터스콜레'(Efterskole, 자유중등학교)가 있다.

에프터스콜레란 덴마크의 폴케스콜레와 프리스콜레의 교육 단계(1~9/10학년)를 마치기 전 8학년부터 혹은 졸업 후, 연령대로 보면 14~17세 청소년들에게 보통 1년이나 경우에 따라 2~3년 동안 '인격 형성'을 위한 최적의 기회를 제공하려는 학교로, 기본 형태는 기숙학교이다. 학생 수는 적게는 30명, 많게는 500명 정도이며 2015년 현재 평균 115명가량이다. 인상적인 것은 덴마크 정부가 교육법에 따라 에프터스콜레 재학 기간을 공립학교 재학 기간과 법적으로 동일한 것으로 간주한다는 점이다. 이 조건하에서 학생들은 1~2년 정도 에프터스콜레에서 공부한 후 다시 예전에 다니던 학교로 돌아갈 때 수학과정의 지속성과 안정성을 유지할 수 있게 된다. 보통 학교에 다니다 휴학을 하게 되면 그 기간을 인정받지 못하는 경우와는 전혀 다르다. 졸업 시험을 통과하면 공립학교와 동일한 자격을 부여받는다.

중등교육 2단계가 종료되고 나서 시작되는 고등교육 기관은 국립대학들이 주종을 이루는데, 아울러 사립 평민대학인 폴케호이스콜레 Folkehøjskole 가 병존한다. 시민 양성을 위해 설립된 성인교육기관으로 덴마크 국민이면 누구나 입학할 수 있고 지방정부의 지원 속에서 자신이 원하는 교육을 받을 수 있다. 입학을 위한 특별한 조건이나 시험은 없다. 평민대학은 1844년과 1851년 세워진 초창기 학교들이 그 기원을 이루며, 모든 자유교육기관들의 모태로서 특히 덴마크 서민과 농민층의 개성적, 공동체적 삶의 계몽과 민주시민교육에 주력하였다. 이는 별도로 다루어야 할 커다란 주제이므로 이 정도만 언급하고 초등과 중등교육 기관을 중심으로 이야기를 풀어 보자.

2. 기초교육 단계의 폴케스콜레와 프리스콜레의 특징

1) 폴케스콜레와 프리스콜레의 기원과 공통적 특징

덴마크에서 일찍이 자유교육이라는 독특한 형태가 출현했으며, 또 이것이 공교육 체제와 일정한 긴장을 유지하면서도 서로 협력하는 구조를 갖추고 있다는 점은 어찌 보면 이해하기 어렵지만 자세히 보면 그럴 만한 원인과 이유가 있다. 그렇다면 그 원인과 이유는 무엇인가? 문제를 각각 나누어 살펴보면 이러하다.[2]

첫째, 덴마크에서 1814년 처음 공교육이 도입되었을 때, 이는 분명 근대적 국가 형성과 국민교육을 위한 새로운 전기였음에는 틀림없었다. 그러나 그 목적과 방법에서 한계가 있었다. 목적 면에서는 철저하게 객관적 가치, 즉 하나는 "기독교적 교훈에 따라 선하고 올곧은 인격"을 갖추어 자라나도록 하는 것, 다른 하나는 "한 국가의 쓸모 있는 시민이 되는 데 필요한 지식과 기술"을 가르치는 데 초점을 맞춘 것이었다. 이러한 공립학교의 목적은 사회와 학교 현장에서 있었던 많은 변화에도 불구하고 1937년까지 그 기본 틀을 유지했다. 또 방법은 국가가 정해 준 것을 교사가 주도해서 주입식으로 끌고 가는 식으로 국한되어 있었다. 이에 대해 처음 문제를 제기한 것은 그룬트비(Nikolaj F. S. Grundtig, 1783~1872, 신학자, 시인, 신화와 민속연구가, 교육자, 정치가로 오늘날 덴마크의 국부로 일컬어짐)[3]였다. 그는 교육의 목적으로 단지 국가와 교회에 충성하는 신민 내지 신앙인의 양성이 아니라, 국민 개개인의 삶의 '계몽Enlightenment'과 다가오는 근대 사회를 위한 민주시민 양성이라는 가치를 염두에 두었으며, 또 방법에 있어서도 학생들을 수동태로 놓아두고 조련하는 식의 교수법 대신 상호관계와 이야기 나눔 및 일상생활의 경험과 실천을 통한 교수학습법을 주창함으로써 당시 지배적인 학풍을 신랄하게 비판했다. 이 문제의식은 거의 동일한 맥락에서 관심사를 공유했던 교사 크리스튼 콜(Christen Kold, 1816~1870)[4]에 의해 현장에서 구현되었다. 콜의 프리스콜레가 세워진 해가 1852년이었으니 공립학교가 처음 설립되었던 1814년부터 따져 보면 40여 년 후의 일이다.

둘째, 오늘날 공교육과 자유교육이 긴장관계에 있으면서도 협력관계를 갖는다는 모순된 상황을 살펴보자면 사정은 다음과 같다. 물론 양자는 처음에는 서로 비판적 관계에 있었다. 하지만 이후 상황 전개 과정에서 자유학교들은 수적으로 빠르게 확장해 나가면서 현장에서 실제적 힘을 가지게 되었고, 이를 바탕으로 차츰 교육법적 지위와 국가의 재정적 지원을 확보하게 되었다. 그것은 한편으론 집요한 문제의식에 뿌리박은 실천적 투쟁과 협의의 산물이었고, 다른 면에서는 근대국가 형성기에서 상대적으로 좀 덜 중앙집권적이었던 국가권력의 대응 방식의 결과라고도 볼 수 있다. 20세기 이후의 전개 상황에서 특기할 만한 것은 공교육 쪽에서 자유교육이 좀 더 생산적이고 의미 있는 교육 효과를 낸다는 사실에 주목하면서 그 장점을 도입하기 시작했다는 점이다. 또한 근래에 들어서는 공립학교들이 자유학교를 포함하여 외부에서 오는 도전과 자극 앞에서 자기 혁신에 매진한 결과 좋은 성과들을 내기 시작했고, 그 결과 적지 않은 공립학교들이 반대 방향에서 자유학교들에게 새로운 도전과 자극을 주고 있기도 하다. 그리하여 현시점에서 공립학교와 자유학교는 경쟁관계이면서도 협력관계에 있다고 할 정도의 상황이 조성된 것이다.

이러한 긴장과 협력관계를 이해하기 위해 정말 중요하고 빼놓을 수 없는 점은 그룬트비의 영향력이다. 그는 개명된 시대를 위해 덴마크 사회와 교육의 방향과 구조를 새로이 정초하려 했는 바, 오늘날 덴마크 사회와 교육 체제(공교육과 자유교육을 막론하고) 및 교육법은 그 큰 틀에서 볼 때 그의 정신이 표방하는 가치를 지향한다고 할 수 있다. 현재 조성되어 있는 상황은 이 배경에서 읽어 낼 필요가 있다.

이 점은 보수 정당과 진보 정당의 입장 설정과 상호 협력적 관계 방식에서도 잘 확인할 수 있다. 이를테면 덴마크 사회는 양자 간의 차이를 그리 크지 않은 것으로 이해하고 있다는 점이다. 이것은 덴마크에서 학교에 관련된 모든 중요한 법은 정치적 합의에 기초하고 있으며, 학교개혁 관련법은 국회에서 반대당의 동의 없이는 통과하기 어렵고, 보수 정당 국회의원이 자식을 기꺼이 자유학교에 보낼지라도 하등 이상하게 여겨지지 않는다는 등의 사실들이 그것이다.[5]

이제 덴마크 학교교육의 기본 성격을 기초학교 단계에서 일별해 보자.

이 특징들은 공교육이나 자유교육 모두에 해당하는데, 찬찬히 음미해 보면 덴마크 교육이 기본적으로 아동과 청소년의 삶에 초점을 맞추면서 얼마나 '개방적'이고, '유연'하며, '다양한' 성격을 갖추고 있는지를 잘 알 수 있다. 개방성은 전통과 기존 규범에 고착되지 않고 아동과 청소년을 위하는 구조로 또한 가능한 한 모든 것을 민주적인 형태로 소화해 내려는 성격을 말한다. 유연성은 체제와 방법을 규범주의적으로 준수하도록 하면서 예외나 다른 식으로 가능한 차원이나 경로를 차단하는 것과는 정반대 차원에서 문제에 접근하려는 성격을 말한다. 다양성은 학생들이 성향과 능력에 따라 자신을 실현할 수 있도록 학제와 교수학습 방법이 고착되어 있지 않다는 뜻이다. 이 세 가지 성격은 이하 각각의 특징들에서 때로 개별적으로 때로 중첩되어 나타난다.

- 학령기 전 아동을 위한 학급을 학교의 일부로 운영한다. 모든 학교에는 유치원이 부속되어 있다.
- 입학은 6세가 아니라 7세이다.
- 1~9학년을 통합한 구조로 보통 학업성취도에 따라 차등을 두지 않는다.
- 유급은 없다.
- 원할 경우 한 학년을 더 다닐 수 있다. 그럴 경우 수업 연한은 10년이 된다.
- 모든 학교에서 교육과정은 추천적 성격(국가가 강제로 부여하는 식이 아니라)을 가질 뿐이다.
- 성적은 공립학교에서 7학년부터 부여한다. 사립학교는 학생을 평가할 때 자체 기준에 의거한다.
- 교과서는 허가제가 아니다.
- 모든 학교 학생들은 9학년 말에(혹은 원할 경우 10학년 말) 단일한 평

가기준에 의거 졸업을 위한 국가고시를 치러야 한다.

- 과목은 국어, 수학, 영어를 필수로 하고 학교에 따라 제공하는 선택과목 몇 개로 구성되어 있으며, 시험체제는 지필교사와 구술고사 두 분야에 걸쳐 매우 엄격하게 운영된다. 철학은 19세기 중엽 이후 160여 년간 기초과목으로 동일하게 이수하고 평가를 받도록 되어 있다. 국가가 고려하는 기준은 핵심 교과의 기초지식과 기초능력의 완성도이다. 이때 어떤 방법으로 할 것인지, 어떤 수업 도구와 책을 사용할 것인지, 어떤 교육과정을 운영할 것인지는 학교 재량에 맡겨져 있다. 단 사립학교 학생이 공립학교 학생 평균 수준에 미달할 경우 제재를 받게 되는데, 이를테면 국가는 보조금을 중단할 수 있다. 사립학교의 경우 학비를 내야 한다. 따라서 사립학교에 자녀를 보내는 학부모들의 의식수준과 참여활동은 평균 수준을 상회한다고 할 수 있다.
- 9학년 말 졸업 시험에 통과하면 3년간의 김나지움이나 다른 경로의 상급과정에 진학할 수 있다.

이상 폴케스콜레와 프리스콜레의 공통적 특징을 배경으로 이제 그룬트비와 콜 사상에 기초한 프리스콜레에 초점을 맞추어 그 이념상 특징을 살펴보자.

2) 프리스콜레의 교육 이념상 주요 특징

먼저 프리스콜레의 교육 이념상 특징들에 대해 일견해 본다. 이것은 최근 올레 페터젠(Ole Pedersen, 자유교원대학 학장)이 그룬트비와 콜이 19세기 학교제도를 둘러싸고 공적 영역에서 논쟁을 벌였을 때 기본으로 삼았던 생각을 오늘날 소통 가능한 방식으로 아홉 가지 명제로 정리·제시한 바, 이를 간추린 것이다.[6]

• 학교는 아이가 사는 가정의 연장이다.

이는 학교를 '또 하나의 가정'으로 보자는 것으로, 급격한 문화화를 반대
하고 가정과의 연속성을 확보하여 마치 부모가 돌보는 온기가 살아 있는
자리가 되도록 하자는 뜻이다. 이는 교육의 처음은 지식인이 아니라 인
간이어야 한다는 선언이기도 하다.

• 학교는 아이들을 위해 존재한다.

기존 학교가 사회의 적응이나 국가를 위한 국민 양성을 목표로 함으로
써 아동의 존재를 배제한 것에 대한 반명제로, 학교는 아동의 존재를 중
심에 놓고 개개인의 다양한 욕구와 능력 발현에 초점을 맞추어야 한다는
것이다.

• 손은 마음의 자궁이다.

작업을 하는 손이 정신과 마음의 활동을 위한 조건을 제공한다는 뜻이
다. 왜냐하면 신체활동은 뇌가 잘 발달할 수 있도록 도와주기 때문이다.
또 이 조건은 평생 지속되어야 할 과제이기도 하다.

• 배우는 법을 배운다.

삶과 학습을 학생들의 인격의 일부로 파악하자는 것이다. 이미 도출된
지식의 수동적 수용이나 습득을 위한 지식이 아니라, 인식하는 법을 스
스로 또한 능동적으로 터득하고, 일상사에서 마주치는 또 다른 방식에
대한 개방적 관점을 익히도록 하자는 것이다.

• 살아 있는 말, 즉 '구술언어the spoken word'를 중시한다.

책이나 교과서가 우선이 아니라 일상사를 토대로 한 이야기 나눔을
통한 배움이 이루어지도록 하자는 것이다. 이것은 주로 '이야기하기

storytelling'를 통한 수업 방식이나 '매일아침모임morning assembly'의 형태로 구현된다.

• 종교와 기독교적 가치를 근간으로 한다.

그룬트비와 콜 식의 자유학교에서 종교와 기독교 신앙은 학교 설립 초기부터 기초 혹은 배경으로 작용했으며 그 성장 과정에서 그리고 현재에도 여전히 중요한 가치로 여겨지고 있다.

• 친교와 자유

학교에 관련된 사람들은 누구나 서로 자유롭게 친밀한 관계를 가져야 하고, 개인의 다양성 역시 이 친교의 힘을 바탕으로 구현되어야 한다. 이는 누구나 자기 방식대로 자기 자신이나 다른 아이들을 위해 무엇인가를 해야 함을 뜻한다.

• 교육과 자유

교육에서 자유를 핵심 가치로 삼자는 뜻이다. 각자 자기 스스로 내부에서 솟아나는 힘에 의해 움직이고, 또 이를 통해 역시 다른 사람과의 협동도 함께 이루어 낼 수 있어야 한다.

• 민주적 학교

프리스콜레는 그 자체 오래된 민주주의 전통을 가지고 있다. 민주주의는 학교공동체를 만들어 가면서 각자의 역할을 담당할 수 있는 방식으로 구현되어야 한다. 이때 늘 핵심으로 강조되는 것은 경청하는 태도와 소수자를 포용하는 태도(단순한 다수결이 아니라)이다. 한편 초창기 자유학교의 초미의 관심사가 자유와 민주시민사회 형성이었다면, 현재와 미래라는 맥락에서는, 지식 기반 사회에서 강조되는 '경쟁' 관계를 어떻게 비판적으로 소화해 낼 수 있는가, 현 문명이 직면한 '생태학적 위기'에 어떻게 대처할 것인가, 세계화된 삶의 방식에서 어떻게 '세계시민'으로 성장할 것인가 하는 등의 물음이 새로운 관심사로 다루어지기 시작했다.

이상의 특징에 따라, 현대적 자유학교인 프리스콜레의 일상을 일견하면 진보주의적 성격이 확연함을 알 수 있다. 프리스콜레에서는 보통 연령층을 섞어 학습 집단을 구성한다. 학습은 프로젝트법을 통해 학문 영역 간 상호 연관 구조를 통해 이루어진다. 수업 구조는 학급별로 운영하며 하루에 하나의 수업이 단위를 이룬다. 청소, 장보기, 계획 세우기 등 모든 아이들이 책임을 분담한다. 음악과 창조적 학습 시간을 인지적 교과와 균등하게 배정한다. 수업 중 상당 부분을 학교 밖에서 진행한다. 실험과 관찰을 강조한다. 어린이와 학부모는 학교 안에 머물러 활동할 수 있다. 놀이는 학교뿐 아니라 자연 안에서, 이를테면 모험 놀이, 동물 놀이, 정원 작업 등의 형태로 이루어진다. 아이들은 학교의 모든 아이들과 모든 교사를 알고 지낸다.[7]

이어서 기초교육과 중등교육 1단계가 종료되기 전, 대개 우리나라의 중학교 2학년 정도 수준에서 시작되는 또 하나의 자유교육 과정인 에프터스콜레에 대해 살펴보자. 이 학교에서 우리는 앞서 언급한 개방성, 유연성, 다양성이라는 성격을 역시 매우 흥미롭게 확인할 수 있다.

3. 에프터스콜레라는 학교 형태가 말해 주는 것

에프터스콜레는 '인격 형성'이라는 개념을 교육 목적의 철학적 기초로 삼고 있다. 이 말은 덴마크어로 형성을 뜻하는 'dannelse'의 번역어로 원어로는 보편교육적, 비직업적 의미에서 학생을 전인적으로 형성하기 위한 과정을 뜻한다. 이를 외국어로 정확히 번역해 내기는 어려우나, 영어의 education이나 character formation 혹은 독일어의 Bildung이 그 근사치에 해당하는 것으로 종종 언급된다. 이 개념을 이 학교에서 시행하는 교육의 주된 내용에 따라 풀어 보면, 직업교육이 아니라 보편교육적 의미에서 주체적 자아를 중심축으로 하여 개성적 세계를 발현시키는 동시에, 도덕적 의지에 의거해 학습자가 그 자신을 둘러싸고 있는 세계와 책임적 관계를 맺고 살아가도록 형성하는 과정이라 할 수 있다. 그러한 이념하에서 에프터스콜레가 추구하는 가치는 보통 다음 세 가지, 즉 삶의 계몽, 보편교육, 민주시민교육으로 제시되고 있는데, 이는 덴마크 교육법에 따른 것이다.Bekendtgoerelse af lov om efterskoler, 2015[8] 이 셋은 학교 현장에서 다음과 같이 구현되고 있다.

첫째, 청소년들의 관심사와 개성에 초점을 맞춘 교육과정을 운영한다. 이 때문에 에프터스콜레는 일종의 '중점학교'라 할 수 있다. 어디에 중점을 두느냐에 따라, 음악, 미술·디자인, 연극, 영화, 스포츠, 항해, 여행, 국제교류, 종교, 프로젝트와 현장연구, 난독증 등 학습장애, 혹은 학생의 특수한 요구를 위한 학교 등 그 유형상 스펙트럼이 다양하다. 따라서 교육과정은 공립학교와는 물론 아주 다르며 에프터스콜레마다 다르다. 과목 선택과 교수법은 학교가 정하기 나름이다.

둘째, 에프터스콜레를 중점학교라 했지만, 특정한 분야만을 공부하는 게 아니라 역점을 둔 분야가 있으되 이를 보편교육적 의미에서의 일반 학문 분야와 엮어서 가르치는 구조라는 점이다. 예를 들어 스포츠를 중점으로 하니까 다른 교과를 소홀히 해도 무방한 것이 아니라 공교육에서 제공하는 일반 교육과정과 병행해 학생들의 개성을 특색 있게 반영하는 구조를 갖추고 있다는 뜻이다. 이는 에프터스콜레가 개성의 발달도 중시하지만, 한 국가 사회의 일원으로 살아가는 데 필수적인 일반적 자질도 중시한다는 입장을 보여 준다.

셋째는 '민주시민교육'이다. 이는 시민 각자가 지배 계층의 통치에 의해서가 아니라 자기 삶의 주인으로 살아가고, 그와 동시에 타자와 더불어 통일성을 이루어 살아가도록 돕기 위한 교육을 뜻한다. 한 사람의 개인이 된다는 것은 늘 정당한 의미의 사회공동체적 삶을 전제로 한다는 말이다. 이 맥락에서 삶의 각 단위에서 연대의식과 공동체성, 단결심을 중시한다. 이 가치는 물론 공립학교도 공유한다.

에프터스콜레는 기숙학교로 운영된다. 그런 밀도 있는 공동체 생활 속에서 학생들은 앞에서 말한 세 가지 가치들을 매일같이 실천적으로 배우고 연마한다. 이 경험을 통해서 학생들은 정말 밀도 있게 자기 삶과, 세계와 역사, 그리고 사회공동체를 탐사하고 몰두해 보는 것이다. 하나의 진정한 인간으로 성숙하도록 돕는 이 과정을 위해서 덴마크 사회와 학부모, 국가와 지자체는 한마음으로 헌신하고 있다. 세계적으로 유례를 보기 어려운 사례라 하겠다.

4. 우리 현장에서 생각해 보기

덴마크 자유교육의 역사적 의의라면 국가 공교육이 지시하는 바에 선행하여, 교육의 본뜻, 즉 삶을 위한 교육을 촉구한 것이다. 또 이 명제와 결합하여 평민의 계몽, 개성적 세계의 발현, 공동체 의식 함양, 민주주의 문화의 건설과 촉진 등을 그 주된 목표로 설정한 것이다. 이는 세계 교육사적 맥락에서 볼 때 대안교육의 선구적 형태로 이후 세계 각국에서 이루어진 대안교육적 시도들의 풍부한 상상력의 원천이 되고 있음은 물론, 그와 같은 방향에서 공교육의 내적 혁신을 자극할 수 있는 시도로 평가하기에 충분하다.

프리스콜레는 1890년 이래 전개되기 시작한 서구의 개혁교육운동(신교육 운동 혹은 진보주의 운동보다 40년 정도 앞서 이루어졌으며, 비슷한 시기에 이와 견줄 수 있는 사례는 러시아의 세계적 문호 톨스토이Leo Tolstoj가 시도한 '야스나야 팔랴나Jasnaja Poljana' 학교(1849~1875)를 들 수 있다.

교육학적 자유라는 점에서 덴마크의 자유학교들은 지금까지 풍부한 자유를 누려 왔다. 이는 공립학교의 경우에도 일정 부분 해당된다. 하지만 최근 세계화 과정에서 자유학교들은 덴마크도 경쟁력을 높여야 한다는 강력한 목소리에 부딪혀 적지 않은 어려움을 겪고 있다. 이를테면 지난 몇 년간 현 단계에서 의무교육제를 10학년으로 늘리는 문제가 교육 전문가와 정치가들 사이에서 꾸준히 논의되었으며, 몇 년 전 교육부는 10학년 의무제 법안을 상정했다. 하지만 프리스콜레에 가거나 홈스쿨링이 불가능한 청소년들만이 10년 동안 학교를 다녀야 한다는 의견이 이에 팽팽히 맞서서, 결국 모든 청소년들이 10학년을 다니도록 한 법안은 부결되었다. 이처럼 최근 덴마크에서는 학교 공부를 이전보다 일찍 마치도록 하는 경향이 두드러지게 나타나고 있다. 이런 어려움에도 불구하고 자유학교들이 덴마크 사회와 교육 전반에서 차지하는 위치는 여전히 강고하다.

이런 추세를 놓고 생각해 볼 때, 즉 그간 비교적 많은 자유를 구가하던 덴마크 학교들이 세계화 과정에서 학력의 중요성과 학습의 긴장도를 강조하는 추세를 보인다고 해서 우리 역시 그럴 수는 없다는 것이다. 왜냐하면 우리는 이미 오랫동안 강도 높은 학습에 주력해 왔으며, 따라서 우리 교육에 오히려 절실한 것은 학습자의 자유문제이기 때문이다.

최근 우리 사회 일각에서 에프터스콜레에 대한 관심이 부쩍 늘어났는데, 이는 주로 입시와 경쟁, 출세를 위한 객관주의적 지식 습득 교육 체제를 벗어나 청소년들이 살아가게 될 인생 경로에 초점을 맞춘 교육으로의 대폭적 전환을 꾀하려는 움직임 덕분으로 보인다. 그런데 이를 단순히 진로지도 문제로만 특화시켜 수용하는 것은 옳지 않다. 두 가지 이유가 있는데, 하나는 흥미와 관심사에 따른 인생 경로 찾기라는 차원도 중요하지만 이를 청소년의 인격과 삶의 형성이라는 좀 더 포괄적 범주에서 다루지 않으면 피상적으로 머물 수밖에 없기 때문이다. 또 하나는 에프터스콜레가 개개인의 삶의 문제를 늘 더불어 평등하게 사는 민주적 사회공동체라는 문제와 연계시켜 다루는 데 비해, 소위 진로지도 과정에서 이 점은 종종 간과될 수 있기 때문이다.

에프터스콜레는 대안학교의 일종이지만 세계의 여타 대안학교들이 공교육 체제와 대립적 입장을 취하는 것과는 달리, 협력적 관계를 형성하고 있다는 점에서 특별한 위상을 갖는다. 공립학교는 이런 협력관계를 통해서 기존 구조만으로는 거의 기대할 수 없는 새로운 차원을 실현할 수 있다는 점에서, 또한 기존 체제를 유지하면서도 자체 유연성을 확보할 수 있다는 점에서 하나의 기회를 의미한다. 또 대안교육 쪽에서 보았을 때도 기존 체제를 거부하기만 하는 방식이 아니라 공교육과의 소통과 협력을 통해 제3의 기회를 구현할 수 있기 때문에 그 또한 하나의 기회를 의미한다. 이를테면 우리의 경우 공립학교 쪽에서는 현재 '자유학기제'를 통해 부분적으로 시도하고 있기는 하나 현재 구조로서는 여전히 상당한 난점을 가진 진로탐색 교육이나 학교 부적응아 문제에서 또 하나의 물꼬를 틀 수 있을 것이다. 한편 대안교육 쪽에서는 기존의 3년제나 5년제, 6년제 학교 유형들에 더해 새로운 유연성을 확보하거나, 나아가서 공교육과의 협력구조 속에서 사회 전반의 교육적 상황을 개선하는 데 기여할 수 있을 것이다. 교육청 단위에서 모색할 수 있는 해법은 다양할 것이다.─대안학교 위탁교육의 확대와 다양화, 공립학교 체제 내에서의 에프터스콜레 설립, 대안학교 교사와 공립학교 교사들이 공동으로 설립·운영하는 학교 설립이나 교육과정 운영 등.

서울특별시교육청은 2014년 가을부터 준비하여 2105년에 들어 자유학년제라는 틀에서 '오디세이학교'를 설립했는데. 그 골자는 에프터스콜레의 핵심 가치에 상응한다. 아직은 초기 단계로 현재 세 학교를 선정·운영하는 정도지만 향후 그 확장세는 충분히 예상할 수 있겠다. 2016년 들어 강화(경기도)에 설립된 '꿈틀리 인생학교'(기숙학교 형태로는 최초)는 그 한 가지 유의미한 사례라 할 수 있다.

한편 꼭 에프터스콜레가 아니더라도, 축약된 형태로나마 이 뜻을 구현하기 위한 프로그램이나 프로젝트를 일반 학교 방학을 이용해 1~2주일이나 한 달 정도 운영하거나, 혹은 그런 프로그램을 지역의 마을 공동체나 지자체와 협력하여 실행해 보는 방안도 있다. 예컨대 경기도교육청의 '꿈의 학교' 프로젝트가 여기에 해당한다. 이러한 시도들에서 가장 중요한 것은 '삶을 위한 교육'이라는 관점에서 이 경직된 학교 체제 전반과 일상에 새로운 '숨'을 불어넣는 작업일 것이다.

마지막으로 학교 현장에서 교육적 과제를 개방적으로, 유연하게, 다양하게 수행할 수 있도록 부여된 자유에 대해서, 즉 목적과 목표는 국가가 정하지만 거기에 도달하는 경로와 방법, 도구와 수단은 학교 재량에 맡겨놓았으며 특히 교과서 따위를 지정하지 않았다는 점은 우리나라 교육계에서 눈여겨볼 필요가 있다.

| 생각해 보기 |

1. 덴마크에서 자유교육이 태동한 이유는 무엇인가?
2. 자유교육에서 발전된 학교 유형으로는 어떤 것이 있나?
3. 공교육과 자유교육 간의 협력이 만들어 내는 역동성은 무엇인가?
4. 에프터스콜레가 우리 교육에 주는 시사점은 무엇인가?

1. Eckhard Bodenstein, "Länderstudie Dänemark", in: *Reformpädagogik und Schulreform in Europa*, Bd. II., hg. von M. Seyfarth-Stubenrauch (Hohengehren 1996). 437~442.
2. 칼 크리스티안 에기디우스(Karl K. Ægidius). 「덴마크의 학교풍속도」, 송순재 옮김, 『처음처럼』 35(2003. 1/2): 82~83.
3. 포울 댐(Poul Dam). 『덴마크의 아버지 그룬트비』(*Nikolaj F. S. Grundtvig 1783-1872*), 김장생 옮김(누멘, 2009), 65-66; Niels Lyhne Jensen (ed.), *A Grundtvig Anthology. Selections from the Writings of N.F.S.Grundtvig*(Cambridge: James & Co., 1987), 15-30.
4. Jindra Kulich, "Christen Kold, Gründer der Dänischen Volkshochschule. Mythen und Realität", in: *Die Österreichische Volkshochschule*(186/ Dezember 1997): 7-15; Peter Berker, *Christen Kolds Volkshochschule. Eine Studie zur Erwachsenenbildung im Dänemark des 19. Jahrhunderts*(Münster 1984).
5. Eckhard Bodenstein, "Länderstudie Dänemark", 437.
6. 올레 퍼더슨(Ole Pedersen), "Education in Denmark". 『2010년 덴마크 자유교육 국제심포지엄 자료집』(대안교육연대), 11-23.
7. Eckhard Bodenstein, "Länderstudie Dänemark", 444~448.
8. 야콥 옌슨(Jacob C. Jensen). "Introduction to the Danisch Efterskole". 『2015년 대안교육국제포럼 자료집』(한국청소년정책연구원), 97, 118.

- 에기디우스, 칼 크리스티안(Ægidius, Karl Kristian). 「덴마크의 학교풍속도」. 『처음처럼』 35(2003.1/2): 82~83.
- 댐, 포울(Dam, Poul). 『덴마크의 아버지 그룬트비』. 김장생 옮김. 누멘, 2009.
- 옌슨, 야콥(Jensen, Jacob C.). "Introduction to the Danisch Efterskole". 『2015년 대안교육국제포럼 자료집』. 한국청소년정책연구원, 95-137.
- Berker, Peter. *Christen Kolds Volkshochschule. Eine Studie zur Erwachsenenbildung im Dänemark des 19.* Jahrhunderts. Münster, 1984.
- Bodenstein, Eckhard. "Länderstudie Dänemark". In: Reformpädagogik und Schulreform in Europa. Bd. II. Hg. von M. Seyfarth-Stubenrauch. Hohengehren 1996, 437-442.
- Jensen, Niels Lyhne (ed.). *A Grundtvig Anthology. Selections from the Writings of N. F. S. Grundtvig.* Cambridge: James & Co., 1987.
- Kulich, Jindrea. "Christen Kold, Gründer der Dänischen Volkshochschule. Mythen und Realität". In: *Die Österreichische Volkshochschule*, 186/Dezember 1997: 7-15.
- 피더슨, 올레(Pedersen, Ole), "Education in Denmark". 『2010년 덴마크 자유교육 국제심포지엄 자료집』. 대안교육연대, 11-23.

- 송순재·고병헌·에기디우스. 『위대한 평민을 기르는 덴마크 자유교육』. 민들레, 2010.
  덴마크 자유교육에 관한 국내 최초의 상세한 안내서. 전반부에는 덴마크 교육의 역사와 제도, 교육의 특징에 대한 학술적 내용을 담고 있고, 후반부에는 다양한 학교 현장들을 탐방기록문 형태로 소개하고 있다.

- 오연호. 『우리도 행복할 수 있을까』. 오마이북, 2014.
  덴마크 사회와 문화 전반에 대한 흥미롭고 상세한 안내서. 자유학교에 대해서도 일부 이야기해 주고 있다.

- 시미츠 미츠루. 『삶을 위한 학교』. 김경인·김형수 옮김. 녹색평론사, 2014.
  일본 학자의 눈으로 덴마크 자유교육의 다양한 현장을 탐사한 후 그 내용을 이야기 식으로 상세하고 풍부하게 소개한 흥미롭고 공부가 많이 되는 안내서.

- 댐, 포울(Dam, Poul). 『덴마크의 아버지 그룬트비』. 김장생 옮김. 누멘, 2009.
  덴마크 자유교육의 사상적 모태인 그룬트비의 생애와 활동, 사상의 핵심을 전기 형태로 소개한 유익한 안내서.

우리 앞에 서 있는 작은 인간에 대한 수수께끼를 풀어 가는 살아 있는 교육! 발도르프 교육은 인간 본질에 대한 이해를 바탕으로 아동 발달에 근거한 교육과정을 구성하여 교사의 창의성과 예술적인 수업 방법으로 아동의 온전한 성장과 발달을 돕는 교육이다. 이 철학이 어떻게 학교교육에서 방법론적으로 구현될 수 있는지 기초 이론을 소개하고 실천적 사례를 들어 살펴보았다.

온전한 성장을 돕는 발도르프 교육

최미숙

1. 발도르프 교육과 혁신교육

"교육은 학문이어서는 안 됩니다. 그것은 예술이어야만 합니다."[1]

"수업은 처음부터 끝까지 예술적인 요소로 가득 채워지지 않으면 안
됩니다. 예술적인 것을 어린이 속에서 자라도록 하는 일에 처음부터 커다
란 가치를 둘 필요가 있습니다. 예술적인 것은 인간의 본성적 의지에 특
별히 깊은 작용을 합니다. 이것을 통해 전인全人을 향해 가는 것입니다."[2]

슈타이너가 '교육이 예술이어야 한다'고 하는 이유는 교육은 학문적으
로 관찰하고, 통계를 내고 분류하여 교육학 이론을 이루는 것이 목적이
아니라 살아 있는 인간 하나하나의 삶에 직접적으로 관계할 수 있어야 하
기 때문이다. 그는 한 어린이를 '씨앗'이라는 존재의 본질로 볼 때 교육은
무엇을 해야 하는가? 무엇을 할 수 있는가? 여러 가지 이론에 맞추어 그
'씨앗'을 키우는 것이 아니라 '씨앗' 속에 들어 있는 것들을 이해하는 것부
터 해야 한다고 했다. '씨앗' 안에 들어 있는 '모든(어떤) 것'이 제때에 자랄
수 있게 보살피고 또 그것이 잘 꽃피우고 열매 맺을 수 있도록 돕는 것이
교육인 것이다. 교육은 '씨앗' 속에 들어 있는 것, 즉 인간의 본질을 깊이

있게 이해하는 것에서 시작해야 한다.

발도르프 교육학은 인간 발달에 필요한 것을 촉진하는 것이 교육의 본질이라고 보고 인간의 본질과 발달을 돕는 과제에 몰두하며 이것을 학교 안에서 실제 행하고자 했다.

인간 본질과 발달에 대한 철학인 '인지학(人智學, Anthroposophy)'은 발도르프 교육의 방법적이고 내용적인 출발점을 제공한다. 따라서 발도르프 교육은 현대 우리 사회가 학교와 교육에 요구하는 정치사회적, 이념적, 경제적 목표들을 뒤로한다. 왜냐하면 교육이란 인간 안에 있는 것을 장려하고 촉진하는 것을 의미하며, 인간과 인간 발달 자체를 돕는 것이 가장 본질적이고 1차적인 목표이기 때문이다.

인간의 본질에 바탕을 두지 않고, 일시적인 사회적, 정치적, 경제적 필요에 의한 교육이 난무할 때 생기는 폐해는 아동들에게 직접적 영향을 끼치는 것은 물론, 길게 보아 민족이나 인류 전체에게 영향을 미칠 수 있다. 예를 들면 우리나라 정부가 바뀔 때마다 사회, 역사, 도덕, 윤리 교과서를 수정하고 심지어 독재자의 치적을 미화하는 사례까지 있었다. 그것은 근본적으로 인간의 사고와 의식 발달을 저해하는 행위이다. 지식 위주의 교육, 경쟁 교육, 출세나 성공 중심 교육의 열풍 등을 가만히 들여다보면 그것들은 모두 인간의 발달을 돕는 게 아니라 일시적인 사회적, 정치적, 경제적 필요만을 교육에 강요하는 것이었다. 결국 그런 식의 교육철학은 열풍에 그치고 만다. 발도르프 교육이 100년 동안 조용하고 꾸준히 전 세계적으로 발달할 수 있었던 것은 일시적인 시대의 흐름이나 하나의 이념, 한 국가와 하나의 인종에 국한하지 않고 '인류의 보편적인 인간 본성에 대한 바른 이해'를 교육적으로 실현하려는 시도를 해 왔기 때문이다. 이러한 발도르프 교육철학은 지금의 혁신학교가 교육의 근본적인 문제와 그에 따른 수업 방법을 모색하는 데 시사점을 준다.

2. 발도르프 교육이란?

1) 인간의 본질에 대한 이해를 바탕으로 하는 교육

발도르프 교육이란 발도르프학교의 교육이론과 교육체계를 가리킨다. 발도르프학교는 독일의 교육자 루돌프 슈타이너(Rudolf Steiner, 1861~1925)의 '정신과학'에 바탕을 두고 한 학교에서 1~12학년까지 동일한 목표 아래 12년 동안 교육하는 종합학교이다.

최초의 발도르프학교는 1919년 독일 슈투트가르트에 발도르프-아스토리아 담배공장 사장인 에밀 몰트Emil Molt가 슈타이너의 '사회 삼중구조론[3] 사상을 실천하고자 '인지학(人智學, Anthroposophy: 인간 본성에 대한 바른 이해)'에 바탕을 둔 교육이 이루어질 수 있도록 슈타이너에게 의뢰하여 설립되었다. 그는 자신의 공장 노동자 자녀들이 무료로 학교를 다닐 수 있게 했으며, 제2차 대전 후 독일의 정신적, 문화적, 경제적 어려움에도 학교가 성장할 수 있는 바탕을 만들어 갔다. 발도르프학교는 '슈타이너의 정신'과 '에밀 몰트의 실천적 의지'가 함께 만들어 낸 학교인 것이다. 그래서 전 세계적으로 '발도르프학교Waldorf Schule'와 '슈타이너학교Steiner Schule'는 같은 이름, 동일한 뜻으로 쓰이고 있다.

최초의 학교가 설립된 이후 100년 동안 발도르프학교는 고유한 교육철학과 교육과정, 교육 방법 등을 발전시켜 왔으며, 2015년 현재 전 세계에 1,000여 개의 유치원과 900여 개의 발도르프학교가 있다. 우리나라에도 많은 발도르프유치원이 있고, 초등교육과정 대안학교로는 과천의 '청계자유학교', 경기도 광주의 '푸른숲학교', 인천의 '서울발도르프학교' 광명의 '구름산자연학교', 부산의 '사과나무학교' 등이 있다. 청계자유학교와 푸른숲학교는 세계발도르프학교연맹에 등재되어 공식 인정을 받았다. 국내에 있는 그 밖의 많은 초등 대안학교들이 발도르프학교의 교육과정을 적용하고 있으며, 중·고등교육과정 대안학교와 특성화학교도 학습과정에 발도르프학교의 예술교육과 에포크 수업Epochen Unterricht을 부분적으로 도입하고 있다.

세계의 모든 발도르프학교는 루돌프 슈타이너의 인지학에 바탕을 두고 있다.

교육과정을 살펴보면 하루, 1주일, 1개월(4주), 4계절 및 1년 등이 들숨과 날숨(집중과 잔치와 쉼)의 리듬을 가지고 유기적으로 구성되어 인간의 삶과 우주적인 흐름과 리듬이 함께할 수 있도록 배려한다.

내용을 살펴보면 인류의 의식 발달을 경험하고 사고의 과정을 다듬어 가는, 지성을 깨우는 에포크 수업과 창조적인 예술성과 감각 발달을 돕고 영혼적 삶을 풍부하게 하며 감성을 깨우는 예술 수업들, 삶의 원형을 경험하고 의지를 깨우는 노작교육과 먼 여행 등의 수업과 아이들의 삶이 실제 실험 실습을 통해 유기적으로 결합된 교육 내용과 교육과정 체제를 운영하고 있다.

발도르프학교의 교육예술을 실현하기 위한 과목과 수업 형태

구분	과목	수업 형태
지성을 깨우는 수업	문자와 언어, 국어, 수학, 연산, 기하학, 동네학, 사물학, 동물학, 식물학, 영양학, 역사학, 지리학, 천문학, 물리학, 화학 등	'에포크 수업(주기집중 형태)'으로 진행 과목과 학문의 넘나듦을 자유롭게 하여 지성을 깨우는 과정에 수업의 목적이 있다.
감성을 깨우는 수업	오이리트미, 습식 수채화, 형태 그리기, 회화, 목공, 수공예, 조소, 금속공예, 석공예, 예술사, 연극 등	1주일에 한두 시간 지속적인 연습을 통해 창조적인 예술 작업과 감각 발달과 영혼적인 발달을 돕는 데 목적이 있다.
의지를 기르는 수업	집 짓기, 원예, 농사 체험(텃밭, 밀 농장의 구조 경험), 가축 기르기, 숲 가꾸기, 꿀벌치기, 먼 여행 등	일정한 시기의 집중적인 프로젝트나, 1년의 과정으로 삶과 연계한 노작 작업임과 동시에 의지력을 기르는 데 목적이 있다.

2) 발도르프 교육의 철학적 바탕: 인지학

인지학Antroposophy이라는 말은 그리스어 'antropos(인간)'와 'sophia (지혜)'에서 비롯되었으며, 인간의 참된 본질에 대한 인식을 의미한다. 인간에 대한 인식과 인간이 살고 있는 지구와 우주에 대한 인식, 지구와 우주의 진화론, 의학, 생명 역동 농법, 건축학 등 다양한 분야가 있다. 발도르프 교육학은 인지학의 다양한 분야와 요소들 중에서 인간을 이루는 구성체의 본질과 그 구성체가 적기에 건강하게 발달하여 온전한 인간에 이를 수 있도록 돕는 것을 목표로 한다. 인지학에서 말하는 인간의 네 구성체와 발달에 따른 교육적인 관점들을 살펴보면 다음과 같다.

(1) 물질적 존재로서의 인간: 육체

영혼과 정신이 담기는 그릇으로 지상의 물질적-물리적 법칙의 규정을 받는다. 교육자와 학교는 건강한 삶을 살아가는 가장 기본 기능을 할 수 있도록 신체 발달을 도와야 한다. 특히 성장 단계와 내부 기관의 형성 단계에서 아동의 모든 활동은 신체의 과정에 영향을 미친다. 따라서 수업의 형태는 어느 한쪽으로 치우치는 것을 피하고 다양하고 리듬적으로 들숨(吸: 수용적 수업활동)과 날숨(呼: 발산적 수업활동)이 교차하는 활동들을 통해 좋은 자극을 줄 수 있어야 한다. 학교의 실제 교육과정과 수업은 발달과 치유적 측면들을 고려하여 이루어지도록 한다.

(2) 살아 있는 유기체로서의 인간: 형성력의 본체(=생명체, 에테르체)

물질로 이루어진 육체는 생명활동의 흐름이 있어야 형태를 유지하게 되고, 성장하고, 변화할 수 있다. 즉 살아 있는 유기체로서 육체의 형태와 기관들이 기능을 하려면 물질만으로는 안 되고 물질을 운용하는 신진대사와 영혼적이고 정신적인 의도와 흐름인 생기가 있어야 한다. 발도르프 교육에서 인간의 본질을 신체, 영혼, 정신 삼중 구조로 볼 때 육체와 함께 다루기도 한다. 수업에서 아동 안에 생기 있는 생명력을 형성하는 과정들은 예술적 원리에 의해 촉진될 수 있다. 모든 예술 활동은 인간과 세상이 가까워지는 데 원기를 더해 준다. 동시에 예술활동은 아동기 동안 신체에 작용하는 힘이 영혼적 정신적 능력으로 변형되는 것을 촉진하므로 교육과정에 생명력을 건강하게 유지하며 성장할 수 있는 예술 작업들이 이루어지도록 한다. 특히 에테르체가 발달하는 시기의 유치원과 초등 저학년의 수업은 다양한 감각활동으로 이루어진 몸 움직임을 통해 배울 수 있도록 수업을 구성한다.

(3) 영혼 존재로서의 인간: 내면의 삶(=감정체, 아스트랄체)

인간은 단순히 몸과 마음으로만 이루어진 것이 아니라 무엇을 지각하고, 느끼고, 생각하는 본질체가 있어 자기와 세상을 연결 짓는다. 이러한 내면의 삶의 활동을 통해 자기 고유의 본질을 변화시키고 배우며 발전해 나간다. 발도르프학교에서는 교육의 모든 분야에서 이 부분에 많은 관심을 가지고 교육적인 배려가 이루어진 활동들을 한다. 예를 들어 문자 지도(자음: ㄱ)를 할 때 단순히 글자를 가르쳐 주고 연습을 시켜 익히게 하는 것이 아니라, 먼저 이야기나 소리를 들려주고 그 단어들이 들어 있는 그림을 그려 본 다음 그 그림에서 글자의 형태(예: 기차, 고갯마루에서 ㄱ)가 나타나도록 한다. 이러한 수업과정에 모든 내면의 힘들-지각하기, 느끼기, 의지를 가지고 노력하기, 알아차리기 등등-이 모두 들어 있고, 교사는 수업의 구성과 흐름이 내면의 힘들을 성장시킬 수 있도록 배려한다. 이러한 원리는 각 연령대에 맞게 그 내용이 정해지며 모든 수업의 방법론은 아동의 내면의 힘의 발달과 성장에 맞추어 이루어진다.

(4) 정신적 개별체로서의 인간: 인간의 정신적 본질체(=자아체)

교육의 궁극적인 목적은 자기 고유성을 갖는 자아체가 균형 있게 형성되어 인간으로서 건강한 삶을 살아갈 수 있게 돕는 것이다. 발도르프학교에서 인간의 본성을 네 가지로 세분화하여 보는 것은 그 구성체가 모두 인간의 본질이며 각 개인의 안에서 통합적이기도 하지만 각 구성체가 성장하는 시기와 특징들이 다르므로 그 시기에 맞게, 각 구성체의 특징에 맞는 활동들을 함으로써 온전한 인간의 발달을 도울 수 있다고 한다.

요약해 보면 발도르프 교육학이란 인간의 본질을 이루는 신체, 영혼, 정신의 각 구성체들을 세분화하여 각각의 특징과 성장 시기를 깊이 있게 살펴보고 그에 맞는 교육 활동들을 할 수 있도록 하는 것이다. 기존의 교육학에서 과학적이라는 이름 아래 인간의 영혼과 정신에 관한 것을 다루지 않은 반면 발도르프 교육의 바탕이 되는 인지학은 인간의 본질을 눈에 보이는 육체는 물론, 영혼적인 내면의 삶과 정신의 발달을 바라보며 철학과 방법들을 발달시켜 왔다고 하겠다.

3) 균형 있는 발달을 돕는 '교육 예술'

발도르프 교육학은 인간의 본질을 신체, 영혼, 정신의 각 구성체들로 세분화하여 설명했다. 각각의 구성체들은 한 인간 안에 씨앗으로 모두 존재하지만 발달하는 시기가 달라 제때 발달할 수 있도록 돕는 것이 바로 발도르프 교육의 목표이다. 학문과 지식을 가르치기 위해, 예술을 가르치기 위해 학교가 있는 것이 아니라, 인간을 이루는 세 구성체가 균형 있게 발달하여 정신적 개별체(자아)로서 건강한 삶을 살아갈 수 있도록 교육과정과 수업 방법을 구성했다. 그리고 교사들과 함께 읽기, 쓰기, 셈하기의 기초학습에서부터 기하학, 물리학의 높은 학문에 이르기까지 예술적인 방식으로 아이들의 내면과 작업하여 세상과 관계 맺는 과정으로서 학교의 교육과정과 수업 방법을 만들어 갔다. 그 이후 발도르프학교 교사들은 '균형 있는 발달을 돕는 교육 예술'이라는 명제를 자신들의 나라와 학교에서 실현하기 위해 교실에서 아동들과 함께하고 있다.

- 균형 있는 발달을 돕는 교육 예술을 위한 교사들의 전제
  - 아동과 전체 인간 발달에 대한 이해
  - 아동의 성장과 12감각 발달에 대한 이해

(1) 아동과 전체 인간 발달에 대한 이해

발도르프 교육에서 아동 발달 단계는 피아제Piaget의 인지inteligens 발달 단계와 그 맥을 같이한다. 그러나 신체의 발달, 영혼적인 발달, 자아(정신적 개별체)의 발달 단계 등 전체 인간의 발달 단계를 다면적으로 살펴보며 교육을 인간의 전체적인 맥락 속에서 볼 수 있도록 한다. 아동의 발달 단계를 간략하게 구분해 보면 다음 표와 같다.

학교에서 아이들을 자극하고 기르는 과정에서 이러한 시기들이 균형 잡히게, 발달 단계의 시기에 적합하게 할수록 아이가 인생을 살아갈 때 필요한 창조성, 판타지를 형성해 줄 수 있다고 한다. 즉, 자아가 건강하게 자랄 수 있는 자양분은 아동기에 형성된다는 것이다. 청소년기(14~21세)에 접근해야 하는 추상적이고 논리적이며 판단을 형성하기 위한 방법들을 그보다 이른 시기에 사용하면 그것은 아이들에게 빨리 초경을 겪게 하는 것과 마찬가지다. 즉, 성적인 발달을 가속화시키는 것이다. 성적인 성숙은 한 세대가 다음 세대로 이행할 수 있음을 의미하는데, 신체적인 것뿐만 아니라 영혼적인 것, 정신적인 것이 함께 성장해야 건강한 세대 이행이 이루어지는 것이다. 그러나 현대 아이들이 초경을 일찍 시작하는 것은 신체적, 성적 성장속도가 정신의 성장속도와 균형을 잃게 되어 생기는 현상으로, 온

전한 성장과 발달을 위한 교육에 시사점을 준다.

발도르프 교육에서 바라본 아동 발달 단계

발달 단계	아동 발달 특성	주 수업 방식과 수업 재료
영유아기 (0~7세)	• 탄생~이갈이 시기 • 신체적으로 사지 발달의 단계 • 사지의 움직임, 의지의 발달 단계	• 신체의 모방 • 상상과 판타지가 살아 있는 동화 이야기 재료 • 대근육, 소근육, 운동감각 및 감각 통합 활동 중심
아동기 (7~14세)	• 이갈이 시작~2차 성징 발현 시기 • 정서적으로 영혼 발달의 단계 • 가슴(느낌)의 경험을 통한 감성의 발달 단계	• 영혼의 모방 • 경험을 통해 내면에 상(像)이 생기고 살아 있는 개념을 형성하며 세상을 이해할 수 있는 수업 재료와 활동
청소년기 (14~21세)	• 사춘기~자아발현 시기 • 머리(이성) 발달의 시기 • 논리적이고 추상적인 사고, 자아의 발달 시기	• 정신의 모방 • 토론과 대화식 수업 • 실제적인 실습 • 과학적이고 학문적인 수업 자료

(2) 아동의 성장과 12감각 발달에 대한 이해

인간의 감각에 대한 관점은 여러 가지가 있다. 슈타이너는 인간의 감각을 12감각으로 보고 이것이 아동의 성장 시기에 잘 발달할 수 있도록 돕는 것이 곧 교육 활동이어야 한다고 했다. 12감각을 크게 세 가지로 나누고 그 안에 여러 감각들을 또 분류했다.

첫째, 자신의 몸에서 일차적으로 지시되는 의지감각들 혹은 신체감각들에는 촉감, 생명감각, 고유운동감각, 균형감각이 있다. 둘째, 인간이 세상과 관계를 맺도록 해 주는 데 주로 사용되는 정서감각에는 후각, 미각, 시각, 따뜻한 감각(온각)이 있다. 셋째, 자신과 다른 것들을 내적으로 경험하는 일에 사용되는 인지감각에는 청각, 언어감각, 사고감각(다른 사람의 생각을 알아채는 감각), 자아감각(다른 사람의 '나'를 알아채는 감각)이 있다. 이 12개의 감각 모두를 이해하게 되면 그것들을 보호하고 잘 발달할 수 있도록 도와줄 수 있다. 특히 어린 시절에는 이 감각들이 더욱더 잘 보호되어야 한다. 감각이 잘 보호되면서 육성될 때 인간으로서 감각이 깨어나고 그것은 정신적인 발달의 바탕이 된다. 이것은 태어날 때 완성되어 머무는 것이 아니라 어린이 시기에 잘 보호되고 발달해야 건강한 삶의 바탕을 이룰 수 있다. 그래서 수업은 교과의 지식 내용을 알게 하는 것과 동시에 어린이들의 감각 발달을 도울 수 있어야 한다.

슈타이너의 12감각

구분	의지감각	정서감각	인지감각
의미	신체 감각들 자신의 몸에서 지시됨	영혼 감각들 사람과 세계를 연결시킴	정신적/사회적 감각들 내면에서 지시됨
종류	촉각 생명감각 운동감각 균형감각	후각 미각 시각 따뜻한 감각(온각)	청각 언어감각 사고감각 자아감각

3. 발도르프 교육의 적용 사례

1) 깊고 넓은 배움 '에포크 수업'

(1) 에포크 수업이란?

에포크 수업(Epochen Unterricht: 주기집중수업)이란 2~4주를 하나의 주기로 하고, 매일 두 시간가량의 수업을 그 주기 동안 같은 시간에 같은 교과를 가르치는 학습 운영 시스템이다. 독일의 발도르프학교에서 시행하는 수업 형태인 에포크 수업을 '주기집중수업'이라고 번역하는 것은 이 교수 학습 방법이 '주기'와 '집중'이라는 두 가지 특징이 함께 결합한 형태를 갖고 있기 때문이다.

또 하루의 리듬을 살펴볼 때 매일 아침 1시간 내지 1시간 반 동안 집중적으로 사고력과 종합적인 인지력을 길러 가는 중심 수업이라고 하여 독일에서는 'Hauptunterricht_{주요 수업}'이라고 하고, 영어권에서는 'main lesson_{주요 수업}'이라고 부른다.

'주기'란 교사가 2~4주 정도 정해진 주기 동안 한 수제에 대해 집중하여 수업을 진행한다. 2~4주 수업이 끝나고 그다음 기간 동안은 완전히 다른 과목을 다룬다. 그리고 일정한 주기(1년 주기)가 되면 그 과목의 발전된 주제를 다시 진행한다. 이 주기 집중은 가르치는 교사도 한 과목에 집중할 수 있어 깊이 있는 연구가 이루어지며, 배우는 학생 입장에서도 다른 과목의 방해받지 않고 같은 주제에 집중, 몰입할 수 있는 장점이 있다. 이러한 방식은 주기와 주기 사이의 휴지기 동안, 배운 것을 새로운 차원에서 다시 통합할 수 있고 또 다음 주기에 그 내용들을 다시 검토할 수 있음을 의미한다. 또한 학습의 전이라는 면에서 한 가지를 깊이 있게 공부하는 방법으로 학습했을 때, 다른 학습에서도 깊이 있게 공부하는 방법을 취할 수 있으며, 이것은 지식의 양을 늘리는 것이 아니라 학생의 지성적 능력을 키우는 수업 형태이다.

'집중'이란 기존 수업 시간 진행 방식의 블록 타임_{Block Time}과는 차별되는 것으로, 40분씩 각각의 과목 수업을 묶어 놓는 것이 아니라 각 과목의 순서와 한 과목 내에서 학습 내용의 순서와 주기가 아동 발달에 대한 깊은 이해를 바탕으로 생활, 사회, 인문과학, 자연과학, 아동의 삶과 유기적으로 통합되어 다루어진다. 이때 별도의 교과서 없이 아동들이 수업 시간에 이해한 모든 것들을 자신의 공책에 기술하고 그림으로 형상화하여 스스로 교과서를 만들어 간다. '주기집중' 식으로 교육과정을 운영하는 것은 일정하게 주어진 시간 동안 깊이 있게 집중할 수 있게 하고 학습한 것을 기억 깊은 곳에서 자연스럽게 내면화하여 다시 조합하도록 하는 교수학습 방법이다. 이렇게 내면화될 때에야 비로소 아동 개개인에게 배움이 이루어졌다고 할 수 있다.

(2) 에포크 수업의 원리

① 하루의 리듬: 신체, 영혼, 정신의 조화로운 발달을 돕는 시간표 구성

② 학습의 리듬: 의미의 반복과 변화를 통한 예측 가능한 발전, 연속성, 집중과 쉼

③ 평가와 학습 결과: 잠재적 힘을 기르기 위한 과정 서술

④ 잊기와 기억하기: 잊으면서 자리 잡기, 기억하면서 재결합하기 원리

⑤ 전체 학급 교수-활동과 개인성: 전체 속에 개인성, 개인성의 존중과 전체

⑥ 교과서의 역할: 정해진 교과서 없이 학생과 교사 사이의 직접적인 상호작용과 학생 스스로 배움을 구성해 가는 공책 쓰기로 자기만의 교과서 만들기

(3) 에포크 수업의 구성

하나의 단위의 에포크 수업은 대체적으로 80분~1시간 30분으로 진행되는데 이 시간 동안 리듬과 예술성을 고려해야 한다. 몸과 마음의 감각을 깨우고, 수업하는 내내 아동의 발달 단계에 맞는 감각의 육성과 보호가 적절히 이루어져 건강한 성장을 도울 수 있어야 하며, 학습을 마친 후 공부한 개념들을 자신의 언어로 재구성하여 공책에 정리하는 작업, 또 수업 끝에 이야기 들려주기 등이 이루어지는데 그 구성은 대체로 다음과 같다.

수업의 예술적 운영(구성 및 시간 배분)

감각 열기 (5~10분)	함께 시 낭송하기(마음 모으기) ⇒ 협동, 배려 감각 리듬활동 하기-손뼉과 발 구르기를 하면서 수 뛰어 세기, 박자에 맞게 걸으면서 다양한 수 뛰어 세기, 여러 가지 리듬에 맞게 몸을 움직이면서 구구단 외우기, 리코더 연주하기 등 몸을 이용하여 수학과 관련 있는 활동으로 수업에 들어가기 전에 몸과 마음 깨우기 ⇒ 조화로운 발달
생각 열기 (40~50분)	머리(Thinking), 가슴(Feeling), 손(Willing)이 고르게 발달할 수 있도록 활동을 함. 수업의 기본 전제는 감각의 육성과 보호가 균형 있게.
내면화하기 (15~20분)	글과 그림으로 공부한 수업 내용을 자신의 언어로 재구성하여 공책 쓰기를 하여 '스스로 교과서 만들기'를 함으로써 통합적 접근을 함.

① 몸과 마음을 깨우는 감각 열기: 감각 열기는 왜 할까? 꼭 해야 할까?

발도르프 교육에서 12감각은 의식적 혹은 무의식적으로 신체의 움직임을 통해 열리는 의지감각(촉각, 생명감각, 고유운동감각, 균형감각), 외부로부터의 감각적 인상을 받아 느끼는 느낌감각(시각, 후각, 미각, 열감각), 외부와의 상호 교류 속에서 이루어지는 사고감각(청각, 언어감각, 사고감각, 자아인식감각)으로 나눈다. 이러한 감각들은 따로 분리된 것이 아니라 서로 도와 가며 발달한다. 아이가 학교에서 교사의 말에 귀 기울일 수 있다는 것은 사고감각이 작용한다는 것인데 이 인식작용이 자유롭게 이루어지려면 의지감각의 보살핌이 전제되어야 한다. 그러나 현대의 아이들은 스스로 몸의 균형을 잡고 움직이며 자신의 의지를 깨우는 상황이 줄어들고 있다. 또한 많은 아이들이 물질문명의 발달로 인해 불안정한 자유와 무차별적인 기계 환경 속에서 영유아기를 보낸다. 이로 인해 기계의 움직임에 매료되어 의지감각이 손상된 어린이들이 점점 증가하고 있다. 학교는 바로 이러한 손상을 지닌 채 학교생활을 하는 아이들을 위해 다음의 세 가지 과제를 담아 어루만져서 나을 수 있게 해 주어야 한다.

기술의 폭력으로부터의 보호.

리듬이 살아 있는 수업 환경으로 인한 치료.

문명생활의 올바른 대처 능력.

이를 위해 교사는 하루를 시작할 때 리듬과 운율이 있는 시 낭송, 악기 연주, 노래 부르기, 규칙과 반복이 있는 몸동작(몸동작과 함께 시 낭송, 손뼉치기, 발 구르기를 함께 하는 수 세기 등)으로 수업을 시작한다. 아이들의 몸과 마음의 감각을 깨우는 수업 시작은 본 수업의 추상적인 개념화 작업을 할 때 아이들이 구체적인 추론과 문제 해결을 할 수 있도록 뇌를 활성화하는 데 도움을 준다.

- 나는 땅 위에 곧게 서 있어요(발뒤꿈치부터 정수리까지 몸에 곧은 선을 긋듯이 곧게 서기)
- 내 손은 세상을 향해 뻗어 있고(양팔을 수평으로 펴고 마음으로 세상 사람들과 손을 잡기)
- 빛으로 가득 차 있지요(손바닥을 위로 향하고 빛을 담기)
- 내 손은 별까지 닿고(양팔을 위로 올려 양쪽 귀에 닿을 만큼 쭉 펴고 마음으로 별까지 닿기)
- 내가 다시 땅으로 돌아올 때(양팔을 수평으로)
- 내 머리 위에는 온 우주가 있어요(다시 처음 자세로 곧게 서기)
- ※ 발도르프학교에서는 아침에 아이들과 심상으로 온 우주와 만나며 몸의 감각을 깨운다.

② 생각 열기(본 수업)의 예술적 구성: 아이들은 머리로 배우는가? 온몸으로 배우는가?

초등학교 시기의 아이들은 세상이 아름답다고 느끼는 시기이다. 그런 풍부한 감성체가 온전히 발달할 수 있도록 도와야 한다. 이 시기의 수업은 아동이 내부와 외부 세계 사이에서 균형을 가지고 조화를 가지도록 돕고, 신체와 환경의 올바른 관계를 알아 가면서 내적 경험과 육체의 조직기관의 균형을 찾도록 하는 것이 중요하다. 또한 사물을 배울 때 사전적 개념, 혹은 미디어를 통해 지적이거나 추상적 개념으로가 아니라 살아 움직이는 그림(상)으로 배울 수 있도록 상상력과 온몸으로 경험할 수 있도록 한다. 이런 살아 있는 경험은 이후 추상적인 사고가 발달할 시기에 진리를 추구하는 데 밑바탕이 된다. 이때를 놓치게 되면 이후에 일어나는 지적 능력은 기계식 사고가 된다. 이 세상에서 일어나는 많은 불행은 바로 이러한 선, 미, 진의 불균형적인 발달에서 기인한다고 한다.[사진 1]

③ 내면화하기(에포크 공책 쓰기): 지식과 나와 연결하기, 나의 언어로 재구성하기

초등학교 어린이들은 배움을 이미지화하여 그림으로 이해하는 단계이다. 따라서 자신이 배운 내용을 그림으로 그려 보고 글로 표현해 보는 공간이 필요하다. 그것은 주어진 학습지를 채우는 것이 아니라 빈 공간으로 되어 있는 공책에 글과 그림으로 수업 시간에 있었던 활동과 내용을 재구성해 볼 때만이 아이 속에서 진정한 배움으로 자리 잡게 된다. 따라서 발도르프 교육에서는 교과서가 없이 수업의 과정과 활동, 그곳에서 새롭게 알게 된 사실, 자신의 생각 등을 공책에 스스로 정리하여 각자의 교과서를 만들어 간다. 수업의 한 과정으로 배움을 내면화하는 공책 쓰기는 다음과 같은 방법과 장점이 있다.[사진 2]

▶ 종합적 사고력 형성

일반적으로 수업에서 내용을 정교화하는 작업으로 많은 경우 학습지를 만들어 사용한다. 학습지가 때에 따라 필요할 때도 있지만 학습지에서 제시된 물음에 답하는 과정만 반복할 때 사고가 고정화되는 가장 큰 원인이다. 또한 이것은 스스로 물음점을 찾는 과정을 아이들로부터 빼앗는 수업인 것이다. 잘 물을 수 있는 아이가 스스로 배울 수 있는 아이다. 학습지는 많은 지식을 한꺼번에 줄 수는 있지만, 아이에게 물음도 빼앗고 사고도 고정화시키는 학습 형태다. 그러나 아이가 수업과 활동으로 경험한 것을 자신의 언어로 공책에 써 가는 과정은 지식과 자신을 연결시키는 작업이다.

▶ 사고의 흐름을 보고 스스로 발전할 수 있는 과정

공책 구성이 하나의 흐름을 가질 수 있도록 구성해야 한다. 아이들 또한 한 단원(혹은 하나의 프로젝트, 하나의 에포크)을 배운 후에 스스로 차례를 써 보는 과정을 통해 다시 한 번 그 주제에 대하여 전체를 보는 눈을 기를 수 있다. 더 나아가 한 단원을 꿰뚫을 수 있는 시를 써 보는 과정을 거친다면 정말 아이들은 개념을 완전히 체화할 수 있을 것이다.

▶ 예술적인 구성의 필요

처음에는 어눌하고 엉성하지만 이런 과정을 지속해 나가다 보면 스스로 생각을 정교화하려는 의지가 생기고, 겉보기뿐만 아니라 내용도 예술적으로 구성하려고 하게 된다. 물론 교사의 세심한 배려와 적절한 지도가 필요하다.

▶ 자연스러운 글쓰기 교육과정

배운다는 것과 내 생각을 글로 표현하기(글쓰기)가 분리되지 않고 하나의 과정으로 이루어짐으로써 자연스럽게 글쓰기가 이루어질 수 있다. 아이들이 아름답고 예술적으로 그림을 그리고 글씨를 쓰기 위해 교사는 학습장을 잘 준비해야 하고, 학습 준비물 또한 다양한 필기도구(사각 크레파스, 질 좋은 색연필 등)를 준비할 수 있도록 배려해야 한다.

④ 공감하기란 무엇일까?: 왜 수업 시간 끝에 이야기를 할까? 꼭 해야 할까?

수업과정에서 조화로운 성장을 고려하여 수업 끝에 공감하기 과정으로 이야기 들려주기를 시도한다. 기본적으로 수업이란 개념화를 위해 나누어 보고, 쪼개 보고, 분류하는 과정을 통해 비판의식을 키우는 과정이다. 그러나 조화로운 성장을 위해서는 비판의식과 함께 깊이 공감하는 의식도 키울 필요가 있다. 80분의 긴장과 들숨의 연속인 수업 끝에 5~10분 정도 이야기를 들려줌으로써 이완과 날숨이 이루어지도록 한다. 그리고 수업 마무리 과정에서 동화나 신화 등의 이야기를 이용하는 것은 사고의 힘이 커지는 이 시기의 학생들에게 다양하고 넓은 세계를 알 수 있도록 해 준다는 점에서 가치가 있기 때문인데, 이야기를 들려줄 때 중요한 점은 질문의 여지를 남겨 두는 것이다.

사진 1 온몸으로 수학 공부를!!!

사진 2 'ㄲ'이 들어가는 낱말로 시를!
(1학년 공책 쓰기)

| 생각해 보기 |

1. 역사와 문화가 다른 나라의 교육철학과 방법을 우리 교육에 적용할 때 무엇을 우선으로 생각해야 할까?
2. 혁신교육은 인간 본질에 대한 근본적인 질문과 내용을 담보하며 진행되고 있나?
3. 아이들의 온전한 발달을 위한 혁신교육에 대한 이상과 교실에서의 실행이 일치하나?
4. 교사는 교육과정 재구성을 해야 하는가? 교육과정 구성자여야 하는가?

발도르프 교육은 인지학이라는 철학에 바탕을 두고 전 세계 어디에서나 그들 나름대로 자유롭게 교육과정을 구성할 수 있는 대안학교 형태로 학교를 운영하고 있다. 학교혁신을 위해 우리 공교육에 발도르프 교육을 적용하면서 가장 어려운 점은 국가교육과정이라는 틀이다. 그 학년에서 성취해야 할 교육과정을 기준으로 가르쳐야 하고 성취하지 못했을 때는 학습부진으로 결정한다. 발도르프 교육의 교육과정 구성은 아이의 발달에 근거한다. 학년 성취기준에 아이를 맞추는 것이 아니라 아이의 발달에 따라 성취기준과 내용을 구성하는 것이다. 항상 묻게 된다. 교사는 교육과정 구성자여야 하는가? 주어진 교육과정을 재구성하는 사람이어야 하는가? 이런 근본적인 차이가 있음에도 불구하고 에포크 수업, 목공, 수공예, 조소 등 예술과 노작교육 등을 현장에 적용해 보고 있다.

1. 루돌프 슈타이너(Rudolf Steiner), 『인간에 대한 보편적인 앎』, 최혜경 옮김(밝은누리, 2007).
2. 루돌프 슈타이너(Rudolf Steiner), 『방법론적 고찰』, 최혜경 옮김(밝은누리, 2009).
3. 프란스 칼그렌 & 아르네 클링보르그(Frans Carlgren & Arne Klingborg), 『자유를 향한 교육』. 사단법인 한국슈타이너교육협회 옮김(섬돌, 2008), 16. 슈타이너의 '삼 중구조'로 된 사회 구상이란 문화생활에서의 정신적 자유, 법 생활에서의 민주적 평 등, 경제생활에서의 사회적 형제애의 구현을 목적으로 하고 있다.

- 칼그렌, 프란스 & 클링보르그, 아르네(Carlgren, Frans & Klingborg, Arne).『자유를 향한 교육』. 한국슈타이너교육협회 옮김. 섬돌, 2008.
- 슈타이너, 루돌프(Steiner, Rudolf).『인간에 대한 보편적인 앎』. 최혜경 옮김. 밝은누리, 2007.
- 슈타이너, 루돌프(Steiner, Rudolf)『방법론적 고찰』. 최혜경 옮김. 밝은누리, 2009.

- 고야스 미치코.『자유 발도르프학교의 감성교육』. 임영희 옮김. 밝은누리, 2003.
  아이를 독일 발도르프학교 1학년에 보내면서 교육학자로서 부모로서 관찰한 것을 쓴 책으로 우리 교육 환경과 비슷한 일본인의 시각으로 본 책이어서 비교적 이해가 쉽다.

- 클라우더, 크리스토퍼·로슨, 마틴(Clouder, Christopher & Rawson, Martyn).『아이들이 꿈꾸는 학교』. 박정화 옮김. 양철북, 2010.
  영국 발도르프학교의 교사로서 교육과정 운영과 그 의미를 일반 교육학적 관점으로 설명해 놓아 발도르프학교의 실제 모습을 이해하는 데 도움이 된다.

- 패터슨, 바바라 J.·브래들리, 파멜라(Patterson, Babara J. & Bradley, Pamlea).『무지개 다리 너머』. 강도은 옮김. 물병자리, 2008.
  30년 동안 유치원에서, 손자들을 기르면서 아이들이 세상을 처음 만날 때 어떤 감각으로 만나는지 그 감각은 또 어떻게 발전해 가는지 부모로서 교사로서 어떻게 도울 수 있는지 관찰하면서 쌓은 경험을 보여 준다.

프레네 교육은 19-20세기 전환기 유럽 신교육운동의 세례를 받은 프랑스의 개혁교육운동이자 유일한 '공교육 개혁' 운동이다. 이 운동의 창시자인 프레네의 혁신은 통념을 뒤흔드는 사유의 혁신으로 시작되어 수업 방법과 교실 운영의 혁신으로 이어지고, 나아가 '현대학교' 운동을 확산시키면서 유럽 개혁교육운동의 주축을 이루게 되었다.

공교육의 생명철학적 전환: 프레네 교육

김세희

1. 유럽의 신교육운동과 프랑스의 '에듀카시옹 누벨'

1) 유럽 교육개혁운동의 배경

영국의 역사학자 홉스봄(Eric Hobsbawm, 1917~2012)은 20세기는 1914년부터 시작되었다고 말한다. 20세기 전반기에 벌어진 두 차례의 세계대전은 유럽사는 물론 유럽인들의 인식을 완전히 전환시켰으며, 특히 1차 세계대전은 역사의 거대한 전환점이었음을 암시하는 말이다. 교육적 관점에서 세계대전이 이후 유럽 사회에 미친 영향은 서로 다른 양상을 띤다. 2차 세계대전 이후에는 총체적인 염세주의가 창궐했다면, 1차 세계대전 직후 교육계에는 타락하지 않은 아동과 청소년의 선성善性에 희망을 건 낙관주의가 확산되었다. 새로운 교육을 통해 사회를 쇄신할 수 있다는 희망이 있었고 이러한 희망은 교육적 열정으로 이어졌다. 이와 같은 교육적 낙관주의와 희망 속에서 다양한 혁신적 교육 실험들이 탄생한다. 지역이나 시기에 따라 약간의 시차가 존재하지만, 20세기 전반기 이러한 흐름들은 진보주의(Progressivism, 미국), 개혁교육학(Reformpädagogik, 독일), 신교육(New Education, 영미권), 혹은 '에듀카시옹 누벨'(Education Nouvelle, 프랑스)이라는 이름으로 다양하게 펼쳐진다.

1920년대는 유럽 개혁교육운동의 전성기다. 개혁교육은 크게 두 가지로 구분할 수 있다. 하나는 공교육 시스템을 변화시키는 '외적 개혁'이며 다른 하나는 교수법이나 교사 역할, 아동관 등의 전환에 초점을 맞춘 '내적 개혁'이다. 유럽 개혁교육운동은 대개 교실의 실천을 중심으로 한 내적 개혁으로 시작하여 사회적 담론을 형성하고 이후 정치적 조건에 따라 외적 개혁으로 이어지는 양상을 띤다. 어쨌든 1920년대는 내·외적으로 활발하게 학교혁신운동이 전개되고 이전의 실천과 담론이 구체적인 형태로 만개한 시기이다. 잘 알려진 슈타이너R. Steiner의 발도르프학교Waldorfschule(독일, 1919년 설립), 닐A. S. Neill의 서머힐Summerhill(영국, 1921년 설립) 등이 이때 등장했으며, 19세기 말 설립된 전원기숙학교의 효시 에보츠홈Abbotscholme을 모델로 하는 '새로운 학교들'이 국경을 넘어 꾸준히 전파되었던 시기 역시 이때다.

2) 왜 '에듀카시옹 누벨'인가?

(1) 신교육 vs 전통교육

'신교육'은 '새로운' 교육을 가리킨다. 신교육을 주창했던 개혁교육가들은 기존 교육을 구舊교육 혹은 전통교육으로 규정하고 비판한다는 공통점이 있다. 기존 교육의 특징은 크게 두 가지 측면에서 지적할 수 있다. 하나는 수업/배움/교육의 주체가 교사라는 점이다. 교사 중심의 수업은 일방적이며 획일적인 강의식 수업을 뜻하고 다수의 학생을 통제하기 위해 권위적이며 위계적인 교사-학생의 관계를 유지했다. 이 관계 안에서 아동의 개별성이나 고유성은 고려될 수 없었고 아동은 배움의 수동적 객체로 전락한다. 다른 하나는 교육 내용에 관련된다. 당시 학교교육은 교과서 중심의 지知 편향적이었으며 교육 내용은 과다했다. 배움의 주체로서 탐구과정이 결여된 채 활자화된 지식만 전달되었기 때문에, 전통교육 안에서 아동의 실제 삶과 학교의 추상적 배움은 연결되기 힘들었다. 이는 교육을 통해 인간을 쇄신하고 진일보한 사회를 이룩하고자 한 개혁가들에게 치명적인 문제였다. 더 나은 사회를 위해 필요한 덕목들, 예를 들어 연대, 협력, 존중, 민주주의 등은 개념적 지식으로서 전달하는 것이 아니라 실천적 가치를 깨닫고 구현하고자 하는 노력이 뒷받침될 때 의미를 갖기 때문이다. 그리하여 신교육은 구교육/전통교육에 대한 문제의식에서 출발하여, 지식 중심, 교과서 중심, 교사 중심 교육에서 탈피하는 새로운 교육 실천을 전개한다. 그 실천은 공동체의 가치를 함양하고 지덕체를 고루 발달시키는 교육(=전원기숙학교), 지식/교과서 중심에서 벗어나 수작업과 노동, 협력적 작업을 중심으로 하는 교육(=노작학교), 학생의 능동성과 자율성을 격려하고 교육적 자치를 구현하는 교육(=서머힐, 함부르크의 실험학교들) 등의 다양한 형태로 펼쳐진다.

(2) 에듀카시옹 누벨: 고유명사이자 일반명사

프랑스에서는 새로운 교육을 추구하는 이 흐름을 가리켜 '에듀카시옹 누벨Education Nouvelle'이라고 부른다. 교육을 뜻하는 '에듀카시옹éducation'과 새로움을 뜻하는 형용사 '누벨nouvelle'이 합쳐진 용어다. 그런데 영어와 달리 프랑스어 형용사 '새로운'은 명사 앞에 놓이느냐, 뒤에 놓이느냐에 따라 의미가 달라진다. 명사 앞에서는 '기존의 것에서 무언가가 바뀐 새로운 것'을 뜻한다면, 명사 뒤에서는 '지금까지 없었던 새로운 것'으로서의 새로움을 뜻한다. 책을 예로 들어 보자.

이제 명사 뒤에 '새로운'이라는 형용사가 놓인 '에듀카시옹 누벨'의 의미를 살펴보자. 지금까지 살펴본 프랑스어 관행에 따르면, 에듀카시옹 누벨은 지금까지 없었던 새로운 교육이라는 의미다. 즉, '에듀카시옹 누벨'이라는 이름은 20세기 전반기의 이 흐름이 '지금까지 없었던 새로운' 현상

영어	프랑스어	'새로움' 의미
new	nouveau(남성형) / nouvelle(여성형)	새로운
new book	nouveau livre=재판본, 개정본	기존의 책을 수정하거나 변경했기 때문에 '새로운' 책
	livre nouveau=신간서적	이제까지 세상에 존재하지 않았던 것이 나왔기 때문에 '새로운' 책

을 가리키며 '혁신적인 새로운 교육'을 지향하고 있음을 알려 준다. 하지만 이러한 명명이나 지향점에 따르면 시대와 장소를 초월해서 적합한 보편적인 정의를 내리기는 어렵다. 왜냐하면 시간이 흐르고 역사가 진행됨에 따라 '새로운' 것은 계속 달라질 수밖에 없기 때문이다. 한 시대, 하나의 형식으로 고착되거나 정체될 때 새로움은 더 이상 새로운 것이 아니며, 새로웠던 것은 과거의 것, 상투적인 것, 기존의 것이 되고 만다. 이와 같은 한계를 극복하고 명칭에 걸맞은 정체성을 유지하기 위해서는 그 자체가 시대의 흐름을 따라가면서 새로운 문제와 해결책을 제시해야만 한다. 그래서 일반명사 에듀카시옹 누벨은 "당면한 시대에서 끊임없이 문제를 제기하고 그 문제를 해결하기 위해 스스로 수정하고 변화하는 교육"이 되어야 한다는 과제를 담고 있다.

일반명사와 더불어 고유명사 에듀카시옹 누벨도 존재한다. 이 고유명사는 에듀카시옹 누벨의 정신에 동조하는 교육학자와 연구자들이 설립한 조직을 가리킨다. 유럽 신교육운동의 초석을 놓고 제도적 발전을 주도하면서 신교육의 선구자로 불리는 사람은 스위스의 교육학자 페리에르(A. Ferrière, 1879~1960)다. 그는 '국제신교육연맹'1921을 창립하고 신교육의 핵심 원리를 발표함으로써 신교육의 동조자들을 결집시킨다. 이후 프랑스지부가 결성되면서 1920년대 개혁교육을 추구한 이론가와 실천가들이 모이게 되고 그들은 단체 안에서 자신들의 경험과 이론, 노하우를 공유하고 확산시킨다. 대부분 이들의 실천은 앞서 논의한 내적 개혁과 관련된 것이지만 이러한 실천을 토대로 교육 시스템의 개혁을 위한 동력을 제공하기도 한다. 이 단체를, 그리고 이 단체를 통해 결집된 혁신적 교육 실천을 가리켜 우리는 프랑스의 '에듀카시옹 누벨'이라고 부른다.

연도	단체명	설립자	내용
1899	국제신학교사무국	페리에르	• 장-자크 루소연구소 개소 • 교육 잡지 『교육시사』 발간 • '능동방법론' 발표 • 신학교(Ecole nouvelle)의 30가지 원칙 발표
1921	국제신교육연맹	페리에르	• 신교육의 핵심원리 제시
1922	프랑스신교육지부 (GFEN)	발롱	• 프랑스 초등교육 지침서에 신교육 반영 • 초등교육 혁신정책으로 신교육 도입 • 장학사들의 신교육 활동 및 제도 접목 　-쿠지네의 '그룹 작업' 도입 　-프로피의 '학교협동조합' 도입 등

단체로서 '에듀카시옹 누벨'의 발전은 교육혁신의 흐름과 제도교육이 만나는 기회가 된다. 특히 학교혁신의 필요성을 감지하고 있던 교육감독관(우리의 '장학사'에 해당)들이 프랑스신교육그룹의 일원으로 활동하면서 초등교육 혁신을 위해 신교육의 내용을 적극 수용하게 된다. 그렇게, 오늘날 현장학습에 해당하는 '산책-수업'이 정식 수업으로 인정받게 되고(1923년 초등교육 지침서 개정) 일률적인 강의식 수업을 탈피하는 모둠 학습의 방식이 공교육에 적용되며(쿠지네의 '작업 그룹') 민주적 학생자치기구가 도입된다(프로피의 '학교협동조합'). 초등교육의 혁신이 비교적 짧은 기간에 순탄하게 이루어진 반면, 중등교육은 실제 제도개혁, 즉 외적 개혁을 이끌어 내기까지 보다 많은 시간이 필요했다. 초등교육 혁신이 당대의 낙관적인 사회 분위기 속에서 장학사이자 교육개혁가로 활동했던 인물들 그리고 교육정책에 대한 그들의 영향력 등에 의해 순항할 수 있었던 사례에서 보듯이, 시스템의 변화는 교육 '외적' 조건에 의해 좌우된다. 1920년대 후반 경제대공황과 유럽 사회의 우경화가 이루어지면서, 또 개혁보다는 국가

주의를 강조하는 보수적 성향이 더 강력하게 사회를 지배하게 되면서 중등교육의 외적 개혁은 1960년대 후반에 이르러서야 비로소 구체적인 형태로 드러나게 된다.

(3) 에듀카시옹 누벨과 프레네 교육

프랑스의 '원조' 혁신학교는 1920년대 일어났던 거대한 개혁교육운동 흐름 속에서 생성되었다. 거시적으로 이 흐름은 아동의 고유성을 존중하는 아동 중심적 관점과 교육 민주주의를 지향한다는 점에서 진보적 교육운동이다. 그리고 미시적으로는 지역 여건이나 국가별 특성, 선구적 인물 등을 중심으로 하는 모델을 통해 확산되었다는 특징이 있다. 데카르트 철학이 굳건한 사상적 토대를 이루고 있는 프랑스에서 전통과의 단절은 쉽지 않은 일이다. 때문에 국제신교육연맹이나 프랑스신교육지부와 같은 단체의 설립은 개혁교육운동을 가능하게 한 주요한 동력이 된다. 하지만 보통명사이자 고유명사 에듀카시옹 누벨의 존립에도 불구하고, 1920년대 전반기 프랑스 교육개혁의 특이점 중 하나는 프랑스적인 고유성이 부재하다는 점이다. 앞서 살펴본 것처럼 지엽적으로 실천되고 있던 신교육을 국제연맹의 형태로 결집시킨 인물은 스위스인 페리에르였다. 페리에르는 사회학자이자 교육학자로서 능동적인 학교, 교육방법 이론을 구축했고, 여기에 벨기에 의사 드크롤리, 스위스의 심리학자 클라파레드 등이 합류하면서 20세기 전환기에 급격하게 부각된 [아동]심리학이 신교육의 이론적 근거를 확립한다. 그리고 전후 형성된 국제적 연대감 속에서 에듀카시옹 누벨은 이러한 신교육의 정신과 방법을 그대로 수용하였지만 프랑스만의 독자성을 형성하기보다는 국제단체 지부와도 같은 역할을 수행하게 되는 것이다.

다소 시차가 있었지만, 이러한 맥락에서 탄생하여 프랑스적 학교혁신의 모델과 정신을 구축한 인물이 셀레스탱 프레네이다. 프레네는 이후 독자적인 운동을 추진했기 때문에 유럽 개혁교육운동의 패러다임 속에서 유일한 프랑스인으로 거론되지만, 동시에 신교육운동이 없었다면 프레네 교육 혹은 프레네 운동 역시 생성될 수 없었기 때문에 에듀카시옹 누벨과 떼어서 이해할 수 없는 인물이기도 하다. 요컨대 프레네 교육은 신교육에서 나온 지류이면서 이후 현대학교운동 혹은 프레네운동이라는 이름으로 유럽 교육개혁의 주류를 형성하게 되는 프랑스의 대표적인 혁신교육운동이자 모델이다.

2. 셀레스탱 프레네

1) 프레네의 생애: 한계와 모색

프레네 교육의 창시자 셀레스탱 프레네Célestin Freinet는 19세기 말 남부 프랑스의 작은 마을에서 태어났다. 고향에서 보낸 유년기를 '어른들의 작업과 아이들의 삶이 하나로 어우러졌던 시절'로 기억할 정도로 알프스의 작은 마을은 현대문명과 거리가 있었던 조용한 마을공동체였다. 초등과정을 마치고 고향을 떠나 니스의 사범학교에서 수학할 때까지 프레네의 삶은 평범한 시골 청년의 삶과 다를 바 없었다. 그러나 전쟁이 모든 것을 뒤바꿔 놓는다. 1914년 10월, 1차 대전이 발발하자 프랑스 정부는 전쟁에 동원된 젊은 교사들의 자리를 충원하기 위해 사범대 마지막 학년생들에게 이례적인 발령을 낸다. 프레네를 비롯하여 아직 준비가 되지 않은 사범대생들이 이렇게 첫 교편을 잡게 되지만, 얼마 지나지 않아 그들 역시 징집되어 교단이 아닌 전선에 서게 된다. 프레네는 1917년 '슈맹 데 담므'라는 악명 높았던 전투에서 폐에 총상을 입는다. 오랜 기간의 치료와 재활에도 불구하고 그의 폐기능은 완전히 회복되지 못했고, 결국 평생 '짧고 가쁜 호흡'으로 살아야 한다는 숙명과 맞닥뜨리게 된다.

20세기가 세계대전 이전과 이후로 나뉘듯이 프레네의 삶도 참전 이전과 이후로 극명하게 나뉜다. 전쟁의 상흔은 신체뿐만 아니라 정신과 남은 삶 전체에 강력한 충격을 남긴다. 일단 물리적인 환경의 변화다. 전쟁 이후 그는 이십 대 초반의 나이에도 불구하고 건장한 청년이 아니었고, 이는 그의 삶 전반에 체력적인 한계로 인한 어려움이 닥칠 것이라는 경고였다. 두 번째는 정신적인 변화다. 당시 전쟁을 경험한 프랑스 젊은이들 대부분과 마찬가지로 프레네 역시 전쟁이 재발해서는 안 된다는 생각에 공감하면서 평화를 지향하고 평화의 토대가 되는 국제적이며 개방적인 연대를 지지하게 된다. 마지막으로 교사라는 직업인으로서의 변화다. 정상적인 호흡이 곤란해 오랜 시간 말을 하는 것이 불가능하다는 신체적 한계는 교사의 말로 이루어지는 평범한 수업을 불가능하게 했다. 때문에 교사의 강의를 대체할 수 있는 새로운 수업을 찾는 일은, 만약 그가 계속 교사이고자 한다면 필연적인 과제가 될 수밖에 없었다.

이처럼 프레네 교육의 출발선에는 전쟁과 결부된 프레네의 개인사가 있으며 육체적인 한계와 정서적인 공감, 사회적 요구에 응답하고자 하는 치열한 성찰이 있었다.

2) 프레네와 신교육/에듀카시옹 누벨

1920년 바르-쉬르-루 학교로 첫 [정식]발령을 받았을 때 프레네는 6개월의 대체 교사 경험이 전부였던 '교육적으로 무지하고 아픈 교사'였다. 자신의 한계를 직면하고 그는 제일 먼저 지적인 탐구에 매진한다. 사범학교에서 접하지 못했던 라블레, 몽테뉴, 페스탈로치, 루소를 탐독했고 이들의 사상에 담긴 견고한 생명력을 발견한다. 이어 현대 교육가들의 이론을 파고들었고 이 과정에서 당시 유럽에 확산되어 있던 페리에르의 교육론과 신교육운동을 만나게 된다. 자신의 경험적, 신체적 한계를 감지한 프레네가 모색했던 또 다른 길은 '초등교육 감독관'이 되는 것이었다. 말을 주업으로 삼는 교사에 비해 감독관은 많은 말을 하지 않고도 교육을 수행할 수 있는 직업이라고 판단한 것이다. 감독관이 되려면 시험을 통과해야 했는데, 이 시험을 위해서는 교육 고전에 대한 제반 지식과 더불어 새로운 교육 이슈와 동향도 파악해야 했다. 이 과정에서 프레네는 초등교육 혁신 정책의 일환으로 도입되었던 신교육에 대해 더 많은 정보를 얻게 된다.

프레네와 신교육의 직접적인 조우는 국제신교육연맹 총회(1923년)를 통해 이루어진다. '일개 초보 교사' 프레네는 이 총회에서 '당대의 위대한 스승들'이자 학계의 영향력 있는 심리학자들, 프랑스 에듀카시옹 누벨을 이끈 주역들을 만나게 된다. 하지만 기대가 컸던 만큼 곧 엄청난 실망감에 사로잡히게 된다. 신교육의 이론이나 신교육 주창자들의 태도에 대한 실망이 아니다. 그보다는 신교육이 제시하는 '이상적인 교육'과 자신이 몸담고 있는 명백한 현실 사이의 괴리로 인한 실망이었다. '위대한 스승들'이 권고하는 신교육은 특별한 사회문화적 환경, 예를 들어 소수정예의 학급, 최신 기자재와 설비 및 각종 교구를 구입할 수 있는 금전적인 여유가 있는 교실을 전제하고 있었다. 모든 것이 잘 구비된 깨끗한 환경의 '새로운 학교New School'와 먼지로 뒤덮인 누추한 시골 공립학교가 있었다. 이 두 학교 모두에 학생들이 있지만, 좋은 교육의 혜택은 전자에 다니는 선택받은 아이들에게만 돌아간다는 사실이 프레네에게 실망감을 안겨 주었던 것이다.

신교육의 '내용'은 분명 혁신적이며, 전통 수업을 대체할 수 있는 효율적인 방식이었다. 하지만 신교육의 '정신'은 사회적 여건이나 환경을 고려하지 않은 이상적이며 추상적인 학교 개념을 담고 있었다. 당시 참전 젊은이들에게는 전쟁이 재발되지 않는 상식적이고 협력적인 사회를 만들어야 한다는 책임감이 있었다. 이 사회는 좋은 교육을 통해 다수 일반 대중의 의식을 전환함으로써 가능하다. 신교육은 좋은 교육이지만 정치적 현실에 무관심하고 고급 사립학교에 적합한 교육 조건을 제시하기 때문에 사회적 부채의식을 가지고 있던 젊은 교사에게 적절한 대안이 될 수 없었다.

이에 프레네는 두 가지 결정을 감행한다. 하나는 신교육을 비판적으로 수용하는 것이다. 신교육의 사상은 비판하지만 내용은 수용하는 것이다. 또 다른 하나는 감독관직을 포기하고 현장 교사로 남는 것이다. 그리고 신교육의 내용을 자신의 교실에 맞게 응용하여 혁신적인 교육 내용을 [사립학교의] 특혜 받은 소수가 아닌 다수의 아이들, 열악한 교육 환경 속에서 전통교육을 받고 있는 평범한 아이들에게 전해 주는 교사가 되고자 한 것이다.

3. 프레네의 혁신

프레네의 혁신은 전방위적으로 이루어진다. 그는 연구하면서 실천하고, 글을 통해 자신의 실천과 문제의식을 널리 공유했다. 학급에 비슷한 방식을 도입하고자 하는 교사가 있으면 자신이 체득한 시행착오와 노하우를 알려 주었고, 교사 간, 학급 간 연대하면서 초기 실천의 미흡한 부분을 협력적인 방식으로 채워 갔다. 이 와중에 그의 혁신적 실천에 동조하는 교사들을 중심으로 단체가 결성되고 정기간행물을 발행하면서 이들의 실천은 신교육으로부터 독립된 '공교육개혁운동'이 된다.

시작부터 오늘날까지 프레네 교육의 실천 원리이자 핵심 가치는 '소통과 협력'이다. 이는 혼자서는 불가능한 많은 것들을 가능하게 했다. 예를 들어 열악한 교육 여건에 처해 있는 공립학교가 독자적으로 신식 기자재를 구입하는 것은 불가능한 일이다. 하지만 다수의 교사들이 출자금을 모아 기자재를 공동으로 구매한 후 필요한 학급에서 대여해 가는 형식이라면 공립학급에서도 최신 문물을 활용할 수 있다. 더구나 동일한 교구로 생산하는 결과물을 공유하는 작업이 교육 활동의 일환이 될 때 학급 내부적으로는 자연스러운 협력관계가 형성되며 외적으로는 전통과 모순을 타파하는 대안이 될 수 있다. 함께 하는 것은 가능성이다.

1) 혁신의 시작: 통념 뒤흔들기

1차 대전 직후인 1920년 1월 1일 프레네는 바르-쉬르-루라는 작은 시골 학교의 남학급 담당 교사로 임명된다. '학교'라고 쓰인 낡은 건물 안으로 들어가니 작은 교실이 나왔다. 교회에서 쓰던 낡은 책상, 투박한 교단, 칠판, 암송용 학습 내용이 적힌 패널, 두세 개의 벽보가 전부였다. 열악한 환경에 가슴이 턱 막혔지만, 수업을 시작한 후 절망적인 환경보다 더 절망적이었던 건 배움에 관심이 없는 아이들과 강의식 수업을 감당하기 힘든 신체적 한계였다. 그 또래 아이들이 그렇듯 프레네 학급의 아이들은 5분 집중한 후 10분이 넘도록 떠들고 딴청을 피우는 평범한 아이들이었다. 초기 프레네의 일상은 아이들을 조용히 시키는 데 온 힘을 쏟다가 기진맥진해지는 하루하루였다. 종종 아이들을 조용히 시키느라 소리를 지르다 폐에 무리가 와서 수업을 중단하고 누워 있기도 했다. 절망적인 나날들을 보내면서 "교사는 내 체질이 아니야. 이 길이 아닌가 봐"라고 체념할 때 전임 교사가 건넨 충고는 "아이들은 관대하게 대해서는 말을 듣지 않기 때문에 명령하고 체벌해야 한다"는 것이었다.

교사의 고뇌와는 무관하게 아이들은 전날과 다름없이 넘치는 에너지를 교실 가득 가지고 들어왔다가 수업 시작과 더불어 꺼져 가는 불씨와도 같았다. 운동장에서 입실을 기다리는 아이들이 발산하는 활력과 에너지는 무엇으로도 절대 꺼지지 않을 것처럼 보였지만, 문제는 교실 안에서도 아이들의 열정이 활활 타오르게 하는 것이었다. 차츰 프레네는 아이들이 무엇보다도 '교사의 명령'을 좋아하지 않으며 팔짱을 끼고 앉아 있는 부동자세를 좋아하지 않는다는 것을 알았다. 대신 그들이 좋아하고 흥미로워하는 것은 자신과 관련된 이야기였다. 다음은 초기에 프레네가 관찰한 아이들의 모습 몇 가지를 옮겨 왔다.

- 곤충의 친구 조셉은 푸른 털을 가진 작고 예쁜 매미를 성냥갑에 담아 학교에 가지고 왔다. 조셉의 정신은 온통 책상 서랍 속 매미에게 가 있었고 어서 매미에게 먹이를 주고 싶어 쉬는 시간만을 기다리고 있었다.
- 오노레는 엄마가 사다 주신 새 신발을 신고 왔다. 어서 수업이 끝나서 밖에 나가 뛰어놀았으면 하는 마음으로 가득 차 있다.
- 클레멍은 다리 근처에서 주운 낡은 칼을 가지고 왔다. 그는 친구들에게 원한다면 철도 잘라 보겠다며 자랑했다.
- 손재주가 좋은 룰루는 찰흙을 가져왔다. 그는 이것저것 만들어서 책상 서랍에 넣어 두었다가 수시로 꺼내어 친구들에게 보여 주었다.

이렇게 자신들의 이야기를 나누는 아이들을 바라보는 것은 교사에게도 흥미로운 일이었다. 하지만 현실에서 프레네는 읽기와 쓰기 수업을 해야 했고 사람들은 그걸 하지 않으면 아이들이 '바보가 될 것'이라고 믿었다. 프레네가 긴 분필을 들고 끽끽 거슬리는 소리를 내며 칠판 위에 글자를 적을 때 아이들은 칠판을 바라보고 있지만, 그저 칠판 위에서 미끄러지는 분필을 바라보고 그것이 내는 소리를 듣고 있을 뿐이었다.

어떻게 이 아이들이 가지고 있는 열정을 교실 안에서도 활활 타오르게 할 수 있을까? 통념을 뒤흔들어야 한다. 프레네는 아이들의 삶과는 동떨어진 교과서에 적힌 내용 대신 아이들이 자신의 생각과 감정을 자연스럽게 표현할 수 있게 해 주었다. 아이들이 꺼내 놓은 삶도 우리는 읽을 수 있고 쓸 수 있다. 그 속에도 온갖 품사와 규칙, 단문과 복문이 들어 있다. 그렇다면 그것은 읽기와 쓰기 수업의 재료가 될 수 있는 것이다. 프레네와 학생들은 많은 자유글쓰기를 했다. 주제는 달랐지만 모두 아이들의 삶에서 나왔다는 공통점을 가지고 있다. 학생들의 삶은 자유글쓰기를 통해 학교에서 아름다운 페이지가 되어 쏟아졌다. 곧 거의 모든 학생들이 읽기와 쓰기를 능숙하게 할 줄 알게 되고 교실 활동에 훨씬 더 높은 집중력을 보였다. 그리고 이것은 후에 '자유표현'이라는 이름으로 프레네 교육을 대표하는 테크닉이 된다.

- 표현의 어원은?

표현을 가리키는 단어 expression은 어원적으로 라틴어 exprimere에서 유래한 것으로 '누르다'의 의미를 가진 premere와 ~밖에서, ~에서 벗어나를 의미하는 접두사 ex가 합쳐진 단어이다. 문학적인 의미에서 표현은 '몸속에 억제되어 있는 억압으로부터 해방'을, 비유적인 의미에서 '정신적인 현상을 말, 그림, 음악 등 주어진 언어로 전환시키는 것'을 뜻한다. 즉, 표현은 '내면에 억압된 것을 밖으로 끌어내는 행위'를 말한다.

expression=pression(억압/눌림)+ex(밖으로)=억압된 것/억눌려 있는 것을 밖으로 끌어내다

- 프레네 테크닉을 자유글짓기가 아닌 자유텍스트(자유글쓰기)라고 부르는 이유는?

자유글짓기rédaction libre는 흔히 자유로운 주제에 대한 글짓기를 뜻한다. 하지만 표현의 어원이 말해 주듯이 내면의 억압을 밖으로 끌어내기 위해서는 어떤 주제를 강요해서도 안 되고 정해진 계획에 따라 진행되는 글쓰기 연습이 되어서도 안 된다. 프레네의 자유글쓰기는 자유 주제에 대한 글쓰기도, 아동이 쓰도록 자유롭게 내버려 두는 것도 의미하지 않는다. 그것은 쓰고자 하는 욕구가 있을 때 아동이 영감을

받은 주제에 따라 자유롭게 쓰는 것을 원칙으로 하되, 아동의 삶이 글로써 표현되고 그 표현이 아동의 삶을 다시 풍성하게 만드는 순환 관계를 그린다. 표현을 통해 고양된 관심은 주변에 대해 더 많은 모색을 하도록 아동을 추동하며, 더 많은 모색의 결과는 아동에게 표현을 위한 더 풍성한 내용을 제공한다.

두 번째는 보다 파격적인 것으로 사각형의 교실 공간을 벗어나는 것이다. 당시는 신교육의 영향으로 '수업은 교실 안에서만 이루어져야 한다'는 통념이 도전을 받고 있었다. 그렇지만 여전히 교육에 대한 전통적 관점이 강력한 영향력을 행사하고 있던 시기에 동료 교사들의 사례를 참고하여 아이들을 교실 밖으로 내보낸다. 일명 '산책-수업'이다. 산책-수업은 예를 들어 봄이라는 계절을 글로 배우는 것이 아니라 자연 안에서 계절의 감각과 변화를 몸으로 느끼고 깨닫게 한다. 교실 공간을 벗어날 때 아이들의 열정이 자연스럽게 다시 타오르는 것은 물론 배움의 소재는 무궁무진해진다. 자연은 가장 크고 풍성한 교과서였고 학생들은 거기에 있는 많은 것들을 온몸으로 읽고 배우는 법을 익혔다. 당시 프레네의 학생 중 한 명은 자신이 겪었던 산책-수업에 대해 후일 다음과 같이 회고한다.

"자연 속에서 이루어졌던 '실물교육'은 항상 열정적인 탐험의 기회였다. 아이들은 저마다 약간의 지식을 가지고 돌아와 잘 균형 잡힌 생생한 수업을 만드는 데 동참했다. 곤충과 작은 동물 이야기는 빠지지 않는 주제였다. 우리는 그것을 교실로 가지고 왔고 선생님은 자연 속에서 그것이 하는 역할에 대해 설명하면서 우리를 빠져들게 했다."[1]

산책-수업이 교사와 아이들 모두에게 긍정적인 효과를 가져다준 이유는 '교사는 말하고 학생은 듣는' 수업이 아닌 함께 보고 느끼는 수업이었기 때문이다. 마을 변두리 탐사, 동식물 관찰, 부모의 작업장 견학 등의 산책은 '수업'이 아이들의 세계로 들어가는 것과도 같았다. 아이들은 자기에게 익숙한 공간과 풍경에서 이전처럼 수동적으로 반응하지 않고 새로운 수업 참여에 열의와 관심을 보였다. 학교가 아동의 삶에 대해 완전히 열려 있는데 어떻게 아이들이 배우지 않을 수 있을까. 이전까지 자물쇠로 꽁꽁 잠겨 있던 문이 열리자 아이들은 자유롭게 문턱을 넘어 마을 곳곳으로 흩어졌고 주변의 모든 것을 열심히 바라보기 시작했다. 그들은 연필과 수첩을 들고 빵집으로, 목공소로, 직조공의 작업장으로, 대장간으로 찾아갔고, 낡은 돌, 옛 우물, 성문에 새겨진 조각의 역사를 탐구했다. 또한 광주리를 만드는 사람, 실 잣는 사람, 보부상 등 전통 직업의 고리를 이으면서 살아 있는 역사를 창조하고 있는 겸허한 노동자들을 찾아다녔다. 이를 두고 사람들은 '숲 속의 학교'라고 부르기도 했다. 산책-수업은 자유표현을 통해 마무리되었다. 산책하는 동안에 느낀 점과 배운 것, 의문점 등이 역시 아이들의 자유로운 표현을 통해 마무리되었기 때문이다.

• 프레네 학교=숲 속의 학교

산책-수업을 하거나 주제 탐구를 하는 아이들의 모습을 보고 사람들은 프레네 학급을 '숲속의 학교L'école Buissonnière'라고 불렀다. 이는 1949년 프레네 교육을 소재로 한 영화 제목이기도 한데, 프랑스어 숲 속의 학교는 이중적 의미를 갖는다. 하나는 형용사 buissonnier(e)를 1차적 의미로 번역하여 숲 속의 학교, 즉 '야외 학교'로 해석하는 것이다. 이것은 아동의 삶과 학교에서의 배움을 유기적 관계로 보았던 프레네가 학급에서 다양한 산책 학습, 야외관찰 학습, 탐사 등을 실천했기 때문에 붙여진 제목이다. 또 다른 하나는 '하다faire' 동사를 붙일 경우 '학교에 가지 않고 놀러 다니다', 즉 '땡땡이치다'라는 뜻으로 해석되기도 한다. 이는 당시 보수주의자나 전통주의자들이 프레네의 개혁적 시도들을 폄하하기 위해 부르던 말이기도 하다.

그럼에도 가장 큰 복병은 교과서였다. 교과서는 전통 학교교육을 구성하는 대표적인 요소다. 교과서로 진행하는 수업의 가장 큰 문제점은 그 내용이 아동의 생활과 동떨어져 있기 때문에 소수를 제외한 대다수 아동의 이해력과 관심의 범위에서 벗어나 있다는 것이다. 또한 교과서가 반드시 거쳐야 하는 의무로 남을 때 자유표현이나 산책-수업은 수업 외 활동으로 축소될 수밖에 없다. 산책-수업으로 되살아난 아동의 학습 의지를 꺾지 않으면서도 교과서로 비롯된 갈등 해결의 실마리를 제공하는 혁신 도구는 인쇄기이다. 즉, 수업의 혁신이 방법의 혁신으로 이어진 것이다.

2) 수업의 혁신=방법의 혁신

"교실에 들여놓은 인쇄기를 가지고 산책에 대한 아이들의 글을 인쇄하여 학습 교재를 만들었다. 살아 있는 텍스트가 인쇄기를 통해 교과서를 대신하는 학습 교재로 변환될 수 있었을 때 우리는 텍스트를 준비하는 과정에서 인쇄된 텍스트를 읽는 것과 동일한 흥미를 느낄 수 있었다. 이는 너무나 단순하고 당연한 것이어서 나 이전에 아무도 이 생각을 하지 못했다는 것이 놀라울 정도였다."[2]

프레네가 생전에 집필한 마지막 단행본에 나오는 글이다. 이 저서에서 프레네는 자신의 혁신교육의 초석이 되었던 인쇄기에 대해 위와 같이 회고하고 있다. 엄밀히 따진다면, 학급에 인쇄기를 도입하고 교실 활동과 연관시키는 작업은 프레네가 최초로 시작한 것이 아니다. 인쇄기는 신교육의 실천가들, 전원기숙학교 운동가들, 러시아의 작업학교 운영자들이 이미 사용했던 실험 교육의 유산이었다. 하지만 '학교 인쇄기'라는 용어는 새로운 것이 아닐지라도 인쇄기를 사용하는 방법, 즉 '이 테크닉에 혼을 불어넣은' 최초의 교사라고 할 수 있다. 선행의 학교인쇄소는 아이들이 글을 쓰고 인쇄를 하는 경우에도 학교 소식지라는 글의 목적상 주제가 학교생활로 한정되거나(드크롤리) 월간지로 발행하면서 아동의 글을 인쇄공이 인쇄(쿠지네)했기 때문에 내용이나 방법에서 프레네의 인쇄소와는 차이가 있었다. 보다 근본적인 또 다른 차이는 전자는 대형 판본을 제작할 수 있는 완벽한 인쇄 장비를 갖춰야만 가능한 인쇄물이라는 점이다. 다수의 빈곤층 아이들로 구성된 학교의 교사로서 프레네는 '같은 테크닉'을 적용한 새로운 사용법을 고안해야 했고 이것을 '혼을 불어넣는 정신'이라고 불렀다.

인쇄 작업은 두 가지 가능성을 제시했다. 산책을 통해 아이들이 경험한 생각과 느낌을 그때그때 활자로 고정시켜 살아 있는 텍스트로 만드는 것과, 인쇄과정 자체를 학습과정으로 전환하는 것이다. 프레네 교육에서 이 둘은 긴밀하게 연관되어 있으며 인쇄할 내용이 아이들의 자발적이고 자유로운 표현이어야 함을 전제로 한다. 학교 인쇄기의 성공은 단순히 학급에 인쇄기를 도입했기 때문에 가능했던 것이 아니라, 인쇄기를 통해 활자화할 수 있는 아동의 삶이 학교 안에서도 동시적으로 전개되고 있었기 때문에 가능했던 것이다. 인쇄하는 내용이 아동의 삶과 관련이 없었다면 인쇄기는 일시적인 흥미의 도구로 전락하고 인쇄 활동은 교사가 부과한 또 하나의 과제로 되돌아와 학교와 아동 사이의 간극을 더욱 벌어지게 했을 것이다. 이는 학기 초 배부하는 새 교과서와 인쇄기가 동일한 반응을 끌어낼 수 있다는 의미다.

"만약 처음에 내가 아이들에게 낯선 어른의 텍스트를 인쇄하라고 했다면 그들은 내가 제공한 이 새로운 도구에 금세 싫증을 냈을 것이다. 마치 시월에 나눠 주는 예쁜 새 교과서를 받고 아이들이 그러는 것처럼.”[3]

프레네 학급에서 인쇄기는 교사와 학생들 사이의 매개체이다. 산책-수업은 아이들에게 생각과 감정이라는 표현의 내용을 제공했고, 인쇄기는 그것을 밖으로 꺼내 놓고자 하는 동기를 부여했다. 아이들로 하여금 글을 쓰게 북돋운 것은 자기 삶의 이야기가 인쇄된다는 사실이었다. 산책-수업이 없었다면 표현의 욕구를 자극할 내용이 없었을 것이고 인쇄기가 없었다면 그 내용을 보존되지 못했을 것이다. 즉, 인쇄기가 있었어도 표현할 내용이 없거나 아이들의 흥미가 부족했다면 그것은 프레네 테크닉이 되지 못했을 것이다.

이처럼 수업의 도구이자 교육 방법의 혁신으로서 인쇄기를 가동하기 위해서는 아동의 삶을 바탕으로 하는 내용이 전제되어야 한다. 이 조건은 한편으로는 생각하고 표현할 수 있는 다양한 장을 마련해 주는 것이기 때문에 필수적이며, 다른 한편으로는 인쇄 작업의 학습적 효과를 끌어내어 기존 수업과 교과서를 대체하는 내용과 수준을 갖추기 위한 필수조건이기도 하다. 프레네 학급에서 아이들이 처음으로 인쇄기를 마주하는 장면을 잠시 감상해 보자.

어느 날 프레네는 평소보다 약간 늦은 시간에 모습을 드러냈다. 의아하게 기다리던 아이들은 선생님의 외투 속에 살짝살짝 보이는 상자를 발견했다.

“선생님, 그게 뭔가요?”

“글쎄, 이게 뭔지 함께 볼까?”

탁자 위에 커다란 상자가 놓였고, 교사가 뚜껑을 열었다.

“와! 글자네요! a, i, o, p, r… 아 그리고 숫자, 점, 쉼표, 대문자도 있네요!"

"그래, 이건 인쇄기라는 것이고, 자 이건 작은 프레스랑 롤러, 그리고 이건 잉크판이고 저건 잉크란다!"

처음으로 인쇄기를 본 아이들의 기쁨을 어떻게 묘사할 수 있을까. 처음 자신의 글을 인쇄하던 날 아이들이 보여 준 진지함과 열정 또한 상상을 초월했다. 하나의 조판을 완성하기 위해 여러 명의 아이들이 힘을 모았다. 곧잘 활자를 놓치고 몇몇 줄은 거꾸로 조합되기도 했지만 누구도 화를 내거나 포기하지 않았다. 아이들은 엄청난 인내심으로 다시 시작했고 결국 첫 페이지가 인쇄되었다.

프레네와 학생들은 산책수업, 자유글쓰기, 인쇄라는 과정을 통해 만들어진 텍스트를 모아 '삶의 책'이라고 부르는 진짜 책을 만들었다. 이 책은 아주 질 나쁜 종이(종이가 귀한 시절이었기 때문에 이들은 온갖 이면지를 다 활용했다. 선거용지는 물론 포도주 라벨까지 인쇄지로 동원된다)에 인쇄된 작고 보잘것없는 책이었지만, 아이들은 책 만드는 작업을 무척 좋아했고 자신들이 만든 책을 아주 자랑스러워했다.

이 작은 책이 산 넘고 물 건너 브르타뉴 지방에 있는 작고 가난한 마을의 학교Trégunc in Finistère(트레궁 인 피니스테르)에까지 먼 여행을 하게 된다. '삶의 책'을 전해 받은 트레궁 학교의 아이들은 책장을 넘기면서 감탄해 마지않았다. 책을 읽을수록 그들은 마치 '프로방스 지방을 여행하는 것 같은 기분'이 들었으며 '손을 뻗어 바르-쉬르-루에 있는 조셉, 룰루, 클레멩, 오노레 그리고 다른 친구들을 만질 수 있을 것' 같았다. 결국 트레궁 학교의 교사 다니엘도 학급에 인쇄기를 도입하게 되고 아이들과 자유글쓰기 작업을 통해 책을 만들었다. 그리고 이 두 학급은 이틀에 한 번씩 열렬한 '서신교환'을 시작한다.[4]

3) 운영의 혁신

(1) 학교인쇄소와 교구

글을 쓰는 이유는 읽히기 위해서다. 프레네 학급에서 인쇄된 글은 학부모와 마을 곳곳에 돌려 읽혀지긴 했지만 아이들은 보다 많은 반향을 원했다. 아이들의 수준에 맞는 독자와 그들의 이야기를 풍성하게 해 줄 적절한 자극과 피드백이 필요했고, 이런 이유에서 다른 학교 학생들의 텍스트와 서로 교환하여 읽는 방식의 교류가 시작된다. 이른바 '서신교환'이라는 테크닉의 탄생이다. 서신교환은 글쓰기와 인쇄 작업에 대한 아이들의 동기를 고조시키고 이미 시행하고 있는 자유표현과 학교인쇄소 테크닉을 보강해 주었다.

> "다른 학급과 글을 교류하자고 알렸을 때 우리 교실은 기쁨과 묘한 호기심으로 술렁였다. 그리고 첫 번째 인쇄물이 도착했을 때, 아이들이 얼마나 게걸스럽게 다른 친구들의 생각을 읽어 갔는지 보았어야 한다. 얼마나 집중하던지! 얼마나 질문을 해 대던지! 얼마 후 텍스트와 함께 학생들의 서명이 담긴 그림을 받았을 땐 또 얼마나 행복했는지! 우리는 하나라도 놓칠세라 정말 주의 깊게 다른 친구들의 삶을 따라가고 있었다."

프레네의 실천이 세상의 반향을 얻게 된 것은 대략 이 시기부터다. 당시 한 일간지에서는 프레네의 학급 인쇄소를 '구텐베르크의 학교'에 비유하면서 다음과 같은 기사를 낸다.

> 프레네는 아동이 활자화된 자신의 생각을 보게 될 때 강력하고 지속적인 인상을 받는다는 사실에 주목했다. 그는 학생들에게 흥미를 돋우는 것을 이야기하고 글로 쓰도록 한다. 그리고 이 이야기들이 최고조에

달했을 때 조판 위에서 인쇄되는 명예를 안겨 준다. 그렇게 만들어진 텍스트를 학급 전체가 함께 읽는데, 특히 거기에 동참했던 학생들은 엄청난 갈망으로 그것을 읽는다. 바로 이것이다. 인쇄기는 단어에 존엄을 부여하고, 그 단어를 사용한 아동은 마음 깊숙이 위엄을 느끼게 된다. 자신의 생각이 금속으로 주조되는 것은 그 생각에 견고함과 지속성이라는 약속을 부여하는 것이다. (…) 인쇄를 하는 작업은 공책을 검게 만드는 학교 활동과는 매우 다른 지적 활동이다. 아이들은 자신이 조판의 영예를 받고 독자들의 섬세하고 경이로운 눈길 아래서 구텐베르크 유니폼을 입고 행렬할 거라고 생각할 때, 더 많은 책임과 경건한 마음으로 단어를 선택한다.

인쇄는 단어에 개별적이고 독립적인 생명을 부여한다. 이는 맞춤법뿐 아니라 문법, 통사, 논리적 분석, 문체를 위해서도 훌륭한 시금석이 된다.[5]

교직 초기부터 꾸준히 행했던 프레네의 기고와 더불어 이 기사를 통해 프레네의 교육 활동은 지역의 관심을 환기시켰고 곧 인쇄기의 교육적 사용에 대한 담론을 불러온다. 더구나 '서신교환' 테크닉을 통해 보다 체계적이고 본격적인 학교 간 교류가 확산되면서 학급에 인쇄기를 도입했거나 도입 예정인 학교들이 일명 '프레네 프로젝트'에 동참한다. 학교인쇄소가 교실 내 학생들의 학습 방식을 전환시켰다면 서신교환은 공립학교 교사들 사이에 협력적인 작업의 구조를 형성하는 계기를 마련했다고 할 수 있다.

이렇게 해서 학교인쇄소-서신교환에 동참했던 교사들을 중심으로 첫 번째 프레네 교육 교사단체가 설립되었다. 이 단체는 회보 학교인쇄소를 발간하고 새로운 형태의 교구 개발로 관심 분야를 확장하면서 다양한 교구를 생산한다. 교과서를 대체하는 '작업총서Bibliothèque de travail', '자가수정 카드fichier autocorrectif'를 포함한 '학습 카드fichier scolaire'도 이때 선을 보인다. 출발선은 똑같다. 학생이 생활 속 주제로 자유글쓰기를 하고 그룹 탐구학습을 통해 내용을 심화한다. 그 후 타 학급이나 상급 학교와 교환하면서 내용을 확장하고 마지막에는 교사나 전문가의 자문을 거쳐 인쇄하는 방식으로 주제별 텍스트를 만든다.

주제 선정 → 자유글쓰기/탐구학습 → 타 학급과 교환 → 수정, 보완 →
타 학급과 교환 → 수정, 보완 → 전문가 자문 → 수정, 보완 → 인쇄

프레네 테크닉의 본질은 도구나 활동 자체에 있지 않고 정신에 있다. '운영의 혁신'이란 제목으로 이를 살펴보는 이유도 이 교육의 본질이 지켜야 할 매뉴얼이나 방법론이 아닌 정신의 구현, 즉 역동성에 초점을 맞추기 때문이다. 인쇄기를 매개로 한 산책-수업과 자유표현, 서신교환이라는 활동은 '아동의 삶과 학교의 연계'라는 지향 속에서 다양한 방식으로 운용될 수 있고 다양한 결과물을 생성할 수 있다. 제대로 사용되지 않을 경우 기술이나 도구는 사람을 종속시킬 수 있지만, '경험과 양식'에 부합되게 사용한다면 도구는 본질을 구현하는 방법이 될 수 있다. 프레네는 고정된 체계성을 내포하는 방법론과 자신의 테크닉을 대비시킨다. 그에 따르면 방법론은 "창시자에 의해 완전하게 갖춰진 세트이다. 그래서 창시자가 말한 그대로 취해야 하며 오직 만든 사람만이 그 구상을 바꿀 수 있는 권한을 갖는다." 이와 반대로 프레네가 정립한 테크닉은 역동성과 개방성을 전제로 하기 때문에 현재진행형을 띤다.

"우리는 절대 어떤 틀을 고정해 놓지 않는다. 오히려 그 반대다. 우리는 학급에서 어려움을 겪고 있는 교사들에게 그들을 도와줄 수 있는 도구와 테크닉을 제공한다. 이것들은 오랜 시간 우리의 시행착오를 통해 만들어진 것이다. 그리고 이렇게 말한다. 자 보세요, 우리는 이러한 것을 얻었고 이 부분은 미흡합니다. 아마 당신은 우리보다 더 잘할 수 있을 겁

니다. 어떤 경우든, 널리 나눠 주세요. 당신의 경험으로부터 무언가를 배울 수 있다면 정말 기쁠 것입니다."[6]

테크닉에 담긴 정신 때문에 프레네 테크닉의 실제는 사용하는 사람과 여건, 시대에 따라 다양한 모습으로 존재할 수 있는 가능성을 내포한다. 그리고 이 가능성은 끊임없이 변모하고 발전하는 도구의 현대화와도 일맥상통한다. 도구는 말할 것도 없거니와 교육은 "미리 만들어진 사람이 아니라, 매 순간의 현재를 살고 있는 역동적인 인간을 위한 것"이기 때문이다.

(2) 현대학교운동

운영의 혁신 차원에서 논의할 수 있는 프레네 교육의 또 다른 특성은 공립학교와 그곳의 교사들을 중심으로 단체를 형성하여 전파되었다는 점이다. 학교인쇄소와 서신교환에 동참했던 교사들을 중심으로 첫 단체(공공교육협동체) 결성 후 프레네 교육은 수업의 현대화와 그를 뒷받침하는 교구 생산을 목표로 확산되었다. 그리고 격변하는 유럽의 정세 속에서 발전과 침체의 역사를 그리다가 1947년 현대학교협회라는 이름으로 재탄생한다.

현대학교협회는 프랑스어로 Institut Coopératif de l'Ecole Moderne (앵스티튜 코오페라티프 드 레콜 모데른, 줄여서 ICEM, 이셈)이다. 영어의 Modern School에 해당하는 l'Ecole Moderne와 '협력적 연구소'를 뜻하는 Institut Coopératif가 결합된 용어다. 이 명칭은 프레네 교사단체의 지향점을 명시적으로 드러낸다. 먼저, 단체의 정체성을 드러내는 기관명을 Institut, 즉 연구소로 결정하면서 연구의 차원을 강화한다는 방향성을 표명한다. 프레네 교육은 실천이 집단적 성찰을 통해 이론으로 정리되고 다시 실천 현장으로 순환되는 변증법적 구조를 지향한다. 이 과정에서 초기의 실천은 보완되거나 변경되는 조정의 단계를 거치면서 보다 발전적인 형태를 갖추게 되는데, 이것이 바로 시대와 상황에 맞는 재적응readaptation 혹은 현대화modernization이다. 이러한 원칙을 토대로 프레네 교사들은 오늘날까지 '연구하는 실천가'로서의 정체성을 표방한다.

또한 ICEM의 명칭은 이 교육이 현대학교를 지향하고 있음을 알려 준다. '현대'라는 용어는 발화하는 순간 앞선 시대와의 단절을 가리키며 현재와의 연속성을 내포한다. 다시 말해서 이전 시대와 근본적으로 구분되는 특징을 지닌 새로운 시각을 뜻하며 '지금 여기'를 뜻하는 현대와의 연결을 전제로 한다. 때문에 프레네 교육의 현대학교는 지난 시대에 갇혀 답보하는 학교, 새로운 세대의 새로움을 외면하는 학교, 모색하고 탐색하는 인간의 생명활동을 거스르는 학교로 대변되는 전통학교와 단절한다. 이러한 현대학교는 새로운 시대에 맞는 새로운 문물과 테크닉을 학교 안에 도입함으로써 실현할 수 있다. 이것은 시간이 지나 버린 모든 것을 버리고 최신 문물을 추구한다는 의미가 아니다. 현대적인 것의 핵심은 시대에 맞는 것, 시대에 적합하게 운용하는 방법에 있다. 예를 들어 프레네 시대의 인쇄기는 현대의 컴퓨터와 프린터로 대체되고 우편발송은 팩스를 거쳐 전자메일로 진화했지만, 아동의 삶으로부터 시작되는 자유표현과 학급신문을 만드는 협력적 작업의 본질은 프레네 정신을 통해 계승되면서 이 교육의 현대성을 유지해 준다.

현대학교협회는 오늘날 프레네 교육운동의 구심점이 되어 프랑스를 비롯한 유럽, 아프리카, 중남미, 러시아 그리고 아시아에서 프레네 교육을 실천하는 교사들을 이어 주는 역할을 한다. 이들은 격년으로 '현대학교총회'를 개최하고(홀수 해) 총회가 없는 해에는 역시 격년으로 '국제프레네교사대회'(짝수 해)를 조직·운영하면서, 국경과 언어, 사상과 문화의 차이를 넘어 현대학교의 가치를 실천하는 모든 교사들이 연대할 수 있는 거점 역할을 한다.

다시 처음 제기했던 문제로 돌아가 보자. 유럽 혁신학교의 흐름은 20세기 전반기 신교육운동으로부터 시작되었다. 그리고 프랑스에서는 20세기 중반부터 지금까지는 프레네 교육 혹은 현대학교운동이 내적, 외적 교육개혁의 주도적 역할을 담당하고 있다. 그렇다면 신교육 혹은 에듀카시옹 누벨과 프레네 교육의 관계는 무엇일까? 이들과 구분되는 프레네 교육의 독자성은 무엇일까? 그것은 신교육의 새로운 방법을 공립학교 영역으로 들여와 수업의 혁신, 운영의 혁신을 통해 공교육개혁운동이라는 독자적인 흐름을 형성했다는 점이다. 이들의 정신과 추구하는 가치는 크게 다르지 않다. 신교육의 토대가 되었던 아동심리학은 프레네 교육의 아동관과 일맥상통하며(이 점에서 프레네는 신교육의 이론에 빚지고 있다) '새로운' 교육이라는 신교육의 지향점과 '현대'학교라는 프레네 교육의 지향점 역시 같은 지점을 바라보고 있음을 알 수 있다. 다만 전자가 이론에 방점을 찍고 사립학교 위주의 소극적인 실천을 전파했다면, 후자는 실천에서 출발하여 공립학교를 개혁할 수 있는 적극적인 방식과 혁신을 모색했다는 차이점이 있다. 그럼으로써 프레네교육-현대학교운동은 신교육과는 다른 독자성을 확보할 수 있었고, 매뉴얼이나 방법론이 아닌 테크닉과 구현 정신을 강조하면서 오늘날에도 여전히 '현대'적인 운동으로 흐를 수 있는 것이다.

| 생각해 보기 |

1. 교사로서 깨뜨려야 할 통념은 무엇인가?
2. 지금 우리 현장에 필요한 내적 개혁은 무엇일까?
3. 그 내적 개혁을 위해 가장 먼저 해야 할 일은 무엇일까?
4. 그 내적 개혁을 위해 내가 할 수 있는 일은 무엇일까?

1. M. Barré, Célestin Freinet: un Educateur pour notre temps. Tome 1. PEMF, 1995, 31.

2. C. Freinet, *Les Techniques Freinet de l'Ecole Moderne*(Armand Colin, 1980), 19.

3. C. Freinet, 22.

4. Bibliothèque du travail n° 100, PEMF에서 요약 발췌.

5. 「구텐베르크의 학교에서」, 일간지 《르 탕(Le Temps)》 1926년 7월 4일 자 수록, 부분 인용.

6. C. Freinet, 43.

- 김세희. 「현대 프랑스 교육운동의 관점에서 본 '페다고지 프레네'」. 고려대학교 박사학위논문, 2013.
- Barré, M. *Célestin Freinet: un Educateur pour notre temps*. Tome 1. PEMF, 1995.
- Bruliard, L. & Schlemminger, G. *Le mouvement Freinet: des Origines aux années quatre-vingt*. L'Harmattan, 2002.
- Freinet, C. *Les Techniques Freinet de l'Ecole Moderne*. Armand Colin, 1980.
- Röhrs, H. & Lenhart, V. *Progressive Education Across the Continents*. Frankfurt: Peter Lang. 1995.
- Bibliothèque du travail n° 100, PEMF.
- Le Temps. A L'écoel de Gutenberg. 1926. 7. 4.
- 인터넷 자료 〈http://www.amisdefreinet.org/archives/letemps/19260704.html, 2016.8.20.〉

- **송순재. 『유럽의 아름다운 학교와 교육개혁운동』. 내일을여는책, 2000.**
제목 그대로 지난 세기 전환기부터 전개된 유럽 개혁교육운동의 흐름을 한눈에 살펴보게끔 소개하고 있는 책이다. 프레네 교육은 물론 당시 새로운 교육운동이 국가별로 어떻게 펼쳐졌으며 어떤 특색을 가지고 있는지 사례와 함께 친절하게 설명해 준다.

- **J.-P. Le Chanois. l'Ecole Buissonnière. 1949.**
프레네의 문제의식과 초기 교육 실험들을 엿볼 수 있는 생생한 영상물 자료다. 1949년 실험영화로 제작되어 프랑스 전역에서 좋은 반향을 얻었으며 현대학교운동을 확산하는 데 크게 기여했다. 몇몇 영화적 요소가 가미되긴 했지만, 인쇄활동, 자유표현, 서신교환과 같은 다양한 교실 사례는 실제 프레네의 경험을 토대로 구성되었으며 '생-폴의 프레네 사건'의 전말을 다루고 있다. 사실적 구현을 위해 감독은 기획단계에서부터 프레네의 자문을 구했고 제작 및 촬영 과정 역시 프레네와 밀접한 소통 속에서 진행되었다고 전해진다. 흑백 영상이며 아직까지 한국어 자막은 제공되지 않고 있다.

이 밖에 프레네 교육과 관련된 각종 자료 및 프랑스 교사모임에 대해서는 아래를 참고하면 좋을 것이다.
- 프레네의 친구들: http://www.amisdefreinet.org/
- 현대학교협회: http://www.icem-pedagogie-freinet.org/

프레네 교육 실천은 아동의 삶을 교실로 초대하면서 시작된다. 자유표현, 쿠아 드 뇌프, 자가수정 카드, 학습계획표, 자격증, 인쇄 −출판 등의 '프레네 테크닉'은 그 삶을 교실의 배움으로 안내하는 문(門)이자 더 넓은 배움으로 확장될 수 있게 해 주는 장치이다. 또한 '교육 불변 요소'는 이러한 역동성 안에서 프레네 교육을 실천하는 교사들에게 요구하는 유일한 지침이자 자기점검 기준이다

프레네 교육의 혁신 사례

김세희

1. 들어가는 글: 삶을 위한 교육

"선생님, 연필 말고 사인펜으로 써도 돼요? 선생님, 도화지 바탕 칠해도 돼요?"

"선생님, 글 몇 줄 써요? 선생님, 이거 꼭 해야 돼요?"

오늘날 초등학교에서 흔히 볼 수 있는 장면이다. 아이들은 사소한 행동 하나하나에도 교사에게 '허락'을 구한다. 솔직히 말하면, 아이들은 교실에서 자기가 정말 하고 싶은 일, 예를 들어 교과서에 낙서를 한다든지, 친구와 쪽지를 주고받는다든지, 장난을 친다든지 등을 제외하고 '해도 되는지, 안 되는지'를 교사에게 묻는다. 그나마 이렇게 묻는 아이들은 아직 교실에서 '무언가를 해야 한다'고 생각한다는 점에 위안을 얻는다. 학년이 올라갈수록 묻기는커녕 아무것도 하고 싶어 하지 않는 아이들이 점점 늘어나기 때문이다. 이는 어제오늘의 문제가 아니고, 이런 아이들을 바라보며 수동성, 무기력함, 과도한 경쟁심과 이기심, 정답만 찾는 아이들의 문제를 지적하고 '잠자는 교실'을 우려하는 목소리가 나온 것도 어제오늘의 일이 아니다.

1920년 셀레스탱 프레네가 첫 발령을 받아 갔던 시골 초등학교 아이들

도 오늘날 우리 아이들과 크게 다르지 않았다. 교사가 오기 전이나 수업 중 판서를 하려고 돌아서면 학생들은 자기들끼리 떠들거나 장난을 치다가도, 수업을 시작하면 교실은 금세 고리타분하고 재미없는 곳으로 변했다. 어떤 과제를 명확하게 제시해 주기 전까지 아이들은 교실에서 무엇을 해야 할지 모를 뿐만 아니라 무엇을 할 수 있는 곳인지 알지 못했다. 프레네의 고민은 여기에서 시작되었다.

대부분의 아이들의 삶은 이중적이다. 그들은 시간과 배고픔마저 잊게 만드는 정말 즐겁고 신나는 세계와, 무엇을 해야 할지 딱히 알지 못한 채 시간을 '죽이는' 또 다른 세계를 오가며 산다. 교실 밖에서 발산하는 활기 넘치는 모습과 교실 안에서 보이는 생기 없는 모습에 비추어 보면 아이들의 삶은 분명 '이중적'이다. 전자가 삶의 모습이라면 후자는 죽음의 모습이다. 프레네는 여기에서 '생기 없는' 교실의 이유를 발견했다. 교실이 '죽은' 것처럼 느껴지는 이유는 그곳에 '아동의 삶'이 없었기 때문이다. 실제 당시 아이들은 '어른이 만들어 놓은' 교과서를 가지고(따라서 어른들의 지식을) '어른이 정해 놓은' 교육과정에 따라서(즉, 어른들의 리듬과 시간에 맞추어) '어른인 교사가 주도하는' 방식대로(대부분 교사의 일방적 강의식 수업에 따라) 어른의 삶을 따라가고 있었다. 아이들을 위해 어른이 만들어 놓은 삶은 있었지만, 아이 자신의 삶은 없었다. 그래서 그냥 아이들은 교실에서 자신의 것이 아닌 어른의 삶을 '따라가는 체'해야 했다. 그 삶의 본래 주인인 어른에게 매번 지침과 허락을 구하고, 얼른 자신의 삶이 있는 교실 밖으로 나갈 시간을 기다리면서.

교실을 살리기 위해 프레네가 할 수 있는 일은 분명하고도 유일했다. 바로 학교 밖에 머물러 있는 아동의 삶을 교실 안으로 초대하는 것. 아동의 삶에서 출발하는 교육은 프레네 교육사상과 이후 모든 실천의 토대가 된다. 이는 한 세기가 지난 오늘날 대륙의 반대편에 있는 한국에서 프레네 교육을 실천하는 교사들에게도 마찬가지다.

1) '프레네 테크닉': 아동의 삶을 교실로 초대하는 문

프레네 교육 실천의 핵심은 아동의 삶을 교실 안으로 초대하고 아동을 그들의 삶이 있는 교실 밖으로 데리고 나가는 것이다. 당시 진보주의나 신교육에서 주창한 '교육이 곧 삶이다, 아동의 삶과 학습이 연결되어야 한다, 학습은 아동의 흥미로부터 시작해야 한다'는 실천 구호는 설득력이 있었지만, 모든 학교와 모든 학급에 적절한 모델은 아니었다. 그래서 프레네는 평범한 시골 공립학교를 다니는 소박한 아동의 삶에 주목했고, 어느 날 출근길에 아주 우연히 '아동의 삶'이 교실 안에 들어와 있는 걸 발견한다.

아이들이 긴 나무막대 위에 달팽이를 놓고 경주를 벌이고 있었던 것이다. 저마다 자기가 응원하는 달팽이의 이름을 부르면서 교실은 흥분과 열기로 가득 차 있었다. 교실에서 벌어졌던 달팽이 경주, 그 경주를 응원한 아이들의 소리는 즉석해서 형용사와 부사를 배우는 프랑스어 수업으로 이어졌다. 또한 '달팽이'를 주제로 한 탐구수업은 요리법(다양한 달팽이 요리법과 소스), 화석(고생대 갑각류 화석과 비교), 대패(나무 패널을 활용해 달팽이 경주대 만들기) 등의 주제 탐구로 확대되면서 학부모의 삶과 교실 안 학생들의 배움이 서로 오고갈 수 있는 다리가 되어 주었다. 중요한 것은 달팽이 경주가 아니라 아동의 삶이 교실로 들어왔다는 사실이다. 수업 혁신의 필요성을 감지하고 있던 교사의 문제의식과 아동의 삶이 교차한 접점에 달팽이 경주라는 아동의 삶이 '발견'된 것이다. 아이가 자연스럽게 교실 안으로 가지고 온 삶을 교사는 프랑스어, 자연과학, 목공 등과 연결시켰고, 그 순간 그들에게 가장 친숙한 요소인 달팽이로부터 알고 싶은 것, 배우고 싶은 것이 교실로 쏟아져 들어왔을 뿐이다.

이후 프레네는 학교의 문을 열고 들어온 아이들의 삶이 더 넓은 배움으로 확장되고 심화될 수 있는 다양한 장치들을 마련했고 이를 통칭하여

'프레네 테크닉'이라고 부른다. 예를 들어 삶의 경험을 자유롭게 그림, 글, 소리로 표현하게 하고(자유표현) 학급에 인쇄기를 가져와 그 내용을 인쇄(학교인쇄소)하며, 인쇄물을 다른 학교와 교환(서신교환)하면서 그 지역의 역사와 문화를 전달하는 학교신문(학교신문)으로 발전시키는 한편, 같은 주제를 심화, 탐구한 후 전문가의 도움으로 보완하는 작업을 거쳐 교과서를 대신하는 책(작업총서)을 만들어 내는 등의 활동이 그것이다. 이때 만들어진 자료나 교구는 지난 팔십여 년 동안 학교 현장에 맞추어 끊임없이 수정, 보완되고 있으며 오늘날에도 여전히 프랑스 공립학교에서 활용되고 있다.

프랑스에서는 프레네 시대에 만들어졌으며 오늘날 교육 현장에서 볼 수 있는 교구와 테크닉을 가리켜 '프레네 교육'이라고 부르며, 이를 자신의 학급에 접목하면서 프레네 교육모임에 참여할 때 '프레네 교육을 한다'고 말한다. 중요한 것은 '아동의 삶을 교실로 초대'하는 것이 이 모든 과정의 시작이며, 그때 다양한 테크닉은 그 삶을 교실의 배움으로 안내하는 문이라는 것이다.

2) '프레네 테크닉'과 '교육 불변 요소'

프레네 교육과 테크닉을 이해하려면 그것이 시작된 배경과 목적에 대한 이해뿐 아니라 그 교육이 토대로 하는 인간에 대한 이해가 필요하다. 프레네는 '가장 근본적이고 확실한 사실'로부터 인간을 이해하고자 했다. 그것은 바로 모든 인간은 생명의 존재이고 자신의 생명의 과정을 실현하는 존재라는 사실이다. 생명 존재는 탄생하는 순간부터 생을 마감하는 순간까지 단 한 순간도 멈추지 않는다는 점을 특징으로 한다. 모든 생명에는 운명을 실현하기 위한 힘 '잠재력'이 내재되어 있는데, 이 힘에 주목할 때 교육의 역할은 최대한의 잠재력이 발휘될 수 있는 환경을 제공하고 저마다 막힘없이 힘차게 운명을 실현할 수 있도록 도와주는 장치를 마련해 주는 것이다.

생명체는 성장하고 성숙하여 자손을 번식하는 동안은 물론, 노쇠해 가는 동안에도 실제 어떤 상태에 멈춰 있는 것이 아니라 지속적인 '움직임'을 보여 준다. 프레네가 인간-아동을 이해하기 위해 주목한 부분이 바로 이처럼 '진행 중에(혹은 움직임 중에) 있는 존재'로서의 인간이다. 예를 들어 진행 중인 급류의 흐름이 막혔을 때, 그 급류는 역류하거나 물길을 벗어나 웅덩이가 되거나, 혹은 틈을 찾아 폭발적으로 넘치게 되어 있다. 인간을 그리고 아이들을 급류와 같은 움직임 중에 있는 존재로 볼 때, 우리는 그 급류가 따라야 할 물길선(프레네는 이 선을 '생명선'이라고 불렀다)을 따라 잘 흐르는지, 그 흐름을 막고 있는 것은 없는지 살펴봐야 한다. 왜냐하면 급류는 바다로 가는 운명을 실현하기 위해 흐르는 것이고, 그 속에는 그 운명을 실현할 수 있는 힘(잠재력)이 있기 때문이다. 프레네 교육에서 모든 교육 행위는 이 힘을 상승시키는 것이 돼야 하고, 같은 맥락에서 교사의 역할은 이 힘을 고양할 수 있는 환경을 제공하는 것이어야 한다.[1]

아동은 저마다 자신의 리듬과 속도에 맞춰 운명의 흐름을 지속하는 존재다. 교실은 이런 흐름들이 모여 각자 자신의 삶을 살아가는 유기적인 공간으로 온갖 변화와 예측 불가능한 상황들이 동시다발적으로 일어나는 공간이다. 아동의 삶은 본래부터 변화무쌍하고 기발하며 끊임없이 무언가를 시도하고 성공과 실패를 거듭하면서 성장한다. 프레네 테크닉은 아동 각자가 저마다 모색하고 시도하는 경험을 계속하면서도, 동시에 학습공동체의 구성원으로서 조화롭게 배움을 향해 약진할 수 있도록 도와주는 장치다. 이런 맥락에서 프레네 학급은 개별적 학습과 협력적 작업이 균형을 이루면서 상호 발전을 도모할 수 있도록 학습과 생활, 소통(표현)과 의사결정, 학급 구성원으로서의 권리와 책임이 이분화되지 않고 통합적인 하나의 삶으로 펼쳐지는 장소여야 한다. 이는 아동의 상태와 욕구가 저마다 다르기 때문에, 학교 주변의 환경이 시대마다 다르기 때문에, 교사의 역량이나 학급의 지원 정도가 상황마다 다르기 때문에 하나의 고정된 매뉴얼로 획일화할 수 없지만, 철학과 원리를 이해할 경우 시공간을 초월한 학교 혁신의 가능성을 제공할 수 있다. 그러므로 '프레네 테크닉'을 교실에 도입할 때 무엇보다 전제되어야 할 작업은 개별 아동의 삶에 대한 이해 그리고 그들이 구성하고 있는 교실공동체에 대한 '현재적인' 이해다. 프레네 교실의 하루가 정해진 시간표나 획일화된 규칙, 교과서, 학습 목표를 제시하는 대신, 아동의 삶을 초대하는 작업으로 시작하는 이유다.

하지만 프레네 교육의 근간이 되는 이와 같은 철학적, 심리학적 토대를 알지 못할 경우 프레네 교육이나 테크닉은 창의체험 활동의 일종이나 단순한 수업 보조도구로 오해될 수 있다. 실제 프레네 교육이 본격적으로 한국에 소개되었을 때 '공교육 속의 대안교육'이라는 표어는 한국 공립학교 교사들의 엄청난 관심을 불러일으켰다. 하지만 프레네 학급의 단편적인 사례만을 접한 후 이들 중 다수가 "이 교육은 담임교사가 학급 전체를 관장하는 초등학교나 국가교육과정의 압박이 없는 대안학교에서나 실현 가능한 것"이라고 말하기도 했다. 또 다른 이들은 자신이 평소에 하던 것과 별반 차이가 없기 때문에 굳이 배울 필요가 없다고도 하고, 어떤 이들은 테크닉 몇 가지를 자신의 학급으로 가져가 아이들과 함께 즐겁게 '소모'해 버리기도 했다. 이와 같은 평가는 프레네 테크닉이 규정된 방식이나 정확한 매뉴얼을 제시하고 있지 않기 때문에 발생한다. 하지만 달리 생각해 보면, 이는 오히려 이 교육을 자신의 학급이나 교과에 맞게 설계·운영함으로써 수업의 변화를 가져올 수 있게 하는 가능성이 되기도 한다.

이러한 현상과 오해는 프레네 생전에도 없지 않았다. 그래서 생을 마감하기 두 해 전, 프레네는 교실의 실천이 변화무쌍한 역동성을 잃지 않으면서도 본질적이며 절대적인 원칙들을 존중하기 위해 서른 가지로 구성된 〈교육 불변 요소〉(*Les invariants pédagogiques*, 1964)를 제시한다. 사실 프레네 교육에서는 이 원칙들만 유일하게 '근본적'이다. 프레네가 절대적으로 지켜져야 한다고 호소한 것도 이 단순한 원칙들이며, 오늘날 프레네 교육을 하는 교사들에게 요청하고 있는 것도 이 원칙들이다. 이 원칙들은 한국 교실 현장에서 프레네 테크닉을 적용하고 모색할 때 지침이 될 수 있으며 프레네 교육이 흥미로운 일회적 활동이나 수업 보조도구와 구분되는 기준이 되어 줄 수 있다. 요컨대 프레네 교육은 매일 매 순간 끊임없이 운동하고 있는 존재로서의 인간, 그 생명의 힘을 토대로 하면서도 본질적으로 확고부동한 교육의 원칙들을 존중하는 '역동적 페다고지'이며, 프레네 테크닉은 그것을 구현하는 장치이자 원리이고, '교육 불변 요소'는 이 교육을 실천하는 교사들에게 요구하는 유일한 지침이자 자기점검 기준이다. 〈인간 이해-교실 실천의 역동성-최소한의 교육 원칙〉이라는 세 가지가 전제될 때 비로소 '삶을 위한 교육'이며 '프레네 교육'이라고 말할 수 있을 것이다.

교육은 [아동의] 삶/생명의 흐름을 따라 매 순간 새로워야 한다. 오늘날 학교가 실현해야 하는 것은 어렵지만 필수적인 이 [학교와 삶의] 결합이다. 이 결합은 삶/생명 그 자체가 날마다 새롭기 때문에, 세대에서 세대로가 아닌 매해, 매일에 적응해야만 새로울 수 있다. 교육에서 본능의 요구에 최대한 응답하면서 생명의 선을 따라 상승하는 것은 아동 자신이고, 어른의 도움으로 스스로를 구성하는 것도 바로 아동이기 때문이다.[2]

2. 한국의 프레네 교육 실천(초등)[3]

1) 아동의 삶을 교실로 초대하기: '쿠아 드 뇌프'와 자유표현

프레네 학급의 아침모임 이름은 '쿠아 드 뇌프Quoi de neuf'다. 이는 프랑스어로 '별일 없니? 새로운 일 없어?'를 뜻하는 인사말로, 교실의 하루를 시작하면서 '어제 하교 후 오늘 등교까지 서로 보지 못했던 시간 동안 있었던 삶을 나누자'라는 의미를 담고 있다. 교사도, 학급의 다른 친구들도 알 수 없는 개개 아동의 학교 밖 삶을 교실로 초대하는 것이다. 아동의 삶을 초대한다는 단순한 원리에 따뜻한 차 한 잔이나 아이들이 좋아하는 동화책, 관심이 많은 웹툰 등을 보탤 수 있다.

익숙한 소재가 곁들여진 쿠아 드 뇌프 덕분에 아이들은 어제 집에서 있었던 일이나 학교에 오면서 겪었던 일을 편안하게 말하고 서로의 기분이나 상태를 이해하게 된다. 덕분에 교사는 아이의 사정이나 관심사를 짐작하는 대신, 있는 그대로의 그들 삶을 들여다볼 수 있게 된다. 물론 제대로 된 쿠아 드 뇌프가 되기 위해서는 서로를 신뢰할 수 있는 절대적인 시간이 필요하다. 그리고 드물긴 하지만 오랜 공을 들여도 마음을 열지 않는 아이도 있다. 하지만 대부분의 아이들은 그 공간과 구성원을 믿을 수 있다고 느끼면 자신의 이야기가 환영받는 기쁨을 경험하게 되고 거듭 자신의 경험을 공유하고 싶어 한다. 이 학급에서 내가 내 자신에 대해 말할 수 있는 존재로 받아들여지고 있다고 느끼는 것이 무엇보다 중요하다. 교사는 적절한 질문을 던지고 분위기를 조성해 주면서 아이들의 관심사를 확장시켜 주거나 자연스러운 배움이 될 수 있도록 이끌어 주는 역할을 한다.

학습과의 연계성-혹은 시간의 경제성-을 따지며 이와 같은 아침 나눔을 대수롭지 않게 여길 수도 있다. 하지만 쿠아 드 뇌프를 진행하다 보면 아이들의 삶의 이야기가 교육과정과 교차되는 고리를 '발견'할 수 있다.

사례 1) 어느 날 쿠아 드 뇌프에서 한 아이가 매미 이야기를 한다. 얘기인즉슨, 아파트 복도에서 울어대는 매미가 너무 시끄러워서 밤새 잠을 잘 수가 없었는데 아침에 보니 꼬리가 붉은색이었다는 것이다. 그러자 다른 아이가 뉴스에서 봤는데 그것은 붉은 매미고 중국에서 왔다고 했다. 아이들은 서로 붉은 매미에 대한 경험을 꺼내 놓았고, 그때부터 쿠아 드 뇌프를 주도하는 것은 교사가 아니라 '붉은 매미'였다. 결국 한 학생의 제안으로 학급은 붉은 매미에 대해 공부하기로 한다. 그렇게 붉은 매미 수업이 시작된다. 매미의 종류와 생김새에 관심이 있는 아이들은 과학모둠으로, 붉은 매미로 인해 생긴 사회적 문제를 조사하는 아이들은 사회모둠으로, 이와 관련된 각종 언론보도 자료수집에 관심이 있는 아이들은 국어모둠으로 모인다. 얼마간의 작업을 거쳐 아이들은 서로의 결과물을 공유하는 과정에서 묻고 답하며 자신들의 호기심을 지식으로 발전시킨다. 쿠아 드 뇌프의 삶의 이야기가 계획된 시간표 안에서 만들어 낸 자율적인 배움이다.

_최영수 교사의 수업 사례 중에서

사례 2) 집에서 기르는 고양이가 새끼를 낳았다고 하자 교실이 순식간에 술렁인다. 애완동물을 길러 본 경험이 있는 학생부터 평소 관심이 많던 학생들이 저마다 한마디씩 덧붙이면서 고양이의 출산에 열의를 보인다. 아이들의 이야기를 가만히 듣고 있던 교사가 한마디 던진다. "그런데 고양이가 왜 알을 낳지 않고 새끼를 낳았을까?" 이에 한 학생이 "포유류는 새끼를 낳아요"라고 답을 한다. 아직 '포유류'라는 낱말의 뜻을 이해하지 못한 학생들이 있기 때문에 교사는 사람을 비롯하여 새끼를 낳아 젖을 먹여 키우는 동물이라고 설명한다. 이어 아이들은 조류와 양서류에 대한 자연과학으로 주제를 확대해 간다.

_프랑스 교실 사례

사례 3) 애완동물의 출산이나 죽음은 쿠아 드 뇌프의 단골 메뉴다. 고학년 학급에서 이와 유사한 이야기가 나왔을 때 한 교사는 "태어남이 있으면 죽음도 있는데, 태어나고 죽는다는 건 뭘까?"라는 보다 심오한 질문을 던진다. 아이들은 자신이 경험한 지인의 죽음과 슬픔을 이야기하고 위로를 주고받는 등 자신의 수준에 맞는 철학적 질문과 답변을 찾아 간다.

_프랑스 교실 사례

아이들의 삶을 교실로 초대하기 위해 쿠아 드 뇌프가 '말'이라는 형식을 사용한다면 '글'을 사용하는 '자유글쓰기free text'[4] 테크닉도 있다. 대개의 아이들은 말하기보다 글쓰기를 힘들어한다. 문법, 문학성, 분량, 글씨체 등의 글쓰기 형식은 아이들에게 글쓰기에 대한 두려움을 주거나 '남에게 잘 보이는 글'을 쓰게끔 만든다. 이때 자유글쓰기는 글쓰기에 대한 공포를 털어내고 자신의 이야기를 꺼내 놓을 수 있게 하는 새로운 방식이 될 수 있다. 예를 들어 모든 문법적 규칙으로부터 자유로운 글쓰기를 할 수 있다. 학급의 상황에 맞춰 '원하지 않으면 쓰지 않아도 된다'는 자유까지 부여하는 것이 가능하다. 중요한 것은 삶을 꺼내 놓을 수 있게 도와주는 것이다. 일례로 '자유로운 돌려쓰기'나 '책임 있는 글쓰기'[5]는 아이들에게 학교생활 중 느끼는 억눌린 감정이나 억울함, 스트레스 등을 폭발시키는 계기가 된다. 처음 빈 종이를 받을 때 아이들은 멈칫거리기도 하지만, 정말 자유롭게 쓸 수 있다는 것을 확인한 후에는 이내 자기에게 돌아오는 종이에 뭔가를 쓰기 시작한다. 종이에 글이 모이고 친구들의 삶이 모이면서 아이들은 어느새 진지해지고 즐거워한다. 그리고 그 과정에서 자신의 삶의 이야기를 글로 풀어낸다.

쿠아 드 뇌프와 자유글쓰기는 아이들의 삶을 교실로 초대하는 하나의 형식이다. 그들이 초대한 삶을 교육과정과 연계하고 더 넓고 깊은 배움으로 확장시켜 주는 것은 교사의 몫이다. 중요한 것은 아이들이 이 형식을 일회적인 재미있는 활동으로 여기는 것이 아니라 매번 동일한 예식과 원칙을 통해서 자신의 생각을 표현할 수 있는 기회로 삼게 하는 것이다. 아이들이 표현할 때 그들의 삶이 교실로 들어오게 되며, 그들의 삶이 들어올 때 교실은 살아 있는 배움터가 될 수 있기 때문이다.

2) 아침편지와 서신교환

프레네는 '산책-수업'을 통해 느낀 아이들의 생생한 경험을 '살아 있는 텍스트'로 삼고자 교실에 인쇄기를 도입했다. 일명 '학교인쇄소' 테크닉이다. 오늘날 거의 대부분의 학교에서 학급신문이나 문집을 만들면서 컴퓨터나 프린터를 사용하는데 그 원조라고 생각하면 된다. 프레네의 학교인쇄소와 오늘날 학급신문의 차이는 현대의 학급에서 프린터나 컴퓨터는 진기한 최신 문물이 아니라는 점과 다른 도시나 먼 나라의 소식을 손쉽게 접할 수 있다는 점 등의 물질적 환경의 차이일 것이다. 프레네는 쿠아 드 뇌프나 자유글쓰기와 마찬가지로 학교인쇄소에서도 아동의 삶으로부터 출발하는 것이 중요하다는 점을 강조한다.

한 프레네 교육 실천가는 이러한 프레네의 '인쇄'에 착안하여 '아침편지'를 만들었다. 아침편지 활동을 시작한 이유는 수업 형식의 변화가 필요했기 때문이기도 하지만, 쿠아 드 뇌프나 자유글쓰기가 학급의 중요한 활동으로 자리 잡았기 때문에 이를 촉진시키고 보다 강력한 동기를 부여하기 위해서였다. 아침편지는 쿠아 드 뇌프를 통해 초대된 삶을 매일 아침 저마다 글로 옮기는 것이다. 그리고 출력하여 책으로 묶은 후 원할 때면 언제든 꺼내 볼 수 있게 한다. 아이들은 좋아하는 이야기가 있으면 읽고 또 읽는다. 자신의 글이 다른 아이들에게 관심 있게 읽히는 경험은 글쓰기에 대한 동기를 높여 주고 자기 주변의 삶을 더 주의 깊게 관찰하게 만든다.

아이들은 아침편지를 인쇄/출력하면서 자연스레 협력을 배우고 자신의 이야기를 표현하는 과정에서 쓰기를 배우며 다른 친구의 이야기를 읽고자 하는 욕구를 통해 읽기에 몰두한다. 자유텍스트와 인쇄활동의 '교육적인 효과'다. 다른 한편으로 아이들이 쓴 글은 국어 수업이나 미술 수업의 소재가 되기도 한다. 자신의 글이 수업의 교재나 소재로 사용될 때 아이들은 더 적극적으로 글을 쓰고자 하고 수업에 몰두한다. 만일 인쇄/출력하는 내용이 아이들의 삶과 관련이 없다면 인쇄활동이나 자유글쓰기는 일시적인 흥미의 도구에 불과할 것이며, 그 활동들은 결국 외부에서 부과된 또 하나의 과제로 전락할 것이다.

그리고 어느 해 아침편지를 교실 밖으로 내보냈다. 비슷한 생각으로 학급을 운영하는 교사들과 아이들끼리 교류할 수 있는 장을 만들어 주기로 하고 프레네가 했던 것과 같은 편지교환을 시작했기 때문이다. 아침편지가 교실 밖으로 나가기 전과 달라진 것은 아이들의 글 속에 '나'의 이야기 대신 '우리'의 이야기가 많아지고 우리의 이야기를 더욱 많이 만들고자 했다는 점이다.

3) 소통의 도구와 학급회의

살아 있는 학급이 되기 위해서 소통과 협력은 필수적이다. 사실 대다수의 학급은 교사가 있을 때는 교사에 의해, 교사가 없을 때는 '힘'에 의해 지배된다. 하지만 이런 학급이라고 해서 학급회의나 규칙과 같은 의사결정 장치(그리고 그 결과물인 공동체의 약속)가 없는 것은 아니다. 프레네 학급은 다양한 테크닉과 장치를 갖추고 있고 이것들이 유기적으로 작동할 수 있게 한다. 예를 들어 쿠아 드 뇌프에서 다루기 힘든 이야기나 학급 전체의 의견을 물어볼 필요가 있는 내용이 나올 경우(예를 들어 학교에 만화책 가져오기나 급식 선택권 등), 그 주제는 다가올 학급회의의 안건이 된다.

그리고 쿠아 드 뇌프나 학급회의에서 미처 하지 못한 제안이나 논의사항이 있을 경우 교실 뒷벽에 상시적으로 열려 있는 '칭비축제' 게시판에 적어 놓을 수 있다. 프레네 학급의 소통 도구인 칭비축제는 '칭찬합니다/비판합니다/축하합니다/제안합니다'의 줄임말로 일상에서 일어나는 일들을 소통할 수 있는 일종의 게시판이다. 칭비축제는 주1회 정해진 시간에 함께 검토하면서 '축하합니다'와 '칭찬합니다'의 내용들에 대해서는 함께 축하하고 칭찬하는 시간을 갖고, '비판합니다'의 내용들에 대해서는 상대방에게 해명하거나 사과할 기회를 준다. '제안합니다'의 제안들 중 내용이 개인 간 갈등에 해당하면 당사자가 문제를 해결한 후 내용을 지운다. 하지만 학급 전체와 관련된 내용이면 학급회의의 안건으로 올린다. 개인 간 갈등이라도 당사자끼리 해결하지 못하면 역시 회의의 안건으로 상정되어 학급 구성원들과 토론을 거치기도 한다. 이러한 방식의 칭비축제는 학급의 상황에 맞춰 실명 혹은 무기명으로 운영할 수 있고, '비판합니다'의 항목이 아이들의 정서에 적합하지 않다고 판단하면 생략할 수도 있다.

안건이 아이들의 삶에서 나온 요구일 때 회의는 아이들 삶의 일부가 된다. 이와 같은 과정에서 아이들은 책임을 느끼고 공동체의 삶을 경험하고 민주주의를 배운다. 프레네 학급에서 민주주의는 책을 통해 배우는 것이 아니라 삶으로 사는 것이다.

3. 한국의 프레네 교육 실천(중등)

프레네 교육은 흔히 학급 운영의 자율성이 보장된 초등학교나 대안학교에서만 가능한 것이라고 여겨지지만, 20세기 전반기 많은 개혁교육운동 중 프레네 교육운동의 고유성은 '공교육 개혁'을 추구한 점에 있었다. 먼저 학생 및 학급 현장을, 이어 프레네 테크닉의 원리 및 가능성을 이해하고 설계할 경우 오늘날 한국 중등교육 안에서도 실천이 가능하며, 수업혁신의 새로운 모델이 될 수 있다. 이를 위해 평범한 공립중학교 국어 교과에 접목한 프레네 교육 사례를 살펴보고자 한다.

1) 수업 설계

현재 국가교육과정에 제시된 중학교 1학년 국어 교과는 주당 5시간, 연간 170시간의 수업시수로 구성되어 있다. 이중 학기당 8주를 '프레네식 프로젝트 수업'으로 설계, 운영한 사례를 소개하고자 한다. 교사는 수업 시간을 확보하기 위해 교육과정을 재구성하고 〈2시간-2시간-1시간〉으로 구성된 블록제로 시간표를 조정했다. 교육과정 재구성에서 가장 선행되는 작업은 국가교육에서 추구하는 인간상을 분석하여 범주화하는 것이다. 이어 중등 국어교육과정을 분석하여 테마별로 묶고 국어과 목표와 성취기준을 분석·융합하여 적합한 핵심어(주제어)를 선정한다. 또한 프로젝트 수업과정을 평가에 반영하기 위해 평가의 틀에도 변화를 주었는데, 동학년 교과협의회를 거쳐 중간고사를 지필평가가 아닌 과정평가로 진행하기로 하고 지필평가와 수행평가의 기준을 40: 60으로 확정했다.

본격적인 수업에 들어가기 전까지 가장 신중하게 고심하는 일은 주제어와 성취기준을 충족할 수 있는 좋은 텍스트를 선정하는 일이다. 가급적 텍스트는 다양한 질문과 해석, 새로운 관점과 상상력을 자극할 수 있는 내용을 담고 있어야 하며, 잘 알려지지 않은 동화에서부터 영화나 애니메이션, 그림우화, SF소설까지 다양한 장르를 고려해서 선택한다.

2) 수업 진행

수업 설계가 끝나고 텍스트 선정을 마치면 본격적인 수업이 시작된다.

여기서 중요한 것은 프로젝트 수업의 진행과정과 방식, 작업 규칙을 학생들과 정하고 공유하는 시간이다. 처음 이러한 수업 방식을 접할 경우 학생들의 질문은 끝이 없다. 교사는 큰 테두리에서 수업이 지향하는 목적을 전하되 세부 사항은 학생들의 요구와 학급의 인적·물적 수준, 교육과정의 방향성에서 벗어나지 않는 한도 내에서 조율할 수 있다. 이 과정은 학생이 참여자로서 동참하고 그 수업의 일원이 되는 과정이기 때문에 충분한 시간을 할애할 필요가 있다. 그렇게 기본사항에 대한 점검이 끝나면 모두 함께 텍스트를 공유한다.

- 텍스트를 공유하고 모둠원별 본격적인 심화 주제를 만들기 전 '자유표현' 활동을 통해 모둠원이 서로를 이해하고 협력적 방식으로 원활한 학습을 할 수 있도록 도와줄 수 있다.
- 자유표현에 대한 발표는 자유롭게 이루어지도록 하되 학습활동을 격려하고 촉진할 수 있는 교사의 적절한 피드백이 필수적이다.

모둠 작업이 시작되면 학습의 주도권은 학생들에게 넘어간다. 매 수업의 시작과 함께 이루어지는 '쿠아 드 뇌프'와 적절한 순간에 배치되어 있는 '자유표현'은 개인의 생각들을 모아 공동 주제로 통합하고 모둠원 간 원활한 사유의 소통이 일어나도록 기능한다. 다시 말해 수업의 전 과정은 개별 작업과 협력 작업의 끊임없는 순환으로 구성된 역동적 과정이다.

다음은 '정체성'이라는 테마를 주제로 사노 요코의 『백만 번 산 고양이』를 텍스트로 학생들이 모둠별로 찾아낸 심화 주제와 질문들의 예시이다.

〈고양이의 생태〉
• 고양이의 종류에 대해 알고 싶다.

- 고양이의 암호와 신호체계를 알고 싶다.

〈생과 사-삶과 죽음〉
- 죽음에 대해 알고 싶다-내가 죽기 전에 진정으로 하고 싶은 것이 무엇인지 생각해 보고 싶다.
- 과연 저승이 존재하는지, 천국이 있는지, 내가 죽으면 어디로 갈 것인지 알고 싶다.
- 죽음과 삶에 대해서 알고 싶다. 죽음 그 끝은 아무도 모른다. 진정 삶과 죽음을 알고 싶다.

〈환생〉
- 환생이 궁금하다.
- 환생의 끝은 있을까?
- 죽고 살아난다는 것이 무엇인지 궁금하다.

〈눈물〉
- 왜 모든 주인들은 고양이가 죽었을 때 다 울었는지에 대해 공부하고 싶다.
- 눈물은 언제 나올까? 자기 자신이 슬플 때 나올까? 아님 자신이 원할 때 멎을까?
- 백만 번 동안 단 한 번도 울지 않은 이유를 알고 싶다.

〈죽음과 삶〉
- 사람은 왜 꼭 죽어야만 하는지 궁금하다.
- 참된 죽음에 대해서 알고 싶다. 참된 죽음을 모르는 상태에서 죽으면 후회할 것 같아서 이것을 배우고 싶다.

• 백만 번이나 죽었다 살았는데 왜 행복하지 않았는지 궁금하다. 행복한 삶이란 무엇일까?

_이한순 교사의 수업 사례 중에서

　　모둠토의는 이 수업에 참여하는 학습자가 어떻게 배움과 탐구의 중심에 설 수 있는지를 보여 주는 매우 중요한 과정이다. 모둠토의에서 학생 각자가 던지는 질문과 답변의 과정은 자신의 생각을 정리하는 동시에 확장해 가는 시간이다. 묻고 답하는 중에 학생들은 경험 너머의 세계를 상상하고 기획할 수 있게 한다. 또 합당한 근거를 찾기 위해 작품을 섬세히 바라보고 해석하고 추론하는 비판적 사고과정을 거치며, 다른 구성원의 의견을 검토하면서 다양한 반성적 사고를 하게 된다. 마찬가지로 보고서를 작성하는 시간은 그러한 사유가 구체화되는 과정이기도 하다. 프레네가 아이들의 자유표현을 인쇄할 때 그 작업을 통해 아이들이 생각을 구체화하고 내용에 책임을 지는 것까지 학습의 일부로 보았듯이, 모둠 보고서를 작성할 때 학생들은 그 내용에 대한 책임을 지기 위해 노력할 뿐만 아니라 잘 전달하기 위한 방식도 고민하면서 자연스럽게 협력적인 형태로 집단지성을 발휘한다.

3) 공유와 평가

　　발표, 전시, 인쇄물, 공연 등을 통해 모둠의 작업을 '공유'하는 과정은 모든 프레네 학급의 공통점이자 필수적인 절차이다. 공유는 가르침인 동시에 배움의 활동이다. 공유를 통해 배움은 배가 되고 보다 확장된 세계로 학생들의 질문과 흥미를 인도한다. 그리고 이 공유가 어느 개인의 지식이 아닌 모두의 배움에 관계될 때 공유의 과정은 자연스레 타인을 경청하고 타인의 의견을 존중하는 태도를 배우게 해 준다. 말로 하는 존중이 아닌 존중과 배려를 살도록 이끌어 줌으로써 이 과정은 다시 한 번 삶과 생활이 통합될 수 있는 지점이 된다.

　프로젝트 수업에 대한 '평가'는 공교육 안에서 피해 갈 수 없는 것이지만, 가급적 자기평가와 모둠평가를 병행한 과정평가로 진행함으로써 가시적인 결과보다는 진행과정에 놓인 배움에 초점을 맞추도록 한다. 중요한 것은 지식이 앎이 되고 앎이 삶이 되는 과정이기 때문이다. 십여 년간 각자의 현장에서 프레네 교육을 실천한 교사들은 인쇄된 활자로 다 전달할수 없는 배움이 그 과정 속에 놓여 있으며, 전통적인 평가 방식(지필고사)을 따르더라도 그 결과는 소위 '우수하다'는 것을 경험했다고 말한다.

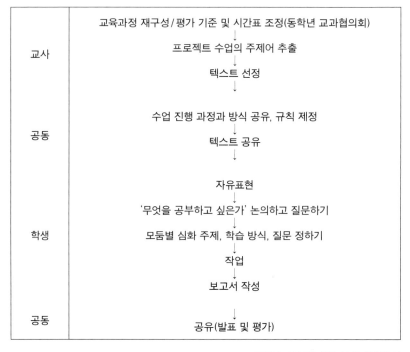

_이한순 교사의 수업 운영 사례에서

4. 나오는 글

프레네의 인간 이해에서 살펴봤듯이 프레네 교육의 핵심은 교실에서 아이들 각자가 자기 삶의 주인공이 되게 하는 데 있다. 프레네에 따르면 "인간은 저마다 생명과정을 실현하기 위해 최대한의 잠재력을 동원"하는 존재이고 이 과정은 '단편적인 상태들의 연속'이 아니라 지속적인 움직임, 즉 '생성'이라는 특성으로 드러난다. 프레네가 당시 성행했던 과학주의를 비판하고 자신의 교실 테크닉이 정형화된 방식으로 고착되는 것을 우려한 이유는 그러한 방식이 생명의 속성인 역동성이나 생명존재의 예측 불가능성을 담보할 수 없다고 보았기 때문이다. 이 역동성에 주목할 때 교실은 저마다 생명과정을 수행하고 있는 존재들이 모인 유기적인 공간이 되고, 테크닉은 이들이 조화롭게 배움을 향해 약진할 수 있도록 도와주는 장치가 된다. 프레네는 이 장치들이 잠깐의 흥미를 유발하는 활동이나 경쟁적으로 완수하고자 하는 부담스러운 과제가 되어서는 안 된다고 하면서, 체계적인 방법론으로서의 정의를 거부하는 의미에서 '테크닉'이라 명명했다. 그리고 오히려 이 작은 장치를 통해 아이들의 '생명의 힘'이 폭발하는 것을 경험하면서 "나 이전에 아무도 이것을 발견하지 못한 것이 신기할 따름"이라고까지 말한다. 이처럼 명확한 정의나 지침을 제시하는 대신, 그것에 담긴 정신과 운영 원리를 강조한 까닭에 종종 실체가 없거나 창의체험 활동의 하나로 오해받을 수 있는 것은 사실이다. 하지만 고유명사 '프레네 테크닉'이 있고, 그 창시자는 아동의 삶에서 출발한다는 원칙과 교사들의 협력적인 방식으로 매 순간 '현대적'이어야 한다는 과제를 제시했음도 분명한 사실이다.

사실 유럽이나 미국, 가까운 일본에서 도입된 새로운 학급 실천과 특별히 다르지 않는 것처럼 보이는 외양과 달리, 프레네 교육은 그것을 실천하고자 하는 교사에게 엄청난 준비와 깨어 있음을 요구한다. 이는 마치 태양열 광선을 이용할 때 눈에 보이는 것은 옥상의 태양열판과 실내의 전구밖에 없지만, 그것이 작동하기 위해서는 집의 규모와 조건에 맞는 적절한 열판을 선택하고 열판에서 전구까지 보이지 않게 전선을 배치하고 작동 가능한 위치에 스위치를 다는 등 많은 기초 작업이 필요한 것과도 같다. 교실에 맞게 작업을 설계하고 기초 작업을 하는 것은 교사의 몫이다. 수시로 누전이나 과열을 체크하고 수리하는 것도 교사의 몫이다. 기초 작업을 건너뛰고 근사한 스위치를 달거나 성능 좋은 전구를 갈아 끼우는 것만으로 프레네 교육을 하고 있다고 말할 수 없다. 그만큼 프레네 교육 실천에서 중요한 것은 보이지 않는 원리에 대한 올바른 이해, 그것이 작동하게끔 준비하고 노력하는 기초 작업이기 때문이다. 그리고 가장 중요한 점은 전구를 밝히는 근원이 '태양빛'임을 잊지 않는 것이다. 아동의 삶, 그의 삶에서 나온 지적 호기심과 욕구, 그것이 바로 이 교육의 출발점인 태양빛이기 때문이다.

| 생각해 보기 |

1. 학생을 이해하는 데 내가 가장 중요하게 생각하는 것은?
2. 학생을 자기 삶의 주인으로 만들기 위해 교사가 할 수 있는 일은 무엇일까?
3. 학생의 삶을 교실로 초대하기 위해 지금 여기에서 시작할 수 있는 일은 무엇일까?
4. 학교혁신을 위한 나만의 '테크닉' 모색하기

1. 김세희, "교실 안 풀 죽은 아이들, 생명력 불어넣자", 《한겨레》, 2011. 4. 11.
2. C. Freinet, *Essai de Psychologie Sensible*, Paris: Seuil, 1994.
3. 프레네 교육 실천에 수록된 내용은 한국에서 혁신학교 교사들을 포함해 프레네 교육을 실천·연구하고 있는 한국 프레네 교사들의 사례를 토대로 정리한 것이다. 이 교사들은 프레네 교육의 정신에 따라 '연구하는 실천가-실천하는 연구자'로서의 삶을 살고 있다. 사례를 공유하고 함께 토론해 주신 이한순(중등), 최영수(초등), 오창진(초등) 선생님께 감사드린다.
4. 프레네는 분절되어 의미가 상실된 '조각 단어'가 아닌 삶에서 나온 이야기가 그 자체로 의미를 내포할 수 있도록 내용을 건드리지 않고 통째로 활자화하는 방식을 선택한다. 이 역시 학급의 상황과 필요에 따라 자유롭게 응용할 수 있는데, 주제와 형식이 정해져 있지 않기 때문에 '자유'이고 내면에 있는 것을 꺼내어 놓음으로써 정신적인 해방감을 주기 때문에 '자유'이며 결과에 대해서 평가하거나 판단 받지 않기 때문에 '자유'로운 글쓰기라고 부른다.
5. 자유글쓰기는 프레네 테크닉 중 가장 많이 활용되는 테크닉이다. 글쓰기를 할 때는 쿠아 드 뇌프와 마찬가지로 구성원들 서로가 신뢰할 수 있는 공동체라는 믿음이 전제되어야 한다. 본격적인 글쓰기에 들어가기 전 학급 환경에 맞게 맞춤법이나 문법을 교실 밖으로 쫓아내는 '예식'을 하기도 한다. '자유로운 돌려쓰기'는 구성원 모두에게 빈 종이를 주고 한 줄 적은 후 옆으로 돌리고 또 한 줄 적은 후 옆으로 돌리는 식으로 내용을 채우는 것이다. 처음 자신으로부터 시작된 종이가 돌아오면 멈추지만 정해진 것은 아니다. 그렇게 받은 글을 각자 속으로 읽고 함께 나누고 싶은 사람은 큰 소리로 읽어 주기도 한다. 이때 그 텍스트의 내용은 구성원의 공동 작업으로 만들어진 것이기 때문에 누구 한 사람의 책임이 아니라는 의미에서 '책임 있는 글쓰기'라고도 부른다. 작업의 마무리는 종이를 구겨 던지며 "나는 자유다!"라고 외치거나 비행기를 접어 날리는 등 마침예식으로 한다.

- 김세희. "교실 안 풀 죽은 아이들, 생명력 불어넣자".《한겨레》, 2011. 04. 11.
- 김세희. 「셀레스탱 프레네와 프레네 교육」.『2015년 한국교육연구네트워크 월례토론회 발표자료집』(미간행).
- 김세희. 「'페다고지 프레네'와 프레네 교육운동」.『교육비평』36 (2015).
- 오창진. 「2015년 한국에서 프레네 교육은 여전히 유효한가?」.『2015년 한국교육연구네트워크 월례토론회 발표자료집』(미간행).
- 이한순. 「교육 현장에서 시도한 모색」.『2012년 국제혁신교육교사대회 자료집』. 경기도교육청, 2012.
- 최영수. 「프레네 교사로 살아보기」.『2011년 전교조 연수자료집』. 전교조 경북지부, 2011.
- Freinet, C. *Essai de Psychologie Sensible*. Paris: Seuil, 1994.

- 경기도교육청. 「Go, N. 혁신적 교육철학과 성공적 실천」.『2011년 국제혁신교육심포지엄 자료집』.
프레네 교육철학의 핵심인 생명철학적 인간 이해를 간략하면서도 명쾌하게 정리한 글이다. 프레네 교육 원리와 테크닉의 토대를 이해하고 실천으로 들어갈 수 있는 문을 열어 준다.

- 경기문화재단·EBS. "공교육 개혁의 희망, 프랑스의 프레네 학교". 이것이 미래 교육이다 시리즈, 2006.
국내에 가장 잘 알려진 영상물 중 하나다. 프랑스에서 프레네 교육을 실천하고 있는 교실, 교사, 아이들, 교장의 모습을 가감 없이 보여 준다. (취재진과의) 인터뷰와 (취재진에게 되묻는 그들의) 질문을 통해 프레네 교육이 무엇인지 실천적으로 전해 주고 있다.

정해진 분량의 학습 내용을 전달하면 되는 강의식 수업은 다량의 정보 습득에는 효율적이지만 문제해결 능력과 상호작용 기술이 필요한 미래 인재를 키우는 데는 크게 도움이 되지 않는다고 한다. 미래 인재를 키우기 위해서는 교사가 모든 설명을 제공하는 방식을 지양하고 교사와 학생, 학생과 학생사이의 상호작용을 통해 학습자의 내적 동기와 배우고자 하는 의욕을 자극하는 수업 디자인이 필요하다. 이런 생각으로 탄생한 것이 배움의 공동체 수업이다.

배움의 공동체

엄미경

1. 배움의 공동체

1) 배움의 공동체란?

도쿄대학교의 사토 마나부 명예교수가 창시한 것으로 공공성, 민주주의, 탁월성을 추구하는 기본 철학이다.

이런 기본 철학을 바탕으로 한 명의 아이도 소외감 없는 질 높은 교육을 위해 동료성을 가지고 교사들이 함께 고민하고 실천하고자 하는 방법이다.

2) 배움의 공동체의 기본 철학

배움의 공동체 수업은 교사와 교사, 교사와 학생, 학생과 학생의 교류가 있는 공공성, 지적이고 정서적인 소통과 인간적인 대화의 소양을 연마하여 사려 깊고 책임 있는 민주주의, 교사와 학생이 모두 성장하는 탁월성을 바탕으로 한다.

첫째는 '공공성'이다. 공공성은 학교와 교실의 공간이 안과 밖으로 열려 다양한 삶의 방식과 사고방식으로 연결되어 있어야 한다.

교사는 교실 문을 열지 않고는 공공성을 실현하기 어렵다. 교사와 교사, 교사와 학생, 학생과 학생이 서로에게 열려 있고, 또 바깥 세계와 열려 있어 서로 배울 수 있어야 한다. 대부분의 교실에서는 학생과 학생 간에 의사소통도 없고 지식이 밖으로 연결되는 것을 배우지 못했다. 교사의 가르침 중심의 수업으로 교사가 가르치는 것만 지식으로 전달받으면 되었던 것이다. 나의 생각이 다른 사람들과의 생각과 어떻게 다르며 어떻게 연결지을 수 있는지를 배우지 못했던 것이다. 그동안의 교육은 교실 안에서조차 배움의 확장이 될 수 있는 기회가 없었다고 볼 수 있다.

둘째는 민주주의democracy다. 다른 사람과 함께 더불어 살아가는 방법을 알아야 한다. 학생 하나하나의 목소리가 소중하게 존중받고, 교사 하나하나의 목소리가 존중받아야 한다는 것이다.

대부분의 수업은 교사가 앞에서 질문하고 그것에 대답하는 몇몇 학생의 목소리만 존중받고 있으며 몇몇 학생들만 대답하면 얼마나 많은 학생들이 참여하고 배웠는지에 대해서는 확인하지 못하고 수업 진도 나가기에 급급하다. 소수만이 존중받고 교사의 주도하에 수업이 진행되기 쉽다.

셋째, 탁월성excellence이다. 가르치는 활동, 배우는 활동의 수준이 낮아서는 안 된다는 것이다. 기본적으로 알아야 할 내용을 배울 수 있도록 하고 더 나아가 점프할 수 있는 과제를 제시하여 서로의 생각을 나누는 가운데 질 높은 배움으로 성장할 수 있는 것이어야 한다.

2. 배움의 공동체 수업

1) 왜 배움의 공동체여야 하는가?

교사들은 교실에서 학생들을 가르치는 데에 한계가 있음을 알고 있다. 졸고 있는 아이들, 딴짓하는 아이들, 무기력한 아이들을 보며 현장의 교사들은 좋은 교육에 대한 생각을 많이 한다.

좋은 교육이란 교사의 일방적 가르침에 초점을 두지 말고 배움의 맥락으로 이해해야 한다고 생각한다. 즉, 좋은 교육이란 다른 사람에게 중요한 지식을 배울 수 있는 상황을 만들어 주는 일이다. 교육에서 교사의 가르침teaching이 아니라 학생의 배움learning을 중심에 놓는다. 교사는 반드시 배움을 목표에 두고 수업 디자인을 해야 하며 학생이 지식을 배울 수 있는 환경을 만들어야 한다고 한다. 배움 중심의 수업 환경을 만들어 놓고 학생들이 토의하고 협력하며 배워 나가야 할 필요성을 느끼고 있다.

손우정(한국 배움의 공동체 대표)은 배움의 공동체에 교사들이 관심을 갖는 이유[2]에 대해 아래와 같이 말한다.

첫째, '배움의 공동체' 만들기는 교사들이 학교 현장에서 고민하고 있던 것에 해결책을 주는 철학이다. 칠판 앞에 서서 열심히 가르치는 선생님들이 주축이 되어 추진하는, 밑으로부터의 학교개혁이라는 점이다. 정부의 하향식 시스템이 아니라 학교와 아이들을 가장 잘 아는 교사들이 주축이 되어 자발적 의지에 의해 수업을 변화시키고자 하는 의지 때문이다.

둘째, 수업을 학교개혁의 중심에 두고, 가르치는 기술보다는 아이들의 배움을 탐구한다는 점이다. 교사 일의 중심은 수업이다. 우리 사회는 수업 잘하는 교사를 높이 평가하며 정부는 여러 가지 방법으로 수업 연구와 수업 잘하는 교사를 지원해 왔다.

배움의 공동체에서는 교사의 수업 기술로 수업을 개선해 가는 것이 아니라 학습자의 배움을 눈여겨 살피면서 개선하고자 한다. 바로 이 점이 교사들에게 수업을 보는 새로운 시선과 관점을 제공한다.

셋째, 동료성을 기반으로 교사의 전문성을 길러 간다는 점이다. 정부에서는 현직 교사들의 전문성을 높이기 위해 다양한 연수 프로그램을 실시하고 여기에 많은 교사가 참여하고 있다. 그러나 이러한 연수는 새로운 지식이나 정보를 얻게는 하지만 교사들의 수업 전문성을 기르는 데는 한계가 있었다.

수업을 개선해 가는 데 가장 영향력 있는 조언자는 바로 동료 교사다. 배움의 공동체는 동료 교사로부터 배우면서 함께 성장할 수 있는 방법을 교사들에게 제공하고 있다. 아이들 한 명 한 명의 배움은 존엄하다. 배움의 공동체는 바로 그 기본 철학을 중심으로, 수업 전문가로서 교사의 배움과 성장에 의미를 두고 있다.

〈배움의 공동체 수업 디자인〉-태릉중학교 학년연구회 수업공개 자료

교과	수업 주제
영어	지금까지 배운 표현법을 사용하여 모둠별로 소풍 계획을 짜고 상대방에게 제안하고 의견 조율하기
기술	이웃과 더불어 사는 가치관을 기르기 위한 공동체 주거-코하우징 설계하기
보건	잘못된 성 표현물이 무엇인지 알아보고, 문제점 생각하기 성 감수성 키우기-비판적 시각으로 바라보기
과학	우물물의 깊이를 10m 넘게 파면 물이 올라오지 못하는 이유를 알아내기
과학	유전자 편집 기술을 이용한 맞춤형 아기 프로젝트 수업
역사	후삼국시대 말 내가 새 시대를 여는 왕이라면 어떤 정책을 펼 것인지 생각해보고 발표해 보기를 통해 왕건의 정책과 연결해 보기
국어	소설 읽고 질문을 만들고 그 질문에 대해 토의 토론하기

2) 배움의 공동체 수업 시스템 구축–'ㄷ'자형 교실 배치

교실은 'ㄷ'형으로 배치한다. 또한, 배움의 공동체의 모둠(소집단) 구성은 기본적으로 4명이다. 활동할 때 먼저 개인이 생각하고 짝과 활동하다가 4인 모둠으로 구성하여 활동하게 하면 말을 할 기회가 많아지고 다른 사람들의 생각과 자신의 생각에 비추어 보며 사고의 확장이 일어나게 된다. 소집단(모둠) 구성은 '남녀 혼성 4인 그룹'으로 하는 것이 좋은데 그 이유는 동성이 짝으로 앉게 되면 동성끼리만 대화하기가 쉬워 모둠 내에서의 소통이 단절되기 때문이다. 그래서 그림과 같이 동성이 대각선으로 마주보고 앉게 되면 의사소통이 더욱 활발하게 일어난다.

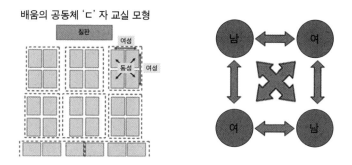

배움의 공동체 'ㄷ'자 교실 모형

(1) 'ㄷ'자 배치를 꼭 해야 하나?

'ㄷ'자 배치는 학생들이 서로의 의견을 듣고 모르는 것을 질문하기 쉬우며, 발언 시 선생님이 아닌 친구를 향해 말하기가 쉬운 구조일 뿐 아니라 교사가 수업 방식을 바꾸게 하기 위한 구조이기도 하다. 예전 방식대로 교사가 칠판 앞에 서고 학생들이 교사를 바라보는 책상 배치 구조에서는 교사가 설명을 많이 하게 되고 몇몇 학생의 대답으로 수업을 끌어가기 쉽다. 칠판을 본다는 것은 친구의 등을 보는 것이기에 아이들과의 관계가 끊어지는 수업 방식이 된다. 그러나 'ㄷ'자 배치를 하게 되면 학생들이 앞을 보기가 어려운 구조가 된다. 아이들이 앞을 보기가 불편한 구조라서 불만의 소리를 낸다. 이런 배치 구조에서는 교사가 학생이 배우고 활동하는 중심으로 수업을 바꿀 수밖에 없다. 따라서 배움의 공동체 수업을 처음 시작하는 교사들은 책상 배치부터 바꾸고 시작하는 것이 좋다. 그러면 학생들 중심의 수업을 디자인하게 될 것이다. 교사가 바뀌어야 수업이 바뀐다. 그러나 교사가 바뀐 이후에는 책상 배치는 모둠을 만들기 쉬운 구조이면 어떤 방법도 상관없다.

(2) 모둠 구성은 어떻게 할까?

배움의 공동체는 수준과 상관없이 자연스럽게 모둠을 만드는 것을 원칙으로 한다. 담임선생님들이 2주나 3주에 뽑기를 통해 자리를 바꾸어주어 다양한 아이들과 만날 수 있는 기회를 준다. 물론 어떤 경우에는 배움이 느린 학생들 4명만 모일 때도 있다. 이런 경우 학생들이 교사에게 잘하는 학생 1명을 보내 달라고 하기도 한다. 그러나 잘하는 아이가 없는 모둠에서는 그 아이들끼리 더 적극적인 모습으로 활동을 한다. 잘하는 아이가 있을 때는 그 학생에게 의존하고 자신의 생각을 말하지 않던 학생도 이런 모둠에서는 더 적극적으로 자신의 생각을 표현한다. 그리고 다른 아이들과 더 협력적으로 활동한다. 그래도 모둠 안에서 문제를 해결하지 못할 경우에는 다른 모둠의 도움을 받을 수도 있고 선생님이 도와줄 수도 있다.

3) 잘 배우기 위해 필요한 조건

(1) 경청

배우는 방법은 잘 듣는 것이다. 소집단 내에서 협력이 잘 이루어지려면 먼저 학습자 사이에 서로 잘 들어주는 관계가 형성되어야 한다. 어떤 학생

들은 자신이 모른다고 물어 놓고 나서 친구가 대답할 때 딴짓하는 학생이 있다. 또 어떤 학생은 자신의 생각을 말하고 있는 친구를 무시할 때가 있다. 서로의 생각을 존중해 주며 잘 들어주어야 한다. 또 교사도 마찬가지로 학생들의 소리에 귀를 기울여야 한다. 학생들이 말하고 있는 것을 하나도 놓치지 않도록 해야 한다. 그래야 학생들도 더욱더 교사의 말을 경청하게 된다. 경청을 습관화하기 위한 구체적인 방법은 다음과 같다. 학기 초에 활동을 통해 경청하기 연습을 시키는 것도 중요하다.

① 말하는 사람의 얼굴을 보면서 끝까지 듣는다.
② 고개를 끄덕이거나 반응을 하면서 듣는다.
③ 자신의 의견과 비교하면서 듣는다.
④ 다 들은 후에는 의문점이 있는 경우 상대방에게 질문한다.

훌륭한 질문을 하려면 먼저 훌륭한 리스너Listener가 되라고 한다. 토크

쇼의 여왕 오프라 윈프리는 1시간 동안의 토크쇼에서 그녀가 말하는 시간은 고작 10여 분이라고 한다. 나머지는 듣고, 고개를 끄덕이며 공감해 주고, 시의적절한 질문으로 상대방의 이야기를 재미있게 듣고 있다는 것을 보여 주어 상대방이 편안하게 많은 이야기를 해 준다고 한다.

(2) 협력

모둠 내에서의 협력 규칙은 다음과 같다.

① 자신의 생각을 적극적으로 이야기하기
② 타인의 생각을 인정해 주며 듣기
③ 자신의 생각과 타인의 생각을 비교하면서 듣고 성장하기
④ 문제를 함께 해결해 나가면서 배우고 함께 성장하기

모르는 것은 친구(짝, 4인 모둠, 다른 모둠친구)에게 적극적으로 묻고, 묻는 친구에게는 성실하게 알려 준다. 이때 모둠 활동에서 나온 의견을 모두 써 놓고 의견을 하나로 모으지 않는다. 각자의 의견을 모두 존중해 주도록 한다. 그리고 한 사람도 소외되는 학생이 없도록 모둠원들 하나하나를 살피도록 한다.

(3) 표현

활동하면서 갖게 된 자신의 생각을 표현하거나 모둠에서 배운 것 등 자신이 새롭게 알게 된 것을 발표를 통해 표현한다. 개인의 생각을 모둠 내에서 공유하고, 모둠에서의 토의, 협력학습을 통해 얻게 된 학습 내용을 전체 학생들과 공유하기 위한 것이다. 발표의 방법은 다음과 같다.

① 모든 사람이 들을 수 있는 소리로 크고 정확하게 발음을 한다.
② 듣는 사람들이 알아듣기 좋은 속도로 말한다.
③ 모든 사람들이 이해할 수 있도록 자신의 생각을 자세하게 표현한다.
④ 발표를 할 때는 모든 사람들이 기분 나쁘지 않도록 예의를 갖춘다.

3. 수업 만들기

1) 수업 속에서의 대화와 배움

사토 마나부는 교사의 활동과 학생의 활동이 복잡한 이유는 '수업과 배움이라는 실천'이 다음과 같은 세 가지 차원의 대화적 실천이 서로 관련을 맺으며 성립되기 때문이라고 했다.

첫 번째 차원은 교재나 대상과의 대화로 이루어지는 '인지적(문화적) 실천'으로, 모든 수업과 배움은 교과서나 교사가 만든 교육 내용이나 대상에 관한 것이다. 두 번째 차원은 타자와의 대화를 의미하는 '대인적(사회적) 실천'으로 이는 앞서 얘기한 인지적 차원의 사회적 성격을 표현하는 것이다. 세 번째 차원은 자기 자신과의 대화로 이루어지는 '실존적(윤리적) 실천'으로 아이덴티티를 둘러싼 실천을 의미한다.

배움은 교사와 교재와 학생들과의 상호작용 속에서 전개된다. 특히 학생들 측면에서 볼 때 수업 과정은 교재 및 대상과 대화하고, 교사와 대화하고, 친구와 대화하고 자기 자신과 대화하면서 교육 내용을 습득해 가는 과정이다.

개인과 개인의 생각을 나누고 합치는 일은 하나의 결론으로 이끄는 일이 아니라, 서로 다른 생각의 차이를 밝히고 배움을 넓히며 발전시키는 일이다. 다른 사람과의 대화를 통해 상호작용하며 사고의 폭을 넓히는 것이 바로 배움의 공동체가 말하는 배움이다. 다음 표는 수업 속에서의 배움을 세 가지로 정리한 것이다.

활동적인 배움	협동적인 배움	표현적인 배움
수업에 '매개된 활동'을 조직하는 일	소집단 모둠 활동으로 4명으로 남녀 혼합	'듣는 힘'과 '생각하는 힘'을 기르는 일
교실 속의 교사 외 친구로부터 배우는 일과 주변의 사물을 이용하는 일, 구체물을 보작하는 일, 체험하는 일	모둠 활동은 잘 몰라서 곤란해하는 학생이 친구에게 스스로 "가르쳐 줘"라고 말할 수 있는 기회이며 배울 수 있는 기회	'표현의 공유', 즉 타자의 표현을 눈과 귀를 집중시켜 잘 듣고 그것에 자신의 생각을 비추어 보기도 하면서 서로 배우는 일

2) 수업 디자인[3]

구체적인 교육 목표에 따라 과제를 설정하고, 생산성과 효율성을 기준으로 목표를 달성하고, 그 결과를 시험을 통해 수량적으로 평가하는 '목표·달성·평가' 모델은 20세기 초 대공장의 일관 작업 조직이 교실의 수업과 학습 과정에 도입된 것이다. 배움이 중심이 되는 협력형 학습 모델은 수업을 통해 학습을 의미 있는 경험으로 조직하는 '주제·탐구·표현' 모델이다. '교재에서 학생들과 무엇을 추구해 나갈 것인가?'에 대한 고민으로 주제가 설정되었더라도 풍부한 탐구와 표현의 과정으로 조직되지 않으면 배움의 경험은 빈약한 것이 되어 버리고 만다. 학생들이 배우는 도구인 대상과의 대화, 타인과의 대화, 그리고 자신과의 대화를 풍요롭게 실현하기 위해서는 '과정'을 섬세하게 디자인해야 한다.

다시 말하면 '배움을 중심으로 하는 교육과정 만들기'는 교육과정의 단원을 '주제-탐구-표현'의 양식으로 디자인하고 '활동적이고 협동적이며 표현적인 배움'을 교실에 실현하는 도전이다.

목표		주제
⇩		⇩
달성	⇨	탐구
⇩		⇩
평가		표현

교사가 일방적으로 가르치는 것을 지양하고, 학생들이 협력하여 배우고 질 높은 배움과 평등을 추구하는 배움 중심의 수업을 구상한다. 수업연구회에서 수업 디자인하는 과정을 설명한 것이다.

(1) 1차 연구회(수업공개 전)

수업교사는 주제와 수업의 목표를 설명하고 수업 내용을 어떻게 풀어갈 것인지에 대해 함께 연구하는 모임을 갖는다.

(2) 2차 연구회(수업공개 전)

1차 연구회에서 토의한 내용을 적용하여 활동지를 제작하고 그 활동지에 대해 분석하여 질문하고 아이디어를 보탬으로써 수업 디자인에 대한 재검토와 수정과정을 거친다.

(3) 동료 교사 수업 참관 컨설팅(수업공개 전)

함께 디자인한 수업 활동지로 수업을 하는 학급에 연구회에 참여했던 동료 교사들이 참관하여 아이들이 어디에서 배우고 주춤거리는지를 관찰한 후 연구회를 통해 활동지를 수정 및 보완한다. 또한 수업을 이끌어 가는 교사가 어디에서 연결 짓고 되돌리기를 하고 있는지를 살핀 후 수업교사가 놓치고 있는 부분에 대해 컨설팅해 준다. 이것을 바탕으로 최종 수업 디자인을 설계한다.

| 수업 디자인 연구 및 배움의 공동체 수업 예시 자료-태릉중학교(2016)

▶ 국어과 – 소설신문 만들기

1차시	소설 읽기
2차시~3차시	줄거리 정리, 등장인물의 특성과 시대 상황 파악하기
4차시	소설신문 만들기 소설신문에 대한 이해, 모둠별 내용 마련하기
5차시	개인별 기사 작성하기, 고쳐 쓰기

▶ 가정과-공동체 주거: 코하우징 설계하기

1단계	개별 활동: 나의 주거 욕구 파악하기
2단계	개별 활동: 나의 주거 욕구를 반영한 주택 평면도 그리기
3단계	모둠 활동: 가족 소개 및 코하우징 단지 이름 짓기
4단계	모둠 활동: 공동생활을 위한 공용 공간 구상하기
5단계	모둠 활동: 우리 모둠의 코하우징 단지 배치도 그리기
6단계	개별 활동: 개별 주택 평면도(수정) 및 가족 소개 자료 만들기
7단계	모둠 활동: 활동 자료를 모두 연결한 후 하나의 팸플릿으로 만들기

▸ 교과 융합-3학년 뮤지컬 프로젝트 수업

추진 내용	해당 교과	수업 내용	시기
뮤지컬의 이해	음악과	뮤지컬 이론 수업	4~5월
	국어과	뮤지컬 〈빨래〉 대본 분석	5월
	통합	뮤지컬 〈빨래〉 관람	5월 20일(금)
뮤지컬 제작	국어과	창작 뮤지컬 대본 창작 감독 및 배역 설정	5월~6월
	음악과	노래 만들기 및 연습하기 배경음악 및 음향효과 선정하기	6월~7월
	체육과	안무 만들기 및 연습하기	8월
	미술과	공연 포스터 제작하기	8월
	국어과	최종 연습	8월 말~9월 초
뮤지컬 공연	통합	학급별 공연(학급당 3팀)	9월 12일(월)/13일(화)
		3학년 전체 공연(학급별 1팀)	10월

▸ 사회-국어 교과 융합 〈소규모 테마형 교육여행 프로젝트〉

사회	여행 테마 기획 및 계획서 작성
	1차시: 모둠 편성 및 여행 테마 정하기, 해당 지역의 관광, 체험 거리 탐색
	2차시: 테마형 교육여행 계획서 작성
국어	계획서 내용을 바탕으로 발표 자료 제작 및 발표
	3차시: 발표 자료 제작하기(직접 손으로 써서 발표함)
	4차시: 발표 및 질의응답/ 학급 우수작 선정, 학급 내 의견 합의

사회과, 국어과 통합 프로젝트로 학생들이 여행의 전 과정에 학생들이 직접 주체로 참여하여 여행의 모든 일정을 기획함.

3) 성찰과 반성

(1) 성찰

① 수업을 '디자인'하는 활동 과정 중에 이루어진다.

동료 교사들과의 연구회에서 수업을 디자인하다 보면 어디에서 배움이 일어날 수 있고 어디에서 배움이 일어나지 않을까에 대한 사고의 폭을 넓힐 수 있어 수업 디자인이 더 깊어진다.

② 시시각각 변화하는 교실 상황에 대응하는 즉흥적 활동 가운데서 전개된다.

수업 디자인은 학생들 배움 중심으로 했으나 학생들이 표현할 기회를 주지 않고 교사가 설명을 다하는 경우가 있다. 교사는 학생들이 말하는 소리에 귀를 기울여서 어디서 연결 짓기를 하고 어디서 되돌리기를 해야 할지를 잘 알아야 한다.

(2) 반성

교재와 학생들의 활동과 교사 자신의 활동의 평가로서 이루어진다. 수업 후에 자신이 놓친 부분을 반성하고 연구회를 통해서 듣게 된 아이들의 배움에 있어서 주춤거림이 있었던 부분을 찾아내어 세심하게 디자인에 적용하도록 한다.

배움의 공동체 대표 손우정 교수는 '성찰'과 '반성'이 뛰어난 교사는 수업의 실패 원인을 학생들이나 교과서의 탓으로 돌리는 것이 아니라 자신의 '실천'과 '디자인'에서 찾는다고 한다.

(3) 수업공개와 관찰 및 성찰

각 모둠별로 관찰교사를 배치한다. 그 교사들은 수업교사를 보는 것이 아니라 각 모둠 학생들이 어디에서 배우고 어디에서 주춤거리는지를 관찰

한다. 자신의 교과목 시간에 관찰하지 못한 점과 비교하며 학생들의 잠재능력을 발견해 주는 시간이 되며 자신의 수업에 적용할 수 있는 점도 배우게 된다.

모둠별로 수업교사가 배치되어 각 학생들을 관찰한다(활동적 배움, 협력적 배움, 표현적 배움). 수업공개가 끝난 후 관찰교사들은 수업교사와 함께 연구회를 갖는다. 그리고 자신이 관찰한 학생들의 배움에 대한 생각을 듣는다. 이 과정을 통해 수업교사는 수업 전과 수업 도중에 일어난 배움 과정에 대해 듣고 자신의 수업을 돌아보며 어떤 부분에서 놓치고 있었는지 어떻게 하면 더 좋은 수업이 될지를 돌아보는 기회를 갖는다. 수업교사는 아이들이 서로의 생각을 공유하고 함께 활동하며 배워 나가는 장을 만드는 데 노력한다.

4) 배움의 공동체 수업에서 교사의 역할

배움의 공동체 대표 손우정 교수는 배움의 공동체 수업에서 교사의 역할에 대해 듣기, 연결 짓기, 되돌리기가 중요하다고 한다. 아래에 그것에 대한 자세한 설명이 있다.

(1) 듣기
배움에서 가장 중요한 일은 '교사나 학생들이 다른 사람의 이야기를 진지하고 겸허하게 들을 수 있는가'이다. 교사는 학생들의 발언을 있는 그대로 받아들여 정중하게 대응하는 자세를 보이는 역할을 해야 한다. 학생들이 잘못 발언하더라도 그 학생은 그 학생 나름대로의 생각이 있다. "틀렸어. 자 다음 사람?"이라고 간단하게 처리하지 말고 왜 그렇게 생각했는가를 함께 생각해 보는 것이 필요하다.

교사의 듣는 일은 ① 학생들의 발언이 교재의 어떤 부분에서 나온 것인지 듣는 일, ② 그 학생의 발언이 그 앞에 발언한 학생의 어떤 부분과 연결되어 나온 것인지 듣는 일, ③ 그 학생 안에서 이전에 그 학생이 발언했던 것과 어떻게 연결되어 있는가를 듣는 일이다. 이를 제대로 듣기 위해서는 교사도 '훈련'이 필요하다.

(2) 연결 짓기

교사는 수업에서 교재와 학생들을 연결 짓고, 이 학생과 저 학생을 연결 짓고, 오늘 수업과 내일 수업을 연결 짓고, 어떤 지식과 다른 지식을 연결 짓고, 어제 배운 것과 오늘 배울 것을 연결 짓고, 교실에서 배우는 것과 사회에서 일어나는 일을 연결 짓고, 학생들의 현재와 미래를 연결 짓는 일을 해야 한다.

(3) 되돌리기

학습 과제가 어려울 때에는 그전 단계로 되돌아감으로써 재출발할 수 있으며, 모둠 활동에서는 되돌아감으로써 한 사람 한 사람의 참가를 촉진하고 다양한 개인들의 충돌을 조정할 수 있다. 되돌리는 일만큼은 학생들이 할 수 없다. 이 일은 교사가 해야 한다. 수업 과정에서 충실한 되돌리기 활동이 이루어질 때 학생들의 배움에 대한 도전과 발돋움이 이루어질 수 있다.

1. 교사가 잘 가르친다는 것과 학생이 잘 배운다는 것의 차이는 무엇인가?
2. 학생들이 토의-토론하며 배우는 교실을 만들기 위해서 교사는 무엇을 준비해야 하며 수업 장면에서 교사의 역할은 무엇인가?
3. 교사들의 전문가학습공동체는 왜 필요한가?
4. 배움의 공동체 수업이 학생과 학교에 미치는 영향은 무엇이며 더 나아가 사회 구성원으로서의 개인에게 어떤 성장을 줄 수 있을까?

아래는 교사와 학생들이 배움의 공동체 수업을 실시한 이후 달라진 점을 모은 것이다.

- '수업하기 어려운 학교'에서 '배우는 학교'로 바뀌었다.
- 잠자는 아이들이 하나도 없는 학교가 되었다. 학교 가기 싫어하는 아이나 지각하는 아이가 크게 줄었다.
- 교사와 아이들이 서로 배우고 협력하며, 함께 성장한다.
- 자신감이 없던 아이들이 수업 시간에 적극적으로 참여하고 배우려 한다.
- 교사들과 아이들의 태도가 모두 부드러워지고 관계가 좋아졌다.
- 배움의 공동체를 실천하는 학교에 와서 함께 살아가는 행복을 느낄 수 있게 되었다고 한다.
- 교육학습공동체가 활성화되고 교사들이 수업을 연구하는 분위기가 조성된다.
- 수업연구회가 활성화되고 교사들이 타 교과로부터 수업 방법을 배우는 기회도 된다.
- 교과별 융합 수업, 프로젝트 수업이 가능해졌다.
- 토의-토론문화가 형성되어 학생자치활동도 잘되고 민주적인 학교 분위기가 조성된다.
- 학생들이 친구와 떠들면서 대화, 토론을 하여 공부가 즐겁다고 얘기한다.
- 하나의 정답이 아닌 다양한 해답을 갖게 된다.
- 학교폭력이 줄어들고 왕따나 여러 가지 청소년 문제가 해결된다.
- 모둠 활동을 통해 자신의 의견과 주장을 펼칠 수 있어서 좋다고 한다.
- 'ㄷ'자로 바뀌고 나서는 친구에게 질문을 하며 배울 수 있게 되었다.
- 반대편에 앉아 있는 친구들도 많아서 수업 방해를 하거나 조는 것 등을 할 수가 없게 되었다고 한다.
- 친구들과 사이가 좋아졌고 모둠 프로젝트 수업에 대한 두려움이 없다.
- 학기 말의 수업도 매우 수월하고 통합수업을 할 경우에는 효과가 훨씬 더 좋다.

1. 사토 마나부, 『교사의 배움』, 한국배움의공동체연구회 옮김(에듀니티, 2014), 23~25.
2. 손우정, 『배움의 공동체 – 손우정 교수가 전하는 희망의 교실 혁명』(해냄, 2015), 18~19.
3. 서울특별시교육청, 「배움의 공동체」, 『2011년 혁신학교 연수자료집』.

- 손우정. 『배움의 공동체-손우정 교수가 전하는 희망의 교실 혁명』. 해냄, 2015.
- 전성수·양동일. 『질문하는 공부법 하브루타』. 라이온북스, 2014.
- 전성수. 『자녀교육혁명 하브루타』. 두란노, 2012.
- 서울특별시교육청. 「배움의 공동체」. 『2011년 혁신학교 연수자료집』.
- 사토 마나부. 『교육개혁을 디자인한다』. 학이시습, 2009.
- 사토 마나부. 『교사의 배움』. 한국배움의공동체연구회 옮김. 에듀니티, 2014.
- 핀켈, 도널드 L.(Finkel, Donald L.). 『침묵으로 가르치기』. 다산초당, 2010.

- 손우정. 『배움의 공동체-손우정 교수가 전하는 희망의 교실 혁명』. 해냄, 2015.
  교사와 학생이 함께 성장하는 세계적인 혁신 교육법, 배움의 공동체 '배움'을 중심에
  둔 수업철학에서 감동적인 수업 현장 사례까지 손우정 교수가 전하는 대한민국 수
  업혁신 이야기.

- 사토 마나부·한국배움의공동체연구. 『교사의 배움』. 에듀니티, 2014.
  사토 마나부 교수와 함께한 배움의 공동체 5년의 기록-한 명의 아이도 배움에서 소
  외되지 않고 모든 아이들에게 질 높은 배움을 보장한다.

- 마이클슨, 래리 K.(Michaelsen, Larry K.). 『팀 기반 학습』. 이영민·전도근 옮김.
  학지사, 2009.
  가르치는 사람과 배우는 사람이 학습을 충분히 배우고 이해하는 것이 중요한 이유
  를 알게 된다. 팀을 기반으로 한 학습 방법이 배우고 학습하는 데 많은 가치가 있다
  는 것을 실제 연구 사례를 통해 보여 주기도 한다.

송순재

전 감리교신학대학교 교수. 한국기독교교육학회 회장과 서울시교육연수원장 역임. 현 삶을
위한교사대학 대표. 1990년대 중반부터 대안교육운동과 혁신학교운동에 참여, '교육사랑방'
을 공동 설립·운영했다. '학교를 단위로 한' 공교육의 변화를 위해 '학교교육연구회'를 설립
했고, 산돌학교의 개교와 산마을고등학교의 재활을 위해 힘을 보태었다. 2013년에는 동인들
과 함께 대안교육과 공교육 교사 양성을 위한 '삶을 위한 교사 대학(협동조합)'을 시작했다.
저서로『유럽의 아름다운 학교와 교육개혁운동』,『상상력으로 교육에 말 걸기』,『코르착 읽
기』등이 있고, 역서로『꿈의 학교, 헬레네랑에』,『아이들이 위험하다』,『사유하는 교사』등
이 있다. 편저로『영혼의 성장과 자유를 위한 교사론』등이 있다.

손동빈

2016년 3월부터 서울특별시교육청에서 교육연구관으로 일하고 있다. 28년간 중학교 교사로
재직하면서, 학생 스스로 생각하고 실천하는 교육을 고민하고 실천했다. 혁신교육이 시작
된 후 2011년에 혁신학교 부장으로서, 2012년부터는 서울특별시교육청의 학교혁신현장교사
지원단, 혁신학교정책추진단 등에서 활동하고 있다. 최근에는 서울특별시교육청 교육정책연
구소의 교육연구관, 한국교육연구네트워크 부소장으로서 혁신교육과 교육개혁에 대한 연구
활동을 지속하고 있다.

강민정

2011년부터 혁신학교인 북서울중학교에서 4년간 혁신부장으로 근무하였다. 혁신학교 업무를
하면서 단위 학교의 혁신만으로는 교육문제 해결의 한계가 있음을 인식하고 서울형혁신교육
지구 정책 추진에 적극 참여하고 있으며, 2015년부터 서울특별시교육청 혁신교육지구 정책
연구교사로 교육청 정책을 지원하였다. 2014년에는 서울특별시교육청 혁신미래교육추진단의
학업무정상화 분과장을 맡았었고, 2017년 현재 서울특별시교육청혁신학교운영위원회 운
영위원, 한국교육연구네트워크 운영위원이며, (사)징검다리교육공동체 상임이사로 활동하고
있다. 연구로는 서울시의회의「서울교육 발전을 위한 학교혁신 방안 연구」(2013)와 서울특별
시교육청에서 실시한「전문적학습공동체 구현 양상 및 활성화 방안 연구」(2014), 서울교육정
책연구소의「2015 서울형혁신교육지구 사업의 평가 및 발전 방안 연구」(2015),「학교와 자치
구가 협력하는 마을방과후학교 운영 방안 연구」(2017) 등이 있다.

윤우현

현 삶을위한교사대학 이사장. 서울 상현중학교 교사로 학생들과 함께 역사적 상상력을 키
우는 활동을 하고 있다. 서울형혁신학교인 국사봉중학교에서 6년간 학교혁신 업무를 담당
하면서 온몸에 사리가 가득 생겨났다. 지금 시기 학교혁신의 기본 방향은 앎과 삶이 함께하
는 학생 중심의 배움을 촉진하는 데 있으며, 이를 위해서는 학교가 민주적 생활공동체의 기
능을 회복해야 하며 그것을 교육과정으로 구체화한 것이 공동체 생활협약과 민주시민교육
과정이라고 생각한다. 사회적으로는 촛불시민혁명의 기운을 받아 근대적 대의정치를 넘어
선 탈근대적 풀뿌리민주주의를 실현해 나가는 데 관심이 많다. 서울특별시교육청 정책연구
인「혁신학교 모형연구」(2011),「혁신미래교육을 위한 새로운 학력관의 정립과 실현 방안」
(2015) 연구에 참여했다.

이희숙

서울강명초등학교 교사. 2011년 개교와 더불어 혁신학교로 지정된 강명초등학교에서 4년 동안 교육지원부장으로 근무하며 강명초등학교 구성원들과 함께 고군분투하며 서울형혁신학교의 새로운 길을 만드는 데 노력했으며 특히 학부모회를 담당하여 4년 동안 학부모들과 머리를 맞대고 학부모 활동의 새로운 모델을 만들어 내기 위해 적극 지원하고 함께했다. 2015년부터 현재까지 서울형혁신학교 운영위원회 위원으로서 서울형혁신학교 정책 수립과 추진에 참여하고 있으며, 2016년부터 서울특별시교육청 학교혁신지원센터에 근무하면서 혁신학교 질적 심화와 학교혁신 일반화를 위해 힘을 쏟고 있다. 서울시마을종합지원센터의 「마을과 학교 상생 프로젝트 모니터링 및 사례 연구」(2015)에 참여했다.

이부영

(전)서울강명초등학교 교사. (현)일놀이공부연구소 소장. 1961년에 수원에서 농부의 딸로 태어나, 공부보다 농사일을 더 많이 하고, 책상보다 산과 들에서 뛰놀면서 자랐다. 교육대학 두 곳, 대학원 두 곳을 다니며 '초등교육'과 '미술교육'을 공부했지만, 학교보다 아이들한테 배운 것이 더 많다. 현재, 동국대학교 대학원 박사과정에서 교육사·교육철학을 공부하고 있다. 교직 경력 34년 만에 서울형혁신학교인 서울강명초등학교를 끝으로 '자발적 졸업(명퇴)'을 한 뒤, 프리랜서 초등 교사와 서울특별시교육청 시민감사관을 하고 있고, 교육연구, 글쓰기와 강의, 농사를 지으면서 '일놀이공부연구소'에서 이오덕 선생님의 일과 놀이와 공부가 하나가 되는 삶을 실천하고 하면서, 경기도교육청 경기마을교육공동체가 지원하는 '삼시세끼 일놀이공부 꿈의학교'를 운영하고 있다. 현재, 초등교육과정연구모임, 한국글쓰기교육연구회, 우리헌법읽기국민운동에서 교육을 고민하고 연구하는 선생님들과 뜻을 함께하면서, 오마이뉴스 시민기자 활동도 하고 있다.
쓴 책으로는,『서울형혁신학교 이야기』,『우리 엄마한텐 이르지 마세요』,『학년별 일기 쓰기』,『학년별 독후감 쓰기』 등 열세 권이 있고, 함께 쓴 책으로는『초등교육을 재구성하라』,『행복한 혁신학교 만들기』,『교과서를 믿지 마라』,『시각문화교육 관점에서 쓴 미술 교과서』,『초등 학급운영』 등 이십여 권이 있다.

김정안

서울특별시교육청 학교혁신지원센터장. 2015년 5월부터 2년간 서울특별시 혁신학교운영위원회 위원장을 지냈다. 2015년 8월 서울형혁신고등학교인 삼각산고에서 역사 교사로서 정년퇴직하고. 2016년부터 학교혁신지원센터에서 혁신학교와 학교혁신을 지원하는 일을 하고 있다. 돌이켜 보면 교직생활에서 초심부터 지켜 온 세 가지 믿음이 있다. 교육은 살아가는 힘을 키워 주는 것이다. 배움의 기회는 평등하게 주어져야 한다, 배움은 더 정의로운 사회를 만드는 실천과 하나가 돼야 한다는 것… 혁신학교에서 세 가지 믿음을 교육과정에 충실하게 담을 수 있었던 것은 함께 참여하고 서로 존중, 협력하는 민주적 문화 덕분이었다고 생각한다.

이상우

서울은빛초등학교 교사. 어렸을 때부터 꿈이 교사였고 서울교육대학교를 졸업하여 '다른 사람들에게 좋은 영향을 주는 교사'의 꿈을 지속적으로 키워 가고 있다. 발령과 동시에 학급운영에 관심을 갖던 중 협동학습에 심취하여 서울초등 협동학습 연구회 아해미래를 만들어 활동을 해 오고 있으며, 철학 기반의 한국적 협동학습, 교육운동으로서의 협동학습 연구 및 보급에 앞장서고 있다.『살아 있는 협동학습-1』(2009),『협동학습으로 토의 토론 달인 되기』(2011),『협동학습 교사를 바꾸다』(2012),『살아 있는 협동학습-2』(2015),『5학년 수학수업 협동학습으로 디자인하다』(2016)를 집필하였으며, 현재 전국 각 지역 교원연수원 1정 자격 연수 및 각종 직무연수, 각 지역 교육청 주관 직무연수, 학교별 맞춤식 직무연수에서 학급운영, 협동학습, 혁신학교의 이해, 수업혁신, 전문적 학습공동체, 토의 토론 등을 주제로 다수의 강의 및 수업 코칭, 컨설팅 활동을 해 오고 있다.

이수미

경복고등학교 교사. '프로젝트 수업의 달인'과는 거리가 먼 교직 경력. 삼각산고등학교에 근무하면서 통합교과 프로젝트, 창의적 글쓰기 지도, 1인 1프로젝트 대회 운영 등을 통해, 20년이 넘어서야 비로소 교사건 학생이건 모름지기 자기 의지로 능동적 주체가 되어 무엇을 할 때 '흥으로 가득 찬, 놀랍게 매력적인 능력자'가 됨을 여실히 느끼고 배운 바 있는, 그래서 오늘도 여전히 좋은 수업을 꿈꾸며 '수업 배움'의 도정에서 종종걸음 치고 있는 소박한 국어 교사.

손유미

양양광정초등학교 교사. 교사가 된 지 벌써 14년째다. 그리고 세 번째 학교에서 지낸 지 8년이 되어 간다. 강원도형 혁신학교인 강원행복더하기학교에서 지낸 지는 5년째다. 그리고 교사로 거듭나기 시작한 것도 5년째다. 2003년에 신규 교사로 발령을 받고는 쭉 무조건 열심히 하는 교사로 살았고, 그래서 승진에 목숨을 건 교사로 따가운 오해도 많이 받았다. 그런데 강원행복더하기학교의 교사가 된 2012년부터는 행동에 앞서 고민을 하며 먼저 가치를 찾았고, 때로는 생각에 앞서 행동으로 옮기며 그것을 삶에서 풀어내려고 애쓰며 살고 있다. 그 과정에서 평가가 바뀌어야 수업이 바뀔 수 있다고 생각하고 평가를 다시 보기 시작했는데, 그 핵심에는 교육과정(수업과 평가)이 있음을 깨닫게 되어 교육과정을 바로 세워 실천해 오고 있다.

백화현

1984년 3월부터 2015년 2월까지 서울 소재 중학교 교사로 재직했다. 2001년, 학교도서관이야말로 평등교육의 모체임을 깨닫고 같은 뜻을 가진 사람들과 전국학교도서관모임을 발족하여 활발히 활동하고 있다. 8년간 두 아들과 그 친구들이 함께한 독서모임 운영과 학교에서 진행한 30여 개의 소그룹 독서동아리 운영을 통해 '책'과 '친구'가 함께하는 '도란도란 책모임'이야말로 자존감과 학습력을 향상시킬 뿐 아니라, 이러한 책모임을 우리 사회에 30만 개쯤 만들어 낼 수 있다면 이를 토대로 일그러진 우리 교육을 바꾸어 내고, 지식정보화 시대를 살아갈 힘을 탄탄히 구축할 수 있겠다는 확신이 들어, 2015년 2월 학교를 사직하고 책모임 운동에 전념하고 있다. 지은 책으로는 『도란도란 책모임』(2013), 『책으로 크는 아이들』(2010)이 있고, 함께 지은 책으로는 『아름다운 삶, 아름다운 도서관』(2015), 『북미 학교 도서관을 가다』(2012), 『학교도서관에서 책 읽기』(2005) 등이 있다.

구민정

방이중학교 교사. 학창 시절 연극을 하고 싶었고, 사회를 가르치는 선생님이 되고 싶었다. 그래서 지금은 두 가지를 결합, 연극으로 사회를 가르치는 선생님이 되었다. '한국 교실에 적합한 교육연극'을 목표로 다양한 수업 모형을 개발했고, 전국을 돌아다니며 수많은 교사와 학생들에게 이를 전파하고 있는 중이다. 그동안의 경험을 바탕으로 『학교에서 연극하자』, 『수업 중에 연극하자』 등의 책에 담았으며, 삶에 대화를 건네는 수업 방식, 그리고 '예술이 있는 삶'의 방식을 펼치기 위해 다양한 교육연극 프로그램을 개발하고 있다.

이주영

어린이문화연대 대표. 춘천교육대학과 서울교육대학교를 졸업했고, 이오덕 선생님을 만나 삶을 가꾸는 글쓰기 교육과 참교육을 실천하기 위해 노력했다. 어린이도서연구회, 한국글 쓰기교육연구회, 전국교직원노동조합, 공동체교육공동육아연구회, 남북어린이어깨동무, 한국어린이문학협의회 같은 교육문화단체를 만드는 데 참여했다. 2011년 퇴직 후 어린이문화 연대를 만들어 활동하고 있다. 어린이 월간 잡지 《개똥이네 놀이터》, 학부모와 교사 대상 월간지 《개똥이네 집》을 기획·편집하면서, 『이오덕, 아이들을 살려야 한다』(2011), 『어린이책 200선』(2013), 『책 사랑하는 아이 부모가 만든다』(2012), 『삐뻐야 미안해』(2012), 『아이코 살았네』(2013), 『어린이 문화 운동사』(2014), 『책으로 행복한 교실 이야기』(2014), 『비나리 시』(2015), 『비』(2015), 『김구 말꽃 모음』(2016) 등을 집필했다.

최미숙

서울강명초등학교 수석교사. 1987년 서울교대를 졸업하고 학교에 나오던 해 '민족, 민주, 인간화 교육'이라는 기치를 걸고 전국교직원노동조합이 생겼다. 아이들과 풍물과 민요를 배우며 민족교육을, 이후 우리 현대사와 함께하는 민주교육을, 그러나 그 어느 것 하나 제대로 하고 있는지 늘 묻는다. "이제는 '○○교육' 이전에 가장 바탕을 두어야 할 것은 인간교육이 아닐까?" 2004년부터 그 길을 나라 밖 발도르프 교육에서 찾아가고 있다. 2013년 독일 슈투트가르트 발도르프 사범대학에서 디플롬을 마치는 10여 년 동안 '인간의 본질에 대한 이해'가 화두였다. 2011년부터 강명 혁신학교 근무, 2012년 서울발도르프 교육연구회(서울교육연구정보원 교과연구회)를 구성-운영, 2014년 수석교사로 임용, 전국의 교사들과 함께하며 내 안에서 모든 것이 통합되어 진정한 인간교육의 길을 찾기를 희망하고 있다.

김세희

고려대학교 강사. 「현대 프랑스 교육운동의 관점에서 본 '페다고지 프레네'」라는 논문으로 박사학위를 받고 현재 고려대, 경희대, 서울시립대 등에서 강의하고 있으며 한국교육연구네트워크의 운영위원으로 활동하고 있다. 십여 년 전부터 연수, 강의, 세미나 등을 통해 한국에 프레네 교육운동을 전파하고 있다. 프랑스 및 한국의 교육운동에 관심이 있으며 교실로부터 학교혁신을 실천하는 교사들과 함께 작업하면서 '연구하는 실천가-실천하는 연구자'로서의 삶을 모색하고 있다.

엄미경

용마중학교 교사. 과학수업강사로 활동, 탐구실험 중심의 교수학습 자료 개발(2005~2009), 창의적 수업 방법 연구(2011), 배움의 공동체 수업 및 연구(2011~2016)를 했다. 태릉중학교에서 혁신부장 3년, 학년부장 2년을 맡았다. 혁신부장을 하면서 민주적인 의견 수렴을 통한 집단지성의 힘을 보았고, 학년부장을 하면서 교사의 전문성이 확장되는 것을 보았다. 혁신학교는 그동안 학교 현장에서 많은 교사들이 바라던 교육의 본질을 찾도록 열어 주었고 교육공동체들이 서로 배우고 실천하는 장을 열어 주었다고 본다. 그 속에서 나도 계속 성장해 나갔다. 그리고 이 소중한 경험을 나눌 수 있는 길을 열고 싶다.

삶의 행복을 꿈꾸는 교육은 어디에서 오는가?

미래 100년을 향한 새로운 교육 · **혁신교육을 실천하는 교사들의 필독서**

▶ 교육혁명을 앞당기는 배움책 이야기

혁신교육의 철학과 잉걸진 미래를 만나다!

한국교육연구네트워크 총서

01 핀란드 교육혁명
한국교육연구네트워크 엮음 | 320쪽 | 값 15,000원

02 일제고사를 넘어서
한국교육연구네트워크 엮음 | 284쪽 | 값 13,000원

03 새로운 사회를 여는 교육혁명
한국교육연구네트워크 엮음 | 380쪽 | 값 17,000원

04 교장제도 혁명
한국교육연구네트워크 엮음 | 268쪽 | 값 14,000원

05 새로운 사회를 여는 교육자치 혁명
한국교육연구네트워크 엮음 | 312쪽 | 값 15,000원

06 혁신학교에 대한 교육학적 성찰
한국교육연구네트워크 엮음 | 308쪽 | 값 15,000원

07 진보주의 교육의 세계적 동향
한국교육연구네트워크 엮음 | 324쪽 | 값 17,000원

08 더 나은 세상을 위한 학교혁명
한국교육연구네트워크 엮음 | 408쪽 | 값 21,000원

혁신학교
성열관·이순철 지음 | 224쪽 | 값 12,000원

행복한 혁신학교 만들기
초등교육과정연구모임 지음 | 264쪽 | 값 13,000원

서울형 혁신학교 이야기
이부영 지음 | 320쪽 | 값 15,000원

혁신교육, 철학을 만나다
브렌트 데이비스·데니스 수마라 지음
현인철·서용선 옮김 | 304쪽 | 값 15,000원

혁신교육 존 듀이에게 묻다
서용선 지음 | 292쪽 | 값 14,000원

다시 읽는 조선 교육사
이만규 지음 | 750쪽 | 값 33,000원

대한민국 교육혁명
교육혁명공동행동 연구위원회 지음 | 224쪽 | 값 12,000원

한국교육연구네트워크 번역 총서

01 프레이리와 교육
존 엘리아스 지음 | 한국교육연구네트워크 옮김
276쪽 | 값 14,000원

02 교육은 사회를 바꿀 수 있을까?
마이클 애플 지음 | 강희룡·김선우·박원순·이형빈 옮김
352쪽 | 값 16,000원

**03 비판적 페다고지는
세상을 변화시킬 수 있는가?**
Seewha Cho 지음 | 심성보·조시화 옮김 | 280쪽 | 값 14,000원

04 마이클 애플의 민주학교
마이클 애플·제임스 빈 엮음 | 강희룡 옮김 | 276쪽 | 값 14,000원

05 21세기 교육과 민주주의
넬 나딩스 지음 | 심성보 옮김 | 392쪽 | 값 18,000원

**06 세계교육개혁:
민영화 우선인가 공적 투자 강화인가?**
린다 달링-해먼드 외 지음 | 심성보 외 옮김 | 408쪽 | 값 21,000원

대한민국 교사, 어떻게 가르칠 것인가?
윤성관 지음 | 320쪽 | 값 15,000원

아이들을 어떻게 가르칠 것인가
사토 마나부 지음 | 박찬영 옮김 | 232쪽 | 값 13,000원

아이들의 배움은 어떻게 깊어지는가
이시이 준지 지음 | 방지현·이창희 옮김 | 200쪽 | 값 11,000원

모두를 위한 국제이해교육
한국국제이해교육학회 지음 | 364쪽 | 값 16,000원

경쟁을 넘어 발달 교육으로
현광일 지음 | 288쪽 | 값 14,000원

독일 교육, 왜 강한가?
박성희 지음 | 324쪽 | 값 15,000원

핀란드 교육의 기적
한넬레 니에미 외 엮음 | 장수명 외 옮김 | 452쪽 | 값 23,000원

▶ 비고츠키 선집 시리즈
발달과 협력의 교육학 어떻게 읽을 것인가?

생각과 말
레프 세묘노비치 비고츠키 지음
배희철·김용호·D. 켈로그 옮김 | 690쪽 | 값 33,000원

성장과 분화
L.S. 비고츠키 지음 | 비고츠키 연구회 옮김
308쪽 | 값 15,000원

도구와 기호
비고츠키·루리야 지음 | 비고츠키 연구회 옮김
336쪽 | 값 16,000원

의식과 숙달
L.S 비고츠키 | 비고츠키 연구회 옮김
348쪽 | 값 17,000원

어린이 자기행동숙달의 역사와 발달 I
L.S. 비고츠키 지음 | 비고츠키 연구회 옮김
564쪽 | 값 28,000원

관계의 교육학, 비고츠키
진보교육연구소 비고츠키교육학실천연구모임 지음
300쪽 | 값 15,000원

어린이 자기행동숙달의 역사와 발달 II
L.S. 비고츠키 지음 | 비고츠키 연구회 옮김
552쪽 | 값 28,000원

비고츠키 생각과 말 쉽게 읽기
진보교육연구소 비고츠키교육학실천연구모임 지음
316쪽 | 값 15,000원

어린이의 상상과 창조
L.S. 비고츠키 지음 | 비고츠키 연구회 옮김
280쪽 | 값 15,000원

비고츠키와 인지 발달의 비밀
A.R. 루리야 지음 | 배희철 옮김 | 280쪽 | 값 15,000원

연령과 위기
L.S. 비고츠키 지음 | 비고츠키 연구회 옮김
336쪽 | 값 17,000원

수업과 수업 사이
비고츠키 연구회 지음 | 196쪽 | 값 12,000원

▶ 창의적인 협력수업을 지향하는 삶이 있는 국어 교실
우리말 글을 배우며 세상을 배운다

중학교 국어 수업 어떻게 할 것인가?
김미경 지음 | 340쪽 | 값 15,000원

이야기 꽃 1
박용성 엮어 지음 | 276쪽 | 값 9,800원

토론의 숲에서 나를 만나다
명혜정 엮음 | 312쪽 | 값 15,000원

이야기 꽃 2
박용성 엮어 지음 | 294쪽 | 값 13,000원

토닥토닥 토론해요
명혜정·이명선·조선미 엮음 | 288쪽 | 값 15,000원

인문학의 숲을 거니는 토론 수업
순천국어교사모임 엮음 | 308쪽 | 값 15,000원

어린이와 시
오인태 지음 | 192쪽 | 값 12,000원

수업, 슬로리딩과 함께
박경숙·강슬기·김정욱·장소현·강민정·전혜림·이혜민 지음
268쪽 | 값 15,000원

▶ 평화샘 프로젝트 매뉴얼 시리즈
학교 폭력에 대한 근본적인 예방과 대책을 찾는다

학교 폭력 어떻게 만들어지는가
문재현 외 지음 | 300쪽 | 값 14,000원

아이들을 살리는 동네
문재현·신동명·김수동 지음 | 204쪽 | 값 10,000원

학교 폭력, 멈춰!
문재현 외 지음 | 348쪽 | 값 15,000원

평화! 행복한 학교의 시작
문재현 외 지음 | 252쪽 | 값 12,000원

왕따, 이렇게 해결할 수 있다
문재현 외 지음 | 236쪽 | 값 12,000원

마을에 배움의 길이 있다
문재현 지음 | 208쪽 | 값 10,000원

젊은 부모를 위한 백만 년의 육아 슬기
문재현 지음 | 248쪽 | 값 13,000원

별자리, 인류의 이야기 주머니
문재현·문한뫼 지음 | 444쪽 | 값 20,000원

▶ 4·16, 질문이 있는 교실 마주이야기

통합수업으로 혁신교육과정을 재구성하다!

통하는 공부
김태호·김형우·이경석·심우근·허진만 지음
324쪽 | 값 15,000원

내일 수업 어떻게 하지?
아이함께 지음 | 300쪽 | 값 15,000원
2015 세종도서 교양부문

인간 회복의 교육
성래운 지음 | 260쪽 | 값 13,000원

교과서 너머 교육과정 마주하기
이윤미 외 지음 | 368쪽 | 값 17,000원

수업 고수들 수업·교육과정·평가를 말하다
박현숙 외 지음 | 368쪽 | 값 17,000원

도덕 수업, 책으로 묻고 윤리로 답하다
울산도덕교사모임 지음 | 320쪽 | 값 15,000원

체육 교사, 수업을 말하다
전용진 지음 | 304쪽 | 값 15,000원

교실을 위한 프레이리
아이러 쇼어 엮음 | 사람대사람 옮김 | 412쪽 | 값 18,000원

마을교육공동체란 무엇인가?
서용선 외 지음 | 360쪽 | 값 17,000원

학교생활기록부를 디자인하라
박용성 지음 | 268쪽 | 값 14,000원

교사, 학교를 바꾸다
정진화 지음 | 372쪽 | 값 17,000원

함께 배움
학생 주도 배움 중심 수업 이렇게 한다
니시카와 준 지음 | 백경석 옮김 | 280쪽 | 값 15,000원

공교육은 왜?
홍섭근 지음 | 352쪽 | 값 16,000원

자기혁신과 공동의 성장을 위한
교사들의 필리버스터
윤양수·원종희·장군·조경삼 지음 | 280쪽 | 값 14,000원

함께 배움 이렇게 시작한다
니시카와 준 지음 | 백경석 옮김 | 196쪽 | 값 12,000원

함께 배움 교사의 말하기
니시카와 준 지음 | 백경석 옮김 | 188쪽 | 값 12,000원

미래교육의 열쇠, 창의적 문화교육
심광현·노명우·강정석 지음 | 368쪽 | 값 16,000원

주제통합수업, 아이들을 수업의 주인공으로!
이윤미 외 지음 | 392쪽 | 값 17,000원

수업과 교육의 지평을 확장하는 **수업 비평**
윤양수 지음 | 316쪽 | 값 15,000원
2014 문화체육관광부 우수교양도서

교사, 선생이 되다
김태은 외 지음 | 260쪽 | 값 13,000원

교사의 전문성, 어떻게 만들어지나
국제교원노조연맹 보고서 | 김석규 옮김 392쪽 | 값 17,000원

수업의 정치
윤양수·원종희·장군 지음 | 280쪽 | 값 14,000원

학교협동조합,
현장체험학습과 마을교육공동체를 잇다
주수원 외 지음 | 296쪽 | 값 15,000원

거꾸로교실,
잠자는 아이들을 깨우는 수업의 비밀
이민경 지음 | 280쪽 | 값 14,000원

교사는 무엇으로 사는가
정은균 지음 | 292쪽 | 값 15,000원

마음의 힘을 기르는 감성수업
조선미 외 지음 | 300쪽 | 값 15,000원

작은 학교 아이들
지경준 엮음 | 376쪽 | 값 17,000원

감성 지휘자, 우리 선생님
박종국 지음 | 308쪽 | 값 15,000원

대한민국 입시혁명
참교육연구소 입시연구팀 지음 | 220쪽 | 값 12,000원

교사를 세우는 교육과정
박승열 지음 | 312쪽 | 값 15,000원

전국 17명 교육감들과 나눈
교육 대담
최창의 대담·기록 | 272쪽 | 값 15,000원

들뢰즈와 가타리를 통해
유아교육 읽기
리세롯 마리엣 올슨 지음 | 이연선 외 옮김 | 328쪽 | 값 17,000원

교육과정 통합, 어떻게 할 것인가?
성열관 외 지음 | 192쪽 | 값 13,000원

 동양사상에게 인공지능 시대를 묻다
홍승표 외 지음 | 260쪽 | 값 15,000원

 학교 혁신의 길, 아이들에게 묻다
남궁상운 외 지음 | 268쪽 | 값 15,000원

 프레이리의 사상과 실천
사람대사람 지음 | 352쪽 | 값 18,000원

 혁신학교, 한국 교육의 미래를 열다
송순재 외 지음 | 608쪽 | 값 30,000원

 페다고지를 위하여
프레네의 『페다고지 불변요소』 읽기
박찬영 지음 | 296쪽 | 값 15,000원

 노자와 탈현대 문명
홍승표 지음 | 284쪽 | 값 15,000원

 선생님, 민주시민교육이 뭐예요?
염경미 지음 | 244쪽 | 값 15,000원

 어쩌다 혁신학교
유우석 외 지음 | 380쪽 | 값 17,000원

 미래, 교육을 묻다
정광필 지음 | 232쪽 | 값 15,000원

 학교 민주주의의 불한당들
정은균 지음 | 276쪽 | 값 14,000원

 교육과정, 수업, 평가의 일체화
리사 카터 지음 | 박승열 외 옮김 | 196쪽 | 값 13,000원

 학교를 개선하는 교장
지속가능한 학교 혁신을 위한 실천 전략
마이클 풀란 지음 | 서동연·정효준 옮김 | 216쪽 | 값 13,000원

 공자뎐, 논어는 이것이다
유문상 지음 | 392쪽 | 값 18,000원

 교사와 부모를 위한
발달교육이란 무엇인가?
현광일 지음 | 380쪽 | 값 18,000원

 교사, 이오덕에게 길을 묻다
이무완 지음 | 328쪽 | 값 15,000원

 낙오자 없는 스웨덴 교육
레이프 스트란드베리 지음 | 변광수 옮김 | 208쪽 | 값 13,000원

 끝나지 않은 마지막 수업
장석웅 지음 | 328쪽 | 값 20,000원

 대구, 박정희 패러다임을 넘다
세대열 엮음 | 292쪽 | 값 20,000원

 경기꿈의학교
진흥섭 외 지음 | 360쪽 | 값 17,000원

▶ 교과서 밖에서 만나는 역사 교실
상식이 통하는 살아 있는 역사를 만나다

 전봉준과 동학농민혁명
조광환 지음 | 336쪽 | 값 15,000원

 남도의 기억을 걷다
노성태 지음 | 344쪽 | 값 14,000원

 응답하라 한국사 1·2
김은석 지음 | 356쪽·368쪽 | 각권 값 15,000원

 즐거운 국사수업 32강
김남선 지음 | 280쪽 | 값 11,000원

 즐거운 세계사 수업
김은석 지음 | 328쪽 | 값 13,000원

 강화도의 기억을 걷다
최보길 지음 | 276쪽 | 값 14,000원

 교과서 밖에서 배우는 역사 공부
정은교 지음 | 292쪽 | 값 14,000원

 팔만대장경도 모르면 빨래판이다
전병철 지음 | 360쪽 | 값 16,000원

 빨래판도 잘 보면 팔만대장경이다
전병철 지음 | 360쪽 | 값 16,000원

 영화는 역사다
강성률 지음 | 288쪽 | 값 13,000원

 친일 영화의 해부학
강성률 지음 | 264쪽 | 값 15,000원

 한국 고대사의 비밀
김은석 지음 | 304쪽 | 값 13,000원

광주의 기억을 걷다
노성태 지음 | 348쪽 | 값 15,000원

선생님도 궁금해하는
한국사의 비밀 20가지
김은석 지음 | 312쪽 | 값 15,000원

걸림돌
키르스텐 세룹-빌펠트 지음 | 문봉애 옮김
248쪽 | 값 13,000원

역사수업을 부탁해
열 사람의 한 걸음 지음 | 388쪽 | 값 18,000원

진실과 거짓, 인물 한국사
하성환 지음 | 400쪽 | 값 18,000원

조선족 근현대 교육사
정미량 지음 | 320쪽 | 값 15,000원

다시 읽는 조선근대교육의 사상과 운동
윤건차 지음 | 이명실·심성보 옮김 | 516쪽 | 값 25,000원

음악과 함께 떠나는 세계의 혁명 이야기
조광환 지음 | 292쪽 | 값 15,000원

논쟁으로 보는 일본 근대교육의 역사
이명실 지음 | 324쪽 | 값 17,000원

다시, 독립의 기억을 걷다
노성태 지음 | 320쪽 | 값 16,000원

▶ 더불어 사는 정의로운 세상을 여는 인문사회과학
사람의 존엄과 평등의 가치를 배운다

밥상혁명
강양구·강이현 지음 | 298쪽 | 값 13,800원

도덕 교과서 무엇이 문제인가?
김대용 지음 | 272쪽 | 값 14,000원

자율주의와 진보교육
조엘 스프링 지음 | 심성보 옮김 | 320쪽 | 값 15,000원

민주화 이후의 공동체 교육
심성보 지음 | 392쪽 | 값 15,000원
2009 문화체육관광부 우수학술도서

갈등을 넘어 협력 사회로
이창언·오수길·유문종·신윤관 지음 | 280쪽 | 값 15,000원

동양사상과 마음교육
정재걸 외 지음 | 356쪽 | 값 16,000원
2015 세종도서 학술부문

교과서 밖에서 배우는 철학 공부
정은교 지음 | 280쪽 | 값 14,000원

교과서 밖에서 배우는 사회 공부
정은교 지음 | 304쪽 | 값 15,000원

교과서 밖에서 배우는 윤리 공부
정은교 지음 | 292쪽 | 값 15,000원

한글 혁명
김슬옹 지음 | 388쪽 | 값 18,000원

좌우지간 인권이다
안경환 지음 | 288쪽 | 값 13,000원

민주시민교육
심성보 지음 | 544쪽 | 값 25,000원

민주시민을 위한 도덕교육
심성보 지음 | 500쪽 | 값 25,000원
2015 세종도서 학술부문

교과서 밖에서 배우는 인문학 공부
정은교 지음 | 280쪽 | 값 13,000원

오래된 미래교육
정재걸 지음 | 392쪽 | 값 18,000원

대한민국 의료혁명
전국보건의료산업노동조합 엮음 | 548쪽 | 값 25,000원

교과서 밖에서 배우는 고전 공부
정은교 지음 | 288쪽 | 값 14,000원

전체 안의 전체 사고 속의 사고
김우창의 인문학을 읽다
현광일 지음 | 320쪽 | 값 15,000원

카스트로, 종교를 말하다
피델 카스트로·프레이 베토 대담 | 조세종 옮김
420쪽 | 값 21,000원

교사와 부모를 위한 비고츠키 교육학
카르포프 지음 | 실천교사번역팀 옮김 | 308쪽 | 값 15,000원

▶ 살림터 참교육 문예 시리즈
영혼이 있는 삶을 가르치는 온 선생님을 만나다!

 꽃보다 귀한 우리 아이는
조재도 지음 | 244쪽 | 값 12,000원

 선생님이 먼저 때렸는데요
강병철 지음 | 248쪽 | 값 12,000원

 성깔 있는 나무들
최은숙 지음 | 244쪽 | 값 12,000원

 서울 여자, 시골 선생님 되다
조경선 지음 | 252쪽 | 값 12,000원

 아이들에게 세상을 배웠네
명혜정 지음 | 240쪽 | 값 12,000원

 행복한 창의 교육
최창의 지음 | 328쪽 | 값 15,000원

 밥상에서 세상으로
김흥숙 지음 | 280쪽 | 값 13,000원

 북유럽 교육 기행
정애경 외 14인 지음 | 288쪽 | 값 14,000원

▶ 남북이 하나 되는 두물머리 평화교육
분단 극복을 위한 치열한 배움과 실천을 만나다

 10년 후 통일
정동영·지승호 지음 | 328쪽 | 값 15,000원

 선생님, 통일이 뭐예요?
정경호 지음 | 252쪽 | 값 13,000원

 분단시대의 통일교육
성래운 지음 | 428쪽 | 값 18,000원

 김창환 교수의 DMZ 지리 이야기
김창환 지음 | 264쪽 | 값 15,000원

▶출간 예정

참된 삶과 교육에 관한
생각 줍기